中国顶尖学科
出版工程

复旦大学
历史地理学科

主编
葛剑雄

副主编
张晓虹

学术经典

复旦大学历史地理学术经典

周振鹤卷

周振鹤 著

上海教育出版社
SHANGHAI EDUCATIONAL
PUBLISHING HOUSE

图书在版编目（CIP）数据

复旦大学历史地理学术经典·周振鹤卷 / 周振鹤
著. — 上海：上海教育出版社，2022.12
ISBN 978-7-5720-1491-8

Ⅰ.①复… Ⅱ.①周… Ⅲ.①历史地理 – 中国 –
文集 Ⅳ.①K928.6-53

中国版本图书馆CIP数据核字(2022)第223387号

责任编辑　储德天
书籍设计　陆　弦

复旦大学历史地理学术经典·周振鹤卷
周振鹤　著

出版发行　上海教育出版社有限公司
官　　网　www.seph.com.cn
地　　址　上海市闵行区号景路159弄C座
邮　　编　201101
印　　刷　上海盛通时代印刷有限公司
开　　本　700×1000　1/16　印张 40.5　插页 5
字　　数　685 千字
版　　次　2022年12月第1版
印　　次　2022年12月第1次印刷
书　　号　ISBN 978-7-5720-1491-8/K·0014
定　　价　248.00 元
审 图 号　GS(2021)8336 号

如发现质量问题，读者可向本社调换　电话：021-64373213

顶尖学科的创新和发展，一直是全社会关心的热点议题。国家的发展需要顶尖学科的支撑，高端人才的培养体现了顶尖学科的传承。为我国学科建设发展注入人文关怀和强化历史厚度，探索学科发生发展的规律，有助于推动我国的学科建设，使我国顶尖学科实力更加饱满、更具国际化和人性化、更适应未来社会融合发展的趋势。

"中国顶尖学科出版工程"缘起于2018年10月杭州电子科技大学融媒体与主题出版研究院院长韩建民教授和上海教育出版社缪宏才社长在飞往西安的飞机上的一席谈话。二位谈到，作为出版人，不仅要运营好出版社，更重要的是担负起出版人的职责，服务社会，传承文化。作为高校教师、教育出版社社长，他们的关注点不约而同地聚集在了高等教育上。近年来，教育部等国家有关部门对高等教育尤其是顶尖人才的培养格外重视。人才培养离不开学科建设，国家建设需要学科支持。学科发展水平是高校和科研机构的核心竞争力，是全社会关注的焦点。一个好的学科首先应该讲历史、讲积淀、讲传承、讲学科建设史，而目前我国大部分顶尖学科没有系统建设自己的学科史，更没有建构自己学科的学术文化传统。世界上一些著名的大学科研机构，如剑桥大学卡文迪许实验室，恰恰是高度重视科学与人文的结合，所以才产生了享誉世界的科研成果。

英国物理学博士C.P.斯诺曾经提出了两种文化，一种是人文文化，一种是科学文化。随着科学技术与社会的发展，两者之间的鸿沟越来越明显。这两种文化对社会发展都有利有弊，只有做好融合，才能健康推动社会全面进步。学科建设是两种文化融合的重要阵地，因此亟需在学科建设与发展中注入人文和历史，以起到健康发展的带动作用。

"中国顶尖学科出版工程"的出版理念就是要更重视学科史的建设，为学科发展注入历史文脉，为社会打通文理，对理工学科来说，尤其需要人文传统建设。一个没有历史和文化的理工学科是偏激片面的、没有温度的，也不会产生树干的成果。重大的成果肯定是融合升华后的成就，是在历史和文化融合的基础上铸造的果实，而枝节过细的成果往往不能产生学术根本的跃升。当下我们的人文学科也需要学科史、人物史和传统史的建设，只有这样，才是真正的学科发展，才更具国际竞争力，才更不可超越。这是我们这套书选取学科的指导思想，也是这套书不同于一般学术著作系列的特点。

这一出版工程将分辑推出我国各顶尖学科的学科史、学术经典和重要前沿成果等。对于其中的学术经典，需要说明的是，由于此前它们出版或发表于不同时期，所以格式、表述不统一之处甚多，有些字沿用了旧时写法，有些书名等是出于作者本人的书写习惯。为尊重作者的行文风格，本次出版除作必要的改动外，原则上予以保留。

第一辑是复旦大学历史地理学科系列，由我国著名历史地理学家葛剑雄先生担任主编。葛先生是我们的老作者、老朋友，他非常肯定并支持我们的理念和做法，并且身体力行。几年来大家精诚合作，在葛先生的影响、带动下，在全体作者辛苦努力下，这个项目不仅获得了国家出版基金立项支持、入选国家"十四五"出版规划，还带动了同济大学建筑学科等后续项目的启动。

希望通过这一出版工程，为我国更多的高校和科研机构带来示范性效应，推动学科发展与进步，增强学科竞争力，引领学科建设新趋势。

上海教育出版社

2022 年 10 月

上海教育出版社策划出版"中国顶尖学科出版工程",将复旦大学历史地理学科系列作为第一辑。复旦大学中国历史地理研究所欣然合作,组成编委会,我受命主编。

本所之所以乐意合作,并且动员同仁全力以赴,因为这是一项非常有价值、有意义并具有紧迫性的工作,也是我们这个学科点自己的需要。通过这套书的编撰,可以写出学科的历史,汇聚已有成果,总结学术经验,公布经典性论著,展示学术前沿,供国内外学术界和公众全面了解,让大家知道这个学科点是怎样造就的,评价一下它究竟是否够得上顶尖。

复旦大学历史地理学科的起点,是以谭其骧先生1950年由浙江大学移席复旦大学历史系为标志的。而谭先生与历史地理学科的渊源,还可追溯至1931年秋他与导师顾颉刚先生在燕京大学研究生课程的课堂外有关两汉州制的学术争论。1955年2月,谭先生赴京主持重编、改绘杨守敬《历代舆地图》。1957年,"杨图"编绘工作移师上海。1959年,复旦大学在历史系成立历史地理研究室。1982年,经教育部批准,成立中国历史地理研究所。1999年组建的复旦大学历史地理研究中心,成为教育部首批全国重点研究基地之一。

这一过程约长达70年,没有一个人全部经历。学科创始人谭先生已于1992年逝世,1957年起参加"杨图"编绘并曾担任中国历史地理研究所所长10年的邹逸麟先生已于2020年逝世,与邹先生同时参加"杨图"编绘的王文楚先生已退休多年。现有同仁中,周振鹤教授与我是经历时间最长的。我与他同时于1978年10月成为复旦大学历史系的研究生,由谭先生指导。我于1981年入职历史地理研究室,1996年至2007年任中国历史地理研究所所长,1999年至2007年任历史地理研究中心主任。由于自1980年起就担任谭先生的学术助手,又因整理谭先生的日记,撰写谭先生的传记,对谭先生的个人经历、学术贡献以及1978年前的情况有了一定了解。但70年的往事还留下不少空白,就是我亲历的事也未必能保持准确的记忆。

一年多来,同仁曾遍搜相关档案资料,在上海市档案馆和复旦大学档案馆发现了不少重要文件和原始资料,同时还向同仁广泛征集。但由于种种原因,有些重要的事并未留下本应有的记录,或者未能归入档案,早已散失。

本系列第一部分是学科学术史和学科论著总目。希望通过学术史的编撰,为这70年留下尽可能全面准确的记载。学科论著总目实际上是学术史中学术成果的具体化。要收全这70年来的论著同样有一定难度,因为在电子文档普遍使用和年度成果申报制度实施之前,有些个人论著从一开始就未被记录或列入索引,所以除了请同仁尽可能详细汇总外,还通过各种检索系统作了全面搜集。从谭先生开始,个人的论著中都包括一些非本学科或历史学科的论著,还有些是普及性的。考虑到一个学科点对学术的贡献和影响并不限于本学科,所以对前者全部收录;而一个学科点还有服务社会的功能,所以对具有学术性的普及论著也同样收录,非学术性的普及论著则视其重要性和影响力酌情选录。

在复旦大学其他院系,尤其是历史系,也有一些历史地理研究者,其中有的一直是我们的合作者,或者就是从这里调出的,他们的历史地理论著应视为本学科点的成果,自然应全部收录,但不收录他们离开复旦大学后的论著。本博士、硕士学科点所招收的研究生在学期间发表的论著,与本单位导师合作研究的博士后在流动站期间完成的论著,均予收录。本学科点人员离开复旦大学后的论著不再收录。历史地理研究中心所外聘的研究人员在应聘期间按合同规定完成的论著,按本中心人员标准收录。

第二部分是学术传记和相应的学术经典。考虑到学术经验需要长期积累,学术成果必须经受时间的检验,所以在首批我们按年资选定了四位,即谭其骧先生、邹逸麟先生、周振鹤教授和我。本来我们还选了姚大力教授,但他一再坚辞,我们只能尊重他本人的意见,留在下一批。

我们确定"经典"的标准,是本人论著中最高水平和最有代表性的部分,具体内容由本人选定。谭先生那本只能由我选,但我自信大致能符合谭先生的意愿。谭先生在1987年出版自选论文集《长水集》时,我曾协助编辑;他的《长水集续编》虽出版于他身后,但他生前我已在他指导下选定篇目,我大致了解谭先生对自己的论著的评价。

除谭先生的学术传记不得不由我撰写外,其他三本都由本人自撰。当时邹逸麟先生已重病在身，但为了学术传承，他以超人的毅力，不顾晚期癌症的痛苦与极度虚弱，在病床上完成了口述，将由他的学生段伟整理成文。

第三部分是青年教师或研究生的新著。之所以称为"学术前沿"，是因为它们在选题、研究方法、表达方式上都有一定新意，反映了年轻一代的学术旨趣和学术水平。其中有的或许能成为作者与本学科的经典，有的会被自己或他人的同类著作所取代，这是所有被称为"前沿"的事物的必然结果。

由于没有先例可循，这三部分是否足以反映复旦大学历史地理学科的全貌和水平，我们没有把握，只能请学术界方家和广大读者鉴定。我们将在可能条件下，争取修订再版。这套书反映的是我们的过去，如果未来的同仁们能够保持并发展历史地理学科的现有水准，那么若干年后肯定能出版本系列的续编和新版。我与大家共同期待。

葛剑雄

2022 年 6 月

目录

西汉政区地理

重印前言

　　本书是三十年前《西汉政区地理》初版的重印本。近三十年来,秦汉简牍的出土不绝如缕,而且还有新简继续出土的趋势。这些新出土的简牍有已经出版行世的,还有许多来不及整理发表的。许多简牍的释读已经而且还会继续使秦汉政区地理的面貌更趋于丰满完善。但就基本轮廓看来,同人咸以为本书所考证的结果尚未过时,考证的思路与方法仍有可借鉴之处,故有再版的必要。今承商务印书馆美意予以重印。重印过程是先由学生对原版中的笔误与印刷错误加以初步订正,复由责任编辑仔细审读,二度正误,并将书中地图全部重绘。最后再由本人校读一过。之所以不做彻底修订的缘故,一是秦汉简牍的发表还在进行时态,例如去年七月份承长沙简牍馆大度,在浏览该馆所藏尚未公布的汉简时,就让我感到本书其实不必作最终修订,因为在细部总有新史料会进行补充与校正;二是新的细节考证已经体现在将要出版的《中国行政区划通史·秦汉卷》的西汉编里,以及学界同人和我本人在本书出版之后发表的一些论文中,无需将这些新认识削足适履塞入到拙著原有的体系中去。《西汉政区地理》的意义不仅在于提出"政区地理"的概念——这个概念在今天已成共识,另一方面也在于证明不但由《中国历史地图集》所体现出来的通代地理必须进行研究,而且断代政区地理研究也是可行的。即使像西汉一代这样政区变化极其繁复的时代,只要找到解决问题的关键,也依然有复原变迁面貌的可能。三十年来多部断代政区地理的出现以及中国行政区划通史的完成或许就是以上结论的佐证。

周振鹤

序

　　周振鹤同志的《西汉政区地理》一书出版了。这本书原是他的博士学位论文,所以关于这本书的学术价值如何,无需我在此赘言,七位全国知名的学者已在论文答辩委员会上为它作出了高度赞许的评价。

　　我想说的是,由于这本书所取得的成就而使我产生了两点联想:一是历史政区地理还有大量的工作需要我们去做;二是通过我们踏踏实实地努力工作,把一门内容丰富的科学的中国历史地理学建立起来是完全可能的。

　　历史政区地理在我国,是传统的沿革地理学的主要组成部分。沿革地理学源远流长,至清代已蔚然成为一门显学,入民国犹沿袭不替,许多著名的朴学家都在这方面作出了卓越的贡献。正是由于有了他们的丰硕研究成果,才使我们在建国以后有可能编绘出相当详确的、体现我国历代疆域政区变迁大势的《中国历史地图集》来。但是,有些同志看到我们已经拥有这么许多清人和近人研究沿革地理的著作,已经出版了基本上每一个王朝有一组画出县以上各级政区的《中国历史地图集》,便以为今后可以不必再把历史政区地理作为研究历史地理的一个重要方面了,中国历代的政区变革基本上都已搞清楚了,再没有多大搞头了。这种想法对不对呢?我认为这是显然错误的。本书有力地说明了这一点。

　　古人也好,近人也好,过去研究历代政区沿革的学者,一般都仅仅着眼于正史地理志和唐宋以后几种总志的记载,因而往往把地理志、总志中所载政区的治所、辖境,看成是这一代的经制,很少有人注意到地理志、总志以外,还有许多有关政区变革的资料见于其他记载,因而也很少有人理会到一个王朝前后几个时期的政区是经常在改变的,有时一个王朝之内前后变革之大,甚至远远超过前后几个王朝之间的变革。再者,过去对政区沿革的记叙和考证,一般只重视行政等级名称的改变和治所的迁徙,而忽视辖境时而在减缩,时而在扩张。由于这两种缺点相当普遍地存在,所以过去搞了几百年沿革地理,并没有把历代政区的变迁真正搞清楚。

　　周振鹤同志研究西汉政区地理之所以能够取得突出的成就,关键就在于他突破了前人的窠臼,尽力在《汉书·地理志》之外广搜博采有关西汉一代政区变化的所有资料,能够花大量精力去爬梳排比二百年间所有郡一级政区的辖境伸缩。他采用了这种方法在三五年内把这二百年内郡国级政区的极为繁复的演变过程系统而完整地揭示了出来,使前人几百年内对《汉志》的研究成果相形之下为之减色,从而在历史政区地理这门学科之内,开创了一个断代研究的取得成功的先例。这是一个很值得重视的经验。

清人、近人和今人曾先后著有若干部补正史地理志,这种补志当然也是一种断代政区研究工作,但与此书有所不同。此书的研究对象是一个正史中原有地理志的朝代的政区,而不是去补某一种正史中所没有的地理志。前人勤于作补志,却没有做过像本书那样的研究,所以专就这一意义而言,说本书具有开创性应该不算是过分的。

本书这种研究方法肯定不仅可以应用于西汉,也可以应用于其他朝代。多数朝代政区的变化没有西汉那么频繁,工作要简单一些;但也有些朝代变化比西汉更复杂,整理工作也就比西汉要花更多的力气。再者,本书所考究的范围基本上还只限于郡国一级,历史政区地理的研究当然不应截止于这一级。县是中国历代政区最基本的一级,我们当然得把县级政区的废置、分并、改名、改变隶属关系、治所迁徙和辖境伸缩一一都搞清楚,才有可能把中国二三千年来的政区变化彻底理清楚。再其次,前人的补志工作不但没有做完,已做的如洪亮吉、崎孙父子的补三国、东晋、十六国、梁诸志,质量都相当差,还需要进一步予以提高(三国已有谢锺英、吴增仅、杨守敬等补正之作,东晋、十六国、梁都还没有)。上述这些工作无疑都是必须做的,否则我们就不可能写出一部完整的中国历代政区地理来。所以我们决不能认为研究历史政区地理已经有了几百年历史,取得了可观的成就,今后已经不再是历史地理研究工作的一个重要方面了。相反,在这方面还有大量的工作需要我们去做。

把历史政区地理搞清楚,是研究历史地理的一项必要的基础工程。历史上任何一个时期政区不搞清楚,也就无法正确地进行这一时期的其他历史地理课题的研究。因为所有历史时期的地理现象都是用当时的政区名称记载下来的,不清楚这个政区在当时的治所和辖境,怎么谈得上说明这种历史地理现象的正确地理区位?所以我们应该可以这么说:历史政区地理不仅还有大量工作可做,并且需要历史地理学工作者花费大量精力积极而认真地去做。这是我想说的第一点。

多年来颇有一些学术界的同志责怪我们历史地理工作者搞考据搞多了,没有搞出规律性的东西来;责怪我们搞了几十年未能写出一部有系统有理论的中国历史地理学来。我认为把第一点的后半句和第二点作为对我们的期望是完全应该的,以此来责怪我们则未免有点失之于要求太苛。因为要找出规律性的东西来,建成一门符合现代科学标准的中国历史地理学,绝不是一件轻易办得到的事。首先,我们的队伍还很小,专业研究人员总共不过几十个人,三十多年来一直几乎把全部时间精力都放到编写工具书和绘制地图上去了,剩下来可以从事研究工作的时间实在太少。何况几个学科带头人都还要兼做许多其他工作。其次,在没有对历史地理的各个部门做出扎实的基础工作之前,很难谈得上找出规律,更不可能建立有系统有理论的"学"。历史地理学界这几十年来发表的论文虽然不算少,但能够成为建立历史地理学的基石的实在不多。因为基石的奠立需要付出很繁重很艰巨的劳动,需要具有非比寻常的耐心和细心。多数青年同志对在刊物上多发表几篇对某一专题的一家之言是很积极的,但对这种吃力的打基础的工作往往是不感兴趣的。

周振鹤同志这本书的出版,我希望能够起到一点转移风气的作用。对一些专题发表一家之言固然是可以的,有的好文章还能确实解决一些问题。但一般说来贡献不可能很大,不可能像这本书那样成为今后所有想了解研究西汉政区地理者的必读书。前人研究过西汉地理留有著作的不下数十家,其中全祖望、钱大昕、王国维三大家都曾对郡国级区划的变迁提出过重要的创见。但无论哪一位大师,至少对西汉郡国级政区变迁这一方面所取得的成就都赶不上这本书。

周振鹤同志何以能取得这样的成绩,基本上解决了西汉一代二百年郡国级政区的变迁过程?除了能力的因素外,最主要的原因是他在这方面下了比前代大学者多上好几倍的艰苦功夫,他把一代郡国的变迁作为一个整体进行全面的搜集、整理、分析、综合的缜密的研究,他在工作中遇到了绊脚石决不泄气,不是舍难就易,分散成一个个小题目搞,而是不问难易,坚持任何一个难题不攻破决不罢手的这种锲而不舍的精神。

我认为这种工作方法和钻研精神,能对研究历史政区地理发生巨大的作用,对历史地理的其他方面,这些方面前人往往还没有做过多少工作,当然更有可能取得显著的成就,能为中国历史地理学的建立奠定一块块坚实的基石。因此,我期望青年一代的历史地理工作者能从周振鹤这本书中得到启发,多做踏踏实实的,不一定能立竿见影的工作,少写并无坚强论据的一家之言;认定一个方面,下苦功夫去搜集鉴别资料,严肃认真地去进行一丝不苟的考订、判断。只要肯这样做,我相信将有许多同志能为建立中国历史地理这门学科立下不朽的功绩,这是我想说的第二点。

谭其骧

一九八四年三月十五日

地 图 目 次

引 论

第一节 本书的研究对象

本书的研究对象是西汉一代行政区划的变迁过程。

恩格斯曾经指出,国家的特点之一是"按地区来划分它的国民"[1]。行政区划就是这种划分国民的地区,历史政区地理则是研究历史时期行政区划的沿革过程,并探索其变迁的原因和规律的学问,它是历史地理学的一个重要分支。

历史政区地理的研究不但揭示了历代政区的面貌及其演变规律,而且其成果直接构成历史地理学某些分支的基础或前提。例如,历史人口地理的研究就必须有正确的历史政区为依据,才能作出准确的人口分布图,计算人口密度,而后据以进行地理学的分析。如果历史政区的考订和复原发生错误,必然导致历史人口地理的研究得出不正确的结论。过去曾有人做过西汉人口分布的研究,但由于不明白《汉书·地理志》(以下简称《汉志》)所载户口数和郡国领域并非以同一年的版籍为据,因此所作的人口密度图事实上是将汉平帝元始二年的户口数表示在成帝元延绥和间的政区图上,当然要出现误差。加以所用的政区图是不够准确的杨守敬的《前汉疆域图》,这就更降低了所得结论的可靠性。除了历史人口地理外,历史经济地理、文化地理[2]、民族地理等学科也要在历史政区的研究基础上才能取得更圆满的成绩。

对历史自然地理研究而言,历史政区的复原工作也有其重要作用。在

---

[1] 《马克思恩格斯选集》第 4 卷,人民出版社 1972 年版(下同),第 166 页。

[2] 例如历史上行政区划的演变就对方言的变化有直接的影响。参见周振鹤、游汝杰:《方志所见 16—19 世纪上海地区方言地理》(载《历史地理研究辑刊》第一辑)。历史行政区划甚至与现代汉语方言分区有密切关系,又见游汝杰、周振鹤:《方言地理和历史行政地理的密切关系——以浙江方言分区为例》(载《复旦学报(社会科学版)》1984 年第 2 期)。

大量的历史文献和考古发现中保存下来的有关山川湖海变迁情况的资料，多与一定的行政区划相关联。正确地复原历史政区的面貌，有时往往就解决了历史上河道的迁徙、湖面的盈缩、海岸的进退等自然地理方面的课题。例如，汉代鄡阳县位置的确定，说明了今天都阳湖水体的形成不过只有千余年的历史。[1] 又如，汉代河水尾闾的走向，过去都以《水经注》记载为准，其实根据《汉志》篇末所载河水与其两岸县城的相对位置来复原，就会发现，汉代河水入海段的走向与北魏时期是不同的。

历史政区地理虽然属于地理学的范畴，但同时又和历史学有着密切的关系。行政区划是一定社会历史发展阶段的产物，不同历史类型的国家往往采用不同形式的政区，同一类型的政区在历史因素的作用下也要不断发生变革，这就使得对历代政区演变规律的探索必然要有助于理解历史发展的进程和历史事件的真相，就这个意义而言，历史政区地理的研究也是历史学不可或缺的一部分。

就研究方法而言，因为历史政区地理的研究对象存在于历史时期，今天多已无迹可寻(唯一的遗迹是古城址、古村落遗址)，所以不能不以历史学的方法为主，不能不以历史文献和考古资料为其主要依据；就研究对象而言，也和历史学有所交叉，在考订、复原历史政区的过程中往往有助于解决诸如政治制度的特点、经济开发的程度、军事活动的规模、民族人口分布情况等一系列历史学方面的课题。例如，西汉一代诸侯王国封域的变迁就反映了专制皇权与地方割据力量对比的变化。汉初诸侯鼎盛时期，"内地北距山以东尽诸侯地，大者或五六郡，连城数十"[2]。但是到了汉末，诸侯已经式微，大国不过十余城，小国只有三四县。透过这种剧烈的变化，可以深刻了解西汉封建制度的崩坏和专制皇权的中央集权制的确立过程，弄清诸如众建诸侯、削藩、推恩等割裂、削夺王国领域政策的实质。

探索历史政区发展演变的规律又有直接为现实、为四化建设服务的意义。七十多年前，列宁曾提出要"取消农奴主专制国家的农奴主—地主和官僚所规定的俄国原来的行政区划，而用根据现代经济生活要求和尽可能同居民民族成分相适应的区划来代替"[3]。稍后一些时候，他又指出："俄国行政区域的划分，不论农村或城市(村、乡、县、省、市区的郊区等)都要根据对

1　见谭其骧、张修桂：《鄱阳湖演变的历史过程》，载《复旦学报》(社会科学版)1982年第2期。

2　《史记·汉兴以来诸侯王年表》。

3　《民族问题提纲》，《列宁全集》第19卷，人民出版社1959年版(下同)，第238页。

当地居民目前的经济条件和民族成分的考查而改变。"[1]这些提法既指出了对旧政区进行改革的必要性,又提出了改革的原则。我国今天的行政区划基本上是从历史上沿袭下来的,其中包含着某些必须改革的不合理因素。例如,秦岭南北的自然条件截然不同,人民习俗也有差异,但岭北的关中盆地和岭南的汉中地区却被包括在同一个陕西省内。从历史上来看,宋代和宋代以前秦岭南北向来不属于同一个政区,这是相对合理的,只是到了元代,蒙古族入居中原以后,为了在军事上便于控制岭南,才将其与岭北同划属在陕西行省之中,这种不合理的区划,就一直保留至今。这样的例子,在其他某些省区也存在着。当然,现在还不到迫切需要大规模改变现存政区的地步,但是随着社会主义四化建设的飞跃发展,旧政区的不合理因素必然要逐步得到改革,在这当中,历史政区地理的研究显然就有借鉴的作用。

在我国,对于历代王朝的疆域消长、政区沿革、城邑兴废、水道变迁的研究有着特殊的发展,并且因此形成了沿革地理这样一门学问。但是旧的沿革地理学有一个很大的缺陷,就是只讲沿革的过程,并不探究其变化的原因和规律,这就使得沿革地理始终只能是历史学的附庸,不能成为一门独立发展的学科。而且由于不明白变化的原因和规律,又使得有关政区沿革的研究只能停留在单纯依靠地名考证的方法上,当文献资料缺乏时,这种方法的局限性就暴露出来了:

一是有时只能局限于讨论建置的沿革,对领域则略而不及。如围绕秦郡郡目之出入、建置之先后,曾出现过许多考证文章,但直到20世纪40年代以前,却无人论及秦郡的界址。因为在旧的研究方法中,历代郡(州、路、省)的领域一向用县目来表示,若正史有地理志则直接采用该志之记载,无地理志者则采用内插法——对比该朝代前后地理志的异同——钩稽出所有县目,补辑出一部疆域志来。但秦代并没有这个方便条件。《史记》没有秦地理志,当然更不会有战国时代明细的郡县表。秦县数目至今依然是一个待考的问题,所以秦郡领域的研究过去就长期付之以阙。实际上不靠县目的考证,仍能解决秦郡领域的复原问题,《秦郡界址考》一文就是一个典型实例。[2]

1　《关于民族平等和保护少数民族权利的法律草案》,《列宁全集》第 20 卷,人民出版社 1958 年版(下同),278 页。
2　谭其骧:《秦郡界址考》,载《真理杂志》第 1 卷第 2 期。

二是只能局限于研究王朝之间政区的变迁，或者说，只局限于每个王朝复原一套政区体制——乾嘉以来诸学者对各正史地理志所做的考订校补工作就属于这个范围——而不能深入到个别王朝内部的政区沿革中去。例如，《汉志》是历来研究最深入的一部地理志，有关的考证文章连篇累牍，成绩斐然，但对西汉一代政区变动的全过程，却始终无人置喙。因为这一变动过程过于复杂，相对而言，文献资料又过于简略。西汉有些郡国在史籍上仅空存一个名目，其领域变化几无踪迹可寻；个别郡名只有一见，连建置年代亦难于探索；至于《史记》《汉书》所载的"削胶西六县""淮南王有罪，削二县"之类，都不写明所削县名，若单纯依靠地名的考证，如何去复原胶西、淮南之原貌？所以历来的考证者至多只能在部分郡目和建置年代上有所争议，至于详细的郡国置废离合过程与领域变迁的研究只能留下空白了。

由于缺乏对断代的政区沿革进行研究，甚至使人形成一种错误观念，以为每个朝代只有一套政区模式，而正史地理志正是这种模式的写照，不明白这些地理志一般都仅代表某一时期（甚至某一绝对年代）的政区体制，并非该朝代一成不变的常制。例如西汉一代政区变动十分频繁，而且变动幅度很大，《汉志》所记载的只是这种变动的尾声，所表示的是西汉末年的行政区划。前人和今人都有不明白这个道理的，以为《汉志》代表的是西汉一代的常制。乾嘉学派名家王鸣盛说："云中、雁门、代郡，志凡四十三县，此（指《汉书·高帝纪》）云五十三；太原，志凡二十一县，此云三十一。四误为五，二误为三耳，余姑勿深考。"[1]其实汉初太原郡正是三十一县，云中等三郡，正是五十三县。王氏恰因"姑勿深考"而搞错，误以为西汉政区二百年间一成不变。近年来，西汉文物大量出土，在讨论与文物有关的历史地理问题时，也有同志重蹈覆辙，将西汉末年的王国疆域与汉初等同起来，以致得出错误的结论。

本书的写作就是尝试填补上述这种断代的政区沿革研究方面的空白。企图通过对西汉史的全面考察，弄清政区变化的原因和规律，以弥补文献记载和考古资料的不足，复原西汉各个时期郡国一级政区面貌，描述二百年间郡国置废离合的全过程，并略及县邑一级政区沿革的若干问题。

西汉的政区体制与秦代有所不同。秦始皇统一全国以后，采用中央集

---

1 《十七史商榷》卷十七。

权制的郡县制度,以县(道)为基层政权单位,以郡统县,直属中央。汉初出于政治需要,一改秦制,采用"封建"与郡县并存的混合制度:一方面,皇帝直辖部分郡县;另一方面,建立若干诸侯王国,以部分郡县分属之。这种制度的结构形式是:

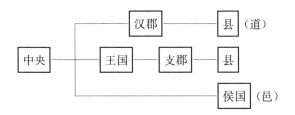

所以,汉初实际上并非真正中央集权制国家,而是皇帝与诸侯分治天下的局面。诸侯王虽受中央节制,但又有相对独立的地位,专制皇权不能直接施行于王国所属的郡县。从"封建"的意义上严格说来,汉初诸侯王国并非一级政区,而是皇帝与诸侯划定的势力范围,但实际上可当成一级政区对待。汉初又增设与县、道建制相当的侯国与邑两种单位,前者是列侯的封地,后者是皇后、公主的食邑。邑与侯国直属中央,不受所在郡国管辖。

汉初诸侯的特殊地位维持了半个世纪,景帝平定吴楚七国之乱以后,诸侯特权被剥夺,王国地仅一郡,其余支郡悉被收属中央,地位降格,等同汉郡。侯国与邑亦分属所在郡管辖。在全国范围内确立了专制皇权的中央集权制,地方行政制度变成郡(国)县制,或一般所说的郡国并行制,其结构形式是:

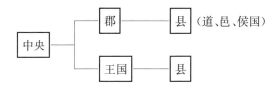

这是实际上的郡县制,王国与郡的区别主要是王国的租税收入归诸侯王所有而已。

本书研究的主要对象就是西汉二百年间王国和郡一级政区在建置和领域方面的变迁。县邑一级政区与郡国性质有所不同,地域变迁的研究几乎不可能,也没有实际意义。除了建置沿革外,重要的就是考证其治所的地望。由于文献和考古资料的限制,西汉一代县邑道国的沿革全过程暂不可考,无法列出二百年的县邑建置沿革明细表。故本书不详及县邑一级政区的沿革,但将在附篇里讨论与汉县沿革有关的几个问题。至于《汉志》所列一千五百余县之地望,本书直接采用前人成果,不另加考证;遇前人有误时,方在文内予以辨明订正。

第二节 西汉郡国建置沿革概述

西汉郡国一级政区的沿革过程相当复杂,因此本节把考证结论倒置于前,先按年代叙其变化大要,并附以郡国建置沿革表,以使读者对二百年间政区的置废离合过程有一个总的概念,至于详细的复原考订工作则放在正文中分地域进行。

一、高帝时期

汉高帝五年(公元前 202 年),汉王朝建立以后,高帝刘邦正式剖符分封异姓功臣七人为诸侯王,这些异姓诸侯是刘邦取得全国政权的支持者,他们拥兵占地,已行割据之实,所谓分封不过是对现实的承认而已。七异姓王国的封域占去汉疆域的一半,可以所辖郡目表示如下:

国名	王名	王都	封 域	始 封 年 月
燕	臧荼	蓟县	广阳、上谷、渔阳、右北平、辽东、辽西	因项羽原封,汉高帝五年九月为卢绾所代
韩	韩信	阳翟	颍川	二年十一月
赵	张耳	襄国	邯郸、巨鹿、常山	四年十一月
楚	韩信	下邳	东海、会稽、泗水、陈郡、薛郡	四年二月王齐五年正月徙楚
淮南	英布	六县	九江、衡山、庐江、豫章	四年七月
梁	彭越	定陶	砀郡	五年正月
长沙	吴芮	临湘	长沙、武陵	五年二月

与此同时,刘邦自领二十四郡之地,即:河上、渭南、中地、上郡、北地、陇西、汉中、巴郡、蜀郡、云中、雁门、代郡、太原、上党、河东、河内、河南、南阳、南郡、东郡、临淄、济北、胶东、琅邪。

异姓王国的设置显然与专制皇权直接矛盾,因此,高帝六年起,开始逐个翦除异姓诸侯。由于刘邦认为秦王朝迅速灭亡的原因在于未有同姓王国以拱卫中央政权,于是在清除异姓诸侯之后,大建同姓王国,作为中央朝廷

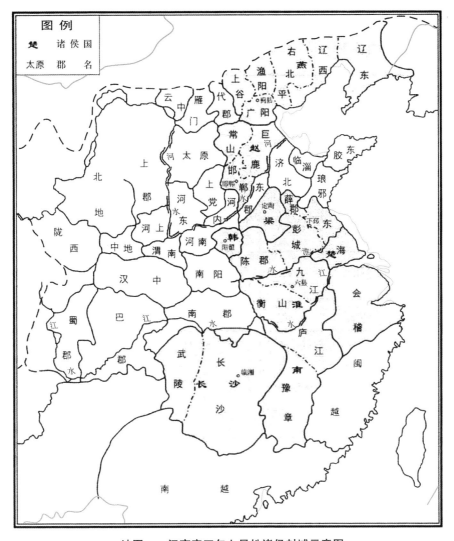

地图一 汉高帝五年七异姓诸侯封域示意图

的屏藩。以同姓代替异姓的工作至高帝十二年基本完成,其时,"高祖子弟同姓为王者九国,唯独长沙异姓……内地北距山以东尽诸侯地,大者或五六郡,连城数十,置百官宫观,僭于天子。汉独有……十五郡"[1]。这是同姓诸侯王国的鼎盛时期。在更异姓为同姓的过程中,刘邦有意识、有计划地开置部分秦郡,或一分为二,或一分为三,因此高帝末年同姓王国的封域可以郡目表示如下:

---

1 《史记·汉兴以来诸侯王年表》。

国名	王名	王都	封　　域	始 封 年 月
楚	刘交	彭城	彭城、东海、薛郡	汉高帝六年正月
齐	刘肥	临淄	临淄、胶东、胶西、济北、博阳、城阳、琅邪	六年正月
赵	刘如意	邯郸	邯郸、常山、巨鹿、河间、清河	九年正月
代	刘恒	晋阳	太原、雁门、定襄、代郡	十一年正月
梁	刘恢	定陶	砀郡、东郡	十一年三月
淮阳	刘友	陈县	陈郡、颍川	十一年三月
淮南	刘长	寿春	九江、衡山、庐江、豫章	十一年七月
吴	刘濞	广陵	东阳、吴郡、鄣郡	六年正月荆国十二年十月更封
燕	刘建	蓟县	广阳、上谷、渔阳、右北平、辽西、辽东	十二年二月

九个同姓王国与异姓长沙国在地域上连成一片,总封域占全汉疆域的一半以上。这时高帝自领地不过十五汉郡,即:内史、上郡、北地、陇西、汉中、巴郡、蜀郡、广汉、云中、上党、河东、河内、河南、南阳、南郡,比高帝五年时更形缩小。

上述同姓、异姓诸侯又称内诸侯,虽有相对独立地位,但仍要受中央节制,其封域属于西汉的版图。另外,还有所谓外诸侯,他们只是称臣纳贡而已,不受汉王朝控制,其领地在汉初疆域以外。高帝时期共分封外诸侯三人:五年封故越王亡诸为闽越王,王闽中地;十一年封秦南海尉赵佗为南越王,王南海、桂林、象郡;十二年封"越之世"南武侯织为南海王,其地当在闽越、南越、淮南三国间。

二、惠、吕、文、景时期

高帝死后,吕后当政,执行打击同姓王国的政策,废梁、赵,割齐、楚,分封外戚张、吕氏及惠帝后宫子为诸侯王。至吕后八年,其相继设置的王国有八:

吕氏三国:燕、赵、吕(梁国更名);张氏一国:鲁(本楚薛郡);惠帝后宫子三国:常山(割赵)、淮阳、济川(本齐济南郡,置为吕国,后更封);刘氏一国:琅邪。

高帝末年的九同姓国则只余其五:淮南、代、吴、齐、楚。其中齐、楚两国

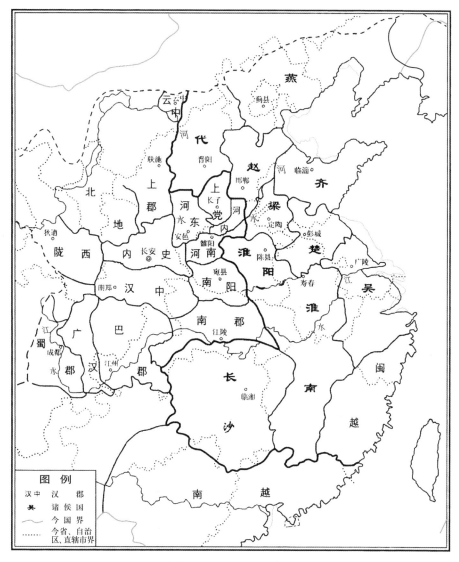

地图二　高帝十二年十王国、十五汉郡示意图

（图中粗线以东为十王国，以西为十五汉郡）

部分支郡被夺，已非完璧。异姓长沙国仍因弱小而得保全。以是，吕后末年，并存之诸侯王国共有十四。

外诸侯国亦增其一：惠帝三年立闽越君摇为东海王，王闽中地北部。

吕后分封外戚、抑制同姓诸侯的做法自然引起刘氏宗室的不满。因此吕后一死，他们即与将相列侯一道，清除诸吕，拥立文帝。随即废外戚诸王，复齐、楚、赵同姓诸国故地。这样，除长沙外，重又出现清一色的同姓王国局面。

但是同姓王国版图大、人口多，诸侯王拥有特权，实力雄厚，对专制皇权始终是潜在的威胁。因此,文帝接受贾谊以亲制疏和众建诸侯少其力的建议,一方面,徙亲子淮阳王于梁,牵制关系较疏的同姓国;另一方面,分齐为七,分淮南为三,用分地的办法削弱诸侯的实力。至文帝十六年,王国总数已增至十七,即高帝末年九国(淮阳已除)加上济北、济南、淄川、胶东、胶西、城阳(分齐置)及庐江、衡山(分淮南置)八国。

汉郡数目也随着诸侯王国的变动而有所增加。淮阳王徙梁以后,淮阳郡即为汉所有;齐分为七时,琅邪郡归属中央;河间国除,其地入汉分为河间、勃海、广川三郡;同时,内史又分为左、右,于是汉郡总数在文帝后期增至

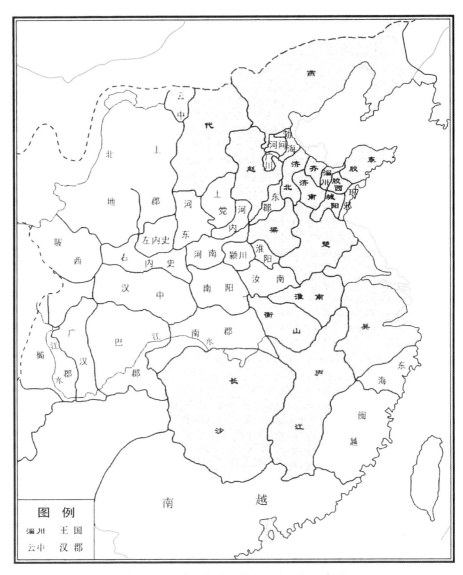

地图三　文帝后期十七诸侯二十四郡示意图

二十四。这就是景帝二年,枚乘说吴王时所追述的十七诸侯、二十四郡的形势。文帝末年,异姓长沙国无后国除,地入于汉为长沙、武陵、桂阳郡。

景帝即位,采纳晁错削藩之策,"请诸侯之罪过,削其支郡",比文帝更进一步,用直接削地的方法缩小王国版图。这一行动触犯了诸侯王的根本利益,因此,以吴、楚为首,与赵、济南、淄川、胶西、胶东等七国于景帝三年发动了叛乱,但不过数月即被各个击破而失败。

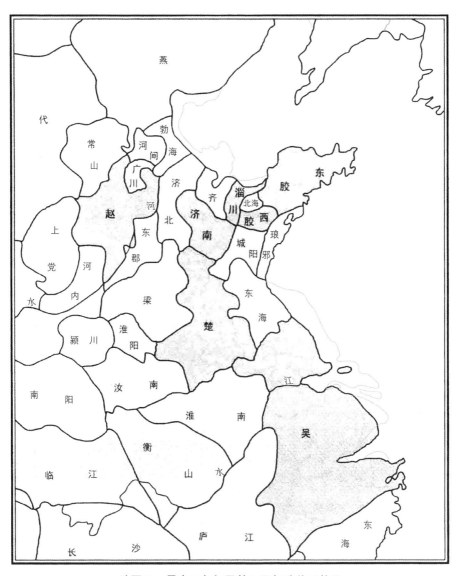

地图四　景帝三年初吴楚七国叛乱前形势图

乱平以后,景帝乘势收夺诸侯王国之支郡、边郡属汉。同时又以部分汉郡及所削支郡置国,先后封亲子十三人为王。景中六年,又分梁国为五,至此共有诸侯王国二十五，是西汉一代王国总数最高的年份。但诸侯王实力已经中落：一方面，版图大为缩小，除江都外，其他王国仅领一郡之地；另一方面，行政上"自置吏"，财政上"得赋敛"的特权被剥夺。诸侯仅得衣食税租，王国地位如同汉郡，远非高帝昔日可比。

由于王国支郡悉属于汉，使汉郡总数激增，与景中六年二十五国并存的汉郡达四十三之多，形成《史记·汉兴以来诸侯王年表》（以下简称《史记·诸侯王表》）所说"吴楚时，前后诸侯或以谪削地，是以燕、代无北边郡，吴、淮南、长沙无南边郡，齐、赵、梁[1]、楚支郡名山陂海咸纳于汉"的局面。

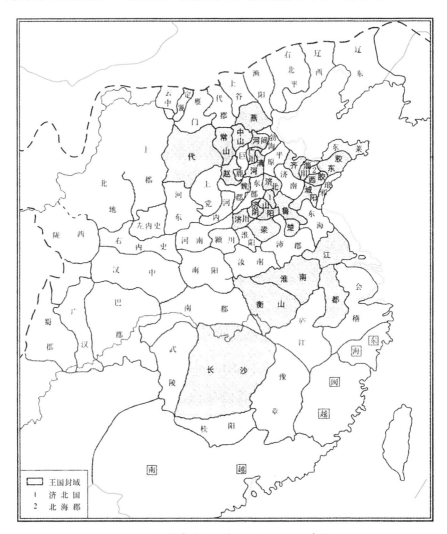

地图五 景帝中元六年二十五王国示意图

---

1 太史公此语是兼景、武而言。梁本无支郡，景中六年梁分为五以后，其中四国先后废除，至武帝元鼎间悉为汉郡，与纳支郡于汉无异。

三、武帝时期

经过景帝削藩以后，王国地虽一郡，然大国犹有"连城数十，地方千里"者（如代国）。武帝为防诸王国"合纵以逆京师"，遂接受主父偃的意见，于元朔二年颁布推恩令，蚕食王国封域。推恩法的具体内容是："令诸侯王以私恩自裂地分其子弟，而汉为定制封号，辄别属汉郡。"换句话说，诸侯王割王国一县或一乡之地分其子弟，汉廷封以王子侯的名义，但该侯国须别属汉郡所有。所以推恩的性质无异于削地，只是规模略小（类同削县）。推恩令是带强迫性的，实行不过二十年，诸侯封圻大者已削至十余城；迨至元成之际，则小国仅有三四县之地，而王国周围的汉郡领域则相应扩大，以至分置新郡。

推恩而外，元狩年间又罢郡国盐铁，悉禁郡国毋铸钱，使诸侯财政收入锐减；在衡山、淮南王谋反以后，又颁布左官律和附益法，贬低王国地位。此后，诸侯王在政治上毫无能为，完全不得参与政事，经济来源只余田租一项，已逐步走向衰微，不复为中央朝廷之患。

武帝一代虽长达五十四年，但王国之置废移徙，相对而言未有景帝朝之频繁。自建元三年至元狩元年，相继有七王国因无后或谋反而除，王国总数由武帝初年的二十四国降至十七国。元狩二年起，王国迭有置废，总数或增或减，但直到武帝末年以前，始终只在二十以下波动。

武帝年间政区的主要变化乃是由开疆拓土而引起的初郡和边郡的大量增加。汉初疆域原比秦代要小。以秦郡为说，汉初失其五：九原郡没入匈奴，南海、桂林、象郡为赵佗割据，闽中郡故地封予闽越王亡诸。而且上郡、陇西、北地三郡故塞（秦昭襄王长城）以外地亦为匈奴所占。汉武帝以前的六十年间，疆域未尝有所扩大。

建元六年，首先向西南夷地区开辟了犍为郡。接着在北方连续对匈奴用兵，元朔二年，收复河南地，置朔方、五原二郡；上郡、陇西、北地恢复秦时规模；元狩二年，在河西地置酒泉郡；元鼎六年分置张掖、敦煌郡。同年灭南越，置南海、郁林、象郡、苍梧、合浦、儋耳、珠崖、交趾、九真、日南十郡；灭闽越，以其地入会稽郡。再度开发西南夷地区，置牂柯、武都、汶山、沈黎、越巂诸郡，元封二年又开滇地置益州郡。在东北地区，元封三年灭朝鲜及其附庸，置乐浪、真番、临屯、玄菟四郡。至此是西汉直属郡国版图臻于极盛之时：东起朝鲜半岛东海岸，西北至玉门关、阳关，北自阴山以北，南至今越南中部。这一幅员辽阔的版图历经四分之一世纪，至昭帝始元五年罢真番、临屯郡时才稍有缩小。

在拓地的同时，武帝又陆续开复旧郡。自元朔四年至元鼎三年相继分置西河、广平、涿郡、临淮、天水、安定、弘农、零陵诸郡，太初元年又分右内史西部置右扶风，至此，全汉共有郡国总数一百零九，是西汉一代郡国总数最高时期，其中王国十八，汉郡九十一。这一总数保持七年之久，到天汉四年省沈黎郡，才发生变化。《史记·诸侯王表》所说"诸侯稍微，大国不过十余城，小侯不过数十里……而汉郡八九十，形错诸侯间，犬牙相临，秉其陀塞地利，强本干，弱枝叶之势"，正是武帝元封太初间形势的写照。

四、昭、宣、元、成、哀、平时期

在武帝大规模军事行动以后，昭帝年间稍行紧缩政策。始元五年罢真番、临屯郡，以其部分地并属乐浪；撤销儋耳郡建制，省其地入珠崖。元凤五年，罢象郡，分属郁林、牂柯。但对西北边境，汉廷仍视为要地，始元六年，分天水、陇西、张掖各二县置金城郡，就是隔断西羌与匈奴联系的重要措施。

昭帝一代十三年间除元凤元年燕王谋反国除以外，诸侯王国无所置废，相对稳定。元平元年昭帝死，无后，昌邑王继位二十七日即废，昌邑国随之而除，因此该年末实有郡国一百零四，其中王国十六，汉郡八十七。

宣帝号称中兴，于西北地区屡次对匈奴和羌人用兵取得胜利。神爵二年，匈奴西边日逐王降，因之建立西域都护府，将西域三十六城郭国及乌孙、大宛之属置于都护管理之下。此后，汉之西北边界遂西逾葱岭，北越天山，比武帝时版图更加扩大。

对于边郡和初郡，宣帝亦略有调整，地节间分张掖郡东部地置武威郡，省汶山郡，以其县属蜀郡。

宣帝朝诸侯王国的置废比昭帝间稍为复杂。二十五年间净置[1]王国五：广阳、高密、淮阳、东平、定陶(后徙楚)，除王国六：楚(宣帝末定陶徙此)、清河、平干、中山、广陵、广川。故至宣帝末年共有王国十五，与之并存之汉郡为八十八，郡国总数仍为一百零四，与昭末同。

元帝以后，汉王朝虽逐步走向衰落，但边境地区由于武、昭、宣三代的经营，已经基本无事。唯有今海南岛上的珠崖郡因治理失措而于元帝初元三年放弃，郡国总数因此减为一百零三。初元三年在西汉郡国建置方面是一个标志年，此后直至平帝元始二年初的半个世纪中，郡国总数始终稳定在一百零三不变(唯成帝鸿嘉二年曾置广德国，地望不详，数月即除，略而不计)。

---

[1] 置而复除者不计，下面所说除几国亦指净除数，除而复置者亦不计，以下之成哀平诸朝同。

其间诸侯王国虽迭有废置迁徙，但或以郡置国，或国除为郡，此长彼消，不影响总数的变化。

元帝间共置三王国：广陵、济阳（后徙山阳）、信都；除王国一：河间。以是元帝末年共有王国十七，汉郡则相应有八十五。元帝以后王国建置方面的特点是迁徙颇为频繁，忽以郡为国，忽以国为郡，变化不定。王子侯国亦须频繁地随着郡国名目的变换而改隶。

成帝一代虽长达二十六年，仅次于武帝，但于王国几无所置废，唯即位之初复置河间一国，其他变动只是迁徙或更王而已。故成帝末年王国数增至十九，汉郡则减为八十四。

元成以降，由于推恩法蚕食的结果，王国封域远比一般汉郡为小，而诸侯王地位亦随之江河日下。元帝初元三年，"令诸侯相位在郡守下"，使王国地位再次下降。但此时仍由内史治国民，相在名义上仍统率王国百官。成帝绥和元年复省内史，更令相治民如郡太守，中尉如郡都尉，至此，王国与汉郡毫无二致，而地位更在汉郡以下，封建同姓之名几近不存，地方行政制度已归于实际上的郡县制。

哀帝一代仅六年，置废王国各一。建昭三年置广平国，同年废东平国。哀帝死后，平帝以中山王立，实则王莽掌权，元始元年复置东平国，此时之百三郡国即如《汉书·地理志》所载之八十三郡、二十王国的名目。郡国名下所谓元始二年的户口籍当以元始元年秋上计的数字为据。

元始二年四月，又置广德、广宗、广世[1]三国，乃所谓"继绝"之举。《后汉书·马援传》云："前披阅舆地图，见天下郡国百有六所。"该图当即表示元始二年以后之形势。三国之地望不详，大约仅一县之地，无足轻重，故东汉光武十三年省并西汉十国时，不闻其名。至元始四年，王莽新置西海郡，分京师置前辉光、后丞烈两郡，实已开新莽职方之始，不在本书所述范围之内矣。

第三节　复原西汉政区的前提

一、考证区域的划分

西汉一代郡国的变动虽然很大，但从地域上说来，这些变动在性质和程度方面存在着较大的差异，考证复原工作必须根据这个特点分地域进行。

从上节郡国沿革概述，可以发现高帝末年时明显存在两个判然有别的

1　《汉书·平帝纪》作广川。

地域,一是东半部的十王国(九同姓、一异姓)地区,一是西半部的十五汉郡地区,两大地域界线分明,互不交错。

自高帝末年到武帝初年的六十年间,西部的十五汉郡在建置和领域方面几乎毫无变化,在武帝以后虽有所变化,但变动幅度不算大。相反,东部十王国地区由于汉廷接连实行割裂、削夺王国领域的各项政策,建置和领域不断发生变动:一方面王国数目有所增加而又置废无常;另一方面王国领域逐渐缩小,分化出许多汉郡。终西汉一代,这一地区的王国与汉郡在数目和领域方面的相互消长从来没有停止过。到成帝元延、绥和间形成十九王国与四十一汉郡并存的局面。

武帝建元六年起,西汉疆域开始向外扩展,不但恢复而且扩大了秦代疆域。到元封三年止,先后在西南、西北、岭南、东北等地区相继开置新郡二十六,又经过几十年的发展和调整,到元帝初元三年,变成二十一郡和一都护府的形势。武帝新开郡地域的政区变迁又和上述两大地域有所不同,自成一相对独立的体系。

三个地域政区变动的性质和程度有别,考证方法也自然不同。十王国地区是西汉政区变动最复杂的地域,《汉志》所载各王国版图是文、景、武以来分地和削地的结果,所以考证方法必须采用逆推法。首先将元延末年(《汉志》所载侯国截止于此年)以前别属汉郡的王子侯国及削县还之《汉志》各王国,以求得这些王国在武帝初年的境界;其次再收回景帝所削支郡,复原文景间各王国的版图;最后将被文帝割裂的有关的数国合而为一,便得出高帝末年十王国的封域。复原十王国封域的过程实际上就揭示了十王国地区在近二百年间政区变动的全过程,所以本书上篇分十章详细考证十王国的变迁,将西汉史上曾经出现的所有王国(唯临江国放在下篇)及与之相关的汉郡的变化全部容纳在其中。

本书下篇则分成五章。第一章叙述高帝十五郡地区的沿革,其他四章依次考证武帝新开郡地域中,西南、西北、岭南及东北(朝鲜半岛)四个地区内诸郡的置废及领域变动情况。由于高帝末年的巴、蜀、广汉、汉中四郡与武帝新开西南诸郡的沿革有所交叉,所以将其列入第二章中讨论,因此第一章实际上只详及高帝末年十一郡的变迁。

还有一点必须说明:十王国地区与十五汉郡地区的划分,只是为了考证的便利,并非作为断代的标志。换句话说,并不表明本书从高帝末年开始考证西汉郡国沿革过程。实际上,高帝五年至十二年间的郡国变迁情况亦分别按地域融入十王国地区或十五汉郡地区之中讨论。如高帝五年七异姓王

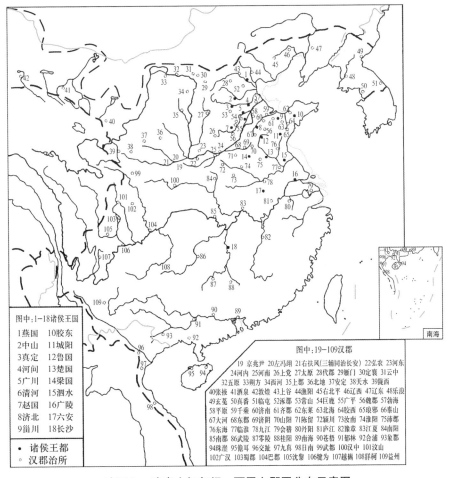

图中：1-18诸侯王国

1燕国	10胶东
2中山	11城阳
3真定	12鲁国
4河间	13楚国
5广川	14梁国
6清河	15泗水
7赵国	16广陵
8济北	17六安
9甾川	18长沙

• 诸侯王都
○ 汉郡治所

图中：19-109汉郡

19京兆尹 20左冯翊 21右扶风(三辅同治长安) 22弘农 23河东 24河内 25河南 26上党 27太原 28代郡 29雁门 30定襄 31云中 32五原 33朔方 34西河 35上郡 36北地 37安定 38天水 39陇西 40张掖 41酒泉 42敦煌 43上谷 44渔阳 45右北平 46辽西 47辽东 48乐浪 49玄菟 50真番 51临屯 52涿郡 53常山 54巨鹿 55广平 56勃海 57勃海 58平原 59千乘 60济南 61齐郡 62东莱 63北海 64胶西 65琅邪 66泰山 67大河 68东郡 69济阴 70山阳 71陈留 72汝南 73淮阳 74淮郡 75沛郡 76东海 77临淮 78九江 79会稽 80丹阳 81庐江 82豫章 83江夏 84南阳 85南郡 86武陵 87零陵 88桂阳 89南海 90苍梧 91郁林 92合浦 93象郡 94珠崖 95儋耳 96交趾 97九真 98日南 99武都 100汉中 101汶山 102广汉 103蜀郡 104巴郡 105沈黎 106犍为 107越巂 108群柯 109益州

南海

地图六　武帝太初年间一百零九郡国分布示意图

国的封域的考证就包括在上篇相应各章之中。

二、《汉书·地理志》的断代

《汉书·地理志》是西汉政区变动已经趋于相对稳定时的记录，是本书复原各个时期政区面貌的基础，因此，在进行具体考证之前，必须先确定《汉志》所载政区以哪一年的版籍为据。

清代学者钱大昕氏研究《汉志》最为深刻，他首先注意到："班志郡国之名，以元始二年户口籍为断，其侯国之名，则以成帝元延之末为断。"[1] 这个发现十分重要。汉制，侯国地位与县相当，析封侯国等于建立新县，必须登于版籍之上。既然绥和元年以后的侯国名《汉志》不予登录，是证《汉志》各郡国所属县

1　《廿二史考异》卷九《侯国考》。

目(即各郡国之领域)乃以元延绥和之交为断。兹举一例说明之:长沙王子昌封湘乡侯国,在哀帝建平四年,按理当别属长沙国周围六郡之一,但《汉志》诸郡皆无湘乡县名,而《续汉书·郡国志》零陵郡却有湘乡县。可见建平四年,湘乡虽已别属零陵,但因此事发生在元延末年以后,故《汉志》已不及登录,倘《汉志》县目亦以元始二年为断,则《汉志》零陵郡必须有湘乡之名。另外一个反面例子:淄川孝王子畛元延二年封台乡侯国,虽然《汉志》失注侯国,但仍系该县于齐郡之下,说明绥和元年以前析封之侯国,其名必见于《汉志》(免侯后被省并的当然除外)。

由此看来,《汉志》事实上乃是两份资料的混合物。一份是平帝元始二年各郡国的户口籍,另一份大抵是成帝元延绥和之际各郡国的版图(即所属县目)。这两种资料生硬地凑在一起,结果产生了一些矛盾:如王子侯国照例不属诸侯王,须别属汉郡,但《汉志》广平国、信都国均有王子侯国;又如,广平国领县十六,户止二万七千;信都国领县十七,户止六万五千,县目与户籍悬殊。明白了《汉志》是两种资料所组成,便很容易理解这些现象,正因为《汉志》政区以元延末年为断,其时广平、信都为汉郡,故分别领有十六县和十七县,其中有若干是王子侯国;又因为户口籍以元始二年为断,其时广平、信都复为国,王子侯国改属汉郡,县目大为减少,因此户籍只有二万七和六万五。换句话说,《汉志》的郡国名只与户口籍相对应,而与县目无关。《中国历史地图集》中的西汉地理图据《汉志》绘制,但图上所标郡国名悉以元始二年为准,据以上分析,均应改为元延绥和间的郡国名,方与所属县目相符。

钱氏虽已发现上述矛盾,但未意识到《汉志》所列县目是以元延绥和之际版籍为据,仍以为"《地理志》所载郡县以元始初版籍为断"[1],而广平国、信都国所以领有王子侯国,乃因侯国反复改隶,"特史家不能一一载之耳"[2]。

进一步的研究表明,《汉志》所载各郡国版图并不断于同一年。如梁国八县乃元延中的领域,中山国十四县则为绥和元年的版图,[3]略有差别。上文"元延绥和之际"的提法就是有鉴于此。

既然《汉志》所列县目不及哀平以降,因此本书对各郡国领域的考证亦只能止于成帝元延绥和之际,唯建置沿革可叙至元始元年。

由于西汉各个时期的县目已无法详考,因此本书所述各时期之郡国领域概以《汉志》所列之县目来表示,这些县不一定在当时已经出现,只是用以标明郡国的界址而已。

---

1 《潜研堂文集》卷十二《答问九》。

2 《廿二史考异》卷九《侯国考》。

3 详见上篇第五章第二节及第八章第九节。

上 篇

高帝十五国地区沿革

第一章
楚国沿革

高帝五年,以秦郡东海、会稽、泗水、薛郡、陈郡置楚国封韩信,翌年国除,分其地置两国。以淮西地之彭城、薛郡、东海三郡另置楚国封弟交。吕后六年,夺楚薛郡置鲁国;文帝时,楚复有三郡;景帝三年,削楚东海郡;随即吴楚七国反,楚国除,以薛郡复置鲁国,又分彭城郡部分地再置楚国,余地置为沛郡。武帝元狩六年,分沛郡、广陵郡(原吴国地)置临淮郡;元鼎三年分东海郡南部数县置泗水国。宣帝地节元年楚国除为彭城郡,黄龙元年复故。

第一节 韩信之楚国

《汉书·高帝纪》载:刘邦用张良计,许"从陈以东傅海与齐王信"。五年春正月,下令曰:"齐王信习楚风俗,更立为楚王,王淮北,都下邳。"

《史记·荆燕世家》:汉六年春,"废楚王信,因之,分其地为二国。……立刘贾以为荆王,王淮东五十二城,高祖弟刘交为楚王,王淮西三十六城"。

综合以上记载,知韩信之楚国东傅海,包有淮东淮西,西至陈,尽有淮北之地。

陈于《汉志》为淮阳国都,于秦为陈郡治,故韩信之国以秦郡数自西至东当有陈郡、薛郡、泗水、东海、会稽等郡,皆旧六国楚地之属(会稽于秦可能已分置鄣郡,见《郡国志》丹阳郡注)。

所谓分韩信地为两国,其实仅指分其东部(即淮东淮西地)而已,其西部(即淮北地)则高帝收为己有,至汉十一年方以封淮阳王刘友。故《史记·诸侯王表·序》虽曰高祖末年同姓为王者九国,实际上仅数燕、代、齐、赵、梁、楚、淮南七国,不及吴与淮阳,以两国皆韩信故楚地,故以一楚蔽之。

高帝五年时,内地北距山以东除太原、上党、东郡、故齐地四郡属汉外,其余尽归七异姓王国,就中又以韩信封地最大。

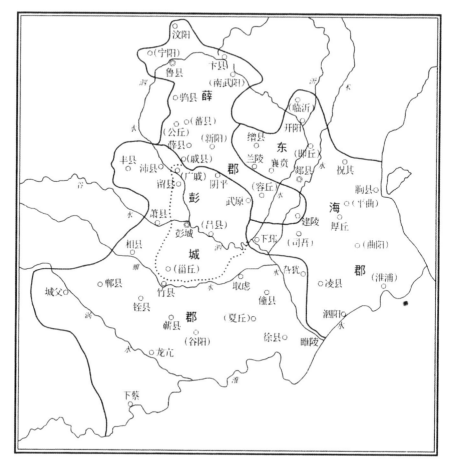

地图七　高帝六年至吕后六年及文帝元年至景帝二年楚国示意图

(图中虚线为景帝三年楚国与沛郡分界线)

第二节　刘交之楚国

《汉书·楚元王传》：汉六年，立"交为楚王，王薛郡、东海、彭城三十六县"[1]。

薛郡，秦置。《汉志》鲁国下本注曰："故秦薛郡。"

东海郡，清儒以为秦郡。楚元王之东海仅得秦郡之北部，其南部（江淮之间）已析为东阳郡，以封刘贾（参见吴国沿革）。元王之东海或称郯郡，以郡治得名（《汉书·高帝纪》）。

1　《汉书·高帝纪》载："以砀郡、薛郡、郯郡三十六县立弟文信君交为楚王。"有误。时砀郡已封彭越梁国，不得属楚，砀郡乃彭城之讹。见钱大昕《廿二史考异》卷六。

彭城郡,即秦泗水郡。近人王国维以为项羽都彭城,故泗水更名彭城郡。秦泗水郡约当《汉志》之楚国、沛郡及临淮郡淮水以西地,《汉志》云:"楚国,高帝置,宣帝地节元年更为彭城郡,黄龙元年复故。"又云:"沛郡,故秦泗水郡,高帝更名。"

高后六年,以楚之薛郡分置鲁国,封外孙张偃。《史表》《汉志》以鲁国置于元年,《张耳传》则系于六年,当以传为是。因为是年宣平侯张敖死,方以鲁国封其子张偃。

文帝元年,吕氏败,鲁国除,楚复有薛郡。

景帝三年冬,削楚东海郡。正月楚王戊反,三月诛。随后以其薛郡置鲁国,分彭城郡北部数县仍为楚国,南部置沛郡属汉。以下分节讨论景帝三年后楚国、沛郡、鲁国、东海郡的沿革。

第三节　景帝三年以后楚国沿革

景帝三年,楚王戊反,诛,其地本应尽入于汉,只因文、景二代皆"尊宠元王",故立其少子礼为楚文王,以续楚元王后。因此刘礼之楚国仅有彭城及其附近数县之地。

武帝元光六年,封楚安王子侯国二:

① 杏山　元鼎五年免侯,省并入他县,故《汉志》(以下或简称《志》)不见。

② 浮丘　《汉书·王子侯表》(以下简称《表》)下注沛郡,时推恩令虽未下,恐已试行,故别属沛郡,元鼎五年免侯后省并。

宣帝地节元年,楚王延寿谋反,国除为彭城郡。黄龙元年,复置楚国,宣帝子定陶王嚣徙为楚孝王。

成帝河平三年及阳朔二年各封楚孝王子侯国一:

③ 广戚　《志》属沛郡。

④ 阴平　《志》属东海。

《汉志》楚国领彭城等七县,景帝三年刘礼之楚国当为《汉志》楚国加上广戚、阴平两县。

第四节　沛郡沿革

沛郡置于何年,《史记》未明言。据《汉志》"沛郡,故秦泗水郡,高帝更名",似乎可推测高帝六年分泗水郡北部为彭城郡以封楚元王,南部置沛郡自属,泗水更名乃因郡境变动而引起。但此推测尚无其他坚强之根据以资证明。

因此第二个可能便是景帝三年在复置楚国同时分彭城郡置沛郡。吴楚之乱平定以后,景帝乘势收夺各王国支郡和边郡,并借更徙诸侯、复置王国之机,分置新郡以属汉,沛郡即其首例。[1]

武帝元朔三年,得鲁王子侯国公丘。元朔中,得梁国所削县五:谯、鄐、芒、敬丘、建平(见梁国沿革)。元狩六年,分东部数县置临淮郡。此数县当为:下相、徐、睢陵、取虑、僮、昝犹,皆在淮西。《晋书·地理志》云武帝分沛东阳(即广陵)置临淮,东阳无淮西地,故《汉志》临淮郡之淮西诸县必为沛郡故地。又临淮之开阳、播旌两县地望无考,不知位于淮东或淮西,因此无法肯定其是否为沛郡故属。

元帝建昭元年,得梁王子侯国五:东乡、漂阳、高柴、临都、高。

成帝河平三年,得楚王子侯国广戚。永始三年,得梁王子侯国祁乡。

又沛郡自武帝以后因分封功臣恩泽侯,陆续析置若干侯国,这种情况只增加县目,并不影响领域的变化。

经过以上变动,《汉志》沛郡领县三十七。以此逆推,知景帝三年之沛郡境西、南两面皆循《汉志》沛郡界,东境则至临淮郡之下相、昝犹、睢陵一线,西北无谯、芒以西北诸县,北无广戚、公丘。

景帝三年刘礼之楚国加上沛郡即汉六年始封楚元王时之彭城郡。

第五节　刘馀之鲁国沿革

景帝三年六月,以故楚薛郡复置鲁国,徙淮阳王馀为鲁恭王。

武帝元朔元年,封鲁共王子将为王子侯:

① 戚　《汉表》《史表》皆作广戚侯。上节已见楚王子有广戚侯,《汉志》沛郡有广戚侯国。王先谦氏以为广戚地先封鲁王子后封楚王子,谬甚。若先封鲁王子而别属沛郡,则已非楚国属地,何能用封楚王子?今检《汉志》东海郡有戚县,近鲁,当是鲁王子将国,先为鲁地,后入东海。《汉表》衍一广字。此侯元鼎五年免为县,故《志》不注侯国。

元朔三年,封鲁共王子侯国五:

1　其后尚有分济北置平原、分胶东置东莱、分邯郸置魏郡之举,参见有关各章节。

② 宁阳　《志》属泰山。《汉书·夏侯胜传》:"鲁共王分鲁西宁乡以封子节侯,别属大河,大河更名东平。"钱大昕曰:"鲁共王子宁阳侯恬,瑕丘侯政皆谥节侯,此传所称节侯盖宁阳侯也。地理志宁阳属泰山郡不属东平,盖宣帝建东平为王国,复以宁阳属它郡。"(《廿二史考异》卷八)

③ 瑕丘　《志》属山阳。失注侯国,居延汉简有"大河郡瑕丘"之名(499.3,515.42)。劳干云:"瑕丘地理志属山阳,盖封国时改属矣。"(《居延汉简·考证部》卷二)

以上两侯国沿革实际上还要复杂些:元朔三年时,鲁国北有济北国,西有济东国,故宁阳、瑕丘二侯国只能别属山阳郡。天汉四年山阳郡建为昌邑国,二侯国方改属大河郡(元鼎元年济东国除为大河郡)。宣帝甘露二年大河郡建东平国,乃将两侯国分属泰山、山阳二郡。这个情况表明汉制诸侯王国不能属有王子侯国。

④ 公丘　《志》属沛郡。《汉志》沛郡:"公丘,侯国,古滕国。"《汉书·夏侯婴传》:"(婴)赐爵封,转为滕令。"邓展注曰今沛郡公丘县。《汉志》无滕县,何来滕令? 是滕为秦县,汉初因之。至武帝时分滕为二,一为蕃县,一为公丘,公丘封侯,属沛郡。由此说明,汉县分置侯国后不一定保留原名,地既析而为二,名亦重新厘定。

⑤ 郁桹　⑥ 西昌　二侯国皆元鼎五年除,省并。

昭帝始元五年,封安王子侯国三:

⑦ 兰旗　即《志》兰祺侯国,地望无考,或在容丘与兰陵间。

⑧ 容丘　⑨ 良成　《志》皆属东海。

宣帝甘露四年,封孝王子侯国八:

⑩ 昌虑　《表》泰山,《志》东海。《表》误《志》是。《表》之误乃后人传抄错格所致。《汉表》昌虑侯前三格依次是:(1)阳兴侯昌,河间孝王子,涿郡;(2)利乡侯安,中山顷王子,常山;(3)都乡侯量,赵顷王子,东海。然据《汉志》,利乡属涿郡,非常山;都乡属常山,非东海。可见自利乡侯起《汉表》下注郡名应依次下推一格,并在利乡侯下注涿郡,方与史实相符。即中山顷王子利乡侯封于涿,赵顷王子都乡侯封于常山,鲁孝王子昌虑侯封于东海。再往后一格,鲁孝王子平邑侯封于泰山,又以下鲁孝王子六人,才悉封于东海。因传抄之误,《汉表》有七东海,遂逐格沿误上移,至利乡侯下挤掉涿郡。《汉表》下注错误不止一处,需悉加分析。

⑪ 平邑　《表》东海。误,应为泰山,辨见上。

《续山东考古录》卷二十七:"费城,汉平邑侯。邑在县西北六十里,今平邑集(即今山东平邑县)。"可信。该地曾发现有后汉章和元年石阙,上有"南武阳平邑"字样,今平邑县正是汉南武阳地,可见南武阳与平邑有关。大约是元帝初元元年平邑侯国除以后改称南武阳,后代又回用故平邑地名。南武阳县《汉志》属泰山,近鲁,《汉表》又在泰山,当为平邑侯地无疑。

⑫ 山乡　《表》《志》东海,地望无考。

⑬ 建陵　《表》《志》东海。

⑭ 合阳　《表》东海。《汉志》东海有合乡无合阳,是合乡本即合阳,如上述宁阳侯国本鲁西宁乡。同理,合乡封侯后改名合阳,成帝建始元年国除以后,又回称合乡。本为一乡之地,封侯后即升为县级。后汉又改合乡为合城,可见"合"字乃该地专名,而乡、阳、城、县乃地名之通用名,通名虽改,而专名不变。"阳"字历来以为是表方位之通名,意在水北山南,其实并不尽然,"阳"字有时只是美称并无实义,上述两例已见。又汉代名安阳者数处,然无一濒安水或靠安山。《汉书·史丹传》云成帝封丹为武阳侯,食邑于郯武彊聚,是武彊更名武阳,皆可为证。

⑮ 东安　《表》《志》东海,地望无考。

⑯ 承乡　《表》东海。《汉志》东海有承县,即此。承乡侯国成帝鸿嘉二年除为县,故更名承县,去一乡字,说见上。

⑰ 建阳　《表》《志》东海。

成帝阳朔四年,封顷王子侯国二:

⑱ 郚乡　《志》属东海。

⑲ 建乡　《志》属东海,地望无考。

鸿嘉二年,封顷王子侯国一:

⑳ 新阳　《志》属东海。

以上二十侯国,唯郁狼、西昌已省入他县,其余十八侯国地望大多数可考。以之还于《汉志》鲁国,则可得出景帝三年至武帝元光三年间鲁国封域,汉初薛郡及高后年间张偃鲁国领域与之相同。

第六节　东海郡沿革（含泗水国）

景帝三年冬,楚国东海支郡削属汉(《史记·吴王濞列传》)。

武帝元朔六年,得鲁王子侯国:戚;四年,得城阳王子侯国二:利城、南城;元狩六年,得城阳王子侯国:费;元鼎四年,以东海郡三万户置泗水国,大约去三四县之地。

昭帝始元五年,得鲁王子侯国三:兰祺、容丘、良城。

宣帝甘露三年,得城阳王子侯国:都平;四年,得鲁王子侯国七:昌虑、山乡、建陵、合乡、东安、承乡、建阳。

元帝永光元年,得城阳王子侯国:都阳;三年,得泗水王子侯国:于乡。

成帝阳朔二年,得楚王子侯国:阴平;四年,得鲁王子侯国二:部乡、建乡;鸿嘉二年,得鲁王子侯国:新阳。

《汉志》东海郡领县三十八。汉初东海郡领域为《汉志》东海郡除去王子侯国,加上泗水国三万户之地。事实上汉初东海郡南界为淮水(说见下章第一节),西南循《汉志》泗水国、临淮郡界,唯北界与西北由城阳与鲁王子侯国位置而定。

附:泗水国沿革

武帝元鼎三年,以东海郡三万户置泗水国,封常山宪王子商,是为泗水思王。

元帝永光三年,封勤王子侯国二:

① 于乡　《表》《志》东海,地望无考。

② 就乡　《表》东海,建昭四年免,省并。

成帝永始四年,封戾王子侯国一:

③ 昌阳　《志》临淮,地望无考。

三侯国皆一乡之地。《汉志》泗水国有凌、泗阳、于三县。元鼎初置国时,大约也是三四县之谱。

彭城、东海、薛郡汉初的范围已分别求出,其和即为楚元王之封域。

第二章

吴国沿革

高帝六年，以故韩信楚国淮东地之东阳、鄣郡、吴郡置荆国封刘贾；十二年更为吴国，封兄子濞；景帝三年，吴国除，以东阳、鄣郡置江都国封子非，吴郡属汉。武帝元狩二年，江都国除为广陵郡，鄣郡合庐江郡东部四县更名丹阳郡；六年，以广陵郡部分地置广陵国封子胥，余地合沛郡东部数县置临淮郡；元鼎六年，闽越地平，亦入吴郡（会稽郡）。

第一节　刘贾荆国与刘濞吴国

《汉书·高帝纪》：六年"春正月……以故东阳郡、鄣郡、吴郡五十三县，立刘贾为荆王"。

《史记·荆燕世家》："汉六年春……废楚王信……分其地为二国……立刘贾为荆王，王淮东五十二城，高祖弟交为楚王，王淮西三十六城。"

《史》《汉》对照，知荆国三郡皆居淮水之东。鄣郡为《汉志》丹阳郡原名，吴郡当以郡治吴得名，即《汉志》会稽郡前身，丹阳、会稽二郡皆在江南，可见东阳郡必在淮东江北之间。东阳前人多以为是楚汉之际所置郡，实际上恐怕是高帝六年废楚王韩信后所析置。东阳在江淮之间，只能析秦东海郡南部置，鄣郡当分秦会稽郡西部置。会稽分鄣郡后或称吴郡，或仍称会稽，有如东海郡分东阳后或称郯郡，或仍称东海。（据《郡国志》刘注，鄣郡可能为秦郡。）

东阳郡境相当《汉志》临淮郡之淮东部分和广陵国全部，其属县可作如下推测：

《汉志》临淮郡领二十九县，地望可考者二十：在淮东者十二，淮西者八。地望不可考者九县，其中又有四县可断定其大体方位：昌阳，乃泗水王子侯国，当在淮西（泗水国在淮西）；襄平、广平、兰阳三县为广陵王子侯国，当在淮东（广陵国无淮西地）。完全不知方位者仅五县：开阳、播旌、西平、开陵、

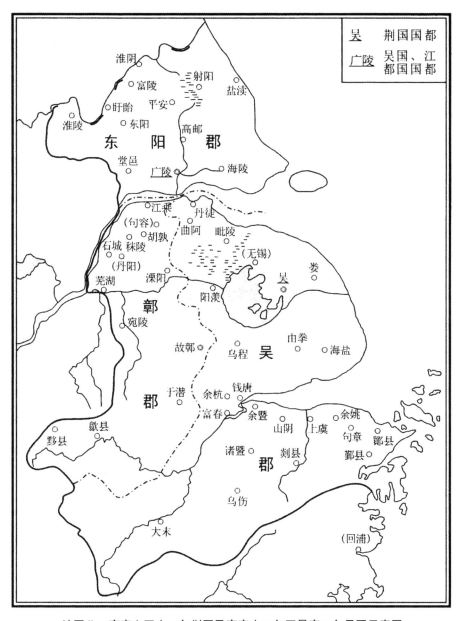

地图八　高帝六至十一年荆国及高帝十二年至景帝二年吴国示意图

乐陵。后三县为恩泽功臣侯国,户数不多,乃武、宣时析他县所置,在汉初尚未出现,故不管其位于淮东淮西,均可不计入东阳郡内;只有开阳、播旌两县无法确定其方位,假设其中有一县位于淮东。

又《汉志》广陵国领四县。

这样,汉初之东阳郡大约领有:

$$(12+3+1)+4=20 县$$

临淮郡属之广陵王子三侯国,襄平、广平、兰阳在汉初不知是一县或一乡之地,若为一乡则东阳郡仅有十七县。

汉初之会稽郡(即吴郡)"东接于海,南近诸越,北枕大江"(《汉书·严助传》述武帝书会稽太守严助语。当时之会稽郡境与汉初同),其与诸越之分界当为《汉志》大末、鄞县一线。此线以南在秦为闽中郡地,在高帝年间为闽越王无诸地。故吴郡实有《汉志》会稽郡除冶、回浦以外的二十四县,回浦汉初为东瓯地(见《汉唐地理书钞·吴地理志》),冶为闽越地。又,吴郡二十四县之中,无锡县可能迟至武帝元封元年方才析置(《汉书·功臣表第五》)。

荆王之封有五十三城(《荆燕世家》云五十二),而东阳即占其十七,吴郡占其二十四(或二十三),则鄣郡应仅有十二城(或十一)。事实上,鄣郡恰好是十二县之地。《汉志》丹阳郡领县十六,其西南部庐江水附近四县本为庐江郡地,武帝元狩二年割界鄣郡,鄣郡遂而改名丹阳(参见淮南国沿革)。又,鄣郡十二县之中的丹阳,武帝元朔元年封江都易王子敢,《汉表》在无湖,可能析无湖置,若然,则鄣郡汉初为十一县。

东阳、鄣、吴三郡范围已定,荆国之封域即可表示如图八,其北界淮水,南界大末、鄞县一线,西有《汉志》丹阳郡东部十二县,西北循《汉志》临淮、九江郡界。

《史记·荆燕世家》:"高祖十一年秋,淮南王黥布反,东击荆。荆王贾……为布军所杀。高祖自击破布。十二年,立沛侯刘濞为吴王,王故荆地。"是刘濞吴国之封域与刘贾同,有三郡五十三城。又,吴王三郡并无豫章,时豫章为淮南国别郡,不得属吴。《史记·吴王濞列传》云:"吴有豫章郡铜山。""及削吴会稽豫章书至。"其中豫章均为鄣郡之误。

(按:本文写就以后,偶检董仲舒《春秋繁露》,见有以下记载:"二十一年八月庚申朔丙午江都相仲舒,告内史中尉:阴雨太久,恐伤五谷,趣止雨。止雨之礼,废阴起阳。书十七县,八十离乡。……"此十七县当为江都国本郡——东阳郡的总县数,恰与本文的推测数相合。)

第二节　江都国沿革(含丹阳郡)

景帝三年正月,吴王濞反,六月,七国之乱平,吴国除。以吴郡属汉,以东阳、鄣二郡置江都国,徙汝南王非为江都王(《史记·诸侯王表》误以江都国之置在景帝四年)。

《汉志》广陵国:"广陵,江都易王非、广陵厉王胥皆都此,并得鄣郡而不得吴。"《汉志》丹阳郡:"故鄣郡,属江都。"《史记·淮南王传》述伍被语:"东收江都会稽……"

是证江都国仅有东阳、鄣郡,而无吴郡(即会稽)。刘非是景帝爱子,吴楚之乱后,所置王国皆一郡之地,唯江都国例外。

武帝元朔元年,封江都易王非子五人为丹阳、盱眙、胡孰、秣陵、淮陵侯。这五个侯国不是依推恩法而封,故均在江都国内,不别属汉郡。元朔二年,江都王建嗣,元狩二年谋反,"国除,地入于汉,为广陵郡"(《史记·五宗世家》)。鄣郡亦同时属汉,并得庐江郡四县,而改名丹阳。《汉志》系鄣郡改名于武帝元封二年,恐传抄致误。清人钱坫曰,江都王建以元狩二年自杀国除,非元封也,当依《宋志》改正,此语极是。汉改郡名均在国除为郡或郡境有所变动之时,若元封二年,鄣郡无所变化,不得无故更名。元狩元年、二年之间接连废除衡山、淮南、江都三国,武帝于是对故淮南、江都别郡进行一番调整,鄣郡于此时增县四,才更名丹阳(参见淮南国沿革)。自元狩二年至汉末,丹阳郡境界不变,如《汉志》所示。

第三节　广陵国(郡)沿革

武帝元狩六年,以广陵郡部分地置广陵国,立子胥为广陵厉王。同年,置临淮郡。《晋书·地理志》曰:"汉武帝分沛、东阳置临淮郡。"东阳即元狩二年以后的广陵郡,既分以置临淮,足见厉王之广陵国不及广陵郡之全部。从上引《汉志》之"广陵,江都易王非、广陵厉王胥皆都此,并得鄣郡而不得吴"来看,似乎广陵国亦兼有鄣郡之地,其实不然。元狩六年武帝封三子为燕、齐、广陵王时,中央集权已达顶峰,藩国经过削地推恩,都已户少地蹙。新置之真定、泗水国其小自不待言,就是燕国亦仅有数县之地,齐王闳虽是爱子,所封不过十余县,因此广陵国不应兼有鄣郡。而且武帝既分广陵郡之一部置临淮,其意即在于不使广陵国领有广陵全郡,若使广陵国兼有鄣郡,何不举广陵全郡以封厉王来得直截了当?再者鄣郡已于元狩二年改名丹阳,元狩六年所置之广陵国固不当领有鄣郡。因此,颇疑上引之《汉志》广陵县本注有误,其于江都易王是正确的,于广陵厉王则是错的。

昭帝立,益封胥万三千户。元凤中又益万户,共二万三千户,大约相当三五县。其地望当是临淮郡内之广陵故地。

宣帝本始元年,以汉地置朝阳(济南)、平曲(东海)、南利(汝南)三侯国,封广陵厉王子三人为侯。此三侯国与广陵国封域变化无关。

五凤四年,广陵国除为郡。

元帝初元二年,复置广陵国,厉王子霸绍封广陵孝王。

永光五年,封厉王子侯国一:

① 襄平 《志》临淮。

建昭五年,封孝王子侯国二:

② 兰陵 《汉志》临淮郡有兰阳侯国,当是。陵阳形近而讹。

③ 广平 《志》临淮。

以上三侯国地望无考。《汉志》广陵余广陵、江都、平安、高邮四县。可见初元二年孝王之广陵国至多只以七县置。由于史料不足,厉王与孝王之广陵国境已无法勾勒出来。

第四节　临淮郡、会稽郡沿革

《汉志》云,临淮郡武帝元狩六年置。如上所述,临淮郡乃以广陵郡部分地合沛郡东部数县置,故《晋志》曰,武帝分沛、东阳置临淮郡。东阳郡即广陵郡前身。《汉志》临淮郡领县二十九,地跨淮水东西。其淮西部分由沛郡而来,因为沛郡地原属刘交楚国之彭城郡,位淮水以西。这部分地由元狩六年至汉末无所变化。临淮郡的淮东部分来自广陵郡,则稍有盈缩。昭帝间割临淮郡二万三千户益广陵国,使之略缩;元帝时又得广陵王子三侯国:襄平、兰陵、广平,复有所盈,遂成《汉志》所载规模。

会稽郡汉初领域已见前述,郡以南原有闽越、东海两国,为高帝五年和惠帝三年所封之外诸侯。闽越都东冶(今福州)、东海都东瓯(今温州),分别据有今福建全部和浙江南部。武帝建元三年,东海举国内徙,处江淮间。元鼎六年,闽越反,元封元年平之,徙其民于江淮间,空其地。但是徙民亦不能彻底,其后遗民又往往渐出,以是汉廷乃在东瓯地置回浦县,又以闽越故都东冶置冶县,两县皆属会稽郡。会稽郡南界遂至南海海境,就地域的广大而言,竟为汉末百三郡国之冠。

又,《汉书·高帝纪》载:十二年春二月"诏曰:'南武侯织亦粤之世也,立以为南海王。'"南海国所在,史所未详。《汉书·严助传》引淮南王安书云:"前时南海王反,陛下先臣(指淮南王长)使将军间忌将兵击之,以其军降,处之上淦。"清人全祖望以此认为南海国地当在清代之汀州、潮州、赣州之间,其《鲒埼亭集·经史问答》卷九云:"以其(指南海王)为无诸之族,则知其近于今之汀,以其所封为南海,则知其近于今之潮,以其迁于庐江之上淦,则知其近于赣。"全说似可为据。汀、潮、赣之间于汉初即闽越国、南越国与淮南国之间,于汉末即相当于会稽郡、南海郡与豫章郡之间(于今则闽、粤、赣三省之间)。

　　南海王当废于文帝时,由《史记·淮南王长传》及《汉书·严助传》可推知,但具体年代不详。南海国除以后,大约尽徙其民于庐江上淦,而空其地,如东海国然。迨至汉末,会稽、南海、豫章三郡之间仍未置县。

　　以南海王织为闽越王无诸同族,而闽越地后为会稽郡南境,故附南海地于会稽郡之后,略缀数语。

第三章

淮阳国沿革

　　高帝十一年置淮阳国封子友,有陈郡、颍川二郡。惠帝元年,淮阳国除,二郡属汉。此后,吕后、文帝两度以陈郡复置淮阳国。文帝十二年淮阳国除,分陈郡南部置汝南部。景帝二年以陈郡、汝南置淮阳、汝南国,三年皆除。宣帝元康三年,复置淮阳国。

第一节　淮阳国（郡）沿革

　　《汉书·高帝纪》:十一年,立"子友为淮阳王……罢颍川郡,颇益淮阳"。

　　淮阳国封域,史未明言。以理度之,当包括陈郡、颍川二郡。

　　秦之陈郡,即清人全祖望以为楚郡者,于《汉志》相当于淮阳国、汝南郡之和。陈郡本韩信楚国地,韩信国除以后,高帝开复东海,分淮水以东地置东阳郡,以淮东之东阳、郯郡、吴郡置荆国,以淮西之薛郡、彭城、东海封楚元王,以淮北地陈郡自属,至十一年遂以之置淮阳国。

　　《汉志》云汝南郡高帝置,然无确证。但至迟须置于文帝时,方能足二十四郡之数(参见结语)。景帝二年置汝南国,说明在此之前,汝南郡早已属汉。汝南郡乃析陈郡南部置,其北部或仍称陈郡(《史记·货殖列传》陈、汝南并举),或称淮阳郡。

　　惠帝元年,淮阳王友徙王赵,淮阳国除为陈郡、颍川二郡。

　　高后元年,复置淮阳国,以诈惠帝子强、武二人相继为淮阳王。此时之淮阳国封域当仅陈郡一郡。八年,吕氏败,淮阳国除为郡。

　　文帝四年,复置淮阳国,徙子代王武为淮阳王。文帝本非大宗,其立也"赖将相列侯宗室大臣"。故即位之初,颇为谨慎。文帝二年虽立三子为王,然武之代国,参之太原国,合之仅为文帝故代地。能与中原诸侯相抗衡者唯掞(《史记》掞作胜)之梁国,而梁亦仅有砀郡而已。随着文帝权力的逐渐加强,这种情况也逐步发生变化。文帝四年复置淮阳国实是以亲制疏政策的开端。是年,并太原、代为一国,余出一子以王淮阳。但文帝仍不敢操之过急,此时之淮阳国亦不过一郡,所以贾谊说:"淮阳之比大诸侯,仅如黑子之著面。"(《汉书·贾谊传》)文帝十一年,梁王死无后。十二年,采贾谊策而变通,徙淮阳王王梁并以淮阳北边三城益之。文帝可能正于此时分陈郡南部置汝南郡,如同文帝十五年河间国除以后,分为河间、广川、勃海三郡一样(参见第八章和结语)。益梁之三城当为《汉志》淮阳国北边,陈留郡境内的襄邑、宁陵、儌县。此时,梁与淮阳相邻。景中六年,梁分为五,宁陵、儌二城仍属梁国,至元朔中乃削与陈留(参见梁国沿革)。

景帝二年,复置淮阳国,立子餘为王。同时立子非为汝南王。可见此时淮阳国仅有汉初陈郡的北部。三年,淮阳王徙鲁,淮阳国除为郡。

宣帝元康三年,复置淮阳国,立子钦为淮阳宪王。

居延汉简屡见淮阳郡长平之名,长平县于《汉志》属汝南,由汉简知其本属淮阳郡。长平改属汝南当在淮阳复置国时,因为此后淮阳未再为郡。

成帝河平二年,淮阳文王嗣。阳朔二年,封宪王子䜣为乐平侯,后免侯省并。

《汉志》淮阳国有陈、苦等九县。宣帝元康三年至成帝元延末年的淮阳国与《汉志》所载相当(乐平当为乡聚,可略而不计);文帝十二年至宣帝元康二年之淮阳郡(国)比《汉志》淮阳国多一长平县;惠帝元年至文帝十一年之陈郡(淮阳国)又多襄邑、儌、宁陵三县。

第二节　汝南郡（国）沿革

《汉志》云,汝南郡,高帝置,但无确证。

文帝十二年,淮阳国除为陈郡。又分陈郡南部置汝南郡,见上节。

景帝二年,以汝南郡置国,立子非为汝南王。三年,非徙王江都,汝南国除为郡。

武帝元朔五年,得淮南国所削二县:期思、弋阳(见淮南国沿革)。

宣帝元康三年,得淮阳郡长平县。

成帝元延三年,析置定陵侯国,以封淳于长。此侯国当分颍川之定陵置,而别属汝南。

《汉志》篇末《域分》云:"魏地有汝南之召陵、瀙强、新汲、西华、长平。"新汲于《汉志》属颍川郡,由《域分》则可见其曾属汝南。新汲本为汲乡,宣帝神爵三年始置县。

《汉志》汝南郡领三十七县,逆推之,知武帝元朔五年以前之汝南郡境东、北、西皆循《汉志》汝南郡界,唯南界无弋阳、期思,西北无定陵、长平。

第三节　颍川郡沿革

《汉志》曰:"颍川郡,秦置,高帝五年为韩国,六年复故。"

高帝十一年,颍川为淮阳国别郡。钱大昕氏以为高帝十一年未罢东郡、颍川全郡,仅以两郡之支县分别益梁与淮阳,此误乃因太史公叙高祖末年汉十五郡中有东郡、颍川之名而起。其实高帝末年汉十五郡并无颍川、东郡,而有上党、广汉。

惠帝元年,淮阳国除,颍川郡属汉。

据《汉表》,武帝元鼎间析郏县置成安侯国以封韩延年,析长社县地以封周子南君,后更名周承休侯国。

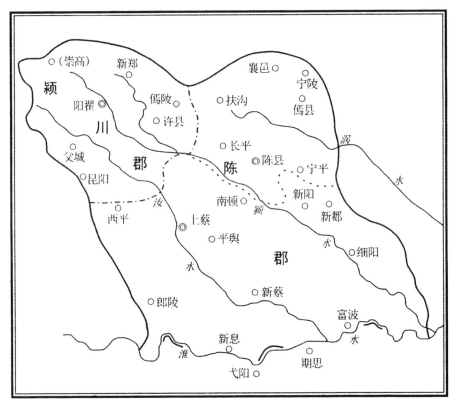

地图九　高帝十一至十二年淮阳国封域

(图中虚线以南部分为文帝十二年分置之汝南郡)

　　《汉志》颍川郡领二十县。其中成安、周承休二侯国为汉初所无。谭其骧师以为新郑、苑陵、尉氏一带秦代应属颍川(《秦郡界址考》),则汉初当沿其旧。故其时郡境当略依《汉志》而北有河南之新郑、密县、苑陵、尉氏,东有汝南之定陵。此亦高帝五年韩王信之韩国封域。

　　至尉氏属陈留,新郑、苑陵一带属河南,乃是武帝时事(参见梁国沿革及河南郡沿革)。

　　以上惠帝元年之陈郡、颍川二郡领域已经考出,其和即为高帝十一年淮阳国之封域(见地图九)。

第四章

淮南国沿革

　　高帝五年,以九江、衡山、庐江、豫章四郡封英布为淮南王,十一年更封子长。文帝七年,淮南国除,十六年分淮南地置淮南、衡山、庐江三国。景帝四年,衡山王徙济北,庐江王徙衡山,庐江国除为庐江、豫章二郡。武帝元狩元年,淮南、衡山国除为九江、衡山郡;二年,分九江郡西部数县置六安国,分衡山郡东部、九江郡南部置新庐江郡,以衡山郡西部合南郡东部数县置江夏郡,废江南庐江郡,以其地分属豫章、鄣郡,鄣郡遂更名丹阳。

第一节　英布、刘长之淮南国

　　《史记・黥布列传》:"汉五年……布遂剖符为淮南王,都六,九江、庐江、衡山、豫章郡皆属布。"九江秦郡,庐江可能亦为秦郡,豫章乃高帝分庐江郡置,衡山谭其骧师以为秦郡。

　　《史记・淮南王传》:"高祖十一年七月淮南王黥布反,立子长为淮南王,王黥布故地,凡四郡。"是淮南厉王刘长的封域与黥布同。由《汉书・五行志》知刘长都寿春。

　　《史记・诸侯王表》:"文帝六年,淮南王无道迁蜀死雍,为郡。"淮南四郡属汉。

　　《汉书・淮南王传》:文帝十二年,"徙城阳王王淮南故地"。十六年,"徙淮南王喜复王故城阳",而立厉王三子王淮南故地,三分之,"阜陵侯安为淮南王,安阳侯勃为衡山王,阳周侯赐为庐江王"。是故淮南四郡分为三国,以下分叙三国之沿革。

第二节　衡山国沿革(含江夏郡)

　　文帝十六年,以衡山郡置国,立衡山王勃。

景帝四年,庐江王赐徙王衡山(勃徙济北)。

武帝元狩元年,国除为衡山郡。

衡山国当以故淮南衡山郡置。项羽本以秦衡山郡置国,以封吴芮,都邾。芮徙王长沙后,衡山即为淮南别郡,文帝十六年,勃又以之为国,郡治、国都当皆在邾。

武帝元朔中,淮南王欲反,伍被为之画策曰:"南收衡山以击庐江,有寻阳之船,守下雉之城,结九江之浦,绝豫章之口。"(《史记·淮南王传》)王国维氏之《汉郡考》以为后四句话"实分指庐江、衡山、九江、豫章四郡"。这是据《汉志》为说,未尝深考。伍被的头一句话,明言衡山国地处淮南与庐江之间。时庐江、豫章早已属汉为郡(见下节),位于江南,与其他汉郡不相毗连,只有通过大江才能往来南郡。淮南王欲反,当然先要切断庐江与南郡的联系。而要做到这点,就必须南向并吞衡山国,夺得一南一北控扼大江的下雉、寻阳两地,才能达到"结九江之浦,绝豫章之口",即拦腰截断大江的目的。所以伍被四语指的其实是"南收衡山"以后的局面,这一局面形成了,才能"强弩临江而守,以禁南郡之下"(同上,伍被语)。

当时衡山王也深明这一形势,"闻淮南王作为叛逆反具,亦心结宾客以应之,恐为所并"(同上)。寻阳《汉志》虽属庐江郡,然元朔间,庐江郡还在江南,不能有江北寻阳之地(见下节)。寻阳、下雉时皆衡山国所属。伍被四语中的"九江"指的是寻阳以南的大江。《汉志》庐江郡:"寻阳,禹贡九江在南,皆东会为大江。""豫章之口"当指豫章水入江口,《汉志》豫章郡:"赣,豫章水出西南,北入大江。"王国维因《汉志》庐江郡有寻阳县,又推测下雉当属衡山,九江、豫章又是现成郡名,遂生搬硬套,以为伍被四语分指四郡,失之远矣。

衡山国都之邾县和下雉,《汉志》均属江夏郡,证江夏郡东部数县当为故衡山国地。江夏郡西部汉初当为南郡之地;衡山、南郡之界当在下雉、邾县一线以西。又据《汉表》,元朔六年,衡山王子广置封为终弋侯,别属汝南。可见衡山国北与汝南为邻。汝南汉初仅有淮北之地,是衡山国北界淮水。衡山国东北角紧邻淮南国之弋阳、期思二县,此二县于《汉志》属汝南,乃元朔五年由淮南国削入(见第四节)。又汉之天柱山,即秦之衡山,居《汉志》庐江郡潜县南,衡山郡得名于此,故衡山国东界必在此山之东。伍被既言"南收衡山",表明衡山国又当在淮南国之西南。综合以上三点,衡山、淮南两国界线当在《汉志》西阳、潜县、居巢一线以东。衡山国封域略如地图十所示。

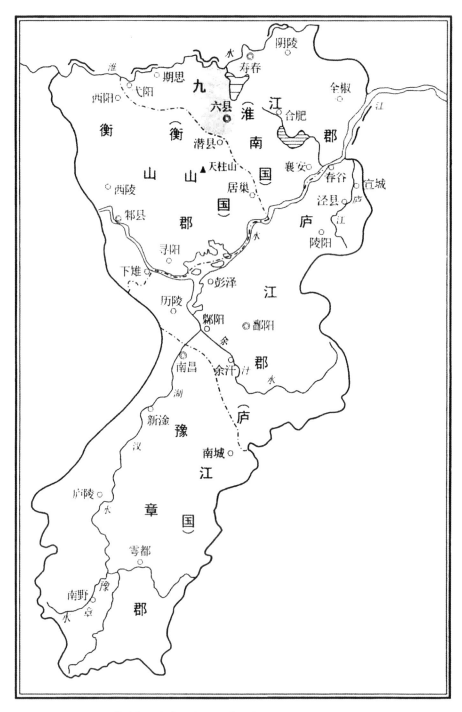

地图十　高帝五年至文帝六年淮南国四郡示意图

（英布都六县，刘长都寿春。阴影部分为武帝元狩二年所置六安国）

第三节 庐江国沿革（含豫章郡）

文帝十六年，以庐江、豫章郡置庐江国，立庐江王赐。

景帝四年，庐江王赐徙王衡山，庐江国除，庐江、豫章郡属汉。

武帝元狩二年，废江南庐江郡，以其地分属豫章和鄣郡；而以江北衡山郡东部及九江郡南部置新庐江郡。

《史记·淮南王传》："孝景三年，吴楚七国反……吴使者至庐江，庐江王弗应，而往来使越。……孝景四年，吴楚已破……庐江王边越，数使使相交，故徙为衡山王，王江北。"可见景帝三年以前，庐江国位于江南。庐江国当然以庐江郡置，故汉初庐江郡必位于江南。

《汉志》庐江郡："庐江出陵阳东南，北入江。"是庐江郡得名于庐江水。陵阳乃《汉志》丹阳郡属县，庐江水在该郡西部。可见汉初江南之庐江郡东界直到丹阳西部。照例，"庐江出陵阳东，北入江"一句应系于丹阳郡陵阳县下，或者是为了表明汉初庐江郡与庐江水的关系，班固违例将此注文移于庐江郡名之下。

伍被云"南收衡山，以击庐江"，未及豫章。可见庐江郡西部隔江与衡山国相望，而当时之豫章郡当更在庐江郡以南，并不濒临大江。《赣水注》云，南昌县春秋属楚，即令尹子荡师于豫章者也，秦以为庐江南部，高祖始命陈婴以为豫章郡治，此即婴所筑也。据此，庐江郡似乎是秦郡，而豫章郡则为高帝分庐江郡南部置。因此，汉初庐江郡实有《汉志》豫章郡北部濒江之地。亦即东起《汉志》丹阳庐江水，西至江夏下雉城之大江以南地，是汉初庐江郡辖境。

汉初豫章郡既位于庐江之南，而庐江郡又置为庐江国，则豫章郡必为庐江国别郡无疑。是故刘长淮南四郡分为三国，乃衡山、淮南各一郡，而庐江两郡也。

唯史籍不及庐江、豫章两郡之明确边界，只能略作推测，南昌之为豫章郡治，汉初已然；庐江郡治则不见记载，以《汉志》豫章郡诸县观之，恐非鄱阳莫属。鄱阳，秦之大县，长沙王吴芮曾为鄱令。若此推测可靠，则庐江、豫章边界之中段应穿过鄱阳与南昌之间，而东段边界当在余干县以南，换句话说，汉初余干县应在庐江郡内。证如下：《汉书·严助传》述淮南王安上书曰："越人欲为变，必先田余干界中。"《太平御览·州郡部》引《汉书·货殖传》曰："譬犹戎与干越不相入矣。韦昭注曰：'干越，今余干县，越之别名。'"

干越实是百越的一支,因居于"干"地而得名。"余"字是越语发语词,无实意[1],"余干'就是"干"。会稽郡之余姚、余暨、余杭,其意亦与之相类,原名只是姚、暨、杭而已。淮南王书又云:"前时南海王反,陛下先臣(指刘长)使将军间忌将兵击之,以其军降处上淦,后复反。"《史记·淮南王传》:"南海民处庐江界中者反,淮南吏卒击之。"两传相补,知"上淦"即在"庐江边界中"。"淦"即"干",上淦即"干"地(余干)之一部分。上淦既与余汗有关,则余汗亦应在庐江界中,清人沈钦韩以为上淦即上干溪。《汉志》豫章郡:"余汗,余水在北,至鄡阳入湖汉。"汉至清余水之名不变,上干溪(即上淦)乃余水上游,余水于汉在余干县,是上淦地在余干县明矣。以故庐江郡南界当在余干县以南。《史记·货殖列传》云:南楚"与闽中干越杂俗"者,因其相近也。依地望而言,则庐江近于越,而豫章近闽中。

庐江、豫章边界之西段无迹可寻,只能以东、中段向西北延伸至下雉西南。因此,汉初豫章郡仅有汉志豫章之南部,其东界、南界略依《汉志》,西界则无艾、宜春、建成三县,本长沙属县及王子侯国也。

第四节　刘安之淮南国沿革（附：六安国）

文帝十六年,以故淮南地九江郡置淮南国,封刘安。

武帝元朔五年,淮南王安有罪,削二县。虽《史》《汉》均未载明所削为何县,但仍可据理推知。削县之时,淮南东邻江都国,西界衡山国,南濒庐江郡,北临汝南、沛郡。两县不能削入其他王国,只能削入汉郡。汝南郡地原属淮阳国,居淮水之北,不得有淮南地。然检《汉志》汝南郡却有淮水以南之弋阳、期思二县,是该二县必为淮南国所削无疑。元朔六年衡山王子终弋侯别属汝南,元鼎五年免侯后,恐即并入弋阳县。

元狩元年,淮南王谋反,国除为九江郡。二年,分九江郡置六安国,以封胶东康王子庆。

观《汉志》六安国五县全部在弋阳、期思二县以东,已足证六安国为九江郡所分置,其地故属刘安之淮南国。元狩元年淮南国除为郡后,二年即割六县以西数县置六安国。《史记·诸侯王表》将六安国与淮南国置于同一格内,亦说明淮南—六安的接续关系。《史记·淮南王传》:"国除为九江郡。"

1　参见周振鹤、游汝杰,《古越语地名初探——兼与周生春同志商榷》,载《复旦学报》(社会科学版)1980年第4期。

集解引徐广曰:"又为六安国。"证明徐广当时也明白六安国乃分自九江,为刘安淮南国故地。

然《汉志》叙六安国沿革云:"故楚,高帝元年别为衡山国,五年属淮南,文帝十六年复为衡山,武帝元狩二年,别为六安国。"直以六安国为故衡山国所分置,有误。

六安国在昭帝始元五年,宣帝元康二年,元帝竟宁元年先后分封松兹、富阳、博乡三王子侯国。博乡别属九江郡,富阳仅八百户亦一乡之地而已,建昭三年免侯后省入他县。松兹《汉志》属庐江郡,《清一统志·颍州府》:"松兹故城在霍邱县东十五里,汉初置松兹侯国,在今安庆府宿松县界,西晋初改置于此,属安丰郡。"据此,汉松兹侯国应在今宿松县北,然该地距六安国过远,六安王子侯国似不能分封至彼,倒是西晋的松兹县就在汉六安国安风县东,应该是六安王子侯封地。汉松兹县吕后四年先以封徐厉,其地望可能就在安风县东,封六安王子后,方易地至庐江郡,后汉省庐江之松兹而西晋复置松兹乃还治汉初之旧地也。

《汉志》六安国有六、安风、安丰、蓼、阳泉五县。将博乡、松兹还之六安,即得六安国元狩二年始封之领域。因富阳、博乡皆一乡之地,始封六安时至多仅六县之地。

综合以上所述,文帝十六年至元朔五年之淮南国界已十分明确。其北临淮水,南濒大江,西界已见衡山国,东北即循《汉志》九江、临淮之界(这部分边界自汉初至汉末未曾变动)如地图十所示。元朔五年至元狩元年之淮南国则为上述淮南国除去弋阳、期思二县。

第五节 淮南、衡山、庐江国除以后之沿革

景帝四年,庐江国除,庐江郡与豫章郡属汉。武帝元光六年,元朔四年长沙国先后分封安城、宜春、建成三王子侯国别属豫章郡(参见长沙国沿革)。

武帝元狩元年,衡山国、淮南国除为衡山郡、九江郡。二年,是郡境大变动的一年。是年江都国除为广陵郡,江都之别郡鄣郡亦随之属汉,于是武帝就此机会对几个郡的领域作了调整:

(1)设立江夏郡。割衡山郡西部和南郡东部数县置,其领域如《汉志》所载。

(2)撤销江南庐江郡,以其东部四县属鄣郡,并改鄣为丹阳;以其余各县

入豫章郡,豫章郡遂有《汉志》之规模。

（3）设立江北庐江新郡。以衡山郡东部与九江郡南部数县置。

（4）置六安国：以九江郡六县以西五六县之地置。

除个别县目变动外,元狩二年这一调整一直维持至汉末不变。

第五章

梁国沿革

高帝五年彭越梁国有砀郡地,十一年更封子恢为梁王,益东郡。文帝二年以后梁国又仅有砀郡而已。景中六年梁分为五,至成帝元延末年演化成陈留、山阳两郡和梁、东平、定陶三国。

第一节　梁国沿革（高帝五年至景帝中元六年）

《汉书·高帝纪》:汉"五年冬十月",高帝许以"取睢阳以北至谷城皆以王彭越"。春正月下令曰:"魏相国建城侯彭越……其以魏故地王之,号曰梁王,都定陶。"

《汉志》云:"梁国,故秦砀郡,高帝五年为梁国。"

秦于故魏地置有东、砀二郡,东郡置于始皇五年攻魏取二十城之后(《史记·秦始皇本纪》),砀郡置于始皇二十年取大梁灭魏之后(《睢水注》)。魏大梁于《汉志》为浚仪,属陈留郡;睢阳《汉志》为梁都,定陶为济阴郡治;谷城在东平国北,属东郡,于是彭越之梁国大体方位已定。

《汉书·高帝纪》:十一年"三月,梁王彭越谋反,夷三族","立子恢为梁王","罢东郡,颇益梁"。可见刘恢之梁国,领东、砀二郡,全有魏之故地。

《史记·吕太后本纪》:七年二月,"徙梁王恢为赵王,吕王产徙为梁王……更名梁曰吕"。八年八月"朱虚侯已杀产……徙济川王王梁",后九月诛灭梁王。

文帝元年,梁王既诛,梁国当除为东、砀二郡。

《史记·孝文本纪》:二年三月,"立子揖为梁王"。此时之梁国仅有砀郡。

《史记·诸侯王表》:"文帝十二年,淮阳王武徙为梁王。"武之梁国比揖多淮阳郡北边三城。文帝十一年,梁王揖死,无后。文帝次子武已为淮阳王,三子参为代王,更无他子可继王梁地。当时,中央朝廷势力还不够强大,

59

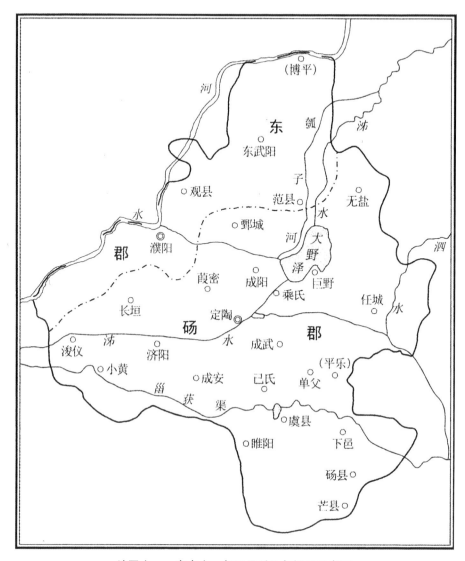

地图十一　高帝十一年至吕后八年梁国示意图

只能用以亲制疏的方法与各诸侯王国相颉颃,梁王揖一死,形势正如贾谊所讲:"陛下所以为蕃扞及皇太子之所恃者,唯淮阳、代二国耳。代北迎匈奴,与强敌为邻,能自完则足矣。而淮阳之比大诸侯,仅如黑子之著面,适足以饵大国耳,不足以有所禁御。"为了加强大宗的势力,贾谊提出两策:"愚计,愿举淮南地以益淮阳,而为梁王立后,割淮阳北边二三列城与东郡以益梁(按:可见文帝十一年以前刘揖之梁国无东郡);不可者,可徙代王而都睢阳,梁起于新郪以北著之河,淮阳包陈以南揵之江,则……梁足以扞齐、赵,淮阳足以禁吴、楚。""文帝于是从谊计,乃徙淮阳王武为梁王,北界泰山,西至高阳,得大县四十余城。"(引文皆见《汉书·贾谊传》)文帝不敢全用贾策,而是加以变通。由《史记·诸侯王表》文帝十二年淮阳王"徙梁,为郡"与《汉书·邹阳传》"壤子王梁代,益以淮阳"的记载相对照,可知淮阳并未全益梁国,而是如贾谊所说割北边二三列城益之而已,其余大部分地仍为淮阳郡。二三列城估计为襄邑、儶县、宁陵。此时之东郡当然仍属汉,否则孝王之梁当不止四十余城矣。

《史记·景帝本纪》:中元六年四月,梁孝王薨。"立梁孝王子明为济川王,子彭离为济东王,子定为山阳王,子不识为济阴王,梁分为五。"以下分节考证五梁之封域。

第二节　景帝中元六年以后的梁国沿革

景帝后元年,梁共王买嗣。

武帝元朔中,"削梁王五县……梁余尚有八城"(《汉书·文三王传》)。或曰:"乃削梁八城,梁余尚有十城。"(《史记·梁孝王世家》)《史》《汉》记载矛盾。《文三王传》中的一段话,恐应分两段读,其"梁余尚有八城",指的是《汉志》的记载。《汉书》成于东汉,其以汉末情况插叙于前,偶亦有之,至《史记》"梁余尚有十城"则当是元朔中的真实情况,因为太史公不能见到武帝以后的事。故此处应采《史记》的记载。

梁所削八城,其五城当入沛,即《汉志》沛郡西北濒梁之谯、酂、芒、敬丘、建平。《史记·梁孝王世家》云:"吴楚齐赵七国反,吴楚先击梁棘壁。"棘壁即《睢水注》之棘亭,《郡国志》在酂县东北。是其附近五县景帝间仍属梁国,至元朔中方削以属沛。五县之中的敬丘,《汉志》注侯国,误。《汉表》无敬丘侯,钱大昕氏以为即鲁王子瑕丘侯,亦误。鲁王子侯国,一般不得远至沛郡。且《汉志》山阳郡自有瑕丘县,近鲁,明为鲁王子所封。《汉志》瑕丘未注侯国原因可能是传抄误注于敬丘之下。梁所削之其他三城,只能作一推测:一为《汉志》山阳之薄县,一为陈留之儶县、宁陵。儶、宁陵二县地处《汉志》淮阳与梁国之间,当即文帝间益梁的淮阳三城之二,至此又削畀陈留。此外,薄、儶、宁陵三县《郡国志》皆属梁(后汉之王国封域有时往往体现前汉某个时期的状况),可能元朔以前三县原属共王之梁。

武帝元朔二年,封共王子侯国一:

① 张梁　二世国除,省并。

元帝建昭元年,封敬王子侯国十四:

② 赍乡　③ 乐　皆于建昭四年免,省并。

④ 中乡　⑤ 郑　《志》皆属山阳、地望无考。

⑥ 黄　《表》济阴,《志》山阳。初封当入山阳郡,建昭五年,山阳建国,改属济阴,成帝河平四年,济阴置定陶国,又回属山阳郡。《汉表》在济阴之始末如此。

⑦ 平乐　《志》属山阳。

⑧ 甾乡　《表》济南,《志》山阳。《汉志》梁国有甾县,甾乡可能是该县一乡,封侯别属山阳,地当在甾县之北。《表》济南乃济阴之误。

⑨ 东乡　⑩ 漂阳　⑪ 高柴　⑫ 临都　⑬ 高　五侯国《志》皆属沛郡,准确地望虽无考,但必位于元朔中所削五县及萧、相二县以西北,或丰、沛二县以南。

⑭ 陵乡　《表》沛,建始二年免,省并。

⑮ 鳌乡　《表》沛,封 472 户,鸿嘉四年免,省并。

成帝鸿嘉中,梁王立"坐削或千户或五百户如是者数焉"(《汉书·文三王传》)。

永始二年,封夷王子侯国一:

⑯ 祁乡　《志》属沛郡。

永始三年,封荒王子侯国一:

⑰ 曲乡　《表》济南,《志》山阳,表误,地望无考。

元延中,"削(梁王)立五县"(同上)。

《汉志》梁尚余有睢阳、杼秋等八县。这里明显有个矛盾,据《史记》,元朔以后梁仅余十城,元延中再削五县,《汉志》何以仍有八县之数? 本书开头已说过,《汉志》所载郡县隶属关系,总的来说是表明元延末年的版图,但是元延末年左右年代的情况有时也会反映在个别郡国上。如《汉志》中山国所表明的就是绥和元年的封域(见赵国沿革第九节)。因此《汉志》梁国八城所表明的可能是元延中未削五县以前的形势。至绥和以后恐仅余三县,但已在《汉志》所据版籍之外,故《汉志》未能体现出来。《汉书·翟义传》从侧面证明了这个推测。传云:"诸将东至陈留菑,与义会战。"菑(同甾)县于《汉志》属梁,不属陈留,其为陈留属县必在元延中梁王立削五县之后。由此可见,《汉志》所载梁国县目乃以未削五县以前的版籍为据,故仍有甾县之目。

其次,梁国所封十七侯国可考者仅黄、平乐、祁乡、甾乡四地。可见这些侯国仅为乡聚之地,户口很少。如鳌乡侯国仅封 472 户,若以 500 户为准推算,则十七侯国不过 8 500 户,尚不足一大县的户数,当然实际数也可能比这要大。又鸿嘉中"坐削或千户或五百户如是者数焉",表明削地次数在十以下,若估计为六,其中三次削千户,三次削五百户,共削四千五百户,亦不足半个大县。

正由于王子侯国与鸿嘉所削多是乡聚之地,因此并不大大减少梁国所属县目。这种情况在鲁国也出现过,鲁国在汉初至多不过十数县地,而分封二十侯国后,《汉志》仍余六县。梁国以十县之地分封十七侯国,尚余八城当亦不足为奇,何况梁国所属多是大县,每县分封几个侯国或削五百、千户之地,而该县仍存而不废是完全可能的。

梁国削八县在前,分封王子侯国及鸿嘉削地在后,当然这些侯国的地望大多位于所削八县与《汉志》所余八县之间,只要将所削八县与可考四王子侯国还之于梁,便可得出元朔初年梁国之封域,如地图十二所示。

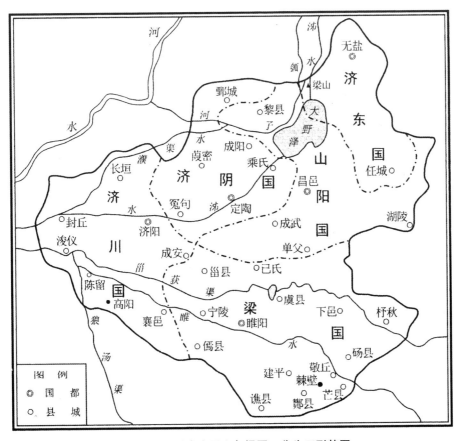

地图十二　景帝中元六年梁国一分为五形势图

由《梁孝王世家》"元朔中……乃削梁八城……梁余尚有十城"知梁共王国之始封有十八城,自景帝后元年至武帝元朔初年梁国封域不变。

第三节　济川国（陈留郡、济阳国）沿革

景帝中元六年,分孝王梁国,置济川国以封孝王子明。

武帝建元三年,"废明为庶人,地入于汉为郡"(《梁孝王世家》)。济川所在,史未明言。钱大昕氏曰:"济水注引应劭云:'济川今陈留济阳县。'乃知陈留郡即济川……济川国除在武帝建元三年,其时当为济川郡,至元狩初移治陈留乃改为陈留郡耳。"此说极当。

《汉志》陈留郡有尉氏县,该县原属颍川。《梁孝王世家》云梁西界止于高阳。高阳乡名,属圉县,尉氏在其西,不得属梁国(见谭其骧师《秦郡界址考》)。当然亦不得属分自梁国之济川国。尉氏由颍川改属济川郡(或陈留郡),当不得早于武帝建元三年济川国除之时。

元朔中,傿、宁陵二县由梁国削界济川郡。元狩元年,济川更名陈留。

元帝永光三年,以陈留郡置济阳国,封子康。建昭五年。济阳王徙山阳,国除复为陈留郡。

成帝间,得酸枣县,《汉志》篇末《域分》载酸枣本属河南。

《汉志》陈留郡领十七县,除去得自其他郡国三县,即为元朔以前济川国(郡)的范围。

第四节　济阴国（济阴郡、定陶国）沿革

景帝中六年,分梁置济阴国,封孝王子不识,是为哀王。后元年,"(哀王)卒,无子,国除,地入于汉为济阴郡"(《梁孝王世家》)。

宣帝甘露二年,以济阴郡置定陶国,封子嚣。黄龙元年,定陶王徙楚,国除为郡。

元帝建昭五年,原梁国别属山阳之黄、甾乡侯国来属(因山阳该年置国)。

成帝河平四年,复置定陶国,山阳王康徙此,是为定陶共王。黄、甾乡侯国复属山阳郡。

《汉志》济阴郡九县。其实此九县乃元延末定陶国属。《汉志》济阴郡名乃据元始二年户口籍而来,此情形与广平、信都同。成帝绥和元年定陶王欣为皇太子,又绍封楚孝王孙景为定陶王。哀帝建平二年定陶王景徙信都,国除为济阴郡,至元始二年不变。

又居延汉简有"田卒济阴廪丘东□"（517. 15）。廪丘于《汉志》属东郡。不知是先属济阴，后改隶东郡，抑或反之？观廪丘以东有梁山，即梁孝王狩猎之良山（《梁孝王世家》），本属梁，于《汉志》亦属东郡。因此大体可推断东郡之寿良至廪丘一带应当原属梁地，亦即廪丘先为济阴郡属，后方改隶东郡。

第五节　山阳国（山阳郡、昌邑国）沿革

景帝中六年，分梁置山阳国，封梁孝王子定。

武帝建元五年，定无后国除为山阳郡（见《梁孝王世家》）。元朔中，薄县由梁国削来。元朔三年，得鲁王子侯国二：瑕丘、宁阳。天汉四年，以山阳郡置昌邑国，封子髆为昌邑哀王，宁阳、瑕丘侯国别属大河郡。

昭帝元平元年，昌邑国除为山阳郡。

宣帝甘露二年，瑕丘侯国复来属（是年大河郡置为东平国）。

元帝建昭元年，得梁敬王子侯国五：中乡、郑、黄、平乐、甾乡。此后因山阳再度置国，侯国曾改属，不另注明。建昭五年，复置山阳国，济阳王康徙此。

成帝河平二年，置城都侯国封王商，二千户。后又益二千户。河平二年山阳为国，封王商应以汉地，是否封于济阴而后改隶山阳？河平四年，山阳王徙定陶，国除为郡。鸿嘉元年，得东平思王子侯国：栗乡。永始三年，得梁荒王子侯国：曲乡。元延元年，得东平思王子侯国：西阳。

《汉志》山阳郡领县二十三。始封之山阳国应无瑕丘等十王子侯国及薄县。

第六节　济东国（大河郡、东平国）沿革

景帝中六年，分梁置济东国，封孝王子彭离。

武帝元鼎六年，国除为大河郡。天汉四年，得鲁王子侯国二：宁阳、瑕丘（由昌邑国改隶而来）。

宣帝甘露二年，以大河郡置东平国，立子宇为东平思王；瑕丘侯国回属山阳郡，宁阳侯国别属泰山郡。

成帝建始二年，削樊、亢父二县（《汉书·成帝纪》）。河平元年，复樊、亢父（《汉书·宣元六王传》）。

鸿嘉元年,封思王子侯国二:

① 栗乡　《志》山阳,地望无考。

② 桑丘　《志》泰山。

鸿嘉二年、三年各封思王子侯国一:

③ 桃乡　④ 富阳　《志》皆属泰山。

元延元年,封思王子侯国一:

⑤ 西阳　《表》东莱,《志》山阳。《表》误,大约错格(东莱应是下格胶东王子堂乡侯国所在)。地望无考。

以理度之,栗乡、西阳当在橐县以西之东平、山阳交界附近。

《汉志》东平国有无盐、东平陆等七县。宣帝甘露二年之东平国当为此七县地与五侯国之和。景中六年至武帝元鼎六年之济东国封域同此,唯武帝天汉四年至宣帝甘露二年的大河郡需再加上宁阳、瑕丘两地。

哀帝建平三年,东平国除为郡,平帝元始元年东平郡复置为国。

第七节　梁国各阶段封域小结

一、文帝十二年至景帝中六年梁孝王国封域:即第二至第六节所得出之五梁封域之和。唯《梁孝王世家》提及梁王猎良山,于《汉志》为寿张县梁山,属东郡,不知何时由梁削去。

二、文帝二年至十一年梁怀王封域:比梁孝王国少襄邑、宁陵、傿三县,三县时属淮阳。

三、高帝十一年至吕后八年梁王恢、吕王产之封域:为梁怀王国加上东郡。

四、高帝五年至十一年彭越梁国:比梁王恢封域少一东郡。

第六章
燕国沿革

高帝五年臧荼、卢绾相继王燕国,有广阳、上谷、渔阳、右北平、辽东、辽西六郡;十二年更王子建。景帝三年,燕国唯余广阳一郡,其余五边郡属汉。武帝元朔元年燕国除为郡;元狩六年以广阳郡部分地复置燕国封子旦,余地置为涿郡;昭帝间,燕国复除为郡。宣帝本始元年又以此郡部分地置广阳国。

第一节 燕国沿革

高帝五年,秋七月,燕王臧荼反。九月,虏荼,立太尉卢绾为燕王(《汉书·高祖纪》)。十二年"二月,使樊哙、周勃将兵击燕王……立皇子建为燕王"(《史记·高祖本纪》)。

《史记·诸侯王表》概略地提到燕国的范围,其序云:"高祖末年……自雁门太原以东至辽阳为燕代国。"时代国有雁门、代、定襄、太原诸郡(见代国沿革),燕则当有故秦上谷、渔阳、右北平、辽西、辽东(辽阳县在此郡)、广阳六郡,与战国燕地相当。

高后七年"九月,燕灵王建薨……无后,国除。八年十月,立吕通为燕王",不及一年而诛。(《史记·吕太后本纪》)

文帝元年,琅邪王刘泽徙燕,是为敬王。

景帝三年,吴楚乱后,燕国之上谷等五边郡收属汉,燕国唯余广阳一郡。

武帝元朔元年,燕王定国有罪自杀,国除为广阳郡。元朔二至五年,广阳郡得中山及河间王子侯国九,郡境扩大。元狩六年遂分涿县以西南地置涿郡,余地复置燕国(详见第二节),封子旦为燕王。元封中,削燕国良乡、文安、安次三县,良乡入涿郡,文安、安次则属勃海。

昭帝始元中,益封燕刺王万三千户。据《燕刺王传》,昭帝时,燕王大猎文安县,可见文安又复属燕,安次在文安北,必同时归燕,故知所益万三千户乃是文安、安次两县地。元凤元年，燕剌王旦自杀，国除为广阳郡。

宣帝本始元年，割广阳郡文安、安次复属勃海，以余地置广阳国，封燕剌王子建为广阳顷王。又：元年与四年以汉地置安定、新昌侯国以封燕剌王子二人，此二侯国与广阳国封域变化无关。

元帝封顷王子侯国四：临乡、西乡、阳乡（初元五年）、益昌（永光三年）。《表》《志》皆属涿郡。

《汉志》广阳仅有蓟、广阳、阴乡、方城四县。宣帝始封之广阳国即为此四县加上元帝所封四王子侯国，因侯国多一乡之地，故广阳国始封亦不过四五县地。

武帝元狩六年复置之燕国为始封之广阳国，加上良乡、文安、安次三县（见地图十三）。

地图十三　高帝十二年至景帝二年燕国示意图

（图中虚线为高帝四年至十二年燕赵两国分界）

高帝末年至景帝三年，燕国之广阳郡及景帝三年至武帝元朔元年之燕国领域为《汉志》广阳国，加上勃海郡文安、安次二县以及涿郡除去中山、河间王子侯国和郑县之余，共三部分地所组成（参见第二节）。

第二节　涿郡沿革及高帝年间之燕赵边界

《汉志》涿郡二十九县实跨汉初燕赵两国。《汉书·赵广汉传》云广汉为"涿郡蠡吾人也，故属河间"。是《汉志》涿郡南部乃赵之河间故地也，因此在弄清涿郡沿革之先须了解燕赵之国界。

　　王国维氏云："汉兴,矫秦郡县之失,大启诸国,时去六国之亡未远,大抵因其故壤。"(《汉郡考》)斯为至言。

　　战国后期,燕赵两国边界呈犬牙交错状态,于是"赵孝成王十九年,赵与燕易土,以龙兑、汾门、临乐与燕,燕以葛、武阳、平舒与赵"(《史记·赵世家》)。

　　龙兑、汾门,《正义》《集解》皆云在北新成(《汉志》属中山国),临乐即《汉志》涿郡临乡(误,辨见后)。

　　葛、徐广,《括地志》皆以为在高阳,可以为据;平舒,《集解》《正义》皆以为在代郡,误甚。燕、赵两国易地必在犬牙交错处,以整齐边界,利于防守,故代地腹部之平舒不可能界燕,否则燕将有一飞地在代。燕所与赵之平舒乃《汉志》勃海之东平舒,旧六国各自因地取名,故同名者众,汉兴,即加以整理,同名者则冠以东、西、南、北、上、下等方位词,因代有平舒,故将勃海之平舒冠以东字,以资分别。

　　武阳,史籍失其所在,当然不会是《水经注》中的武阳(故燕下都),很可能是《汉志》涿郡之武垣。《赵世家》:"孝成王七年,武垣令傅豹、王容、苏射率燕众返燕地。"可见武垣本属燕,后归赵,故孝成王七年又返燕,武垣位于高阳之南,则赵孝成王十九年燕既以高阳予赵,亦必同时将其南边的武垣予赵无疑。

　　要之,以《汉志》而言,燕赵易地是赵予燕以北新成、临乐,而燕予赵高阳、武垣及东平舒。

　　易地的结果,使燕赵边界大致沿《汉志》北新成、易县、文安一线,此边界与燕之易水长城(筑于前334—前331年,今河北易县、文安东南一带尚有遗迹)基本吻合。(《读史方舆纪要》卷十二濡水条亦云:名胜记,南北二易水会于黑龙江,在容城、新安二县间,即古燕赵分界处。)所以《史记·刺客列传》述鞫武言燕边界为"长城以南,易水以北"。又载:"秦将王翦已亡赵……进兵北略地至燕南界,太子丹……曰:'秦兵旦暮渡易水。'"大约燕赵边界本沿易水长城,后成犬牙状,易地以后,又大体恢复原状。

　　秦灭赵置巨鹿、邯郸郡,灭燕置广阳郡,广阳、巨鹿郡界即为故燕赵之国界。汉元年,项羽分封十八王,燕与常山国界当循此不变。汉四年张耳赵国和臧荼燕国边界亦同此。后燕更王卢绾、赵更王刘如意,国界当无变化。高帝六年起,刘邦逐步以同姓王取代异姓诸侯,为了使同姓王互相牵制,共同拱卫中央,故有意调整同姓王国边界,以形成犬牙交错状态。

《汉书·文帝纪》："高帝王子弟,地犬牙相制,所谓盘石之宗也。"《中山王传》："先帝所以广封连城,犬牙相错者,为盘石宗也。"

因此,燕赵边界遂由整齐划一调整成锯齿模样(参见地图十三),因赵孝成王十九年燕赵易地事去高帝年间仅四五十年,记忆犹新,所以将赵河间郡(高帝九年析巨鹿郡北部置,参见赵国沿革第五节)之高阳、武垣两地重新划归燕国。不但如此,而且连蠡吾、饶阳一带也一并归燕(《滱水注》云:蠡吾,应劭曰饶阳之下乡也),这就是赵"广汉,涿郡蠡吾人也,故属河间"的来历。赵之高阳以南数县既予燕,燕之临乐大约亦以还赵。临乐地望当在《汉志》中山国北境,武帝元朔四年用封中山靖王子,别属涿郡,后又迁往勃海,所以与中山国不相毗连的勃海郡才会出现中山王子之临乐侯国。

这次边界调整大约在高帝十二年二月平定卢绾之乱以后进行。燕地之平,费时甚短,二月樊哙击燕,卢绾即退居长城。消灭异姓王国是高帝的既定方针,卢绾即未称乱,亦终必由同姓王所代,因此燕赵边界之调整计划可能早已制订,只是借立皇子建为燕王时予以实行而已。是时燕赵两王均高帝亲子,其边界调整当然不成问题。调整结果,使得燕之广阳郡有一舌状地伸入赵之河间郡及常山郡之间(见地图十三及地图十七)。

《汉志》云涿郡高帝置,王国维氏以为此不足为据,所见甚是。元朔元年燕国除为广阳郡。元朔二年至五年间,广阳郡新纳许多王子侯国,见于《汉志》的就有中山王子侯国七:广望、陆成、新处、谷丘、樊舆、安国、安险;河间王子侯国二:阿武、州乡。这些侯国都分布在上述舌状地的两旁,使广阳郡境扩大不少。元狩六年四月同日封三子为齐王、燕王、广陵王。广陵国只得广陵郡部分地,该郡余地合沛郡数县同时置临淮郡。燕国亦应不得广阳郡之全部,故颇疑涿郡之置与燕国同时,武帝乃将扩大了的广阳郡一分为二,其涿县以西南置为涿郡,以东北则置为燕国。

涿郡分置以后,自昭帝元凤五年起至元帝永光三年间又得中山王子侯国二:成、利乡;得河间王子侯国:高郭;广阳王子侯国四:临乡、西乡、阳乡、益昌;另外,武帝元封中得燕国削县良乡,宣帝甘露中得河间削县鄭(鄭县之削参见赵国沿革)。

成帝绥和元年,割涿郡之北新成、新(薪)处、陆成、安国、安险五县以益中山国。

至是,《汉志》涿郡领县二十九。由此上溯,元帝永光三年至成帝绥和元年间涿郡领域最大,为《汉志》涿郡加上北新成等五县地。除去武帝元封以后所得之二削县和七王子侯国,即为涿郡初置时之规模。此时涿郡与广阳郡之分界当是涿县—新昌—阿陵一线。

元狩六年初置之涿郡再除去元朔间所得之中山、河间九王子侯国,并加上上述分界线以东的广阳郡,便是景帝三年以后燕国之封域。以《汉志》而言,此封域由三部分组成:广阳国;涿郡除去樊舆、广望、鄚县、阿武、州乡、高郭诸县;勃海郡之安次、文安两县及中山国之北新成。

第三节　燕之五边郡沿革及汉初燕之封域

《史记·诸侯王表·序》云:"吴楚时前后,诸侯或以谪削地,是以燕、代无北边郡,吴、淮南、长沙无南边郡,齐、赵、梁、楚支郡名山陂海咸纳于汉。"说明景帝三年以后燕国之上谷、渔阳、右北平、辽东、辽西等五边郡属汉所有。这五郡领域上自战国,下至秦汉,三代相承,变化不大。唯上谷郡秦与汉初原有之"什辟县造阳地"于元朔二年弃于匈奴(《史记·匈奴传》)。故高帝末年至景帝三年初燕国之封域即为景帝三年以后之燕国和《汉志》上谷等五边郡组成。

高帝五年卢绾燕国则比刘建燕国要少涿郡南部七县地。七县是据《汉志》为说,即高阳及其以南的中水、武垣、饶阳、安平、蠡吾、南深泽。在汉初县目未必是这些,但范围是这么大。

第七章

代国沿革

　　高帝六年,封兄喜为代王,名义上有云中、雁门、代三郡。七年,更封子如意。九年如意徙王赵,代地属赵。十一年,分云中郡东部置定襄郡,以定襄、雁门、代、太原四郡置代国,封子恒。景帝三年,代国唯余太原一郡,其定襄、雁门、代三边郡属汉。武帝元鼎三年,代王徙清河,代国除为太原郡。

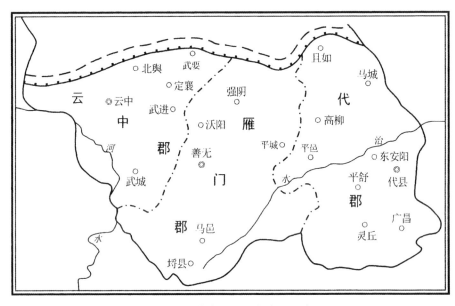

地图十四　高帝六至九年代国示意图

第一节　刘仲、刘如意之代国

　　《史记·高祖本纪》:七年"令樊哙止定代地,立兄仲为代王"。

　　《汉书·高帝纪》:六年"春正月……以云中、雁门、代郡五十三县,立兄宜信侯喜为代王。……以太原郡三十一县为韩国,徙韩王信都晋阳"。

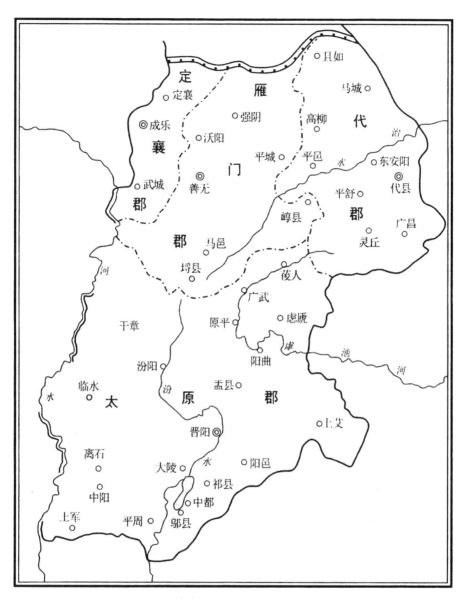

地图十五　高帝十一年至文帝元年代国示意图

　　置代国之年，班马龃龉，以谁为准？《汉书》明言韩王信徙王韩国，但《史记·诸侯王表》却系韩信于代国之下，何故？又《史记·韩信传》："徙韩王信王太原以北，备御胡，都晋阳。信上书曰：'国被边，匈奴数入，晋阳去塞远，请治马邑。'"代国之云中、雁门居太原之北，韩信之国何能"被边"？马邑乃雁门属县，韩信国太原又怎能以其为都？

　　《史记·匈奴传》回答了上述几个问题。传云："冒顿……悉复收秦所使蒙恬所夺匈奴地者，与汉关故河南塞，至朝那、肤施，遂侵燕代。是时汉兵与项羽相距，中国罢于兵革，以故冒顿得自强……而单于之庭直代云中。"

可见高帝即位之初，代地大部为匈奴所侵，以至太原郡被边。韩信之辖地除太原三十一县以外，其实还兼有代地未没入匈奴的部分，所谓"王太原以北"是也。也因此才能徙治马邑。所以，高帝六年之封刘喜于代，不过遥领而已，直至七年，哈定代地，刘仲才之国为王，而不旋踵，又弃国亡洛阳。以是《史记》直系韩信于代国之下。高帝六年秋九月，韩信降匈奴，韩国除为太原郡。

《汉书·高帝纪》："七年……立子如意为代王。"此时代国名义上仍有三郡五十三县。"九年，徙代王如意为赵王"，代地属赵。

第二节　刘恒之代国

《史记·高祖本纪》：十一年，"分赵山北，立子恒以为代王，都晋阳"。

《汉书·高帝纪》："十一年诏曰：代地居常山之北，与夷狄边，赵乃从山南有之，远。数有胡寇，难以为国，颇取山南太原之地益属代，代之云中以西为云中郡，则代受边寇少矣。"

可见刘恒之代国由故代国之云中以东部分和太原郡所组成。汉初国力不够强大，若匈奴侵入代地，代国将名存实亡，故取太原益代，以使新代国有立足之地。旧代国的概念是云中、雁门、代三郡。诏书所谓"代之云中以西为云中郡"，说明高帝十一年将云中郡分成两半，云中县以西部分为新云中郡，属汉；东部则属刘恒代国，当置为定襄郡。事情本来十分清楚，但王国维氏未注意到高帝诏书这句话，其《汉郡考》断言"至江夏……定襄十郡尤可证其非高帝置"。其实云中郡之东部既归代国，若不置郡，则需并入雁门。二者必居其一。并入雁门之事无征，当然是置为代国支郡定襄无疑。

所以刘恒之代国实有定襄、雁门、代、太原四郡之地。太原即高帝六年置为韩国的三十一县地，而不是《汉志》太原郡。定襄、雁门、代郡则沿袭至汉末不变，其郡境如《汉志》所载。

因为云中郡于高帝十一年分成云中、定襄二郡，所以刘喜和刘如意的代国三郡实则《汉志》之云中、定襄、雁门、代四郡。《汉志》代郡领县十八、雁门十四、云中十一、定襄十二，合之五十五县。其中雁门阴馆县《汉志》曰景帝后三年置，故景帝以前四郡实领五十四县，与《汉书·高帝纪》所载刘喜代国之五十三县仅一县之差。由此益证定襄实为云中所分置。汉六年高帝初即位，代地又大部没入匈奴，当无遑于此三郡增设县治，因此五十三县应是承秦之旧。

清人王鸣盛不加深考,以为高帝六年之云中、雁门、代郡与《汉志》所载相同,故指责班固将四十三县(《汉志》三郡属县之和)错成五十三县。

第三节　文景武三朝之代国沿革（含西河郡）

文帝二年,分代为太原、代两国,立子武为代王,参为太原王,是时代国仅有代、雁门、定襄三郡,太原郡则置为太原国。文帝四年,代王武徙淮阳,"以代地尽与太原王,号曰代王"。刘参代国又复有刘恒故地。文帝后二年,代共王登嗣。

景帝三年,代国边郡:雁门、定襄、代三郡属汉,代国唯余太原一郡。

武帝元光三年,代王义嗣。元朔三年,封共王子九人为侯。九侯国中有七个:离石、蔺、临河、隰成、土军、皋狼、干章皆《汉志》西河郡属县,地望在《汉志》太原郡西境与河水之间。又有利昌侯国,《汉表》云王莽时乃绝,而《汉志》失载,恐亦属西河;邵侯国天汉元年免,大约省入他县,故《汉志》不见。元朔三年时,西河郡未置,故代王子侯国必别属上郡。因为上郡领域的扩大,武帝遂于元朔四年以上郡东部数县及代国诸王子侯国置西河郡。元鼎三年,代王徙清河,代国除为太原郡。

《汉志》西河郡之平周、中阳二县在上述代王子侯国之东,原应太原郡(即代国)属。大约在代王徙清河后,调整入西河郡。

《汉志》太原郡领二十一县。还代八王子侯国及中阳、平周二县于太原,则元朔三年以前之太原郡当领有三十一县,恰与汉初封韩王信时相符。太原郡二百年的变化只在西境,汉初其西境至河,北、东、南界则循《汉志》所载。太原郡境既明,则各阶段代国封域亦随之清楚。如地图十四和十五所示。

代国所属郡县沿革表

郡	县 名	高帝五年	六年	七年	九年	十一年	景帝三年	武帝元朔三年	元鼎四年
太原郡31县	晋阳 葰人 界休 榆次 中都 于离 兹氏 狼孟 邬县 盂县 平陶 汾阳 京陵 阳曲 大陵 原平 祁县 上艾 慈氏 阳邑 广武	太原郡31县	韩国（韩信）	太原郡	太原郡	太原郡	代国	代国23县	太原郡21县
	中阳 平周							（属上郡，翌年属西河郡）	（属西河郡）
代郡	千章 枲狼 离石 蔺县 隰成 土军 临河 利昌 桑干 高柳 当城 马城 班氏 东安阳 延陵 斫氏 且如 平邑 阳原 卤城 参合 平舒 代县 灵丘 广昌 道人		代国（刘喜）55县	代国（刘如意）	（属刘如意赵国）	代国（刘恒）	代郡	代郡	代郡18县
雁门郡	善无 沃阳 中陵 楼烦 武州 汪陶 剧阳 平城 马邑 彊阴（景帝后三年增置阴馆县） 埒县	雁门郡		代国（刘如意）		雁门郡	雁门郡	雁门郡	雁门郡14县
	成乐 武进 都武 武城 武皋 复陆 路县 定陶 定襄					定襄郡	定襄郡	定襄郡	定襄郡12县
云中郡	云中 桢陵 接和 原阳 沙南 北舆 武泉 阳寿 咸阳 襄阴 武城 沙陵	云中郡				云中郡	云中郡	云中郡	云中郡11县

第八章

赵国沿革

高帝四年封张耳赵国,有邯郸、巨鹿、常山三郡;九年,废张氏,徙代王刘如意王赵,兼有代地;十一年,代自为国。景帝四年,赵国除,地入于汉。故赵地至此已先后分置为:广川、河间、中山国和邯郸、勃海、清河、常山、巨鹿。后邯郸又分魏郡,巨鹿又分广平,常山又分真定。武帝以后故赵地十一郡国废置无常,削益频繁,领域变化很大,但未再析置新郡国。《史记·诸侯王表》所谓"赵分为六"指的是景帝二年至中元五年在故赵地先后建立的六王国:广川、河间、中山、赵、清河、常山(皆王景帝子)。

第一节 景帝三年以前赵国沿革

《汉书·高帝纪》:四年十一月,"汉立张耳为赵王"。张耳赵国有故秦之邯郸、巨鹿、常山三郡。九年"春正月,废赵王敖为宣平侯,徙代王如意为赵王,王赵国"。高帝于废徙之间,重新疆理赵地,析巨鹿置清河、河间郡。此时之赵国兼有代地三郡:云中、雁门、代郡。

《史记·高祖本纪》:十一年,"乃分赵山北,立子恒以为代王"。代地自为国,赵国封域复为四年始封之境。

《史记·诸侯王表》:"常山以南,太行左转,度河、济、阿、甄以东薄海,为齐、赵国。"齐赵以大河为界,故赵国范围乃在常山以南,太行以东和大河之间。

惠帝元年,淮阳王友徙赵,是为幽王。赵之封域如旧。

高后元年,分赵置常山国,以诈惠帝子为常山王。七年,赵幽王自杀,梁王恢徙赵,是为共王,旋自杀,遂立兄子吕禄为赵王。八年,吕氏败。诛赵王、常山王。

文帝元年,立赵幽王子遂为赵王,复有幽王故地。二年,分赵置河间国,

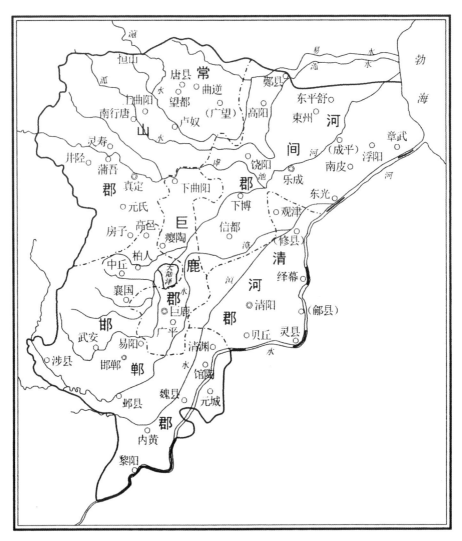

地图十六　高帝十一至十二年赵国示意图

立遂弟辟疆为河间王。十五年,河间王亡后,国除,地入于汉后分为河间、广川、勃海三郡。

景帝二年,削赵国常山郡,置河间、广川二国。三年,赵王反,收赵之巨鹿、清河郡,分常山郡置中山国。四年冬,赵国除为邯郸郡。至此,加上文帝时已属汉之勃海郡,故赵地已分成八个郡国。以下分八节,考证各郡国之沿革。

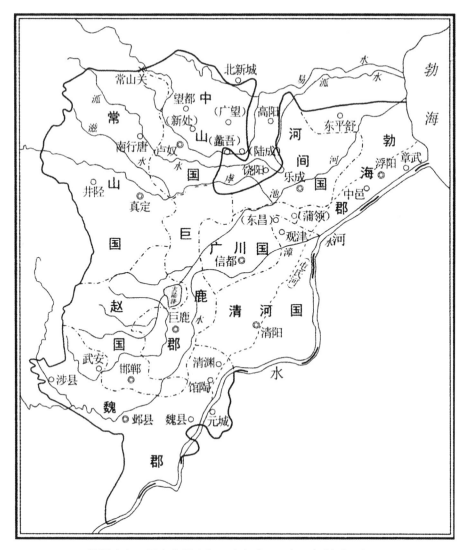

地图十七　景帝中元六年至武帝建元五年六赵封域示意图

第二节　景帝四年以后邯郸郡沿革（含赵国、魏郡）

一、刘彭祖之赵国

景帝五年，分邯郸郡复置赵国，广川王彭祖徙王赵，是为敬肃王。邯郸郡余地置为魏郡。

武帝元朔二年，封敬肃王子侯国八：

① 封斯　《志》常山。时常山为国，当先属巨鹿。

② 邯会　《志》魏郡。今河北成安县北。《中国历史地图集》（以下简称

《图集》)邯会定点有误,参见拙作《〈水经·浊漳水注〉一处错简——兼论西汉魏郡邯会侯国地望》。

③ 尉文　④ 榆丘　⑤ 襄嗫　⑥ 朝节　⑦ 东城　⑧ 阴城　此六王子侯国宣帝前皆已国除、省并。

元朔三年,续封敬肃王子侯国四:

⑨ 武始　《表》《志》魏郡。

⑩ 象氏　《志》巨鹿。

⑪ 邯平　⑫ 易安(并入邯)　皆已国除省并。

元朔五年,续封敬肃王子侯国二:

⑬ 柏畅　《史表》作"柏阳"。《表》中山。始元元年免,省并。赵王子侯不得入中山国,中山当为常山之讹。《读史方舆纪要》以为即清赵州临城县(即今临城县)西十五里之柏畅亭。

⑭ 鄗　《志》常山。始封先属巨鹿。元鼎五年除。

不得封年之王子侯六人:

⑮ 南㢰　《表》《志》巨鹿。

⑯ 鄗　《表》常山。此侯国与⑭鄗重出,但侯者名不一。⑭鄗封延年,此国封舟。疑元朔五年封延年时,未得鄗县全部。元鼎五年后又以鄗县其余部分封舟,别属常山,其后两鄗又合为一县。

⑰ 漳北　《表》魏郡。昭帝元凤三年除。

⑱ 南陵　《表》临淮。恐误,后元二年除。

⑲ 安檀　《表》魏。后元二年除。

⑳ 爰戚　《表》济南。不可解。后元二年除。山阳郡有爰戚县,非是。

⑰—⑳　四侯国省并,无考。

征和元年,赵顷王嗣,续封敬肃王子侯国四:

㉑ 栗　㉒ 泫　《志》皆沛郡。

㉓ 猇　《志》济南。

沛郡、济南本不当为赵王子侯封地,或如长沙舂陵侯国迁徙他郡,或如代离石侯国更封他县所致。

㉔ 即裴　《表》东海,《志》魏郡,《表》缘错格而误,东海应移注在下一格彭侯屈氂之下。宣帝本始元年,赵怀王嗣。地节元年薨,无子,绝二岁。

地节三年,封顷王子侯国四:

㉕ 邯沟　《表》《志》魏郡。

㉖ 张　《表》常山,《志》广平。时已置平干国,须先属巨鹿,后入广平,

《表》常山恐误。
㉗ 乐阳　《表》《志》常山。

㉘ 桑中　《志》常山。

以上两县紧邻真定国,赵不能越常山而有之,恐为真定顷王子侯国(见第九节)。

地节四年,绍封怀王弟高,是为哀王。

元康元年,赵共王嗣。

甘露二年,续封顷王子侯国一:

㉙ 都乡　《表》东海,《志》常山。《志》是,《表》因错格而误(辨见第一章第五节鲁国沿革)。今地无考。

元帝竟宁元年,封哀王子侯国二:

㉚ 柏乡　《志》巨鹿。

㉛ 安乡　《志》巨鹿。今地无考。

分封三十一侯国以后,赵只余四县:邯郸、襄国、柏人、易阳。其中柏人县与⑬柏阳、㉚柏乡两侯国均位于常山中丘县北,赵国不能越中丘而有此三地,所以中丘可能先属赵,后入常山。赵国别属常山的王子侯国尚有若干无考,中丘县可能与这些侯国有关。

又据《后汉书·赵孝王传》:"元初五年……坐削中丘县。"是后汉中丘属赵,后汉诸侯王国封域经常体现前汉面貌,可作参照。

上列三十一侯国,有十四个因省并不见《汉志》,有两个迁沛郡,有两个应是真定国属。见于《汉志》之十二侯国仅都乡、安乡无考。将可考之十侯国与中丘县还之赵国,得景帝五年至武帝元朔二年间的赵国封域。

二、魏郡沿革

魏郡战国时先为魏地,"赵孝成王六年,魏与赵邺"(《赵世家》),遂为赵所有。秦灭赵置邯郸郡,邺则属之。《汉志》云,魏郡高帝置,王国维氏以为"不足征",有其道理,但他却又以魏郡充文帝末年二十四郡之数,则自相矛盾。事实上,若魏郡非高帝郡,惠、吕、文三朝又未见其削自赵,则文帝时不当为汉郡(文帝二十四郡应有勃海而无魏郡,参见第五节)。

魏郡之置年有两种可能,一是如《汉志》所云在高帝间,则其时为赵国支郡,须至景帝三年吴楚之乱后才能属汉,一是置于景帝五年,在徙广川王王赵之时,分邯郸郡为二:一为赵国,一为魏郡。前一种可能性除《汉志》外无任何史料可资证明。后一种可能则是魏郡置年的下限。魏郡置年绝不能晚

第八章　赵国沿革

于景帝五年,因为武帝元朔二年,魏郡即开始接纳赵王子侯国,而自景五至朔二间,赵国无削地记录,不可能分出魏郡。实际上,吴楚之乱平定以后,景帝着手调整郡国领域,频繁复置、迁徙王国,逐步增设汉郡,因此颇疑魏郡之置与沛郡、平原、东莱类似,都在徙王更置之际。景帝三年更置楚国,分彭城郡置沛郡;四年徙衡山王济北,同时分济北置平原,复置胶东国,同时分胶东置东莱;五年,徙广川王王赵,同时分邯郸置魏郡,这应当都是顺理成章的事。

武帝元朔二年,得赵敬肃王子侯国:邯会、武始。元朔五年,置阴安侯国,以封卫不疑。征和元年,得赵顷王子侯国:即裴。

宣帝地节三年,得赵顷王子侯国:邯沟。

《汉志》魏郡有县十八,除去王子侯国后,大体上即景帝五年魏郡始置时之范围。

又,居延汉简有"魏郡贝丘"之记载(82.9),说明《汉志》清河郡贝丘县曾隶属过魏郡,但隶属的具体时间不明。

以景帝五年之魏郡加上同时之赵国,即为高帝四年赵国初封时的邯郸郡领域。

第三节 巨鹿郡沿革(附: 平干—广平国)

《汉志》云巨鹿郡秦置。高帝四年以封张耳赵国,九年析置清河、河间两郡,并属刘如意赵国。

景帝三年,赵国之巨鹿支郡属汉。

武帝建元四年,析置曲周县。元朔二年至五年得赵王子侯国封斯、象氏、易安、柏阳、鄗。又襄嚄、邯平两侯国表在广平,疑其先亦属巨鹿。(后封斯、鄗改属常山,易安、柏阳、襄嚄、邯平省并。)

元朔元狩间,巨鹿郡境因得王子侯国而扩大,遂分南部置广平郡。武帝间新置内郡常因此故。广平郡始置年,史未明言。《汉书》载王温舒为广平都尉在元朔元狩间(见本传),郡置于此时亦有可能。《浊漳水注》云:"秦始皇二十五年灭赵为巨鹿郡,汉景帝中元年为广平郡,武帝征和二年以封赵敬肃王子为平干国,世祖中兴更为巨鹿也。"这段注文以为巨鹿郡即广平郡即平干国即东汉巨鹿郡,未明言景中元年巨鹿分广平。事实上,广平由巨鹿所分,故疑此处注文有误。且景帝年间巨鹿郡领域并不大,景中元年分广平之可能性不大。元朔元狩间因郡境扩大而分置新郡的推测当较合理。

武帝间某年,得赵王子侯国南綦。

昭帝元凤至宣帝甘露二年,得王子侯国六:新市、乐乡、历乡、武陶、柏乡、安乡(参见第八节)。

《汉志》巨鹿郡领二十县,初分广平郡时至多只十四县。

附:平干—广平国沿革

武帝元朔元狩间,分巨鹿置广平郡。征和二年,以广平郡置平干国,顷王偃以敬肃王小子立。

宣帝元康二年,封顷王子侯国一:

① 曲梁　《表》魏郡,《志》广平。始封时入魏郡,五凤二年,平干国除为广平郡时回属,以下《志》属广平者同此。

神爵三年,续封顷王子侯国二:

② 广乡　《表》巨鹿,《志》广平。

③ 成乡　《表》《志》广平(《志》城乡,城成通)。今地无考。

神爵四年,续封顷王子侯国五:

④ 平利　《表》魏郡,《志》广平。今地无考。

⑤ 平乡　《表》《志》广平。先属巨鹿,后属广平。

⑥ 平篡　《表》平原。亡后国除,省并。

⑦ 成陵　《表》广平。鸿嘉二年除,省并。

⑧ 阳城　《志》广平,有阳台侯国,当是。今地无考。

五凤元年,又封顷王子侯国一:

⑨ 祚阳　初元五年除,省并。

五凤二年,平干国除为广平郡。国除为郡后,原来别属汉郡的平干王子侯国全部回属广平。

成帝元延末年,广平郡属县十六,即如《汉志》所载广平国县目。

哀帝建平三年,复以广平郡置国绍封广德夷王弟汉。广平国既置,依例王子侯国应别属汉郡。然而《汉志》广平国却辖有若干侯国,以至领县多达十六,钱大昕以为是史家忘了改隶之例,其实是因为《汉志》的郡国名称和户口籍是以元始二年为断,县目却是以元延绥和之际为断,两个资料混在一起的缘故。元延末年广平为郡,才能有十六县。而元始二年广平为国,至多只宜有八县之地(广平、南和、列人、斥章、任、广年、曲周、朝平),所以户籍仅二万八千。信都国的情况也与此相仿。

初置广平郡的领域,相当于元延末年广平郡十六县中去掉南曲和张县以后的范围。因为张县、南曲分别为赵、清河王子侯国,分封于征和二年之后,只能属汉郡而不能属当时的平干国。广平领有这两县显然是五凤二年平干国除为郡以后。再者广平郡初置时的县目必在十一以下,因为平干国所封王子侯国多乡亭之地,至少城乡、广乡、平乡三县是析乡而置,是以知广平郡始置至多只领十一县。

元朔以后广平郡与巨鹿郡沿革已如上述,两郡之和即为高帝九年至武帝元朔元狩间巨鹿郡的领域。

第四节　河间国(郡)沿革

《史记·功臣表》记赵衍、张相如相继为河间守,事在陈豨造反以前。陈豨反在高帝十年,所以河间郡之析置至迟不过高帝九年。故本章第一节推断其始置大约在高帝九年张敖国除之后,如意王赵之前。至于河间之名的初见还可追溯到战国时代,《战国策·赵策》载:"赵有常山,左河间,北有代。"

《汉志》河间国在巨鹿郡东北,是汉初河间郡本析自故秦巨鹿郡。

高帝十二年,以河间郡之高阳、武垣、中水、饶阳、蠡吾、安平等县(县名以《汉志》而言)畀燕国之涿郡。《汉书·赵广汉传》:赵广汉"涿郡蠡吾人也,故属河间"。《史记·项羽本纪》:"封吕马童为中水侯。"《索隐》引《晋书·地道记》:"其中水县属河间。"可见中水、蠡吾一带本属河间(见燕国沿革)。

文帝二年,分赵之河间郡置国,封赵王遂弟辟疆。十五年,河间王薨无后,国除分为河间、广川、勃海三郡,属汉。《汉书·邹阳传》曰:"疆赵责于河间。"是证故河间国地未还于赵。

景帝二年,以河间郡置国,立子德为河间献王。此河间仅有故河间之三分之一而已。

武帝元光五年,封献王子侯国一:

①　兹　此侯国省并。

元朔三年,封献王子侯国九:

②　阿武　③　州乡　《志》皆涿郡。

④　参户　《志》勃海。

⑤　平城　《史表》为成平,《汉志》勃海有成平,当是。《索隐》云,《汉表》在南皮,是成平乃析南皮置,故南皮县必先属河间,后削入勃海。

另有:⑥　旁光　⑦　距阳　⑧　萎　⑨　广　⑩　盖胥　五侯国不见《汉志》,盖已省并。

元朔四年,续封献王子侯国一:

⑪ 重 《表》平原。元狩二年除,省并。《淇水注》以为即勃海千童,不可信。

不得封年之献王子侯国一:

⑫ 沈阳 《表》勃海。亦不知其免侯之年。已省并。

宣帝地节二年,封献王子侯国四。此时献王已死六十年,不当有未封之子。《汉表》恐有误。

⑬ 景成 《表》《志》勃海。

⑭ 平堤 《表》巨鹿,《志》信都。今河北深县附近。地节二年信都为郡,故平堤侯国由河间别属信都,地节四年信都复为国,平堤须改属巨鹿郡,因此《汉表》平堤属巨鹿。此后信都又忽郡忽国,平堤亦因此多次改隶,既然平堤曾先后属河间、巨鹿、信都三都国,其地望必在三郡交界处,据此推知当在乐乡(见下)附近。《清一统志》以为平堤在枣强县东,《图集》缘此而误。

⑮ 乐乡 《表》巨鹿,《志》信都。《表》《志》不一原因同上。

⑯ 高郭 《表》《志》涿郡。由《汉表》知高郭侯国乃析鄚县置,可见鄚在地节二年以前尚属河间,其后必有削地之举,方割属涿郡。

五凤元年,封孝王子侯国一:

⑰ 阳兴 《表》涿。建始二年除,省并。

甘露中,削二县,万一千户(《汉书·河间献王传》)。所削二县恐为鄚和南皮,说见前。

元帝建昭元年,河间国除为郡。王子侯国回属。

成帝建始元年,复置河间国,绍封河间惠王。益封万户(《河间献王传》),此万户不知属何县。要之,必在《汉志》河间国四县与⑱窦梁侯之中。

建始二年,封孝王子侯国一:

⑱ 窦梁 河平二年除,省并。

《汉志》河间国余乐城、候井、武隧、弓高四县。将以上可考侯国与削县还于河间,可得文帝十五年至武帝元朔三年间河间国(郡)封域。高帝末年至文帝十五年河间郡(国)领域则为文帝十五年时之河间、广川、勃海三郡之和(见地图十六)。

第五节 勃海郡沿革

勃海郡之初置当有东平舒以南至大河以北的滨海数县,《汉志》篇末云:

"赵地……又得勃海郡之东平舒、中邑、文安、束州、成平、章武,河以北也。"说明成帝以前河水当位于章武、中邑以南。《图集》内部本自修县起,即将河水错置于中邑、章武以北。[1]《汉志·魏郡》:"馆陶,河水别出为屯氏河,东北至章武入海,过郡四,行千五百里。"由于《图集》将河水走向北移,遂使屯氏河既不能过郡四(魏、清河、信都、勃海),亦不能在章武入海,只能违背《汉志》原文注入大河。只要将大河走向订正于中邑、章武以南,这个矛盾便可解决(如地图十七)。

《汉志》勃海郡领二十六县,居大河南北。河南之柳、定、高乐乃齐孝王子侯国,是本为齐悼惠王故地。战国时代齐赵以大河为界(《汉书·沟洫志》:"齐与赵魏以河为竟。"),至汉初依然如是。勃海郡北部之安次、文安二县乃武帝时由燕国削地而来。东平舒则战国赵孝成王十九年燕易于赵者,汉初赵之北界止于此(参见燕国沿革)。

《汉志》云勃海郡高帝置,不可信。文帝二年"取赵之河间立辟疆"(《汉书·高五王传》),时未闻有勃海之名。《汉志》河间在巨鹿东北,勃海更在河间之东,若高帝时赵国已析置勃海支郡,则文帝二年河间置国以后,势必将勃海隔离于赵国之外,显然不合情理,所以勃海不可能出现于文帝以前。它只能是河间国除以后所分置的新郡。亦必如此,方足文帝末年二十四郡之数(参见结语)。

文帝十五年以后勃海郡沿革如下:

武帝元朔三年,得河间王子侯国参户、成平。元朔中,得大河以南故齐之平原郡北部数县(包括齐孝王子侯国柳、高乐、定)。斯时平原已得济北王子侯国若干,郡境扩大,故武帝以其北部属勃海。元封中,得燕国所削之安次、文安二县(昭帝时复归燕,宣帝以后又属勃海)。

昭帝始元六年及宣帝本始四年,得清河王子侯国蒲领与修市。宣帝地节二年,得河间王子侯国景成。甘露中,得河间国南皮县。

《汉志》勃海郡领二十六县,除去上列得自其他郡国的各县,则文帝十五年至武帝元朔二年间的勃海郡仅有《汉志》浮阳、章武、中邑、东光、阜城、东平舒、束州七县地的规模。

第六节　广川（信都）国（郡）沿革

景帝二年,以广川郡置广川国,封亲子彭祖为广川王。广川国必定以汉

1　此看法在我的硕士论文里已经提及,故《图集》于1982年公开出版时已据此意见修改。

郡置。因景帝子与赵王遂有亲疏之分、大小宗之别,故不得割赵地以封彭祖。(这与文帝二年分封河间国情况不同,当时之河间王辟疆是赵王遂之弟,故可取赵之一郡以封之。)史籍虽未见有广川郡之记载,但可推知该郡为文帝十五年河间国除以后所分置。

景帝五年,广川王彭祖徙赵,国除为信都郡。中元二年,复置广川国,立子越为广川惠王。

武帝元朔三年,封惠王子侯国四:

① 蒲领 《表》东海,《志》勃海。《表》误,《志》是。清河国于昭帝始元六年亦有一蒲领侯封入勃海郡,与此侯同为一地。元朔三年时,清河尚为汉郡,故广川之蒲领侯国先别属清河,后该侯有罪,侯国废为县。元鼎四年,清河复置国,又以蒲领县封王子侯国,方别属勃海郡。是蒲领一地前后凡三属,由广川而清河、而勃海。

② 枣强 《志》清河。

③ 西熊 ④ 毕梁 皆国除省并。

元鼎元年,封缪王子侯国二:

⑤ 甘井 ⑥ 襄堤 《表》皆巨鹿。免侯后省并。

不得封年之广川惠王子侯国二:

⑦ 参戾 ⑧ 沂陵 均坐酎金免,省并。

昭帝元凤五年,封缪王子侯国一:

⑨ 新市 《表》堂阳,《志》巨鹿。是新市乃析堂阳而封,故堂阳县应原属广川国,何时改隶巨鹿不明。

宣帝本始二年,续封缪王子侯国一:

⑩ 东襄 《表》信都。成帝建昭元年除,省并。

本始四年,广川国除为郡。广川王子侯国回属。(此后,广川时郡时国反复多次,王子侯国改隶频繁,不另加注明。)

地节四年,复置广川国。绍封缪王子文,是为戴王。

神爵三年,封缪王子侯国二(此二国疑封戴王子):

⑪ 乐信 《表》《志》巨鹿。

⑫ 昌成 《表》《志》信都。始封之时必入巨鹿,元延末信都为郡,又回属。

神爵四年,封戴王子侯国二:

⑬ 西梁 《表》巨鹿,《志》信都。始封时别属巨鹿,后回属信都,故《表》《志》不一。

⑭ 历乡 《表》《志》巨鹿。此侯及以下二侯《汉表》均书缪王子,时缪王

已死三十余年，似不应有未封之子，且⑬西梁侯已是戴王子。在其之后所封王子侯似不可能再有缪王之子。

元凤五年，封戴王子侯国一：

⑮ 武陶 《表》《志》巨鹿。今地无考。

（据《汉书·张敞传》，宣帝时广川王曾被削户，但详情已不得而知）

甘露四年，广川国除为郡。

元帝初元元年，封戴王子侯国一：

⑯ 桃 《表》巨鹿，《志》信都，此侯之封十分特殊。王国既废，本不当分封王子侯，若分封亦应《表》《志》一致。何况国除为郡后，王子侯国依例回属本郡，桃侯国此时岂能先别属巨鹿后又属信都？殊不可解。唯一合理的解释，似乎是分封日期有误，应在甘露四年以前或建昭二年之后。

建昭二年，以广川郡置信都国，立子兴为信都王。

成帝阳朔二年，信都王兴徙中山，国除为郡。

《汉志》信都属县十七，应表示元延绥和间信都郡（而不是信都国）之领域，《汉志》所以记为信都国者，因郡国名以元始二年户口籍为据，这个情况与广平国同。哀帝建平二年复置信都国后，《汉志》十七县中有六王子侯国当别属汉郡，故实际上元始二年之信都国至多只应有十一县之地，这样才勉强能与六万五千户的户籍相对应。

景帝二年至武帝元朔二年之广川国及信都郡领域可作如下分析：

《汉志》信都十七县中，乐乡、平堤、东昌、修四县是河间及清河王子侯国，应除去；又观津县地望在清河王子侯国东昌与修之间，东昌与修既本属清河，观津此时亦不可能属信都。且观津汉初本清河县。《史记·外戚世家》云："窦太后，赵之清河观津人。"大约后来才改隶信都。故十七县去五，余十二；同时，广川王子侯国别属汉郡者此时应回属广川，则应加上新市、历乡、武陶、乐信、蒲领、枣强、堂阳七县，十二加七为十九。元朔二年以前之广川国可由这十九县之地望确定（见地图十七）。但当时之县目并非十九，而是不到十九。因回属之王子侯国原来并不一定都是一县之地，如新市侯国乃析堂阳置，历乡是一乡之地，故而具体县目无法确定，只能确定其国（郡）界。这种情况在本书其他章节也出现过。

第七节　清河郡（国）沿革

《汉志》曰："清河郡，高帝置。"

《史记·樊哙传》:"击陈豨……除定清河、常山凡二十七县。"陈豨反在高帝十年,是清河郡在这以前即已存在,当如河间郡于高帝九年赵国更王之时析巨鹿郡置。

景帝三年,赵国除,清河支郡属汉。中三年,置清河国,立子乘,是为清河哀王。

武帝建元五年,国除为清河郡。元朔二年,得广川王子侯国:蒲领、枣强。元鼎三年,复置清河国,代王义徙为清河刚王。

昭帝始元六年,封刚王子侯国二:

① 蒲领 《志》勃海。此侯国原为广川国地,以封广川惠王子,别属清河,后废为县。故清河顷王用以封刚王子,别属勃海。

② 南曲 《志》广平。分封之时或属魏郡或属巨鹿。五凤二年平干国除以后方属广平。

宣帝本始四年,续封刚王子侯国五:

③ 修市 《表》《志》勃海。

④ 东昌 《志》信都。

⑤ 新乡 《汉志》清河有信乡侯国。新,信同音,当是。始封当别属他郡,后回属。

⑥ 修故 《表》清河。元康元年免。《汉志》信都有修县,当是。《汉表》恐衍一"故"字。《表》在清河者,乃地节四年信都置国,清河为郡,侯国回属之故。

⑦ 东阳 《志》清河。始封当属信都。地节四年回属。

地节四年,清河国除为郡。

元帝初元二年,复置清河国,立宣帝子竟为清河王。永光元年,清河王竟徙中山,国除为郡。

《汉志》清河郡领县十四。武帝元鼎四年至昭帝始元五年之清河国即为十四县加上蒲领、南曲、修市、东昌四侯国和观津县(观津本为清河地,说见上节)。

高帝九年至武帝元朔元年之清河郡(国)当为元鼎四年之清河国除去蒲领、枣强二县。

高帝九年之河间郡、清河郡、巨鹿郡相加即为故秦之巨鹿郡。

第八节　常山郡（国）沿革（附：真定国）

谭其骧师以为常山秦郡,分邯郸置(见《秦郡新考》)。

高帝四年,常山郡属张耳赵国。

高后元年至八年,置常山国,以诈惠帝子三人相继为常山王。

文帝元年,常山郡复属赵国。

景帝二年,削赵常山支郡(见《史记·楚元王世家》附《赵王遂传》《汉书·荆燕吴传》)。《史记·吴王濞列传》误以为削河间郡,其实河间早已属汉(见第四节)。三年,分常山郡置中山国。中元五年,以缩小了的常山郡置国,封子舜。

武帝元鼎三年,常山王勃嗣。不久国除为郡,旋分常山郡三万户置真定国。

宣帝地节二年,得真定顷王子侯国二:乐阳、桑中。甘露二年,得赵顷王子侯国:都乡。

又武帝元鼎三年以后由巨鹿郡得越王子侯国:封斯、鄗。二侯国封于元朔间,时常山为国。当先入巨鹿,后改隶常山。

《汉志》常山郡领县十八。除去赵、真定王子侯国五和中丘县(故属赵,见第二节),元鼎三年分真定后之常山郡至多十二县。景帝三年至武帝元鼎三年之常山郡(国)则需在十二县外加上真定国四县(真定王子二侯国恐乡聚之地,可不计),大约十六县的范围。高帝四年至景帝三年之常山郡(国)即为景帝三年之常山郡与中山国之和。

附:真定国沿革

武帝元鼎三年,置真定国。封常山宪王子平,是为真定顷王。真定三万户是就故常山国都真定及附近数县而封,常山郡因此迁治元氏县。

宣帝地节二年,封顷王子侯国二:

① 乐阳 《表》《志》常山。

② 桑中 《志》常山。

以上两侯国紧邻《汉志》真定国西北。《汉表》以为赵顷王子侯国,但赵国实不能越常山南部和真定国而有之。《汉表》赵顷王子乃真定顷王子之误。

元康四年,封烈王子侯国一:

③ 遽乡 《表》常山。神爵二年除,省并。

《汉志》真定国领四县。其始封仅三万户,恐亦四县之地而已。三王子侯国大约皆一乡之地。

第九节　中山国（郡）沿革

《汉志》云："中山国，高帝郡。"王国维以为此说不足征，甚是。

景帝三年六月，分常山郡东部地置中山国，封子胜，是为中山靖王。

武帝元朔二年，封靖王子侯国五：

① 广望　《志》涿郡。

② 陆成　《表》涿，《志》中山。元鼎五年除为县。始封属涿郡，成帝绥和元年益中山三万户，复属中山。

③ 薪处　《表》涿，《志》中山。元鼎五年除为县。《表》《志》不一原因同上。

④ 将梁　《表》涿。元鼎五年除，省并。《㴲水注》："博水出望都县。……又东径广望县故城北。……又东合堀，沟上承清梁陂，又北径清凉城东，即将梁也。"地望在广望东北。

⑤ 薪馆　《表》涿。元鼎五年免，省并。

元朔三年，续封靖王子侯国一：

⑥ 陆地　《表》辛处，元鼎五年免，并入辛（薪）处。此侯分封在薪处之后，薪处已先一年别属涿郡，故《汉表》在薪处，乃表明陆地免侯以后并入薪处，而不是说明陆地侯国析薪处而置。

元朔四年，续封靖王子侯国四：

⑦ 临乐　《志》勃海。中山王子不当封入勃海，当为易地所致。《史记·赵世家》载孝成王十九年，赵燕易地，赵与燕临乐。可见临乐在故燕赵边界，即汉中山、涿郡边界。先为中山地，封王子侯国后入涿，而后又迁往勃海，其原地已不可考。迁徙之例见于史籍的有长沙春陵侯国，由零陵郡迁往南阳郡之蔡阳白水乡（《后汉书·城阳恭王祉传》）；可推测的有长沙安众侯国迁往南阳宛县西乡，城阳瓡侯国迁往北海等，这是带着原侯国名迁徙的；另有一类是更封，改变侯国名的，如代王子离石侯国更封涉侯国（例见各有关章节）。

⑧ 东野　太初四年亡后国除，省并。

⑨ 高平　《表》平原。元鼎五年免，省并。

⑩ 广川　元鼎五年免，省并。

元朔五年，续封靖王子侯国九：

⑪ 桑丘　宣帝元康四年免，并入北新成。此侯《汉表》作乘丘，《史表》作

桑丘，以《史表》为长。《括地志》："桑丘城在易州遂城县界。"若乘丘则在泰山郡，乃是东平王子侯国。

⑫ 高丘　《汉志》涿郡有谷丘，谷高双声，当是。

⑬ 柳宿　元鼎五年免，省入薪处。《太平寰宇记》："在定州望都县(即今县)东四十二里。"

⑭ 樊舆　《志》涿郡。

⑮ 曲成　《表》涿。元鼎五年免，省并。《汉志》东莱郡有曲成县，恐非是。

⑯ 安郭　《表》涿，今河北安国县东南约十公里处。《汉志》中山有安国，当是。《滱水注》："滱水自卢奴来，历安国县东分为二。一支分东南，径解渎亭南；又径任丘城南，又径安郭亭南，武帝封中山靖王子传为侯国。"杨守敬疏："《地形志》安国有安国城，即注之安郭亭。"

⑰ 安险　志中山。始封别属涿郡，绥和元年回属。

⑱ 戎丘　⑲ 安道　皆元鼎五年免，省并。

征和二年，封靖王子一人为侯：

⑳ 澎　后元元年除，省并。《汉表》云：澎侯"坐为丞相祝禮，要斩"。王先谦《汉书补注》曰："澎侯以丞相封，则恩泽侯也。"此言极是。故澎侯之封当以汉郡地，而不以中山国地。颜师古曰："澎音彭，东海县也。"《汉表》下注本有东海二字，然错于前格赵王子即裴侯国下(见第二节)。按东海本无澎县，澎乃城阳王子国别属东海者，元鼎五年免为县。征和二年以封刘屈氂，后元元年免侯后，复并入他县(见第九章第六节)。又晋灼亦曰：彭，东海县。当亦指武帝时之情形。

昭帝元凤五年，封康王子侯国一：

㉑ 成　《表》《志》涿郡。今地无考。

宣帝本始三年，续封康王子侯国一：

㉒ 宣处　地节三年除，省并。

甘露元年，封顷王子侯国一：

㉓ 利乡　《表》常山，《志》涿郡。《表》误。今地无考。《表》因错格而误。常山乃下格赵王子都乡侯所在，此侯应在涿郡(说见第一章第五节)。

五凤三年，中山国除为郡。

元帝永光元年，复置中山国，清河王徙为中山哀王。

成帝建始二年，中山国又除为郡。阳朔二年，复置中山国，信都王徙为中山孝王。绥和元年，益封三万户(《汉书·成帝纪》)。

从武帝元朔二年起至宣帝甘露元年止,中山国先后分封二十二王子侯国(⑳滂侯非王子侯,不计)。因此阳朔二年以后的中山国本应仅有卢奴、北平、曲逆、望都、唐县、苦陉、深泽、毋极、新市九县而已。但《汉志》载中山有县十四,新增之五县:北新成、安险、安国、陆成、薪处盖由成帝绥和元年三万户而来。《汉志》篇末《域分》言北新成本属涿郡。然中山国下又有北新成之目,故知北新成在三万户中;其余四县本由中山国分封而别属涿郡者。由此可见《汉志》所表示的郡国县目亦有截至绥和元年的。

景帝三年至武帝元朔元年的中山郡(国)则为《汉志》中山国除去北新成再加上广望、樊舆、成、利乡、谷丘等县。

景帝三年之常山郡与中山国之和即为故秦常山郡。

第十节　赵国各阶段封域小结

一、高帝四至九年、十一至十二年

大致为常山以南、太行左转、南至大河、东濒勃海。有《汉志》常山、真定、中山、河间、信都、清河、魏郡、赵国、巨鹿、广平十郡国全部以及勃海郡东平舒以南至大河,涿郡之樊舆、鄚县以南地。

赵国在高帝四至九年时,实领邯郸、巨鹿、常山三郡,高帝十一至十二年时领邯郸、巨鹿、清河、河间、常山(后分中山)五郡,前后辖境相当,唯郡数不同。

二、高帝九至十一年

除上述领域外,尚有《汉志》代、雁门、云中、定襄四郡。当时则实领邯郸、巨鹿、常山、河间、清河、代、雁门、云中八郡(参见代国考)。

三、高帝十二年至文帝二年(中除吕后元年至八年)

比第一阶段少《汉志》涿郡之高阳、饶阳、武垣、安平、蠡吾、南深泽等县地。时实领邯郸、巨鹿、清河、河间、常山五郡。

四、吕后元年至八年

比第一阶段大体少《汉志》常山郡及中山国、真定国。实领则比第三阶段少一常山郡。

五、文帝二年至景帝元年

大致有《汉志》常山、中山、真定、赵国、魏郡、清河、巨鹿、广平八郡国。实领邯郸、巨鹿、清河、常山等四郡。景帝二年削常山郡,相当于去掉《汉志》常山、真定、中山三国郡。

六、景帝五年至武帝元朔元年

有《汉志》赵国全部及巨鹿、常山、魏、广平诸郡之数县。

第九章
齐国沿革

高帝六年封子肥为齐王,有临淄、济北、博阳、城阳、胶东、胶西、琅邪七郡。文帝十六年,琅邪郡已属汉,其余六郡分置七国:齐、淄川、胶东、胶西、城阳、济北、济南。景帝二年,削胶西六县置北海郡;四年,分济北置平原,分胶东置东莱。武帝间又分齐置千乘,分济南置泰山,除济北国。至后元二年末,故刘肥齐地已先后分成十二郡国,即:齐、千乘、平原、泰山、济南、北海、琅邪、胶西、东莱九郡及淄川、胶东、城阳三国。此后,除胶西于宣帝间置为高密国外,其余郡国名目不变。

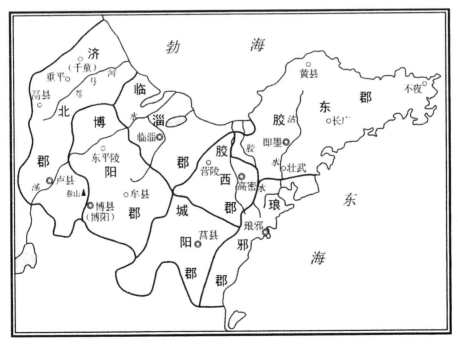

地图十八　高帝六年至惠帝元年齐国七郡示意图

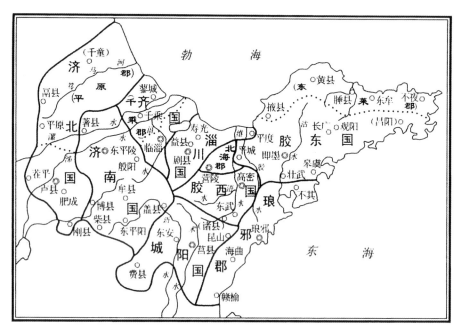

地图十九　景帝二年七齐与北海、琅邪二郡示意图

（图中虚线以北分别为景帝四年所置平原、东莱郡及武帝元封元年所置千乘郡）

第一节　刘肥之齐国

《汉书·高帝纪》：六年春正月"以胶东、胶西、临淄、济北、博阳、城阳七十三县立子肥为齐王"。《汉书》此处恐漏琅邪郡，因《高五王传》明言高后七年割齐琅邪郡封刘泽，故初封刘肥实应以七郡之地，此七郡乃由故秦四郡所析置。《史记·秦楚之际月表》（以下简称《史记·月表》）载，汉五年正月韩信徙王楚，齐地"属汉为四郡"，此四郡即谭其骧师《秦郡新考》中的齐郡（即临淄）、济北、琅邪、胶东。高帝六年乃分济北置博阳，分琅邪置城阳、胶西，故成七郡之数。郡目虽增加，然总领域不变。

《汉书·惠帝纪》："二年冬十月，齐悼惠王来朝，献城阳郡以益鲁元公主邑。"《汉书·高五王传》："吕太后称制，元年……割齐之济南郡为吕王奉邑。……七年，割齐琅邪郡，立营陵侯刘泽为琅邪王""文帝元年，尽以高后时所割齐之城阳、琅邪、济南郡复予齐，而徙琅邪王王燕"。是齐国于惠帝吕后间失三郡之地，至文帝初乃复。

《史记·孝文本纪》：二年三月"以齐剧郡立朱虚侯为城阳王，立东牟侯为济北王"。此时齐地分为三国。文帝三年，济北王反诛，国除，地入于汉。

十五年,齐文王无后国除,地入于汉,时城阳王已徙淮南,故全齐属汉为七郡,即:临淄、济北、济南、胶东、胶西、城阳、琅邪。十六年,以前五郡分置六国:齐、淄川(以临淄郡分置)、济北、济南、胶东、胶西,复徙淮南王喜王城阳。《史记·诸侯王表》言"齐分为七",即指此。

以下分八节详叙七齐与琅邪郡之沿革。

第二节　文帝十六年后齐国沿革(含千乘郡)

文帝十六年,分临淄郡临淄以西置齐国,以封悼惠王子将间,是为齐孝王。

武帝元朔二年,齐国除为郡。割临淄东环悼惠王冢园与淄川国,得淄川王子侯国:临朐。

元朔三年封孝王子侯国一:

① 博阳　《表》济南。元鼎五年免为县。博阳即《汉志》泰山博县。《史记·田儋传》云:"项羽立田安为济北王,治博阳。"又"汉将灌婴追得齐守相田光,至博阳"。《汉书·田儋传》则作"追……至博"。博阳、博县、博三者实为一地,"阳"乃地名通名(说见本篇第一章)。博阳先为田安济北王都,后即济北郡治,济北分博阳郡后,又为博阳郡治。后博阳郡因移治东平陵遂更名济南郡,以是《汉表》系博阳于济南。

元朔四年,封孝王子侯国十:

② 被阳　《志》千乘。

③ 定　《志》勃海。

④ 稻　⑤ 云　《志》皆琅邪。今地无考。

⑥ 山　《表》勃海。元帝建昭四年免,省并。

⑦ 繁安　《志》千乘。今地无考。

⑧ 柳　《志》勃海。

⑨ 牟平　《志》东莱。

⑩ 柴　《志》泰山。

⑪ 高乐　《表》济南,《志》勃海。《表》误。

齐孝王子侯国之封,情况较为特殊。齐国已于元朔二年除为汉郡,而齐孝王子却分封于此后。推恩的通例是以王国地分封王子,而后别属汉郡。既齐孝王国已除为汉郡,其十一王子封于齐孝王故地与否已无关系,故此十一侯国遂分封于各汉郡之中,当然这些汉郡仍是齐悼惠王故地,其中封于勃海者皆先属平原郡(由济北所分,见后)后改隶勃海。

元狩六年,以齐郡复置齐国,立子闳为齐怀王。齐怀王国括有《汉志》千乘郡地,由《汉书·卜式传》可证。元鼎中,南越吕嘉反,卜式上书曰:"臣愿与子男及临淄习弩、博昌习船者,请行死之。"博昌《汉志》属千乘郡,时卜式为齐相,是怀王齐国有千乘之地,然时尚未分置千乘郡。

元封元年,齐王薨无后,齐国除,分为齐、千乘二郡。千乘郡何时分置,史籍无稽,《汉志》云高帝置,王国维已辨其妄。武帝元狩六年同时分封三子为王,燕王、广陵王皆不得整郡之地,唯齐王闳是爱子,故全有齐郡。时千乘必尚未分置,否则齐王之封名义上兼有二郡之地,相形之下,毋乃太过。故颇疑千乘置于元封元年齐国已除之后。

元封元年以后,齐郡得淄川王子侯国广饶。广饶之封在元鼎元年,必先别属北海,至元封初,齐国除为郡后,方才属齐。此后,齐郡又得淄川王子侯国四:北乡(元帝建昭四年)、广、平〔广〕(竟宁元年)、台乡(成帝元延二年)。

《汉志》齐郡领县十二,以此逆推:

武帝元封元年,齐郡至多仅七县(除去王子侯国五)。元狩六年至元封元年之齐怀王国为上述齐郡与千乘郡之和。文帝十六年至景帝三年之齐国封域与齐怀王国同。

又:千乘郡自析置以来,领域大小没有变化,如《汉志》所载。唯领县数有所增加。县数之增由于析置三侯国:高昌(宣帝地节四年)、平安(元帝初元元年)、延乡(成帝永始四年)。

第三节　淄川国沿革

文帝十六年,分临淄郡东部置淄川国,以封悼王子贤。

景帝三年,淄川王贤反诛,济北王徙为淄川懿王。

武帝元朔二年,封懿王子侯国十三:

① 龙丘　《表》琅邪。元鼎五年免,省并。

② 剧　③ 剧魁　④ 平望　《志》皆北海。

⑤ 怀昌　不见《汉志》,当为班固所漏。《汉志》侯国名以元延末年为断,据此,则《汉志》失载四侯国,其他三个是:乐昌,宣帝封王武;卑梁,高密顷王子都国(见第七节);刘昌,代共王子嘉国(见第七章)。

⑥ 临众　《表》临原。《汉志》琅邪郡有临原侯国。疑始封时名临众,后改临原。

⑦ 葛魁 元鼎三年除,省并。

⑧ 平的 《表》《志》北海。今地无考。

⑨ 益都 昭帝元凤三年除,宣帝五凤中并入益县。《巨洋水注》:"巨洋水又东北径益县故城东……又东北积为潭,枝津出焉,谓之百尺沟,西北流径北益都城。汉武帝元朔二年,封淄川懿王子刘胡为侯国。"益都地望紧邻益县,是益都可能由益县析封而入北海郡。由地名学观点看,益都与益县有派生关系,且西汉王子侯国多以某县之乡亭析封,其郡国名常与本县名有共同首字,或者完全同于本县。如剧县析置②剧和③剧魁两侯国最为典型,东汉又合三剧为一剧。又《汉志》北海、高密皆有成乡;北海、琅邪各有安丘,地皆毗邻,均为一地析置。

⑩ 寿梁 《表》寿乐。元鼎五年免,省入寿光县。《汉志》无寿乐县,有寿光县,疑该侯国为寿光所析封。

⑪ 平度 《志》东莱。

⑫ 宜成 《表》平原,《志》济南。太初元年免为县。《汉志》济南有宜成侯国,疑淄川王子侯国迁往济南,免侯后,至昭帝时又以封燕仓。

⑬ 临朐 《表》东海,误。《汉志》东莱,齐郡皆有临朐,淄川国近齐郡,当别属齐郡为是。

元鼎元年,封靖王子侯国四:

⑭ 陆 《表》寿光。宣帝五凤三年免,省入寿光。寿光《汉志》北海县。是陆侯国本由寿光析置,别属北海。五凤中寿光县削入北海后,陆又省入其中。

⑮ 广饶 《志》齐郡。

⑯ 鉼 《志》琅邪。

⑰ 俞闾 元帝初元三年除,省并。

宣帝五凤中,淄川思王终古有罪削四县(《汉书·宣元六王传》)。所削四县,史不载其名,亦不详其地望。上列⑨益都、⑭陆两侯国,一析自益县,一析自寿光。而《汉志》益都、寿光均北海属县,故两县可能是五凤中由淄川国削入。又:《公孙弘传》言:公孙弘,淄川薛人,牧豕海上。《汉志》淄川国无薛县,疑亦在五凤所削四县之中。《续山东考古录》卷十六云:寿光县北六十里有霜雪城,疑雪即薛之讹,又疑城阳王子瓡侯国即此地。

元帝建昭四年,封孝王子侯国一:

⑱ 北乡 《志》齐郡。《图集》不及其地望。疑在淄川国东安平北(参见拙作《北乡侯国地望考》)。

竟宁元年,续封孝王子侯国二:

⑲ 广 《表》《志》齐郡。

⑳ 平 《表》齐郡。今地无考。《汉志》齐郡有平广侯国,当是。《汉表》恐夺"广"字。

成帝元延二年,又封孝王子侯国一:

㉑ 台乡 《志》齐郡。今地无考。

《汉志》淄川国仅余三县,是最小的诸侯王国。将上列可考之侯国还之淄川,可得文帝十六年至武帝元朔二年间之淄川国封域(见地图十九)。此时之淄川国北濒勃海,封域比汉末大得多。《汉书》本传所谓公孙弘牧豕海上,言之有征。

第四节　济北国沿革(含平原郡)

济北本秦郡,汉元年,项羽以封田安为济北王,都博阳。汉五年,属汉为济北郡,仍治博阳。六年,分出博阳郡(参见第五节),移治卢县,与博阳郡同为齐悼惠王七支郡之一。

文帝二年,"以齐之济北郡立兴居为济北王"(《齐悼惠王世家》)。此处之济北郡并非高帝六年以后之领域,而是高帝五年未分博阳郡时之辖境。《汉书·邹阳传》云:"城阳顾于卢博。"以卢博代表济北国,卢即济北王都,博即博阳,为博阳郡治。故疑兴居之济北国兼有汉六年时的济北、博阳两郡,即相当于汉元年时田安之济北国境,秦之济北郡地。三年,济北王反,国除,"地入于汉,为郡"。十六年,复以齐悼惠王子安都侯志为济北王。此时之济北国则仅有高帝六年之济北郡,因为济南郡同时置为国。

景帝三年,平定吴楚之乱以后,乘势收夺各诸侯王国支郡,并且借更徙诸侯王之机,缩小其封域。七国之乱,济北王未参与其事,不便削其版图,遂徙其王淄川,小其国。景帝四年,徙衡山王勃王济北,表面原因是酬其不反,但并不予其济北全郡,而是乘机分济北置平原郡属汉,以缩小了的济北郡王之。同时,徙庐江王王衡山,收庐江、豫章二郡属汉。平原郡,《汉志》云高帝置,不可信,王国维已经指出。该郡只能置于景帝三年至武帝元朔二年间。因为元朔三年起,平原郡已开始接纳济北王子侯国。而景帝四年后未闻济北国有削地之事,故济北分平原的最适当时间,只能在景帝三、四两年。景帝三年六月,吴楚之乱才平,时距年底仅有三个月,大约未及重新疆理郡界,只能先收夺叛国之支郡,及就原有郡更徙诸侯王。翌年才能从容分置新郡。

故颇疑平原郡置于景帝四年徙衡山王勃王济北之前。胶东郡之分东莱亦当与此同时。

由于平原郡的分置,济北贞王勃的济北国仅及故秦济北郡之三四分之一而已。

武帝元朔三年,封济北贞王子侯国十一:

① 阴安　《表》魏。《汉志》魏郡有阴安县。《史表》阴安作陪安,不知孰是。元朔五年武帝封卫青子不疑亦在阴安,然一阴安似不能封两侯,且魏郡与济北地不相邻,济北王子侯国就一般情况而言,不应别属魏郡,故《汉表》阴安可疑。

② 荣关　《表》茌平。《汉志》茌平乃东郡县。可见济北本有茌平县,后析封荣关侯国。东汉济北国有茌平县,是复其旧地。

③ 安阳　《表》平原。今地无考。《汉志》平原郡有安侯国。前已论证,"阳"常作通名,故安阳与安实为一地。

④ 周望　⑤ 陪缪　⑥ 前　三侯国皆元鼎五年除,省并。

⑦ 富　元封元年除为县。《汉志》东平国有富城,其先当是富侯国。初封时别属东郡,元鼎元年后属大河郡。元封元年(《汉表》误为元康元年)侯国除为县,后大河郡置为东平国,仍属之不变。

自此以下四侯国,《汉表》作式王子,《史表》作贞王子,不知孰是。

⑧ 羽　《志》平原。《续山东考古录》以为是"唐禹城县西南之禹息故城"。

⑨ 五据　⑩ 胡毋　《表》皆泰山。元鼎五年免,省并。

⑪ 平　元狩三年免,省并。

武帝元狩元年,济北王"献泰山及其旁邑,天子以他县偿之"(《史记·封禅书》系此事于元狩间,《资治通鉴》系以元狩元年)。泰山及旁邑只能东入济南郡。武帝以是割济南郡南部置泰山郡。王国维氏推断泰山郡之置在济北王献泰山之后是完全正确的。

后元二年,济北王宽谋反自杀,"国除为北安县,属泰山郡"(《汉书·济北王传》)。然《汉志》无北安县,按理推恩分封王子侯国至最后一县必是王都,《汉志》云济北王都卢,若济北国地已尽推恩封侯,别属汉郡,则国除当为卢县。故钱大昕氏疑北安为卢县之误,或为卢之初名(《廿二史考异》卷八)。但是,实际上济北国除之时,不只卢县一地,至少还有元狩元年天子所偿之县,只是详情无由得知。"国除为北安县"之记载可能有脱讹。

从以上分析,可大致推测出景帝四年至武帝元朔二年间的济北国范围。

其东界大约在泰山以东,北界至羽侯国,西界至茌平,南界至蛇丘、刚县,约当《汉志》泰山郡西部及平原郡南部。《续汉书·郡国志》之济北国领卢、茌平、刚、蛇丘四县,部分地复原了元朔二年济北国的面貌。

文帝十六年至景帝三年之济北国,即上述济北国封域加上平原郡,《汉志》平原郡有十九县之地,景帝四年初置之平原郡领域,与此有所不同。因齐赵以大河为境(参见赵国沿革一章),故初置之平原郡应北濒大河(亦即汉初济北国应以大河为西北界)。元朔间平原郡接受若干济北王子侯国,郡境逐步扩大,郡界不断南移,武帝于是割平原郡北部数县属勃海。齐孝王子侯国有四个在勃海,其先皆本属平原。平原郡之东西界当如《汉志》所载,南界即上述济北贞王国之北界。平原郡大体界线已定,则此阶段之济北国境随之而定,如地图十九所示。高帝六年至文帝十六年间之济北郡同此(其中唯文帝二三年间之济北国兼有济北、济南二郡)。

《史记·曹相国世家》云:曹参"还定济北郡,攻著、漯阴、平原、鬲、卢"。著为《汉志》济南县,漯阴、平原、鬲三县属平原,卢在泰山,以是知当时之济北郡地跨济水南北,有《汉志》之平原、济南、泰山三郡及勃海郡大河以南部分。汉元年田安之济北国,文帝二年刘兴居之济北国封域同此济北郡,相当于高帝六年之济北郡与博阳郡(即后来之济南郡)之和。

第五节　济南国沿革（含泰山郡）

高帝六年,齐悼惠王七郡有博阳无济南。文帝十六年,七齐有济南无博阳。两相对照知博阳郡即济南国之前身。博阳郡大约以郡治博阳得名,博阳本为田安济北王都,而田安济北国当以秦济北郡置,故博阳郡实分自济北郡。

吕后元年,割齐之济南郡为吕王奉邑,始见济南之名。大抵因博阳郡治迁至济水以南之东平陵,遂更郡名为济南,更名之年已不可考。济南郡境当北有著(《汉志》属济南),南有博阳(即《汉志》博县),《汉书·王子侯表》载元朔二年武帝封齐孝王子就于济南之博阳可证。亦益证济南郡实由博阳郡更名而来。是时之济南郡(博阳郡)当包括《汉志》济南郡全部及泰山郡东部。

吕后七年,改吕国为济川,封诈惠帝子刘太。八年八月,吕氏败,刘太徙王梁,后九月诛。

文帝元年,复为齐国济南支郡。二年,属刘兴居济北国(见上节)。三年,属汉为郡。十六年,以济南郡置国,立悼惠王子辟光为济南王。

景帝三年,济南王反诛,国除为郡。

武帝元狩元年,得济北国所献之泰山及其旁邑。因此而割济南郡南部置泰山郡。

此后之济南郡领域未曾变动,如《汉志》所载。以是汉初齐国之博阳支郡,济南支郡及其后之吕国、济川国,文帝间之济南国,景帝间之济南郡乃一脉相承,其领域为《汉志》济南郡加上泰山郡博县以东部分。

第六节　城阳国沿革

城阳郡为高帝六年齐悼惠王国七郡之一。

惠帝二年,齐悼惠王被迫献城阳郡为鲁元公主汤沐邑。

文帝元年,城阳复归齐国。二年,以城阳郡置国,封朱虚侯刘章。十一年,城阳王喜徙王淮南,城阳国除为郡,仍属齐。十六年,淮南王喜复王城阳。

武帝元朔二年,封共王子侯国三:

① 东莞　《志》属琅邪。

② 雷　③ 辟土(《史表》作壁)　《表》皆东海。元鼎五年免,省并。

元朔四年,续封共王子侯国十:

④ 利乡　元狩三年免为利城县。《汉志》东海有利城,当是。《淮水注》:"游水径利县故城东,故利乡也。"乡、城皆通名。

⑤ 有利　《表》东海。据《沭水注》在即丘县西,元狩三年免侯省并,故不见《汉志》。

⑥ 南城　《志》东海。

⑦ 东平　⑧ 运平　⑨ 山州　⑩ 海常　⑪ 驺丘　⑫ 广陵　⑬ 杜　皆宣帝本始以前免侯,省并。

元鼎元年,封顷王子侯国二十:

⑭ 昌　《表》《志》琅邪。元鼎五年免为县。《清一统志·青州府古迹》:昌县故城"在诸城县东南。《水经注》久台水西北流经昌县故城南,城应在诸城县东南。《县志》,县东北三十里有昌城社,疑是石泉县故址也"。《一统志》有据,从之。《图集》以昌城社为昌县故地,微误。

⑮ 黄　元鼎五年免,即东海费县。师古曰:字或作费。王念孙曰:费为黄之误,黄与费字异义同,即东海费县。可信。

⑯ 虖葭　《史表》作雩殷。《汉志》琅邪有雩段,段殷相近,当是。今地

无考。

⑰ 原洛(《史表》作石洛) 《表》琅邪。《续山东考古录》卷二十七载诸城县曾出土汉石洛侯印,疑侯邑在县境。此印解放后报刊亦披露过。可见《汉表》作原洛侯误。该侯国征和三年免,省并。

⑱ 挟 《史表》挟作校,《汉志》琅邪有被侯国,唯此可当。《十三州志》云:"朱虚县东十三里有校亭,故县也。"《太平寰宇记》:"故城在临朐县东九十里。"两记载相合。《图集》从《清一统志》。将被置于琅邪县北,不妥。

⑲ 枞 《表》平原。《汉志》平原郡有枞县,城阳王子封至此,亦属例外。

⑳ 校 《史表》无此侯,疑与⑱重出。

㉑ 鳣 《表》襄贲。元鼎五年免,省入襄贲。

㉒ 彭 《表》东海。元鼎五年免。恐省入费。钱坫认为彭即《郡国志》费县祊亭。《说文》祊作繠。

㉓ 瓬 《志》北海。今地无考。

㉔ 虚水 《志》琅邪。今地无考。

㉕ 麦 ㉖ 巨合 ㉗ 挟术 ㉘ 文 ㉙ 庸 ㉚ 翟 ㉛ 东淮 ㉜ 拘 ㉝ 淯 皆武帝间免侯,省并。

昭帝元凤六年,封惠王子侯国一:

㉞ 江阳 《表》东海。宣帝元康元年免,省并。

宣帝甘露四年,封荒王子侯国八:

㉟ 高乡 《表》《志》琅邪。《汉表》此侯为惠王子,恐误,因此侯与以下七侯乃同年同月同日封,当同为荒王子,亦即戴王之弟。若惠王子是戴王伯叔行,同日封似不可能。且此时惠王已死四十七年,似不当有未封之子。

㊱ 兹乡 《表》《志》琅邪。今地无考。

㊲ 都平 《表》《志》东海。今地无考。

㊳ 枣 《表》琅邪。《汉志》琅邪有柔侯国可以当之,今地无考。

㊴ 箕 ㊵ 高广 皆《表》《志》琅邪。

㊶ 即来 《表》《志》琅邪。今地无考。

㊷ 籍阳 《表》东海。元帝建昭四年免,省并。

元帝初元元年,封荒王子侯国七:

㊸ 庸 《表》琅邪。永光二年免,省并。《汉表》此侯名谈。上列㉙庸侯名余,然《史表》作谭,正与此侯音同,似乎重出,然封年、免年皆不同,可能二侯国为同一地所析封。

㊹ 昆山 ㊺ 折泉 《志》皆琅邪。

㊻ 博石 ㊼ 房山 《志》皆琅邪。今地无考。

㊽ 式 《表》《志》泰山。今地无考。

㊾ 要安 《表》琅邪。二世无后省并。

初元三年，封戴王子侯国四：

㊿ 石山 《志》琅邪。今地无考。

(51) 都阳 《志》东海。应劭注《汉志》曰：春秋齐人迁阳是。钱大昕云："城阳国阳都下亦引应劭此注，似有一误。然都阳侯本城阳戴王子，或当日即割阳都之乡为侯国，本非两地乎。"钱氏言之成理，《图集》置都阳于《汉志》东海之阴平、承县以南，误。城阳王子侯国不能越东海数县地而至楚国边境。推测其当在《汉志》城阳国阳都县以南的东海郡境内。

(52) 参封 (53) 伊乡 《志》琅邪。今地无考。

永始四年，封孝王子侯国一：

(54) 桃山 《志》泰山。今地无考。

城阳国乃诸侯王国中分封王子侯国最多者。《汉志》城阳国仅余四县：莒、阳都、东安、虑。上列五十四个侯国虽然有不少今地无考，但这些侯国多封于后期，亦即位于城阳国之中心部分，不影响元朔二年国境的确定。只需将可考之侯国还之城阳国，则可得出文帝十六年至武帝元朔二年间的城阳国封域。其北界大约是《汉志》箕、昆山一线（即浯水与沭水之分水岭），与胶西国接壤；东界为昆山、高乡一线，与琅邪郡为邻；西界以东泰山和蒙山与济南郡（即后之泰山郡）分野，此界自汉初至汉末几乎没有变动，因城阳王子侯国仅有两个别属泰山郡，且地望无考，足征其小，于边界变动影响很小；南界则是一条锯齿线，有《汉志》东海郡之费县、南城、利城等县。这一阶段之城阳国比《汉志》所载四县大三倍有余，推恩法之蚕食程度可见一斑。

高帝六年至文帝十六年之齐国城阳支郡，城阳国领域与上述封域相同，参见地图十八和十九。

第七节 胶西国（高密国）沿革（含北海郡）

胶西之名亦始见于高帝六年，为悼惠王齐国七支郡之一，由高帝五年之琅邪郡所分置。

文帝十五年，齐文王无后，国除，胶西郡属汉。十六年，以胶西郡置国，封齐悼惠王子卬。《史表》记此事云"分为胶西，都宛"。宛为密之讹，即《汉志》高密，这点已由梁玉绳的《史记志疑》指出。但王国维不察，以为宛即高宛,乃在千乘,从而导出千乘郡地本属胶西国的错误结论。

景帝二年,"胶西王卬以卖爵有奸,削其六县"(《史记·吴王濞列传》)。此时胶西国东有胶东,南有城阳,西北有淄川,都是诸侯王国,不能容纳所削之六县。推测六县之地置为北海郡。《汉志》北海郡所领二十六县,绝大部分为王子侯国,其中得自胶东者十:柳泉、乐望、饶、平城、密乡、羊石、乐都、石乡、上乡、新城;得自高密者二,成乡、胶阳;得自淄川者四:剧魁、剧、平望、平的;得自城阳者一:瓡(城阳与北海本不相邻,此侯国可能易地而致,即本为淄川削县,而置为城阳王子侯国,城阳之地则另入其他汉郡);又有益、寿光二县自淄川国削来(见第三节),安丘一县武帝时自胶西国削来(详下)。因此景帝时之北海郡实仅六县:营陵、平寿、斟、淳于、都昌、桑犊。这正是景帝二年削自胶西王卬的六县。《汉志》云北海郡景帝中二年置,"中"字或衍或"前"字之误,因为中二年未有削地之举,当不得置立新郡。

景帝三年,胶西王卬反诛,更立子端为胶西于王。武帝时,因于王端"数犯上法",故"削其国,去太半"(《史记·五宗世家》)。所削之地,既不能入胶东、淄川、城阳等王国,便只能入北海、琅邪两郡。入北海者不能超过一县,否则据上面分析,北海属县将超过《汉志》二十六之数。这一县就是安丘,因为《汉志》琅邪有安丘侯国,乃高密王子所封,该侯国与北海安丘地相毗连,本来当为一县。武帝削胶西国时,该县一部分削入北海,一部分留在胶西,于是北海、胶西同时有安丘县。(后胶西除为郡,继而又置高密国,即以安丘封王子侯,别属琅邪。)除安丘一地外,胶西国削地全部入琅邪。

武帝元封三年,胶西国除为郡。

宣帝本始元年,以胶西郡置高密国,立广陵厉王子弘为高密哀王。

元帝初元元年,封哀王子侯国一:

① 胶乡　《表》琅邪。成帝阳朔四年除,省并。

建始二年,封顷王子侯国五:

② 卑梁　今地无考。此侯《汉表》云三十九年免,则当王莽时乃绝,然不见《汉志》。乃班固失载。

③ 胶阳　《志》北海。

④ 武乡　《志》琅邪。今地无考。

⑤ 成乡　《志》北海。

⑥ 丽兹　《汉志》琅邪有丽侯国,当是。今地无考。

成帝鸿嘉元年,封顷王(疑怀王)子侯国一:

⑦ 安丘　《志》琅邪。

以上③⑤⑦三侯国地望可考,①④⑥三侯国皆别属琅邪,必在高密国南界。《汉志》高密国领县五,加上上列王子侯国,即为武帝削胶西国后至元帝初元元年之间的胶西国—胶西郡—高密国领域。

《汉志》高密国地望在北海、琅邪两郡之间。故武帝时所削胶西国地必在高密国以西南一带,又所削之地范围远比余下之地(即后来之高密国封域)为大(所谓"削其国,去太半",张晏以为三分之二为太半),因此可以推断,《汉志》琅邪郡东武县以西北至朱虚县一带当为胶西国之削地。又由上节知城阳国推恩前之北界当在《汉志》琅邪郡箕—折泉一线,故知胶西国于武帝未削地前当与城阳国接境,其分界大约是浯水与沭水之分水岭。此时之胶西国北界当为《汉志》北海郡之安丘—胶阳一线,东南界约至东武县附近,东界当循胶水,如地图十九所示。

景帝二年以前之胶西国及文帝十六年以前之胶西郡及齐国胶西支郡,当为上述胶西国领域加上北海郡始置时之六县(六县之名已见上述),如地图十八所示。

要之,汉初的胶西郡到汉末已分成三部分:一部分组成北海郡,一部分是琅邪郡西北部诸县,第三部分即高密国。

本章开头已说过,高帝五年齐地属汉为临淄、琅邪、胶东、济北四郡。那么高帝六年之胶西郡是由四郡之中的哪一郡所析置? 是胶东或是琅邪? 由上述所复原的汉初胶西郡范围,可以推断析自琅邪郡的可能性大些。高帝五年之胶东郡如果包有胶西地,则其西境直到东泰山,几囊括整个山东半岛,领域似乎过大,而且更重要的是,这样一来,胶东郡将隔断临淄郡与琅邪郡联系,而汉元年,项羽正是以这两郡封田都为齐王(时齐分为三,另两王为胶东王田市、济北王田安,当各占一郡之地),故临淄、琅邪两郡地本应毗连,以此推测胶西郡地应原属琅邪。

琅邪本秦郡。奏始皇二十三年灭齐置临淄、琅邪二郡,据上面分析其分界当为《汉志》之都昌—营陵—朱虚—东泰山—蒙山一线,以东为琅邪,以西为临淄。后琅邪郡复分置胶东,大抵以维水—胶水一线为界。高帝六年,又以琅邪郡西部置胶西,西南部置城阳,至此,琅邪郡唯留滨海十来县地(参见第九节)。

第八节　胶东国沿革(含东莱郡)

胶东为秦郡,亦为齐悼惠王国七郡之一。文帝十五年,齐国除,胶东郡属汉。十六年,置胶东国,以封齐悼惠王子雄渠。

景帝三年,胶东王反诛,国除为胶东郡。四年,分胶东置东莱郡。以新胶东郡复置国,立子彻为胶东王。东莱郡之置年,史未明言,但必在景帝三年以后,《汉志》云高帝置者亦不足信。颇疑其置于景帝四年,与平原郡同时。当然,平原郡置于景帝四年,可以相对肯定,但东莱却还有另一种可能,即置于景帝七年至中元二年胶东国复除为郡之时,尽管这种可能性很小,但录以备一说。

景帝七年,胶东王为太子,国除。中元二年复置胶东国,以子寄为胶东康王。

武帝元封元年,封康王子侯国三:

① 皋虞 《志》琅邪。

② 魏其 《志》琅邪。今地无考。

③ 祝兹 《表》琅邪。元封五年免,省并。

昭帝始元五年,封哀王子侯国一:

④ 温水 宣帝本始二年免,省并。

宣帝地节四年,封戴王子侯国三:

⑤ 乐望 《表》《志》北海。今地无考。

⑥ 饶 《表》《志》北海。今地无考。《汉表》此侯作:"成康侯饶",但《汉志》北海有饶侯国,无成侯国,故王先谦以为"当作饶康侯成",极是。

⑦ 柳泉 《表》南阳,《志》北海。《表》缘下格长沙复阳侯国而误。今地无考。

神爵元年,续封戴王子侯国一:

⑧ 新利 此侯封十一年免,后复封户都侯,成帝建始三年又免,四百户。是胶东国先后封新利、户都两地入汉郡,后又省并。

元帝永光元年,封顷王子侯国四:

⑨ 羊石 ⑩ 石乡 ⑪ 新城 ⑫ 上乡 《表》《志》皆在北海。今地无考。

成帝建始二年,续封顷王子侯国六:

⑬ 昌乡 《汉志》东莱有昌阳,即是。以昌乡之地封侯,名昌阳侯国,如同鲁王子宁阳侯国乃以宁乡地封之例。此侯国地望历来无人提及,盖因《汉志》昌阳县下失注侯国,且时人多未注意到地名中"阳""乡"之转换关系的缘故。

⑭ 顺阳 钱坫以为即《汉志》琅邪慎乡侯国。慎、顺音近,当是。今地无考。

⑮　乐阳　《汉志》东莱有阳乐侯国，当是。《表》《志》必有一误。

⑯　平城　⑰　密乡　《志》皆北海。

⑱　乐都　《志》北海。今地无考。

成帝鸿嘉四年，封共王子侯国一：

⑲　陵石　《汉志》东莱有阳石县，或是。陵、阳形近而讹。

永始四年，又封共王子侯国一：

⑳　临安　《志》琅邪。今地无考。

元延元年，封共王子侯国一：

㉑　徐乡　《志》东莱。《大清一统志》云，故城在今黄县西南五十里。

上列侯国别属北海者地望虽多无考，但其大体方位依然可以推得。密乡、平城两侯国位维水之东，维水以西即为北海之都昌、淳于、斟县。推测胶东与北海在景帝间大约本以维水为界，上列⑤—⑦、⑨—⑫、⑱等侯国，大概皆一乡之地，分布在平城以南的胶水与维水间及胶水东。《图集》将饶及柳泉两侯国置于北海郡西部，实不可能，因胶东国势不能越北海六县而有此二地。

胶东国复原至武帝元封元年以前应该是东至海，西至维水（北段），和胶水（南段），北以阳乐—居止山—昌阳一线邻东莱郡，南则以皋虞、壮武一线与琅邪为界，比《汉志》胶东国八县的规模大一倍以上（参见地图十九）。

东莱郡的沿革比较简单，武帝元朔二年得淄川王子侯国：平度；成帝建始二年得胶东王子侯国二：昌阳、阳乐；鸿嘉四年及元延元年得胶东王子侯国：阳石及徐乡。《汉志》东莱郡领县十七，除去上述五侯国，则得元朔二年以前的东莱郡领域（此处仅指相应的范围，并非意味着元朔二年以前东莱郡有十二县之多）。

景帝三年以前的胶东国及文帝十六年以前的胶东郡，则为上述元封元年以前的胶东国和元朔二年以前东莱郡领域之和。

此外，《汉志》琅邪郡长广县位于胶东王子侯国皋虞之北，皋虞乃元封元年所封，别属琅邪。在此之前，长广绝不能属琅邪，只能属胶东。因此疑长广本为胶东王子某侯国（如温水、新利）免侯后之更名，或是数侯国免侯后合成的一县。

第九节　琅邪郡（国）沿革

琅邪本秦郡。《汉志》琅邪郡是秦郡经过多次变化以后的结果。秦始皇二十六年灭齐，以其地置临淄、琅邪二郡，嗣后，又分琅邪置胶东郡；高帝六年复分琅邪郡置城阳、胶西郡以封齐悼惠王，此时琅邪郡仅余滨海十数县地。

《汉志》琅邪郡属县五十二，大部分是各诸侯王国所分封的王子侯国。其中城阳王子侯国十八，胶东四，淄川二，胶西三，除去这些侯国，余县二十五。二十五县之中又有成帝鸿嘉、永始间所封四功臣（恩泽）侯国：高阳、驷望、新山、高陵。高阳析自东莞，新山地望在高广以西。东莞、高广本城阳王子侯国，故高阳、新山两侯国本城阳地。驷望侯国千八百户，高陵侯国封千户，此二侯恐亦非以整县封，而是新析置之侯国。故二十五县又除四侯国，得二十一县。

武帝时，削胶西国太半，胶西国余大约五六县，故所削之地大约是十县左右，除一县外皆入琅邪。二十一县除去九县左右当有十二县之谱，此十二县即高帝六年琅邪郡之范围。

高后七年，遂以此琅邪郡置国，封营陵侯刘泽。《汉书·刘泽传》引田生语曰："裂十余县王之。"正与琅邪郡属县数相合。

文帝元年，琅邪王泽徙燕，琅邪国除为郡，复属齐。十五年，齐文王无后国除，琅邪郡属汉，直至汉末。

琅邪郡自高帝六年析分城阳、胶西后，至武帝初年领域未尝变动，武帝中叶以后接纳众多王子侯国，郡境才不断扩大，逐步达到《汉志》所载的范围。

文帝十六年七齐与琅邪郡领域皆已求出，它们之和，即高帝六年刘肥齐国的封域。

第十章
长沙国沿革

高帝五年以长沙郡和武陵郡置长沙国封吴芮。其后长沙郡分置桂阳边郡。文帝后元七年，长沙王无后，国除为长沙、武陵、桂阳三郡。景帝二年，以长沙郡复置长沙国，封子发，延续至汉末。

第一节　吴姓长沙国沿革

《汉书·高帝纪》："五年……诏曰：'其以长沙、豫章、象郡、桂林、南海立番君芮为长沙王。'"其时象郡、桂林、南海三郡实为南越赵佗所据，只是虚封而已。豫章郡则属淮南王英布，不得属吴芮。《汉书·高帝纪》记汉初诸侯王封地亦偶有所误，如以砀郡、薛郡、郯郡为楚元王封域，砀郡乃彭城之误，其时砀郡实属彭越梁国；又如齐悼惠王所封当为七郡，但《高帝纪》仅记六郡。故颇疑吴芮所封豫章乃武陵之讹。

旧秦诸郡至汉五年皆已有所归宿，除高帝自领及分封异姓诸侯以外，九原郡没入匈奴，南海三郡归赵佗，闽中郡以封闽越王亡诸，唯黔中郡下落不明。《水经·沅水注》云："汉高祖二年割黔中故治为武陵郡。"《郡国志》曰："武陵郡，秦昭王置，名黔中郡，高帝五年更名。"原来黔中郡境经过变动后，改名为武陵。《沅水注》所谓"割"指的是割黔中郡西北部（今川鄂交界处），分属南郡和巴郡（参见谭其骧师《秦郡界址考》）。只是《沅水注》将此事系高帝二年，显然有误，当依《郡国志》作高帝五年为是。武陵郡地处长沙以西，既不属高帝，亦不属南越，必然封给吴芮，故疑高帝五年诏书之豫章乃武陵之误。高帝即位以后，对故秦旧郡重新疆理。凡更名之郡皆因郡境有所变化，已见前述各章，此处之武陵又是一例。《汉志》曰武陵郡高帝置，或因武陵已非旧黔中郡之故。

吴芮长沙国的大致范围可以推测如下：

《汉书·诸侯王表·序》云："波汉之阳，亘九嶷，为长沙。"约略围出了长

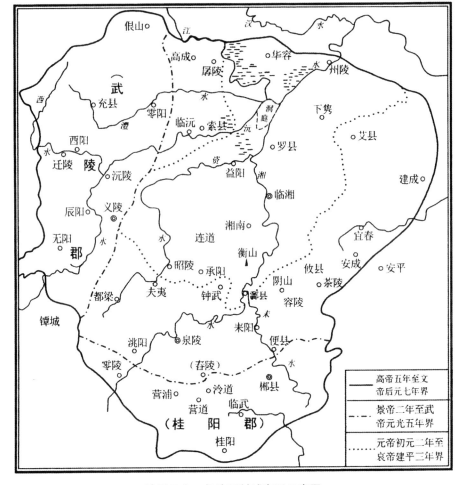

地图二十 长沙国封域变迁示意图

沙国的南北界。九嶷山在《汉志》零陵郡营道县,是南界;北界波汉之阳则不易理解,师古曰:"波汉之阳者,循汉水而往也,水北曰阳。"然长沙国似不得北至汉水之阳,但距汉水不远是可能的(详见第二节);长沙国西界当在《汉志》武陵郡西部无阳、迁陵一线;东界则与景帝二年刘发的长沙国一样,应至《汉志》豫章郡建成县一带,建成本为长沙王子侯国。

吴氏受封长沙国之后,于高帝某年分长沙郡南部数县置桂阳郡,此即所谓长沙之"南边郡"。汉代将"外接胡越"的郡称为边郡,《史记·诸侯王表·序》云:"吴楚时前后,诸侯或以谪削地,是以燕、代无北边郡,吴、淮南、长沙无南边郡。"这句话的意思本来很清楚,即燕、代、吴、淮南、长沙五国原来都有边郡,于吴楚叛乱前后,这些边郡全都收归中央。但《正义》《集解》所引解释,皆不得要领,如淳曰:"长沙之南更置郡,燕、代以北更置缘边郡,其所有饶利兵马器械，三国皆失之也。"张守节曰："景帝时，汉境北至燕、代，燕、代之北未列为郡。吴，长沙之国，南至岭南，岭南、越未平，亦无南边郡。"简直不知所云。倒是清人全祖望对边郡的含义看得比较清楚，他说："南粤、闽粤未平，故桂阳、庐江、豫章、会稽皆为边。"

边郡之设，显然是为了加强防御，以作缓冲。若长沙不设桂阳边郡，则其腹地要直接受到南越的威胁。桂阳郡之名汉初虽不见于史籍，但其存在却可从侧面看出来。《汉书·南越传》载文帝元年赐赵佗书曰："前日闻王发兵于边，为寇灾不止，当其时长沙苦之，南郡尤甚……"颜师古以为此处南郡即天子自领之南郡，误甚。南郡位于长沙之北，岂能"尤甚"？文帝所谓南郡，当然指长沙之南边郡，省称耳。赵佗既寇长沙，当然其南边郡受灾要比腹地尤甚，此常理也，可见吕后以前长沙就已分设南边郡，此即桂阳郡也。

从《史记·诸侯王表》知吴姓长沙国分设南边郡，从文帝赐赵佗书又可推测此边郡至迟置于吕后间。《汉志》云桂阳郡高帝置，甚为可信。桂阳郡虽分置，但仍属长沙国管辖，非为天子所有。《史记·南越列传》载，吕后时，赵佗"发兵攻长沙边邑，败数县而去焉"。此数县必属桂阳边郡，但仍系以长沙，因桂阳乃长沙地也。王国维氏不明此理，力辩长沙国与南越之间不可能存在属汉之桂阳郡，实则无需辩解，因班固未曾说桂阳郡属汉。至于"长沙在文帝时不过二万五千户，势不能分置三郡"之说（见王国维《汉郡考》），亦嫌过于武断。边郡之设，主要是为了防御，一般都是县多户少，自秦以来，即是如此，下及盛唐，边县亦有仅数百户者。何况贾谊二万五千户之语，尚需认真推敲。故桂阳边郡置于汉初，信其有征也。颇疑其置于汉五年始封吴芮之时，但无确证，暂以高帝置为说。

文帝后元七年，长沙王无后，国除为长沙、桂阳、武陵三郡。

景帝三年，平定吴楚七国之乱以后，乘势收夺燕之边郡：辽东、辽西、右北平、渔阳、上谷；代之边郡：代郡、雁门、定襄；吴之边郡：会稽。四年又借故徙庐江王王江北衡山国，收其庐江、豫章两郡。至此，原属诸侯王国之十三边郡（武陵从全国范围看，亦是南边郡）悉数收归中央。故太史公总结曰："吴楚时前后，诸侯或以谪削地，是以燕、代无北边郡，吴、淮南、长沙无南边郡。"只是长沙的南边郡并非收夺，而是适逢其时地归属汉廷。

以下分节详叙长沙、桂阳、武陵三郡国沿革。

第二节　刘姓长沙国沿革

景帝二年,以长沙郡置国,封子发,是为长沙定王。景帝封诸子为王,除江都王非外,皆以一郡之地。《史记·五宗世家·集解》引应劭曰:"景帝后二年,诸王来朝,有诏更前称寿歌舞,定王但张袖小举手。左右笑其拙,上怪问之,对曰:'臣国小地狭,不足回旋。'帝以武陵、零陵、桂阳属焉。"此记载甚为荒唐,其一,零陵郡时尚未分置;其二,汉代诸王益封,至多数县,绝无益郡之理,何况刘发"无宠"。不过这条记载从反面证明刘发之封,仅有长沙一郡。武陵、桂阳乃中央所有。

武帝元光六年,封定王子侯国四:

①安城　《表》豫章,《志》长沙。宣帝五凤二年除为县。王子侯国须别属汉郡,故《表》是。此时虽推恩令未下,然已试行,否则《汉表》不得下注豫章。

②宜春　《志》豫章。元鼎五年除为县。

③句容　《表》会稽。二年无后除。句容于志属丹阳,颇疑封侯之时本属会稽,后乃改属。长沙王子侯国不当远封至会稽,恐因徙封之故。其原址已不可考。

④容陵　《志》长沙。元鼎五年除为县。封时当属桂阳。

元朔四年,封定王子侯国六:

⑤路陵　《表》南阳。元狩二年除,省并。今地无考。

⑥攸舆　《表》南阳。据《洣水注》攸舆即《汉志》长沙攸县,太初元年除。《表》南阳乃桂阳之误。

⑦茶陵　《表》桂阳,《志》长沙。太初元年除为县。

以上①安城、④容陵、⑥攸、⑦茶陵四县《志》皆长沙,甚不可解。此四侯国理应别属汉郡,史籍既无益地长沙的记载,似不应回属长沙国,颇疑《汉志》有误。

⑧建成　《志》豫章。元鼎二年除为县。

⑨安众　《志》南阳(原因见⑪春陵)。

⑩叶　《志》南阳。元鼎五年除为县。

元朔五年,封定王子侯国五:

⑪春陵　《志》南阳。《后汉书·城阳恭王祉传》载:"节侯买,以长沙定王子封于零道之春陵乡,为春陵侯。……元帝初元四年,徙封南阳之白水乡,犹以春陵为国名。"是春陵本长沙地,后迁往南阳,地虽易,名犹存。王子

侯表中颇有一些侯国,其封远离本国,恐皆易地迁徙所致。汉代大约有一套侯国迁徙之规定,惜不得其详。春陵侯国迁南阳乃是以减邑为条件,其他侯国亦可能仿此。⑨安众、⑩叶两侯国《志》皆南阳,其原因当与春陵同。惟春陵在迁南阳前本为一县,这由长沙马王堆汉墓出土古地图上的标志可以看出。迁南阳后,原地并入零道为春陵乡。

⑫ 夫夷 《志》零陵。《郡国志》零陵郡夫夷侯国下注:"故属长沙。"清人惠栋曰:"按前志,夫夷本属零陵,长沙无是县,此四字衍文。"究其实,不衍也。夫夷本属长沙,封侯时别属桂阳,元鼎六年后才属零陵。惠栋也把《汉志》看死了,以为它代表西汉二百年不变的政区。标点本《后汉书》(中华书局 1965 年版)据惠栋说,删去"故属长沙"四字,不妥。

⑬ 都梁 《志》零陵。

⑭ 洮阳 《志》零陵。元狩六年除。

⑮ 众陵 《史表》作泉陵。《汉志》零陵郡有泉陵侯国,当以《史表》为是。

以上四侯国《志》皆零陵,但封侯时,当先属桂阳,至元鼎六年桂阳郡分置零陵以后,方改属。

宣帝元康元年,封顷王子侯国三:

⑯ 复阳 《表》《志》南阳。

⑰ 钟武 《汉志》零陵、江夏皆有钟武,后者注明侯国。大约钟武先由长沙别属零陵,继而迁往江夏。零陵原钟武县仍保留,未予省并,故两郡皆有钟武,这是极少见的例子。一般侯国倘若迁徙,其原址往往省入他县以为乡亭,故大多无考。

⑱ 高城 《志》南郡。《汉表》昭帝始元六年亦封一长沙顷王子高城侯,侯名一样,世系一样,肯定重出,疑以宣帝时所封为是。

宣帝时,刺王建德有罪削八县(《汉书·长沙定王传》)。此八县史籍不详其名,估计削于元康元年之后。因为《汉志》南郡高城侯国与长沙国之间尚隔着武陵郡的索、孱陵、临沅三县,长沙国不能越此三县而有高城,故可推测大约在分封高城侯国后,三县方削入武陵。另外五县推测为:华容、州陵、艾县、耒阳、便县。华容与州陵《汉志》皆南郡属县,纬度与高城差不多,《汉书·诸侯王表·序》云:"波汉之阳,亘九嶷,为长沙。"华容、州陵二县地颇近汉水,或可与波阳之阳冥合;艾县志属豫章郡,在长沙王子侯国建成以西北,建成既本长沙地,艾县亦可能原属长沙;耒阳与便县地望在阴山侯国之南,而该侯国至元帝时才别属桂阳(详下),因此,耒阳和便县必定在阴山侯国之前已先属桂阳。

元帝初元元年,封剌王子侯国二(《汉表》误剌王为孝王,详后):

⑲ 安平　《表》巨鹿,《志》豫章,《表》误。安平封于①安城与⑦茶陵之后,地望应在两县之西,今反在其东,疑亦易地所致。

⑳ 阳山　《表》《志》桂阳。此侯国地望历来为注《汉志》各家所争论不休。因《汉志》桂阳郡有阳山县,又有阴山县,并云侯国,遂引起混乱。应劭在阳山县下注"今阴山也"(按:今,指东汉。两汉阴山同为一地)。颜师古驳应曰:"下自有阴山,应说非也。"一般以为阳山侯理应封于阳山县,封于阴山不可能。故清人王先谦在桂阳郡阳山县下注曰:"有阳山关,长沙孝王子宗国,元帝封。"而在阴山县的侯国二字下注:"《表》无,当衍。"(《汉书补注》)清人钱大昕较谨慎,他在《三史拾遗》里说:"阴山侯国,《水经注》:阳山,故孝王子宗邑也。言其势王,故堑山堙谷改曰阴山县。是阴山即阳山之改名矣。《志》于阳山、阴山两县下并云侯国,则郦注似未可据,侯表亦未见封阴山者,当阙以俟知者。"其实郦注十分可靠。绳之以推恩法,则阳山侯国地望一目了然矣。《汉志》之阳山县,在桂阳郡南部边境(今阳山县南)。据推恩法,阳山侯国地必原属长沙国,而后才别属桂阳郡。所以这个阳山县必非阳山侯国。因刘姓长沙国势不能越过整个桂阳郡而有此阳山县。因此,只有位于桂阳郡北部与长沙国交界处的阴山县才是阳山侯国所在地。阴山县本来就叫阳山,封侯后别属桂阳郡。只因为该地风水太好,所以才改名阴山。其实,改名的原因恐怕也在于,如果不改,则桂阳一郡之中有两个阳山县,不合适。《洣水注》在提到阴山县时,就说道:"本阳山县也,县东北犹有阳山故城。"可谓明确已极。至于《王子侯表》无阴山侯,则是正确的,因刘宗受封之时,本称阳山。

要之,《汉志》阴山县下注侯国是正确的,倒是阳山县下的"侯国"二字乃传写所衍。因此,应劭在阳山县下注"今阴山也",虽于地望有误,但说明了阳山侯封地乃在阴山县。颜师古没有理解他的意思。而王先谦则画蛇添足地说"阳山,后汉省,如应说,则县并入阴山"。殊不思《汉志》之阳山、阴山两地相距六七百里,中间隔以桂阳郡属四五个县,焉得相并?

阳山、阴山所引起的混乱远不止于《汉志》,甚至影响到沈约所撰的《宋书·州郡志》。沈约说:"阳山,汉阳县,后汉曰阴山,属桂阳。"这就错了。《宋志》的阳山乃前汉旧县,不错。然后汉已省。后汉的阴山与《汉志》阴山为一地,与《宋志》阳山了不相涉,这是沈约没有看懂应注的结果。

以上⑲安平、⑳阳山两侯,《汉表》以为孝王子,有误,应为剌王子,理由如下:(1)长沙孝王名宗,阳山侯亦名宗,岂有父子同名之理?(2)长沙孝王宗初元三年始封王,其子岂能于初元元年时就封王子侯?所以《汉表》所载必然有误。安平、阳山侯应均为剌王子。《汉书·诸侯王表》载:初元四年(应为三年)孝王宗以剌王子绍封。可见刘宗是剌王子,初元元年先封阳山侯,三年乃绍封长沙孝王。

又,《王子侯表》载:元始五年汉平帝封长沙剌王子二人为昭阳侯与承阳侯,对照阳山侯的情况,可明白此载亦误。前载阳山、安平两侯是孝王子,事隔五十三年后反而封剌王子为侯,剌王为孝王之父,岂有其子反封于孝王子之后的道理?因此可以断定安平、阳山两侯定是剌王子,而昭阳、承阳必是孝王子,《汉表》将两王错位,以致前后矛盾。

元帝初元元年间,长沙炀王旦薨,无后,长沙国绝岁余。初元三年复立旦弟宗,是为孝王。此后,长沙国延续至汉末,未再中断。

《汉志》长沙国领临湘等十三县,其中之安城、容陵、攸、茶陵四县本以长沙王子侯国别属汉郡,何能仍属长沙?颇疑成帝元延末年之长沙只应有九县之地。

将上述可考侯国及削县还之于《汉志》长沙国,则可得出文帝后元七年至武帝元光六年间的长沙郡(国)领域(见地图二十)。此时长沙郡(国)东至建成—安城,北至州陵—高城,南至洮阳—便县,西至临沅—都梁,比《汉志》长沙国大了一倍有余。

第三节 桂阳郡及武陵郡沿革(含零陵郡)

一、桂阳郡(含零陵郡)

高帝五年或稍后,分长沙郡南部边县置桂阳边郡。

文帝后元七年,长沙王无后,国除。桂阳郡属汉。

武帝元光六年至元朔五年,桂阳郡得长沙王子侯国七:容陵、攸、茶陵、夫夷、都梁、洮阳、泉陵。

元鼎六年,南越平。在此以前,桂阳郡与南越以阳山关为界(据《南越列传》,南越之北界有横浦、阳山、湟溪三关)。长沙马王堆汉墓出土的古地图使吴姓长沙国南界,亦即桂阳郡南界更加明确:西起秦汉零陵县西南,东南行经灵渠,越海阳山,都庞岭,从今江永县治之南循今湘桂省界南折东,又东经连县南抵秦汉阳山关折东北穿乐昌峡,折东循今湘粤省界(参见谭其骧《马王堆汉墓出土地图说明的几个历史地理问题》)。南越地属汉以后,桂阳郡又增加了相当于《汉志》曲江、浈阳、阳山、含洭、始安等县的一片地方,郡境大大扩展,于是遂分泉陵—泠道以西地置零陵郡。《晋书·地理志》《元和郡县志》《太平寰宇记》,均径以零陵分长沙置,实误。唯《水经·湘水注》说零陵郡乃元鼎六年分桂阳置,不误。(宣帝元康元年,零陵郡又得长沙王子侯国钟武,遂有《汉志》所载十县之规模。)

宣帝中,桂阳郡又得长沙削县二:耒阳、便县。

《汉志》桂阳郡领县十一,其实似应有县十四。容陵、攸、茶陵三县按例应属桂阳(本长沙王子侯国而别属桂阳者)。以此上溯,汉初至武帝元光六年间之桂阳郡,应有相当《汉志》之郴县、临武、桂阳、南平、泠道、营道、营浦、零陵等县的范围(如地图二十所示)。汉初之桂阳不一定是这些县,但范围是这么大。下面武陵郡的情况类此。

二、武陵郡

高帝五年,割故秦黔中郡北部地分属南郡和巴郡,余地以置武陵郡,封吴芮长沙国。

文帝后元七年,长沙国除,武陵郡属汉。

武帝元鼎六年,得南越地镡城县。《山海经·海内东经》云:"沅水出象郡镡城西,东注江,入下隽西,合洞庭中。"说明镡城本属象郡。汉初象郡地为赵佗所并,故武陵郡不得有镡城地。元鼎六年平南越后,镡城方属武陵。

宣帝中,得长沙国削县三:临沅、索县、孱陵。

《汉志》武陵郡领县十三,由此上推,汉五年至武帝元鼎六年间之武陵郡当有相当于《汉志》之佷山、零阳、充县、酉阳、迁陵、沅陵、辰阳、义陵、无阳等县的范围。

文帝后元七年之长沙、武陵、桂阳三郡领域已经分别得出,其和即为吴姓长沙国封域,由地图十可见此封域比汉末大了两倍以上。如果不用变化的观点看问题,而径以《汉志》的长沙国当成马王堆汉墓时期的长沙国封域,其误差将有多大!

下篇

高帝十五郡及武帝新开郡地区沿革

第十一章
高帝十五郡地区沿革

　　《史记·诸侯王表·序》云：高帝末年，"内地北距山以东尽诸侯地……汉独有三河、东郡、颍川、南阳，自江陵以西至蜀，北自云中至陇西，与内史为十五郡"。这十五郡应是，河东一，河内二，河南三，所谓三河；南阳四；自江陵以西至蜀则为南郡五、巴郡六、汉中七、广汉八、蜀郡九；北自云中至陇西则云中十、上郡十一、北地十二、陇西十三；而山（太行）以西尚有上党十四，加内史为十五。[1] 东郡、颍川两郡高帝十一年已分别益予梁、淮阳两国，不属汉廷所有。《诸侯王表》所言有误。

　　十五郡之中，巴、蜀、汉中、广汉四郡之变迁与西南夷地区新开郡的置废关系密切，因此放在本篇《西南诸郡沿革》一章内叙述。河东、河内、上党为秦郡，自汉初至汉末无所变化，三郡之领域即《汉志》所载的规模，无需另作考证，因此本章只分节讨论其余八郡的沿革。

第一节　内史、河南、南阳三郡沿革（含弘农郡）

一、内史沿革

　　高帝元年正月项羽封十八诸侯，分秦内史地为东西两半，东部置为塞国封司马欣，西半属雍国封章邯。同年八月，塞王欣降汉，塞地属汉为渭南、河上两郡，这是刘邦第一次打破秦郡建制的尝试。以此为始，在他在位期间，陆续开复许多秦郡，或一分为二，或一分为三。

　　渭南、河上两郡置于高帝元年八月，由《史记·秦楚之际月表》及《汉书·异姓诸侯王表》可知。《汉书·高帝纪》及《汉志》言二郡置于汉二年，乃合灭雍国后置中地郡统言之，并非事实，这点前人已经指出。[2]

1　见谭其骧《西汉地理考辨（二则）》，载《禹贡》半月刊 6 卷 10 期。
2　见王先谦《汉书补注》，"地理志·京兆尹"条。

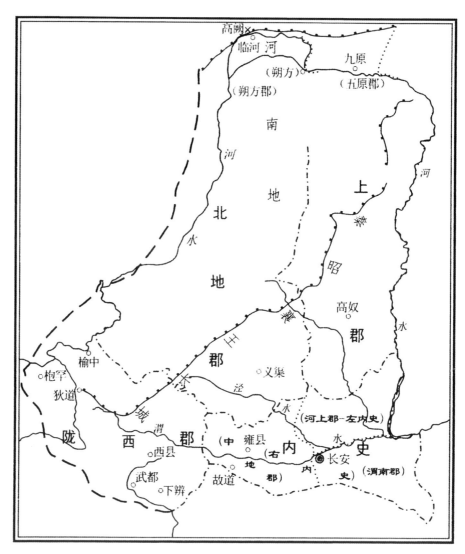

地图二十一　高帝十二年关中诸郡示意图

　　高帝二年六月,雍地定,属汉为陇西、北地、中地郡。中地郡即以故秦内史西半部置。

　　《汉志》云,渭南、河上三郡于高帝"九年复为内史"。清人钱大昕以为《汉书·百官公卿表》高帝十年尚有中地守宣义,故九年罢三郡之说可疑,但沈钦韩却以《汉志》之说为正,认为《百官表》当曰"故中地守"。两造各执一说,今暂以《汉志》为据。

　　大约在文帝后元年间,内史复分为左、右内史两部分。左内史相当于河上郡,右内史即故渭南、中地两郡之和。《汉志》云左右内史之分在武帝建元六年,但《百官表》又载有其他两说,其内史条下言"景帝二年分置左右内史",而表格中景帝元年一行又载:"中大夫晁错为左内史。"三说较之,似第三说较为可靠。又《汉书·枚乘传》有"二十四郡,十七诸侯"之说。查《史记·诸侯王表》十七诸侯并存时间是文帝十六年至后元七年初,与之同时之二十四郡须并数左右内史方能足数(见结语),因此推知内史分左右当在文帝后元年间,但不能肯定在哪一年。

武帝元鼎三年割右内史东南两县及函谷关合河南、南阳两郡部分地以置弘农郡。(说见弘农郡)

太初元年,右内史又分为京兆尹与右扶风两郡,左内史同时更名左冯翊,三辅疆界至此乃定,而后沿袭至汉末不变,如《汉志》所载。

二、弘农郡沿革

《汉志》云:弘农郡,武帝元鼎四年置。

《汉书·武帝纪》则曰:"元鼎三年冬,徙函谷关于新安,以故关为弘农县。"弘农郡当以弘农县为中心而设,故清人钱坫疑弘农郡之置亦当在元鼎三年,《汉志》曰四年置有误。钱氏之说甚为得当。

《汉志》弘农郡领县十一,分别来自右内史、河南、南阳三郡。其弘农、上雒、商县等三县在旧函谷关与武关一线以西,本右内史地。弘农县即秦函谷关,为秦内史与外郡之界。又《水经·丹水注》云:"丹水自商县东南流注历少习出武关。"应劭曰:"秦之古关也,通南阳郡。"京相璠曰:"楚通上洛厄地也。"可见武关以西北地故属秦内史。于汉则先属渭南,后属内史,继而属右内史。东汉时,上雒、商县复归京兆尹,部分恢复秦制。

弘农郡之淅县、丹水二县在武关以东南,据上引《丹水注》,秦时应属南阳,汉初因之。东汉时两县亦属南阳,恢复汉初旧貌。其余陕县、黾池、新安、宜阳、陆浑、卢氏六县地在新旧函谷关之间,当故属汉初之河南郡,广关以后方属弘农。

弘农郡之置与临淮郡类似,后者是取沛郡、广陵二郡部分地以置,这也是开复旧郡的方式之一。

由弘农郡之沿革可知元鼎三年以前右内史当为《汉志》右扶风、京兆尹两郡加上弘农、商县、上雒三县地;汉初之渭南郡即京兆尹与弘农三县之和,中地郡即右扶风之范围。河上郡—左内史—左冯翊则一脉相承,唯名称变化,领域照旧。高帝末年至文帝后元间之内史则相当秦内史,为《汉志》三辅之和加上弘农三县。

三、隐形郡——太常"郡"

三辅——京兆、扶风、冯翊虽有明确的疆界,但与其他郡国不同,三辅并非从来就辖有其边界以内的全部县邑。与三辅(或左、右内史)平行,还一度存在过一个隐形郡——太常"郡",管辖位于三辅之中的诸陵县。

陵县是西汉的特制,划长安附近一定地域设置,徙天下富豪居之,以供奉帝后陵园。西汉一代先后设置过九个陵县:高帝长陵、惠帝安陵、文帝霸陵、(文帝母)薄太后南陵、景帝阳陵、武帝茂陵、(昭帝母)赵婕妤云陵、昭帝平陵、宣帝杜陵。这就是太常郡最终管辖的范围。另有两个准陵县是高帝为其父太上皇陵所置之万年县和宣帝为其父史皇孙陵所置之奉明县,不明是否归太常所辖。

太常本为掌管宗庙礼仪的机构,诸陵县名义上为供奉陵园而置,故属其管辖。就辖县治民而言,太常与一般郡国没有区别,可当成一郡看待,事实上史籍亦有时称之为郡。《汉书·昭帝纪》载元凤二年"令郡国毋敛今年马口钱,三辅、太常郡得以叔粟当赋"。朝廷颁行于郡国之法令,于太常亦当一郡。《汉书·宣帝纪》载,本始四年,"令三辅、太常、内郡国举贤良方正各一人"。《汉书·元帝纪》:初元元年,"以三辅太常郡国公田及苑可省者振业贫民"。便是例证。

唯太常不像一般郡国具有固定边界,其所辖诸陵县散居于三辅之中。而且陵县随着皇帝的更迭而逐个增加,太常的管辖范围也随之逐步扩大。

太常管辖诸陵县不知始自何时,史籍中最早将太常当一郡与三辅等并列的记载,始见于《汉书·食货志》:"武帝末年……(赵)过使教田太常三辅……是后边城、河东、弘农、三辅、太常民皆便代田。"可见至迟武帝后期太常已辖有陵县。太常本称奉常,景中六年才改名,太常辖县或始自该年?若然,则时已有五陵县:长陵、安陵、霸陵、南陵、阳陵。

太常郡除于元帝永光三年,见于《汉书·百官公卿表》。元帝起取消陵县制度,此后帝后陵园不再别置县,原有九陵县则按地域分属三辅管辖。太常作为一郡至少存在了半个世纪,甚至很有可能延续了一个世纪之久,比西汉史上许多郡国的存在时间长得多,故不可不记。

四、河南、南阳郡沿革

这两郡的沿革比较简单。

《汉志》曰:"河南郡,故秦三川郡,高帝更名。"《汉书·高帝纪》云:二年,

"河南王申阳降,置河南郡"。《汉志》河南郡领县二十二,谭其骧师以为新郑、苑陵一带秦当属颍川郡,汉初亦当沿其旧。[1] 又汉初之河南郡当有故函谷关以东至新安县之间地,至元鼎三年始割之以成弘农郡,已见上述弘农郡考。或许在元鼎三年时正因河南郡割地置弘农郡,故同时调整颍川北部苑陵、新郑一带以益之,遂成《汉志》所载范围。因此,元鼎三年以前之河南郡北境当以河为境,西以函谷与内史分野,东南无《汉志》密县、新郑、苑陵诸县地,西南至钧水(今淅川)上源。

南阳郡为秦郡,其郡境变化不大,唯元鼎三年割丹水、淅县以成弘农。故汉初南阳郡境应比《汉志》所载多出丹水、淅县两县之地。

第二节　南郡（临江国）沿革

南郡亦为秦郡,项羽分封诸侯时以之同长沙、黔中两郡置为临江国。[2]高帝五年临江国除,南郡复故。景帝二年三月复以南郡置临江国封子阏;四年,临江王阏无后,国除为郡;七年十一月,复置临江国,封废太子荣,是为临江闵王;中元二年,荣因罪自杀,国除复为郡,此后南郡未再置国。临江国是唯一置于高帝末年十王国地区以外的王国。

南郡虽经两度短暂置国,但领域未尝变化。高帝末年十五汉郡延续至武帝初年的六十年间,唯内史分置左右,南郡短时置临江国,余十三郡皆无所变化。

武帝元狩二年,南郡割东部数县地合衡山郡西半置江夏郡。(见上篇第四章)

宣帝元康元年,得长沙王子侯国高城,又得长沙国所削华容、州陵二县(见上篇第十章),《汉志》南郡领十八县即表示宣帝以后的领域。复其汉初旧貌,则南郡(临江国)在元狩二年前当无《汉志》高城、华容、州陵三县而有江夏郡之沙羡、安陆、云杜、竟陵等县地。

第三节　陇西、北地、上郡、云中诸郡沿革

一、陇西郡（含天水郡）

陇西本为秦郡,是高帝末年十五汉郡中变化较复杂者。

1　谭其骧:《秦郡界址考》,载《真理学报》第一卷第二期。
2　参见附篇《楚汉诸侯疆域新志》。

武帝元朔以前之陇西、北地、上郡皆未得秦郡之全部,其故塞(秦昭襄王长城,见地图二十一)外部分为匈奴所据。[1] 元朔二年,汉收河南地,置朔方、五原郡,陇西、北地、上郡等三郡恢复秦时之规模,[2]其后并移民以实之,至元鼎三年遂分陇西置天水郡,分北地置安定郡。

《汉书·李广传》云李广为陇西成纪人,然成纪于《汉志》为天水郡属县,钱大昕据此以为天水乃析陇西而置,甚当。

元鼎六年,陇西分南部武都道、下辨道一带以成武都郡。(见下篇第十二章第五节)

昭帝始元六年,又割枹罕、白石二县,合天水金城、榆中二县与张掖另二县以置金城郡。(见下篇第十三章第三节)

此后陇西郡领域即如《汉志》所载,以此逆推元鼎三年以前的陇西郡应为《汉志》陇西、天水两郡及金城郡东南四县(白石、枹罕、金城、榆中)之和,加上武都郡除故道、嘉陵、沮县以外诸县地。换句话说,秦及汉初之陇西郡境以《汉志》言,东北界应循天水郡界,西南界则依陇西郡境,东南以西汉水与桓水(今白龙江)的分水岭为界,西北则有金城郡东南部四县地。比汉末陇西郡所领十一县范围大了一倍有余。

天水郡元鼎三年置,始元六年割金城、榆中二县以成金城郡,此后无所变化,故始元六年以前之天水郡比《汉志》所载应多出金城、榆中二县。

二、北地郡(含安定郡)

北地亦秦郡,元鼎三年分置安定郡。钱大昕虽以为安定析自北地,但未举出证明。《史记·匈奴传》载:"汉孝文皇帝十四年,匈奴单于十四万骑入朝那、萧关,杀北地都尉卬,虏人民畜产甚多,遂至彭阳。"朝那、彭阳于《汉志》皆为安定县,匈奴入朝那杀北地都尉卬至彭阳,可见安定郡地原属北地。

因此,元鼎三年前之北地郡应为《汉志》安定、北地两郡之和。又,北地之灵州县,《中国历史地图集》不定点置于河水附近,恐证据不足。《汉志》云灵州惠帝四年置,惠帝时故塞外之河南地尽入匈奴,不可能在河水边置灵州县。

1　《史记·匈奴传》载,楚汉之际,匈奴"复稍度河南与中国界于故塞"。

　2　《史记·卫将军传》载,元朔二年,武帝令车骑将军青出云中以西至高阙。遂略河南地,至于陇西。

三、上郡（含西河郡）

上郡，秦置。汉初以河水与代国太原郡为邻。元朔二年恢复秦时规模，元朔三年得代王子侯国九，郡境扩大；元朔四年遂分东部及北部诸县置西河郡（见上篇第七章）。《汉志》西河郡跨河水两岸，其东岸诸县即诸代王子侯国所在，西岸即上郡故地，因此，元朔三年以前上郡当为《汉志》上郡与西河郡河水以西地之和。

四、云中郡

云中郡自高帝末年至汉末，郡境无有变化，是汉代最稳定的郡之一。但在高帝末年以前却有一个不为人所察觉的变动。

云中本秦郡，高帝六年起为代国支郡，九年属赵，十一年分云中郡东部置定襄郡，以定襄郡属刘恒代国，新云中郡属汉，直至汉末。分云中置定襄史未明言，但可从高帝十一年诏书中看出（见上篇第七章）。故高帝十一年以前之云中郡应为《汉志》云中、定襄两郡之和。

第十二章
西南诸郡沿革

本章所述西南诸郡的范围相当于今秦岭以南至怒江之间的广大地域。秦、汉两代在这一地区相继建有：巴、蜀、汉中、广汉、犍为、汶山、沈黎、武都、牂柯、越巂、益州等郡。相对于关中地区而言，上述诸郡皆在其西南，而且诸郡沿革又紧密不可分，因此统系于一章之中。

第一节　诸郡建置沿革简述

汉王朝建立之时，秦岭以南仅有巴、蜀、汉中三郡四十一县的建制。这就是秦亡以后，刘邦受封汉王时的领地。三郡的范围大约北起南山（秦岭），南至江水，东自荆山，西界沫水。由于巴蜀地区经济发达，户口殷实，高帝年间遂分巴、蜀郡地置广汉郡。置郡之年，《史》《汉》未详，《水经·江水注》系于六年。高帝末年自领十五汉郡，西南之巴、蜀、汉中、广汉即占其四。这四郡领域在汉初六十余年之间没有什么变动。

在长期休养生息的基础上，汉武帝开始其开疆拓土的活动，这一活动即以西南夷地区发其端。《史记》所说"西南夷"就是生活在巴蜀以西南地区的所有少数民族的统称。建元六年，武帝派唐蒙出使南夷，劝喻巴郡以南的夜郎国及附近小邑归顺汉朝，因之置犍为郡。犍为郡地乃合广汉郡南部及新开的部分南夷地而成。元光年间，司马相如又出使西夷，在邛崃山以南置一都尉，十余县属蜀。西夷置县秦代曾实行过，汉兴无力维持，方才放弃。

西南夷地区交通十分困难，当局虽发动数万人开山凿道，历时数年，仍收效甚微。元朔初，汉廷又忙于北对匈奴的战争，开置朔方、五原郡，因此只得暂罢西夷。但是南夷地区对南越用兵有重大关系，仍维持新开的两县一都尉的范围，保留犍为郡的建制。此时犍为南界大约抵达牂柯江（今北盘江）一带，郡治在鳖县。

元鼎间，汉王朝对匈奴战争已取得决定性的胜利，于是继续进行西南夷

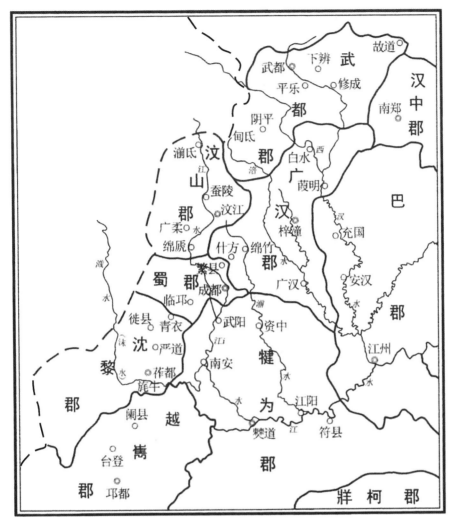

地图二十二 武帝元鼎六年至天汉四年西南诸郡(部分)示意图

地区的开拓。元鼎五年秋,武帝派几路大军,分别从豫章、长沙、犍为南下进攻南越。通过犍为的一路因为且兰君之反而迟下,会南越已平,因而就地平定整个南夷地区,建立牂柯郡,牂柯郡乃以犍为南部合新开南夷地置。接着,汉又诛邛君、筰侯,在整个西夷地区,根据少数民族的分布情况,设置四个初郡:以广汉郡西部白马氐建武都郡,以蜀郡北部的冉駹置汶山郡,以蜀郡西南部的筰都设沈黎郡,更在沈黎以南,以邛都为中心立越嶲郡。

两年以后的元封二年,武帝又发巴蜀兵击灭不肯附顺的滇国旁小邑,逼降滇国,以滇地合牂柯郡西部置益州郡,后数年,又开昆明地,广益州。[1] 至

1 见《后汉书·西南夷传》。

此,西南夷地区尽入汉之版图,而且比秦代更进一步,全部纳入郡县制的范畴,直接归属中央治理。

从沿革简述可知,汉代经营西南夷地区,大体上采用了逐步推进的方式,即以已置之旧郡部分地为基础,合以新开地设置新郡。如从广汉分犍为,从犍为分牂柯,从牂柯分益州。至于武都则杂有陇西旧县,汶山基本上由蜀郡分出(详见后),沈黎和越嶲则利用旧时属蜀十余县加以扩大。这种开发方式,以先进带后进,有利于巩固西南夷地区的郡县制度,应该说是十分得当的。

第二节　高帝巴、蜀、汉中、广汉四郡领域

一、高帝五年之巴、蜀、汉中三郡

高帝五年西汉王朝正式建立时,西南地区只有巴、蜀、汉中三郡。三郡大体因秦旧制,而略有不同。

汉中郡规模与《汉志》所载相去不远,只有西界汉初应至故道—西汉水一线(今宝成线),但无故道县。故道是关中通蜀的道路,[1]《史记·高祖本纪》云:"汉王用韩信之计,从故道还,袭雍王章邯。"可见刘邦所领之汉中郡,其西境必至故道。故道县位于故道的北端,秦岭的北坡。《史记·曹相国世家》曰:"从还定三秦,初攻下辨、故道、雍、斄。"证明故道、下辨两县都在汉中郡以外,属章邯雍国所有。从地理形势看,故道县在分水岭以北,亦应属关中。武帝元鼎六年置武都郡时方割以属武都。与此同时,汉中郡西界亦东移至沮水一线,以广武都郡(互见第五节)。[2]

巴郡领域略大于《汉志》所载范围。西南角当近僰道,有《汉志》犍为郡符县一带。《汉书·西南夷传》言唐蒙出使南夷,"从巴符关入",符关即在符县,原为巴地。秦巴郡比汉初巴郡略小,无其东南角涪陵县一带。《水经·沅水注》云高帝"割黔中故治为武陵郡",即割秦黔中郡西北角以益巴郡,并更黔中为武陵以封长沙王吴芮。常璩《华阳国志》说郡四境:"东至鱼复,西至僰道,北接汉中,南极黔涪。"当指汉初未分广汉以前之范围。

汉初蜀郡的面貌则与《汉志》所载大不相同。其北境至湔氐道,湔氐秦县;[3]东有《汉志》广汉郡(与高帝末年广汉郡不同)全部而无阴平、刚氐、甸氐

1　《史记·河渠书》引张汤言:"抵蜀从故道"。

2　《华阳国志·蜀志》云:周赧王三年分巴蜀置汉中郡。汉中既有蜀地,必西至故道一线。

　3　常璩《蜀志》载秦孝文王时,李冰"乃至湔氐县"。

三道,时为白马诸氏所属;东南则有《汉志》犍为郡之南安、僰道、资中、武阳、牛鞞诸县地,《史记·邓通传》云邓通为蜀郡南安人可证;西南则至严道邛来山为止,比秦时有所收缩,邛来山以南邛笮之地,"秦时尝通为郡县,至汉兴而罢"[1]。

总观高帝五年时之巴、蜀、汉中三郡,除巴郡东南角稍有所盈,蜀郡西南略有所收缩以外,皆沿袭故秦之郡境。

二、广汉郡之分置

高帝分巴、蜀置广汉郡。《汉志》云广汉郡高帝置,但不明其始置年。《华阳国志》系之于高帝六年。这一年刘邦在封建齐、荆等同姓王国时,曾析置东阳、胶西、城阳、博阳等郡,因此广汉置于此年,亦有可能。要之,至迟在高帝末年,必已有广汉郡的存在,才能足高帝末年十五汉郡之数。[2]

广汉的分置显然是由于巴蜀地区经济发达的缘故。尤其是都江堰灌区沃野千里,人口密集,更具备分郡的基础。但《史记》《汉书》俱不明广汉始置时的范围,唯《华阳国志》有几条简单记载可作参考。其《蜀志》云:"高祖六年,分置广汉郡。"又云:"元鼎(应为建元)六年,分广汉置犍为郡。"其《巴志》则曰:"天下既定,高帝乃分巴置广汉郡。孝武帝又两割置犍为郡,故世曰分巴割蜀,以成犍广也。"

由此可见,初置时的广汉郡不但应有《汉志》广汉郡全部(除北部阴平等三道),还包括有犍为郡北部(至江水南岸一带)。广汉虽说据有巴、蜀两郡地,实际上,仅《汉志》江阳、符县地原属巴郡所有,其余绝大部分地由蜀郡而来。蜀郡之成都平原是最富庶的地区,因此人为地将它一分为二,以东部属广汉。成都平原以南的南安、僰道一带亦先由蜀入广汉,武帝时才属犍为。

《汉志》蜀郡户近二十七万,广汉户十六万余,犍为约十一万,相比之下以巴郡领域之广,其户数不过十五万余而已。蜀郡、广汉、犍为因其富庶而号称三蜀。蜀郡分置广汉后,至汉末其户数仍比巴郡多出百分之七十,由这点,也足见巴、蜀两郡经济发展程度的差别。因此在高帝间分置广汉时,巴郡能给予广汉的地盘就极其有限了。

《汉志》广汉郡北部阴平、甸氐、刚氐三道,汉初为诸氏所居,尚未置县。

广汉郡分置后,直至武帝建元六年置犍为郡以前的六十余年间,巴、蜀、

1 见《史记·司马相如传》。
2 参见谭其骧:《西汉地理考辨(二则)》,载《禹贡》半月刊6卷10期。

汉中、广汉四郡之境界未有变动。

第三节 犍为、牂柯两郡沿革

犍为南部和牂柯郡即所谓南夷地。西汉疆域的扩大即始于武帝建元六年的开南夷，置犍为郡。[1] 元朔间，汉廷虽集中全力对付匈奴，北筑朔方，"据河以逐胡"，无暇顾及西夷地区，但南夷为用兵南越之要地，仍"令犍为郡自葆就"，维持南夷夜郎地区两县一都尉的建制。

犍为地乃以广汉郡南部合以归顺的南夷夜郎国及旁邑和西僰中而成。《史记·西南夷传》引贾人言："夜郎者，临牂柯江。"又载犍为置郡后，当局"发巴蜀卒治道，自僰道指牂柯江"。可见犍为南界当抵牂柯江一带。其北界则循《汉志》所载。据《华阳国志》，此时的犍为郡治为鳖县，十分可信。鳖县正处于符关至夜郎的中途，于《汉志》属牂柯郡。元鼎六年且兰君反，杀犍为太守及汉使者，必在鳖县，不能北至汉末的犍为郡治僰道。且兰邑当即《汉志》牂柯郡故且兰县的前身，该县位于沅水之源，北去鳖县不远。元朔间南夷的二县一都尉当是鳖县，故且兰县和夜郎都尉。

犍为郡僰道以南为僰人居地，称西僰中。《司马相如传》言"唐蒙使略通夜郎西僰中"。于《汉志》，僰中即相当僰道以南，汉阳都尉附近诸县地。因此始置之犍为郡规模颇大，包括《汉志》犍为郡全部，及牂柯郡牂柯江以东北部分。元鼎六年置牂柯郡，方割鳖县以南属之，于是犍为郡遂缩小至《汉志》所载范围。

当然汉末犍为郡所属十二县，并非都是建元六年以前所置。据《华阳国志》，符县、牛鞞元鼎二年置，南广太初元年置，至堂琅、郁鄢、朱提之置可能更晚一些。边郡之置常常领域较大，户口较稀，然后随着开发的深入，经济的发展，而次第建立县治。一般不可能在始置郡时就全有《汉志》所列诸县。

由于犍为郡境的变化，相应引起郡治的变动，根据常璩《蜀志》，犍为初置时"治鳖……元光五年，郡移治南广……孝昭元年，郡治僰道，后遂徙武阳"。郡治南广之说颇可疑，因《南中志》又云，南广"武帝太初元年置"，岂有县未置而能作郡治之理？且元光五年，汉方事西南夷，亦不得无故将郡治后退至南广。故上述记载，其误不止一处，目前仅有一点可以肯定：犍为始治鳖县，汉末改治僰道，其中间变化待考。至于"后遂徙武阳"乃指后汉之制。

[1] 荀悦《汉纪》系犍为之置在元光五年，不知别有何据？

因为安帝分犍为南部置犍为属国,郡治遂往北迁至武阳。《元和郡县志》以为昭帝时犍为郡自僰道移理武阳之说恐无据。

元鼎年间,汉对匈奴之战已取得绝对胜利,河西地已置酒泉郡,于是削减北方边境戍卒,准备全力对付南越,再度加强对西南夷地区的开发。元鼎五年秋,"武帝使驰义侯因巴蜀罪人,发夜郎兵,下牂柯江",但夜郎旁小邑且兰君不愿发兵,乃聚众反,杀汉使者及犍为太守,于是汉以当击南越之八校尉兵击破且兰。元鼎六年冬,八校尉兵未下,而南越已破,因就地平定整个南夷地区,诛灭阻挡通往滇国道路的头兰,席卷牂柯江以南至劳水(今黑水河)一带的广大地域,设置了牂柯郡。

牂柯本是南夷地区一古国,《管子·小匡》已见牂柯之名。元光年间,司马相如开西夷,即"南至牂柯为徼"。元鼎六年所置牂柯郡范围可以由常璩《蜀志》来推测。《蜀志》载:"元封元年(实元鼎六年),分犍为置牂柯郡;二年,分牂柯置益州郡。"犍为分属牂柯的地方当是鳖县以南、牂柯江以东北部分。已见上述。牂柯分属益州的地方,当是《汉志》益州郡东部数县。《后汉书·西南夷传》就明言,元封二年,以滇地"为益州郡,割牂柯、越嶲各数县以配之"。但牂柯割属益州具体是哪几县,今已不明。颇疑《史记》所说隔滇国道之头兰与这几县有关。头同双声。《汉志》益州东、牂柯西的同劳、铜濑、同并诸县或即平头兰以后所置?《史记·西南夷传·索隐》以为头兰即且兰,不确。且兰在牂柯郡东北,沅水之源,不得横隔通滇之道。武帝行诛头兰,就是准备继续用兵滇国,所以两年之后就开滇地,置益州郡,割牂柯郡西部数县属之。

因此,元鼎六年时之牂柯郡当有《汉志》牂柯郡全部(除东部毋敛一带)和益州郡东部数县之地。割配益州的,原属牂柯只有两年,故虽无考,亦无大碍。

武帝元鼎六年灭南越后,以其地为十郡,其中象郡西邻牂柯。昭帝元凤五年,罢象郡,以其地分属郁林、牂柯。分属牂柯的部分是《汉志》毋敛(今独山)一带(参见下篇第十四章)。此后,牂柯郡范围遂如《汉志》所载。

第四节 沈黎、越嶲两郡沿革

沈黎、越嶲、汶山、武都诸郡是为西夷之地。西夷之开,稍后于南夷。元光年间,邛、筰之君欲随南夷之后,援例内附,请置吏。武帝于是派司马相如略定西夷,"除边关,关益斥,西至沫、若水,南至牂柯为徼,通零关道,桥孙水,以通邛都"[1]。"为置一都尉,十余县,属蜀。"[2]

虽然西夷包括邛、笮、冉駹、斯榆等族,但冉駹地在蜀郡之北,迟至元鼎六年始有汶山郡之置。司马相如所置十余县当皆在蜀郡以西南之邛、笮、斯榆之地。上引《史记·司马相如传》中的一连串地名可以为证:邛都(今西昌)于《汉志》为越嶲郡治;零关道是该郡属县,在沫水(今大渡河)南岸通向邛都道上;牂柯已见前文所述,在越嶲之南;若水今雅砻江,孙水今安宁河。全在蜀都西南。

十余县之置扩大了蜀郡的领域。观《汉志》蜀郡严道以南,包括整个越嶲郡在内亦不过十余县,故推测元光间所开西夷地,直到《汉志》越嶲郡之南部。但不过数年,元朔间因汉廷专力北对匈奴,西夷又予罢弃。至元鼎六年,南越平,南夷地区置牂柯郡,紧接着再开西夷,诛邛君,杀笮侯,"冉駹皆震恐,请臣置吏。以邛都为越嶲郡,笮都为沈黎郡,冉駹为汶山郡,广汉西白马为武都郡"。

沈黎郡只存在十四年即省入蜀郡。常璩《蜀志》云:"天汉四年,罢沈黎,置两部都尉,一治旄牛,主徼外羌,一治青衣,主汉民。"《后汉书·西南夷传》所载与此略同。[3] 沈黎郡虽《汉志》不见,但其郡境却可依理推得。

臣瓒注《汉书·武帝纪》引《茂陵书》云:"沈黎治笮都,去长安三千三百三十五里,领县二十一。"此处领县数有误,设沈黎再大,亦不至有二十一县之众。由《茂陵书》及上引《蜀志》知沈黎至少当有笮都、青衣、旄牛三县,而地望介于旄牛、青衣之间的严道、徙县,亦当为沈黎郡所属。笮都《汉志》不见,当是罢沈黎郡时所省。其余四县于《汉志》属蜀,东汉安帝时复分蜀郡西南部之青衣、徙县、严道、旄牛四县置蜀郡属国,至东汉末改为汉嘉郡。汉嘉郡与蜀郡属国的范围就是沈黎郡的领域,唯省去笮都一县的建制,并更名青衣为汉嘉而已。

沈黎郡五县之中,严道、青衣道汉初即有,常璩《蜀志》云吕后六年开青衣,不确。《史记·彭越传》云高帝十年捕彭越,"传处蜀青衣",是青衣早有,当为秦县。严道见于《史记·淮南王长传》,至迟文帝时已存在。徙县乃以徙夷地置,《史记·西南夷传》云:"自嶲以东北君长以什数,徙、笮都最大。"徙或称斯榆,《司马相如传》所谓"邛、笮、冉駹、斯榆之君皆请为内臣",斯榆即徙,快慢读之别而已。由于嶲以东北,徙与笮都最大,故各置一

1　《史记·司马相如传》。

2　《史记·西南夷传》。

3　《汉书》不及沈黎罢省之年。《黄霸传》言霸"后复入谷沈黎都",时当武帝后期,此后即不见沈黎之名。

县。又常璩《蜀志》云周赧王三十年,蜀守张若因取筰及江南地,此处江指今大渡河,旄牛道即在徙县、筰都以南的大渡河南岸。所以就沈黎郡的范围言,则秦时已内属,至汉兴乃弃筰及江南地,蜀郡南界只到严道以南的邛来山为止。

沈黎、越巂郡之置,即以司马相如所开之十余县为基础,虽《史记·西南夷传》说以邛都为越巂郡,但邛都只是越巂郡的中心而已。郡境以内实杂有邛、筰之人,这由筰秦、定筰、大筰等县名可以看出,越巂郡之始置比《汉志》所载范围略大。《后汉书·西南夷传》载,武帝元封二年以滇国地"为益州郡,割牂柯、越巂各数县配之"。可见《汉志》益州郡属县中当有若干原为越巂所有。但应为何县,今已无考。但这些县属越巂不过只有两年的时间,故实际上亦无详考之必要。

第五节　汶山、武都两郡沿革

《汉书·宣帝纪》载:"地节三年省汶山郡并蜀。"自元鼎六年起,该郡共延续了四十五年。汶山郡本来就是由蜀郡分出,省后复并于蜀。常璩《蜀志》云:"汶山郡本蜀郡北部冉駹都尉,孝武元封四年(应作元鼎六年)置。"冉駹都尉大约专为治理冉駹夷而设,但当时可能未于冉駹地置县,至汉诛邛君、杀筰侯后,冉駹震恐,请臣置吏,方置县,并将故冉駹都尉辖地独立成郡。

《续汉书·郡国志》蜀郡汶江道下刘昭注引《华阳国志》曰:"濊水,駹水出焉,多冰寒,盛夏凝冻不释。孝安延光三年复立之以为郡。"既言复立之,则汶江道[1]在西汉亦当为汶山郡治。位于汶江道以北的湔氐道、蚕陵县当然是汶山郡属县。湔氐为秦县[2],终汉一代,蜀郡之北境亦不过湔氐县。湔氐以东南即为冉駹地,司马相如元光间开西夷时,走的是蜀郡西南一路,似不及此。冉駹地元鼎六年前虽未置郡县,但已在蜀郡范围内,否则湔氐无法与蜀郡治成都交通。故《华阳国志》言汶山郡本蜀郡冉駹都尉,甚为可信。《后汉书·西南夷传》并云地节三年,"宣帝乃省并蜀郡,为北部都尉",于是恢复置汶山郡前之状态,[3]所以汶山郡之置并不像沈黎、越巂那样扩大了汉初之版图,而只是在少数民族地区设置郡县以加强统治而已。

1　《汉志》作汶江,当漏一"道"字,参见附篇。
2　见本章第二节。
3　《汉志》不载有蜀郡北部都尉,或因脱漏?

汶江道以南的广柔县、绵虒道[1]当亦为汶山郡属。蜀郡北部诸县,自湔氐以下,蚕陵、汶江、绵虒皆沿江水自北而南布置,由《水经·江水注》可知。唯广柔县《江水注》置于湔水旁,后人已订正其在汶江道之西南[2]。广柔既离汶山郡治不远,为其所属当不成问题,唯绵虒道尚不十分有把握。汶山郡东汉灵帝复置,蜀汉、西晋因之。刘先主并以绵虒为郡治,或者西汉时亦当为汶山郡属县。而且从地理形势来看,绵虒县与上述四县皆处于成都平原以北的山地中,亦当自成一个单元(汶江道又恰处于这一地区的中心)。以是汶山郡当领有汶江、蚕陵、湔氐、广柔、绵虒等五县的推断,大体当符合实际。

武都郡的情况比较复杂。

《史记·西南夷传》云,南越破,"以广汉西白马为武都郡"。常璩《汉中志》曰:"武都郡本广汉西部部尉治也,元鼎六年别为郡。"《后汉书·西南夷传》则更明确地说:"白马氏,元鼎六年开,分广汉西部合以为武都。"

从这些记载看来,武都郡似乎应在广汉郡西面。但察《汉志》武都郡诸县之分布,均位于广汉之北。因此颇疑初置之武都与汉末有所不同。同时武都郡属县中有几县于汉初不但非广汉所属,亦不在蜀郡或汉中的范围内。《史记·曹相国世家》载曹参"从还定三秦,初攻下辨、故道、雍、斄",说明故道、下辨二县并不在汉王刘邦所领之巴、蜀、汉中三郡四十一县之中。故道县位秦岭北坡,控制入蜀故道,疑秦时属内史,项羽封十八诸侯时,以属雍王章邯。下辨亦是出蜀之另一道,由此北出至陇西西县而后转东,亦通雍、斄。《史记·樊哙传》云哙破西丞于白水北,当即出下辨这一路。故下辨秦时当属陇西郡,亦是章邯雍国所属县,汉初因秦制。武都道汉初也应属陇西。《汉书·高后纪》载:"二年春正月乙卯地震,羌道、武都道山崩。"师古注曰"武都道属武都郡",乃是据《汉志》而言,吕后时武都郡远未成立,只能北属陇西郡。

羌道、武都道、下辨道成一线排列,形成陇西郡的南境,羌道汉末犹属陇西。武都郡他县如平乐道、修成道、上禄、河池都密集在武都道、下辨道附近,与广汉郡北部诸县相距甚远,因此,汉初陇西郡之南界或止于桓水(今白龙江)和西汉水的分水岭,与广汉之间还隔着未入汉版图的诸氐。《汉志》篇末《域分》亦言:"武都地杂氐羌……近天水,俗颇似焉。"天水乃陇西分郡,武帝元鼎三年始置,近天水即近汉初陇西。察《汉志》武都郡诸县在地理位置

1　《汉志》绵虒亦漏一"道"字,参见附篇。

2　参见《大清一统志》。

上正是近天水陇西而远广汉[1]，因此，如果说白马氏是分布在《汉志》武都郡境内，则《史记》不得言"广汉西白马"。《常志》更不得言"本广汉西部都尉"，因《汉志》广汉已有北部都尉，绝无西部都尉反在北部都尉之北的道理。

以是颇疑初置之武都郡与《汉志》所载不同。白马诸氏应分布在广汉西北至北部的山地之中，广汉郡曾设西部都尉以治理诸氏，至元鼎六年遂于诸氏居地置阴平、刚氏、甸氏、平乐等道[2]，并合陇西郡南部数县及汉中郡西部地置武都郡。换句话说，初置之武都郡应有《汉志》之武都郡及广汉郡西北阴平等三道，武都虽置郡，而氏人数反。《汉书·武帝纪》载：元封三年"武都氏人反，分徙酒泉郡"。《昭帝纪》载：元凤元年，"武都氏人反，遣执金吾马适建、龙额侯韩增、大鸿胪广明将三辅、太常徒，皆免刑击之"。

昭帝元凤间这次军事行动规模很大，率兵击氏者尚不止以上三人，还有范明友、赵充国等。同纪元凤四年诏曰："度辽将军明友……后复率击武都反氏。"《赵充国传》云："昭帝时，武都氏人反，充国以大将军护军都尉将兵击定。"指的当都是同一次战役。或许正是在这次用兵后，即采用分而治之的办法，将阴平等三道割属广汉，并置广汉北部都尉治之，缩小武都郡的规模，以加强对氏人的控制。观昭帝年间，正是边郡、初郡大调整的时候。如始元五年罢儋耳郡并珠崖；罢真番、临屯并乐浪，内徙玄菟，并以其郡治属乐浪。始元六年，取天水、陇西、张掖各二县置金城郡。元凤五年罢象郡分属郁林、牂柯。不一而足。因此对武都郡境进行调整亦是有可能的。

《史记·西南夷传》云："自冉駹以东北，君长以什数，白马最大，皆氏类也。"冉駹地置为汶山郡，位蜀郡之北，已见上述。诸氏在冉駹东北，当然包括广汉西北阴平等三道及武都郡在内。西夷每郡皆以一种少数民族为主，即汶山之冉駹、沈黎之筰、越巂之邛，武都当然以氏人为主置郡，其中有些氏人居于广汉之西北，而白马又是氏中之最大支，故太史公遂以白马代表全部氏类，言"广汉西白马为武都郡"。广汉西北之甸氏、刚氏两道明为氏人而置，又《三国魏志》引《魏略·西戎传》曰："氏人有王，由来久矣，自汉开益州置武都郡，排其种人，分窜山谷间，或在福禄，或在汧、陇左右。……又武都地阴平街左右亦有万余落。"阴平街或即阴平道？若然，则初置之武都郡有自广汉西至汧陇以南的范围，大约不错。[3]

1　《汉志》武都郡地域于唐为武州、成州等州，北属陇西道，而不南属剑南道。
2　诸道之置恐皆是秦制，汉初放弃，至此又复其旧名而已。
3　晋代以阴平置郡，并武都郡皆北属秦州而不南属益州。

白马虽为氐类中之最大者,但在《史记》《汉书》《三国志》诸载籍中的地名上竟未留下痕迹,给确定白马氐居地增添了困难。唯《水经·漾水注》记有白马水之名:"又有白马水,出长松县西南白马溪,东北径长松县北,而东北注白水,白水又东径阴平大城北……"审其地望,则白马水于汉当流经阴平与刚氐之间。白马水之得名或与白马氐有关?若然,则广汉西北部有白马氐存在。

但以上解释只是一家之言,尚不能成为定论。《史记》《汉书》虽皆不详言白马氐之所在,但其后之载籍一般都以为白马氐在《汉志》武都郡内,对《史记》"广汉西"和《常志》"本广汉西部都尉治"亦不作任何解释。《后汉书·西南夷传》言白马氐居于河池,一名仇池。河池,《汉志》武都郡属县。[1]《魏书·氐传》云:"氐者,西夷之别种,号曰白马……秦汉以来,世居岐陇以南,汉川以西,自立豪帅。汉武帝遣中郎将郭昌、卫广灭之(此说不知何据),以其地为武都郡。"《水经·漾水注》曰:"常璩、范晔云,(武都)郡居河池,一名仇池,池方百顷,即指此也,左右悉白马氐矣。"(不过这只是范晔所云,与常璩不相干)《元和郡县志》于兴州一节云:"战国时为白马氐之东境,秦并天下属蜀郡,汉武帝元鼎六年以白马氐置武都郡,今州即武都郡之沮县是也。"

若从这些记载看来,则武都郡之始置当与《汉志》所载范围无别,乃以岐陇以南、汉川以西的白马氐合以陇西郡数县而成,这种说法最保险,但须弃"广汉西""本广汉西部都尉治"等记载不顾,尚有缺陷,且《后汉书》《魏书》与《元和郡县志》皆晚出,颇疑其说法皆据《汉志》武都郡境为说,亦未可全信,录之以存两说。

第六节　益州郡沿革

益州郡是西南夷地区最后设置的郡,也是该地区最边远的郡,兼有西夷和南夷滇部分地,又包括巂与昆明等不同种族于其中。

《史记·西南夷传》载:"元封二年,天子发巴蜀兵击灭劳浸、靡莫,以兵临滇。……(滇王)举国降,请置吏入朝,于是以为益州郡。"《后汉书·西南夷传》又曰:"滇王者,庄蹻之后也。元封二年武帝平之,以其地为益州郡,割牂柯、越巂各数县配之,后数年,复并昆明地,皆以属此郡。"

《汉志》益州郡诸县很明显分成两组。其东部地以滇池为中心,由滇国

1　李贤注《后汉书》曰:"仇池,山。"在今成州上禄县南,则当汉之上禄县附近。

及其旁邑劳浸、靡莫以及牂柯、越嶲数县组成。滇池县名与滇国有关,牧靡县与靡莫也有联系,[1]劳浸或者在同旁留下痕迹。常璩《蜀志》曰,元封二年分牂柯置益州郡,但所分为哪些县已无考,好在这几县属牂柯不过两年之久,无妨大局。东部地就是元封二年益州郡初置时的规模。

益州郡西部七县,在今下关一带,与东部十七县相距较远,当以嶲、昆明地置。《史记·西南夷传》云:"其外西自同师以东,北至斯榆,名为嶲、昆明,皆编发,随畜迁徙……"斯榆为七县之一,又,嶲唐县当与嶲有关。但《后汉书》亦不明昆明地属益州的具体年代,只好阙疑。

第七节　小结

西南诸郡之沿革已如上述。由于这些郡的领域变迁相互关联,比较复杂,一郡的设置往往意味着另一郡领域的缩小,反之亦然,因此必须将各郡郡境的变化再作一简要说明:

汉中郡自汉初至汉末变化不大,唯元鼎六年西界内移以广武都郡。

巴郡于高帝年间分西南部江阳、符县(以《汉志》言)地以成广汉郡,此后亦无任何变化。

蜀郡变化最大。先是高帝间分其东部地置广汉郡,郡境有所缩小,武帝元光间,司马相如开西夷置十余县属蜀,领域又短时扩大,至元朔初罢西夷,又回至高帝末年状态。元鼎六年分青衣道以南地以成沈黎郡,分绵虒道以北置汶山郡,这时蜀郡规模最小,唯余五县之地。天汉四年,沈黎郡罢属蜀,蜀郡再度扩大。地节三年又罢汶山郡,湔氐道以南地复入蜀,于是蜀郡方成为《汉志》所示规模,但此时的蜀郡仍比汉初未分置广汉郡时为小。

广汉郡,先有高帝初年蜀郡之东部地及巴郡西南一角。建元六年分南部为犍为郡,郡境缩小。昭帝元凤间分武都郡刚氐、甸氐、阴平来属,领域稍有扩展,此三县亦有可能是元鼎六年开白马氐时已属广汉。

犍为郡,建元六年分广汉南部及新开南夷鳖、夜郎、且兰等地置,北自《汉志》广汉、犍为之界,南至牂柯江以东北,与南越象郡相邻。十八年后,元鼎六年,南夷悉平,割鳖县以南地以成牂柯。

牂柯郡,元鼎六年以犍为南部及新开牂柯江以南地置。元凤五年,象郡

1　《新唐书·南诏传》有磨弥敛,《蛮书》有弥磨殿,《元史·地理志》亦有磨弥殿,皆从牧靡而来,靡莫或是莫靡之倒?

罢,以其西部地来属。元封二年,分东部数县以成益州郡。

武都郡,有两种可能:(1)元鼎六年以陇西郡武都道为中心,合以周围的白马氐地置,如《汉志》所示;(2)元鼎六年初置有《汉志》武都全郡及广汉西北三道,昭帝元凤间割三道属广汉。

汶山郡与沈黎郡已见于蜀郡之中。

越嶲郡,元光间,司马相如开西夷时,已置若干县,元朔间罢。元鼎六年,乃以邛都地置郡,郡境全有《汉志》之越嶲郡,亦有益州郡数县地,数年后方削此数县属益州。

益州郡,元封二年以滇国及其旁小邑与牂柯、越嶲郡数县置,数年后,复开嶲、昆明,又以之入益州郡。

第十三章
朔方、河西诸郡及西域都护府沿革

朔方、河西诸郡及西域都护府的设置,是汉武帝及昭、宣二朝长期对匈奴作战,并取得胜利的直接结果。汉初之西北疆界仅止于故塞(秦昭襄王长城),故塞以西北至河水以东南地尽没入匈奴。武帝元光间,开始进击匈奴。元朔二年,收河南地,置朔方、五原郡,陇西、北地、上郡恢复到秦时规模。元狩二年,越河西,逼降匈奴休屠、浑邪王,置酒泉郡。元鼎六年,分酒泉置张掖、敦煌郡。为加强边塞防卫及切断匈奴与西羌联系,昭帝始元六年分天水、陇西、张掖郡地置金城郡,宣帝地节间复分张掖置武威郡。武帝元封间已用兵西域,昭宣两代继之,神爵二年,匈奴西边日逐王降,汉始置西域都护府。此后,汉之西北疆界遂西逾葱岭、北越天山,去汉初故塞之界数千里之遥矣。

第一节　朔方、五原二郡沿革

朔方、五原两郡乃元朔二年汉击匈奴、收河南地后所置。

河南地本为秦将蒙恬所开。《史记·秦始皇本纪》:"始皇乃使将军蒙恬发兵三十万人北击胡,略取河南地。"秦汉之际,河南地复没于匈奴,汉初无力收复。至武帝即位,汉朝国力已大为强盛,遂主动出击匈奴。元朔二年,"令车骑将军青出云中以西至高阙,遂略河南地,至于陇西。……遂以河南地为朔方郡"[1]。

"为朔方郡"乃是统词。其实河南地置为朔方、五原二郡。故《汉书·武帝纪》云:元朔二年,"收河南地,置五原、朔方郡"。

由于朔方城始筑于元朔间,而五原郡治九原县即秦九原郡治,因此班固

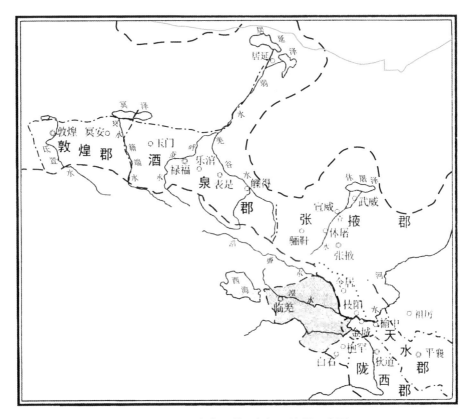

地图二十三　武帝元鼎六年河西诸郡示意图

(图中细点线以西六县为昭帝始元六年始置金城郡领域,阴影部分为宣帝时金城郡扩大的范围)

将五原郡当成秦九原郡之更名,而以朔方郡为武帝所开。[1] 实际上,五原、朔方二郡地秦时已辟,自"云中以西至高阙"一带皆为九原郡所属。《秦始皇本纪》载:"使蒙恬渡河取高阙、阳山[2]、北假中,筑亭障以逐戎人。"是证高阙本属秦。而据《水经·河水注》,则高阙在朔方郡临河县西北,又证朔方郡地早为秦所有。

如果再往上溯,则秦九原郡地战国时期已为赵国所属。《史记·赵世家》云:赵武灵王二十六年,"拓地北至燕、代,西至云中、九原"。《匈奴传》亦云:赵武灵王"筑长城,自代并阴山下,至高阙为塞。而置云中、雁门、代郡。"大约"云中以西至高阙"一带后来又为匈奴所得,故秦始皇使蒙恬"西北斥逐匈奴",再取河南地。至武帝置朔方、五原郡时,河南地已是两出三进矣。

1　见《汉志》两郡之本注。

2　应为阴山,旧本《史记》为陶山,中华书局标点本改阳山,皆误。见周庄:《阴山、陶山和阳山》,载《历史地理》第三辑,1983 年 11 月。

五原郡位云中郡以西，居秦九原都地之东半部，自始置至汉末，领域未闻有何变化，当如《汉志》所载之十六县地的规模（当然元朔二年时未必尽有此十六县之目）。朔方郡居秦九原郡地之西半。为了加强对匈奴的抵御能力，武帝时新筑一系列新城。元朔三年，使苏建筑朔方城，朔方郡当即以该城为中心而设置。元朔五年，再筑临戎；元狩三年，又筑三封与沃野。《汉志》朔方郡领县十，则元朔二年初置郡时，至多领有七县。

第二节　河西四郡沿革

一、设置年代

河西地的开辟是西汉史上一件大事，但世所习称的"河西四郡"酒泉、张掖、敦煌、武威的设置年代，却长期以来成为一个悬案，这主要是《汉书·武帝纪》和《地理志》所载年代相互矛盾所引起。《武帝纪》以为，元狩二年匈奴浑邪王杀休屠王来降，遂以其地置酒泉、武威郡，元鼎六年乃分两郡置张掖、敦煌郡；《地理志》则以为太初元年开酒泉、张掖，四年开武威，后元元年乃分酒泉置敦煌。

对于这一矛盾，早期的《汉书》注家从未触及，大约都知难而退。直到宋代司马光才提出这个问题，因为《资治通鉴》的编年体例迫使他去确定置郡的年代。但司马光也未能克服这一矛盾，只能提出"今从武纪"[1]的解决办法。自此以后，"从武纪"便成为回避矛盾的防空洞。清人齐召南说："按《孝武纪》元狩二年秋，匈奴浑邪王杀休屠王并其众来降，置五属国以处之，以其地为武威、酒泉郡，岂迟至太初四年乎？《志》与《纪》自相矛盾，自应以《纪》为实。"[2]并不申述任何理由，便武断地以《纪》为正，以《志》为误。

虽然也有如全祖望"据匈奴传，则初置止酒泉一郡，武威亦稍后之"[3]的怀疑，而且实际上《通鉴》也未全从武纪，而是作了局部修正，以酒泉郡置于元鼎二年，并认为武威稍后分之，但总的说来，还没有跳出从武纪的研究水平。

例外从《地理志》的似乎只有朱一新一人。[4] 调和的也有，如王峻的《汉书正误》，即以置郡和开府时间的先后来解释纪志的歧异。

1　《资治通鉴考异》卷一。
2　《汉书考证》。
3　《汉书地理志稽疑》卷二。
4　《汉书管见》。

但无论是从志、从纪还是调和派,都是一种简单从事的办法。数百年来,四郡的建置年代问题实际上并没有真正解决,这个局面直到二十世纪四十年代才为张维华先生的卓识所打破。张先生在其《汉河西四郡建置年代考疑》[1]一文中,从武纪、地志以外的史汉有关记载出发,综合考察河西地区置郡的经过,断言《汉书》武纪、地志的说法都存在问题,认为四郡之中酒泉最先置,武威最后,张掖、敦煌则武纪可从。

据张先生分析,《史记》大宛、匈奴、霍去病诸传及《汉书·西域传·序》记河西最初所置郡,皆独有酒泉而不及武威,因此武纪言武威与酒泉同置于元狩二年之说不可靠。而且酒泉置于元狩二年,亦嫌过早,因为武纪述元狩四年移民不及河西,而《大宛传》载张骞元狩四年后对武帝犹言"故浑邪地空无人",欲招诱乌孙使东还"居故浑邪之地",可见当时不可能已置郡,因此推断酒泉当置于元鼎二三年间,乌孙不肯东还之后。武威郡之置则应迟至昭帝元凤元年与宣帝神爵元年之间,因为昭帝始元六年始置金城郡时,取天水、陇西、张掖各二县以成立,而未言及武威,如武威先已置郡,就地理方位言,当云取武威二县,不当言取张掖二县。武威之名始见于《汉书·赵充国传》"屯兵在武威、张掖、酒泉"一语,时当神爵元年用兵西羌,故武威之置又须在此年以前。

以上结论得之于人所习见的史汉记载,并未借助于考古资料,虽然具体年代不无可商榷之处,但已大大超越前人的认识。大约与此同时,劳榦先生利用三十年代所获之居延汉简,参以文献资料,从另一个方向来寻求四郡设置年代的正确答案。

居延汉简303.12简载:"元凤三年十月戊子……丞行事金城、张掖、酒泉、敦煌郡……",列河西诸郡有金城而无武威,是武威置郡尚在其后。至宣帝初的居延汉简骑士名籍簿中[2],张掖所属县俱有其人而武威所属则无人,盖其时武威已置郡,故其正卒戍武威之缘边而不戍张掖属之居延。劳榦根据上述分析推断,武威建郡当在元凤三年十月之后、地节三年五月张敞视事山阳郡之前。将张说的武威建郡年代的上下限从二十年缩短为十二年,至于酒泉、敦煌、张掖,劳氏主张仍从武纪,因为纪文直采官家纪注,最为可据。唯武纪所载"元狩二年……以其地为武威酒泉郡"中,武威二字或班氏以意

---

1 张维华:《汉河西四郡建置年代考疑》,原载《中国文化研究汇刊》第二卷,后收入《汉史论集》一书,齐鲁书社1980年版。

2 劳榦将居延汉简骑士名籍簿之年代断于宣初,乃由于与之同时同地出土有昌邑国戍卒名籍簿。劳氏误认昌邑国名可能至宣帝地节三年五月才废。详见后。

增入，或经后人窜入。[1]

六十年代初，陈梦家先生更进一步，将史汉等文献资料和汉简所载有关史料进行全面的排比，上起元狩二年下及神爵元年及武威置郡以后。据而认为《史记》的记载有其一致性，四郡之建置主要应以《史记》为据，而不能受《汉书·武帝纪》的支配。[2]

陈梦家的结论是：酒泉、张掖应同置于元鼎六年。因为《史记·平准书》有言："其明年（徐广曰元鼎六年），南越反，西羌侵边为桀。于是天子为山东不赡，赦天下。因南方楼船卒二十余万人击南越，数万人发三河以西骑击西羌，又数万人度河筑令居。初置张掖、酒泉郡。……汉连兵三岁，诛羌，灭南越，番禺以西至蜀南者置初郡十七，且以其故俗治，毋赋税。"又元鼎六年伐西羌只有陇西、天水、安定三郡骑士（《汉书·武帝纪》）亦证明其前张掖、酒泉尚未置郡。

敦煌之置当更在张掖、酒泉之后。《大宛传》谓元封四年自酒泉已列亭障至玉门，这段工程当作于元鼎六年酒泉置郡后之数年，即元封的前三年。至元封六年，单于益西方而匈奴"右方直酒泉、敦煌郡"，故敦煌当置于元封四五年间。

至于武威则应置于宣帝初，而不在昭末。因为居延汉简7.7（甲45A）言："地节二年六月辛卯朔丁巳，肩水候房谓候长光以姑臧所移卒被候，本籍为行边丞相王卿治卒被候……"，说明后来作为武威郡治的姑臧当时尚属张掖管辖，因此张掖肩水候官告候长核对姑臧戍卒名籍，显见武威地节二年前尚未置郡，否则姑臧戍卒当戍休屠，而不在居延。至神爵元年则《赵充国传》已有武威之名，故其建郡之上下限应缩短为地节三至元康四的六年间。

张、劳、陈三位的观点已如上所述。其共同点是武威最后置，虽然断代稍有宽狭的不同，张掖郡置于元鼎六年，与武纪同，虽然陈氏认为张掖并非酒泉所分。敦煌郡张、劳皆从武纪，而陈氏稍有异议。至于酒泉郡则言人人殊，尽管相去不远，却代表三种不同的思维方式，因此四郡的建置问题仍有讨论之必要。下面即逐郡作一分析。[3]

武威郡最后置确是不易之论，毋庸再议。实际上《史记》全书不及武威一名已从侧面证明了这一点。问题只在于确定建郡的具体年限。张维华先

1　劳榦观点见其《居延汉简·考证部》卷一。

2　陈梦家观点见《河西四郡的建置年代》，《汉简缀述》一书所收。

3　四十年代以来讨论四郡设置年代的文章为数不少，但以张、劳、陈三氏观点最具代表性，固此下文只针对这些观点进行分析。

生以为武威之名首见于《赵充国传》,因此以神爵元年为武威置年之下限,陈梦家看法与之相同,但取神爵元年之前一年元康四年为下限。劳榦亦未发现比《赵充国传》更早的记载。

其实,武威之名首见于《霍光传》。一条重要的记载被三位学者所忽略了。

《汉书·霍光传》记宣帝"乃徙光女婿度辽将军未央卫尉平陵侯范明友为光禄勋……数月,复出光姊婿给事中光禄大夫张朔为蜀郡太守,群孙婿中郎将王汉为威武太守"。检《百官表》,度辽将军范明友为光禄勋事在地节三年,可见武威郡至迟在该年已置。[1] 因此,张、陈二位认为武威置年之下限为神爵元年或元康四年已不足凭。但陈氏认为武威立郡之上限当在宣初而不在昭末,是正确的。因为《汉书·宣帝纪》载有本始二年五将军大举出击匈奴一事,《匈奴传》记此事言二十余万人出西河、云中、五原、酒泉、张掖而无武威。再参以上引居延汉简7.7(甲45A)的简文,推测武威当置于地节二年以后是完全合理的。这样一来,我们便有理由相信,武威郡之置当在地节二三年间。或者竟可以大胆设想,王汉便是武威的首任太守,当然,如果认为对居延汉简7.7简文的解说不足凭,武威可能在地节二年前已置郡,只不过其时姑臧仍属张掖(这种可能性很小),那么谨慎点说,则武威置于本始二年至地节三年间是绝不会有错的。

劳榦也提到武威建郡当不晚于宣初,但这与上面的分析只是偶然的巧合。劳榦的证据是不足的,而且推论过程是错误的。他说:"至宣帝初昌邑王罢归故国,昌邑国名虽未废,而昌邑国人则屯戍北边,不以王国人遇之(昌邑国据昌邑王传云王归国后,地除为山阳郡。但简中戍卒尚有昌邑国名,或至少在数月后。然至晚应不得逾地节三年敞视事山阳之后),此类名籍见释文名籍类,其同时同地出土者,有大河郡及淮阳郡戍卒名籍。此二郡宣帝初年亦俱分封为国,简中名籍犹称郡,正与昌邑未改郡同时。惟骑士名籍则张掖所属诸县,如觻得、昭武、氐池、日勒、番和、居延、显美等县俱有其人,而武威所属诸县则无一人。是宣帝初年武威盖已立郡,故其正卒戍武威缘边,不戍张掖属之居延矣。"[2]

劳榦这个推论至少有三层错误。首先,王国人不戍边乃汉初之制,景武以后,诸侯王特权被削,王国地位下降,等同汉郡,王国人亦须戍边,居延汉

1　严耕望《两汉太守刺史年表》已注意到霍光传的记载。日本学者日比野丈夫《河西四郡の成立について》一文采录了严氏的成果。

2　劳榦:《居延汉简·考证部》。

简名籍中尚有来自梁国、赵国、平干国之戍卒可以为证,昌邑并非特例。其次,汉制王国一旦废除,即为汉郡,概莫能外,所谓"昌邑国名虽未废"乃臆断之词。昭帝元平元年昌邑王废,其故国即除为山阳郡,随后就要派遣太守,不能迟至七年以后的地节三年,才有首任山阳太守视事。事实上,《百官表》载本始四年"山阳太守梁为大鸿胪",证张敞以前至少已有一名山阳太守。因此,昌邑国简当悉为昭帝元平元年以前之物,与宣帝无涉。第三,大河郡置东平国在甘露二年,已近宣帝末年,淮阳郡置国在元康三年,亦入宣帝中期,怎么能说"此二郡宣帝初年亦俱分封为国"? 劳榦的推理过程是,王国人不须戍边,而昌邑国人竟戍边,可见昌邑虽国除而名未废,因此昌邑国简是宣初之物,于是以之作为确定武威置郡年代的标尺,这显然是很不妥当的。

由以上分析,已知武威置郡当在宣帝地节二三年间,比河西其他三郡整整晚了半个世纪左右,难怪乎汉末哀帝时刘歆等人述武帝之功,亦只言其起敦煌、酒泉、张掖三郡,而不及武威。[1]

接着再讨论酒泉郡。陈氏以为酒泉郡与张掖郡同置于元鼎六年,其根据就是前引之《平准书》语。但《平准书》主要论述汉代财政货币制度的沿革,并非专写武帝拓地的经过。书中所说的"初置张掖、酒泉郡"只是统而言之,并不能由此断定两郡必置于同时,而且认真地说,"南越反,西羌侵边为桀"皆在元鼎五年,与"初置张掖、酒泉郡"并不在一年,但《平准书》却统括在"其明年(徐广曰元鼎六年)"之中。

太史公文笔纵横捭阖,有时并不受绝对年代的限制,其写本纪尚且如此,书、传更不待言。如《秦始皇本纪》二十六年载秦"地东至海暨朝鲜,西至临洮、羌中,南至北向户,北据河为塞,并阴山至辽东"。其实"北向户"之地至三十三年方属秦所有,但提前系之于二十六年。又《匈奴传》曰:"汉使杨信于匈奴,是时汉东拔濊貉、朝鲜以为郡,而西置酒泉郡,以鬲绝胡与羌通之路。"朝鲜地置郡明在酒泉之后,谁也不会因《匈奴传》之载而误以为酒泉之置与朝鲜四郡同时。要之,以《平准书》证事实则可,以之系年则不妥。

而且《史记》除《平准书》外,其他有关记载皆独云置酒泉郡,并不与张掖相提并论。如上引之《匈奴传》,又如《大宛列传》云:"而汉始筑令居以西,初置酒泉郡以通西北国。"《卫将军骠骑附传》言:"及浑邪王以众降数万,遂开河西酒泉之地,西方益少胡寇。"《河渠书》载:"自是以后,用事者争言水利。

朔方、西河、河西酒泉皆引河及川谷以溉田。"[1] 由此可以看出，河西首置唯有酒泉郡，所以太史公屡屡独举。而且还说明，张掖、敦煌皆由酒泉分置，言酒泉可以概括整个河西地区。如朝鲜地置郡已当元封三年，其时张掖郡无疑已置，但上引《匈奴传》仍独言酒泉，就是这个道理。陈氏强调《史记》记载的一致性，更应注意到《平准书》言"初置张掖、酒泉郡"只是孤证，并不能证明张掖、酒泉郡必同时设置，或许正说明元鼎六年张掖郡由酒泉析置，故司马迁因此一并书之。

陈氏还有一个误会，以为张掖、酒泉是武帝所置十七初郡之二，因此加强了两郡置于同时的信念。其实《平准书》明言十七初郡的地理位置是"番禺以西至蜀南"，张掖、酒泉远在西北，与此载不合。同时更重要的是，所谓初郡是设置于少数民族地区的特殊郡，其特点是"以其故俗治，毋赋税"。亦即在设置郡县的同时，仍保留少数民族原有的一套统治制度，在经济上则给予不收取赋税的优待。因此十七初郡应当是：南海、苍梧、郁林、合浦、象郡、交趾、九真、日南、珠崖、儋耳、武都、汶山、沈黎、越巂、犍为、牂柯、益州等郡。[2] 前十郡为越人所居，后七郡为西南诸夷：氐、冉駹、邛、笮、徙、夜郎、滇、昆明的聚居地。

至张掖、酒泉两郡居民，则皆由内郡迁徙而来。河西地自月氏、乌孙、匈奴相继离去以后，并无少数民族，有之亦后来所移徙，如元封三年武都氐人反，分徙酒泉郡之类。河西地区的居民自汉以后始终以汉人为主，以至到十六国时期，中原迭经若干少数民族政权的更替，而河西地反而出现过汉人所建的前凉、西凉小朝廷。因此，张掖、酒泉无论从地理位置或民族成分方面来说绝不可能在十七初郡之中，两郡同时置的可能性因此又少一层。

从地名的角度来看，也可证明河西地首置郡唯有酒泉。河西四郡除酒泉外，在《汉志》中均有与郡名相同的县名，即敦煌县、张掖县、武威县，金城郡也有金城县，这些郡大约都是以同名县为中心而设置的。《汉志》中唯独没有酒泉县，这也从侧面说明酒泉郡当最先置，而后在郡内逐步设立县治，才分置其他三郡。

又《卫将军骠骑附传》和《河渠书》俱有"河西酒泉"的提法，陈梦家先生以为河西与酒泉乃是两地区名，因此用顿号断开之。但上述提法应该是河

1　中华书局点校本《史记》于此处断句为"朔方、西河、河西、酒泉"。

2　晋灼注《汉书·食货志》以为十七初郡有零陵，但零陵乃桂阳分郡（参见长沙国沿革），绝非初郡，所以应退零陵而进象郡。象郡乃至昭帝元凤间方罢，见《汉书·昭帝纪》。

西之酒泉的意思，并非河西和酒泉。河西可以是地区名，因为它是以位于河水以西来称呼的，与河东、淮北之称类似，而酒泉显然是汉廷对河西地所置郡的正式名称，如合浦、乐浪之类，绝不是地区名。河西地是以酒泉郡名，故称"河西酒泉"。如同"河南新秦中"即河南之新秦中之意，并非河南与新秦中分别为两地。[1]

要之，综合《史记》诸传之记载以观，酒泉为河西四郡之首置者，当可肯定。《汉书·西域传·序》就明确地表明了这个看法："其后骠骑将军击破匈奴右地，降浑邪、休屠王，遂空其地，始筑令居以西，初置酒泉郡，后稍发徙民充实之，分置武威、张掖、敦煌，列四郡，据两关焉。"难以肯定的是酒泉郡的具体设置年代。

《汉书·武帝纪》以酒泉、武威两郡同置于元狩二年，武威既误，则酒泉亦引起怀疑。司马光将酒泉郡之置系于元鼎二年，乃是以为元狩二年时，浑邪王虽已降汉，但其故地空无人，显然不能立郡，必于数年后，乌孙不肯东还，方不得不置郡。张维华先生亦持同样见解，认为《汉书·武帝纪》述元狩四年移民尚不及河西，故酒泉郡只能置于元鼎二三年间。这样设想，于理似可通，但于史则无据。无论《史》《汉》的记载或考古发现的资料，都不能旁证酒泉当置于元鼎初。

而且元狩四年实际上已经移民河西。《匈奴传》云："是后匈奴远遁，而幕南无王庭。汉度河自朔方以西至令居，往往通渠置田，官吏卒五六万人，稍蚕食，地接匈奴以北。"时当元狩四年，而汉已全线渡河以西，实行移民屯田。既移民则必有行政管理机构之置，似不得待元鼎以后方才设郡。此外，边郡之置完全可以在移民之前或与之同时，不一定非在移民之后不可。元朔二年春，汉收河南地，立即置朔方、五原郡，而后才"募民徙朔方十万口"。

因此颇疑元狩二年时，汉廷确已在河西地区虚悬酒泉郡之名，同时计划逐步移民以实之。由于元朔以来，汉对匈奴的战争取得一连串的胜利，朔方二郡成立，陇西、北地、上郡恢复秦时规模，河西地入汉，大量的空地亟待移民开发，而移民速度又跟不上这种需要。因此汉廷随后乃一面移民，一面派张骞招乌孙东还，以填河西地。观河西地之富饶及其"通西北国""鬲绝羌与胡通之路"的重要战略地位，汉廷无不在该地置郡之理，即使乌孙东还，亦必与中土移民一道在汉郡治理之下，决不可能发生汉将河西地白白让与乌孙

1　《平准书》言："乃徙贫民于关以西，乃充朔方以南新秦中。"《匈奴传》记同事则为"徙关东贫民处所夺匈奴河南新秦中以实之"，同指一地。

的事。因而酒泉郡之置似不得取决于乌孙是否东还，两者之间并无必然的因果关系。

虚悬郡名之说似无稽，但实有其例。《史记》《汉书》皆言犍为郡置于建元六年，但有人表示异议，以为唐蒙晓南越、归长安、上书、定策、任郎中将带兵入夜郎、订约、还报、规划、下令、遣吏，道路往返数千里，一年之内，何能解决？必得数年之后，于元光五年方得置郡。言似有理，实则未必如此。犍为郡之置，只需夜郎侯表示归顺，即可立郡名。对该郡进行具体规划则是以后的事。而且，究其实，对于边郡和初郡我们讨论的基本上是其名义上的置郡年代，并非开府施治的实际时间。例如朝鲜地，至元封三年夏方克，而《汉书》言该年即以其地置乐浪、玄菟、临屯、真番郡，以一秋之功，何能遽置四郡之地？恐怕也是名在前，实在后。如果不是这样看问题的话，则《史记》《汉书》有关武帝新开郡置年的记载岂不多有疑问？非要自行设想另外一套时间表不可了。

或者正因为酒泉郡置于元狩二年，比张掖、敦煌早出十年之多，所以不但太史公言河西地置郡，往往独举酒泉，甚至在张掖、敦煌置郡一段时间以后，亦以酒泉代表河西。如《大宛传》云太初间"益发戍甲卒十八万酒泉、张掖北，置居延、休屠以卫酒泉"。居延于《汉志》属张掖，休屠更在其东，属武威。言其卫张掖即可，何能卫酒泉？可见酒泉郡初置时包括整个河西地区，故言酒泉可以代河西。若酒泉置于元鼎二三年间，与张掖相去不远，于太史公印象中，两郡近乎同时置，似乎不能述其事如上所引。

综上所述，全从《武帝纪》显然不行，但除非有更坚强的证据，目前好像还不能安全抛弃《武帝纪》的记载。《武帝纪》言：元狩二年"秋，匈奴浑邪王杀休屠王，并将其众合四万余人来降，置五属国以处之。以其地为武威、酒泉郡"。这里武威二字当然有错，但"以其地为郡"之事可能存在，只是仅为酒泉郡而已。"武威"二字的窜入或因为后来之武威郡属县有休屠县之名，遂误以为该郡乃以休屠地而置之故。这种误会可能是班固本人，也可能是后人产生的，遂而编入《武帝纪》之中。因此仍不能因否定武威郡而把酒泉郡也一齐否定掉。

要之，酒泉郡的置年问题比较棘手。张维华先生认为应置于元鼎二三年间的看法有一定道理，劳榦先生主张从武纪亦未可全非，目前只能暂以元狩二年置为是，以待将来的进一步订正。

酒泉建郡之后，不久即徙民以实之，使粗具规模，至元鼎六年平羌以后，复分酒泉置张掖、敦煌郡，再度"徙民以实之"，以加强边郡的防卫作用。《平准书》言"上郡、朔方、西河开田官,斥塞卒六十万人戍田之",即包括向这三郡的移民。关于张掖郡之置于元鼎六年,各家殆无异议,毋庸细述,唯敦煌须稍缀数语。

敦煌之置年,张、劳二位皆从《武帝纪》,陈氏则系之于元封四五年间。顾陈氏之说,似无特别之根据,仅因其力主酒泉、张掖两郡同置于元鼎六年,则敦煌之置非稍后不可,断无当年置酒泉郡,当年分置敦煌之理,若以三郡同时置,又似不可能。据《匈奴传》载,元封四年自酒泉已列亭障至玉门,至元封六年则匈奴"右方直酒泉、敦煌郡",陈氏认为当置于"列亭障"的工程之后和元封六年以前,故定为元封四五年间。其实列亭障之前又为何不能先有敦煌郡之置?且敦煌石室所出《沙州都督府图经》引"《汉书》武帝元鼎六年将军赵破奴出令居,析酒泉置敦煌郡"的记载,比今本《汉书·武帝纪》所言元鼎六年"秋,又遣浮沮将军公孙贺出九原、匈奴将军出令居,皆二千余里不见虏而还,乃分武威、酒泉地置张掖、敦煌郡"更为直接明确,可以为据。故敦煌郡置于元鼎六年,并无充分证据能予以否定。

河西四郡设置年代已如上述,小结之,可列表如下:

郡名	〔武帝纪〕	〔张说〕	〔劳说〕	〔陈说〕	〔今定〕
酒泉	元狩二年	元鼎二年	元狩二年	元鼎六年	元狩二年?
张掖	元鼎六年	元鼎六年	元鼎六年	元鼎六年	元鼎六年
敦煌	元鼎六年	元鼎六年	元鼎六年	元封四、五年间	元鼎六年
武威	元狩二年	元凤元 神爵元 间	元凤三 地节三 间	地节三 元康四 间	地节三年

从《汉书·武帝纪》记载来看,张掖郡最为确实可靠,敦煌郡次之,酒泉郡可作参考,武威郡虽误而有因。说明《武帝纪》有比较可靠的背景材料。至于《地理志》所注四郡置年无一是处,颇疑其非班固自注,有如郡国名下所注之"属某州",实非西汉之制。或同是后人读书时所加之附注?

二、河西四郡的地域

四郡的建置年代确定,再参以《汉志》所载的四郡范围,对其地域变化过程便有一个大致的概念。先是元狩二年以后西北悬置酒泉郡。至元鼎六年,分酒泉东部置张掖郡,西部置敦煌郡。三十年后,割张掖郡南部二县以成金城郡。又过十数年,析张掖郡东部置武威郡,四郡之形势乃定。

河西地的自然地理形势很特别,其主要部分是河西走廊,自河水以西至敦煌,南北有两道山脉夹峙,北曰合黎山,南为祁连山。在合黎山东、西两侧各有以谷水和弱水形成的平川地。《汉志》河西四郡的所有县城即布置在这条走廊及上述两水的沿岸。两千年后的今天,甘肃和内蒙古西部县城的分布依然与之类似,足见河西地的可居住范围在西汉就已十分明确。

河西走廊的通道,自元朔间张骞通西域后,便为中土所知。元狩二年汉廷两度出兵河西。其春,霍去病将万骑出陇西,过焉支山千余里;其夏,复将数万骑出陇西、北地二千里,过居延,攻祁连山,对河西走廊的地理形势当然有更深刻的了解。酒泉郡之置,就是以这种地理知识为基础,将河水以西二千里地统系于该郡名下,而后逐步移民充实之。初置郡之时,虽然规模未具,人员未实,只有几个据点,但郡境在当时却是比较明确的,南有祁连山,北有大漠,东有河水,西有白龙堆,都是天然界线,无须人为划定。

酒泉郡的最初据点之一是令居县。其位置当今甘肃永登县西,正是河西走廊的入口。令居是《史记》最常提到的地方。

《匈奴传》:"汉度河自朔方以西至令居,往往通渠置田,官吏卒五六万人""汉又遣故从骠侯赵破奴万余骑出令居数千里,至匈河水而还"。

《大宛传》:"而汉始筑令居以西,初置酒泉郡以通西北国。"

《平准书》:"又数万人度河筑令居,初置张掖、酒泉郡。"

而后由令居向西推进,沿着交通线逐步建立县治。在这条道路上,原先就有匈奴的一些据点,如姑臧。《西河旧事》云:"凉州城,匈奴故盖臧城,音讹为姑臧。"[1]河西地区是匈奴重要牧区,有歌曰:"失我焉支山,使我妇女无颜色;夺我祁连山,使我六畜不蕃息。"因此,这一带留下先后居于此地的乌孙、月氏及匈奴的据点乃是十分正常的事。汉于河西所置县治必有不少是因这些据点而设。《汉志》河西四郡大部分县名从字面上不得其解,必是先前少数民族留下的地名或民族名,这一点和朝鲜半岛、西南夷地区是类似的。

元鼎六年,汉廷派赵破奴率万骑再次出令居数千里,对河西地区进行最后一次扫荡,同时又发数万人击西羌。在这基础上将酒泉郡东部析置为张掖郡,西部分为敦煌郡。此时之河西地区虽然不可能已置许多县,但以数千里之广漠分成三郡是很自然的。而且历史上可能已经形成分郡基础的地区差别。如敦煌的概念早就形成。元朔间,张骞已言月氏居"敦煌祁连间",而

1　《通典·州郡部》引。

酒泉与张掖的分野很可能是匈奴浑邪地和休屠地的界线。因此初置之敦煌郡范围与《汉志》所载大约不会有多大差别,其东面当以籍端水与酒泉为邻。至于张掖与酒泉之分界就较难以确定。

初置之张掖郡,其东部当然包括《汉志》武威郡全部及金城郡北部令居、枝阳二县地(见下节),以河水与天水、安定等郡为邻,因为当时武威、金城均未分置。但其西界止于何处,却无迹可寻。若将《汉志》张掖郡全部亦包括在初置之张掖郡内,则领域过于寥廓,与酒泉郡大不相侔。考虑到焉支山在匈奴民族心理上的地位,是否休屠地与浑邪地有可能以此山为界。其东部为休屠王所居,休屠县属《汉志》武威郡可证明这点。《水经注·禹贡山水泽地所在》言休屠"本匈奴休屠王都";焉支山以西或即为浑邪王所居,但从地名上已找不出证据。初置之张掖沿袭休屠故地,而以焉支山与酒泉分野。当然这只是一种臆测,尚不能作为定论。若此臆测属实,则张掖郡最初或治张掖县,大体处于该郡之地理中心,亦似合乎情理。

元鼎六年酒泉分置张掖、敦煌后,经过三十年的经营,如《汉志》所载的数十县城,必已大部建成。昭帝始元六年遂取张掖郡南部之令居、枝阳二县,以成金城郡。或者正在此时,张掖郡之西界遂西移至如《汉志》所载酒泉、张掖之界。因《汉书·匈奴传》载:"后无几,右贤王、犁汙王四千骑分三队,入日勒、屋兰、番和。张掖太守、属国都尉发兵击,大破之。"时当元凤间,而日勒等三县已属张掖,如《汉志》所载(当然也可能元鼎六年酒泉分张掖时已与汉末范围相同)。至宣帝地节三年,复分张掖郡东部地置武威郡,因此张掖县遂归武威郡所属。至此,《汉志》所载河西四郡的地域已经形成。此后至汉末的六十余年间,四郡的变化只在于县城的增置,于郡界当无所变革。

第三节　金城郡沿革

《汉书·昭帝纪》云,始元六年"以边塞阔远,取天水、陇西、张掖各二县置金城郡"。

金城郡之置,是为了加强边塞的防务,以防备羌人北上为主。始置之时只有六县,《汉志》金城郡领县十三,比始置增加一倍。增置新县的原因,一则以人口之增加,一则是对羌用兵的胜利,使郡境有所扩大。

《汉志》金城郡县目如下:允吾、浩门、令居、枝阳、金城、榆中、枹罕、白石、河关、破羌、安夷、允街、临羌,其中破羌、允街二县《志》明言宣帝神爵二年置,毋庸细考。其他各县,逐一作分析,以明其始置时代。

榆中县和金城县

榆中是金城郡历史最久的县城。《史记·秦始皇本纪》曰:"自榆中并河以东,属之阴山,以为四十四县,城河上为塞。"榆中是为秦县,在今甘肃榆中县北。秦时为河南地防线的起点,这段防线不是连绵不断的长城,而是凭恃河水作为天险,筑四十四县城作为要塞,自榆中起,沿河水迤逦往东北至北河高阙以南,与自高阙往东之赵长城相接。

金城县在金城置郡以前即已存在。《史记·大宛传》云:"其明年,浑邪王率其民降汉,而金城、河西西并南山至盐泽空无匈奴。"浑邪王降汉在武帝元狩二年,时已有金城之名。

榆中、金城二县位金城郡之最东面,紧邻天水郡,当是取自该郡之二县。

白石县和枹罕县

《汉书·武帝纪》:"元鼎五年,西羌众十万人反,与匈奴通使,攻故安(应为安故,陇西县。故安则涿郡县),围枹罕。"说明枹罕县至迟元鼎五年即已存在。

又同纪云:"元狩二年……遣骠骑将军霍去病出陇西,至皋兰。"应劭注:皋兰"在陇西白石县,塞外河名也。"师古则曰:"皋兰,山名也。霍去病传云'过焉支山千有余里,合短兵鏖皋兰下',则此山也,非河名也。白石县在金城,又不属陇西,应说并失之。"

皋兰确为山名,由"鏖皋兰下"一句可知,应劭云其为河名实误。又应云白石为陇西县,当是以后汉之制说之,但这却正反映了金城建郡以前之形势。白石(今甘肃临夏县)与上述枹罕相邻,位金城郡东南部,靠陇西郡境,当是取自陇西郡的两县。皋兰山即在白石县境。据《汉书·霍去病传》,似皋兰在焉支山(在张掖郡)以西千余里,但该传全部袭用《史记·霍去病传》原文,而《史记》独无"鏖皋兰下"四字,是否《汉书》转抄时,从他处窜入?依地理形势言之,霍去病出陇西,应先至皋兰,而后至焉支山,不应当反其道而行之。

令居县和枝阳县

上节已经说过,令居是汉度河西以后建筑的最重要的据点。《史记》及《汉书》屡见其名。最早的记载见于《史记·匈奴传》:"是后匈奴远遁,而幕南无王庭。……汉度河自朔方以西至令居,往往通渠置田。"时当武帝元狩四年。《水经·河水注》言令居县元鼎二年置,不知何据,恐失之过晚。令居位金城郡北部,邻《汉志》武威县张掖县,当是取自张掖郡的两县之一(置金城郡时武威尚未立)。

这样,金城郡初置时的六县已得其五:金城、榆中得自天水,枹罕、白石来自陇西,令居则由张掖来。第六县当然也是张掖旧县,而且不会离令居太远,估计是位于金城县与令居县中间的枝阳县。

由以上六县的地理分布,可以明显看出,天水、陇西两郡之西北境在金城置郡以前以河水为界,河水以北即为未分置武威郡前之张掖郡地,金城置郡之初,地域狭小,仅得《汉志》金城郡之东半部。金城县适当六县之中心,必为最初之金城郡治,故郡乃以县名。

金城建郡后,乃逐步向西面羌人所居地推进。沿湟水一线筑有邮亭直到鲜水(今青海)附近,而且在宣帝神爵元年以前已设置浩门、临羌二县,并置有西部都尉府。故神爵元年赵充国上书曰:"计度临羌东至浩门,羌虏故田及公田,民所未垦,可二千顷以上,其间邮亭多坏败者。"[1]

也就是说,自始元六年建郡以后的二十年间,金城郡又将湟水以北地悉纳入郡境。但湟水以南大部仍是羌人的势力范围。宣帝初,羌人"渡湟水北,逐民所不田处畜牧……郡县不能禁"[2]。神爵元年于是派赵充国率兵入平西羌,至神爵二年羌地定,金城郡境扩大至湟水以南,并置金城属国以处降羌。据《汉志》,这一年增置允街、破羌二县。又据《水经·河水注》引《地理志》云宣帝神爵二年置河关县。河关地位金城郡西南,河水以南,原为羌人支属大开、小开所居。赵充国用兵羌地,重点在打击先零羌,不惊动河南之大、小开。因此他们之来归必在神爵二年或其后,河关县之置固不能早于神爵二年。

至若安夷、允吾两县则未能确知其置于何时。但该二县位于扩大后的金城郡腹地,对判断金城郡领域的变化不产生影响。因此可以断言,在宣帝神爵二年或其后不久,金城郡的地域即已达到《汉志》所示的范围。此时,旧郡治金城县已偏于东隅,所以西迁至允吾县。《汉志》金城郡即以允吾为首县。

第四节 西域都护府

西域都护府置于宣帝神爵二年,是汉廷在西域地区设立的军政管理机

1　《汉书·赵充国传》。
2　《汉书·赵充国传》。

构。西域都护秩比二千石，近似郡太守的级别。都护府辖区实际上是与郡相当的特殊行政区划，元帝以后，西域都护所"督录总领"的属国在五十个左右。

一、西汉经营西域始末

汉武帝以前，西域城郭诸国为匈奴之藩属，与汉未有任何来往。《史记·匈奴传》载冒顿单于致文帝书言："（右贤王）定楼兰、乌孙、呼揭及其旁二十六国，皆以为匈奴。"《汉书·西域传》云："匈奴西边日逐王置僮仆都尉，使领西域，常居焉耆、危须、尉黎间，赋税诸国，取富给焉。"

汉通西域自张骞始，元朔间，骞自大宛回，汉人始知通西北国之道，但其时此道尚为匈奴浑邪休屠王地所隔。元狩初，霍去病击破匈奴，河西地属汉，汉始得与西域直接交通，并开始与匈奴争夺西域地区的宗主权。

元封三年，赵破奴等击楼兰、破姑师，清除西通大宛之道。楼兰自此遂臣属于汉，姑师则分裂成车师前后国及山北六国。太初间，贰师将军李广利伐大宛，其后，"西域震惧，多遣使来贡献"。汉在天山以南诸国已逐步树立宗主权，并在渠犁、轮台一带开始屯田活动，"置使者护田积粟，以给使外国者"[1]。不过此时匈奴势力尚未完全衰弱，天山东段南北之车师等国仍受其役属。邻近匈奴之楼兰亦处于既属汉又属匈奴的"两属"状态。

天汉二年，汉首击车师失利。征和四年，汉又合楼兰、尉犁、危须凡六国兵共围车师，车师于是降服属汉。

昭帝时实行紧缩政策，对西域稍有放松，车师复失于匈奴，对龟兹之违命杀汉校尉将军亦不能制。唯对楼兰则加强控制，另立新王，更其国名曰鄯善，并屯田于其境内之伊循城。

宣帝初，复加强对西域之经营。首先派兵击匈奴，解乌孙之厄，继而攻龟兹，责以前之抗命，于是鄯善以西诸国再次服从于汉，因置"使鄯善以西校尉"[2]管理之。随之汉又与匈奴重开争夺车师之役。神爵二年，因匈奴内乱，日逐王先贤掸率众降汉，护鄯善以西使者郑吉迎之，遂取车师。至是，匈奴僮仆都尉遂罢，旧隶西域诸国相率脱离匈奴控制，归附汉廷，汉于是在西域中部乌垒城设置西域都护府，以郑吉为首任都护，将归附之城郭诸国置于都护管辖之下。甘露间，匈奴呼韩邪单于称藩于汉，都护府辖区以外诸国亦咸

1　《汉书·西域传》。
2　此官名见劳榦《居延汉简·释文部》，《西域传》则作"护鄯善以西使者"。大约全称当作"使鄯善以西使者校尉"。

尊汉。《西域传》以是云："自宣元后,单于称藩臣,西域服从,其土地山川王侯户数道里远近翔实矣。"

二、西域都护所属各国

汉人之言西域有几重不同的含义。狭义的西域在"匈奴以西,乌孙以南",其具体范围是:"南北有大山(昆仑山和天山)……东则接汉,厄以玉门、阳关,西则限于葱岭(帕米尔高原)。"[1] 所谓西域城郭诸国即在其中。西域都护府辖区则超出这个范围,西逾葱岭,兼有大宛,北越天山,而囊乌孙。《汉书·西域传》所述及的内容则更宽大,还包括不属都护所辖的近邻外国:罽宾、难兜(属罽宾)、乌弋山离、安息、大月氏(附大夏)、康居(附奄蔡)。

元帝时,西域都护所辖属国四十有八,《西域传》备载其王侯、户口、境界、道里,甚至详于内地县道,今简列其目如下:

① 乌孙　② 大宛。

这两国对其余四十六国而言是超大国,乌孙户十二万,大宛六万,而四十六国总户数不过四万余,其中最大国龟兹户数尚不足七千。

③ 鄯善　④ 且末　⑤ 精绝　⑥ 扜弥　⑦ 渠勒　⑧ 于阗　⑨ 皮山　⑩ 莎车　⑪ 婼羌　⑫ 小宛　⑬ 戎卢　⑭ 乌垒　⑮ 西夜　⑯ 子合　⑰ 蒲犁　⑱ 依耐　⑲ 无雷。

以上为葱岭及昆仑山谷、山前诸国。其中③—⑩当即所谓"南道八国"。又,西夜、子合《西域传》误为一国,《后汉书》已指出,其说有据。视《汉书·西夜传》云:"西夜与胡异,其种类羌氐行国,随畜逐水草往来,而子合土地出玉石。"则西夜、子合似应为二国。又《汉书·莎车传》载其国职官中有"备西夜君"一人,足见西夜是莎车之劲敌,然据《汉书》莎车有户二千余,西夜则仅有户三百五十,显然不可能对莎车构成威胁。《后汉书》分西夜、子合为两国,西夜有户二千五百,而三百五十恰是子合之户数。由此可旁证,西汉时,西夜与子合亦当为二国,西夜当有二千余户,方能成为莎车之隐患。大约班固叙《西域传》时已失去西夜国之户口等资料,故误会西夜、子合为一国,以子合之户数系于西夜国之下矣。

⑳ 桃槐　㉑ 休循　㉒ 捐毒　㉓ 疏勒　㉔ 尉头　㉕ 姑墨　㉖ 温宿　㉗ 龟兹　㉘ 乌垒　㉙ 渠犁　㉚ 尉犁　㉛ 危须　㉜ 焉耆。

以上诸国为葱岭西及天山山谷、山前诸国。

1　《汉书·西域传》。

㉝ 乌贪訾离　㉞ 卑陆　㉟ 卑陆后国　㊱ 郁立师　㊲ 单桓　㊳ 蒲类　㊴ 蒲类后国　㊵ 西且弥　㊶ 东且弥　㊷ 劫国　㊸ 狐胡　㊹ 山国　㊺ 车师前国　㊻ 车师后国　㊼ 车师都尉国　㊽ 车师后城长国。

以上为天山东段南北诸国。这十数国基本上皆由武帝时的姑师国分裂而来,国虽众,而户绝少,西域都护属国之中,户数最少的六个(百户以下)就在这里。

《史记·大宛传》云:"楼兰,姑师邑有城郭,临盐泽。"武帝元封三年,姑师为赵破奴所破,《汉书·西域传》言,"及破姑师,未尽殄,分以为车师前后王及山北六国"。由此可见,姑师南境临近盐泽,而北界达天山以北,领域相当广阔,上述十六国基本上都在这一范围之内,当由车师前后王与山北六国再度分割而成。山北六国之名目,今已不能确指,徐松《汉书·西域传补注》以为是:且弥东西国、卑陆前后国、蒲类前后国,可备一说。

上列四十八国之中的乌贪訾离是元帝时都护分车师后王地所置,以处匈奴降者东蒲类王,由此知四十八国之数乃以元帝时为断,《西域传》篇末则举其成数曰:"最凡国五十。"

但是西域诸国的数目并非一成不变。《西域传》开宗明义第一句就是:"西域以孝武时始通,本三十六国,其后稍分为五十余,皆在匈奴之西,乌孙之南。"

三十六国之目,历来有所争议,但似乎都不得要领,原因在于没有弄清三十六国的地理范围。荀悦《汉纪》最早列出三十六国的名目,虽然由于其中包括元帝时始置的乌贪(訾离)国,又误卑陆国之治所(番)渠类谷为一国,素为后人所诟病,[1]但荀悦的基本观点却是正确的。这一点却也一直为后人所忽视。

荀悦视三十六国为两等。其中二十七国是"小国","小者七百户,上者千户";另外九国是"次大国","小者千余户,大者六七千户"。可见他心目中的三十六国是指小而分散的西域城郭诸国,并不包括这个范围以外的,他所隐指的乌孙、大宛等"大国",这是符合历史事实的。《汉书·匈奴传》载扬雄言:"且往者图西域,制车师,置城郭都护三十六国,费岁以大万计者,岂为康居、乌孙能逾白龙堆而寇西边哉?"正说明三十六国确指城郭诸国。

城郭诸国小而分散,不相统属,是西域地区特殊地理景观的产物。在沙漠里分散的绿洲上生息的人民有城郭田畜,形成了居国,在山谷的居民则随

1　参见徐松《汉书·西域传补注》。

畜逐水草,称为行国。居国数目多,地位重要,所以《西域传》说"西域诸国大率土著",统称居国和行国为城郭诸国。

由于城郭诸国小而分散的鲜明特点,使它们与乌孙、大宛等户多地广的"大国"截然有别,史籍上一向不相提并论。《西域传》明言三十六城郭国在"匈奴之西,乌孙之南",当然不包括乌孙在内。上面所引扬雄之语就将乌孙与三十六国对举。又《汉书·匈奴传》引左伊秩訾言:"乌孙、城郭诸国皆为臣妾。"又载平帝时"乃造设四条:……乌孙亡降匈奴者,西域诸国佩中国印绶降匈奴者……皆不得受"。《汉书·乌孙传》言乌孙"西与大宛,南与城郭诸国相接",都表明城郭诸国与乌孙、大宛截然有别,不能混为一谈。因此数三十六城郭国必须将此两国排除在外,极其明显。

同时,《西域传》已明确指出三十六国的地理范围是:西限葱岭、东厄阳关、南北有大山。因此,由元帝时都护所辖之四十八国之目,可以大致逆推宣帝初建都护时的三十六城郭国应该是:

鄯善(即楼兰)、且末、精绝、扜弥、渠勒、于阗、皮山、莎车、婼羌、小宛、戎卢、乌秅、西夜、子合、蒲犁、依耐、无雷、捐毒、疏勒、尉头、姑墨、温宿、龟兹、乌垒、渠犁、尉犁、危须、焉耆、车师前国、车师后国、卑陆、卑陆后国、蒲类、蒲类后国、西且弥、东且弥。

清人徐松所列三十六国之目,有二十八国与上列前二十八国相同。其他八国,他以为是:大宛、难兜、桃槐、休循、(墨)山国、劫国、狐胡、姑师,甚为不妥。姑师在元封三年为赵破奴所破,其后即分为车师等国,故自武帝后期起,史籍只见车师之名,而无姑师之称。天汉二年武帝所击已是车师,昭帝时匈奴复田车师,宣帝地节二年又击车师,足证姑师早已不存。而《西域传》所言:"至宣帝时,遣卫司马使护鄯善以西数国。及破姑师,未尽殄,分以为车师前后王及山北六国。时汉独护南道,未能尽并北道,然匈奴不自安矣。"其中"及破姑师"一句显然是指武帝时事,这只要详读《史》《汉》记载,并排比其年代,便可得知。徐松未读破《汉书》,乃以为宣帝时有破姑师之举,误甚。

由于徐松以姑师一国代替车师等八国,则三十六国遗缺甚多,遂补上山国、劫国、狐胡,其实这三国有何根据证明其为"孝武时有"? 根据前文之分析,此三国亦原属姑师之范围。

大宛之不与三十六国之列,已见上述;难兜,《西域传》明言属罽宾,自不当数。休循在葱岭西,桃槐更远于休循,故此两国似亦不当在三十六国之中。

要之,三十六国之名目已如前述。但这至多只能说比较接近史实而已,要说绝对准确则未必,因为这一名单是由元帝时四十八国所逆推而来,焉知上溯至宣帝间,此三十六国毫无变化?

最后还要说明一点,三十六国之说当起于宣帝初建西域都护之时,而不是武帝始通西域之日。上引扬雄之语明言:"往者图西域,制车师,置城郭都护三十六国。"《汉书·叙传》亦曰:"昭宣承业,都护是立,总督城郭,三十有六。"《百官表》又云:"西域都护加官,宣帝地节(当为神爵)二年初置,以骑都尉、谏大夫使护西域三十六国。"这些记载都将三十六国与都护之置明确联系起来。说明只有到宣帝时,城郭诸国对汉的臣属关系才完全确定,三十六国之数也才十分明确。若武、昭时,城郭诸国尚时附时叛,而且城郭诸国间也可能有自相吞灭或分裂之可能,当不致有言之凿凿的三十六国的提法。

虽然三十六城郭国起于初置都护之时,但这并非表明有汉一代之西域都护辖区仅包括城郭诸国的范围,这是两个不同的概念。城郭诸国的地域仅是葱岭以东、天山以南的狭义的区域(如前文所述),而西域都护要超出这个范围,辖有地跨天山南北的乌孙,西逾葱岭的大宛、休循、桃槐等国。这是《西域传》已经载明了的。后人非议荀悦三十六国之目,总以为大宛、乌孙是都护所辖,似应入三十六国之列,其实正是没有分清城郭诸国的地域范围和西域都护辖区范围的缘故。

第十四章

岭南诸郡沿革

秦始皇三十三年取五岭以南陆梁地置为南海、桂林、象郡。秦亡以后，南海尉赵佗拥三郡自立南越国。汉兴，无力用兵岭南，赵氏政权延续近百年之久。汉武帝元鼎六年平南越，置十郡，比秦代疆域有所扩大。昭、元两代相继罢省儋耳、象郡、珠崖三郡，此后至西汉末年，岭南地区并存有南海、郁林、苍梧、合浦、交趾、九真、日南七郡。

在从秦代三郡到汉末七郡的转化过程中，最成症结的问题便是象郡的沿革。由于对史料取舍的不同，历来的中外学者对象郡的去向基本上形成两种相互对立的观点：一则以为象郡自秦延续到汉昭帝元凤五年间，其领域大致跨《汉志》郁林、牂柯两郡间；一则认为秦象郡相当汉日南郡，秦亡后即已消失。关于象郡的分歧意见必然导致有关岭南诸郡沿革的研究得出完全不同的结论，因此本章首先需要解决的问题便是象郡的沿革，而后才能讨论其他各郡的变迁。

第一节　象郡沿革

一、两种对立的观点：日南说和郁林说

清代以前，未有学者对象郡的变迁作过全面的论述，一般只是接受《汉志》日南郡下班固自注："故秦象郡，武帝元鼎六年开，更名"的说法，模糊地认为秦象郡应相当于汉日南郡。至于象郡范围到底多大，如何转化成日南郡，始终没有过详细的考订。杜佑《通典》虽然认为秦象郡范围应包括汉日南、九真、交趾三郡全部及郁林、合浦两郡部分地，但亦不详其原因。杜说一直为唐以后的学者所遵奉，杨守敬的《嬴秦郡县图》即据之以作。

一九一六年，法国人马司帛洛氏（Henri Maspero）对象郡问题提出了新看法，他依据下列史料：

（1）《山海经·海内东经》篇末沅水条曰："沅水出象郡镡城西，东注江，

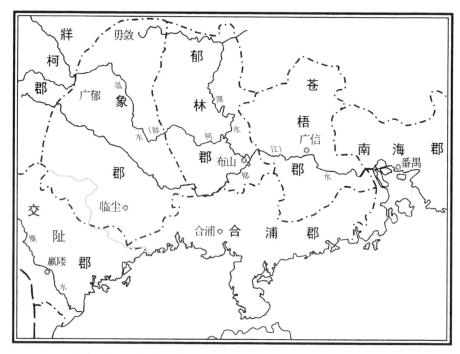

地图二十四　武帝元鼎六年至昭帝元凤五年象郡及其邻郡示意图

入下雋西,合洞庭中。"郁水条曰:"郁水出象郡,而西南注南海,入须陵东南。"

（2）臣瓒注《汉书·高帝纪》引《茂陵书》曰:"象郡治临尘,去长安万七千五百里。"

（3）《汉书·昭帝纪》载:"元凤五年……罢象郡,分属郁林、牂柯。"

得出象郡地跨《汉志》郁林、牂柯两郡间,自秦延续至昭帝时方才罢省的结论。[1]（可简称为"郁林说"）

七年后,另一法国人鄂卢梭（L. Aurousseau）著文[2]指责上述史料不可依据:

（1）《山海经》"奇异而迷离不明",其材料不应采用。

（2）《茂陵书》所述有脱误,临尘乃临邑（即林邑）之讹,依里距看,象郡治应南至汉日南郡之象林（即林邑）。

（3）《汉书·昭帝纪》此载"毫无根据",必须毅然摒除。

---

[1] 见其所著 *La commandrie de Siang*（《象郡》）,冯承钧译:《秦汉象郡考》,载《西域南海史地译丛》第四编。

[2] *La premiere conquête chionise des pays annamites*（《中国对安南的最初统治》）,冯承钧译:《秦代初平南越考》,载《西域南海史地译丛》第九编,本章对此文之引语皆据冯译本。

同时,鄂氏辑录了七类三十四条史料,据之维护秦象郡即汉日南郡的旧说(可简称其为"日南说"),明确指出,秦亡以后,象郡既废,不得再存在象郡问题。

马、鄂之争在学术界颇具代表性。六十年来,有关象郡的论文,基本上不归马,即归鄂,见仁见智,相持不下。不同的结论乃来自不同的依据,因此必须对马、鄂两氏所用史料进行认真分析,详加甄别,才能决定取舍,对象郡问题作出正确的判断。

二、日南说所据史料可疑

鄂文的分量较大,其中对马氏的批评留待后文讨论,这里首先对其所列举的大量史料作一分析,以确定其是否可据。鄂氏所引用的史料虽然洋洋洒洒,但细读之下,能够作为其结论的坚实依据的实仅有数条而已。其余有的只是"凑数"(冯承钧语),如第七类的安南载籍;有的亦不直接证明象郡日南说,如《史记》《汉书》的许多引文;有的其实要帮他的倒忙,如《淮南子》《交州外域记》《广州记》等。

最能支持日南说的史料归纳起来有如下几条:

(1)《汉书·地理志》日南郡本注:"故秦象郡,武帝元鼎六年开,更名。"

(2)《史记·秦始皇本纪》集解引韦昭注象郡曰:"今日南。"

(3)《水经·温水注》引王隐《晋书·地道记》曰:"(日南)郡去卢容浦口二百里,故秦象郡象林县治也。"

(4)《温水注》:"浦口有秦时象郡,墟域犹存。"

这些史料表面上看来出自不同载籍,而殊途同归,证成了象郡日南说。但仔细作一透视,四条史料实则同出一源,都本于《汉志》的注文。

班固《汉书》成于东汉中期,其后即广为流传。韦昭是三国吴人,做过太史令,参与《吴书》的撰述,并著有《汉书音义》七卷,因此他注《始皇纪》乃因《汉志》之注文,并非别有所据。看他注桂林郡曰"今郁林也",也是本《汉志》郁林郡班注"故秦桂林郡"而来,便知其中原委。固此,韦昭注实在不能充作一条证据。

王隐是晋人,其《地道记》成书于东晋时,上距秦代已五百来年。象林县是汉日南郡最南端的县,但在《地道记》以前没有任何载籍提到过秦象郡亦有名为象林的属县。无论《史记》或《汉书》对象郡的叙述都很模糊,甚至连其方位、郡治都未正面提及,更不用说提其属县了。但秦亡几个世纪以后才出现的《地道记》竟明确指出秦象郡属有象林县,其可靠性是令人怀疑的。

清人钱大昕论运用史料的原则时曾说："言有出于古人而未可信者,非古人之不足信也,古人之前尚有古人,前之古人无此言,而后之古人言之,我从其前者而已矣。"[1]这话有一定道理。故王说未可轻信。推其"秦象郡象林县"之由来,无非因郡名与县名近似而发生的联想罢了。溯其源仍因为《汉志》言日南本秦象郡,而前者又恰领有象林县,遂以为后者也必辖有该县了。《地道记》中的无端臆测并不止这一条,还有如"交趾郡赢陵,南越侯织在此"的毫无根据的记载。南武侯织(王隐误武为越)高帝时封为南海王,其封地虽不能确指,要在汉初庐江郡与闽越、南越交界处殆无异议。《史记》《汉书》明言织为闽越王无诸一族;又言南海王织上书献璧皇帝,淮南中尉擅燔其书,不以闻;复言南海民处庐江界中反,淮南吏卒击之。以此知南海地必在淮南国庐江郡南部边界。若交趾赢陵地远在赵佗南越国之后方,如何与庐江郡发生关系?《地道记》此文之虚妄,显而易见。因此《地道记》这一不可靠的记录并不能作为日南象郡说的证据,相反,却应看作是对日南即象郡这一说法的演绎。

又过了二百年,到北魏郦道元写《水经注》时更进一步断定:"浦口有秦时象郡,墟域犹存。"但《温水注》这一条注文十分突兀,在其前不云有浦,只云郎湖,在其后犹接叙该湖,故"浦口"之浦,不知指何浦。王先谦以为指郎湖浦口[2],似不通,但该注文确插入郎湖事中;鄂卢梭氏以为指卢容浦,但前后文不见卢容浦之名。颇疑此文有错简之嫌。为便于判断,把前后注文一并具引如下:"寿泠水自城南,东与卢容水合,东注郎究,究水所积下潭为湖,谓之郎湖。浦口有秦时象郡,墟域犹存。自湖南望,外通寿泠,从郎湖入四会浦。……自四会南入,得卢容浦口,晋太康三年,省日南郡属国都尉,以其所统卢容县置日南郡及象林县之故治。《晋书·地道记》曰郡去卢容浦口二百里,故秦象郡象林县也。"从这一段文字看来,实在很难判断象郡墟域到底犹存于哪个浦口。鄂氏认定其为卢容浦口,自有深意。因《温水注》说汉日南郡治为西卷县,而该县也正位于卢容浦口,鄂氏因此说:"秦象郡同汉日南郡的前后治所,既在同一地方,此事若实,《前汉书》或者因此说汉日南郡即是故秦象郡。"但是以这样的方法来论证秦象郡与汉日南郡同在一地是很危险的,因为:(1)象郡墟域究在何处,尚需认真推敲;(2)西汉日南郡是否治西卷尚待证明。《温水注》引应劭《地理风俗记》曰"日南郡,治西卷县",乃是

1　《秦四十郡辩》,《潜研堂文集》卷十六。

2　《汉志》日南郡补注。

东汉之制,有人以为西汉日南郡应治《汉志》该郡之首县朱吾[1];(3)《水经注》一书凡提及秦郡治所时,必详其治于何县。"象郡墟域"一语甚为含糊,似乎即指象郡治之墟域,然则此象郡治是什么县? 既其名无考,在秦亡六百年之后又有何根据,判断其必为象郡治? 令人无从信服。

考证地名和政区沿革本非道元所长,如西汉侯国至班固时多已不能指实其地,但《水经注》往往一一指明,结果造成笑话。或一侯国分指两地,或应在甲地而附会为乙地。甚至《汉书》已指明其地的,《水经注》依然自编自唱。如成安侯韩延年国,《汝水注》以为在颍川之成安,《㳅水注》又作陈留之成安,实际上《汉表》明载其国分自郏县,应在颍川。临羌,《河水注》以为孙都之侯国,不知武帝封孙都时,临羌地尚未属汉,且孙都之封实在临蔡,并《汉书》亦未细读。《浊漳水注》以信都辟阳亭为审食其侯国,但本传言辟阳近淄川,非信都之辟阳明甚。此类例子比比皆是,悉出于顾名思义,因缘附会,想当然耳。颇疑《温水注》[2]所谓象郡墟域亦是受《汉志》日南即象郡说法的影响而误认,此墟域非郦氏亲历至为明显,大约亦得之某种传闻,而以讹传讹。因此在没有旁证的情况下,不便贸然相信这一墟域必定是秦之象郡郡治。

有此三端,而欲证明秦象郡与汉日南郡治同在一地,不亦难乎? 大约有鉴于此,所以鄂氏乃以"此事若实……"的两可语气代替绝对的肯定。

《温水注》还有一段文字,鄂氏以为能引作强证的,其实还不如前所归纳的几条过硬,这里亦一并作一分析:"浦西,即林邑都也,治典冲,去海岸四十里,处荒流之徼表,国越棠之疆南,秦汉象郡之象林县也。东滨沧海,西际徐狼,南接扶南,北连九德,后去象林林邑之号,建国起自汉末。初平之乱,人怀异心,象林功曹姓区,有子名连,攻其县杀令,自号为王,值世乱离,林邑遂立……"

鄂氏以为此文"明说古占波最初都城象林,就是秦汉象郡之象林县,又可证明汉日南郡同秦象郡的南境是在同一地方"。这个证明真是糊涂。按鄂氏之观点,秦象郡即汉日南郡,亦即秦有象郡,而汉无象郡,则注文中"秦汉象郡"一句本身就大不通。汉有象林县,但秦有否象林县尚待证明,怎能以此未经证明的说法去证明汉日南与秦象郡的南境同在一地? 所谓秦象郡

1　严耕望:《汉书地志县名首书者即郡国治所辨》,载"中央研究院院刊"第一辑(1954 年)。

2　《温水注》保存了许多今日亡佚的古籍的吉光片羽,功不可没。但该篇臆想成分颇多,却不可不注意。郦氏臆想温水(今南盘江)翻山越岭进入今右江(参见杨守敬《水经注图》),复臆想郁水沿南海海岸流至日南寿泠方才入海,颇荒诞。颇疑象郡墟域亦是此类臆想的产物。

有象林县的说法与前述《地道记》同出一辙,毋庸多议。"秦汉象郡象林县"的提法说明了郦道元对秦象郡与汉日南郡关系的认识模糊。

退一步讲,如果我们承认秦有象林县,那么鄂氏到底以哪一个象林县为准? 以《温水注》本文,还是以《地道记》? 前者相当《汉志》日南郡象林县,后者则相当同郡之卢容县,两者相去数百里之遥。西汉日南郡之象林县即后来之林邑国都,东汉永和二年(《温水注》以为初平间)"日南象林徼外蛮夷区怜等数千人攻象林县,烧城寺,杀长吏"[1]。自此以后,象林县即不复归于中国版图。晋代曾一度复置象林县,但只是侨置于卢容县而已,已非西汉象林故地。《地道记》所谓"郡去卢容浦口二百里,故秦象郡象林县治也",就是以晋之日南郡治卢容县(亦是侨置之象林县所在,汉卢容县同此)当秦象郡象林县地。而郦道元之"秦汉象郡象林县"则在晋象林县以南数百里。两个所谓"秦象林县"的差异体现了后人对象郡日南说的看法十分含糊,这种模糊认识发展到清代阎若璩就干脆说秦象郡治象林县,而不需要任何证明。鄂氏亦无视两个象林的差异,说明秦郡象林县在他心目中也并不清楚,以此何能证成象郡日南说?

综上所述,能够支持鄂氏观点的最过硬的史料无非就只《汉志》本注一条,其他几条不过是后人因此注文而作的推论和演绎而已。但是《汉志》本注也并不见得都是绝对可靠的。

本书不少章节已经指出《汉志》本注在郡国沿革方面有许多靠不住的地方。如所谓"高帝置"之郡,竟有三分之一以上实非高帝时所置;记述河西四郡之置年,则无一是处;广陵厉王之封域不足广陵一郡,而误以为兼有彰郡之地;六安国乃以九江郡地置,却错当成是衡山国后身。凡此种种,说明班固不太精于地理沿革,许多注文出于想当然,因此不能过于迷信。

一般地说,《汉志》本注如果发生错误,总要和纪传表及他志记载发生矛盾,上面所引《汉志》种种错误,就是在发现矛盾以后通过《史记》《汉书》有关纪传表志的综合考证纠正的。现在关于日南郡即"故秦象郡"的注文明显与《昭帝纪》"罢象郡,分属郁林、牂柯"的记载发生冲突,因此这条注文是否可靠就值得慎重斟酌了。一般而言,本纪往往比地志注文可信,这是一;《昭帝纪》此载又有时代相去不远的《海内东经》和《茂陵书》作旁证(详后),而地志注文却仅是一条孤证,这是二;第三,这是最重要的:如果以日南说能圆满解释象郡的沿革而不与其他史料相抵牾,则日南即象郡之注文亦未可全非,然

---

1 《后汉书·南蛮传》。

而遗憾的是，鄂氏持此说去设想岭南地区的沿革，虽然随意曲解史料而且加上许多臆想和假设，仍然得不到满意的解释。相反，如果根据《昭帝纪》所载（即郁林说）来看象郡变化，则圆通无碍。因此，地志的注文实际上是不可信的。在举例说明日南说之不通与郁林说之可行以前，必须先分析鄂氏对马氏所引史料之责难是否真有道理。

三、郁林说所据史料可信

先说《山海经》。鄂氏对此书的地理内容持全面否定态度。《山海经》当然是一部带有浓厚神话色彩的语怪之书，但其中所包含的地理资料反映了作者在创作该书时的地理知识，这是今天人所共知的事实。而且具体就《山海经》各篇内容而言，存在一定的差异，如《五藏山经》部分就比较平实雅正，包含丰富的地理内容。至若马司帛洛氏所举沅水、郁水两条文字，更与《山海经》本文毫无关系，不能因为否定《山海经》就连带把它们也斥为"奇异而迷离不明"。

《山海经·海内东经》的篇末，附有一段五百字篇幅的文字，叙述二十余条水道的出处、流向和归宿，沅水和郁水就包括在其中。这段文字无论从体例和内容看都与经文本身无关，清人毕沅说："右《海内东经》旧本合'岷三江，首……'以下云云为篇，非，今附在后。"[1] 已指出两者之区别。为方便起见，下文简称该段文字为《海内东经》之附篇。附篇除了一句话以外，毫无离奇荒诞的内容，显而易见是一份极可宝贵的水道地理资料，其中或有个别文字错讹，或有些地名无考，但所叙述的基本事实都与《汉志》《水经》所载没有冲突，可资信赖。

其沅水条曰："沅水出象郡镡城西，〔入〕东注江，入下隽西，合洞庭中。"

比较之：《汉志》牂柯郡故且兰本注云："沅水东〔南〕北至益阳入江。"《说文》："沅水出牂柯故且兰，东北入江。"

《水经》："沅水出牂柯且兰县为旁沟水，又东至镡城县为沅水，又东北过临沅县南，又东至长沙下隽县西北入于江。"

沅水今古同名，以上四条记载，关于沅水的出处、流向和归宿大体一致，没有出入。但《海内东经》附篇的沅水条要早于其他三条史料，大致体现了秦汉之期的地理现实，时镡城以西之且兰地尚未内属，因此叙沅水源头只及"镡城西"。汉武帝以后，且兰地置为故且兰县，《汉志》遂系沅水于该县之

1　《山海经古今本篇目考》，《经训堂丛书》所收。

下，表明其出处。三国时，故且兰县改称且兰县，《水经》故言沅水出牂柯且兰，由地名的演变可以看出地理现实的变化。

附篇沅水条记事之准确，说明镡城曾属象郡这一史实是可信的。镡城于《汉志》为武陵郡属县，是武帝元鼎六年以后的事（这点后文还要详及），于秦代它正是象郡的北界。《淮南子·人间训》说秦始皇"又利越之犀角、象齿、翡翠、珠玑，乃使尉屠睢发卒五十万为五军，一军塞镡城之岭"，证明镡城正在秦、越之交界。秦始皇三十三年置象郡以后，镡城即成为象郡最北部的一县。《淮南子》此文亦为鄂氏所征引，但未能直接证明象郡日南说，反倒可以成为《海内东经》附篇沅水条的注脚。

《海内东经》附篇郁水条曰："郁水出象郡，而西南注南海，入须陵东南。"

《汉志》郁林郡广郁县："郁水首受夜郎豚水，东至四会入海。"

《水经》："温水出牂柯夜郎县，又东至郁林广郁县为郁水，又东至领方县东，与斤南水合，东北入于郁。"

郁水即今西江及其上游红水河之古称。郁水之源，秦汉间尚不清楚，只知其出象郡，象郡以西未尽入秦汉版图，故不能言其具体出山。《海内东经》附篇所叙二十六条水道不言详细出处者唯郁水与白水两条。白水今嘉陵江及其上游白龙江，源出蜀郡徼外[1]，故亦仅能言其出蜀，不能详其出山。至武帝开西南夷，汉人地理知识更加扩大，知郁水（红水河）上源为豚水[2]，豚水出牂柯夜郎，即今北盘江。但红水河另有一上源南盘江，于《汉志》称南盘江下游为温水[3]，汉人视之为郁水支流。《汉志》牂柯郡镡封县本注曰："温水东至广郁入郁。"合上文所引郁林郡广郁县本注观之，知温水与豚水合流后始称郁水，广郁县（今广西田林、乐业，贵州册亨一带）即在两水合流处，正是豚水、温水、郁水三名称的分界点。

到了写作《水经》的时代（近人定为三国时期）又移温水名于豚水之上，豚水名遂隐，故《水经》云："温水[4]出牂柯夜郎县，又东至郁林广郁县为郁水。"实际上相当于合《汉志》牂柯郡夜郎县"豚水东至广郁"及郁林郡广郁县"郁水首受夜郎豚水"两条注文为一。

郁水的流向是东偏南，《海内东经》言其"西南注南海"，西南应是东南之

1　于《汉志》白水系广汉郡甸氐道下，注曰："白水出徼外……"，广汉高帝置，秦为蜀郡地。

2　不过汉人似亦未穷豚水之源，至三国时期方知豚水之上源存水（今北盘江上源革香河）。

3　南盘江上游《汉志》另以桥水当之，这里已无法详述，另见拙作《〈汉志〉所载桂、滇、黔地区水道考》（未刊稿）。

4　此处温水尚可有其他两种解释：①"温"为"豚"之误；②温水与《汉志》温水同，指南盘江，但南盘江源不在夜郎，此一说有困难。

讹。古籍经过长期辗转抄写,常有错讹,尤其是道里方向,东误为西,南讹为北的现象颇为常见。即如前引《汉志》云"沅水东南至益阳入江",东南显系东北之误,读史者决不至于因志文曰东南,而误认其为他水,同理此处亦不会因经文言"西南注南海"而怀疑其非郁水。

郁水入海处于《汉志》为四会,于《海内东经》附篇为须陵。须陵或汉以前之地名,其地望今已无可指实,或许与四会是名异而实同。《水经》粗看似未言郁水之归宿,反言郁水与斤南水会合之后,又复入于郁,显然不通。因此《水经》温水条最后一句"东北入于郁",明明是"东南入于海"之讹。[1] 入海误为入郁,东南讹为东北,必须如此更正于事理方合,也才与《水经》叙水道必详其出处、流程及归宿三要素的原则相符。

要之,《汉志》《水经》与《海内东经》附篇有关郁水的记载表面上看来似乎有些差异,但实质完全一样,证明附篇郁水条所叙内容绝非虚妄。事实上,不但是上述沅、郁二水如此,《海内东经》附篇所有二十六条水道的记录,都是值得认真研究的地理资料,不能仅仅因为它附在《山海经》一书之内而忽视其地理价值。就这些水道资料所表达的地理知识来看,似乎写定于秦汉间,如言白水出处不系广汉而系于蜀,言沅水、郁水出处只及象郡,而不及其西;又全篇不及汉以后出现的新地名;叙水道归宿时先言入某江或入某海,再及归宿处之地名,体例似比《汉志》《水经》原始。唯全面之论证,已非本文所当及,容另文述之。

鄂卢梭氏以郁水当今右江—郁江—西江一系,《中国历史地图集》第二册亦作如是观,显然与《汉志》所载不合。《汉志》以为郁水之上源是出自牂柯夜郎的豚水。夜郎今虽不能确指何地,要在贵州安顺以西南一带殆无异议,则豚水当今北盘江,郁水只能是其下游红水河—西江一系。若视郁水为今右江—西江,则夜郎只能位于今右江之源的滇桂边界一带,[2] 显然与《史记·西南夷传》所载完全不合。《史记》说蜀枸酱是由夜郎经牂柯江到番禺。若夜郎在今右江之源,则枸酱运输路线将要越过南盘江与右江之分水岭再下右江,焉有是理? 何不直走北盘江—红水河来得合理? 汉人对豚水—都水(北盘江—红水河—西江)一系本非常熟悉,又称之为牂柯江,是西南夷地区通岭南之交通要道。《汉志》关于豚水—郁水的记载也很清楚,没有含混之处。因此,将右江—西江当成郁水是不妥的。

---

1 戴震区别《水经注》经注文的原则为:"……凡一水之名,经则首句标明,后不重举;注则文多旁涉,必重举其名以更端。"依此原则郁水前已见,后文亦不当有复入于郁之语。

2 陈澧《汉书地理志水道图说》即持此观点。

再说《茂陵书》。《茂陵书》或称《茂陵中书》。《汉书·王莽传》载：更始三年，赤眉军入长安"宗庙园陵皆发掘，唯霸陵、杜陵完"。论者以为《茂陵中书》即于此时由武帝茂陵中发掘所得。[1] 是书久已亡佚，由臣瓒注《汉书》所引有关地理和制度诸条文看，或为武帝时人所作，其记载亦足当信史。

鄂氏认为《茂陵书》"象郡治临尘，去长安万七千五百里"之文有脱误，这是正确的。因为同书载珠崖郡治瞫都，去长安七千三百一十四里，而儋耳去长安七千三百六十八里，临尘（今广西崇左）离此两县（在今海南岛）当然不致有万里之遥，因此里距应当有误。但鄂氏看法却相反，以为数字不易错，地名容易错。临尘可能是临邑之误，而临邑即林邑，进一步，林邑又是象林县，因此结论是：象郡治象林县。但地名这样连环错法恐怕不可能，而且即使真是这般错法，要解释日南即象郡也还有困难：因为鄂氏自己已证明秦象郡和汉日南郡同治西卷县，现在若依照经他修正的《茂陵书》又说治象林，这就还要证明秦象郡曾由象林迁至西卷，对这一点，鄂氏也承认说不过去，"有些武断"。退一步说，如果象郡真治象林（今越南广南省会安附近），去长安亦远不足万七千五百里之数。数字讹误的可能性并不比地名小。本书其他章节所引用的《茂陵书》条文，地名均无疑问，但数字却间或不可信，如"沈黎治笮都……领二十一县"，领县数就明显有误。因此马氏所引《茂陵书》此条错的实在是里距，至于"象郡治临尘"的记载是完全可靠的。

再说《汉书·昭帝纪》。鄂氏以为《昭帝纪》元凤五年"罢象郡，分属郁林、牂柯"之载，毫无根据，应毅然摒除。他引清人齐召南《汉书考证》说："按此文可疑。秦置象郡，后属南越，汉破南越，即故象郡置日南郡，以《地理志》证之，此时无象郡名，且日南郡固始终未罢也。"齐氏此数语实不合逻辑。他并不是以其他材料来求证《昭帝纪》不可信，而是先认定《地理志》注文可靠，然后以之来否定《昭帝纪》，如果这种考证成立，何不可以倒过来，以《昭帝纪》为可信来否定《地理志》注文？所以鄂氏也不得不承认此种考证"不甚详明"。同一齐召南，在遇到河西四郡置年地志和本纪所载有歧异时，不加深考，主张从本纪，因为本纪直采官家记注，最为可据；然而在象郡问题上却一反从纪之主张，奉地志注文为圭臬。这一正一反适足明其考证之草率，并非择善而从，而是择易而从。

就一般情况而言，《史记》《汉书》本纪的记载的确是比较可信的，在没有坚实旁证的情况下是不好随便摒弃的，而且就《昭帝纪》此文而言，确是可靠

　　1　姚振宗《汉书艺文志拾补》有此说。

的。因为罢象郡并不是一个孤立的事件。在武帝几十年开疆拓土消耗了大量物力、财力后,昭帝年间明显地采取紧缩政策,罢省一系列边郡。始元五年,罢真番、临屯,以并乐浪,又罢儋耳并珠崖。元凤五年罢象郡的性质与上述三郡之罢完全一样,乃是以精简政区的方式来减轻负担,因此,借用数学术语来说,昭帝罢象郡是一个"可能事件",不可视为乌有。

武昭间象郡之存在述可从"十七初郡"中得到旁证。《史记·平准书》曰:"汉连兵三岁,诛羌,灭南越,番禺以西至蜀南者置初郡十七,且以其故俗治,毋赋税。"十七初郡之名目,《史记》未详。《集解》引晋灼曰:"元鼎六年,定越地,以为南海、苍梧、郁林、合浦、交趾、九真、日南、珠崖、儋耳郡;定西南夷,以为武都、牂柯、越嶲、沈黎、汶山郡;及地理志、西南夷传所置犍为、零陵、益州郡,凡十七也。"鄂卢梭氏因晋灼注中无象郡之名,遂引之以为证明西汉无象郡的一条根据。实际上,晋灼所说十七郡中,有一郡应该排除。零陵郡乃武帝分桂阳郡所置[1],绝非新开地上的初郡。除去零陵以后,此一空缺则非象郡莫属(后文还将举一条旁证)。故鄂氏所举此条,适足以成其反证而已。

从《汉志》郁林郡领域相对较大这一点,亦使人相信象郡地分属郁林之可能。汉末岭南七郡规模都较小,领县数不多。独郁林郡属县十二,为诸郡之冠,比南海、合浦、九真、日南等郡属县数多出一倍左右。推测其于武帝初置时,领域必无有如许之广,乃因后来接受象郡地后,才扩展至十二县之众。

以上已经从个别方面,独立地论证了马司帛洛氏所举《海内东经》附篇、《茂陵书》《昭帝纪》等四条记载是可靠的史料。而更重要的是,通过这些史料的相互印证,可以进一步看出它们的可信程度。《昭帝纪》云:"罢象郡,分属郁林、牂柯。"《茂陵书》则曰:"象郡治临尘。"临尘于《汉志》正是郁林郡属县。《海内东经》附篇又曰:"郁水出象郡。"于《汉志》,郁水上游正在郁林郡之中,证明郁林郡部分地确故属象郡所有。又曰"沇水出象郡镡城西",则更明确了秦象郡的北界。镡城于《汉志》属武陵郡,其南则郁林,其西南则牂柯,是证象郡应跨于郁林、牂柯间,三种时代相去不远的不同载籍,从四个不同的角度,正好互为补充,综合说明了象郡问题的真相,这岂是偶然的巧合?当然不是,这只能说明《汉书·昭帝纪》关于象郡的记载是一件无可怀疑的事实,鄂氏对马氏所有史料的批评是没有道理的。

四、郁林说可解释象郡沿革而日南说不能

《昭帝纪》之可靠既已证实,若以之为基础,再补充若干史料,则象郡和岭南地区的沿革大略已明。

《史记·南越传》云:"秦已破灭,佗即击并桂林、象郡""岁余,高后崩,即罢兵。佗因此以兵威边,财物赂遗闽越、西瓯、骆,役属焉,东西万余里"。

《南越传·索隐》引《广州记》曰:"交趾有骆田,仰潮水上下,人食其田,名为骆人,有骆王骆侯,诸县自名为骆将,铜印青绶,即今之令长也。后蜀王子将兵讨骆侯,自称为安阳王,治封溪县,后南越王尉他攻破安阳王,令二使典主交趾、九真二郡人。"

《水经·叶榆水注》所引《交州外域记》云:"交趾昔未有郡县之时,土地有骆田……"与《广州记》略同。

由此可知,岭南地区的沿革大略是:

秦始皇略定扬越,置南海、桂林、象郡。象郡南界与《汉志》郁林郡一致。象郡以南之交趾地(今红河三角洲一带)为蜀王子安阳国所在。秦亡后,南海尉赵佗据南海自立,随之击并桂林、象郡。吕后、文帝时,赵佗南越国之势鼎盛,以兵威边,灭象郡以南之安阳国,置交趾、九真二郡,形成地东西方余里的大局面。武帝元鼎六年,平南越,置十郡(十郡之说后文另有证)。象郡建制保留至昭帝元凤间方罢。

这一沿革过程与上引史料毫无冲突,既简单明了,又顺理成章,是证郁林说之可行。

若以日南说代之,则情况完全两样。鄂氏不得不对上述史料随意加以改造,添上许多假定和臆想,即便如此也还不能自圆其说。

首先他想象蜀王子所攻取的不是"未有郡县之时"的交趾,而是秦之象郡[1](直接与《交州外域记》矛盾)。然以秦之强大,何能为蜀王子所败?于是又必须进一步假定蜀王子之取象郡乃在秦始皇死后,但也不能太晚,太晚则与"秦已破灭,佗即击并桂林、象郡"之记载相刺缪。于是乎蜀王子不早不晚,只能在秦始皇死的那一年夺取象郡,而他所建立的安阳国也只能存在三年,到秦亡之时,即为赵佗击并。这哪里是在解释历史,完全是在随意编造了。然而,即使是这样编造,也并不圆满。秦始皇死后,天下虽已开始动乱,但中央集权制并未崩坏,终秦之世无有叛郡,便是明证。赵佗虽占据岭南地

---

[1] 主张象郡日南说者,皆以为象郡北界必在汉交趾郡以北,并非认为象郡完全等于日南郡,否则象郡领域毋乃太小,而且与桂林郡不相连。因此,蜀王子所取只能假设为象郡,而不是未有郡县时之交趾。若承认蜀王子所取为未有郡县时之交趾,等于承认象郡未至交趾地,日南说将不攻自破。

区的中心南海郡,其击并桂林、象郡犹须待秦亡以后,以小小蜀王子何能恰好于秦始皇一死就夺取偌大一个象郡? 若象郡真成安阳国地,则《史记》必言佗击并桂林,灭安阳国,无有直书佗"击并桂林象郡"之理,而且安阳国若仅存三年,其事迹绝不可能成为传说而流传至数百年后。

《广州记》和《交州外域记》是根据掺有若干史实的传说写成的,因此安阳国的具体存在时间,也根本不可能像鄂氏所推测的那样绝对。从《史记》所载看来,赵佗灭安阳国当在吕后文帝间,即上引所谓"高后崩……因此以兵威边,财物赂遗闽越、西瓯、骆,役属焉"之时。但鄂氏既已认定佗并安阳国在秦亡之时,则《史记》此文遂不可通,于是他又假设,此文乃是"追记之文"。

凡此种种莫须有的假设和臆想,皆由于死抱"日南郡即故秦象郡"之《汉志》注文不放的缘故。若相信《昭帝纪》的记载,主张象郡郁林说,则安阳国自在象郡以南交趾地,于秦汉间尚与赵佗无任何关系,殆至吕后以后方为赵佗所灭,置为交趾、九真两郡。这样解释圆通无碍,无须任何假设、臆想之辞,又与史籍所载相符,其合理性不是十分显著吗?

上文已经说过,《汉志》中有关郡国沿革的注文毛病不少,不可迷信;日南郡即"故秦象郡"更是一条孤证,它与《昭帝纪》的可靠记载相矛盾,已令人觉得其不可信,而鄂氏以之为据来说明象郡沿革又破绽百出,不能自圆其说。有了这样几重理由,日南即象郡之注文难道还不应该抛弃? 这比鄂氏毫无道理地"毅然摒除"《昭帝纪》条文慎重多了。

班固对于秦郡并不尽了然。近人已证明秦一代郡数在四十以上,但依班固的看法,秦郡仅有三十六,一些他视为高帝所置的郡其实乃是秦郡。大约他以为秦郡与汉郡之间是一一对应的接续关系,秦桂林郡既被当成汉郁林郡的前身,秦象郡的后身当然要另找他郡,或许正因汉日南郡有象林县,遂被班固误认其与象郡有关,而被派作象郡的后身。

班固的真正思路是否如此,今已不明,这里不过略作推测而已。但他以为日南即象郡的想法则是完全错误的,已为上文的论述所证实。不过象郡日南说的支持者还有两点不太充分的理由需要予以驳正:一是北向户,一是西瓯君。

五、关于北向户和西瓯君

北向户本来不成其为问题,但长期来被纠缠不清,以为可当成日南说的证据,故需略缀数语。在北回归线上,每年夏至那一天正午,太阳正好位于天顶,此时,在回归线以南的地方看太阳,其位置自然在天顶偏北处,而且越往南走,太阳越偏北,光线也就可以从北向窗子射入室内,这就是北向户的意义。这种现象在中原地带不能见到,因此人们将它作为南疆的一种特殊标志,以"南至北向户"表示秦帝国南疆的遥远。由于只要过了北回归线就会出现这种北向户现象,所以"南至北向户"一语只有定性的意义,并不能作为定量的标准。也就是说,只能表明秦代南境至少已到北回归线以南,而不能具体说明南至何处。当然,越往南走,太阳在天顶以北的日子越多,到了今越南中部的日南郡,北向户现象更加明显,但更加明显已是充分条件,而不是必要条件,也就是说,到了日南郡一定有北向户现象,但不能说,只有到了日南郡才会出现这种现象。合浦全郡、南海、苍梧、郁林南部都可以是北向户所在。因此鄂氏以此证明秦代南境已到达日南郡是没有说服力的。

而且即使在日南郡,出现北向户现象的日子也只在夏至前后的一段时间,其他大部分时候仍是南向视日。所以东汉日南张重举计入洛,明帝问他日南郡是否北向视日时,他并不以为然,并举例说云中、金城之名亦不必皆有其实。[1] 完全的北向户只有在南半球才能实现。我们显然不会因日南之名而以为其位于赤道以南,同样也没有理由认为"北向户"就非至日南郡不可。

西呕君译吁宋问题。《淮南子·人间训》载秦始皇发卒五十万与越人战,杀"西呕君译吁宋"。西呕究在何处?有人认为西呕当即后来《汉志》交趾郡之西于县,呕、于两音同部,可以通转。因而以此证明秦军已深入到交趾地,否定象郡分属郁林、牂柯之说。以为西于县之名与西呕有关,本可备一说,未可厚非,而以之证明秦军杀西呕君译吁宋必在交趾地,却未必得当。有许多史料证明西瓯(即西呕)在桂林境内。如《太平御览》卷 171 引《郡国志》曰:"郁林为西瓯。"《史记·南越传》云:"桂林监居翁谕告瓯雒四十余万口降。"瓯雒即同传前述之西瓯、雒两族。至于唐以下载籍以西瓯地当秦之桂林者相当多,因非直接证据,无需具引。亦有人由考古方面来证实这一点。[2] 因此,西瓯族很有可能由交趾地转移到桂林地,而在交趾地遗留下西于这一地名。在地名学上,民族虽然已经迁徙,但他们留下的地名仍然存而不废,是屡见不鲜的事。徐中舒先生推测"西于王为安阳王驱逐以后,乃北徙于桂林瓯雒地"[3],于事理颇合,故秦军杀西呕君译吁宋完全可能在桂林地,不必非在交趾地不可。这件事并不能作为秦象郡即汉日南郡的证据。

1 见《温水注》所引范泰《古今善言》。
2 蒋廷瑜:《从考古发现探讨历史上的西瓯》,载《百越民族史论集》,中国社会科学出版社 1982 年版。
3 《〈交州外域记〉蜀王子安阳王史迹笺证》,载《论巴蜀文化》,四川人民出版社 1982 年版。

综上所说，象郡日南说的论据均已被否定。按理说来，应该可以无条件接受郁林说了，但是暂时还不行，还有最后一道难关，即所谓九郡问题需要克服。

六、武帝平南越实置十郡而非九郡

《史记·南越传》云："……南越已平矣，遂为九郡。"九郡之名，《史记》不详。《汉书·武帝纪》作："南海、苍梧、郁林、合浦、交趾、九真、日南、珠崖、儋耳。"《南越传》与此同，唯将儋耳、珠崖列于最前面，然据《昭帝纪》，象郡应至元凤五年才罢，何以九郡之中无象郡之名？对这个问题有过两种回答。马司帛洛氏认为，象郡或在武帝建元六年开西南夷时先归属于汉，待元鼎六年平南越置九郡时，自然不在其中。日本学者杉木直治郎则以为，九郡之名并不如《汉书·武帝纪》所列。因为《贾捐之传》《地理志》篇末皆云儋耳、珠崖两郡为元封元年置，因此武帝元鼎六年之九郡，应是南海、苍梧、郁林、合浦、交趾、九真、日南七郡及桂林、象郡两郡。[1] 杜佑《通典》实际上已提出这个见解，其《州郡典·古南越地》注曰："分秦之南海、桂林、象郡，置苍梧、郁林、合浦、日南、九真、交趾，并九郡是。"

但是马氏之说，于史无征，没有说服力。杉木氏之设想亦无实据，未可从。且九郡之中若真有桂林，则该郡废于何时，又成另一悬案。杜佑《州郡典》之注文，亦纯属臆想而已。

要之，九郡问题的确比较棘手，历来成为证明汉代不存在象郡之铁证。凡主张象郡日南说者，包括鄂氏在内无不以九郡之中无象郡之名作为否定《昭帝纪》的最强证据，其实这个证据是完全可以推翻的。

首先要肯定的是，汉武帝平南越后，所置实为十郡，而不是九郡。除《汉书·南越传》所载九郡以外，还应有象郡。元鼎六年所置者为大陆上的八郡，第二年，元封元年又渡海，在海南岛再置二郡。然则何以《史记》云"遂为九郡"呢？这自然有其原因。

平南越地、置十郡后，仅隔四年，元封五年间，武帝就在开疆拓土版图扩大近一倍的情况下，分全国为十三刺史部，建立起一套全新的监察区，以便于行政管理，加强中央集权制。其中除象郡以外的故越地九郡被划在交趾刺史部之中。自元封五年至征和二年（《史记》大约完成于此时）的十几年间，太史公习闻交趾九郡之说，而交趾又是故越地，因此越地九郡的错觉就逐步形成而至牢不可破。这种错觉的形成很自然，而且亦非仅此一例。高

1　见《秦汉两代における中国南境の问题》，载《史学研究》59 编 11 号（1950.11）。

帝末年十五郡亦为史公所习闻,然细数十五郡时,却误数入东郡、颍川二郡而忘记其于上年已分别益予梁和淮阳两国。

然则象郡列入哪一刺史部呢?曰:益州刺史部。扬雄《益州箴》曰:"岩岩岷山,古曰梁州……义兵征暴,遂国于汉。拓开疆宇,恢梁之野,列为十二,光羡虞夏……"所谓"恢梁之野,列为十二"者乃汉武帝扩大了《禹贡》梁州的范围,列郡十二,以成益州。十二郡之目,顾颉刚先生曾数其中十一,即:巴、蜀、汉中、广汉、犍为、牂柯、武都、汶山、沈黎、越巂、益州,而后说:"尚有一郡不可知,或后来有所并省。"[1]此一郡其实可知,乃象郡也。由于象郡隶属益州刺史部,遂不与故越地其他九郡相提并论,故交趾九郡在太史公的印象中极为深刻,越地九郡之说遂见于《史记·南越传》之中。至班固著《汉书》时,遂据《史记》九郡之说,按图索骥,以汉末岭南七郡,加上海南岛已废之二郡,成九郡之数。此后南越地九郡之概念遂至不可移易矣。

由此可见,九郡之说有其历史原因,并不能因此否定象郡存在于西汉的事实。要之,武帝时岭南地区实际上并存有十郡,只是由于象郡单独列于益州刺史部之中,因此十郡并提的时间至多不过只有四年,在人们的印象中极为淡漠,故十郡之说遂不流行于世,象郡之下落亦随之不明;近人虽有以《昭帝纪》罢象郡之说为可信者,终因无法解释九郡之中何以无象郡之名,而不能理直气壮。究其实,《平准书》所言十七初郡已隐含象郡于其中,只因晋灼误以零陵代替象郡,后人不加深考,即宗其说,遂使象郡不见天日。陈梦家先生对晋注零陵郡亦有怀疑,然又并退犍为而进酒泉、张掖,乃以错易错[2],至谭其骧师始云晋注应退零陵而进象郡[3]。今幸《益州箴》"列为十二"之文具在,足以证成其说。于是象郡之存在于昭帝之前,既有《昭帝纪》之明确记载,又合十七初郡之数,复列于益部十二郡之中,并与史公九郡之说不相冲突,则至此象郡建置之谜已得彻底解决,而象郡之领域亦可随之而明矣。

七、象郡之领域

由《昭帝纪》象郡分属郁林、牂柯,及《茂陵书》象郡治临尘之说,知汉象郡应有《汉志》郁林郡西半部及牂柯郡部分地。其南界和西界南段当和《汉志》郁林郡同,与合浦、交趾、牂柯三郡为邻;西界北段当包有《汉志》牂柯郡毋敛县在内,该县位于郁林郡广郁县以东北,是牂柯郡唯一可能原属象郡之

1　顾颉刚、谭其骧:《关于汉武帝的十三州问题讨论》,载《复旦学报》(社会科学版)1980年第3期。
2　陈梦家:《河西四郡的设置年代》,载《汉简缀述》一书,并参见本篇第三章。
3　《历史大辞典》条目之一"十七初郡",见《中国历史大辞典通讯》,1980年第9—10期。

地;象郡北界即毋敛县之北境,东界无确征,要当沿今广西大明山—都阳山一线。此线东西各自成一地理单元,以东为桂中岩溶丘陵与平原,适足以自成一郡,郁林郡治布山即位于其中(今桂平县);以西为桂西山地与郁江流域平原,即为象郡领域,象郡治临尘即在郁江支流左江岸边(今崇左县),如地图二十四所示。

马司帛洛氏未指出秦汉象郡之区别,其实秦象郡之领域比汉象郡要大,北面应有《汉志》武陵郡镡城县,东南或有合浦郡之西部地。

镡城属武陵乃武帝元鼎六年以后之事。武帝平南越后,即调整与故南越地相邻诸郡之南界:以故属秦南海郡之曲江、含洭、浈阳、阳山四县地北属桂阳郡(四县地在阳山、横浦两关以南,两关原为南越与桂阳郡亦即秦南海与长沙郡之界),以故属秦桂林郡之始安县地北属零陵郡(始安地在灵渠以南,史禄通灵渠前不属秦所有),以故属秦象郡之镡城县北属武陵郡,复以故属汉桂阳郡之谢沐、冯乘县地南属苍梧郡[1](以上所列县名皆据《汉志》为说,除镡城县外,元鼎间未必均已出现)。合浦郡为武帝新置,该郡必分自故秦三郡,故推测其西部或原属象郡,其东部或原属桂林。

第二节 南海等九郡沿革

象郡沿革一经解决,则岭南地区其他九郡沿革随之迎刃而解。

南海、苍梧、合浦、交趾、九真、日南六郡自武帝元鼎六年至汉末领域无所变化,如《汉志》所载。

郁林郡初置时仅有《汉志》郁林郡东半部,即今广西大明山—都阳山一线以东之桂中岩溶丘陵与平原部分,这一地区在自然地理方面即自成一单元,而规模又与苍梧郡约略相当,于《汉志》领有布山、阿林、桂林、中留、定周、潭中等七县,足当一郡之称。昭帝元凤五年,象郡罢,除毋敛县地属牂柯外,余地皆以属郁林,郁林郡遂有《汉志》所载之规模。

儋耳、珠崖两郡置废年代颇明,唯领域不甚清楚。

《汉书·贾捐之传》云:"初,武帝征南越,元封元年,立儋耳、珠崖郡。"是两郡之置,比大陆八郡迟一年。该传又云:两郡合十六县,户二万三千余。《茂陵书》则曰:"珠崖郡治瞫都,去长安七千三百一十四里,儋耳去长安七千三百六十八里,领县五。"(臣瓒注《武帝纪》所引)两处记载相较,似珠崖郡领

县十一,则儋耳似与之不甚相侔,暂以为据。

儋耳郡于昭帝始元五年省并珠崖(《昭帝纪》),至元帝初元三年,珠崖郡山南县反,元帝遂接受贾捐之建议,弃珠崖郡(《元帝纪》)。

两郡之属县见于《汉书》及《茂陵书》者仅有三县:瞫都(珠崖郡治)、儋耳(儋耳郡治)、山南县(此县初元三年以前属珠崖,昭帝始元五年以前不知何属)。据《太平寰宇记》卷169及《舆地纪胜》引《元和郡县志》所载,两郡又当有下列各县:

珠崖郡有:苟中、紫贝、临振、玳瑁;

儋耳郡有:至来、九龙。

但这五县均不见于《元和郡县志》以前的任何载籍,只能作为参考而已。

第三节　岭南地区十郡沿革简述

由于论证象郡的部分过于繁复,现梳以条理,将岭南地区十郡沿革作一小结。

秦始皇三十三年,略定杨越,于五岭以南置南海、桂林、象郡。其中象郡相当《汉志》郁林、合浦两郡西半部及牂柯郡毋敛县、武陵郡镡城县地,桂林郡约当苍梧郡全部与郁林、合浦两郡东半部,南海郡秦汉两代相差不大。

秦亡后,赵佗割据南海,击并桂林、象郡,自立为南越武王。吕后、文帝间,赵佗灭象郡以南之安阳国,置交趾、九真二郡。汉武帝元鼎六年,平南越,将故秦三郡析置成南海、苍梧、合浦、郁林、象郡等五郡,其中南海大体沿袭秦郡而略小,苍梧、郁林由秦桂林所分,合浦以秦象郡及桂林各一部分置,因此象郡比秦时为小;又在交趾、九真二郡以南设置日南郡;元封元年渡海,取海中大洲,置儋耳、珠崖郡,于是岭南地区遂置有十郡。

元封五年置十三刺史部,以象郡属益州刺史部,以其余九郡属交趾刺史部。昭帝始元五年省儋耳郡,并珠崖;元凤五年罢象郡,以其地分属郁林、牂柯两郡,郁林郡遂有《汉志》所载之规模。元帝初元三年弃珠崖郡,以是岭南地区余南海、苍梧、郁林、合浦、交趾、九真、日南七郡,除郁林外,其余六郡领域自元鼎六年至汉末无所变化,如《汉志》所载。

上述沿革过程尚有一个缺环,即赵氏政权百年期间的变化不详,颇疑秦三郡建制于南越割据时已有所变动,如苍梧即赵佗同姓秦王的封地,汉之苍梧郡或就其封域而置? 但桂林郡又似仍保留,桂林监之官职于元鼎六年尚见,但其中详情今已不可得知,其俟来日乎?

第十五章

朝鲜诸郡沿革

汉武帝元封三年灭朝鲜及其属国，置乐浪、玄菟、真番、临屯四郡。不到三十年，昭帝始元五年即罢真番、临屯，将两郡部分地并入乐浪。同时内徙玄菟郡，缩小其领域。由于史料过于简略，中外学者对四郡的地理位置和领域范围向来有所争议。本章先就四郡的沿革进行讨论，然后再据考古发现资料对其领域作今地的比定，最后附带对元朔间旋置旋废的苍海郡位置作一推测。

第一节 四郡之沿革

武帝所置四郡大致以朝鲜及其属国的固有疆域定界。乐浪即卫氏朝鲜本土，玄菟主要以沃沮地置，真番、临屯原是朝鲜属国。四郡之中，乐浪、临屯、玄菟的地理位置比较明确，唯真番郡学者们分歧较大，有北方说与南方说两派。对四郡领域的变迁，则考证诸家各有其说，未有一致结论。以下就逐郡作一分析。

一、乐浪郡

高帝末年，燕人卫满入据朝鲜，至惠帝、吕后时期，卫氏朝鲜逐渐强大，真番、临屯等旁邑遂沦为其属国。元封二年秋，武帝派兵由水陆两路进攻朝鲜，三年夏定其地，置为乐浪等四郡。

乐浪郡即以卫氏朝鲜本土置，其朝鲜故名保留在乐浪郡治朝鲜县上。《汉志》乐浪郡属县二十五，大大超过一般边郡的领域，显然不是初置时的面貌。

《后汉书·东夷传》载："昭帝始元五年，罢临屯、真番，以并乐浪、玄菟。玄菟复徙居句骊。自单单大岭以东，沃沮、濊貊，悉属乐浪。后以境土广远，复分岭东七县置乐浪东部都尉。……建武六年，省都尉官，遂弃岭东地。"

179

原来乐浪郡领域由于临屯、真番郡之罢而扩大。始元五年以前的乐浪郡比《汉志》所载起码应少岭东七县之地。清代学者杨守敬以为这七县既放弃于后汉建武六年，则《续汉书·郡国志》必不载入，因此由两汉志相对照，找出这七县是：东暆、不而、蚕台、华丽、邪头昧、前莫、夫租（即沃沮，详后）。[1]

七县的并入，使乐浪郡境过于广远，而且单单大岭以东地区在地理上本自成单元，民族成分亦自成一系，因此又分设东部都尉予以治理。

杨守敬认为真番国在朝鲜国之南，也就是说真番郡在乐浪郡之南，因此《汉志》乐浪南部当包含有真番故县。于是他把除去岭东七县以后的乐浪十八县再与《晋书·地理志》相对照，发现《晋志》带方郡属县之中有六县为乐浪旧属，推测它们就是始元五年并入乐浪郡的真番故县。他说："魏分屯有以南置带方郡，以晋志照之，疑带方、列口、吞列、长岑、提奚、含资、海冥七县亦真番故县也。其余屯有、浑弥、遂成、镂方、驷望、黏蝉、增地、訤邯当本乐浪旧属，以《晋志》照之，亦约略可睹。"

杨氏之说至为精当，唯所疑真番故七县中，吞列并不属《晋志》带方郡，不当计入。该县后汉更名乐都，[2] 仍为乐浪郡属。此外，杨氏又推定《汉志》乐浪郡南部都尉治昭明为真番郡治霅县。昭明即霅县恐未必然（说见真番郡），但为真番故县之一则无疑问。上面已经证明，《汉志》乐浪郡东部都尉所辖岭东七县在始元五年以前本非乐浪所有，同理南部都尉亦当是真番罢郡以县属乐浪后所设置。昭明为南部都尉治，固当为真番故县。要之，《晋志》带方郡诸县在元封三年时为真番郡属，始元五年以后改属乐浪，后隶南部都尉，"建安中，公孙康分屯有县以南荒地为带方郡"[3] 时，又独立成郡。带方郡既由乐浪郡所分，其七县之中的六县亦已见于两汉志中的乐浪郡，唯南新一县《地理志》《郡国志》皆不见，由上述分析，完全可以推断其必为乐浪郡南部都尉治昭明县的改名，考古发现也证明了这一点（见第二节）。于是南部都尉所辖范围也恰是七县之地。

因此，《汉志》乐浪郡虽说有二十五县之多，实际上始终是三个地区的混合体：即乐浪旧县十一，东部都尉七县，南部都尉七县。在东部都尉属县放弃、南部都尉辖区独立成郡以后，乐浪郡在三国西晋时期又缩小到武帝元封三年始置时的范围，亦即《晋志》所载的乐浪郡领域，不过其时乐浪郡属县已由十一并至六县，但地域范围仍然是汉武帝时的规模。

1　见《晦明轩稿》中《汪士铎汉志释地驳议》一文，下文所引杨氏原文及观点皆出此，不另加注。

2　《后汉书集解》引谢云："前志吞列即后汉乐都也。"

　3　《三国志·魏书·韩传》。

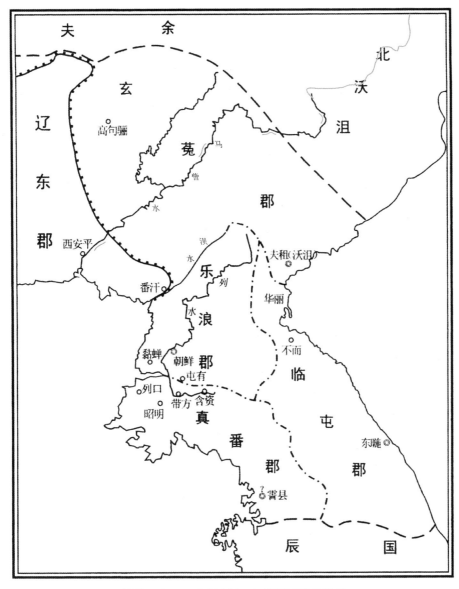

地图二十五　武帝元封三年朝鲜四郡示意图

　　除去东部、南部两都尉所属十四县后，乐浪始置时的十一县应当是：朝鲜、訷邯、浿水、黏蝉、遂成、增地、驷望、镂方、浑弥、吞列、屯有。

二、真番郡

　　真番本是朝鲜近旁小国。《史记·朝鲜传》云："自始全燕时，曾略属真番、朝鲜。"《货殖列传》言燕"东绾秽貉、朝鲜、真番之利"，皆以朝鲜、真番并举。后沦为朝鲜属国，故《朝鲜传》又云："以故（卫）满得兵威财物侵降其旁小邑,真番、临屯皆来服属。"

对真番国的方位有两种对立的看法,一则以为在朝鲜之北,一则以为在朝鲜之南。

北方说的主要依据是《史记·朝鲜传》的两条注文。其一是《集解》引徐广说,以为真番即辽东番汗县。以番汗比附真番,纯粹是牵强附会,显然不能成立。其二是《索隐》引应劭云"玄菟本真番国",遂认定真番即玄菟,而玄菟郡正在朝鲜北边。应劭原话本是"故真番、朝鲜胡国",注于《汉志》玄菟郡下。此注本来含混不清,不能确指玄菟是真番故国或朝鲜故国,最多只能解释为:玄菟是朝鲜真番一类胡国。而《索隐》所引又截去朝鲜二字,并加以改写,变成"玄菟本真番国"。这样的注文,怎能引以为据?况且应劭注糊涂者还有例在,如附会辽东郡的险渎县为朝鲜王满的都城王险城[1],也纯是臆想之产物,若照这类注文去解释地理,必然是治丝益棼。

考史本来应从最可靠的考古资料出发,其次才是史籍的原始记载,至于前人对古籍的解释则不可轻易相信,必须详加分析,分别真伪,否则容易误入歧途,得出错误的结论。因此真番北方说的证据是不足的,相比之下南方说所依据的却是有说服力的《史记》本文。

《朝鲜传》载:"真番旁辰国,欲上书见天子,(朝鲜)又拥阏不通。"[2] 杨守敬认为朝鲜既能阻碍真番辰国与汉廷的交通,说明真番必在朝鲜以南无疑。辰国即《魏志·东夷传》中三韩的前身,位朝鲜半岛南端,真番国当在辰国与朝鲜之间。南方说还有《魏略》的记载作为另一支柱。《魏略》[3]云:"初右渠未破时,朝鲜相历谿卿以谏右渠不用,东之辰国,时民随出居者二千余户,亦与朝鲜贡藩不相往来。"此处贡藩当为真番之误,贡真形近而讹,番藩音同。日人稻叶岩吉认为必真番国与辰同相接,斯"不相往来"云云始有意义,若真番远在鸭绿江上游佟桂江流域。则与辰国间尚有他国居中间隔,而犹特书其不相往来,于理殊不可通。[4] 这个推论,十分顺理成章。

真番国既在朝鲜之南,则意味着真番郡应在乐浪郡之南。《后汉书·东夷传》载:"昭帝始元五年罢临屯、真番以并乐浪、玄菟。"真番罢郡以后,其地当然只能并于乐浪。上文乐浪郡考中已推断南部都尉所辖七县:昭明、带

---

1 《汉志》辽东郡险渎县下应劭注。

2 今本《史记》"辰国"作"众国"。张文虎《校刊史记集解索隐正义札记》言:"宋本'众'作'辰'。"日人稻叶岩吉据此认定应以"辰"为正,是其。《汉书·朝鲜传》载此事则云"真番辰国"可证。事实上作"众国"亦不妨碍南方说的解释。

3 《魏志·东夷传》所引。

4 稻叶君山:《满洲发达史》,杨成能译本。

方、列口、长岑、提奚、含资、海冥当为真番郡故县。又杨守敬对岭东七县中的不而、邪头昧两县不能断定究竟是真番郡或是临屯郡所属。其实这两县原属临屯郡，与真番无涉（说见临屯郡考）。真番故县确实可考者仅有以上七县。

但这七县并非真番郡全境。《茂陵书》云："真番郡治雪县，去长安七千六百四十里，十五县。"[1] 可见另有八县无考。这八县朝鲜学者李丙焘已寻出蛛丝马迹。《魏志·马韩传》云："部从事吴林以乐浪本统韩国，分割辰韩八国以与乐浪，吏译转有异同，臣智激韩忿，攻带方崎离营。"李氏谓辰韩当解为辰国，此八国或即真番罢郡时废入辰国之南部八县（包括郡治雪县），[2] 此说极有见地。

不过这里要出现一个小疑问。以朝鲜大国所置之乐浪郡仅有十一县，真番小国何能有十五县之地？推想起来，真番国恐怕只有七县大小，汉灭朝鲜及其属国后，威及辰国，遂以真番及辰国北部八小国置真番郡。罢郡之后，南部八县仍入辰国，而北部七县并入乐浪。

真番郡治雪县何在，自来无考之者。杨守敬以为即昭明县，只是臆断而已。李丙焘氏认为当在废入辰国的八县中，位今朝鲜礼成江以南，汉江以北，亦未明示其所据。考汉代于开边所置郡县，多以其本地旧名，取其音，而不取其义，如岭东之不而县，即由不耐濊得名，雪县恐亦如是。据《说文解字注》，雪音素洽反，与今朝鲜汉城之本名同声。汉城朝鲜文为서울，音"soul"，意为京城。颇疑京城之义是后起的，先是在汉江附近，有地名"soul"，汉代以之置雪县，到中世纪时该地成为朝鲜李朝之都，"soul"之音仍存，遂以此音作为京城之解。汉江平原是朝鲜富庶之地，真番郡治设于彼处，而不设于"屯有以南荒地"之中，似亦合于情理。若上述关于雪县的假说成立，则真番郡可考县应增至八个。

三、临屯郡

临屯本来也是朝鲜近邻小国，但在《史记》上仅只一见，不如真番之闻名。临屯郡以临屯故地置。《茂陵书》云："临屯郡治东暆县，去长安六千一百三十八里，十五县。"东暆县是岭东七县之一，已见上文乐浪郡考之中。

《魏志·濊传》云："（汉时）自单单大岭以西属乐浪，自岭以东七县，都尉

1　《汉书·武帝纪》臣瓒注所引。
2　李丙焘：《真番郡考》，原载《史学杂志》40卷5期，周一良译文载《禹贡》2卷10期。

183

主之,皆以濊为民。后省都尉,封其渠帅为侯,今不耐濊皆其种也。……其俗重山川,山川各有部分,不得妄相涉入。"单单大岭即今狼林山、北大岭、马息岭一线,是划分东鲜与西鲜的天然标志。

岭东不但在地理上自成一区,与岭西不相涉,而且民族成分也比较一致,多为濊民,不而县即由不耐濊得名。当然"皆以濊为民"是统而言之,细分之,则七县中的沃沮县(即汉志的夫租)非濊民所居。前引《后汉书·东夷传》言岭东居民,就分别沃沮、濊貊。所以除沃沮县外,东暆、不而、华丽、蚕台、前莫、邪头昧等六县在地理上、民族上自成一体,原来必同属一个政治实体,这个政治实体就是临屯国。临屯之名西汉后期即已消失,但临屯的居民濊族之名却自汉至三国不变。《魏志·濊传》云:"濊南与辰韩,北与高句丽、沃沮接,东穷大海,今朝鲜之东皆其地也。户二万。"这里所描述的濊的位置正是岭东七县(除沃沮外)的方位,濊已兼有民族名和地区名两义。

东暆既为临屯郡治,则其附近之不而、华丽、邪头昧等五县亦当为临屯郡所属。颇疑邪头昧之昧有貊音,邪头昧即邪头貊,为濊貊之一支,故以之为县名。又华丽县,杨守敬误以为玄菟故县,他的根据是《后汉书·东夷传》:安帝"元初五年(高句丽)复与濊貊寇玄菟,攻华丽城"。这是杨守敬的疏忽。华丽是岭东七县之一,光武帝建武六年已弃,何得在八十多年以后的元初年间仍属玄菟?何况安帝时的玄菟郡已非西汉旧貌,经过两迁后,玄菟郡已侨置于辽东郡北部(详后),而华丽城远在朝鲜东海岸,岂能悬属之?《后汉书》此载有两种可能的解释:一是误句丽为华丽,玄菟郡治为高句丽城,《魏志·高句丽传》常省称高句丽为句丽,同理玄菟郡治或亦省称句丽,由句丽又讹为华丽;二是元初间高句丽西寇玄菟,东攻华丽,两地本不相涉。前一种解释的可能性较大。要之,华丽县必为临屯故县,而非玄菟旧属至为明显。

据《茂陵书》所说,临屯郡属县应有十五,但其他九县已不可考。推想临屯小国,亦不至有十五县的规模,《魏志·濊传》言其户只有二万,与六县之地颇相称。临屯不可考之九县决不可往北方推求,因为岭东七县中的沃沮县,是玄菟郡初置时的郡治(详后),沃沮以北必是玄菟郡地,临屯余县不可能越过沃沮城而存在,只能南向辰国去探寻。也许和真番类似,临屯置郡时囊有辰国北部数小国以立九县,郡罢以后,诸县复没于辰国。不过,《茂陵书》所言十五县之数亦不能确定其必无误,只能聊存一说而已。

临屯罢郡之年,《汉书》未及,暂以《后汉书》为据。罢郡以后,东暆等六县移属乐浪,后为东部都尉所辖,已见上文乐浪郡考所述。

四、玄菟郡

玄菟郡的领域及其变迁是比较棘手的问题。《汉志》玄菟郡只领三县，大大小于一般边郡和内郡的规模，和乐浪郡辖有二十五县恰成鲜明的对照，这种情况暗示其领域经过很大的变动。

玄菟郡主要以朝鲜属国沃沮地置。《魏志·东沃沮传》云："东沃沮在高句丽盖马大山之东，滨大海而居。其地形东北狭，西南长，可千里，北与挹娄夫余，南与濊貊接。户五千……汉初，燕亡人卫满王朝鲜，时沃沮皆属焉。汉武帝元封二年，伐朝鲜，杀满孙右渠，分其地为四郡，以沃沮城为玄菟郡。后为夷貊所侵，徙郡句丽西北，今所谓玄菟故府是也。沃沮还属乐浪。"

由此可见，玄菟郡始治沃沮城，徙郡以后，沃沮乃属乐浪。《汉志》乐浪郡所属有夫租县，当即沃沮城。夫夭易讹，沮租本通。沃沮国户仅五千，亦只足置一县而已。沃沮南与濊接，故沃沮城其实也是玄菟郡的南界。后人考定该城在今朝鲜咸镜北道之咸兴郡。因此临屯郡与玄菟郡的分界当在咸兴以南，至今这条界线依然是划分咸镜道方言与京畿道方言的标志[1]，恐怕不是偶然的巧合。

玄菟郡治虽在沃沮，但其领域实包括辽东郡以东直到滨海之地的一大片地方。《汉志》玄菟郡所属之高句丽、西盖马、上殷台三县，即位于辽东郡以东，沃沮以西的高句丽地区。清人丁谦以为有古高句丽国的存在，与西汉末东汉初兴盛起来的高句丽有别。近人金毓黻以为魏略之"橐离"即后来之古高句丽。高句丽县的得名即来自高句丽古国[2]，可备一说。要之，高句丽县与高句丽地区有别，前者只是武帝在后者所设立的一个据点而已。元封间，武帝不但灭了卫氏朝鲜，而且波及辽东塞外至盖马大山一带的高句丽地区，至少建立了高句丽、西盖马、上殷台三县。所以玄菟郡初置时实由盖马大山东西两面的沃沮和高句丽地组成。

《魏志·高句丽传》云："高句丽在辽东之东千里，南与朝鲜濊貊，东与沃沮，北与夫余接。"即在今东北鸭绿江上游及浑江流域一带。《高句丽传》主要叙汉平帝及王莽以后事，未明其始兴之年。据《三国史记·高句丽本纪》则云高句丽始祖东明王立于元帝建昭二年，具体年代未必准确，但始兴于汉末当可肯定。玄菟建郡之初，高句丽势力尚弱，故郡治放在沃沮。其后，玄菟受夷貊所侵，不得不将郡治迁往"句丽西北"。这里的句丽即指高句丽地

1　据日人河野六郎之说，转引自《历史地理讲座》Ⅱ卷五章二十节。
2　《东北通史》卷二。

区,《汉志》玄菟郡首县高句丽县(今辽宁新宾县附近)正位于高句丽地区西北部,是为新郡治,或俗称的"第二玄菟郡"。

侵犯玄菟的夷貊是何种族,如何侵犯,现已不明,但夷貊可能包括高句丽族(《魏志·高句丽传》言高句丽有别种曰小水貊,可为旁证),推想他们大约是切断了沃沮城与玄菟郡其他地区的联系,因此玄菟被迫内迁,沃沮城只好移属乐浪。玄菟郡在高句丽地区虽然至少设置了三县,但这些县城只是据点而已,不能全部控制"随山谷以为居"的高句丽族,因此在东汉时期,他们逐渐兴盛起来,原辽东塞外的玄菟郡地反处在其威胁之下,于是玄菟郡再度迁徙至辽东郡境内,这时郡治虽仍称高句丽,但地点已迁至今沈阳附近,这就是所谓第三玄菟郡,西盖马、上殷台二县亦随之内徙,玄菟郡领域全部收缩到辽东郡境内,与高句丽故地毫无关系。东汉安帝时,又割辽东郡北部高显、辽阳、候城来属,使玄菟郡共辖六县,据有辽东郡北部。

第三玄菟郡事实上是我国最早的侨置郡。玄菟郡第一次内徙只是换个地方做郡治,缩小了郡境,不能算侨置。第二次内徙则是以他郡部分地作为自己的领域,不但迁郡治,而且连原县名也带至他郡辖境以内,是名副其实的侨置郡县了。第三玄菟郡一直延续到十六国时期,因此上引《魏志·东沃沮传》称"句丽西北"的第二玄菟郡(西汉时的高句丽县)为"玄菟故府"。

唯玄菟郡治何时由沃沮城迁往高句丽县,《汉书》却未明言,但亦有点消息透露出来。《昭帝纪》载:元凤六年"筑辽东玄菟城",玄菟城即玄菟郡城——高句丽县城。新郡治之城筑于此时,徙郡时间或与之相去不远。据《后汉书》则似乎玄菟徙郡与临屯、真番两郡之罢同在始元五年(见下文所引)。

玄菟郡可考之县只有四个,但建郡之初恐不止此数,或者在夷貊侵略徙郡时,罢弃某些县?

又《后汉书·东夷传》载:"始元五年,罢临屯真番以并乐浪玄菟,玄菟复徙居句丽。"有人从文字上一一对应去看,以为临屯地罢入乐浪,而真番地并入玄菟。这种看法未免过于机械。而且由于认定真番郡地须并入玄菟,继而推论真番应位于朝鲜之北,这就由机械而入盲目了。杨守敬首先提出真番应并入乐浪,是一大创见。但他仍拘泥于《后汉书》这条记载,认为真番郡总有部分县须并入玄菟,故怀疑岭东之不而、邪头昧亦可能为真番故县。其实真番郡只能入乐浪,已见前述。那么照《后汉书》此文,是否临屯应罢入玄菟郡呢?也不是。既然玄菟郡之内徙正在临屯罢郡之年,其时玄菟郡治沃沮城尚且移属乐浪,在沃沮以南的临屯郡岂能罢属玄菟?必定只能罢属乐浪,已见前文所述。因此推测《后汉书》所载"以并乐浪玄菟"的玄菟二字乃是衍文,涉下"玄菟复徙居句丽"而衍。

另外,关于玄菟郡的设置年代,《汉书》有两说:《武帝纪》将玄菟与乐浪等三郡放在一起,统言置于元封三年;《地理志》本注则曰:"元封四年开。"没有其他材料以辨孰正孰否,今暂从本纪。

四郡之沿革已如上所述,现将其归纳成图表形式,以便于阅读。

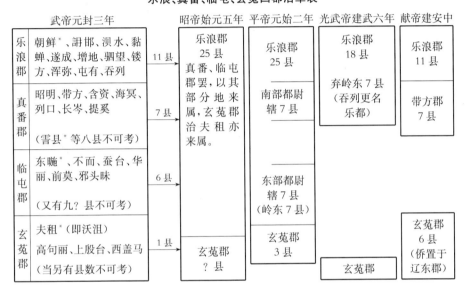

乐浪、真番、临屯、玄菟四郡沿革表

第二节　四郡今地的比定

从文献资料考订出乐浪等四郡的方位和县目以后,还要作今地的比定,才能确切划定四郡的范围。

今地比定的关键在于水道,过去由于对某些水道,如浿水当今何水看法不一致,使得乐浪、真番两郡的领域至少有三种不同的见解。

《汉志》所载与四郡位置有关的四条水道是:马訾水、列水、浿水、带水(其实是五条,还应计入沛水。但该水系于辽东郡番汗县下,在浿水未定案前,番汗不能肯定是在朝鲜半岛上,因此沛水暂不具论)。

马訾水系于玄菟郡西盖马县:"马訾水西北入盐难水,西南至西安平入海,过郡二,行二千一百里。"

列水系于乐浪郡吞列县:"分黎山,列水所出,西至黏蝉入海,行八百二十里。"

　　洌水系洌水县:"洌水西至增地入海。"

　　带水系含资县:"带水西至带方入海。"

　　以上四水两长两短,十分明显。洌水、带水只能是一般小水,《汉志》既不详其具体出处,更不具列其长度。

　　马訾水即今鸭绿江,考证各家殆无异议。西安平县在今瑷河与鸭绿江的交口上,故城犹在。[1]《汉志》载马訾水长二千一百里亦与鸭绿江实测长度八百二十一公里相当接近。而且鸭绿江是朝鲜半岛上最长的河流,舍此无以当马訾水者。

　　有分歧意见的是洌水、列水和带水。尤其洌水是争论的焦点,有鸭绿江、清川江、大同江三说。由于洌、列、带三水的相对位置从北到南比较明确,所以洌水如果比附为不同的今水,就要相应引起列水和带水的位移。如列水相应就有大同江、临津江、汉江三说,带水则有载宁江、礼成江、汉江说。单从文献资料是很难确定三水的绝对位置的,所以过去分歧的各家始终不能取得一致的意见。现在带水的位置已为考古发现所确定,本文因此不再先从文献出发去考证洌水位置,而是倒过来,先比定带水当今何水,进而去确定洌水与列水所在。

一、带水和真番郡(即魏晋带方郡)

　　1913年,日人谷井氏在朝鲜黄海道凤山郡发掘了带方太守张氏之墓,推定位于张墓西南文井面的"古唐城"为带方郡治带方县遗址。[2] 既然带方在今凤山郡,据《汉志》含资县本注"带水西至带方入海",知带水必是通过凤山郡西北之载宁江,顺带也可推定含资县是载宁江上游之瑞兴郡。

　　乐浪郡南部都尉治昭明县遗址也由日人小田省吾确定于黄海道信川郡北部面土城里。昭明故址附近的西湖里出土了刻有"大康四年三月昭明王长造"字样的小型长方砖。[3]《晋志》带方郡所属七县除南新外,均见于《汉志》乐浪郡;而昭明县虽列于《汉志》乐浪郡诸县之中,却不见于《晋志》带方郡。今昭明县遗址在带方县西南,必属晋带方郡无疑,因此知《晋志》之南新当即《汉志》之昭明,只不知何时更名而已。依砖铭看,似太康四年尚未更名,但《晋志》断于太康三年,却已改称南新,是否官方虽已改名,而民间仍通用旧称?

1　见《概述辽宁省考古新收获》一文,收《文物考古三十年》一书,文物出版社1979年版。

2　见大正六年度九月出版的《朝鲜总督府古迹调查报告》(转引自《朝鲜史大系》第2卷)。

3　转引自驹井和爱《乐浪郡治址》一文,载《中国都城·渤海研究》一书。

又列口县当由位于列水之口而得名,列水即大同江(见后),列口相当大同江入海口以南的殷栗郡当无疑问。带水及带方、昭明、含资、列口四县定,带方郡的大致范围即为今黄海南道全部及黄海北道南部。具体而言,北为载宁江(带水)口与慈悲岭[1]一线,西、南至海,东则以礼成江为天然界线(历来是黄海道与京畿道的分界)。

带方郡的北界也就是汉代乐浪郡与真番郡的分界,元封三年真番郡北部七县范围已由带方郡而定。其余不可考之八县(包括郡治霅县)当更在七县以南,依地理形势而论或包括今之京畿道至忠清道北境,以牙山为其南界。自礼成江以东南为平原地带,当本辰国旧属,汉灭朝鲜真番后乘胜入据,以其地合真番国置真番郡,真番罢郡以后,该地又复属辰国,至三国时期为马韩五十四国之属。《东国史略》云,百济兴起后,其北界至浿河(礼成江),亦与以上所分析的历史情势相合。

二、浿水、列水和乐浪郡

带水一经确定,则列水迎刃而解。《汉志》云列水长八百二十里。在带水(载宁江)与马訾水(鸭绿江)之间,能与此长度相当的水道只有大同江(列水当然不可能在带水以南或马訾水以北去探求,毋庸赘言)。以大同江当列水还符合古籍的几条记载:

(1)《山海经·海内北经》云:"朝鲜在列阳东,海北山南。列阳属燕。"列阳当是列水之阳[2],水北为阳,朝鲜国(乐浪郡)的主体部分正在大同江以北。扬雄《方言》亦以燕北朝鲜洌水之间列为一个方言区。

(2)《史记·朝鲜传》载:"楼船将军亦坐兵至列口,当待左将军,擅先纵,失亡多,当诛,赎为庶人。"列口为乐浪县(晋属带方郡),意即列水之口,朝鲜王都王险城在大同江畔,楼船将军正需从列口进而攻击王险城。

(3)《朝鲜传》集解引张晏曰:"朝鲜有湿水、洌水、汕水,三水合为洌水。"今大同江正有顺川江、成川江,能成江三支流。

列水是大同江还可由黏蝉县遗址的确定来证明。1913年,日人今西龙氏断定平安南道龙冈郡的乙洞古城即汉黏蝉县治所在[3],因为距该土城不远

有古碑一座,碑文内容是祈祷山神保佑黏蝉五谷丰饶、境内平安。《汉志》云列水"西至黏蝉入海"(见前文所引),而黏蝉县遗址正在大同江口,则列水自然非大同江莫属了。

列水确定以后,再进而分析乐浪郡治朝鲜县的位置。日本学者原田淑人等曾于1935至1937年间,三度对朝鲜平安南道大同江郡大同江面土城里的土城进行发掘工作。该土城位于今平壤对岸大同江畔的台地上,城墙东西约七百米,南北约六百米。城内发现的文物证明该土城极有可能就是乐浪郡治。[1] 有人不愿作绝对肯定的原因只为该土城面积太狭小,似与偌大的乐浪郡不相称,但乐浪郡初置时并不算大,据上文所考只有十一县,与该土城的大小还是相配的。对比其他边郡,如定襄郡十二县,其郡治成乐县故城不过是东、南两壁各长五百五十米,西、北两壁各长四百四十米的规模[2];辽东郡十八县,其郡治襄平县遗址也才是三百余米见方的土城[3]。至于后来扩大了的乐浪郡其实仍分三部管辖,东部七县和南部七县分别由该部都尉治理,原有的郡城也足够使用。

汉代县城(郡治也是一座县城)规模一般都比战国时代城市为小。因为汉代县城以布置行政管理机构为主,不像战国城市拥有大量居民。许多汉城都是就前代城圈内围筑一较小之土城,或是另筑一座较小的别城以居官寺。如乐浪郡治朝鲜县肯定即上述大同江南岸之土城,它当为汉武帝灭朝鲜后所建,专为布置郡府之用,其朝鲜故王都居民或大部仍住王险城(该城在大同江北岸,详后),这从该土城居高临下俯视对岸旧王都的形势似亦可推想出来。从这个意义上说,把该土城称作乐浪郡治别城也是可以的。

列水虽然很长,又与朝鲜王都、乐浪郡治有密切的关系,但不如浿水有名气,整部《史记》不见列水一名,《汉书》也仅在《地理志》中一见。这并不是因为浿水要比列水源远流长,而只是因为它是辽东郡与朝鲜的界河,因此《史记》《汉书》屡屡提及。本来将《汉志》对马訾水、浿水、列水、带水的记载作一比较,完全可以断定浿水是一条较小的水道(见本节开头一段)。而在马訾水、列水、带水确定以后,便很容易看出浿水必是清川江无疑,绝不可能是源远流长的鸭绿江或大同江。但在过去,许多学者脑子里早有先入为主的观念,以为辽东郡与朝鲜的界河必是鸭绿江,而由《朝鲜传》又可明显看出

1　见原田淑人:《乐浪》,大正五年出版,驹井和爱、原田淑人:《乐浪土城址の调查概报》,载《中国都城·渤海研究》一书。

2　见《内蒙古出土文物选辑》,文物出版社1983年版。

3　据驹井和爱《乐浪郡治址》。

浿水是辽、朝界水,遂以为浿水非鸭绿江莫属。又有一些学者根据《隋书》和《新唐书·高丽传》"平壤城……南临浿水"的记载,认为浿水既在平壤之南,而隋唐时之平壤城至今未迁,位大同江北,当然浿水就是大同江了。前一说可推日人津田左右吉为代表,后者则以杨守敬为典型。

浿水大同江说无需详加批评,上述考古发现已证明大同江是列水。把大同江称作浿水是汉代以后的事,杨氏未注意及此,后文再加分析。现只批评鸭绿江说。津田氏在其《浿水考》[1]一文中认为,辽东郡得名于辽水,只能有辽水以东地,因此不可能包含有鸭绿江以南地域,这样鸭绿江自然就是辽东郡与朝鲜的边界了。这里他犯了一个逻辑上的错误,将结论当成原因了。他心中先假定了一个结论"辽东郡不能有鸭绿江以南地",然后拿这个未经证明的结论当成另一个结论"浿水即鸭绿江"的原因,岂有是理?其实鸭绿江以南地也还是在辽水以东,包括在辽东郡里依然名副其实,有何不可?何况,汉代郡国之中济北郡兼有济水南北,胶东郡跨有胶水东西,乃是极正常之例,甚至辽东郡还兼有辽西地,若照津田氏之说,这更是不可能之事了。郡名只依大体情况而定,并无严格定量的限制。而且,汉初辽东郡与朝鲜界于浿水还是"为其远难守",经过调整,后退的结果。战国时期,燕国"曾略属真番朝鲜,为置吏筑障塞",长城直筑到朝鲜境内。秦代长城的起首就在浿水以南,《晋志》乐浪郡遂成县注曰:"秦筑长城之所起。"汉初国力尚弱,只能放弃朝鲜,将长城后退,修复辽东故塞,才确定以浿水为界。

津田左右吉也承认《汉志》所载马訾水是鸭绿江,同时却又一口咬定《史记·朝鲜传》中的浿水也是鸭绿江,然后作一大篇《浿水考》来分析这两种记载为什么相互矛盾,纯粹浪费笔墨。因为两者并不矛盾,在汉代鸭绿江只叫马訾水,没有任何可靠的例证说明它又称作浿水。《朝鲜传》中的浿水则与《汉志》一致,并不指鸭绿江。

主浿水为鸭绿江者还有如丁谦者,在其《朝鲜传考证》中,他列举证据说明浿水决非大同江,然后就肯定浿水是鸭绿江,理由一点不讲,大有非彼即此之势,再也想不到浿水还有可能是鸭绿江与大同江之外的第三条水。

其实朝鲜学者韩百谦在《东国地理志》中已发现浿水是清川江。以清川江当浿水,完全符合《朝鲜传》的有关记载,又与《汉志》对浿水的描述不矛盾,是最合适的解释。当然在未有考古发现以前,清川江说终非铁案。许多学者先从文献记载出发,容易各执一端,对浿水作出完全对立的解释。《朝

1　载《朝鲜历史地理》第一卷。

鲜传》记载浿水位置的地方有四处：

（1）卫满"渡浿水……都王险"；（2）汉使涉何由朝鲜回"至界上,临浿水"；（3）"右渠遣太子入谢……方渡浿水"；（4）"左将军破浿水上军,乃前至（王险）城下"。

但这里所表示的位置只是相对位置而已。对读者来说,王险城与浿水的绝对位置同样是未知数,如果认定浿水是大同江,则王险城必须在江南,不能是今之平壤,如杨守敬《王险城考》[1]所言。如果认定王险城是今平壤,则浿水须在其北,便不可能是大同江,如丁谦之鸭绿江说。丁杨两氏都先把一个未知数看成已知数（浿水或王险城）,然后以此为标准来确定另一个未知数（王险城或浿水）,因此两人所据虽然都是《朝鲜传》,而结论却完全相反。可见单靠上引《朝鲜传》四点是决定不了浿水与王险城的绝对位置的。

现在根据考古发现,确定带水是载宁江,列水是大同江,则王险城必是今平壤,而浿水在其北,既不能当鸭绿江（已见上述）,就必定是清川江无疑了。浿水为清川江,则辽东郡番汗县位置可定,沛水当今大宁江也就清楚了。

至于大同江被称为浿水,如隋唐两书所载,似是晋代以后的事。地名的转移需有历史变动作其背景,当居民发生大规模迁徙时,往往带着老地名冠于新居地之上。浿水之名自秦两汉魏晋历代相沿,大约不会有什么变化,因为这段时期,辽东、乐浪郡一直在汉人的有效管辖之下,没有发生大动乱。西晋末年,高句丽势力大盛,西进南下,乐浪、带方两郡俱为其所得。大约正是在这段时间里,随着高句丽的向南推进,才把浿水之名南携至大同江。

至北魏郦道元,由高丽蕃使口中知其都城平壤位于浿水之阳,盖其时浿水已确指大同江。一般以为浿水转指大同江乃从汉末或三国时期起,恐失之过早。因为汉末三国间中原虽然大乱,但乐浪却相对稳定,似不能发生地名自然转移的事。《水经》虽曰"浿水出乐浪镂方县,东南过于临浿县,东入于海",使人怀疑此浿水已是大同江,但《水经》此文不足二十个字却有几个疑点：（1）浿水若指大同江,不该东流。但此错犹小,东可以是西之误；（2）临浿县不见于任何载籍,历史上也许亦无此地名；（3）大同江之源当出自浿水县,似不得言出镂方。因此,颇疑《水经》此文乃自《说文》而来。《说文》亦曰"浿水出乐浪镂方东入海",但随即补充道："一曰出浿水县。"可见许慎对浿水的概念是模糊的。因此从《水经》的记载似乎不能得出三国时期浿

1　载《晦明轩稿》。

水已改指大同江,若此说成立,则《说文》之说更早,应该说在东汉时期,大同江就已蒙浿水之称了。《十三州志》云"浿水在乐浪东北,镂方在郡东",似仍与《汉志》符,浿水为清川江,源出浿水县,该县既位清川江上游,固当在乐浪东北,说明十六国初期,浿水之名或尚未彻底转移。

要之,西汉时期浿水确指清川江无疑,至于何时转指大同江,还有待进一步探索。

列水和浿水一经确认,元封三年乐浪郡的范围即可大致划定:其北界为浿水,南界即上述带方郡北境,西则海,东则单单大岭,今朝鲜中央山脉。同时,与浿水、列水源头及入海口有关的吞列、列口、浿水、增地等县地望亦随之而定。乐浪郡其他县城布置于列、浿二水附近,亦甚为自然。辽东郡番汗可定于浿水之北,则沛水为今大宁江,如此则今地的比定,与史籍所载,均无不合之处。

三、玄菟郡与临屯郡

玄菟郡之第一郡治沃沮城,在今朝鲜咸镜南道咸兴市,为治史者一致看法。第二郡治高句丽县在辽宁省新宾县兴京老城附近,也是定论。《汉志》高句丽县本注曰:"辽山,辽水所出,西南至辽队入大辽水。又有南苏水,西北经塞外。"《大清一统志》即据此以推定高句丽县故址。又西盖马县方位可由盐难水(浑江)入马訾水的位置大致得知。这样,玄菟郡始置时所属县目虽不尽可知,但其界址却已明白,即东起(日本)海滨,越过盖马大山(狼林山)与马訾水(鸭绿江)到辽东故塞,北与夫余相邻,南和乐浪、临屯相接,幅员甚为广大。

临屯郡境则全在单单大岭以东,其郡治东暆县即今朝鲜江原道江陵府,不而县在同道之安边郡。临屯其余县城沿着海滨成一线布置在这两县的南北。东暆是临屯郡可考六县中最位于南部者,估计其他不可考之九(?)县更在其南。若依自然形势看来,今庆尚北道与江原道之间层峦叠嶂,交通极为不便,当是民族分布之天然界线,临屯郡南界或止于此。其北界则在沃沮城以南,已见前文所述。

以上四郡范围大体已定。知玄菟郡最北,乐浪郡在其南,真番则更在乐浪以南,临屯则在乐浪以东与玄菟东南的海边,因据之以作地图二十五。

附: 苍海郡考

苍海郡沿革《史记》《汉书》俱不言其详,只能稍作推测。

《汉书·武帝纪》载:"元朔元年秋,东夷岁君南闾等口二十八万人降为苍海郡……三年春,罢苍海郡。"自始置至罢废不足两年,郡在何地亦不明确。《食货志》言:"彭吴穿秽貊、朝鲜,置沧海郡。"一般认为:岁君之岁,秽貊之秽,与《魏志·濊传》之濊,同为一意。穿是越过的意思,所以苍海郡地当在朝鲜东部临海之地,即濊人所居处,如《濊传》所言:"濊南与辰韩,北与高句丽、沃沮接,东穷大海,今朝鲜之东皆其地也。"这样解释,似亦大致可通。

但彭吴其人其事颇为渺茫,且二十八万人之数亦足引起怀疑。《魏志·濊传》言单单大岭以东之濊不过二万户,估计十万人左右。该地未受中土战乱影响,人口当不至大量耗减,因此,西汉时之濊似不得反比三国时期多出十八万口来。同时,元朔年间朝鲜势力尚未衰弱,二十年后武帝攻打朝鲜,尚且经年方克,以元朔初在朝鲜后方竟设置有二十八万口之众的边郡,似难于想象。而且《史记·平准书》记彭吴事为:"彭吴贾濊朝鲜,置沧海之郡。"[1]言贾(通商)不言穿;《后汉书·东夷传》则云:"元朔元年,岁君南闾等畔右渠,率二十八万口诣辽东内属,武帝以其地为苍海郡,数年乃罢。"似是移民内属,与《汉书》就地降汉有别。

因此,苍海郡之地望尚不能作肯定之说,于目前,只能暂据《汉书》,以单单大岭以东今江原道之地当之,以俟今后进一步考订。

1　《史记》原文濊作减,钱大昕《史记考异》正之。

结　语

　　通过以上两篇的考证，基本上可以看出西汉郡国一级政区沿革的全过程。但是由于西汉一代长达二百年，政区变化异常复杂，郡国之间领域较大范围的消长，史籍尚语焉不详，县一级行政单位频繁的置废改隶就更不可能详细备载了。例如，樊县于《汉志》属东平国，《汉书》之《成帝纪》及《东平思王传》亦载成帝建始二年削东平国樊县，河平二年复。但居延汉简却有"昌邑国樊郭东里□▨"（523.1）的记载，说明樊县曾在某个时期隶属过昌邑国，至于这个时期多长，则非文献资料所能解答了。因此不少郡国的更精确的边界变动情况还有待更多的考古发现来确定。

　　在复原各个时期郡国面貌的基础上，我们还可以进一步解决正文以外的一些重要问题。例如在楚汉诸侯疆域的研究方面，就可以纠正前人的许多谬误。这将放在附篇里讨论，这里仅略述与正文有关的文帝末年二十四郡的分布情况。

　　《汉书·枚乘传》载，吴楚七国反，枚乘复说吴王曰："夫汉并二十四郡，十七诸侯……其珍怪不如东山之府。"查《诸侯王表》汉代十七诸侯并列的时间为文帝十六年至后元七年之间，则二十四郡之建置亦在同时。

　　高祖末年已有十五旧郡：内史、河东、河内、河南、南阳、南郡、巴、蜀、汉中、广汉、上党、云中、上郡、北地、陇西（见谭其骧《西汉地理考辨二则》，《禹贡》6 卷 10 期），故文帝末年所增之九郡应为：[1]

　　左内史一：《公卿表》景帝元年，中大夫晁错为左内史。是内史分为左右当在景帝元年之前。

　　东郡二：《贾谊传》："请割淮阳北边二三列城与东郡以益梁。"是证文帝时东郡已属汉。

　　颍川三：孝惠元年，淮阳王友徙赵，颍川郡属汉。

　　淮阳四、汝南五：淮阳王武于文帝十二年徙梁，淮阳国除，分为淮阳、汝

1　详细考证可参见正文有关章节。

南二郡。

河间六、广川七、勃海八：文帝十五年河间哀王薨无后，国除。文帝于是分河间地置为河间、广川、勃海三郡。

琅邪九：文帝十五年齐文王无后国除，琅邪支郡属汉。

王国维《汉郡考》以为高帝末年仅十四郡，故益以左内史、右内史、东郡、颍川、淮阳、琅邪、河间、汝南、魏郡、广汉，以成二十四之数。然内史既分左右，只能益一，岂能既数左内史复数右内史？魏郡地文帝时尚为赵国所属，并未析置，亦未见削，何得属汉？王氏之说显然不合事实。

最后，还要说明一点：推恩法实行以后，王国封域处于经常变化之中（每分封一批王子侯，封域就要缩减一次），至成帝元延、绥和之交，有的王国已变动七八次之多，因此本书上篇各章详列王子侯国的受封时间和削益县的情况，反映了这种变化，以便在讨论与诸侯王国有关的历史地理问题时参考。举例来说，满城汉墓发掘以后，有关文章在提到西汉中山国领域时，只能以《汉志》所载范围为说，对于墓主中山靖王胜死时的中山国面貌，则无法论及。若根据推恩法的实质进行复原，则其时之中山国领域亦约略可睹。[1]

---

[1]　参见周振鹤《与满城汉墓有关的历史地理问题》，载《文物》月刊，1982 年第 8 期。

附

篇

第十六章
有关汉县沿革的几个问题

第一节　汉县沿革的复杂性

　　秦始皇统一天下以后,在全国范围内实行中央集权制的郡县制,以县为基层行政单位(在少数民族地区设置的特殊县称为道),以郡统县,直属中央。县以下分为若干乡,乡则由亭部和里组成。[1] 县的划分原则以人口为主,并兼顾地域的大小,即所谓"县大率方百里,其民稠则减,稀则旷"。县的大小也以户口为准,万户以上者称大县,置县令,不足万户者,置县长。因此,在地理上,县的分布密度与人口密度相一致,相对合理,也相对稳定。

　　汉兴,由于实行"封建"以赏功臣,使郡县制的结构有所变化。一方面分出部分郡县设置诸侯王国,另一方面建立与县相当的侯国和邑。前者用以分封诸侯王,后者作为列侯和皇后(公主)的食邑。因此西汉县一级政区实际上包括县、道、国、邑四种类型。由于侯国的出现,使西汉一代县的总数频繁起落,县的区划经常变动,处于极不稳定的状态之中,以至对于西汉县级政区的沿革全过程,无法进行讨论。为了说明这个问题,必须将西汉的封侯制度作一简述。

　　列侯或称通侯,秦代原称彻侯,汉代因避武帝讳而更名。秦实行赐爵制,设立二十等军功爵以赏赐将士,最高一级爵位就是彻侯。汉初,在赐爵制外,又实行"封建"制。"封建"制分爵位为二等:一为诸侯王,一为彻侯。彻侯的封土就称侯国。天子、诸侯王、彻侯都称为"有土之君"。由于彻侯已从军功爵中分离出来,所以西汉的军功爵实际上只有十九等。

　　侯国地域虽小,但彻侯却俨然是一国之君主,可以任命官吏和收取赋

1　乡的结构比较特别,非本文所能详。简而言之,亭部是乡以下的地域区划,而里则是居民点。细节容另文详述。

税,享有政治上、经济上的种种特权,他们向皇帝所尽的义务,只是按国内的居民数,每口每年交纳六十三钱的献费。侯国的这种半独立地位直至吴楚之乱以后才被取消,此后彻侯只能衣食租税,别无特权。侯国则分属所在郡管辖,不再直属中央。

高帝在位时,封侯的对象只限于功臣,并且立有无功不侯的誓约。吕后执政以后,即开外戚封侯之例。[1] 武帝为了蚕食诸侯王国封域,又实行推恩令,大量分封王子侯,同时以封丞相公孙弘为侯首创恩泽侯之名。西汉二百年间先后分封功臣侯、王子侯、外戚恩泽侯达八百七十余人之多。

侯国的大小和县一样也以户口为衡量标准,但大小悬殊,大者可达万户以上,小的仅有数百户。侯国的封域就根据列侯所封户数来划定。或者是以一县之地,或者是以一乡一聚之地。如陈平封五千户,食曲逆一县;匡衡只封六百来户,食僮县乐安一乡;若以一整县地置封,则侯国置废不影响县目的增减,也不引起该县地域的变动,若以一乡之地置封,则建立一侯国,等于增置一新县,而且使原县地域缩小。如上述匡衡受封乐安侯,则僮县就分成僮县(少了一乡之地)和乐安侯国两县。还有更复杂的情况,如霍去病的冠军侯国由穰县的卢阳乡和宛县的临骓聚组成,则是由两县分出三县的例子。以乡聚之地所置的侯国一旦罢废以后,可能仍为乡聚,则相当于减少一县之建制;也可能仍保持县的建制(如冠军侯国废为冠军县);还可能保持一段时间县的建制以后又复为乡聚。因此,要弄清西汉一代县级政区的沿革全过程,首先就必须要把八百七十余个侯国的来龙(置侯国以前是县或是乡聚)去脉(废侯国后是县或乡聚)全部搞清楚。但这在目前几乎是不可能的,既无足够的文献资料,也无足够的考古资料。我们所能知道的只是部分情况,比如说:可以肯定《汉志》与《汉表》中所有以×乡为名的侯国,在置封以前必是一乡之地。又比如说,可以知道代王子侯国大多以整县设置,因为代国(太原郡)三十一县是已知数,据此可以推测出来(参见上篇代国沿革一章)。这样的例子还可举出一些,但毕竟无法知道全部八百余国的变化情况。

侯国的设置纯粹是一种政治手段,并不像一般的县那样,县有一定的地理条件和区域经济基础,因此也就缺乏长期的稳定性。出于政治需要,可以在短期内设置大量侯国,如高帝六年至十二年就置侯国一百四十多个;而一旦政治目的达到或中枢权力发生更替现象,侯国可以随时废弃,如武帝元鼎

1　高帝时虽封外戚二人为侯,亦因其功,而非因其外戚身份。

五年一次就废侯国一百零六个。

由于侯国置废无常，有些甚至旋置旋废，存在时间很短，因此，史籍上也不能备载其置废之原委。高帝所封百余功臣侯，至班固撰《汉书》时已不详其侯国地望，更不知其置废前后建制的具体变化。个别侯国的变化，虽史籍已载明，但与事实也未必相符，如《后汉书·城阳恭王祉传》明言长沙定王子买封于零道之舂陵乡，但长沙马王堆出土古地图却标明舂陵是一县，并非一乡。[1] 类似这样的例子给弄清侯国的变化过程增添了困难。

侯国之外还有邑。皇太后、皇后、公主的食邑（汤沐邑）与侯国相类似，但在制度方面有一个重要的区别。列侯的爵位可以世袭，因此在理论上，只要列侯不犯法，侯国是能够一直延续下去的。邑则不然，在皇太后这些人死了以后，就收归中央所有（少数公主之邑也有以儿子继承的）。因此，邑的变动性更大，西汉一代究竟出现过多少邑，已难以弄清。

除了侯国和邑的置废以外，影响汉县总数及地域变化的原因还有以下几种：（1）由于经济发展，人口增加而析置新县；（2）由于某种特殊需要而设置的县，如陵县、奉郊县等；（3）由于版图扩大而增设的县；（4）由于种种缘故而废弃某些县。所有新县的设置年限和旧县的废弃时间并不全部载于史籍之中，例如马王堆古地图有龁道县，而《汉志》不载，知其废于文帝以后；又《汉志》有营道县，而古地图未画，亦可推测其置于文帝以后。如果古地图不出土，这两点推论亦无由得出。

由于以上所说各种原因，我们不可能像研究郡国一级政区沿革那样列出县级政区的详细沿革表，对于其地域的详细变化就更缺少认识。好在弄清西汉县级政区的沿革全过程在目前实际价值还不大，可以暂时搁置起来。下面两节则打算对汉初县数作一估测，并补辑《汉志》所漏县目，确定成帝元延末年时侯国与道的总数。

第二节　汉初县数的估测

这里的汉初指高帝五年汉王朝正式建立之时。这时的汉县基本上是秦县的沿袭，不会有太大的变动。以下先就史籍载有明确资料的地区进行统计，而后再对资料不足的地区进行推算（下列引文中未注明出处者皆引自

1　当然也可以解释为：文帝时（即绘制该图时），舂陵为县，后来废县为乡，亦入冷道（即零道）。若真是如此，则更说明讨论县级政区沿革之难。

《汉书·高帝纪》)。

（1）高帝六年"以云中、雁门、代郡五十三县立兄宜信侯喜为代王"。此三郡相当《汉志》之云中、定襄、雁门、代四郡，共领县五十五，其中雁门阴馆县乃景帝后三年以楼烦县一乡置，故汉初之云中、雁门、代三郡实有县五十四，与《高帝纪》所载仅一县之差。[1]《高帝纪》之五十三县显然是秦县，因为汉六年时，代地大部没入匈奴，代王亦未之国，三郡五十三县不过以秦之旧名虚封而已。汉五年时三郡为高帝自属。

（2）高帝六年"以故东阳郡、鄣郡、吴郡五十三县立刘贾荆王"。高帝五年时县数当与之无别。

（3）高帝六年"以彭城、东海、薛郡三十六县封楚王交"（《汉书·楚元王传》)。上项与本项所列六郡相当于汉五年韩信楚国的封域：彭城、薛郡、东海、鄣郡、会稽五郡。[2]

（4）高帝六年"以太原郡三十一县为韩国"。此时之太原郡相当于《汉志》之太原郡及西河郡河东部分之和，于汉末依然是三十一县之数。高帝五年时太原郡自属。

（5）高帝六年"以胶东、胶西、临淄、济北、博阳、城阳郡七十三县立子肥为齐王"。齐地七十三县乃战国以来县数。《史记·乐毅传》："下齐七十余城，皆为郡县以属燕，唯独莒、即墨未服。"于秦及汉五年齐地为临淄、济北、胶东、琅邪四郡。

以上（1）—（5）项虽然为高帝六年的统计数字，但当是沿用秦之县数。代、荆、楚、韩、齐五国之封在六年春正月丙午，在这之前不过只设置十个侯国，对五国之县数不当有影响。

（6）高帝二年，"雍地定八十余县"，章邯雍国相当秦之陇西、北地两郡和内史西部，或汉初之陇西、北地与中地郡。

（7）高帝元年，"汉王王巴、蜀、汉中四十一县"，高帝五年时当因之。

（8）高帝二年，"三月，汉王自临晋渡河，魏王豹降，将兵从。下河内，虏殷王印，置河内郡"。"五月，魏王豹反，九月曹参生获魏王豹，尽定魏地，凡五十二县"（《汉书·曹参传》)。《史记·秦楚之际月表》载："魏分为殷国（即河内郡）。"故参传所云魏地五十二县，乃合上党、河东[3]、河内三郡计。《汉志》此三郡共领县五十六，其中河东之闻喜、骐县，河内之获嘉均后置，汉初

1　参见上篇第七章。

2　高帝六年分东海为东海及东阳两郡。

3　上党、河东为汉元年西魏国封域，见本篇第十七章。

实有五十三县,与《曹参传》所载仅一县之差。是五十二县亦秦之县数,汉五年与之同。郡名亦不变。

(9) 高帝十一年,"赵相周昌奏,常山二十五城亡其二十城"。此时之常山郡相当于《汉志》常山郡及中山、真定二国之和,共有县三十六,这乃是后来析置侯国及部分县改隶的结果。高帝五年之常山郡当亦在二十五县左右,时为赵国支郡。

(10) 高帝十二年,周勃平燕地,"定上谷十二县,右北平十六县,辽东二十九县,渔阳二十二县"(《汉书·周勃传》)。此处辽东二十九县当兼辽西而言,与《汉志》辽东、辽西两郡合三十二县,相去不远。汉初至汉末,两郡境域无所变动,故汉初辽东一郡不得有二十九县之多(此郡不置侯国)。渔阳郡二十二县恐为十二县之误,《汉志》渔阳领县十二,溯自汉初亦不当有二十二之众,因郡域亦未变化。又《樊哙传》云,哙军"抵蓟南,定燕县十八"。所谓燕县当指当时广阳郡属县,相当《汉志》广阳国及涿郡北部和勃海二县(文安、安次)。故汉初之广阳、上谷、渔阳、右北平、辽东、辽西六郡合之共八十七县。汉五年时先后为臧荼和卢绾燕国的封域。

以上十项共计五百四十县左右。尚未统计的汉郡和王国有:渭南、河上、河南、南阳、南郡、东郡、上郡、梁国、韩国、长沙国、淮南国、楚国之陈郡、赵国之巨鹿、河间、清河、邯郸郡。这一部分地区只能采用推算的办法。

上述第七项,高帝元年时巴、蜀、汉中三郡共有四十一县,与这三郡范围相当的地区到了汉末发展为五十四县。具体而言是《汉志》蜀郡十三县(邛来山以南二县不计)、巴郡十县(涪陵地汉五年划入不计)、犍为七县(江南南广等五县不计)、广汉十县(西北三道不计)、汉中十四县(应计入西汉水以东之嘉陵、沮县)。

四十一县与五十四县之比大约是1:1.3,这个比例可用作推算上述未统计地区汉县总数的基础。以《汉志》言,上述未统计地区所领县有:京兆尹十二,左冯翊二十四,河南二十二,南阳三十六,弘农十一,南郡十八,东郡二十二,上郡二十三,济阴(实定陶国)九,山阳二十三,陈留十七,东平国七,梁国八,颍川二十,长沙国十三,桂阳七(应无南部四县,时该地为赵佗属),零陵九(无始安),武陵十二(无镡城),九江十五,庐江十二,豫章十八,江夏十四,六安国五,淮阳国九,汝南三十七,巨鹿二十,广平国(实广平郡)十六,河间国四,清河十四,信都国(实信都郡)十七,赵国四,魏郡十八,还有勃海十七(本二十六,其中九县属上述第五、十项),涿郡十三(本二十九,十六县属第九、十项),丹扬四(本十七,十三县属第二款),西河郡二十七(本三十六,九县属第四项),沛郡十一(梁国削入五县,别属六王子侯国),共计五百八十县左右。按比例推算,则汉初这一地区当有县四百四十左右。

以上推算之四百四十县与统计之五百四十县之和,大约即近千县之数。

《百官表》言汉末县数为一千五百八十七,若汉初有县近千,加上武帝新开郡上所置之二百余县,则其余三百来县当为二百年间在汉初疆域内所析置的新县。这些新县大多是元延末年现存的侯国(这二百多侯国[1]多以乡聚之地置)以及前身本为侯国的县(如什方、冠军等县),小部分则为历朝所增设的县(如陵县等)。这样的分布情况大约是与史实相符的。

汉初千县之数也可作为进一步推测秦县数目的基础。以秦郡而言,汉初疆域比秦代少南海、桂林、象郡、九原、闽中五郡。这五郡于秦亦不过数十县(观《汉志》之朔方、五原、南海、合浦、苍梧、郁林等郡县数可知)之数。因此秦县大约亦是千县有余而已。

第三节　《汉志》县目的分析

一、《汉志》县目补辑

《汉书·百官表》云:"列侯所食县曰国,皇太后、皇后、公主所食曰邑,有蛮夷曰道。凡县、道、国、邑千五百八十七。"《地理志》后序曰:"讫于孝平凡郡国一百三,县邑千三百一十四,道三十二,侯国二百四十一。"汉县总数1 587,两项记载相符。

但是《汉志》正文所列县名只有1 578个,尚有九县脱漏,钱大昕氏据《汉表》找出八个元延末年尚存,而《汉志》未载的侯国:利昌、怀昌、顺阳、昌乡、卑梁、桑丘、陵石、乐昌。实际上其中有四县《汉志》已载,钱氏未察。桑丘见于泰山郡;陵石当即东莱郡阳石,陵、阳形近易讹;顺阳钱坫以为是琅邪郡慎乡[2],可信,慎、顺相通,慎乡本一乡之地,封侯后改乡为阳,此例颇常见;昌乡即东莱郡昌阳,亦因置侯国改乡为阳,前人皆未注意(参见上篇第九章胶东国沿革一节)。因此《汉志》未载侯国实有四个,即利昌、怀昌、卑梁、乐昌。

怀昌侯国,武帝元朔二年封淄川懿王子错。或入齐郡或入北海,或入琅邪,已不可知。

利昌侯国,武帝元朔三年封代共王子嘉,王莽时乃绝。代王子侯国皆入

1　元延末年侯国数见下节所考。

2　见《新斠注地理志集释》。

于西河,利昌估计亦属西河。

乐昌侯国,宣帝地节四年封王武,《汉表》在汝南(东郡乐昌县与此无涉)。据《后汉书·张酺传》,赵王张敖子寿封于汝南细阳之池阳乡,《史表》及《汉表》则云吕后八年受封乐昌侯国,翌年除。可见乐昌侯国以池阳乡置,文帝元年国除以后当仍为池阳乡,至地节四年又以该地封王武。由此可知乐昌侯国地望当在汝南郡细阳县附近,《汉志》汝南郡领县数应为三十八,而不是三十七。

卑梁侯国,成帝建始二年封高密顷王子都,王莽时乃绝。此侯国或入琅邪,或入北海。

以上四侯国皆除于元延末年以后,《汉志》当载未载,很可能是班固自己所漏。

另有畔、金兰二县因传抄错简或与他县连写,致消失于无形,旧本《汉书·地理志》东郡下有畔观县,多数学者都以畔为衍文,独段玉裁在其《经韵楼集》中指出畔观乃是两县,传抄误连写成一县。今居延汉简有"成卒东郡畔东成里公乘□"(146.3)等简,明载畔县之名,证实了段氏的卓见。又《地理志》庐江郡下本注曰:"金兰西北有东陵乡,淮水出。"清人周寿昌认为金兰县亦是因转写而脱漏,[1]其说得之。

这样,《汉志》所漏九县,已试补其六。尚有平陆一县,不能确定是否为《汉志》所遗,录之以备考。《水经·渠水注》载:"(康沟)东径平陆县故城北。高后(实景帝)元年封楚元王子礼为侯国。建武元年,以户不满三千,罢为尉氏县之陵树乡……"故《陈留风俗传》曰:"陵树乡,故平陆县也。"据此,似汉末应有平陆县。但平陆侯之名西汉一代共有三人,另两人是刘文(后为楚思王,见《汉书·楚孝王传》,此侯《汉表》失载),及刘宠(淮阳宪王孙,王莽时除)。《水经注》言侯国名常有误指,若该平陆为刘宠所封,则封时为元始元年,已在《汉志》断代以后,不是漏载。而且刘礼景帝三年为楚王,平陆侯国应同时除,未必国除以后仍保留县之建制直至建武元年,很可能成为乡聚并入他县。因此平陆县是否《汉志》所遗,尚存疑问。

二、成帝元延末年之侯国总目

《汉志》所载侯国名据钱大昕氏考证,当以成帝元延末年为断,是为至论。《汉志》后序虽称侯国总数有二百四十一,但正文所列仅一百九十四,漏载颇多，而且一百九十四侯国中还有不少误注者。钱氏对此已有所补正，[1]然犹稍有阙误，现试予重新订正整理，共得侯国二百二十六个，列如下：

河东郡 ① 骐

东郡 ② 阳平*

陈留郡 ③ 长罗

颍川郡 ④ 成安 ⑤ 周承休

汝南郡 ⑥阳成 ⑦ 安成 ⑧ 宜春 ⑨ 弋阳 ⑩ 归德 ⑪ 安昌 ⑫ 安阳 ⑬ 博阳 ⑭ 成阳 ⑮ 定陵* ⑯ 乐昌

南阳郡 ⑰ 鄛 ⑱ 安众 ⑲ 春陵 ⑳ 新都 ㉑ 红阳 ㉒ 乐城 ㉓ 博望 ㉔ 复阳

南郡 ㉕ 高城*

江夏郡 ㉖ 钟武

庐江郡 ㉗ 松兹

九江郡 ㉘ 当涂 ㉙ 博乡 ㉚ 曲阳

山阳郡 ㉛ 城都 ㉜ 黄 ㉝ 爰戚 ㉞ 部成 ㉟ 中乡 ㊱ 平乐 ㊲ 郑 ㊳ 甾乡 ㊴ 瑕丘 ㊵ 栗乡 ㊶ 曲乡 ㊷ 西阳

沛郡 ㊸ 广戚 ㊹ 公丘 ㊺ 洨 ㊻ 建成 ㊼ 建平 ㊽ 栗 ㊾ 扶阳 ㊿ 高 (51) 高柴 (52) 漂阳* (53) 平阿 (54) 东乡* (55) 临都* (56) 义成* (57) 祁乡

魏郡 (58) 即裴 (59) 邯会 (60) 平恩 (61) 邯沟

巨鹿郡 (62) 象氏 (63) 新市 (64) 安定 (65) 历乡 (66) 乐信 (67) 武陶 (68) 柏乡 (69) 安乡

常山郡 (70) 桑中 (71) 封斯 (72) 乐阳 (73) 平台 (74) 都乡

清河郡 (75) 东阳 (76) 信乡

涿郡 (77) 广望 (78) 州乡 (79) 樊舆 (80) 成 (81) 利乡 (82) 临乡 (83) 益昌 (84) 阳乡 (85) 西乡 (86) 阿武 (87) 高郭 (88) 新昌

勃海郡 (89) 定 (90) 参户 (91) 柳 (92) 临乐 (93) 修市 (94) 景成 (95) 童乡 (96) 蒲领

平阳郡 (97) 平昌 (98) 羽 (99) 富平 (100) 合阳 (101) 楼虚 (102) 龙须 (103) 安

千乘郡 (104) 平安 (105) 被阳 (106) 高昌* (107) 繁安 (108) 延乡*

1 《廿二史考异》卷九。

济南郡 ⑩ 朝阳 ⑪ 猇 ⑪ 宜成

泰山郡 ⑫ 柴* ⑬ 宁阳 ⑭ 桑丘* ⑮ 富阳* ⑯ 桃山 ⑰ 桃乡 ⑱ 式*

齐郡 ⑲ 广* ⑳ 广饶* ㉑ 临朐* ㉒ 北乡 ㉓ 平广 ㉔ 台乡*

北海郡 ㉕ 剧魁 ㉖ 瓡 ㉗ 剧 ㉘ 平望 ㉙ 平的 ㉚ 柳泉 ㉛ 乐望 ㉜ 饶 ㉝ 平城 ㉞ 密乡 ㉟ 羊石 ⑯ 乐都 ⑰ 石乡 ⑱ 上乡 ⑲ 新成 ⑩ 成乡 ⑪ 胶阳

东莱郡 ⑫ 平度* ⑬ 牟平* ⑭ 昌阳* ⑮ 阳乐 ⑯ 阳石* ⑰ 徐乡*

琅邪郡 ⑱ 虚水 ⑭ 临原 ⑮ 祓 ⑮ 鲋 ⑮ 零叚 ⑮ 云 ⑮ 稻 ⑮ 皋虞 ⑮ 魏其 ⑮ 兹乡 ⑮ 箕 ⑮ 高广 ⑯ 高乡 ⑯ 柔 ⑯ 即来 ⑯ 丽 ⑯ 武乡 ⑯ 伊乡 ⑯ 新山 ⑯ 高阳 ⑯ 昆山 ⑯ 参封 ⑰ 折泉 ⑰ 博石 ⑰ 房山 ⑰ 慎乡 ⑰ 驷望 ⑰ 安丘 ⑰ 高陵 ⑰ 临安 ⑰ 石山

东海郡 ⑰ 良成 ⑱ 兰祺 ⑱ 南成 ⑱ 山乡 ⑱ 建乡 ⑱ 容丘 ⑱ 东安 ⑱ 建阳 ⑱ 于乡 ⑱ 平曲 ⑱ 都阳 ⑲ 阴平 ⑲ 部乡 ⑲ 武阳 ⑲ 新阳 ⑲ 建陵 ⑲ 昌虑 ⑲ 都平

临淮郡 ⑲ 西平* ⑲ 高平 ⑲ 开陵 ⑳ 昌阳 ㉑ 广平 ㉒ 兰阳 ㉓ 襄平 ㉔ 乐陵

豫章郡 ㉕ 海昏* ㉖ 安平

桂阳郡 ㉗ 阴山

零陵郡 ㉘ 夫夷* ㉙ 都梁 ㉑ 泉陵

广平郡 ㉑ 南曲* ㉒ 曲梁 ㉓ 广乡* ㉔ 平利* ㉕ 平乡* ㉖ 阳台 ㉗ 城乡*

信都郡 ㉘ 乐乡 ㉙ 平堤 ㉒ 桃* ㉑ 西梁 ㉒ 昌成 ㉓ 东昌

不知属何郡者 ㉔ 利昌 ㉕ 怀昌 ㉖ 卑梁

说明:

（1）上列侯国名带 * 者,为《汉志》所失注。⑮ 定陵侯,钱大昕以为国已除故《志》不注。然该侯国实除于绥和元年十一月（见《成帝纪》）,即《汉志》所载侯国以元延末年为断,则定陵县当注侯国。绥和元年二月成帝封殷绍嘉以下三侯,皆不见志,定陵侯国之除在其后,明《汉志》失注。⑯ 高昌侯,宣帝地节四年封董忠,哀帝元寿二年免,《汉志》失注,钱氏未补。⑭ 桑丘侯,成帝鸿嘉元年封东平思王子顷,《汉志》失注,钱氏未补。⑭ 昌阳侯国即胶东顷王子宪昌乡侯之封地,《汉志》失注,考史诸家皆未之察(参见上篇第九章)。

(2)《汉表》有而《汉志》漏载之侯国有四:⑯ 乐昌、㉔ 利昌、㉕ 怀昌、㉖ 卑梁。《汉志》漏载县目九个,此四侯国即在其中,已见前文所述。

(3)《汉志》误注、衍注侯国者有:㊴ 瑕丘侯国误注于沛郡敬丘之下,钱氏不察(见上篇第一章)。良乡乃涿郡县,由燕国削入,钱氏附会为赵共王子交梁乡侯之国,误。一则赵王子所封一般不当至涿,二则梁乡侯封于绥和元年六月亦不当入《志》。《汉志》良乡下所注侯国乃衍文。㉖⑦ 阴山侯国即阳山侯封地,《汉志》于阳山县下亦注侯国,误(见上篇第十章)。又,博山侯封于绥和二年,《汉志》不该注侯国,钱氏已指出。

(4)⑰③ 慎乡侯国即《汉表》胶东顷王子共顺阳侯之封地,钱坫已指出(前文已引)。钱大昕误列慎乡、顺阳为两侯国,误。⑭⑥ 阳石侯国,钱氏疑为胶东共王子庆陵石侯封地,是。

(5)⑪② 柴侯国武帝元朔四年封,五世无后,无由确知绝于何时,钱氏以为《志》失注,姑从之。⑫⑥ 瓡侯国元康四年四世嗣七年薨,但《志》注侯国,不知何故,录以存疑。

(6)⑫⓪ 临朐侯国钱氏以为在东莱郡,似以在齐郡为是。

(7)《汉书·高惠高后文功臣表》汾阴侯周昌下有"元康四年昌曾孙沃侯国士伍明诏复家"之载,似宣帝时有沃侯国。但《表》《志》皆不见此侯之名,录此以备考。

三、元延末年道的总目

道是管理少数民族的特殊县,据《汉志》后序,西汉末年应有道三十二,但正文所载县名含有"道"字的仅三十个,即:

① 翟道(左冯翊)　② 夷道(南郡)　③ 营道　④ 泠道(零陵郡)　⑤ 甸氏道　⑥ 刚氏道　⑦ 阴平道(广汉郡)　⑧ 严道　⑨ 湔氏道(蜀郡)　⑩ 僰道(犍为郡)　⑪ 灵关道(越巂郡)　⑫ 故道?　⑬ 平乐道　⑭ 嘉陵道　⑮ 循成道　⑯ 下辨道(武都郡)　⑰ 狄道　⑱ 氐道　⑲ 予道　⑳ 羌道(陇西郡)　㉑ 戎邑道　㉒ 诸道　㉓ 略阳道　㉔ 獂道(天水郡)　㉕ 月支道(安定郡)　㉖ 除道?　㉗ 略畔道　㉘ 义渠道(北地郡)　㉙ 雕阴道(上郡)　㉚ 连道(长沙国)。

其中有些道名,显然与少数民族无关。如㉖ 除道之名可能记载秦始皇除道九原、抵云阳之事,⑫ 故道之道亦应解作道路之道。故道之名乃因该县据关中通蜀之故道北端而得名(参见下篇第十二章)。因此《汉志》所载道名尚遗漏若干,当据其他记载予以补正。

检《汉书·高后纪》有武都道之名,《续汉书·郡国志》蜀郡有绵虒道、汶江道,《后汉书·安帝纪》有青衣道,《水经·若水注》有旄牛道,这五个道都很可能是《汉志》所遗。

因此上述三十道之名退除道、故道,而进武都、绵虒、汶江、青衣、旄牛五道,则总数为三十三道,与《汉志》后序三十二道之说近似,大约当符合史实。

第十七章

楚汉诸侯疆域新志

　　清人刘文淇著有《楚汉诸侯疆域志》,复原秦亡以后,项羽自立西楚霸王和分封十八诸侯时的政区面貌。但刘氏不明白汉初政区经过二百年的变迁,已经面目全非,依然直接套用《汉志》所载郡县来划定汉元年各诸侯的封域,所以谬误百出,几无一是,必须重加考订。

　　秦楚之际,"天下未定,参错变易",旧六国贵族乘时而起,据地称王,"扰攘僭篡",秦王朝覆灭以后,才暂时统一在楚义帝的旗号之下。汉元年(公元前206年),项羽以梁、楚地九郡自置西楚国,并划地分封灭秦有功将领、旧六国贵族及秦降将等十八人为诸侯王。在连续几年的混战中,不可能对秦郡的建制有所更动,因此当时各诸侯的封域必定以秦郡[1]为基础而划定,根据这个原则,以下分两节分别讨论十八诸侯与西楚霸王的封域。

第一节　十八诸侯封域

　　《史记·秦楚之际月表》云:"西楚主伯,项籍始为天下主命,立十八王。"现依《史记·项羽本纪》所列顺序,逐次考定其封域。

一、汉

　　《项羽本纪》:"立沛公为汉王,王巴、蜀、汉中,都南郑。"

　　《汉书·高帝纪》(以下简称《高帝纪》):"王巴、蜀,汉中四十一县。"

　　秦之巴、蜀、汉中三郡,相当于《汉志》巴、蜀、汉中、广汉四郡及犍为北部、武都东部。《华阳国志》云:"分巴割蜀以成犍广。"《后汉书·西南夷传》曰:"白马氏者,武帝元鼎六年开,分广汉西部合以为武都。"可资证明。具体

1　本章所说秦郡之目悉以谭其骧《秦郡》(《大百科全书》条目)一文为准。该文载《复旦学报》(社会科学版)1982年第5期。

210

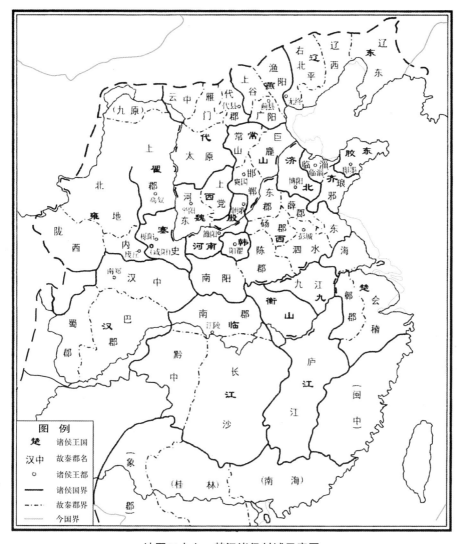

地图二十六 楚汉诸侯封域示意图

而言,汉国的界址为:东、北两面循《汉志》巴郡、汉中之界,东南无巴郡之涪陵(汉五年才来属),南以江水南岸为境,西南至邛来山,西循《汉志》蜀郡西界,西北无《汉志》广汉西北三道,而有武都东部嘉陵、沮县地(参见下篇第十二章西南诸郡沿革)。

这一地区于《汉志》共领五十四县,是汉初四十一县经过析置的结果。据《华阳国志》明确后置的县有:广都:元朔二年,符县、牛鞞:元鼎二年,褒中:元凤六年。尚有近十县不知其置年(什方,高帝六年封雍齿,颇疑该县即置于其时)。

刘文淇氏以为刘邦汉国全有《汉志》犍为郡,不确。犍为郡江以南地为武帝时所开,其时不当属汉国。又刘氏以《汉志》巴、蜀、汉中三郡三十八县来解说汉初四十一县,谓尚有三县当在广汉、犍为之中,不通之至。

二、雍

《项羽本纪》:"立章邯为雍王,王咸阳以西,都废丘。"

《高帝纪》:"二年六月,雍地定八十余县。"

《月表》:二年七月,雍地"属汉为陇西、北地、中地郡"。

章邯封地为秦内史西部与陇西、北地两郡。高帝二年灭雍,以内史西部置中地郡,于《汉志》相当于右扶风。陇西、北地于武帝元鼎三年各分置天水、安定郡,元鼎六年,陇西又分南部数县以成武都郡;[1]又,昭帝始元六年取陇西、天水、张掖各二县置金城郡。所以章邯雍国于《汉志》相当于右扶风、陇西、天水、北地、安定五郡全部及金城郡四县、武都郡七县之地,于汉末总共领县九十九。其中明确后置四县:北地灵州,惠帝四年置;右扶风安陵,惠帝置;茂陵,武帝置;平陵,昭帝置。又安定月支道,疑武帝置以居内属之月支人。另外,高帝二年时,故塞以外地已属匈奴,这一块地方亦包含数县之建制。除去上述这些县,刘邦所定雍地正为八十余县,与《高帝纪》合。

刘文淇氏以为陇西、北地二百年间毫无变化,竟以《汉志》陇西、北地、右扶风三郡当雍地,若据其说以制图,则雍国将成为支离破碎之地,因为右扶风与汉末陇西郡并不相连,中间还隔着天水郡,岂不荒唐?

三、塞

《项羽本纪》:"立司马欣为塞王,王咸阳以东至河,都栎阳。"

《汉志》:"京兆尹,故秦内史,高帝元年属塞国,二年(实元年)更为渭南郡""左冯翊,故秦内史,高帝元年属塞国,二年(亦元年)更名河上郡。"

可见塞国有秦内史东部地,于高帝元年末为渭南、河上两郡,相当于《汉志》之京兆尹及左冯翊二郡。不过,京兆尹并不全等于渭南郡,因为武帝元鼎六年徙函谷关于新安,以故关为弘农县,并割右内史(后更名京兆尹)、南阳、河南三郡部分地置弘农郡。所以汉初渭南郡实有《汉志》京兆尹全部及弘农郡之弘农、上雒、商县三县地。刘氏以为弘农全由秦三川郡(即汉河南郡)所分置,不确。[2] 左冯翊则由河上郡—左内史更名而来,汉初至汉末领域

1　参见下篇第十二章。

　2　参见下篇第十一章。

不变。

四、翟

《项羽本纪》:"立董翳为翟王,王上郡,都高奴。"

秦至汉初,上郡相沿不变,东境以河水与太原郡相邻。元朔三年因接受九个代王子侯国,领域扩大;翌年,遂分置西河郡。因此,秦之上郡(即翟地)相当于《汉志》上郡加上西河郡的河西部分地。[1] 刘氏以为翟国仅有《汉志》上郡地,不确。

五、西魏

《项羽本纪》:"徙魏王豹为西魏王,王河东,都平阳。"

西魏之封域历来为人误解。裴骃、全祖望、刘文淇都以为西魏地有河东、上党、太原三郡,此误乃缘《史记》而来。

《史记·高祖本纪》:"三年……汉王遣将军韩信击,大破之,虏豹,遂定魏地,置三郡,曰河东、太原、上党。汉王乃令张耳与韩信遂东下井陉击赵,斩陈馀、赵王歇。"

其实这段记载并不可靠。首先,定魏地不在三年,而在二年;其次,定魏地后仅置河东、上党二郡,太原之置在破代之后,因为下魏破代二事接踵而来,故《史记》一并提及。此论断有以下记载为证:

《淮阴侯传》曰:"汉二年八月以信为左丞相,击魏……信遂虏豹,定魏为河东郡。"

《月表》:"西魏:二年九月汉将信虏豹,属汉为河东、上党郡。"《淮阴侯传》举河东以概上党,因魏都平阳属河东,《月表》则明言魏地仅河东、上党两郡。

《淮阴侯传》又载韩信定魏地之后"汉王遣张耳与信俱,引兵东,北击赵、代。后九月破代兵,禽夏说阏与"。夏说代相,为代王陈馀守代地(《史记·陈馀传》)。阏与在上党沾县,濒太原郡(《续汉书·郡国志》)。可见韩信破魏之后,夏说遂陈代兵于代魏边境,与韩信决战,结果兵败被俘。代魏边境即太原、上党之分界。

《曹相国世家》又云:曹参"尽定魏地"后,"因从韩信击赵相国夏说军于邬东,大破之,斩夏说"。邬为太原县,益证太原为代地,若太原属魏,则代兵

西汉政区地理

第十七章　楚汉诸侯疆域新志

何以至魏地？

故西魏国仅有河东、上党两郡明矣。

六、河南

《项羽本纪》:"立申阳为河南王,都洛阳。"

《高帝纪》:"二年冬十月河南王申阳降,置河南郡。"

《汉志》:"河南郡,故秦三川郡,高帝更名。"故申阳之河南国乃以秦三川郡置。

秦三川郡(即汉初河南郡)当有《汉志》河南郡(无密县、新郑、苑陵)及弘农郡东北部陕县、渑池、新安、宜阳、陆浑、卢氏六县地。新郑一带汉初原为颍川郡属,弘农六县地乃元鼎间分自河南郡。[1] 刘文淇以为河南国全有《汉志》河南、弘农二郡地,误。

七、韩

《项羽本纪》:"韩王成因故都,都阳翟。"

《秦始皇本纪》:"十七年,内史腾攻韩,得韩王安,尽纳其地,以其地为郡,命曰颍川。"

韩王成封域即如秦之颍川郡,相当于《汉志》颍川郡及河南郡东南二三县地,详见上文及上篇第三章。

刘文淇以为颍川有淮阳之地,又以为韩仅十县之地,误甚。

八、殷

《项羽本纪》:"赵将司马卬为殷王,王河内,都朝歌。"

《汉志》:"河内郡,高帝元年为殷国,二年更名。"

河内秦郡相沿至汉末不变。唯其不变,故刘《志》所考十八诸侯,只有殷国与下文辽东国不误。

九、代

《项羽本纪》:"徙赵王歇为代王。"

《月表》:"赵王歇为代王,都代。"

代县即秦代郡郡治。广义的代地包括云中、雁门、代、太原四郡,四郡均

1　参见下篇第十一章及上文塞国。

为旧六国赵之故地。

秦楚之际,匈奴南侵燕、代、云中、雁门、代郡地多没入匈奴。代地中心实移至太原。故汉六年徙韩王信王太原,《史记·月表》系之于代国之下。十一年,刘恒王代,实居太原,景帝三年以后代国仅有太原一郡。但名义上赵歇汉元年所封代国仍有云中、雁门、代、太原四郡之地。

《汉书·高帝纪》:"二年冬十月,陈馀迎代王歇还赵,歇立馀为代王。"

《史记·陈馀传》:"赵王德陈馀,立以为代王,陈馀为赵王弱,国初立,不之国,留傅赵王,而使夏说以相国守代。"

夏说所守之代实则太原,已见上面西魏国所述。

清人梁玉绳不明此理,误以为太原为赵(王歇)地,故其《史记志疑》妄改《月表》汉三年十一月之第六格与第七格,以为第七格"属汉为郡",上应加"代"字,置陈馀后;第六格"属汉为太原郡"应置于"汉灭歇"之后。其实大错。《史记·月表》此处完全正确,因为太原属代,陈馀为代王,故韩信斩陈馀后代属汉为太原郡,顺理成章。相反,汉灭歇,赵地属汉不止一郡,故《月表》只云"属汉为郡",十分合理。

再者,韩信"下魏破代之后,即东下井陉击赵"。《汉志》载:"常山郡石邑县,井陉山在西。"井陉是太原通赵地的孔道,不占太原不能下井陉。《史记》的"破代"即是破太原。若照梁玉绳说代地是指代郡,在常山之北,绝不能有取代郡再越常山南下击赵之理。可见校改古籍须十分慎重,否则往往贻误后人。

秦之云中郡于高帝十一年分置定襄郡,太原郡西部武帝时成为西河郡地,因此赵歇(以及后来的陈馀)代国四郡相当于《汉志》之代、雁门、云中、定襄、太原及西河郡的河东部分。[1]

刘文淇既不知太原属代国,更不知云中郡于高帝十一年分东部地置定襄郡,因此直以《汉志》代、雁门、云中三郡当赵歇代国之封域。若依其说,则汉元年之代国亦将被割裂为东西不相属的两块地方,因《汉志》云中与雁门中间隔一定襄郡也。

十、常山

《项羽本纪》:"赵相张耳素贤,又从入关,故立耳为常山王,王赵地,都襄国。"

秦灭赵，以其地置邯郸、巨鹿郡，后又分邯郸置常山。张耳之常山国有此三郡之地，相当于《汉志》之赵国、魏郡、常山、中山、真定、巨鹿、广平、清河、河间、信都十郡国及郏县以南之涿郡、东平舒至大河之间的勃海郡地。[1]

刘文淇以为常山国得秦之邯郸、赵郡、巨鹿三郡，不确。邯郸郡、赵郡名不两立。秦灭赵，既以赵都邯郸为中心置邯郸郡，不得反称故赵国别郡为赵郡。

十一、九江

《项羽本纪》："当阳君黥布为楚将，常冠军，故立布为九江王，都六。"

九江国当以秦九江郡置。《秦始皇本纪》："二十三年……荆将项燕立昌平君为荆王，反秦于淮南。二十四年，王翦、蒙武攻荆，破荆军。"九江郡之置当于秦始皇二十四年平淮南地以后，九江后又分出衡山郡、庐江郡。[2] 项羽即以衡山郡封吴芮为衡山王，以秦末之九江郡、庐江郡王黥布。

汉五年，又分庐江郡置豫章郡。高帝即以九江、庐江、豫章、衡山四郡封英布（即黥布）。汉元年时之九江国境即相当汉五年之九江、庐江、豫章三郡，于《汉志》则为九江郡六安国全部，汝南郡弋阳、期思二县，庐江郡东部舒县、临湖、襄安、枞阳四县地，丹阳郡西部宣城、春谷、泾县、陵阳四县地及豫章郡大部（无艾县、宜春、建成三县，原长沙国属）。[3]

十二、衡山

《项羽本纪》："番君吴芮率百越佐诸侯，又从入关，故立芮为衡山王，都邾。"

衡山国封地即秦与汉初之衡山郡，说见上。相当于《汉志》江夏郡东半及庐江郡西半之和，即《汉志》两郡除去安陆、云杜、竟陵、沙羡与襄安、临湖、舒县、枞阳八县之余。[4]

刘文淇九江、衡山两国所考全错。

十三、临江

《项羽本纪》："义帝柱国共敖将兵击南郡功多，因立敖为临江王，都

1　参见上篇第八章赵国沿革。
2　庐江可能为秦郡，《水经·赣水注》曰：豫章"秦以为庐江南部"可证。参见前文论谭其骧《秦郡》一文。
3　参见上篇第四章淮南国沿革。
4　参见上篇第四章淮南国沿革。

江陵。"

《月表》：汉五年十二月"汉虏骊（共敖子）"，"正月属汉为南郡"，"分临江为长沙国"。

可见临江国相当于汉五年时的南郡和长沙国之和。长沙国乃以长沙郡与武陵郡组成，武陵郡之前身即秦黔中郡。[1] 因此汉元年之临江国实以秦之南郡、长沙、黔中三郡置。相当于《汉志》长沙国、南郡全部，江夏郡西部之安陆、云杜、竟陵、沙羡四县地，武陵郡、桂阳郡、零陵郡大部（无镡城、始安、阳山、含洭、浈阳、曲江诸县地，时为赵佗所据），豫章郡之艾县、宜春、建成三县地。

刘文淇未细读《月表》，故不知临江国含有长沙、黔中二郡。

十四、辽东

《项羽本纪》："徙燕王韩广为辽东王。"

《月表》："燕王韩广为辽东王，都无终。"

无终为北平郡治，故辽东国当有《汉志》辽东、辽西、右北平三郡，此三郡领域自六国故燕—秦—汉三代相沿不变。

十五、燕

《项羽本纪》："燕将臧荼从楚救赵，因从入关，故立荼为燕王，都蓟。"

秦于故燕地当置有广阳一郡，故燕又原有边郡五：上谷、渔阳、辽东、辽西、右北平，后三郡属辽东国，是臧荼之燕国当有广阳、上谷、渔阳三郡。其中广阳郡相当于《汉志》广阳国及涿郡北半部，勃海之安次、文安二县地。渔阳汉初至汉末不变，如《汉志》所载。上谷比《汉志》所载略大，因元朔间弃造阳地九百里于匈奴。[2]

刘文淇以为燕国有《汉志》涿郡全部，误。涿郡南部为常山国地。燕与常山国之交界当沿《汉志》北新成（中山国）—易县（涿郡）—文安（勃海）一线。

十六、胶东[3]

《项羽本纪》："徙齐王田市为胶东王。"

《月表》："齐王田市为胶东王，都即墨。"

1　参见上篇第十章长沙国沿革。

2　参见上篇第六章燕国沿革。

3　胶东及以下之齐、济北两国封域可参见上篇第九章齐国沿革。

秦灭齐,置临淄、琅邪二郡。后临淄分济北,琅邪分胶东。项羽即以此四郡置三齐国,胶东国以秦之胶东郡置,相当于《汉志》胶东国与东莱郡全部,并有琅邪之皋虞、长广,北海之密乡、平城等县地。

十七、齐

《项羽本纪》:"齐将田都从共救赵,因从入关,故立都为齐王。都临淄。"

齐国封域当有秦末之临淄、琅邪二郡,相当于《汉志》之城阳、高密、北海(除密乡、平城)、琅邪(除皋虞、长广)、齐郡、淄川、千乘等郡国之和,并有东海之利城、南城、费等县地。

十八、济北

《项羽本纪》:"田安……引其兵降项羽,故立安为济北王,都博阳。"

济北国当以秦之济北郡置。相当于《汉志》之平原、泰山(但无南武阳、宁阳、瑕丘等县,楚汉时为薛郡地)、济南及大河以南之勃海郡地,并有东郡荏平、东平国富城等县地。

秦之临淄、琅邪、济北、胶东四郡,入汉以后变动相当复杂,请参见上篇第九章齐国沿革,此处不赘述。

刘《志》以为胶东国都即墨属汉高密国,因而以为《汉志》高密国应属田市胶东国,城阳国属田安济北国,皆误。又遗《汉志》北海郡地无所归属,疏漏之甚。

第二节 项羽西楚国封域

项羽以梁、楚地九郡自封为西楚霸王。九郡之目,历来聚讼不休。现举清人四种观点以作比较。

全祖望	东海	泗水	会稽	东郡	砀郡	薛郡	楚郡	南阳	黔中	
钱大昕	—	—	—	—	—			东阳	吴郡	鄣郡
姚鼐							陈郡			
刘文淇	郯郡	—	—	—	—			—	颍川	—
今 定	东海	—	—	—	—		陈郡	南阳		—

（表中全氏所谓楚郡,即姚氏的陈郡,秦灭六国后无以旧六国名称新置郡者,当以陈郡名为是。）

由上表可见，有六郡之目，四家见解皆同。但东海的含义实有差别。全氏东海是秦郡，钱、姚、刘三家之东海（或郯郡）却是秦东海郡分南部置东阳郡以后的新东海郡。据《水经注》东阳郡置于楚汉之际（其实恐置于高帝六年），因此，汉元年不得有东阳郡至为明显。钱、刘、姚三家皆以之实九郡之数，不妥。

项羽九郡与十八王封地一样，需以秦郡数，而不能以汉郡计。六国故楚地幅员辽阔，相当秦黔中、南郡、长沙、南阳、陈郡、薛郡、泗水、东海、会稽（吴郡）、郯郡、衡山、九江、庐江[1]十三郡。《秦楚之际月表》云："分楚为四。"衡山封吴芮，九江、庐江封黥布九江国，南郡、长沙、黔中封共敖临江国，故项羽西楚国应得其余七郡：南阳、陈郡、泗水、薛郡、东海、会稽、郯郡，加上梁地东、砀二郡，成九郡之数。

郯郡当为秦郡，裴骃《史记集解》数秦三十六郡，有郯郡之目；《续汉书·郡国志》丹阳郡刘昭注曰"秦郯郡"可以为据。郯郡乃分会稽郡西部置，其后会稽或仍旧称，或称吴郡。

又，钱、姚、刘三家皆不数南阳，钱、刘不数陈郡，不知此二郡虚以待何人？至若刘文淇举颍川聊充一郡，钱大昕氏既数会稽，复举吴郡，尤属不伦。故钱、姚、刘三家之说皆不可取。比较起来，唯全氏最为高明，看出项羽之封须数秦郡。但他以为郯郡乃楚汉之际置，故举黔中以实九郡，其实黔中属临江国所有（见上节），而且即使不为临江所有，也为其所隔，而与其他八郡不相联系，于义未安。只要以郯郡代替黔中，则九郡之疑义涣然冰释，所以本书所定九郡之目，实受全氏之启发而来。

纵观项羽及十八诸侯之封域，无不以秦郡作为分封的依据。除以故秦内史分属雍、塞二国外，项羽未曾增设一新郡，悉因故秦之旧郡以划定封域。这种做法与当时"天下未定"，只能因袭、无遑变革的形势是完全一致的。除了刘邦以外，其他诸侯只想占地为王而已，没有一统天下的打算。因此在楚汉之际，他们也不可能重新疆理旧秦版图。自汉元年八月塞王司马欣降，刘邦以其地置渭南、河上郡开始，秦郡之建置方才正式被打破，所谓"汉兴，以其郡太大，稍复开置"，应从此时算起。故如东阳、豫章、胶西、城阳、博阳等郡皆为高帝由秦郡所析置，前人多疑其为楚汉之际其他诸侯所置，恐未必然也。

附： 西汉郡国沿革表

说明：

本表郡国名所系年代表明该郡（国）在当年或始置，或更名，或更封，并且在该年底见在。其中唯有六郡例外：渭南、河上二郡置于高帝元年，中地郡置于高帝二年，本表为节省篇幅，以汉王朝正式建立的高帝五年起首，故置此三郡于高帝五年格中；桂阳郡、右内史、左内史无法推测其具体析置年代，前者当置于高帝年间，后两者当置于文帝十六年至后元七年间，故暂分别栖之于高帝十二年与文帝后元七年格中。

公元前	秦郡	内史	■	■	上郡	北地	陇西	上党	河东	河内	河南	南阳	南郡	巴郡
202	高帝五年	渭南	中地	河上	上郡	北地	陇西	上党	河东	河内	河南	南阳	南郡	巴郡
201	六													
200	七													
198	九	内史												
196	十一													
195	十二													
194	惠帝元年													
193	二													
187	吕后元年													
182	六													
181	七													
180	八													

221

续　表

蜀郡	汉中		颍川	陈郡	薛郡	泗水	东海		鄣郡	会稽	砀郡	东郡	常山	邯郸
蜀郡	汉中		韩国	楚国（韩信）·陈郡	薛郡	泗水	东海		鄣郡	吴郡	梁国	东郡	赵·常山	邯郸
		广汉（巴地置蜀分）	颍川（韩王信徙太原）	陈郡	楚国·薛郡（元王高帝交弟）	彭城	东海	荆国·东阳	鄣郡（王高帝从贾兄）	吴郡	梁国（彭越）	东郡		
													赵·常山	邯郸
			淮阳国·颍川	陈郡							梁国·砀郡	东郡	赵·常山	邯郸
			（王高帝友子）					吴国·东阳	鄣郡	吴郡	（王高帝恢子）			
			颍川	陈郡				吴国（王高帝兄濞子）					赵国·常山	邯郸
			淮阳国										常山国	赵
			（王帝后宫惠子）		鲁国	楚国·彭城	东海						常山国（王帝后宫惠子）	赵
					（王吕后张外偃孙）						吕国·砀郡	东郡	赵国	邯郸
					鲁国						（更梁曰吕 吕王产徙梁吕）			

西汉政区地理　〔附〕西汉郡国沿革表

巨鹿			云中		雁门	代郡	太原		济北	临淄	胶东		琅邪	
国（张耳）			云中		雁门	代郡	太原		济北	临淄	胶东		琅邪	
巨鹿			云中		雁门	代郡	太原		济北	临淄	胶东		琅邪	
			代国（喜，高帝兄）				韩国	齐　国（悼惠王肥，高帝子）						
			云中		雁门	代郡		博阳	济北	临淄	胶东	胶西	琅邪	城阳
			代国（如意，高帝子）				太原							
			云中		雁门	代郡								
国（隐王如意）														
巨鹿	清河	河间	云中		雁门	代郡								
国				代　国										
巨鹿	清河	河间	云中	定襄	雁门	代郡	太原							
							王高帝恒子							
（幽王友，淮阳来徙）														
巨鹿	清河	河间						齐　国						鲁元公主汤沐邑
								济南	济北	临淄	胶东	胶西	琅邪	
国								吕国	齐　国					
									济北	临淄	胶东	胶西	琅邪	
								王吕后兄子台						
（共王恢，梁徙来 更吕禄，吕后兄子）								济川国	齐　国			琅邪国		
巨鹿	清河	河间							济北	临淄	胶东	胶西		
								王惠帝子太？				从祖昆弟王泽高帝		

223

广阳	上谷	渔阳	右北平	辽西	辽东	九江	（庐江）	■	衡山	长沙	■	黔中
燕　国（臧荼更卢绾）						淮南国（英布）				长沙国（吴芮）		
广阳	上谷	渔阳	右北平	辽西	辽东	九江	庐江	豫章	衡山	长沙	（桂阳）	武陵
						淮南国（厉王长，高帝子）						
						九江	庐江	豫章	衡山			
燕　国（灵王建，高帝子）										长　沙　国		
广阳	上谷	渔阳	右北平	辽西	辽东					长沙	桂阳?	武陵
燕　国（吕通，吕台子）												
广阳	上谷	渔阳	右北平	辽西	辽东							

年	内史			上郡	北地	陇西	上党	河东	河内	河南	南阳	南郡	巴郡
文帝元年 179	内史			上郡	北地	陇西	上党	河东	河内	河南	南阳	南郡	巴郡
二 178													
三 177													
四 176													
六 174													
十二 168													
十五 165													
十六 164	右内史 ？		左内史 ？										
后元七年 157													
景帝二年 155												临江国	
三 154												景帝子哀王阏（）	
四 153												南郡	
五 152													

225

蜀郡	汉中	广汉	颍川		淮阳	楚国			吴国			砀郡	东郡
						薛郡	彭城	东海	东阳	鄣郡	吴郡		
												梁国	
												文帝子怀王胜	
					淮阳国								
					徙此代王武								
					汝南　淮阳								
												梁国	
												为梁孝王淮阳徙来	
					汝南国　淮阳国								
			汝南国	淮阳国		鲁国	楚国	沛郡	东海	江都国	会稽		
			汝南	淮阳						东阳　鄣郡			
			(徙江都)	(徙鲁)	(恭王餘景帝子)	(王元王子礼除而复续)			(易王非景帝子)				

226

赵　国（王遂，赵幽王子）									云中	定襄	雁门	代郡	太原
常山		邯郸		巨鹿	清河	河间			云中	定襄	雁门	代郡	太原
赵　国									代　国				
常山		邯郸		巨鹿	清河	河间国				定襄	雁门	代郡	太原国
						（文赵幽王群练子）					（王文帝武子）		（王文帝参子）
									代　国				
										定襄	雁门	代郡	太原
													（代孝王参更为王）
					河间	广川	勃海						
常山		赵　国				河间国	广川国						
		邯郸		巨鹿	清河								
常山	中山国	赵国		巨鹿	清河	河间国（景帝献王德子）	广川国（景帝王彭祖子）		定襄	雁门	代郡	代国	
	中山国（景帝靖王胜子）	邯郸											
		赵国	魏郡			信都							

复旦大学历史地理学术经典

周振鹤卷

齐　　国										
济南	济北	■	临淄	■	胶东	■	胶西	■	琅邪	城阳
济　北　国			齐　　国							
济南	济北	（王悼惠王子兴居）	临淄	■	胶东	■	胶西	■	琅邪	城阳国
济南	济北									（景悼惠王子章）
			齐　　国							
			临淄	■	胶东	■	胶西	■	琅邪	城阳
			临淄		胶东		胶西		琅邪	城阳
济南国	济北国		齐国	菑川国	胶东国		胶西国			城阳国
（王悼惠王辟光）	（王悼惠王志）		（孝王将闾悼惠王子）	（王悼惠王子贤）	（王悼惠王雄渠）		（王悼惠王卬悼）			（淮南徙回）
							胶西国	北海		
济南	济北			菑川国	胶东		胶西国			
	济北国	平原			胶东国	东莱	（于景帝王端子）			
	（济北徙来懿王志）				（景帝子）					
	（衡山徙来贞王勃）			（王景帝彻子）						

228

西汉政区地理

〔附〕西汉郡国沿革表

燕　　国（琅邪徙来）						淮　　南　　国				长　　沙　　国		
广阳	上谷	渔阳	右北平	辽西	辽东	九江	庐江	豫章	衡山	长沙	桂阳	武陵
						九江	庐江	豫章	衡山			
						淮南国（城阳徙来）						
						九江	庐江	豫章	衡山			
						淮南国	庐江国		衡山国			
							庐江	豫章				
						（王淮南厉王安子）	（王淮南厉王赐子）		（王淮南厉王勃子）	长沙	桂阳	武陵
										长沙国		
燕国	上谷	渔阳	右北平	辽西	辽东					（定王景帝发子）		
							庐江	豫章	衡山国			
							（庐江徙衡山王赐）		（庐江王勃徙济北此）			

续表

150	七	右内史	左内史	上郡	北地	陇西	上党	河东	河内	河南	南阳	临江国	巴郡
148	中元二年											临江国（景帝子闵王荣）	
147	三											南郡	
145	五												
144	六												
143	后元元年												
138	武帝建元三												
136	五												
135	六												
128	元朔元年												
127	二												
126	三												

蜀郡	汉中	广汉	颍川	汝南	淮阳	鲁国	楚国	沛郡	东海	江都国 东阳	江都国 郭郡	会稽	梁国
												梁国	济川国
												（王梁孝王子分梁为五）	
													济 川

			东郡	常山	中山国	为敬肃王广川徙来	魏郡	巨鹿	清河	河间国	(徙赵)	勃海	云中	定襄
											广川国			
									清河国		(景帝子惠王越)			
				常山国					(景帝子哀王乘)					
济东国	山阳国	济阴国	(景帝子宪王舜)											
		济阴												
	山阳								清河					

复旦大学历史地理学术经典

周振鹤卷

雁门	代郡	代国	济南	济北国	平原	齐国	淄川国	胶东	东莱	胶西国	北海	琅邪	城阳国	燕国
								胶东国						
								（景帝子康王寄）						
														广阳
							齐郡							

上谷	渔阳	右北平	辽西	辽东	淮南国	庐江	豫章	衡山国	长沙国	桂阳	武陵				
											犍为				
												苍海			
													朔方	五原	
													罢		

		右内史		左内史	上郡	西河	北地		陇西		上党	河东	河内	河南	
125	四		█					█		█					█
122	元狩元年														
121	二														
117	六														
116	元鼎元年														
114	三						北地	安定	陇西	天水				弘农	
111	六													（南、南阳地置分右内史、河）	
110	元封元年														
109	二														
108	三			京兆尹	右扶风	左冯翊									
104	太初元年														
97	天汉四年														

南阳	南郡	巴郡	蜀郡	汉中	广汉	颍川	汝南	淮阳	鲁国	楚国	沛郡	东海		江都国	
														东阳	郎阳
														广陵	丹阳
														广陵国	临淮
														武帝子（厉王胥）	广陵地置（分沛郡、）
												东海		泗水国	
														常山宪王子（思王商）	

会稽	梁国	济川	济东国	山阳	济阴	东郡	常山国		中山国	魏郡	赵国	巨鹿		清河
		陈留						█				广平／巨鹿	█	
								█					█	
			大河					█					█	
							真定国／常山							清河国
							（常山宪王子 顷王平）							（代徙来）
						昌邑国								

237

济东国	甾川国		齐郡	平原	济北国	济南		代国	代郡	雁门	定襄	云中	勃海	广川国	河间国
						泰山	济南								
			齐国（武帝子怀王闳）												
								太原（徙清河）							
			千乘　齐郡												

复旦大学历史地理学术经典

周振鹤卷

豫章	庐江	■	淮南国	辽东	辽西	右北平	渔阳	上谷	■	广阳	城阳国	琅邪	北海	胶西国	东莱
			九江												
(迁往江北)		六安国	九江												
	(胶东康王子 恭王庆)								涿郡	燕国					
										(武帝子 刺王旦)					
														胶西	

衡山国	长沙国	桂阳		武陵	犍为	朔方	五原								
衡山															
江夏								酒泉							
分衡山地、南郡置															
		桂阳	零陵					酒泉	张掖	敦煌	南海	苍梧	合浦	郁林	象郡

交趾	九真	日南	牂柯	武都	汶山	沈黎	越嶲				
						儋耳	珠崖				
							益州				
								乐浪	真番	临屯	玄菟
				省入蜀郡							

	京兆尹	右扶风	左冯翊	上郡	西河	北地	安定	陇西	天水	上党	河东	河内	河南	弘农
征和二年 91														
后元二年 87														
昭帝始元五 82														
六 81														
元凤元年 80														
五 76														
元平元年 74														
宣帝本始元 73														
四 70														
地节元年 69														
三 67														
四 66														

南阳	南郡	巴郡	蜀郡	汉中	广汉	颍川	汝南	淮阳	鲁国	楚国	沛郡	东海	泗水国	广陵国	临淮
										彭城					

丹阳	会稽	梁国	陈留	大河	武帝哀王髆（哀王髆）	济阴	东郡	常山	真定国	中山国	赵国	魏郡	巨鹿	平干国（赵敬肃王子顷王偃）	清河国
														赵敬肃王子顷王偃	
					山阳										
														绝复续地节元		清河

胶东国	菑川国	千乘	齐郡	平原	济北国	泰山	济南	太原	代郡	雁门	定襄	云中	勃海	广川国	河间国
					国除	泰山									
														信都	
														广川国	

复旦大学历史地理学术经典

周振鹤卷

东莱	胶西	北海	琅邪	城阳国	燕国	涿郡	上谷	渔阳	右北平	辽西	辽东	九江	六安国	庐江	豫章
					广阳										
	高密国				广阳国										
	（广陵厉王子哀王弘）														

江夏	长沙国	桂阳	零陵	武陵	犍为	朔方	五原	酒泉	张掖	敦煌	南海	苍梧	合浦
								金城					
								天水地置（分张掖、陇西、）					
									张掖	武威			

郁林	象郡	交趾	九真	日南	牂柯	武都	汶山	越嶲	儋耳	珠崖	益州	乐浪	真番	临屯	玄菟
									罢	珠崖		乐浪	罢	罢	
郁林	罢（林、牂柯分属郁）														
							省入蜀								

年	京兆尹	右扶风	左冯翊	上郡	西河	北地	安定	陇西	天水	上党	河东	河内	河南
元康三年 63													
神爵二年 60													
五凤二年 56													
三 55													
四 54													
甘露二年 52													
四 50													
黄龙元年 49													
元帝初元二 47													
三 46													
永光元年 43													
三 41	（罢太常）												

复旦大学历史地理学术经典

周振鹤卷

弘农	南阳	南郡	巴郡	蜀郡	汉中	广汉	颍川	汝南	淮阳国	鲁国	彭城	沛郡	东海	泗水国
									（宣帝子宪王钦）					
											楚国			
											（定陶徙来）			

广陵国	临淮	丹阳	会稽	梁国	陈留	大河	山阳	济阴	东郡	常山	真定国	中山国	赵国	魏郡
												中山		
广陵														
						东平国（宣帝子思王宇）		定陶国（宣帝子王嚣）						
								济阴						
广陵国								济阴（徙楚）						
													中山国	
					济阳国								（清河徙此）	

巨鹿	平干国	清河	河间国	广川国	勃海	云中	定襄	雁门	代郡	太原	济南	泰山	平原	齐郡
	广平													
				信都										
		清河国												
		（宣帝子王竟）												
		清河												
		（徒中山）												

辽东	辽西	右北平	渔阳	上谷	涿郡	广阳国	城阳国	琅邪	北海	高密国	东莱	胶东国	甾川国	千乘

九江	六安国	庐江	豫章	江夏	长沙国	桂阳	零陵	武陵	犍为	朔方	五原	酒泉	金城	张掖	武威
				复续 初元元绝											

玄菟	乐浪	益州	珠崖	越嶲	武都	牂柯	日南	九真	交趾	郁林	合浦	苍梧	南海	敦煌
西域都护府														
		弃												

	建昭元年	京兆尹	右扶风	左冯翊	上郡	西河	北地	安定	陇西	天水	上党	河东	河内	河南
38	建昭元年													
37	二													
35	四													
33	建昭五年													
32	成帝建始元													
25	河平四年													
23	阳朔二年													
16	永始元年													
11	元延二年													
5	哀帝建平二													
4	三													
公元元年	平帝元始元													

西汉政区地理

〔附〕西汉郡国沿革表

弘农	南阳	南郡	巴郡	蜀郡	汉中	广汉	颍川	汝南	淮阳国	鲁国	楚国	沛郡	东海	泗水国
											复续（上年绝）			

257

广陵国	临淮	丹阳	会稽	梁国	元帝子（王康）	东平国	山阳	济阴	东郡	常山	真定国	中山国	赵国	魏郡
												中山		
				陈留（徙山阳）		山阳国	（济阳徙来）								
							山阳（徙定陶）	定陶国（山阳徙来）				中山国（信都徙来）		
复续（鸿嘉四绝）								（景楚孝王孙 绥和元更王）						
								济阴						
						东平		（徙信都）						
						东平国								

齐郡	平原	泰山	济南	太原	代郡	雁门	定襄	云中	勃海	信都	河间	清河	广平	巨鹿
										信都国				
										元帝子王兴)				
											河间国			
										信 都（徙中山）				
										信都国（定陶徙来）			广平国	

千乘	甾川国	胶东国	东莱	高密国	北海	琅邪	城阳国	广阳国	涿郡	上谷	渔阳	右北平	辽西	辽东	九江
							复续（鸿嘉二绝）								

武威	张掖	金城	酒泉	五原	朔方	犍为	武陵	零陵	桂阳	长沙国	江夏	豫章	庐江	六安国

敦煌	南海	苍梧	合浦	郁林	交趾	九真	日南	牂柯	武都	越巂	益州	乐浪	玄菟	西域都护府

后　记

正在形成中的中国历史地理学，本脱胎于传统的沿革地理，后者的核心部分则是历史疆域政区地理的研究。在沿革地理领域中最具卓识的学者，清代要算钱大昕，近代则首推王国维。他们目光犀利、思维敏捷、推理严密，许多见解不但在当时振聋发聩，而且对后世产生深远影响，本书不少地方得益于这两位伟大的学者。

但是旧的沿革地理研究毕竟不适合时代的要求。单纯依靠正史及后人补辑的地理志来复原每个朝代一套的政区体制，已经远远不够。作为历史地理学一个重要分支的历史政区地理必须突破这个旧框框，弄清政区变迁原因，扩大研究范围，其中包括对断代政区沿革的研究，弄清历代政区辖境的动态变化过程，以总结整个历史时期政区发展演变的规律。

几年来，我在业师谭其骧先生的直接指导下，选择西汉政区变迁为课题，先从一个诸侯王国着手，再及于西汉史上曾经出现的所有王国，最后系统地理清了西汉二百年全部郡国级政区的变迁过程，以之作为我的博士学位论文。现在承人民出版社的好意，又出版成书。谭其骧师在历史地理学领域的建树是众所周知的，他不尚空谈，学风严谨、民主，无论从选题还是研究方法，甚至于行文的方式，都给我以具体而微的指导。没有其骧师的教诲，我的论文是不可能完成的，因此我的感激之情是无法用言语形容的。

论文完成以后，曾请中国社会科学院历史研究所杨向奎、林甘泉、李学勤，北京大学侯仁之，中国科学院地理研究所黄盛璋、钮仲勋，中共中央文献研究室金冲及，陕西师范大学史念海，西安师专曹尔琴，山东大学张维华、王仲荦，武汉大学石泉，杭州大学陈桥驿，华东师范大学吴泽，上海师范学院程应镠，复旦大学周谷城、杨宽、蔡尚思等诸位先生审阅，并承提出宝贵意见，特在此表示深深的谢意。

同时，我还要对人民出版社编辑吕一方同志表示感谢，没有她的辛勤劳动,我的论文是无法与读者见面的。最后,还要谢谢陈伟庆和吴磊同志,她们清绘的二十多幅地图使本书的主要结论得以形象化地体现出来。

周振鹤

1984 年 3 月于复旦大学

中国历史地理研究所

中国行政区划通史·总论

总论提要

  《中国行政区划通史》十三卷分别对各历史时期行政区划变迁过程进行断代的具体考证,一般较少涉及理论与规律性的论述,而由卷前的《总论》来承担通代的政区变迁规律的研究,作出系统的理论性分析。

  总论主要内容:一是论述行政区划史研究的对象与意义,并对行政区划变迁研究进行学术史的回顾;二是从政治地理的视角,分析中国历史上行政区划变迁的基本特点以及影响其变迁的因素;三是综述历代特殊形式的行政区划类型;最后以对于中国政治地理的两种基本格局的分析作总结。

第一章

行政区划史的研究对象

第一节　行政区划的基本要素与相关概念

中国历来只有疆域沿革史与地方行政制度史，而没有专门的行政区划史，因此对行政区划本身以及与之相关的一些专门学术用语尚未规范化，更没有严格的定义。十多年前笔者撰写《体国经野之道》（香港中华书局，1990年）和十年前写作《中华文化通志·地方行政制度志》（上海人民出版社，1998年）时使用过一些自己拟定的用语，但当时限于篇幅，未对这些用语的定义与应用范围加以说明。在这里有必要将过去使用但未明确定义以及还未正式使用的术语一一加以说明，以便读者易于理解，也便于今后学术界引起讨论而得到修订或形成共识。这些术语与概念可以分成两组，一组是行政区划本身的，一组则与研究行政区划相关，以下分别叙述。

一、行政区划的定义

行政区划是一个现代的名称。任何国家为了行政管理的方便，必须将其国土划分为有层级的区域，这些区域就是行政区域，简称为行政区或政区。行政区划本来是指划分行政区域的行为与过程，但近数十年来，同时也兼有行政区域的含义，并已逐步取代了行政区域一词。行政区划虽然是现代名称，但并不是一个现代的概念。恩格斯说，国家的职能之一就是用区域划分其国民。行政区划就是这样的区域。这一职能，无论中外都是自古以来就有，因此行政区划的概念也是自古就已产生。只是在中国古代没有行政区划体系这个说法，而称之为郡县制。

对于行政区划是什么，至今尚无严格的专门的定义。《中国大百科全书·政治学》卷中说：行政区划是"为国家行政机关实行分级管理而进行的区域划分"。这一定义大致是可以成立的，即解决"是什么"的问题。如果我们倒过来问,"什么是"行政区划? 那么可以这样回答: 行政区划就是国家对于行政区域的分划。行政区域的分划过程是在既定的政治目的与行政管理需要的指导下,遵循相关的法律法规,建立在一定的自然与人文地理基础之上,并充分考虑历史渊源、人口密度、经济条件、民族分布、文化背景等各种因素的情况下进行的,其结果是在国土上建立起一个由若干层级、不等幅员的行政区域所组成的体系。

行政区划的出现体现了中央集权制国家中央政府与地方政府之间存在的行政管理关系,这是中央与地方关系中最重要的一个方面。因此行政区划是中央与地方出现行政关系的产物。如果中央与地方之间不存在行政关系,则无行政区划可言。目前对行政区划的概念存在两种误解,一是认为"从广义上说一个国家也是一个行政区"[1];二是认为中国从夏代起就已出现行政区划。这两种认识都是混同了行政与政治这两种不同概念的结果。一个国家只能是一个政治区域而绝不是一个行政区,因为行政的基本内涵是管理,如果两者之间不存在管理与被管理的关系,也就不存在行政关系。而政治关系则不同,两者之间虽然可以是平等的政治关系,也可以是不平等的政治关系,但不必存在行政管理关系。换句话说,两个主权国家之间是相互独立的,只存在政治关系而不存在行政关系,一个国家不能对另一个国家有行政管理权力。所以,无论从何种意义上来说,一个国家都不可能是一个行政区,而只能是一个政治区域。如果这一点不搞清楚,就有可能为一国干涉另一国的内政事务留下口实。

同样道理,一般人研究中国行政区划史,都从传说中的夏代开始,认为从那个时代起,就已出现行政区划的概念,中国的行政区划已经有四千年的历史。其实这是一个很大的误会。从夏代到商代一直到西周的一千多年时间里,中国根本不存在任何行政区划,因为在这一漫长的历史时期里,中央与地方的关系只体现在政治方面,而且即使是中央与地方这两个概念本身也是逐步形成的,并不是从国家一出现就随之而来的。换言之,在中国所谓上古三代(此处春秋战国时代不包括在其中)时期,中央与地方之间只存在政治关系,而未发生行政关系。因而行政区划是国家发展到一定阶段的产物,而不是与国家同步出现的(关于政治关系与行政关系的差异,详见本节第三部分)。

行政区划往往不是一次性的行为,而是一再进行的根据需要不断调整

1　见浦善新等:《中国行政区划概论》,知识出版社 1995 年,第 10 页。

的常时性工作。调整就是重新划分,这往往是局部的,但有时也有全局性的。调整变更的内容很多,有建制方面的,如置、废、并、省或升降格(如元代达到一定数量户口的县可升格为州,今天则有撤县改市,在这些情况下政区的其他要素都不发生变化,唯有行政机关地位发生升降),还有幅员的伸缩,边界的改划,行政中心变迁,隶属关系变化,政区名称的改动等。

由上面提出的行政区划的定义,我们应该进一步研究形成行政区划的充分、必要条件:必要条件是一个行政区划必须有一定的地域范围,有一定数量人口,存在一个行政机构;充分条件是这个行政区划一般都处于一定的层级之中,有相对明确的边界,有一个行政中心,有时有等第之别,也有司法机构。

正式的行政区划一般应该符合上述的充分、必要条件。但在特殊情况下,只符合必要条件者也是行政区划。尤其在古代,由于开发程度较低,许多政区都没有明确的边界,只有大致的范围,我们不能因此而否认它是正式的行政区划。还有些政区的行政中心也不明确,如秦代的闽中郡,我们至今不知其郡治所在,但该郡确是秦代正式设置的政区。

二、行政区划诸要素

行政区划本身及行政区划之间的关系由各种要素来体现,这些要素主要包括层级、幅员、边界等。过去这些概念从未有学者提及,更未作详细讨论。20 世纪 80 年代以来,笔者曾在一些论文中有意识地使用了这些概念,到 1990 年出版《体国经野之道》时,遂将这些概念首次运用于专著之中。近年来,有关行政区划的著作日渐增加,这些概念中的主要部分也相继推广开来,但有些概念如统县政区、高层政区等尚未广泛使用,还存在商榷修订的余地,以下对这些要素予以分述。

1. 层级(县级政区、统县政区与高层政区)

层级是历代行政区划的核心要素。在中国历史上行政区划层级曾有过十分繁复的变化,统观约二千五百年的历程,行政区划的层级大致可分为三层。根据其所处管理层位,我们将这三层定名为:在基层的县级政区、统辖县级政区的统县政区以及在统县政区之上的高层政区。有些历史时期,只有两级政区,即不存在高层政区,如秦汉时期以郡统县,只有郡县两级,郡级政区即为统县政区。有的历史时期,表面上看来不止三级,如元代个别地区区划有省—路—府—州—县,共五级之多,但细加考察,在绝大部分地区,基本上也都由上述三层政区所包容:省是高层政区;路同府加上部分州,是统县政区；县以及不辖县的州则是县级政区。过去对于行政区划的层级始终没有固定的指称，很不便于论述。在不得已时，有些论著只好用一级政区、二级政区、三级政区这样的称呼，但这样的指称不但不明确，而且容易引起混乱。如秦汉时期一级政区是郡，二级政区是县；而到了魏晋南北朝时期，一级政区却是州，二级政区是郡，三级政区是县。因此仅用一级政区的指称难以了解该级政区的性质，不知其到底是管县的统县政区还是统县政区以上的高层政区，而使用县级政区、统县政区与高层政区的指称就不会引起这种混乱。因为郡县制是中国古代行政区划体系的象征，所以统县政区也可以称为郡级政区。

在层级的大概念中，还有必要引进虚级的小概念。虚级是指不具备充分必要条件的一级政区。其具体表现有如下几种类型：

一是不被中央所认可，但实际上具有一级政区的功能。如唐后期的方镇，始终不是中央政府正式承认的一级政区。中央三令五申令州级政区直接奏事，但实际上方镇不但在军事上，而且在行政方面也统辖管理其下属州县，隔断中央与州县的直接行政关系。

二是政区形态的不完善。如北宋的路虽是中央正式设置的一级行政区划，但由于路一级行政组织的权力分散在几个机构（即所谓诸监司）中，不存在单一首长；另一方面，路级的区划又因为机构的不同而有差异，如存在转运使路与安抚使路的不同；此外，路所辖州又有对中央政府的直奏权。这些因素使得路成为虚一级政区。

三是中央政府或某一级地方政府的派出机构形成的管辖区。如民国时期的行政专员督察公署是省一级政府的派出机构，分区域管辖县级政府，因而形成专区这样一级行政区划。但这级机构不是正式的一级政府，因此专区也就不是正式的一级政区。另外，元政权的初期，行中书省（或行尚书省）也是中央政府派往各地的镇抚机构，这些派出机构所管辖的范围也是一级虚行政区划。当然久而久之，行中书省成为正式的地方政府机构，这级区划也就成为简称的行省以至省这样的实一级行政区划了。

虚级只是后人为了研究方便而提出来的概念，并非正式官书上的记载。而且虚级说到底主要还是指处于该级的行政组织的职能不完备，实际上对行政区划而言，在地理上总是实的一级。广义的虚级还可以指那些后来演变为正式行政区划的监察区，如汉代的州。

2. 幅员

幅员指政区的面积大小。层级与幅员一起形成了行政区划的基本结构。在一定的疆域范围内,某一级政区幅员越大,该级政区的数量越少,管理幅度也越小。同时在层级与幅度之间又存在反比例关系,层级多,每级的管理幅度就小;层级少,管理幅度就大。

3. 边界

边界指两个政区之间的界线。幅员与边界都是人为划定的,也是可以由中央政府根据治理需要随时加以调整的。但无论是维持现状还是进行调整,都不能随意为之,而要在一定的政治原则与地理背景下进行。

4. 形状

政区的形状是指其在地图上的平面投影。在幅员与边界划定以后,政区就具有了一定的形状。在政治地理学中,国家版图的形状与国家安全有密切的关系,狭长型的国家对于防范外敌入侵和地方分离主义都不利。在行政区划变迁史中,形状不是最重要的要素,但也影响着行政管理的方便与否,紧凑型政区如山西比狭长型政区如甘肃在管理方面无疑要方便一些。

5. 地理区位

任何政区都处于一定的地理区位上,政区与外界的联系受区位的深刻影响。在中国历史上,位于沿海的政区与位于内陆的政区,根据时代的不同在对外开放方面的条件存在天然的差异。但在政区变迁史中,这一因素不是最重要的。

三、广义的行政区划

行政区划有广义与狭义的区别。狭义的行政区划是指国家划定的正式的行政管理区域,如先秦已经产生的县、郡,东汉末年以后的州,唐以后的府,宋金时期的路,元以后的省。广义的则指一切具有行政管理职能的区域。其中,有些区域本来或为临时性质,或为局部范围内施行的制度,或为其他职能性质的区域,但在实际上又兼有部分或全部的行政管理职能。

上述的狭义政区,亦可称为正式政区,符合成为政区的充分必要条件。在狭义政区之外的政区形式,尚有准政区及虚拟政区,它们与正式政区共同构成广义政区。准政区只具备部分的充分必要条件。在古代虽无正式政区与准政区这样的称呼,但相应的概念却是存在的。如唐代有"正州"这样的习惯称呼,其实就意味着这是正式的州,与非正式的羁縻州是相对应的;相对而言,羁縻州就是准政区(羁縻州情况甚为复杂,有些只是挂名,连准政区也够不上)。更早一点,在西汉有"汉郡"这样的叫法,指中央政府直属的郡,当然是正式政区;还有相对独立的诸侯王国,也是准政区的形式。准政区往往是正式政区的前身,在一定情况下会发展为正式政区,如西汉诸侯王国后来经过封域的削减、自治权的剥夺,就等同于正式政区。又如作为监察区域的州在东汉末年演变为高层政区,边疆少数民族地区的土司在改土归流以后就成为正式政区,明代实土卫所在改造后就成为正式郡县。有些准政区在经过辖区变迁和机构调整以后与原有政区融合,如明后期总督、巡抚辖区在清初逐步调整到与布政使司辖区相一致,总督、巡抚取代布政使成为一省最高行政长官。还有些准政区则因为条件不成熟,始终处于非正式政区的状态。准政区不是一个严密的概念,而是在研究过程中建立的一个模糊概念,目的是以此来统摄所有非正式政区,以便于理顺政区变化的过程。

准政区根据其作为政区所未能充分满足的条件不同,可分为三类:

一是因其他职能而介入行政的区划。这类区划未满足的是"行政"职能,初设时,往往并非以行政为其主要目的,按其行政以外的主要职能,又可分为以下几种:(1)军事管制区,如魏晋南北朝的都督区、北魏的镇戍、唐后期的方镇、明后期的总督巡抚辖区;(2)财政督理区,如北宋初期的路;(3)宗教事务区,如元朝的宣政院辖地;(4)边疆与少数民族等特殊治理区域,如汉晋时期的都尉(包括部都尉、属国都尉及类似的典农校尉)、西域都护府、长史府,南北朝时期的左郡左县,唐宋的羁縻府州,元代以后的土司,明代的实土卫所,清代的将军辖区、办事大臣辖区等;(5)监察区域,如两汉的州(东汉末年演变成行政区划)、唐前期的道。

二是作为行政区划的前身。这类区划主要设置于还不具备正式行政区划条件的地方,如五代北宋的场、宋代的尉司辖区、民国时期的设治局。上述汉晋时期的都尉也有这样的性质。

三是因行政空间特殊而处于模糊状态的区划。这类区划由几种地方行政机构的辖区重叠交错而成,没有确定不移的区划边界。一般政区都是单式政区,即每一级政区有一个单一的行政长官、行政机构以及单一的管辖范围与单一的行政中心。但在宋代,作为高层政区的路却呈复式形态,无单一行政长官,路的行政事务为诸监司,即转运司、提点刑狱司、安抚司及提举常平司所分管,而且各监司行使职权的地域范围有时也不一致。如北宋的陕西地区,从转运使路而言,分为两路;而从安抚使路看来,却分为六路。又如荆湖南路,转运使治于长沙,而提点刑狱使却治于衡阳。明代参照宋代制度,建立都指挥使司、布政使司和按察使司三个机构分管高层政区行政事务的制度,但布政使司与都指挥使司行使权力的地域范围又不尽一致。如山西布政使司辖大同、太原、平阳、潞安四府和汾、泽、辽、沁四直隶州,但山西都指挥使司辖区却不包括大同府;从建置管理方面而言,山西布政使司与都指挥使司之间形成交错状态。这类政区有几个同级行政机构,其管理空间既有重叠,区域分划又有不同,甚至有交错,亦可称为复式政区。东晋南朝的两州或两郡,治所、辖区相同,称"双头州郡",无疑也是一种复式政区,唯其叠床架屋,堪称畸形。

有些准政区到底性质如何,至今尚不完全清楚。另外,还有一点必须强调的是,不管是正式政区还是准政区,都是国家版图的组成部分,正式政区与准政区的差别,只是管理方式的不同,这种不同有时是因地制宜的需要,有时是出于特殊的政治目的。

至于虚拟政区,则是有政区之名而无实际存在的统辖范围,其中又可分为两种,即虚幻空间型和借用空间型。

所谓虚幻空间型,指既无行政组织,又无行政区划,因此也无下辖人口,而只有行政机关空名的特殊现象。以三国及南北朝的遥领、虚封制度为代表。唐代亲王封大都督府长史而不就国,宋代遥授节度、防御、团练、刺史也属同样性质。

所谓借用空间型,指只有行政组织而无行政区划,行政组织所管辖的人户附着于其他政区内的情形。以东晋十六国南北朝的侨置州郡为典型。

广义的行政区划,其作为行政区划的资格是不完全的,但确属政治区域无疑,详见下节有关政治区域与行政区划的分析。

第二节 行政区划史的学科背景

一、相关学科

研究行政区划至少与三个学科有基本关系,一是历史学,二是地理学,三是政治学。

行政区划不但是一种现实存在,而且是一种历史现象。行政区划本身是历史的产物,而且在历史过程中不断发生变化,没有哪一个政区不是前代的沿袭或变革。变迁与沿袭(或因袭)是历史学的概念,变迁与因袭的交替发生丰富了历史的进程。历史上没有绝对一成不变的因袭,也不会每天都出现朝令夕改的变迁。因而行政区划与其他制度一样有两个相反相成的基本特点,即延续性与可变性。所以行政区划变迁史的研究属于历史学的范畴,是专门史应该涉及的领域。

与此同时,行政区划又是一种地理区域,是一种人为的空间概念,它的存在与变迁都与其他地理因素有密切的关系。行政区划既是划定于地球表面之上的,当然要与自然地理环境相关;而行政区划之中又必须有一定数量的人口,实际上包含了人文地理环境。因此地理学是行政区划研究过程中最重要的相关学科之一。过去将研究行政区划变迁过程的学问称为沿革地理,就是基于历史(以沿革为代表)与地理相结合这一基本事实。现在将其纳入历史地理学的范畴,也是这个缘故。

从政治学的角度看,行政区划又是中央与地方之间发生行政关系的产物,行政区划的变迁往往是政治过程造成的,也就是说,政治的需要往往是行政区划变迁的主要原因。如果对行政区划的研究只限于复原其历史上的变迁过程,那么政治学的作用似乎不太明显,但是如果把这一研究延伸到理解行政区划变迁的原因与规律方面,就离不开政治学理论的支持。实际上,即使在研究变迁过程时,政治学的作用也是明显的。例如汉代推恩法的施行,表面上是皇帝加于诸侯的恩宠,但实际上却是蚕食诸侯封域的措施。如果不了解这一政治过程,就不可能复原被蚕食前的诸侯王国原貌。政治学的作用过去不太受重视,今后在行政区划研究领域中要特别强调其重要作用。

二、交叉学科(政治地理、行政地理与政区地理、沿革地理)

政治地理学是地理学的一个分支,研究的对象是各种具有基本空间要素的政治体制。这种研究有全球的、国家的与地区的(可以相应称其为宏观、中观与微观)三种尺度。从德国地理学家拉采尔(Friedrich Ratzel)提出政治地理学这一概念以来,已经过去整整一个世纪,其间这一学科经过20世纪二三十年代的迅速发展,也产生了如地缘政治学这样的变异的理论。这一理论由于直接服务于法西斯德国的领土扩张需要而臭名昭著,以致在二战后,连政治地理学也受到株连而一度消歇。60年代以后,这一学科重新兴起,甚至地缘政治一词也被政治学家重新提起。实际上,在现实的世界事务中,如两大阵营、三个世界等提法也都含有政治地理的意味。由于中国有长达二千五百年以上的行政区划历史,因此在微观尺度上,可以也应该对政治地理学理论的建设有重要贡献。我们可以从行政区划变迁的实际历程来探讨变迁的原因与规律,从而理解政治过程对政区变迁的直接作用,同时还可以探讨行政区划与自然地理环境与人文地理背景的关系。

行政地理与政区地理没有实质上的区别,起初都是权宜使用的术语。行政地理一词过去早已使用,而政区地理一词则首见于笔者的博士论文《西汉政区地理》（人民出版社，1987 年），现已被普遍使用。两者都意指与行政管理相关的地理现象，具体而言就是以行政区划为研究对象的历史地理学分支。这一研究主要着眼于复原行政区划变迁的过程，而不特别强调对出现这样变迁的原因的分析。

沿革地理是今天历史地理学的前身，其研究内容有两大部分：一是河流水道的变迁，一是疆域政区的变迁。20 世纪 30 年代以来，沿革地理逐渐向现代学科转化，研究对象不断扩展，研究课题逐步深入，学科体系渐渐成形，理论框架趋于成熟，遂以历史地理学的面貌呈现于学术之林。

第三节　行政区划史的研究对象与相关概念

一、研究对象

行政区划史的研究应包括至少三方面的内容：一是从制度上研究行政区划的起源与变迁，具体地说，如必须研究封建制如何向郡县制演变，郡县制本身又如何经过长期的发展变化，以至于今日。这方面的研究主要体现政治过程在行政区划变迁史中的根本性作用。

二是研究行政区划各要素的具体变迁，即要详细考订政区建制的置废、层级的增减、幅员的盈缩、界址的变迁、等第的升降、名称的变更、治所（即行政中心）的迁移，也就是说，要复原历史上行政区划各因素变迁的全过程。但其中的重点是层级、幅员、界址三要素，有了这三要素，才能使政区的变迁体现在地理方面。因为行政区划是地理区划的一种（所有地理区划都是人为的，但自然地理区划还有山脉河流作为界线的标志，而行政区划却只是画在地图上的界线与地面上的人为界标所确定的区域），其变迁不单表现在名称上，更重要的是地理要素的变化，所以一切研究都必须能在地理上体现出来，更直接地说，是要在地图上能标志出来。这一点并不是所有的区划研究者都能做得到的。清代乾嘉以来有不少学者都进行过沿革地理的考证，但有些学者地理观念不强，只是研究政区名称上的沿革，而不管上述三要素的变迁，结果所得出的结论无法制成地图，也就是说无法在地理上得到验证，这样的研究就是有问题的。如刘文淇的《楚汉诸侯疆域志》对项羽所分封的赵歇代国的考证就是如此（依其从不足征的文献上的考证，代国将在地理上成为东西不相属的两块地方，[1] 这在事实上是不可能的）。

1　参见周振鹤：《西汉政区地理·附篇》，人民出版社 1987 年，第 250—252 页。

三是要推究行政区划变迁的原因,如果可能,也探索变迁的规律性,更进一步还可以推测变迁的趋势,或提出改革的措施。从政治学的角度而言,行政区划与国家一样,也是一种空间实体。因为这种区划是以自然地理和人文地理为背景的,也必然要与这些地理背景存在某种关系,或者契合,或者背离,或者部分对应。如何契合,为何背离,怎么对应,都是应该研究的对象。譬如行政区划与自然环境的关系到底如何,后者对前者有否影响,影响程度有多大;又譬如,行政区划是一种政治行为,政治过程在行政区划实施与变迁过程中起着什么样的主导作用,这种作用是不是决定性的,也应进行充分的研究。

以上三方面研究各有侧重,也与相关的学科各有联系。第一方面与政治史、制度史关系较大;第二方面实际上也是政治地理学的研究对象,与政治学关联密切;第三方面联系则较宽泛,不但与政治学,甚至与自然科学及其他人文学科都有合作的视角。在传统研究方面,第一方面有些成果,但不详尽,如关于郡县制的起源。第二方面,有沿革表与历史地图,但无系统的专门史,最多只是简单的通代的研究简史,已出版的沿革表与历史地图也基本上是通代性质的,断代方面的研究基本上没有,但已出现如杨守敬《三国郡县表》的断代研究的苗头。至于对行政区划变迁原因与规律的探讨显然还远远不够,是今后必须加强的方面。

二、相关概念

1. 政区的通名与专名

正式政区都有专名与通名。如济北郡,济北是专名,郡是通名。但准政区有时没有正式的通名。如唐后期,在州以上名义上并不存在一级政区,在制度上,州应该直属中央政府,但在实际上,方镇隔断这种直属关系,使得州以上存在着实际上的一级政区,又由于这级政区不被中央承认,所以始终没有这级政区的通名,只俗称为方镇或道/方镇。当然,绝大部分准政区都有通名。

2. 区域与区划

区域是地理学的概念,是人们对其所居住的地球表面进行区划以后的产物。区划则是一种行为与过程,是人们将地球表面地理因素分划为不同区域的过程。天然存在的地域差异是人们划分区域的基础,人们以一定的差异为标准,按照不同的目的,将地表划分成各种各样的区域。在自然地理方面,大而言之有陆地、海洋之分,进而在地貌方面又有平原、丘陵、山地、高原、盆地之分,在气候方面有热带、温带、寒带(以气温分)之分,又有干旱区、湿润区(以降水量分)之分;在人文地理方面,大而言之有洲级地区的划分(五大洲本身是人文区域,但其划定是自然因素与人文因素结合的产物),进而在国家内部又有行政区域的划分,经济或文化区域的划分。区划纯粹是人们有意识的一种行为。即使是最显而易见的地域差异,也是人们意识观念的产物。形形色色的地貌形态虽给人们以最直接的差异感,但进行自然地理区划,仍然是科学家们的工作。至于人文地理区划,更是一件复杂的工作,是地理学家的专门研究对象,而且人文区域的划定具有很强的相对性,往往存在着许多不同的区划方案。

行政区域是地理区域的一种特殊的形式。行政区域的分划,并不是地理学家的事,而是政治家(并不是政治学家)的工作。行政区划不是一般意义上的地理区划,而是结合政治目的与行政管理需要来划定的,但由于它是地理区域的一种,当然与自然地理、人文地理区域有重要关联,必须从地理角度进行研究。与此同时,行政区域因为行政过程的发展,既可能长期因袭,也可能发生瞬时变化,所以它又是一种重要的历史现象。加之,从制度史的角度看来,行政区划又是地方行政制度的一个组成部分(另两个组成部分是职官与运转机制),自然又是制度史的研究对象。因此行政区划史的研究本身既是专门史的课题,又与地理学、政治学紧密相关。

区域的大小是相对的,如对广大的农村地区而言,城市是点状的,所以我们将城市型政区与地域型政区对立起来看。但城市本身无论多小,也是一个区域。所以区域是有层次的,亦即通常在大区域下面有小区域,形成一个区域系统。

3. 行政关系与政治关系

传说中的夏朝,由于目前文献与考古资料不足,其国家形态尚不十分清楚。商代是否已经出现中央权力与地方权力的分野,也还有待进一步的学术研究。一般认为,商王是方国联盟的盟主,而非统辖所有方国的中央政权的元首。到了西周时代,则已经明显出现了中央政权与地方政权的区分。这时候的中央政权是指周王及其朝廷,地方政权是指依据封建关系建立起来的各诸侯国。所谓封建关系,是指中央将一定的疆土分划给有亲戚关系或有功劳的臣子,让他们建立自己的政权,成为所谓的诸侯国。这一政治过程称为封邦建国,简称封建。在西周时代,周王与诸侯国之间存在着明确的政治关系。这一政治关系包括两方面的内容:一方面各诸侯负有对周天子朝觐、进贡与助征伐的义务;另一方面各诸侯国又处于相对独立的地位,其内政事务基本上不受制于周天子,而且各诸侯国还可进一步分封其大夫,也就是以一部分疆土为其属下的大夫立家。在家与诸侯国之间也存在一定的政治关系,只是因为文献不足征,这种关系还不十分明确。但可以肯定的是,无论西周王朝与诸侯国之间还是诸侯国与家之间,所存在的主要是政治关系,而不是行政关系。周天子对诸侯国、诸侯对家均无直接的行政管理权力。所以,在西周时代以前,中国不可能出现体现中央与地方之间行政关系的行政区划制度。也因此,所谓中国的行政区划已有四千年历史的说法是不妥当的。

要而言之,我们先要分清中央政权与中央集权的区别。中央政权并不都是集权式的,如西周时期虽有中央政权存在,但与后世的集权式国家形态完全不同。行政区划的基本前提首先是存在一个中央集权的国家,其次是这个集权式的中央政权对其所属领土进行有计划的分划,并在分划的区域直接设置地方政权进行治理。如上所述,商代的中央政权形态如何,尚属疑问;西周的中央政权则是以委托治理的方式,即封建的方式设立地方政权,而不对地方进行直接管理,因此不能说其时已经出现了行政区划。更何况,除了封邦建国以外,西周时期的诸侯国还有多种类型,如同盟或同姓之国、前代留存的古国、受褒封之国,这些诸侯国更不是周王能直接治理的。在中国,中央集权式的国家,并不是在三代那样统而不治的大范围的领域中产生的,而是先在小范围的春秋列国中出现,最先是表现在晋、秦、楚三国。在这三国所出现的县制,才是我国行政区划制度的开端。至于为什么县制的出现是行政区划萌芽的标志,以及县制如何成立,将在本书的《先秦卷》中加以说明。

行政区划的出现体现了中央对地方直接进行行政管理的权力,这样的权力只有在中央集权制国家形成以后才能出现。换句话说,行政区划的概念是与中央集权制国家的产生同步的。在中国体现中央对地方实行直接行政管理的制度是郡县制,因此讨论行政区划的出现应以郡县制的出现为标志,而不能从实行封建制的时代算起。一种新制度与新概念往往不是一蹴而就的产物,而是有一个长时段的过程。中国的中央集权制国家产生于春秋战国之际,郡县制即行政区划体系的产生也在此时,我们很难将其产生定在某一个具体的年代,但如果以县制的出现作为标志的话,或可将行政区划的出现定在春秋末年,更具体地说,可将公元前514年晋国建立邬、祁、平陵等十县作为行政区划出现的标志年。对郡县制的产生,尤其是对县制的产生,过去有过不少研究,但大都未注意到县的概念本身在不同时期与不同地方有不同的含义,而且这些含义之间有内在的联系与先后的关系,只有分析理解这些关系,才能比较明确地判断作为行政区划意义的县的产生时代。上面说到的以晋国县的设立为标志,就是基于这样的分析作出的,详见本书《先秦卷》。

虽然行政区划迟至春秋战国之际才产生,但本书仍从商周时代的中央与地方关系说起,以便理清行政区划产生的来龙去脉。大致说来,商代的诸侯是有土地、人民的方国之君,商王朝与诸侯的关系是方国联盟盟主与其服属国(一般方国)的关系。商王并不直接拥有方国的土地与人民,商王对方国的统治是根据不同的政治地理因素,确立相应的服事关系来实现的。所谓侯、甸、男、卫诸服,据有的学者看来便是四种指定服役制。西周时期,周王是天下共主,对诸侯国的控制远比商王对方国的控制强得多。其时已有明显的中央与地方权力的划分,中央权力使得周王能保持对诸侯国的统治与控制,但详析这种统治的实质,其实是统而不治,即在分封之后,被分封的领土即不再属于周王,而由诸侯治理,即使王畿地区也不宜视为行政区划。

政治是上层建筑领域中各种权力主体维护自身利益的特定行为以及由此结成的特定关系,它是人类历史发展到一定时期产生的一种重要的社会现象。政治是与经济、军事、宗教、文化等相对而言的。而行政指的是对国家事务的管理,其关键内涵是管理,如果不能直接行使管理权,便不存在行政关系。一般地说,行政是与立法、司法相对而言的(在三权分立的国家里,与行政相对应的概念是立法与司法;在议行合一的国家,行政的概念比较宽泛,一切与国家事务有关的管理行为都属行政的范围)。在地方一级,高层政区往往是行政、监察与司法、军事职能分开;在县级政区一级则是行政、司法、立法一体,都集中在一县的长官身上。

因此,政治的含义应该涵盖行政的含义。有行政关系者必然有政治关系,但有政治关系者不必有行政关系。以此律三代的史实,则其时的中央与地方之间存在有政治关系,而没有行政关系,因此也就不存在行政区划。换句话说,在一个疆域足够大的国家里,自然会产生中央与地方之间的关系,而这种关系不必都表现为行政关系,尤其在早期国家,往往只存在一定的政治关系,而无直接的行政关系。

4. 政治区域与行政区划

政治区域是一个在今天很少被使用的词,在 1949 年以前绘制的地图上曾经使用过,与今天的行政区划不同,其含义更广。如今中国出版的世界地图集上往往有一幅世界政区图,这里的"政区"并非"行政区划"的简称,而应该是"政治区域"的简称。因为行政区划只是国家以下的行政管理分区,而各国都是独立的政治实体,并非某一个世界组织的行政区域。但事实上,恐怕没有人深入考察"世界政区"这个词的词源。同样,在中国地图集上也都有一幅中国政区图,这里的政区在现代当然是行政区划的意思,但假定我们绘制一幅西汉政区图的话,那么这个政区最好理解为政治区域的简称为好。因为,如西域都护府可以算作西汉疆域的一部分,但却与西汉朝廷直辖的行政区划——郡国的管理方式不同,所以西域都护府辖区应该算是准行政区划,也可以叫作政治区域。

所以笔者认为,引进政治区域(或政治区划)以与行政区域(或行政区划)并用的概念是有好处的,就像政治关系与行政关系一样,二者既有联系也有区别。政治区域与行政区划也既有重叠关系又有不同含义,政治区域的含义更宽泛,包括所有行政区划与准行政区划,只要在中央政府管理下的区域都是一个政治区域,不管是以通常的行政管理方式管理,还是以军事方式、宗教方式管理以及其他特殊方式管理,都是国家神圣领土的组成部分。譬如元代的宣政院辖地,虽与行省性质不一,但仍是中央政府管理下的一个政治区域。同样,清代的藩部也是政治区域,虽在十八省之外,仍是清王朝版图的重要组成部分,只是治理方式特别。上文提到广义的行政区划的概念,这一概念大致就与政治区域有相当程度的重合。在总论的下文中,笔者将从政治区域与行政区划的角度来讨论历史上中国政治地理的两种基本格局。

5. 郡县制与封建制

自春秋战国之际出现行政区划制度萌芽以来,至20世纪20年代的二千五百多年的时间里,中国在地方行政管理方面主要实行的是郡县制。这一制度的实质是在中央集权国家的体制下,将全国分成有层级的行政区划,并在各级区划里派出定期撤换的官员进行治理。虽然这些行政区划的名称除了县以外,不断有所变化,但因为秦始皇将"以郡统县"的制度推行于全国,因此郡县制就成为中国行政区划体系的代称。在郡县制实行以前,由于中央集权国家的体制尚未形成,中央与地方之间没有直接的行政关系,对地方的管理是以层层分封的制度来实现的,因此将这一制度称为封建制。由封建制转变为郡县制不但是行政区划产生的标志,而且也是中国制度史上可与专制变为共和相比拟的最重要的制度变迁之一。虽然共和制在中国产生于1912年,但郡县制千百年来一直并没有根本的变化,民国初年实行的省、道、县三级制是在清代省、府、县的基础上演变而来的,从区划的视角看来,并没有实质性的变化。实质性的变化应该以 20 世纪 20 年代城市型政区的产生为标志。

6. 城市型政区与地域型政区

二千多年的郡县体制,从空间观念上来说属于地域型政区类型,亦即下一级政区是上一级政区(或国家)的区划。如在清代,县是府的区划,府是省的区划,而省则是国家的区划。每一级政区幅员都较大,故称之为地域型政区。虽然中国很早即有城市产生,但城市从未独立地以政区的面目出现,而是从属于某一级具体的地域型政区。甚至直到清末,当许多城镇的经济发展水平已经远远超过其上属的县治或府治,但在行政管理方面仍然要隶属于该县、府时,这一陈旧的郡县制体系的躯壳仍然未能被突破。尽管当时风起云涌的城乡自治运动颇有建立新型政区的趋势,但终清一代,始终没有取得关键性的成功,甚至民国的成立也没有改变这一不合理的、直接妨碍城镇经济发展的旧模式。直到 1921 年 2 月,广东省政府才采取了革命性的措施,制定《广州市暂行条例》,将广州市区从南海县中分离出来,而成为与原所属县平行、直属于省政府的行政区划。这一规定使城市型政区终于正式产生,并随着国民革命军的北伐东征,这一制度在汕头、汉口等地也得到实施。与此同时,北洋政府也发布了城市自治章程,在其管辖范围内陆续建立城市型政区。1927 年 5 月北伐军占领上海以后,南京国民政府又将上海市作为中央政府直辖市,成为与省平行的行政区划,使城市型政区的两级体系正式成立。城市型政区与地域型政区相比有如下的特点:一是地域范围小,相对于地域型政区面状的形态而言,城市型政区可以说是点状的政区;二是人口集中,虽然地域范围小,但人口密度大大超过地域型政区;三是工商业经济发达,与地域型政区以农业为主的面貌不同;四是有城市建成区,形成与地域型政区田野风光不同的城市景观。虽然由于与省级政区平行的直辖市辖有县级政区,这四个特点不如与县级政区相当的市那样突出,不过与省级政区相比,这些特点仍然明显。

但是 20 世纪 80 年代以来,城市型政区与地域型政区的界限又逐渐模糊起来。原因是地改市与整县改市(或称撤县改市)的县级市的大量产生,以及重庆直辖市的设置,使许多以市为通名的政区,不再以城市型政区面貌而是以地域型面貌出现。所谓地改市是指将原来的省以下、县以上的地区这一级准政区改成地级市(其改法或以一个地区改一市,或将一地区分为一个以上的市),并以之管辖数县(或县级市)。这样一来,市的形态发生了根本性的改变,如作为浙江省省会的杭州市不再是西湖边上有城市建成区的那个中等城市,而是管辖了七个县(县级市)的一个大杭州市。所谓整县改市是相对于过去的切块改市而言的。过去的切块改市是将某一县的县城或该县的某一城镇切离出来设市,整县改市则是将原来的县改名为市,而在形态上不作任何变动。这样的市称县级市(也有在级别上直接升为地级市的),包含着原来广大的农村地区。至于重庆直辖市则更加特别,面积有8.2万平方公里,人口约3 000万,下辖一个地区与两个地级市,这两个地级市又各下辖数县(县级市)。这完全是一个小省的格局,但仍称之为市。这三种市的存在,使得城市型的政区变成20世纪20年代到80年代之间一种特殊政区类型的称呼,而与今天称市的政区不能相当,造成了行政区划研究方面的混乱。对于地改市与整县改市的做法究竟利弊如何,已经有过不少争议,这里暂置勿论。

第二章

行政区划史的研究意义

　　行政区划史作为专门史的地位过去一直未曾确立。行政区划作为行政管理的一项必不可少的手段,可以归入政治制度范畴,因此行政区划史的研究可以看作是政治制度史尤其是行政制度史的一个组成部分。但由于行政区划具有地理空间的特点,变迁复杂,与其他历史地理现象的复原有共同的难度,不像行政机构的设置、合并、撤废、析分那样容易理解,因此历来的行政制度史几乎不涉及政区的复原问题,至多把政区名目加以罗列而已,这显然是远远不够的。二千年来,尤其是 18 世纪以来至今的学术积累,已经让我们有条件将行政区划历史变迁的研究当作一门专门史来对待。本书的写作,便试图在总结前贤研究的基础上结合自身的研究成果,使中国历史上的行政区划变迁过程得以全面复原,并希冀能借此建立行政区划史的专门学科分支。

第一节　历史编纂学的需要

　　历史研究有两个基本领域:一是历史编纂学,一是历史哲学。历史编纂学是以复原历史面貌为主要研究对象的。随着历史学的发展,人们对各种历史变迁有越来越多的兴趣,尽可能地想了解所有的历史真相。当然,所谓历史真相的复原往往带有历史学家的主观意识在内,因此极端的看法是历史真相永远无法确知。这一论调过于悲观。事实上,长期以来,无论在中国还是外国,历史学家们无不在追求历史事实的复原,如果没有这种努力,就不可能有历史哲学的基础。与此同时,还应该注意到,历史真相受到歪曲的程度在不同领域里是不同的,在人事方面,真相被掩盖的可能性大些,而在制度方面,客观的真实性则较为可靠。具体到行政区划而言,历史的记载者不太可能对这方面的原始资料去作任意的歪曲。因此,根据历史文献作出的这方面结论相对真实,比较成问题的只在于研究的难度。

历史研究有整体性与特殊性的要求。整体性要求历史上的一切现象都是研究的对象,对我们现在所做的工作来说,就意味着政区史必须与其他专门史一样受到重视。特殊性则是只有中国对行政区划的变迁有如此完整的记录,使复原其真相成为可能,这本身就是中国高度发展的文化史与政治史的体现。历时绵长、变化复杂的行政区划过程又深刻地体现了中央与地方的关系,体现了政治过程的调适功能。历史编纂学作为历史哲学基础的特点,也深刻地反映在行政区划变迁的研究中。晚清学者龚自珍说:"欲知大道,必先为史。"他十分看重历史的认知功能,"大道"可以说是就历史哲学而言的,"为史"说的则是历史编纂学。本书的研究基本上属于历史编纂学的范畴。

一、行政区划是解释历史事件的基础

在中国传统的学问中,地理学一向是历史学的附庸。地理类书籍在古籍的四部分类中是属于史部的。这和小学类(即音韵学、训诂学、文字学)书籍附属经部是同样道理。读通小学是为了解经的需要,讲明地理则是为了读史的需要。地理是历史的舞台,表明了历史事件在何处发生。过去中国史学界有个比方,认为要学好历史,必须具备"四把钥匙",地理就是其中之一。无独有偶,德国史学界也有类似的比喻,说历史有"两只眼睛",一是年代学(chronologie),一是地理学(geographie)。所以一般国家都有历史地图的编纂出版,将历史现象表现在反映当时地理面貌的地图上,以加强读者对历史事件的理解。

由于中国长期的中央集权统治方式,地理位置经常以政区名称来体现。一切事件的发生地都在某政区当中,因此弄清政区变迁与了解事件发生地点是联系在一起的。行政区划是许多专门史和人文地理学分支学科的研究基础。既然一切历史事件无不发生在一定的政区中,因此行政区划其实是历史事件的坐标,也因此,各正史的《地理志》(郡国志、州郡志)实际上建立了该朝代的地理坐标,将自然地理要素和人文地理现象系于各级政区之下。甚至一条连贯的河流,在地理志上的记载有时也是分别系在源头与入海口所在的县里。如果不先复原政区的面貌,就不容易理解这条河流在当时的走向。换句话说,不理解政区地理就难以理解历史事件的经过。可见所谓"钥匙"的意思,就是先要读懂历代正史的地理志,弄清楚各个朝代的政区地理情况。

进一步而言,理解政区地理还不单单是为了了解历史事件发生的地点,更重要的是为了了解历史事件发生时的各种地理背景,以解释该事件的前因后果。例如,西汉初年,汉高帝刘邦为了巩固中央皇权,分封同姓诸侯,在

西汉版图的东半部建立了半独立性质的十个诸侯王国(九个同姓、一个异姓),其本意是希望这些同姓诸侯能够共同拱卫中央政权。虽然在他死后,这一政策的确起了一点作用,挫败了外戚吕氏企图夺权的阴谋。但是这一政策同时又潜藏着巨大的危险,一旦这些诸侯联合起来反抗中央政权,则国家的统一就要受到破坏。有鉴于此,汉文帝接受谋士贾谊提出的"众建诸侯而少其力"的建议,将一些版图较大的诸侯王国分为几个小国,如齐国分为七,淮南国分为三。到了汉景帝三年(前 154),果然发生了中国历史上统一王朝中的第一桩地方叛乱事件,即所谓吴楚七国之乱。这次叛乱来势汹汹,一时间似乎对中央王朝构成巨大威胁,但其实是色厉内荏。如果是汉初的形势,十国之中有七国叛乱,那么局面必然不可收拾,但此时之七国除了吴、楚两国稍大外,其余五国都很小,即有四国不过是原齐国的一部分而已。因此叛乱七国的实力并不大,历时三个月便被敉平。如果我们熟悉政区地理,则这一结果就容易理解。但在《史记》与《汉书》中,对于汉初十个诸侯王国与汉景帝时吴楚七国的具体版图都没有明确的记载,必须经过专门的考证才能复原其本来面貌。这类的考证过程就是本书的主要任务。

二、行政区划反映政治过程

上面所提到的汉高帝分封诸侯王国与汉文帝"众建诸侯"的策略,从政治学的角度看,都是一种政治过程。行政区划的变迁正是从一个侧面反映了这样的政治过程。由于分封了十个诸侯王国,刘邦自己所直接控制的地盘只有十五个郡,占西汉版图的一半而已。这些郡被称为"汉郡",这个名称是十分特别的,意味着只有皇帝直属的郡才是汉朝的郡。而诸侯王国所领属的郡称为"支郡",并非归皇帝即汉朝(直接)所有。当然皇帝对这些诸侯王国有统辖权,但也给他们很大的相对独立的权利。这是一种既空前又绝后的很特别的政治过程。

以上只是一个例子而已,实际上,中国二千五百多年的行政区划变迁过程,最直接地反映了中央与地方关系的变迁。一部行政区划变迁史实际上是中央与地方关系史的一面镜子。自秦始皇统一天下以来,行政区划层级的循环变迁、幅员的伸缩起伏、边界划定原则的取舍,都是二千多年的政治过程的直接写照。[1]

---

[1] 参见周振鹤:《中央与地方关系史的一个侧面——两千年地方政府层级变迁的分析》,《复旦学报》(社会科学版)1995 年第 3 期。

此外,地方职官与行政区划密切相关。官僚制度是超大规模行政的必然要求,是中国人的杰出创造。在西方中世纪出现王权行政、庄园行政、僧侣行政的同时,中国则是皇权专制的官僚行政。官僚行政除了体现在中央朝廷以外,更集中地体现在地方权力机构中。所以官僚行政的实质也要透过行政区划的变迁才能看得更清楚。有时,为了安置官员不得不以增加行政区划为代价。官僚制的实施体现了理性倾向,因为一个幅员辽阔的大国,如果没有一个严密的官僚体系就难以治理,没有合理的行政区划也是一样。因此,通过对行政区划变迁过程的全面研究,将使我们更深刻地认识到中国行政制度史的内涵,同时也将对中央集权制下的官僚行政的改革看得较为清晰。

三、行政区划反映经济发展的态势

行政区划的变迁最集中地体现政治过程之外,还展现了历史上经济的发展、文化的变迁、军事制度的更新等内容。

在历史上,中国的经济重心出现从北到南的转移,行政区划的设置也相应地出现了从南稀北密到南北均衡以至南密北稀的变化。经济越发达的地区,政区划得越小,以便设置更多的行政机构进行管理。关于行政区划分布变迁的这一态势,详见总论第六章第三节的分析。这里仅以明代广东县级政区为例作一说明。

从明代景泰三年(1452)至崇祯末年,广东除升改泷水县为直隶州外,新设一州、二十二县。[1] 新设县占全省总县数七十七县的七分之二。自西汉以后的千余年中,广东地区以明代设县比较集中,而且集中在明代的中后期。说明一方面,这一时期偏僻地区治安趋于恶化;另一方面,不发达地区的经济得到了开发。在两三个县交界处设置新县,以镇抚在“三不管”地区出现的治安问题的,如广东惠州府龙川县和平岗,地处龙川、河源与韶州府翁源县以及江西赣州府龙南县等两省三府四县交界之间,该地崇山绝壑、山林险阻,“时有不逞者盘踞其间”,提督南赣都御史王守仁在“平浰头寇”之后,于正德十三年(一说十二年八月)奏析龙川、河源二县地置和平县。两广提督(总督)张臬在平定张琏、王伯宣、林朝曦等山寇之后,于嘉靖四十二年(1563)奏请析海阳、揭阳、饶平三县接壤之地置澄海县;又在离潮阳县治一

1　蒋祖缘:《明代广东巡抚与两广总督的设置及其历史地位》,《广东社会科学》1999 年第 2 期。

百七十余里,治安力量"势难遏制的西洋、乌溅、黄坑等三都置普宁县"[1]。万历四年(1576),两广总督凌云翼平定罗旁山瑶族农民起义后,奏改泷水县为罗定直隶州,并设东安、西宁二县为州的属县。

置县即增加行政中心,必须设官署、建城池、辟道路、设驿站、兴学校、垦田地、兴水利、课农桑,自然要增强治安力量,促进经济发展。故凌氏在《奉命大征功已垂成并预计善后之图以保久安疏》中说:"罗旁东西山界计算,周遭约一千五百余里,其中田地肥饶,且产有砂仁、藤、蜡、蜜、漆诸利,可耕可采。欲为久安长治之策,必须添设州县。"罗旁山在今广东省西北部,自古交通闭塞,至今仍非通衢大道。两广总督不但升州设县,而且"以南北孔路直贯泷水之中,不惟血脉弗滞,而货财往来,元气更易充实"[2],显然是使新立州县在经济上能有自立之基础。

第二节 相关学科的研究基础

一、专门史研究的重要基础

在学术领域,行政区划史的研究有着重要的意义。中国历史悠久,积累了极其丰富的行政管理经验——这些经验有的是为了促进社会的发展,有的却只是为了强化中央集权。在这些经验的指导下,中国的行政区划历史有着独特的发展历程,在政区的层级设置、幅员确定、边界划分方面都有一定之规,反映了一定的政治思想。当然,政区的变化也与客观形势的需要息息相关,并不全是统治者个人意志的体现。因此,行政区划史的研究应该是政治制度史乃至政治史的一个重要分支,只有行政区划史的参与,才能使政治制度史臻于完善。但是以往的政治制度史多注重研究中央制度,而忽视地方制度;讨论地方制度又往往只及官制,而不及地方官员施政的行政区域。这种偏枯情况理应得到纠正。

但是对政区的理解并不是很容易的事情,对各正史《地理志》与其他包含政区资料的文献,常有因为误读而得出错误结论的例子。如《中国农业史》(科学出版社 1956 年)中,根据《元史》的一条记载,就认为元初棉花的种植与纺织已经扩大到长江流域。这条记载的原文是这样的:至元二十六年(1289)四月"置浙东、江东、江西、湖广、福建木绵提举司,责民岁输木绵十万

1　分别参见嘉靖《惠州府志》卷 2、卷 5,隆庆《潮阳县志》卷 1,郭棐等《广东通志》卷 39。
2　刘尧海重修《苍梧总督军门志》卷 26。

匹,以都提举司总之"。该书的作者以为这说明其时在江苏、安徽、浙江、湖南、湖北与福建都已经有了棉花的种植。其实这个结论有点冒失。这里至少有两处被误读:一是将湖广当成是湖南与湖北地区的总称,其实那是明代的事。在至元二十六年时,湖广行省只有今湖北省很少一点地方,同时却包括了今天的广西与海南两省(区)之地。因此置湖广木绵提举司并不能说明今湖南、湖北当时就广泛种植了棉花,也许只是在广西与海南(尤其是海南)有棉花种植。二是江东木绵提举司的设置也不一定就说明棉花种植已经扩大到安徽。因为只要江苏南部地区广泛植棉,就得设江东木绵提举司,而当时松江一带是重要棉产地,这有其他史料可证明。而要证明安徽已种棉花,还须另有文献依据,仅凭此条记载不足为据。以政区名称来证明历史事件的地理背景自然是对的,但首先要弄清该名称在当时的地理范围,以免张冠李戴。在中国历史上名同实异或名异实同的地名与政区名引起的麻烦并不鲜见。这不但是某些专门史的作者因为非历史专业出身可能会犯的错误,即使是历史学家,如果不熟悉历史地理,也可能在其他方面出错。

举例来说,研究人口的分布与人口的密度(当然这同时也是人口地理的课题),如果没有行政区划作为计算或标记的基础,就无法进行;而且要注意到行政区划变迁的详情,才能得出正确的结论。譬如以唐代而言,在中唐安史之乱以后,由于北方移民大量进入南方,使南方某些州的人口快速增加,因而分置出新的州来。如位于今江西省东北部的饶州在乾元年间就分置了信州,使本身幅员大为缩小。有些研究者未注意到这一点,在进行唐代前后期,即开元与元和年间人口比较研究时,将前期的饶州户口与后期的饶州户口作简单化比较,[1]遂以为其增幅不太大,仅增户数 10% 左右。但如果注意到唐后期饶州幅员的缩小,就应将唐后期的饶州户口与信州户口之和与唐前期的饶州户口作比较才合理,这样一比较,就会发现在同一地域范围内的饶州户口的增幅竟达到 83% 之多。由此可见,了解政区的变迁对于其他相关学科的研究有多么重要。否则任何计算结果都毫无意义,如果再由此结果而得出其他某些结论,那就更不可靠了。而上述简单化的错误,甚至连历史地理学家有时也不能免。[2] 当然,这种情况的产生也有其原因,那就是此前对于政区变迁史的断代性概念还没有很好地建立起来。这一情况正好说明,只停留在复原一个朝代经制的政区面貌是远远不够的,那样会导致人们

[1] 参见梁方仲:《中国历代户口、田地、田赋统计》,上海人民出版社 1980 年,第 104—105 页。
[2] 参见黄盛璋:《有关长沙马王堆汉墓的历史地理问题》,《文物》1972 年第 9 期(后来黄先生将此文收入其《历史地理论集》时对长沙国的疆域问题作了大幅修改,不再直接用《汉书·地理志》的十三县范围)。

误认为政区变迁史是每隔一个朝代才发生一次变化。

二、人文地理分支学科的基础

人文地理是研究人地关系的学科,近百年来这一学科得到长足的发展,不断有新的分支学科的出现。行政区划变迁过程的研究是小尺度范围的政治地理研究的直接前提与基础。瞬时的行政区划史或曰共时的政区分布本身就是一种人文地理现象,即上述术语解释中的政区地理,或行政地理。而政治地理研究正是建立在政区地理及其他与政治过程相关的地理现象之上的。[1] 行政区划史的研究,直接与微观的政治地理研究密切相关。所谓政治地理,其核心内容是研究政治过程与地理环境之间的关系。因为行政区划的历史变迁与政治制度、经济发展、文化观念以及自然地理环境都有密切的关系,所以研究这些关系在学术上属于政治地理的范畴。政治地理学在我国一直未得到充分的发展,但在世界上却是一门重要的显学。不过这门显学目前只注重于宏观的大尺度的研究领域,也就是着重研究全球性的、国家与国家之间的政治与空间的相互关系。至于微观的小尺度的政治地理学,除了"选区地理"一枝独秀外,在行政区划的研究方面基本上处于空白状态。由于中国典籍浩瀚,所保留下来的有关行政区划的政策、原则和实例丰富多彩,因此有条件为微观的政治地理学研究作出特有的贡献。

举例而言,明代本来就有一个正式的行政区划体系,大致可表达为布政使司—府(州)—县系统。但这一系统在晚明却因为政治形势的变化而出现管理失灵的现象,这就是在布政使司交界地带的治安情况日趋严峻,于是在正式行政划体系之外又叠加了一层总督巡抚辖区,重点是治理管辖某布政司内的特别地区或几个布政司的交界地带。过去的研究者都忽略了这一变化。先师谭其骧先生特地指出总督巡抚辖区是实际上存在的另一个政区体系,并指导博士生进行专门研究。[2] 而有趣的是,当时人尤其是外国人竟也注意到了这一情况。1595 年(万历二十三年)11 月 4 日利玛窦(Matteo Ricci)从南昌写给耶稣会总长阿桂委瓦的信中就这样说:"……后来我们到了赣州,它是江西省重镇之一。四省总督驻在这里。言四省总督,并非言他辖有四省,即江西、广东、湖广与福建,而是它位于四省交界处,治理上言四省交界处之每省两州。原因是几年前在这三不管处曾闹过土匪,打家劫寨,

---

1　参见周振鹤:《建构中国历史政治地理学的设想》,《历史地理》第十五辑,上海人民出版社 1999 年。
2　参见靳润成:《明代总督巡抚辖区研究》,天津古籍出版社 1996 年。

十分不安。因此明廷在此成立四省总督这一单位，其总督根据需要可以招兵买马，维持这八州的治安。"[1] 这里所译的"总督"，其实就是指南赣巡抚。利玛窦是在从韶关经过赣州到南昌的路上就注意到了这个问题，可见南赣巡抚辖区的行政运作是何等明显。总督巡抚辖区与布政司系统的并存就是晚明的一种政治地理面貌，不通过政区变迁史的研究是不容易看得清楚的。

人文地理的其他分支，如经济地理、人口地理、文化地理也与政区地理密切相关。先举经济地理一例为说。食盐的行销自然是一个经济地理问题，但在中国古代，由于食盐与国家收入及民生的关系密切，一直实行国家专卖制度，于是专卖行为就不但与作为专门史的经济史相关，而且与行政制度进而与行政地理有关，例如行盐区与政区的关系就是一个最直接的话题。据姜道章研究，食盐"销区的界线总是与行政区划界线平行"，而且他强调"盐的运输及其销区结构，极受行政区划影响，州县总是盐的分销基本单位，一个州县从来不会划分为两个部分，而分属两个不同的销区，一个州县所消费的盐，总是只从一个产盐区取得。甚至一个府也极少会划分属于两个不同的销区"[2]。

新近的研究则认为："两淮定例实际制造出带状性的盐界，乾隆年间允许邻区食盐在周边流通，意味着盐界根本不是制度上规定的那条清晰的界线，而是相当模糊的一个区域，那些允许邻盐自由流通的区域，实际充当两淮盐区之界。在这个情况下，作为经济性、行政性区域，盐区本身也是历史构建的结晶。"[3] 这说明行盐区与行盐区之间并非一条几何意义的线条，而是一个带状的小区域，而清代湖南的衡州与永州两府、江西的赣州府一带就处于这样的区域之中。上述两项研究都离不开以行政区划为基础的分析。一直到今天，各级地方政府依然是利益的主体，经济区往往是行政区的同义语，脱离或超越行政区的经济区很难有正常的运转功能，这将在后文再提及。

人口地理的研究对象中有一项是人口的迁移或者说人口的再分布问题。在某些情况下，人口的迁移数量和迁入地在史籍上并没有明确的记载，但通过对新的行政区划设置过程的分析，我们却可大体了解某一时期人口迁移的基本情况。例如从先秦直到东汉末年，在今浙江与福建地区长期以来只有两个县的建置，但在三国至西晋初年，这一地区突然增设了十三个

1　《利玛窦全集》第二册，台湾光启出版社1980年。

2　姜道章：《历史地理学》，(台北)三民书局2004年，第328、330页。

3　黄国信：《区与界：清代湘粤赣界邻地区食盐专卖研究》，(北京)三联书店2006年，第204页。

县。这些县的设置时间与地理位置,充分说明东汉末年以来的战乱,迫使相当数量的人口从长江三角洲地区沿着海路与陆路两条途径迁入浙南与福建地区。从陆路入闽的人口引起闽西北地区新县的设置,而福建东南地区建立的县则明显是从海路而来的移民聚集所促成的。[1]

而如果结合各行政区划的设置时间与户口数目的变迁的研究,则更可以较明晰地看出人口再分布的态势,乃至可以发现这样的现象:唐代安史之乱引起了北方人民向南方迁移的大浪潮,更由此而产生了方言变迁的过程。[2]

文化地理与政区地理同样有密切的关系。笔者在研究吴方言的分区时就注意到吴语次方言区与中世纪以来的统县政区,也就是说,与唐宋的州以及明清的府有重合现象。同一府的人民,其方言有相对的一致性,而与他府则有较明显的差异。而这种政区之间的方言差异,却又与移民有关。大致说来,在未开发地区往往是由一两个县先开始奠基,而后这一两个县再移民到未开发地去,而建立新县,最后由一组新县建立一个新府,于是这个府的方言就自然存在一致性。加之苏南与浙江地区的府界大约在千年之间一直保持着相对的稳定,就更为府与府之间的方言差异提供了背景。[3] 因此,分析方言地理以及绘制方言地图一定要以历史政区地理与历史地图为基础,这一点近年来已经成为方言地理学者的共识。

在宗教信仰方面,也有明显的行政区划痕迹。中国本土宗教的多神信仰的特征之一就是存在众多的地方神,这种地方神的产生有不同的来源,但许多是由人而神,即对地方有大功大劳的人被尊崇为神。这种地方神往往有其影响的范围,而这个范围与行政区划有千丝万缕的关系。浙江对地方神——胡则的信仰起先就主要流行于金华与衢州地区,即唐宋的婺州与衢州,再向浙江其他地区扩展,达到清代的十府六十二县的规模,但始终不出浙江省的范围。[4] 近世基督教来华,其传播过程与传教地域也与行政区划有很大的关联。据张晓虹研究,清末民初基督教新教的内地会系各差会在陕西的传教区就与行政区划相当一致,即"内地会以汉中府和兴安府为宣教

1　周振鹤:《从历史地理角度看古代的航海活动》,《历史地理研究》第二辑,复旦大学出版社1990年。该文收入《周振鹤自选集》,广西师范大学出版社1999年。

2　周振鹤:《唐代安史之乱与北方人民的南迁》,《中华文史论丛》1987年第二辑;《客家源流异说》,《学术月刊》1999年第3期。

3　周振鹤:《现代汉语方言地理的历史背景》,《历史地理》第九辑,上海人民出版社1990年。

4　朱海滨:《民间信仰与自然区域及行政区域的关系——以胡则信仰为例》,《中国历史地理论丛》待刊稿。

区,瑞华会宣教区约等于同州府,北美瑞挪会的宣教区包括西安府、凤翔府、邠州和乾州在内的关中西部地区,挪华盟会宣教区等同于商州"。而公理会亦曾声明,以县界为其宣教范围,但在力不从心的情况下,其他差会可酌情越界进入其宣教地开展工作。可见,政区对宣教工作有着一定的制约作用。[1] 由于天主教的管理方式是以教皇为首的分层级的教区管理,与世俗的中央集权制下的行政区划相类似,因此在中国传教的天主教代牧区的分划也与中国原有的行政区划相重合。[2]

要而言之,政区地理是人文地理各分支的研究基础,这一点不能不引起我们的重视,即上述对专门史与行政区划相关的分析,也主要是体现在地理方面。因此政区地理的重要性是不言而喻的。

第三节 行政区划史研究的当代意义

一、行政区划的可变性与承继性特征

行政是政治的主干。就当今的世界而言,不仅在政治发展程度较低的发展中国家,行政权力传统上的主干地位还没有受到多大的动摇;而且在发达的西方国家,行政集权也已成为难以阻挡的政治走向。数千年的文明史使中国的行政文化有着丰富的历史积累,但是现代化的进程显然使这一传统行政文化受到挑战。中国社会正处在由全能的行政控制向以市场为主导的体制转型的过程中,这使大规模的行政陷入了空前的困境,也使中国的行政文化面临转变的关头。早在古希腊时代,西方即有分权与民主制的形式,无论这种民主制的范围和阶级本质如何,它在形式上提供了行政与政治分离的范式。随着向中世纪过渡,宗教与行政分离而成为一支独立于社会行政管理(按:实际上在某些地方代替行政管理,如英国的教区 parish)的精神力量,这种分化的状态为独立研究行政演变的历史提供了可能。而中国古代社会政治与行政分化程度较低,皇帝既是全国的政治、行政首脑,又是"天意"的唯一代表(但"天意"若转移,则改朝换代。这与日本不同,日本是以天皇的万世一系的形式上的不变来表示天命的不变,而把权力所有者如幕府的将军与天意代表者的天皇分开),社会不存在凌驾于皇权之上的宗教力量。这种政治、行政、宗教高度融合的特征对后来的行政有深刻的影响。

1　张晓虹:《晚清至民国时期陕西基督教宣教区研究》,《中国历史地理论丛》2006 年第四辑。

2　张晓虹:《陕西天主教教区的初步研究》,《九州学林》2005 年夏季(三卷二期),第 97—129 页。

在这种政治与行政高度一致化的情况下,行政区划的重要性十分突出。这是实行中央集权制的最便利的手段。由于行政区划体系是中央集权制度下的产物,所以行政区划有可变性的特点,中央政府的一道命令即可随时建置、废弃或合并个别的行政区划,可以创建新型的行政区划,甚至还可以改变整个行政区划体系。正因为有这种可变性,才会有行政区划变迁史的出现,至今民政部每年都要出一本行政区划简册以记载上一年的行政区划变迁情况,就是这个道理。个别行政区划的改变是经常发生的事,新型行政区划的出现则相对不那么频繁,而整个行政区划体系的变动则是不常有的。在中国历史上有过三次对行政区划体系的大变动,发生在三个短命或较为短命的一统王朝:首先当然是秦始皇统一天下后全面地推行郡县制;其次是隋文帝将州郡县三级制改为州县二级制;最后是元代在兼采前代不同政权原有行政区划体系的基础上再加一层行省,使行政区划体系变得空前复杂。至于新型行政区划的创建,当以宋代路的设置最为特别,路的设置既使这一级政区缺失单一的行政长官,又使分职的长官有不同的行政地域。此外,明代在部分地区以军管型的都司卫所作为正式政区也是较为特别的设计。

虽然行政区划有其可变性,而且局部的小范围的变化始终存在,但为了保持统治的稳定,历代王朝一般不对其作根本性的变动,甚至在改朝换代时,后一朝代也都是在前一朝代的基础上加以局部的调整,很少在王朝建立伊始,即对前朝的行政区划体系作翻天覆地的改造。例外的情况,可算是短命的王莽新朝,完全设计一套新体系新概念,结果是彻底失败——在任命新政区地方官员时,不得不以旧政区来说明其管辖的地域在何处。行政区划体系不轻易改变的这种特征,可以称之为承继性。

这种承继性使得新王朝即使打算在行政区划体系方面另起炉灶,也要在政治局面相对稳定以后才逐步进行。朱元璋显然是不满意于元代的行省制度的,但在各地逐渐驱逐元代统治机构的过程中,依然建立明代的行省,直到大局稳定以后若干年,才采用承宣布政使司来代替行省,同时建立与布政使司并立的都指挥使司及按察使司以分布政使司之权。而这一做法在形式上是模仿宋代路一级行政机构的漕、帅、宪、仓诸司的制度。因此在某种意义上可以说,行政区划体系是一切行政制度中最不易也不宜突然地彻底改革的一种制度。当然,历史上许多重要的制度改革并不发生在朝代鼎革之际,而往往发生在某一朝代内部,不独行政区划为然,但行政区划尤为明显。后朝总是先接续前朝的制度,而后再作适度或较大幅度的调整。因此研究行政区划的变迁史,了解中国历史上行政区划变迁的基本特点与规律,会给我们以启发,让我们知道在新的形势下,应该如何调整、改革行政区划,以促进经济的发展;同时也让我们了解,混乱的行政区划会给社会带来冲击,并影响经济的发展。

二、今天我们如何改革行政区划体系

新中国成立以来一直到 20 世纪 80 年代,行政区划的实质性变化不是很大。其基本体系还是省—地区—县的虚三级制。但有一个比较重要的变化,就是有的市下辖县。1958 年北京与上海两个直辖市各辖十个左右的县。民国时期的市纯粹是与作为地域型政区的县平行的城市型政区。而以市辖县的制度,使得原来的城市型政区又退回到地域型政区的形态中去,混淆了两类不同政区的差别;使得城市型的点状形态,又变成面状形态;使工商发达、人口集中的城区又与农村地区同处于一个政区内,实际上是一种权宜的行为。这种情况的出现有其原因,即行政区划之间的壁垒,使得一些城市不得不建立自己的副业基地,以保证城市自身的副食供应。但这段时期以市辖县的情况并不算普遍,所以对整个行政区划体系影响不大。80 年代以后,这种情况不但日益普遍,而且成为一个改革浪潮,即逐步将地区改成地级市,并下辖数县,从而将整个行政区划体系改为省—市—县的实三级制。市的概念从此发生质的变化,变成与省、县同质的地域型政区,失去了原有的意义。与此同时,还发生了另一场改革,那就是县级市的出现。这是在城乡结合、以城关镇带动全县经济发展的名义下进行的,这种做法与过去传统的切块建市不同,它不让已经成熟的城镇工商区域单独建市,而将其与农业区捆绑在一起改成市。其初衷是要以城关镇或县里某个经济发达的镇来带动全县的发展,一起城市化。但二十多年来的实践证明这种思路未获成功。许多县级市依然是农村形态,并没有将全县都变成城市型政区,相反却增加了一些混乱,出现了地级市下辖县级市这样没有法律依据的现象。虽然名义上县级市直属于省,地级市只是代管,但这仅仅只是名义上的,实际上就是地级市管县级市。

在许多农业县纷纷改为县级市的情况下,直辖市下属的县怎么办呢?这些县比一般的县级市要发达得多,难道不应该改为县级市吗?只是这样一来,就会出现如上海市下辖嘉定市的尴尬情况。一般的县级市名义上还属省,而直辖市下的县如果也改成县级市的话,就是名副其实的市辖市了,所以只好改成区。而这样一来,这个区到底是郊区还是市区就分不清了。为了避免混乱,于是又出现了"城区"一词,用以表示真正的城市型政区。而

市区概念则模糊了，既保留着原有的城市建成区的概念，又包含了那些既有建成区状态又有大片农村形态的由县改成的区，造成了一定程度的混乱。

基于上述这些情况，所以说80年代以来的这场改革不成功，没有达到预期的效果。市管县在某些地方甚至被认为是"市刮县"，因为地级市可以运用自己的权力，利用下属县的资源来建设该市的城区。同样地，整县改市不但未能带动全县城市化运动，反而使农村的资源集中于建设一个中心城市，一般即是原来的城关镇。这种假性的城市化，使许多发展程度不高的县也趋之若鹜，尽管有些硬性的指标规定，并都能以各种手段"达标"，但实际上未达标的县级市还有许多。这些县始终以第一产业为主，与以第二第三产业为主的城市毫无相同之处。而与此相反，一些经济发达的沿海县，有时其属下的县第二第三产业已很发达，人口也相当集中，却不能切块改市，妨碍了这些地区的更快发展。因此，最后由国务院叫停了县改市的做法。一项改革发展成这样的后果，恐怕是设计者所始料未及的。这充分说明行政区划的改革要经过缜密的思维，同时也要注意历史上的经验教训，这就是行政区划变迁史的当代意义。切块改市既有优点也有缺点，过去在推行县改市方针时，只强调其缺点，而忽视其优长之处，显然是缺乏历史观点的。

传统的行政区划体系对于一个农业社会而言，是可以应付裕如的。在改革开放以前，工商产业发展缓慢，原有的体系虽有不适应之处，但只作小的调整即可应付，问题不是太大。但在改革开放以后，由于经济的突飞猛进，尤其是第二第三产业的飞速发展，使得原有的行政区划体系远远不能适应当代形势，势必要作较大的改革，而20世纪80年代的改革思路又难以突破原有的思维，所以地区改市、整县改市的做法应运而生。今天，这些做法虽然应该重加检讨，但亦无须过分指责。时至今日，经济发展更加迅猛，原有的行政区的刚性管理与经济区的弹性要求更加显得不相适应。经济的发展希望没有区域的限制，但行政区划的管理却是严格地被限制在政区边界以内。由于地方政府是利益的主体，在政府操作下的经济活动更是受着边界的限制，于是不同政区之间的经济合作如何进行一直是一个重要的问题，组织超越于政区之上的经济协作区自然是一个直观的思路，但实际的操作却往往并不理想，因为经济区仍然不能打破行政区的制约。20世纪80年代上海经济区的出现与消弭于无形，就深刻地说明了这一点。最近新兴的一些经济协作区如果不能打破由行政区主导的经济活动，就注定不会有令人振奋的效果。因此，今后行政区划体系的改革不能停留在简单地调整行政区划的层级或幅员的思路上，而是要从地方行政的制度上进行重大的改革，一方面在行政上建立协调机构或组织，另一方面也是更重要的是尽快转变政府职能，使之真正成为服务型的政府。这是早已提出的目标，但在实际上一直没有实现，不但没有实现，而且政府在经济活动中的地位越来越强化。不过这已超出单纯的行政区划改革的范围，也不是本书所讨论的内容了。单纯从行政区划改革的角度而言，恐怕最核心的改革还是应缩小省一级的幅员与减少政区层级。而这两者互相关联，在省级政区缩小幅员以后，政区层级就可以相应减少一级，形成省—县二级制。但缩小省区又是需要慎重进行的带根本意义的行政区划改革行为，应该在深思熟虑的情况下进行，以免重蹈解放初期平原省的撤废，以及后来三峡省的设计与流产等覆辙。

第三章

行政区划变迁研究的学术史回顾

第一节　行政区划研究史的三个阶段

　　历史学的发达,使中国史学的各个侧面都有长远的研究史,其中对政治史的研究尤被重视。行政区划变迁的内容与政治制度有关,因此对行政区划变迁史的研究也历来受到注意。如果我们对这一研究过程加以回顾,大致可以依据研究内容,将其分成三个阶段。

一、史料编纂阶段

　　可以说,自从行政区划出现以后,有关其变迁的情况,诸如置废分合等记载就成为史书的内容之一,在《左传》《史记》等重要史籍中我们都可以看到这样的记载,但这些记载都是零星的、不成系统的,还算不上是一种研究。《史记》虽有八《书》之作,但其中有天官而无地理,甚至连秦始皇二十六年(前 221)统一天下之时,分全国为三十六郡这样的大事,也只是一笔带过,而不具列三十六郡之名,致使后人聚讼纷纭。到了班固修《汉书》的时候,情况有了根本的变化。班固把西汉末年的政区面貌,以《地理志》的形式相对完整地记录下来,使后人得以对该时期的政区地理格局有比较全面的认识。历史编纂家的这个创造,虽然还不是严格意义上的政区史研究,但其时能够意识到行政区划的重要性,并将其作为框架,容纳西汉时期其他地理——例如自然地理、经济文化地理等方面——的内容,在行政区划变迁史研究方面已是一个质的飞跃。更何况《汉书·地理志》已经开始用简单的语句来叙述郡级政区的沿革以及部分县级政区的由来,可以算是一种研究了。班固《地理志》的编纂显然为后世的历史学家树立了一个楷模,因此在《汉书》之后,相继有十五部正史模仿其体例,也写出了自己的《地理志》(或称《郡国志》《州郡志》《职方考》)专篇。

　　随着史学本身的发展,历史学家对政区变迁越来越重视。唐代以后,在正史地理志之外，又出现了全国地理总志的体裁，比正史地理志内容更加丰富，从唐代《元和郡县志》、宋代《太平寰宇记》，直至元明清三代的一统志都属于这一类地理总志的范畴。宋代以后，地方志的修撰形成制度，记述某一地的政区建置变迁，如果以民国末为断限，这样的地方志至今大约还留存上万种之多。地理总志与部分地方志同正史地理志一样，也是研究政区变迁的重要资源。此外，在政书一类典籍中，也有记录行政区划的专篇，如《通典·州郡典》《通志·舆地略》和《文献通考·方舆考》，其中《州郡典》与《方舆考》的作用犹如正史地理志。由于行政区划随着历史的发展而不断变化，而且几乎是无时不变，因此在上述所有这些地理文献中，并非单纯记载当时的地理面貌，对前代的地理情况也有所追述。所以也可以说，这些地理文献事实上也是历史地理文献。但从根本上说来，这些记述所呈现的多是某一代（有时只是一代中的某一时间断限）政区的罗列或某一政区在历代的置废变化，还远不是真正意义上的政区史研究。

二、个别的考证订讹阶段

虽然历史文献对历代政区有所记载，但如果详细研究，会发现这些文献都存在或多或少的错讹阙漏，而与此同时，还有些朝代的正史不列地理志，这两个因素直接影响了对各个历史时期政区面貌的复原。于是历代都有一些学者对这些文献记载进行考证订讹式的研究，力图探索历史政区的真相。这一研究工作发展到清代的乾隆嘉庆之际，终于与研究河流水道变迁的学问一起，蔚为沿革地理之学。清代有许多学者致力于这门学问，对正史地理志与全国地理总志以及有关政区的历史记载进行了全面深入的考证，并取得了显著的成就。这些成就主要体现在对上述文献的文字方面的校勘订讹，并解释文献记载中相互矛盾之处，以恢复史籍的本来面貌。其中仅对《汉书·地理志》校订补正的专篇就有十余种之多。这些工作是真正意义上的政区史研究工作的开始。其中最出色的学者是钱大昕，在他所著的《廿二史考异》中，对各正史有关政区变迁记载的匡正，大都是独具慧眼、发千古之覆的重要研究成果。他的研究虽然大都是个案式的，但却为整体的政区史研究奠定了坚实的基础。类似钱氏成就的学者凤毛麟角，却或多或少起了拾遗补阙的作用。当然清代也有些学者虽然名气较大，但在沿革地理考证方面其实成就不大，有些研究甚至是错误的，这一点是必须注意的。[1]

---

[1]　参见周振鹤《点石成金、披沙沥金与脸上贴金》(《读书》1995 年第 3 期)、《汉郡再考》(《文史集林》第一辑，远东出版社，1994 年)等文中的有关论述。

三、整体复原研究阶段

这一阶段又可分为两个小阶段。

1. 历代大势的研究阶段

差不多在考证订讹的同时,就已有学者开始从事综合研究,即以已有的史料为根据复原史籍上未曾记载的政区面貌。例如,对秦始皇三十六郡的研究就曾引起一股热潮,清代不少学者经过研究提出了各种不同的设想,这是综合研究的典型尝试。与此同时,还有些学者从事补写某些朝代或历史时期的地理志的工作,如《补三国疆域志》《十六国疆域志》等。补志的工作一直延续到民国时期,而且还有学者进一步对这些补志的不足之处再作订补。在这些工作的基础上,有学者开始将眼光从个别朝代转移到整个历史时期,将历代地理志所反映的政区面貌连缀起来,编成历代地理沿革表和历代舆地图。其中最具代表性的著作是陈芳绩的《历代地理沿革表》与杨守敬的《历代舆地图》。但无论是复原秦始皇三十六郡,从事补志工作,还是编辑历代沿革表与舆地图,所有这些研究者,都还是以地理志为某一朝代的经制作为指导研究的基本思路。换句话说,一般的研究者大都以为秦一代的政区就是三十六郡,而西汉一代的政区就是《汉书·地理志》里所载的一百零三个郡国,还没有更深入地想到秦一代十余年,三十六郡不可能一成不变,而西汉一代二百来年,其郡国变迁更是繁复。这种认为一个朝代只有一副政区面貌的认识与研究方式,我们姑且称之为通代的研究。这种认识一直到 20 世纪 70 年代还存在,当时长沙马王堆汉墓出土了极为珍贵的古地图,墓主的下葬年代在汉文帝时,其时的长沙国封域比《汉书·地理志》所载范围大得多,但受到当时认识水平的限制,有些历史地理学者仍以《汉书·地理志》所载的长沙国为说。在这一阶段中,未必没有学者认识到在一个朝代之中政区是不断变化的。但是复原一个朝代的代表性政区,有各正史的地理志作基本依据,相对而言难度较小(虽然也很难);而研究一个朝代之中的政区变化过程,只有不成系统的零星的记载可参考,难度很大。所以直到 20世纪 70 年代《中国历史地图集》内部版问世时,政区变迁的研究基本上还处于历代大势的水平上。

历代大势研究的局限性是明显的,《汉书·地理志》所列一百零三个郡国,只是西汉一代政区经过繁复变化尘埃落定以后的结果,仅从百三郡国分布图上我们看不出政治过程对西汉政区的影响,也看不出政区变化如何反过来影响政治过程。我们无法了解汉景帝三年(前 154)吴楚七国叛乱之前的诸侯王国的实力,不能直观地理解汉文帝时贾谊所提的《治安策》在当时已经发生作用,因为经过"众建诸侯而少其力"以后,叛乱七国已经小而无能为了。《剑桥中国秦汉史》的作者们充分意识到这一点,所以极力想复原汉初与西汉中期的政治地理形势,该书中附了好几张地图,但由于政区变迁的研究十分专门,这些地图除了西汉末年的百三郡国一幅外,没有一幅是准确的。[1]

2. 断代研究阶段

所谓断代政区地理研究是指复原一个朝代之中的政区变化全过程,这也是姑且用之的提法,因为这样的研究充其量不过二十来年的时间,尚未蔚为大观。但在清代乾嘉时期,已经有人开始意识到,地理志并不能代表一个朝代的政区面貌,因为政区的变化几乎是无时不在发生,要全面反映这一变化过程,就必须进行更加深入细致的研究。由徐文范所著的《东晋南北朝舆地表》(定稿于嘉庆八年即 1803 年,但属稿很早,初稿至迟于乾隆五十四年即1789 年即已完成,因钱大昕于此年已为之作序)试图理清东晋十六国与南北朝时期的政区变迁过程。这是一个分裂的时期,有的国家与朝代历时很短,如果要全部弄清,则近乎是断代研究了。认识到行政区划是无时不变而不是在一个时代里一成不变的,并不是一件容易的事情,清代时仍有许多学者没有悟到这一点,如王鸣盛。

到了清末,这种想要透视断代政区面貌的要求更显迫切,吴增仅撰于光绪二十一年(1895),又由杨守敬补正的《三国郡县表》,可以说是一种断代研究开端的标志。该表虽未能详及逐年的变化,但在经过深入考证后,能列出魏、蜀、吴三国每一代君主在位时的所有州郡县名目,以反映三国时期的政区变化情况,已属难能可贵,这种详细到如此小的时间段的研究方法与成果,均为前人所未见。与此著性质相类似的是王国维的《秦郡考》与《汉郡考》两篇著作。前者不但想确定秦始皇三十六郡是哪一些,而且试图研究秦一代的郡目,即秦一代郡的数目与名目的变化,其结论是秦一代有四十八郡,而且具体考证出了这四十八郡的名称。这里所谓的"秦一代",已暗含断代研究的意味。当然受到史料的限制,王氏未能逐年地列出秦一代的政区变化(有些变化受制于原始史料的限制,是永远无法达到以逐年为尺度的)。《汉郡考》虽不是研究西汉一代政区变化的,但已接触到关键的问题,即提出从汉高祖到文、景、武帝,汉郡数目也是变化的,而《汉书·地理志》对这一变

1　参见周振鹤:《〈东汉政区地理〉序》,见李晓杰《东汉政区地理》,山东教育出版社 1999 年。

化的记载是有误的。尽管王氏的研究还有不尽完善的地方[1]，但这两篇文章却是振聋发聩之作，代表了一种新的断代政区变迁研究的思路。

到 20 世纪 30 年代，以《禹贡》杂志编辑者与撰稿人群体为代表的新一代历史地理学者，把眼光投向更深入的研究，发表了许多有分量的论文。但关键性的变化发生在七八十年代之际。由复旦大学历史地理研究所谭其骧先生主编的《中国历史地图集》，已开始在两个方面推进政区变迁史的研究：一是断限，二是增加总图。断限就是在任一朝代的地图上都标明具体年代，如唐代是开元二十九年，明代是万历十年等。其意思就是表明这幅历史地图上的地理现象（包括疆域政区与自然现象），并非一个朝代的不变的面貌，而只是那一年的实况而已。这一做法过去从未有过，说明朝代内部的政区变化已经开始受到重视。但在当时的情况下，还来不及对所有朝代的政区变迁进行全过程的研究，所以先采用了一个权宜的做法，就是在一些疆域政区变化较大的朝代里增加总图，这些总图表现一些关键年代的疆域与政区的大概情形，虽然比分幅图简略，但已能使读者明白该朝代在不同时期疆域政区的大致变迁。这些做法表明历史政区地理的研究已经远比过去任何时候更加深入，研究水平已有很大提高。

但是上述做法毕竟只是在关键年代增加总图，也是在历史资料比较丰富的年代，而对于复原一个朝代内部政区变迁的全过程，亦即以年度为标尺复原每一年的政区面貌的可能性是否存在，当时还是没有把握的。改革开放以来，基础学科的学术研究工作再度受到重视，使表面上与国计民生关系不大的纯学术课题研究得到施展。在这种学术环境下，研究者经过逐步的探索，发现复原西汉一代郡级政区逐年的变化是完全可能的。这种发现是将研究范围不断拓宽的结果，起初的研究范围只是一个王子侯国，随后及于一个诸侯王国，接着是所有诸侯王国，而后才是整个西汉的所有政区。这种探索的成功带有一定的偶然性。由于原始史料不足，如《汉书》中简单的一句"削两县"的记载，使人无法确知这两县是哪两县，又位于何处，于是也就无法复原"削县"前的王国封域，这样一来，就谈不上复原政区变迁的全过程了。所以在起初，研究者根本没有把复原西汉一代政区变迁全过程悬为鹄的，只是在研究过程中，才发现如果方法运用得当，是可以将上述"削两县"一类的谜破解出来的。这种逐步研究的成果体现为笔者的《西汉政区地理》

1　参考谭其骧：《秦郡新考》，载《长水集》，人民出版社 1987 年；周振鹤：《汉郡再考》，载《文史集林》第一辑，远东出版社 1994 年。

一书,这实际上是有同一思路的导师与研究生两代人的共同创造。[1]

这样的研究因为与过去通代的研究在深度方面有所不同,所以称之为断代的政区地理研究,就如同于历史学中通史与断代史的区别一样。当然西汉政区地理研究的完成,并不表明任何朝代都有可能取得同等的研究成果。例如北朝时期的政区变迁过程也是难度很大的研究课题,而有关资料比西汉一代更为缺乏。而且就西汉而言,所解决的主要是郡级政区问题,县级政区的变迁限于传世史料的不足,不能复原其全貌,只能有赖今后考古发现的补充,局部地予以复原(如相当数量封泥的发现使汉初楚国的属县大体可以弄清,而最近湖北荆州纪南城松柏汉墓出土的木牍又使汉武帝前期南郡的属县十分明确)。而唐代以后,由于政区变迁资料的相对丰富,使得断代政区地理研究有可能取得比西汉更为详尽的成果。要之,我们大体可以说,从80年代起,已经进入断代政区地理研究的阶段,除《西汉政区地理》以外,靳润成的《明代总督巡抚辖区研究》、李晓杰的《东汉政区地理》也都是同类成果。

以上三个阶段的分析是从历时的发展角度而言的,说明人们的认识已从订正有关政区史料的讹误,到研究个别的政区变迁;从历代的变迁大势,到呈现所有朝代的变迁全过程。但这并不是说,后一个阶段的工作将取代前一阶段的工作,因为第一、二阶段的工作是永远需要的。例如现在每年由民政部编纂的《行政区划简册》就是第一阶段的工作,为今后的研究积累了可靠的原始资料。历史地理学界经常进行的其他个案式的政区变迁的考证则是第二阶段的工作,没有这些基础性的工作,第三阶段的研究就无法进行。

第二节　行政区划变迁史的撰写

整体性的政区变迁过程的研究成果有图、表、志、史等形式。图指历史地图,表指沿革表,志指正史地理志与地理总志,史指以文字叙述为主的专门史。而完整的政区变迁史应由文字的叙述论证、沿革表和历史地图组成。

中国历来重视历史地图的编纂,"左图右史"是典型的中国史籍模式。早在晋代就有裴秀的《禹贡地域图》以表现传说中夏代的中国,现存的最早表现历代行政区划变迁大势的历史地图集是南宋刊行的《历代地理指掌

1　参见谭其骧:《〈西汉政区地理〉序》,见周振鹤《西汉政区地理》,人民出版社1987年。

图》。此后,一直到晚清,类似的历史地图集代有所出,直到清末,杨守敬集大成的《历代舆地图》问世,代表着传统历史地图集的终结。20世纪80年代,谭其骧主编的《中国历史地图集》出版行世,是以现代地理科学思想为指导的、反映历代疆域政区与河流水体变迁过程的最杰出成果。

沿革表的编制最具中国特色,如果中国不是使用方块汉字,而是像西方那样使用拼音文字,大约也不可能有沿革表的产生。方块汉字最集约地容纳了尽可能多的信息量,使沿革表的编制成为可能。沿革表的编制方式是以政区为经,以时代为纬。这样从纵向可以看出此政区在不同朝代的变化,从横向则可了解某一朝代存在哪些政区。早期沿革表中最具代表性的是陈芳绩撰于康熙六年(1667)的《历代地理沿革表》(但实际刊行于道光十三年即1833年或稍后)。该表分三大部分,分别表示部(即高层政区)、郡、县三级政区在不同历史时期的沿革过程(县级政区是西汉、东汉、三国、西晋、南北朝、隋、唐、五代、宋辽金、元、明十一时期,郡级政区在其前加上秦,高层政区在其前加上虞)。除了这种分层级的、全国范围的沿革表外,在某些地理总志中,也有分地区编撰的沿革表。如《嘉庆重修一统志》分全国为二十一个统部,在每个统部前都列有该统部范围内府级政区从秦到明共十一个历史时期的沿革(加上当代即清代则为十二个时期),同时在各府级政区内又另列表反映该府所属各县的沿革。沿革表的优点是简捷明了,但缺点是必须分而治之,如果想在一个表中反映全国范围内各层级政区的逐年变化,则在技术上不但是不可行的,而且在阅读上也有很大的困难。沿革表至今还在使用,而且随着个案研究的深入,地区性的沿革表的年代变化可以越做越详细,但由于整体研究的不足,不同地区的变迁并不一定在同时发生,就使得这些表格在时间上无法拼接,因而看不出同一年代的全国甚至较大范围内的政区面貌。

地理志与地理总志本来是以某一朝代或某一时期的政区作为基本框架的地理著作,不是表现历代政区变化的专门史,但由于志书一般都有专门部分以追述历代政区的建置沿革,这部分内容的组合其实就是简略的前代政区变化大势。这一点在清代《嘉庆重修一统志》中表现得最为清楚,在每个统部、每个府与每个县中都要述其历代沿革(统部与府从《禹贡》起,县从秦汉起),当然都只能以朝代为尺度,而不可能更精细。正史地理志一般比较单一,既不附表,也不附图;而地理总志却往往附图,有时志文反倒成为图的附说。如《元和郡县志》就是以图为主、以志为副的著作,只是流传过程中,图已亡佚,只有志文留存下来。当然其中的图也是当代地图,而不是历史地图。《大清一统志》是传统地理总志的最后一部,卷帙最繁,内容最为丰富,除了大量的、以文字叙述的当代(即清代)的地理内容外,还附有详细至府级政区的地图以及沿革表,是一部大规模的综合性志书。

尽管以图、表、志形式出现的政区变迁过程的研究成果自古以来就已存在,但是用现代方式撰写的、以行政区划为对象的专门史却迟迟未曾露面。图、表、志的形式各有其特点,但毕竟都有所侧重,缺乏综合性,读者无法从中看出动态的政区变化过程。尤其是志书,其重点是表现当代地理,而沿革部分被割裂在各个政区当中,失去了整体性的面貌。理想的行政区划史应该是包含文字叙述,并且附以图表的综合性著作,但这必须是在专门史成为一种新型的历史编纂对象以后,才有可能产生。在中国,直到19世纪末受到西方史学的影响之后,专门史才出现。但这些专门史起初还只是集中在政治史、经济史方面,后来则有军事史、文化史等,至于政区史这样的更加专门的分支,要到20世纪30年代才现出苗头。当然,追溯源头可以从沿革图说这种形式说起,以下我们就来回顾百年来叙述政区变迁大势的专门著作。

一、疆域沿革史的著作形式

日本学者从江户时代以来就有编纂《唐土州郡沿革图》一类中国历史地图的传统。[1] 到19世纪末,重野安绎所编的《支那历代疆域沿革图》是其近代化的代表性著作。在此图之外,重野安绎与河田罴又合著《支那疆域沿革略说》,虽然篇幅很小,但却可以看作是一种雏形的中国行政区划体制的变迁史,虽然书名并无"史"字出现,但沿革本身就是史的性质,"沿"者承袭,"革"者变迁也。

此书为重野安绎与河田罴两人合著,于明治二十九年(1896)七月初版,由东京富山房发行。此书实际上是两氏所著《支那历代疆域沿革图》的图说,但可看成是近代关于中国疆域与政区变迁的第一部简史。就如同1990年出版的谭其骧先生主编的《简明中国历史地图集》的图说,实际上也可视为当代中国疆域政区变迁史的最精粹代表。《支那疆域沿革略说》全书约4万余字,其"凡例"说明了此书写作的旨趣:"支那疆域沿革图成,历代版图广狭则就图知之。至其盛衰变迁攻守胜败等,非图上所能载,因作此编以附之。"此书是为简要说明中国疆域变迁而作,非政区变迁之专史。但疆域之

---

1 参见周振鹤、鹤间和幸:《长久保赤水和他的中国历史地图集》,《历史地理》第十一辑,上海人民出版社1993年。

广狭盈缩,需以其所包含之政区来表示,所以在间接上就等于叙述了历代政区的变迁。因为是图说,所以该书不以章节名,而以第一图、第二图等为名。全书共分十六节图说。第一图为夏代疆域沿革(商包括在其中),以下依次为周代、周末七国、秦代、两汉、三国、西东晋、南北朝、隋代、唐代、五代、宋辽、南宋金、元代、明代、清代。夏代沿袭旧说,以《禹贡》九州为夏代政区。不过此乃中国人之传统看法,非重野、河田两氏之误。在当时分此十六图已见卓识,秦和隋两代虽短,但于疆域变迁关系甚巨,故各列为一图,而且详其变迁,于秦代尤甚,详辨始皇帝统一天下时,分为三十六郡的几种说法。

据所见,《支那疆域沿革略说》至少出了十版,可见其在日本的流行程度。第十版为明治四十四年印行,已是清社将屋的前夕。中国舆地学会曾将此书翻印,以线装书的形式行世,未标示刊行年月,但舆地学会成立于1909年,则最早当在此年以后。

国人所写的政区史一类著作似始于《中国地理沿革史》,乃中国地理学界耆宿张相文于民国六七年间在北京大学所编讲义。原讲义未见,至1936年张相文之子张政烺将其父著作汇为《南园丛稿》时,收入此《沿革史》,始正式行世。全史约10万字,共三十二章,叙述从《禹贡》九州直到民国时期的疆域变迁大势及政区分划概况。"绪言"极短,略云:

> ……顾于历史中印证地理,其山川形势,既随世运而变迁,疆宇分合,常因政治而转移,繁变纷纭,已觉不可胜纪,又或州郡侨置,地异而名同,陵谷迁移,名同而地异。今试由民国而上溯明清,地名改易,殆已十之二三。更由明清而上溯唐宋,远及秦汉,其同者不及十之一二,而异者乃至十之八九。因是考证沿革,乃占史类之重要部分,自《尔雅》《职方》以及历代地志,皆各有专书论之,然篇帙浩繁,无暇备述,兹特举其大体,为治史者开其端绪焉。

此书正文部分虽然分章,但实际上与现在学术著作的章节不同,不成体系,只不过是简单的分段而已。各章有两类内容:一类以"秦之疆域""汉代疆域"为名,依正史地理志列出每个朝代的郡国州县名称,亦即借郡国州县的分布来说明疆域的伸缩;并在每郡下注明此郡于前代为何郡,及相当于今为何地。另一类以叙事的方式来说明疆域的动态变化,如"汉之外竞""晋之统一"等。除了简单罗列事实以外,在行文中也偶尔涉及政区设置缘由,如论秦代政区时说,秦境北部因"匈奴未灭,边防极重,故置郡愈多",而长江流域因"南方水乡,且无外患,故置郡愈少也"。但全书重在说明疆域变迁,而且主要是从地名的更易来说明这一变迁过程,还不是专门的政区史。此外,该沿革史因为作于五四新文化运动前,故仍然延续了以《禹贡》九州为夏代的疆域区划等传统观念。

1938 年,商务印书馆出版了顾颉刚、史念海合著的《中国疆域沿革史》,全书有 15 万多字。与前者传统的线装书形式不同,这是商务印书馆作为"中国文化史丛书"的一种推出的精装道林纸本,外观上已具新气息。内容则是此前沿革地理学的革命性的发展与总结。该书虽然也是从传说时代起,历数各个历史时期疆域变迁之大略和行政区划的变迁大概,但却不仅仅是一些地名的罗列,还比较系统科学地阐述了疆域变迁的原因、政区变迁与制度之间的关系,并论述了与疆域伸缩同时的民族变迁以及与郡县设置有关的人口迁徙等现象,是一部内容远较前此同类著作详赡全面的沿革地理著作,或者可以说是政区变迁研究的第二阶段的代表性著作,也是 1949 年以前最重要的沿革地理著作。

此外,以前的同类著作都以疆域变迁为重点,此书则是疆域伸缩与区划并重,因当时尚未明确其为行政区划,而称为疆域区划。所以实质上这是一部疆域政区沿革史。该书"绪论"中亦表明了这个思想:"其地方制度州郡区划与夫人户之迁移,亦疆域史之所不可少者,因并论及,著之于编。"不过这里又把疆域史的范围不适当地放大了。其实人口迁移可以由专史解决之,甚至疆域史与政区史也可以分别治之。但其时专门史的发展不过数十年,自然不必多所苛求。其写法也相当规范,除"绪论"外,还专辟一章叙述中国疆域沿革史已有之成绩。观点则是全新的,因为顾颉刚先生是疑古派的主帅,已经考证出《尚书·禹贡》为战国时人所作,不是传说中夏代疆域区划的真实记录。所以该书第三章的标题是"夏民族之历史传说及其活动范围",远比过去惯用的《夏代疆域》要准确科学得多。该书的出版,不仅是学术上的发展,也有时势上的需要,写作此书时,正值抗战全面爆发,所以作者在"绪论"中说:"吾人处于今世,深感外侮之凌逼,国力之衰弱,不惟汉唐盛业难期再现,即先民遗土,亦岌岌莫保,衷心忡忡,无任忧惧,窃不自量,思欲检讨历代疆域之盈亏,使知先民扩土之不易,虽一寸山河,亦不当轻付敌人,爰有是书之作。"

在形式上,本书也显出新型的学术著作的气息,章节体系完善,章目基本上以历代疆域概述为名,每个朝代一章;节目则以疆域范围及疆域区划为主,兼及地方制度。而且每一朝代附有一幅疆域图,将疆域政区变化落实到地理方面,以与文字相互映照。

在《中国疆域沿革史》出版前后,还出现了两种值得一提的同一类型而篇幅小得多的著作,一是 1931 年刘麟生所编《中国沿革地理浅说》,约 6 万字;二是童书业所著《中国疆域沿革史略》,约 7 万字。这两本书虽然篇幅都很小,但在学术概念方面却有比《中国疆域沿革史》优胜之处。刘著的第四章为"历代政治区划"(其他各章为:第一章沿革地理的意义及其应用,第二章中国沿革地理中的重要著作,第三章历代建都考,第五章封建与割据,第六章水道变迁大势,第七章历史上的形胜之地,第八章邻国与藩邦),"政治区划"一语显然比顾著的"疆域区划"清晰。童著则更进一步,将其《沿革略》分成三篇,第一篇是历代疆域范围。第二篇是历代地方行政区划,不但明确将疆域伸缩与政区变迁分开论述,而且正式提出"行政区划"概念。不过第二篇主要是讲行政区划制度的变迁,即从郡县制到州制再到道府制、省制的变化,而不是行政区划要素(层级、幅员、边界等)变迁情况的实录。而且该书第三篇"四裔民族",应该属民族史或民族地理的范围,不合阑入此书。但这是时人的观点,非童书业一人之事。

二、与地方行政制度相结合的著作形式

如果说 20 世纪 50 年代以前有关政区变迁的著作是以疆域沿革史的面貌出现的话,在 50 年代以后则是以地方行政制度的形式出现。由于以往研究者多瞩目于中央制度的研究,所以地方行政制度历来为制度史研究的薄弱环节。但随着专门史分支学科的日益受到重视,地方制度研究专著逐渐问世。其中最重要的一部著作是严耕望的《中国地方行政制度史》。该书以相当详尽的文献资料为基础,历述行政区划制度与地方官制的变迁。其中有些观点十分精辟,如将魏晋南北朝时期的都督区看成行政区划的一种,尤为作者的卓识。不过此书只写到南北朝为止,隋代以后付之阙如,未免遗憾,但以一人之力成此大作,实属不易。20 世纪 80 年代,又有程幸超的《中国地方政府》等书出现,不过这些书主要侧重于制度而不是区域变迁的探讨。

三、专门的行政区划史著作

除以上两种著作形式以外,20 世纪 80 年代以后,也有两三种政区沿革史面世,但不仅内容单薄,而且著者并非专门从事政区史研究,只是缀合一般资料而成,深度明显不够。

由于已出版的与政区变迁有关的著作都不能令人满意,因此谭其骧先生久有将自己以及前人对政区变迁研究的成果撰写成书的打算,但由于教学科研任务繁重,这一计划始终未能实现。尽管如此,他仍然留下了一部很重要的著作,即《简明中国历史地图集》中的图说。在谭先生本人而言,他可能认为自己只是在为《中国历史地图集》的每幅总图撰写图说,而不是撰写一部政区史的著作,但在实际上,这些图说的组合,却是一部极简明的中国历代政区变迁史,也是迄今为止对中国政区变迁大势最精辟的总结。照理,我们应该在谭先生这一图说的基础上先撰写一部比较简明的中国行政区划变迁史,再深入进行各个朝代的断代的政区地理研究,继而写出一部政区变迁通史。但是由于自80年代以来,断代政区地理已经有一定的成果,如果撰写简史只论历代变迁大势,而不理会这些成果,显然很不合理;而如果采用已有成果,则有畸轻畸重的毛病,因为一些尚未有断代研究成果的朝代将会显得过于简略。所以通盘考虑的结果是组织同行学者,先作比较详细的断代研究,再将这些研究有机地组合成中国行政区划通史。这就是本书写作的由来。由于这一缘故,本书会有许多专门性很强的考证内容,所以今后还要倒过来,在通史的基础上再加以合理简约,写成一部真正意义上的行政区划简史,而不是只以各正史地理志内容为根据的历代大势的综合叙述而已。

第四章

政治地理视角下的政区变迁的基本特点

本书各卷将分别详尽研究各个历史时期行政区划的变迁,但对于二千五百年间的行政区划变迁的基本特点不能不在此先作一个提玄钩要,以使读者在详察细部之前先有一简明之概观,或在了解某一历史时期的具体变迁以后有一个对政区变迁通史的总的体认。这些基本特点一方面是以行政区划的结构(即行政区划之间的关系)如层级与管理幅度(即政区数量)来体现的,另一方面则由行政区划本身的要素如边界与幅员来反映。

第一节 两千年三循环——行政区划的层级变迁

任何行政区划体系都要分成若干层级以实行运转,每一层级有一定的管理幅度。层级与幅度之间存在反比例关系,层级数多,则每个层级管理幅度小;反之,层级数少,每个层级管理幅度就大。层级是行政区划体系中最基本的关系,一般而言,层级越多,上下阻隔越甚,政令不易贯彻,下情不易上达,中央政府也就越难进行有效的行政管理。因此从中央集权的角度看来,应划分尽量少的层级,但由于管理幅度的限制,层级也不能随意减少。

行政区划体系最重要的变迁是政区层级的变化,这一变化集中地体现了中央集权与地方分权之间此长彼消的过程。按照层级变化情况,可以将秦代到民国初年的政区变迁分成三个阶段:第一阶段是秦汉魏晋南北朝时期,历时约八百年,行政两级制变成三级制;第二阶段是隋唐五代宋辽金时期,历时约七百年,重复了由两级变成三级制的循环;第三阶段是元明清时期及民国前期,历时约六百五十年,从多级制逐步简化到三级制,以至短时的二级制。

一、从郡县二级制到州郡县三级制的转化

1. 秦汉时期的郡—县二级制

秦代的基层政区是县,在少数民族地区的县则称道,县以上设郡,为纯

粹的郡县二级制。秦始皇二十六年（前221）分天下为三十六郡，加上内史，即都城周围特区，一共是三十七个郡级政区。后来郡数有所增加，一方面是开胡越之地，扩大疆域，设置新郡；另一方面是将内地一些郡一分为二，因此秦一代总郡数增至四十九郡（包括内史）左右。秦县数目由于文献记载缺乏，难于确知，推测总数在一千之谱，[1]平均起来，每郡约统二十来县，这样的层级和管理幅度是比较合理的。

西汉王朝建立以后，在部分地区恢复封建形态，分封诸侯王国。汉景帝以后，王国地位等同于郡。经西汉一代的变化，郡级政区（郡与王国）比秦代大幅度增加，其原因主要有三个方面：一是把秦郡划小，或一分为二，或一分为三，譬如把秦内史分成京兆尹、左冯翊、右扶风三部分；二是分割削减王国领域，譬如文帝用"众建诸侯"的手段把齐国一分为七，景帝把梁国一分为五，武帝又利用推恩令蚕食王国封域，增设新郡；三是汉武帝以后开广三边，扩大疆域，增设二十来个新郡。因此西汉末年的郡国总数增至一百零三个，共统辖一千五百八十七个县级政区，平均每个郡国的管理幅度为十五个县，从总体来讲，这种分划也较为适宜（当然有的王国辖县很少，有偏枯现象）。但对中央政府而言，直接管理百来个郡国，管理幅度却是太大了。因此汉武帝在郡级政区之上设立十四部，作为监察区。首都附近诸郡由司隶校尉部所辖，其他郡国则分属十三个刺史部，每部设刺史一人，按六条规定监察地方长官的行为，但不管理地方行政事务。刺史的品秩只有六百石，而郡太守的品秩却是二千石，"夫秩卑而令之尊，官小而权之重，此大小相制，内外相维之意也"。这种以小官监察大官的制度行之颇为有效，郡太守大都能克尽厥职，奉公守法。

研究古代史的学者多交口称赞西汉的吏治，认为此时中央集权和地方分权的关系处理比较得当，但是这种体制从统治者的角度来看也有其缺陷。如在地方多事之秋，由于郡境过小，以一郡之权力和能力无法进行治理，若发生跨郡的农民起义，郡太守即束手无策。因此在郡以上再设置一级政区的需要，一直隐然存在。

西汉的十三刺史部，有十一部是以《禹贡》和《周礼》的九州予以调整后命名的，所以通称为十三州。西汉末年，州刺史曾两度改称州牧，这是借用《尚书·尧典》十二州牧的旧名，以示尊崇，品秩也升至二千石。但这种做法显然是出于不得已，所以才会两度反复，从州刺史改为州牧后，又改回刺史，

1　参见周振鹤：《西汉政区地理·附篇》，人民出版社1987年。

再改回州牧。而到东汉初年,局势安定之后,复改州牧为刺史,降秩为六百石,回到初始的状态。

由此可见,坚持二级制显然是中央集权统治者的愿望。在东汉大部分时间里,州一直是以监察区域的形式存在。直到东汉末年,大规模的黄巾起义席卷了整个北部中国,已非那些管辖地域过小的郡太守所能镇压,朝廷才不得不派中央的高级官员——九卿来出任州牧,并授予其兵权、财权和行政权,以与农民军对抗。中平五年(188)汉灵帝接受宗室刘焉的建议,派他以太常出任益州牧,黄琬以太仆出任豫州牧,刘虞以宗正出任幽州牧。此后,州牧普遍设置,割据军阀也都以州牧自任,如袁绍的冀州牧、刘表的荆州牧、曹操的兖州牧等。这样一来,州就自然成了郡以上的一级行政区划,两级制政区于是转化为三级制。

2. 魏晋南北朝的州—郡—县三级制

黄巾起义虽然失败,但彻底动摇了东汉王朝。镇压农民起义军的各地州牧,渐成割据独立之势,东汉王朝最终在军阀混战中覆亡,历史迈进了魏晋南北朝长期分裂的时代。

本来汉代郡太守的地位很高,入朝即可为九卿,而刺史至少要当上九年才能升任太守或国相。太守不但可自由主持地方政事,支配地方财政,兼治地方军政,而且可以自辟幕僚,有相当大的行政自主权。但由于幅员太小,郡一级政区难以形成割据。幅员小则人口少,财力薄,力孤势单,无有能为。而州的区划很大,平均领有七八郡之地,有足够称霸一方的物质基础。因此东汉末年袁绍的宾客逢纪对袁绍说:"夫举大事,非据一州,无以自立。"[1]州一旦成为一级行政区划,就易于造成分裂。中央集权统治者对此有预见,所以尽量避免州成为一级政区。但矛盾恰在于,镇压大规模农民起义时,又迫切需要有幅员较大的政区,这是一个两难的问题。东汉王朝为镇压黄巾起义,不得不把监察区改为行政区,但此举又造成割据的局面,即所谓"大建尊州之规,竟无一日之治。故(刘)焉牧益土,造帝服于岷峨;袁绍取冀,下制书于燕朔;刘表荆南,郊天祀地;魏祖据兖,遂构皇业。汉之殄灭,祸源于此"[2]。东汉最终不免在大行政区各自为政的情况下被颠覆。

三国以降,州—郡—县三级政区已成为正式制度。三级制实行之初,以十数州之地辖百来郡,一千余县,层次与管理幅度相称,比例适当,州、

---

1 《后汉书·袁绍传》。
2 《续汉书·百官志》刘昭注。

郡、县三级都能发挥作用。以西晋前期为例,十九个州统一百七十二个郡国、一千二百三十二个县,平均每州辖八九个郡,每郡辖七八个县,基本合理。

但西晋的统一时间很短,只有二十几年,便陷入八王之乱,继而在长期的动乱中倾覆,于是分裂局面再度出现。西晋灭亡的原因,一则由于封建诸侯的失误,形成宗室王集团与皇子王集团的对抗;再则由于州的领域较大,身兼州刺史而又军权在握的都督可以割据一方,从而有所凭借。因此可以说,在中央集权尚未高度发达的时候,实行三级制以及高层级政区幅员过大都是易于造成分裂割据的因素。

东晋以降,南北分裂对峙的局面延续了约二百七十年之久。分裂往往带来战乱,在战争中立功的武人以及对方来降的将领,政府对之均要"报功酬庸",通俗点说,就是要给予封赏。而封赏之物则是刺史、郡太守的职务。于是为了制造越来越多的职务,只得把州、郡的辖区分割得越来越小。不但如此,在北方,甚至连豪强外戚也可自立州郡。据《北齐书·文宣纪》天保七年诏书云:"魏自孝昌之季,数钟浇否,禄去公室,政出多门……是使豪家大族,鸠率乡部,托迹勤王,规自署置。或外家公主,女谒内成,昧利纳财,启立州郡。"不过南朝直至梁代前期,问题还未到十分严重的地步。梁天监元年(502)共有二十三州、二百二十六郡、一千三百县。然而不到半个世纪,形势大变,州郡数的增加达到恶性膨胀的地步。梁中大同元年(546)已有一百零四州、五百八十六郡。就在这一年,北朝的东魏、西魏对峙政权共有一百一十六州、四百一十三郡。这样,南北朝合计,共有二百二十州、九百九十九郡,与两个半世纪以前的西晋相比,州膨胀至十一倍,郡膨胀至六倍,以致连官员自己也搞不清自己所管辖的地域范围。《宋书·志序》描述当时这种情形说"一郡分为四五,一县割成两三",造成普遍的"虚号相假"的局面。

这种极端混乱的状态也是南北朝政府中央权力衰败的征象。中央政府对地方政权已经失控,地方权力也近乎解体。于是北朝开始出现改革的苗头,如北魏道武帝于天赐二年(405)即诏刺史令长各莅州县,而不使郡守履任。[1] 虽然这只是一时的制度,但可见时人已视郡级政区为赘瘤,为后来隋代废郡张本。代东魏而立的北齐文宣帝,整顿的魄力更大,他针砭当时的混乱局面说:"牧守令长,虚增其数……百室之邑,便立州名;三户之民,空张郡目。"这句话揭示了由于州牧、郡太守、县令长职位大量增加,而不得不膨胀

1　《魏书·官氏志》。

州郡县政区数量的反常现象,于是一举并省了三州、一百五十三郡、一百八十九县、三镇与二十六戍,也就是省掉了小半的郡及半数的县。

但问题的主要症结在于州郡县三级制本身就存在弊病,已经接近于崩溃,所需改革的是整个体制,而不是简单地予以省并。齐文宣帝的行动并不能遏止政区混乱状况进一步恶化的趋势。北周取代西魏统一北方之后,局势继续恶化,大象二年(580),共领有属州二百二十一、郡五百零八、县一千一百二十四,此时不但州数已接近三十多年前南北朝双方州数的总和,而且三级政区数目的比例已达一比二比六的最低水平。换句话说,平均每州只辖两个多郡,每郡只辖两个多县。这还是就平均的情况而言,更特殊的,甚至出现了两郡共管一县或两州合管一郡的怪事,这种现象被称为"双头州郡"。

政区的层级和管理幅度达到如此不协调的地步,表明三级制至此已是穷途末路,必须改弦更张了。改革的办法便是将中间郡一级的政区撤销。事实上,在州刺史大量增加以后,郡太守在许多地方已不管事,仅备员领俸而已。但是撤销郡一级政区的行动却直到全国统一的前夕才付诸实行。隋代周以后,有杨尚希其人向隋文帝上表,陈述"当今郡县,倍多于古,或地无百里,数县并置,或户不满千,二郡分领"的不正常现象,建议"存要去闲,并小为大",[1]对行政区划进行一番整顿。隋文帝接受这一建议,但不是采取并省州郡的简单措施,而是"罢天下诸郡",釜底抽薪,丢掉三级制这个包袱,使行政区划层级再次回到二级制来。而在隋灭陈,由北到南重新统一中国后,州—县二级制就推行到了全国。

二、从州县二级制向道(路)州县三级制的转化

1. 隋代及唐前期的州(郡)—县二级制

隋文帝的做法无疑是一场重要的改革,从此展开了政区层级变迁的第二个循环。这场改革旨在通过减少行政机构与政区层级来加强中央集权,避免地方割据。但是还有一项改革必须进行,那就是经过五百年的变迁,州、县数目已经太多,区划已经太小。尤其是州,在隋代一统之后,总数有三百多,由中央政府直接管理很不方便,时人刘炫批评说:"齐氏立州不过数十……今州三百……往者州唯置纲纪……今则不然。大小之官,悉由吏部,

---

　　1　《隋书·杨尚希传》。

纤介之迹,皆属考功。"[1] 这种状况必须加以调整。

这项任务即由隋炀帝来完成,大业三年(607),大举并省州县,同时又改州为郡。并省之后全国仅存一百九十郡、一千两百五十五县,平均每郡统辖六七个县。虽然这次并省也有矫枉过正之处,尤其是南方,一些不该撤销的州县也撤销了,但总的效果是好的。隋炀帝仰慕汉代制度,除改州为郡外,为便于中央政府的控制,又模仿汉武帝的做法,置司隶刺史,分部巡察。经过改革调整以后,隋代的行政区划体系应该说是比较完善的。但历史常常开人们的玩笑,郡县二级制施行不过十年,隋代又蹈袭了秦代二世而亡的结局。唐代开国以后,郡又被改为州。隋唐之际,群雄并起,大凡携甲归唐者,都被委以刺史之职,于是州的数目又膨胀起来。尤其在广西、湖南、四川一带的少数民族地区,州的设置更加密集,当地众多表示归顺的首领就都成了州刺史。此后,唐太宗于贞观元年(627)作了并省,但到贞观十三年,全国依然还有州三百五十八个,县则有一千五百五十一个。

隋唐的二级制虽然模仿秦汉制度,但行政管理形势已经不可同日而语。隋的疆域比秦大,唐的统治比汉深入,郡(州)的数目已无法缩减到百数左右。对于隋唐郡(州)的管理幅度而言,六七县或四五县范围均嫌太小;而对中央政府来说,管理两三百个郡(州)却是很大的问题。当时就有人从官职设置的角度来评论这一行政体制,认为得一百个良二千石(郡太守)已不容易,何况得三百个好的州刺史,因此必须在二级制政区之上再加一层监察区,对刺史加以纠察。但唐初却极力避免这样做,担心监察区有变成行政区的危险,可是形势比人强,还是一步一步地朝着设置监察区的方向发展下去。

唐初虽未设监察区,但派遣监察官员,即巡察使、巡抚使等,却是势在必行。而一旦派出监察官员,就有分区负责的必要,这样一来,即使名义上不设监察区,实际上已经具备监察区的雏形了。唐代监察官员的分区是按基本交通路线来划分的,所以称为道。贞观元年(627),按山川形便分全国为十道,形式上虽然是地理区划,其中实已暗含监察区的意味。

睿宗景云二年(711)更巡察使等为按察使,并且将原来的差遣制变为常置制,一度还曾打算分全国为二十四都督区,但因这样做分权太重而作罢。玄宗开元二十二年(734)分十道为十五道的同时,在"每道置采访使(全称采访处置使)检察非法,如汉刺史之职",并让采访使兼各道要州的刺史,正式的监察区体制由此确定。天宝末年,采访使又兼任黜陟使,掌握着地方官吏

---

1 《隋书·刘炫传》。

的黜陟权。但是在采访使阶段,地方行政的基本权力仍在州和县,而不在使职。尽管有采访使越权介入中央与州之间,妨碍州与中央的直接交通,但被中央明令禁止。天宝九载(750)三月敕云:"本置采访使,令举大纲,若大小必由一人,岂能兼理? 自今已后,采访使但察访善恶,举其大纲,自余郡务所有奏请,并委郡守,不须干及。"[1]但这也正说明,监察区一经固定,监察官员就有干预行政而变为行政官员的危险。

正式设置监察区一方面是唐玄宗踌躇满志的表现,开元盛世使他对形势充满信心,不去顾及监察区的变化前景;另一方面,没有固定的监察区也确实给监察工作带来许多困难,监察官员在都城和监察地点之间来去如飞,监察效果也就要大打折扣。然而,监察区一经固定,监察官员一任常职,变为行政区,变为行政官员的可能性就是指日可待的事,只要一有催化剂就能促成这一转变。果不其然,这一催化作用就在二十年后发生了。

2. 唐后期及宋辽金的道(路)—州—县三级制

天宝末年,安禄山的叛乱搅散了唐玄宗的太平清梦,新的三级制行政区划就在金戈铁马的撞击声中冒头了。

先是唐玄宗为了边防的需要,在边境地带设置了十个节度使辖区(即方镇,亦称藩镇)。而本来唐代实行军民分治的措施,节度使只管军事防御、式遏四夷之事,不与民政,不大会发生军人干政的可能,只是后来身兼范阳、平卢两节度使的安禄山大受玄宗宠信,使之兼任河北道采访使,开了集军政、民政大权于一身,合方镇与道为一体的先例,麻烦才接踵而至。安禄山正是凭借这一有利背景发动了武装叛乱。

为了扑灭安禄山及其后继者史思明的叛乱,唐朝政府不得不采取战时紧急措施,在全国普遍设置方镇,任命一大批上马管军、下马管民的节度使。叛乱爆发后的一二年间,全国已设置四十四个方镇。原本藩镇只设在边地,范围小,地位在道以下,亦即形成道—藩镇—州的体制,与之相应的职官层次是采访使—节度使—刺史。安禄山叛乱发生之后,采访使统辖藩镇的权力已经丧失,无须存在,因此唐肃宗乾元元年(758)改采访使为观察使,并以观察使兼任节度使(在东南战乱未及的各道则兼团练使、防御使等)。唐后期,经常合两使之名,称之为观察节度使或节度观察使,这样,观察使的监察范围——道与节度使的军管区域——方镇也就合二为一了,州县二级制以上新的一级政区——道(方镇)就渐渐成形了。

1　《唐会要》卷78。

观察使本来的职务是对州县进行监察乃至监督,对刺史以下的州县官的考课予以查定,这与采访使原来的职责是一样的。但是观察使比采访使的地位更加稳固,由于平均只管辖五六个州,所以对管下州县的统辖力相对加强,从而引起地方政治的变化。而当兼任观察使的藩镇出现后,变化就更大了。藩镇在军事方面指挥州县,发挥强制的统制力,并在其管下的州县设镇,任命部下的将校为镇将,以给州县官施加压力。这样一来,观察使对于州县行政的统辖力自然增大了,于是就出现了"县畏州,州畏(观察)使"的现象,其结果是观察使的越规干政之弊不少。从主观愿望上来讲,中央并不想让观察使成为地方行政官员,因此三令五申,百般制止其干涉州县行政事务的越权行为。但是藩镇势力已经养成,无法根除。而且安史之乱以后,由于官吏纪纲松弛,尤其在财政方面,腐败现象严重,又需要观察使对州县予以监督按举,因而对观察使的职权不但无法加以抑制,反而有所助长,以至逐渐成为实际上的一级行政长官,与刺史相提并论,即所谓"观察、刺史之任,为切"[1],而不单是原来意义上的监察官了。

观察使向行政官员的转化,使州的地位自然下降,与中央的联系削弱。作为这一现象的主要表征是朝集使的废止。朝集使本来是各州每年按定规向中央派遣的使节,其工作是报告考课、贡士贡物、参列正月的朝仪、代表刺史向皇帝述职。安史之乱后,朝集使制度于乾元元年(758)六月废止,二十余年内未尝召集,直到德宗建中元年(780)才又恢复此制,此举表明中央仍试图恢复州县两级制。但是此时形势已经大变,尽管中央权力有所加强,却远非昔日盛唐可比,晋京的朝集使只有一百七十三个州,翌年不得不又废止朝集使的召集。贞元年间以后已不见有关于朝集使的任何记载了。但是中央依然希望能与州一级政权直接交通,[2]而在实际上,也存在州直达中央的许多记载。[3] 这种"直达"自然要受到观察使的阻挠,"今县宰之权受制于州牧,州牧之政取则于使司,迭相拘持,不敢专达,虽有政术,何由施行"[4]?为了"专达",有时甚至要冒风险,如衡州刺史曹王皋有治行,湖南观察使辛京

1　《唐会要·杂录》元和二年七月条。

2　参见《册府元龟》,卷64《帝王部·发号令三》代宗永泰元年十二月,卷90《帝王部·赦宥九》穆宗长庆元年正月辛丑,卷155《帝王部·督吏》文宗太和三年十一月、宣宗大中四年正月诏;《唐会要》,卷69《都督以下杂录》永泰二年九月二十二日,同卷《刺史下》;《文苑英华》卷437翰林制诏《朝元御正殿德音》诸条。

3　如《唐会要·道路》太和二年二月郑州刺史杨归厚所奏;又《旧唐书·文宗纪》载:开成二年(837)秋七月甲申,"郓州奏当州先废天平、平阴两县,请复置平阴县,以制盗贼。从之"。大和八年(834)十一月壬子,"滁州奏清流等三县四月雨至六月,诸山发洪水,漂溺户万三千八百"等事。

4　《白居易集·策林》二之三四《牧宰考课项》。

杲疾之,陷以法,贬潮州刺史。[1]

由于观察节度使已然成为州刺史以上的一级地方官,所以道(方镇)在实际上已成为一级政区,但在名义上仍是监察区;州向中央的直达权已渐次丧失,但在名义上仍直属中央(只有河北三镇公然断绝这一联系)。这是唐后期道(方镇)—州—县三级制与汉末魏晋南北朝彻底的三级制稍有不同的地方。唐代后期的方镇数目大约在四五十之间波动,每镇辖三四州至十来州不等,每州则统四五县之谱。

方镇的存在严重地削弱了中央政府的权力。尤其是河朔地区的方镇通过平叛战争取得很大权力,造成割据形势:主帅(节度使)职务可以世袭或由将士拥戴,财赋不交国库,户口不上版籍,俨然与朝廷分土而治,犹如古代诸侯,所以时人又称方镇为藩镇。唐代最终亡于藩镇割据,而且还祸延五代十国,造成中国历史上第二个长期分裂的局面。这一历史教训无疑给宋代的统治者上了深刻的一课,使他们更加觉得三级制是绝对采用不得的。所以宋朝开国伊始,立即收节度使所领诸州以归中央,一时间实际上又成了州县二级制,似乎第三个以二级制为开端的新循环又要出现。但是汉唐两代的经验又已表明,在一个幅员广袤的国家中,要施行纯粹的两级制是有很大困难的。尤其是在统县一级政区(汉的郡、唐的州)数目很大的情况下,不在二级制之上设置监察区的后果也仍然是走向三级制政区,从而引起中央集权制的削弱,最终造成混乱分裂的局面。如何突破二级制到三级制循环不已这个怪圈,正是宋王朝成立以后所遇到的首要问题之一。

为解决这个问题,宋代的统治者很花了一番心思,采取了诸多措施。第一步是对节度使“收其支郡,夺其兵权,制其钱粮”。支郡就是方镇所属各州,借用了汉初王国属郡的称呼。节度使失去行政权、兵权和财权后,变成一个虚衔。之后,政府另派中央官员——而且主要是文臣——作为知州,直接管理各州政务,原来的州刺史依然保留,但其管理职责被知州替代,也成为虚衔。知州的全称是权知军州事,意思是暂时代管该州军事、行政事务,其实这是固定官职,只不过在名称上要了花招而已,后来罢去刺史,就把“权”字省掉了。县级政区的官员也照此办理,派遣中央官员担任知县以代替原来的县令。这是将唐朝后期已现端倪的官、职、差遣分开的制度贯彻于地方行政制度之中;同时为了限制知州的权力,还设置通判作其副手,以作牵制;又派员外出监收税务,以保证地方除支度给用外,钱谷悉送中央。

1 《资治通鉴》卷 226,“代宗纪大历十四年八月”条。

宋初在取消方镇之后，有一段时间，没有新的行政区划来代替，州级政区成为中央直辖单位。后来，宋代统治者从唐代转运使的设置中得到启发，将这一临时差使变成固定官职，以之经度和转输地方财赋。而要转输，就与交通路线有关，因此"又节次以天下土地形势，俾之分路而治"。于是路成为州以上的新型行政区划。

在转运使之后，负责监察、司法之职的提点刑狱公事，负责治安边防的安抚使，负责储备粮食平抑物价的提举常平公事等官员也相应设置。提点刑狱公事原为转运使属官，提举常平公事亦原属转运使司，二者之所以独立出来，无非是为了分割转运使的事权，不让其专制一方。除安抚使外，这些官员的衙门通称诸监司，分称则为漕、宪、帅、仓诸司。在这里，"监"是指以诸使兼理"监察"州县之职的意思。知州申转运使文书一般按下级呈报上级的公文体例。这些监司的行政管辖地域都称为路，但各监司的路并不尽一致，从转运司看来为一路的，在提刑司却是两路，而在安抚司又可以是四路，甚至六路。例如西北地区以转运使而言，先仅设陕西一路（后分为两路）；以提点刑狱而言，则分设永兴军路与秦凤路两路；以安抚使而言，又分成永兴军路、鄜延路与环庆路以及秦凤路、泾原路与熙河路，共六路。此外，即使两司的路一致，治所（行政中心）有时也不在一地。例如荆湖南路以转运使而言治所为长沙，而以提点刑狱则治衡阳，这是经过精心安排的。宋仁宗尝谓辅臣曰："诸路转运、提点刑狱廨宇同在一州，非所以分部按举也，宜析处别州。"[1] 荆湖南路的提点刑狱治衡阳而不与转运使同治长沙，就是根据这一指导思想而来的。

因此，宋代行政制度的特点是：第一，不在州以上设置统一的高级地方行政机构和单一的行政首长，而是把这一级的事权分属于不同的部门——诸监司。第二，不在州以上设置高级的单一行政区划，而是尽量使诸监司分路不一致，形成一套复式路制。这两个特点表明宋代路的建置是先设官分职，然后再体国经野，恰与历来的传统相反。第三，各州依然保留向中央政府的直接奏事权，这部分是由于职官制度中的差遣制所造成的，因为知州的寄禄官要比转运使高。[2] 这三个特点的存在使路不成为严格意义上的最高

---

1 《舆地纪胜》卷55。

2 宋代的职官制度比较复杂，此处只能稍申其义：若以差遣职务论，转运使高于知州，而以寄禄官阶言，转运使（往往）又低于知州，并且在形式上还是其属下。譬如说，常有转运使与转运副使带郎中、员外郎（如户部郎中、户部员外郎）的寄禄官阶，而所属州的知州所带又恰是本部尚书、侍郎（如户部尚书、户部侍郎）。这就在公文申转及有关行政事务处理上带来麻烦。

一级行政区,中央与路州县三级形成如下关系:

中央———路┈┈州——县

这样的关系从权力的分配来讲,可以称之为二级半或虚三级制。因为在某种程度上,州是可以各自为政而不必事事经过诸监司的,尤其是在北宋前期更是如此。甚至以区划的观点来看,路在宋初也尚未完全成形,所以在宋真宗咸平四年(1001)以前,地方所上的地舆图都是一州一图,并无一路之全图。[1] 但是随着形势的发展,路却渐渐成为州以上实际存在的一级区划,例如宋神宗时,司马光曾提议分路取士的办法,说明路已具备一级行政区划的职能,因此单纯从行政区划体系看,还是可以算作三级制。

宋代对地方行政制度所作的重大变革,一方面使地方各级组织互相牵制,尤其使路一级组织事权分散、区划交叉、中心分离,没有单一的权力机构、单一的权力圈和单一的权力中心,也就失去了割据一方的地理基础;另一方面,宋代行政区划是中央官员的分治区域,而不是地方官员的施政区域,路、州、县的官员由中央朝官担任,从而削弱了地方分权的人事基础。

由于以上的双重原因,地方分权便大大削弱,而中央集权则高度强化。宋代是中国历史上皇帝绝对专制、中央绝对集权的开端,"一兵之籍,一财之源,一地之守,皆人主自为之也"。这种做法,被称为强干弱枝,或者内重外轻(朝廷为内,而郡县为外)。地方既无适当之分权,就使对外的边防和对内的治安能力大大减弱。西北虽有众多安抚司路,但只管兵而不管民,只理军政而不理财政,抗御外侮能力极差,对内镇压农民起义的能力也受到影响。所以终宋一代,内忧外患不止。

但就专制皇权而言,在权衡利弊之后,愿意接受的还是这种内重外轻的局面,这是皇权永固的保障。尽管当的可能是弟皇帝、侄皇帝,甚至儿皇帝,都可以忍受得了;无能御侮,可以纳币,可以献土;无力镇压,可以羁縻,可以招安,总之可以维持一姓天下和万年天子的局面。而一旦形势变为外重内轻,则引起分裂割据,江山易手,什么皇帝也当不成了。当时人颇有批评宋代州县官员权力过小,路级官员权力分散的弊端的,但这些意见都不能得到采纳,原因就在于此。

然而长期积弱的结果是,一姓王朝虽不亡于农民起义和藩镇割据,却要亡于外敌入侵。北宋江山在屈辱的城下之盟后维持了一百多年,仍不免亡

1　《职官分纪》卷10。

于金人之手。余下半壁江山在风雨飘摇之中度过一个半世纪,又亡于蒙古铁骑。这一亡再亡的根本原因之一就是地方无权,亦即南宋学者陈亮所言之"郡县空虚,而本末俱弱"。故文天祥感叹道:"宋惩五季之乱,削藩镇,建郡邑,一时虽足以矫尾大之弊,然国亦以寖弱。故敌至一州则破一州,至一县则残一县。"[1]即连理学家朱熹也批评说:"本朝鉴五代藩镇之弊,遂尽夺藩镇之权,兵也收了,财也收了,赏罚刑政一切收了,州郡遂日就困弱。靖康之祸,虏骑所过,莫不溃散。"[2]

辽、金制度,前者仿唐,分五道,下辖州县;后者师宋,设二十余路,亦下统州县。辽与北宋俱亡于金,而金与南宋又都为蒙元所灭。蒙古铁骑自千里大漠南下,平夏,亡金,取大理,灭南宋,造就了一个空前广袤的元帝国,其行政区划体制于是混合并用了不同政权的各种制度,形成一套复杂、紊乱的多级制体系,揭开了政区层级变迁的第三个循环。

三、从多级制向二级制简化的反循环

1. 元代的多级复合制

元代以游牧民族入主中原,统治手段本无一套成规,于是就沿袭各个被征服政权的现成制度而混合之。加之元帝国南下征服过程长达六七十年之久,一些在战争中施行的临时措施也渐渐变成永久性的制度。这两个原因使元代行政区划层级形成了两个基本特点:一是层级多,二是层级之间存在复式的统辖关系。

层级多,是由于把被征服政权的几种临时的和永久的区划都叠加起来,因此在某些地区最复杂的层级可达到五级之多,即省—路—府—州—县。而某些地区则是最简单的二级,如省领路或省领府、领州。多数地区实行的则是三级和四级。复式的层级统辖关系是从辽代学来再加以发展的。在北宋以前,行政区划层级都是单式的统辖关系,二级就是二级,三级就是三级。但辽代已出现复式关系,即二级与三级并存于一个高层行政区中,如南京析津府(今北京)即直辖十一县,又统六州,州以下又各辖县,形成如下的关系:

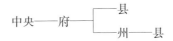

这样,县既可以是第二级政区,也可以是第三级政区。元代的路、府情

---

1 《宋史·文天祥传》。
2 《朱子语类·本朝二·法制》。

况与辽相似,也是除直接管辖县之外,同时又可通过属州再辖县。

　　元代政区层级既多,又采取复式统辖关系,因此形成一套复杂繁琐的行政区划体系,其各层次之间的关系略如下图所示:

　　除了路—府—州—县的层级顺序外,还有以路辖州或辖州再辖县、以路辖县、以府辖县等种种形式,为中国历史上政区空前绝后繁复的典型。

　　元代的行省是向金代学来的。省本来是官署的名称,其来源可以追溯到魏晋时期。当时中央政府权力机构分成门下、中书、尚书三省。如果地方有事,中央政府派出部分官员前去处理,组成行台省,表明是中央的行动机构。这一制度唐初也曾运用,到金代末年,这一制度已广泛运用。金灭北宋以后,继承了宋代分路的体制,只是将路的区域划得更小一些。其时,金的统治者尚无治理汉族地区的经验,因此通过刘豫的伪齐政权间接管理,在伪齐政权被取消后,即于天会十五年(1137)设行台尚书省管辖伪齐旧境(山东除外),亦即河南、陕西地区,行政中心为开封。数年后,管辖范围扩大到"淮河以北,阴山以南"地,也就是女真族的新征服地区、汉民族传统的居住地——中原。其后,女真族逐渐汉化,迁都燕京(今北京),中原地区就直接归中央治理,不再假手于行尚书省了。金代后期,边境、内地都不安宁,路的长官不能专擅一方,经常派出行台尚书省(或行中书省、行枢密院)前去应付,这一做法延续了数十年之久,使行台省渐渐带有行政区划的色彩,到元代而最终成为正式政区。

　　元政权在征服北部中国的过程中,学习了金代这一制度,作为战时措施,以行中书省(有时是行尚书省)作为管辖新征服地区的行政机构,久而久之,这个机构所管理的地域范围也挂上了中书省的名称,简称行省或省。同时,作为中央政权机构的中书省本身也直辖包括首都在内的一大片地区。元代行省的地域十分辽阔,加置于金、宋两代原有的路府州县之上,所以形成多层次的行政区划体系。

　　宋代的府本来与州同级,只是表示地位尊崇,首都、陪都及与皇帝相关的纪念地都建为府。辽代的府则为州以上的政区。元代沿袭辽制,将府置于州之上,在一般情况下与路同级,在个别情况下又比路低一级。元代的州比宋代更小,许多州只辖一县或不辖县;江南有些县则因户口多,而上升为州,所以县与州近似同级。因而元代行政区划层级虽多,实际上其基本层次也只有三级,即省—路(府)—(州)县。五级齐全的区划只有一个特例,即中书省—上都路—顺宁府下辖两州,州下分别辖一县与五县。二级制的情况也很少,而且都是边远地区的特例,如岭北行省只辖和宁路,路下不再设府州县。

元代层次复杂繁琐的政区体制,一方面是在长期的战争中综合各种制度而成,另一方面也是少数民族统治多数民族的一种手段。元代民族矛盾尖锐,为了"镇抚"地方,行省与中央一样置有丞相、平章等高级官员,赋有军政、民政、财政方面的全部权力,成为中央机构的分治区域。所以元代文献称,省的作用是镇抚,而不是牧民,也就是说,省的实质是行政型的军区。省以下各级区划的官员都只能层层向上奏事,不准越级上诉,控制十分严密。

值得一提的是,元代由于行省地域过于辽阔,在远离行省政治中心的地区还设有道一级区划来管辖路府州县。如江西行省辖区略当今江西、广东两省之地,在行省之下就设有广东道宣慰使司以辖今广东省地区。因此,道在元代也被当成是一级准政区看待。20 世纪 80 年代在江苏建湖县出土一方元代墓志,上书墓主在"大元淮东道淮安路盐城县新兴场运河西居住"[1]。无行省名而有道名,看来在实际上,淮东道的上层政区河南江北行省倒是不如淮东道来得重要,可推想在不设道而由行省直辖的路府州县地区,行省才显得要紧。

由于元代是异族入主中原实行统治,每级政区首长都由蒙古人或色目人担任,所以分层虽多,并不削弱控制力量,而是加强了层级间的监督。当然,对于行政管理而言,层级越多效率越差,上下阻隔太甚,会影响地方发展。但统治者的最高目的是在求地方安定,而不是求地方发展,在安定的前提下能取得发展固然很好,若两者发生矛盾,则宁舍后者而取前者。

当然,军政大权的过分集中,毕竟存在产生割据的危险,因此元代后期行省权力有所削弱,重大事情都要报中书省批准。[2] 更重要的是,元代在行省的区划方面实行犬牙交错的策略,不使任何一省具有完整的形胜之区,以防止割据,这一方面内容将在后文详加论述。

2. 明清及民国初年对政区层级的简化

元代行政区划层次的繁复还有一个重要原因,那就是元帝国疆域过于

---

1 叶劲:《元代新兴场典史崔彬古墓发现记》,载《东南文化》1988 年第 6 期。
2 参见许有壬:《圭塘小稿》卷 7。

广袤,而作为一级政区的省,地域范围又划得过大。行省区划太大,意味着其管理幅度也大,若不增加层次,则无法维持合适的管理幅度。明清两代随着行省划小,政区层级也逐步简化。元代行省数目太少,初期只有六个行省和一个中书省,中期也一共只有十一个省,以强大的中央集权政府而只管十个左右的行政单位,幅度显然太小;而在另一方面,一州只辖一县或不辖县也不明智。同时,以省领路、领府或领州,以下再不设基层政区的二级制,显然也不合理。因此元亡明兴以后,减少行政区划层级自然成为首要的任务。其具体措施是,取消五级制的特例,撤销路的建置,改路为府,将州分为直隶州与属州(也称散州)两层,于是形成如下的层级关系:

中央——布政使司——府——州——县
                直隶州——县

其中,府与直隶州同为第二级,州为第三级,县或为第三级或为第四级。这样简化提高了行政管理效率,也是明代行省幅员划小的直接后果。明代把大约相当于元中后期南部九省的疆域分成两京十三布政使司(俗称十五省),仅中书省就分成京师、山东、山西三省,幅员缩小,管理幅度减少,层次也就相应简化。另外,明代学习宋朝的办法,将最高一级的地方权力分散在都指挥使司、布政使司和按察使司手中,将布政使司作为高层行政区划的名称。都布按三司的区划基本一致,但也有些出入,如在东北地区设有辽东都司,却不置布政使司;与此同时,山东按察使司则兼管山东布政使司和辽东都司。这种复式的区划显然也是宋代的遗风。明代三司分立以及各司区划的不完全一致,起了遏制地方分权过大的作用。虽然三司比宋代诸监司的权力大,但在处理地方事务时仍无足够的节制一方的权力,因此后来又有巡抚总督制度的产生。

巡抚、总督是由中央派出的官员,在一定的时期内可以集中节制一省部分地区或全省的权力,也可兼制数省,尤其是对各省交界地区的治安更能起重要作用。明代后期,地方多事,巡抚、总督渐渐变为常制,甚至与原来行政区划体系平行,成为一套自成体系的总督巡抚辖区。这一区划体系也具有实际上的行政区划功能。

清代将总督、巡抚变为固定官职,将督抚辖区调整到与省的范围相一致,康熙时又将明代的十五省析置为十八省,雍正时进一步将明代复式的三级、四级政区层次完全简化为单式的三级制,即:省—府—县。与府同级的除直隶州外又有直隶厅,与县同级的则是散州和散厅。这样,从元代开始的复式层次关系的行政区划又回到单一整齐的形态。但是清代是统一的多民族帝国,疆域辽阔,人口众多,比汉唐时期已大不相同,行政区划层次也只能简化到三级为止,进一步简化已不可能。不但如此,三级制的层次使管理幅度仍嫌过大,因此清代在省以下还仿效明代制度分设巡道与守道,作为省的派出机构,以分管诸府与直隶州。乾嘉以后,道朝着一级政区的方向变化,即所谓"道治民,有节制文武之责"(沈葆桢语)。道员取消虚衔定为正四品,州县文书先申府,府申道,道转布按,再呈督抚,再达中央。但《清史稿·职官志》虽列有道员,而《地理志》却无道这一级区划,可见终清一代,道尚未被视为正式政区。

民国建立以后,一改清代之制,裁府撤州,以道作为省县之间的一级政区,形成省—道—县三级制。并一度将一省之首长——督军改为巡阅使,意图使省一级变成监察区,而使道成为正式的一级政区。但这无异于与虎谋皮,掌握各省军政大权的督军岂肯轻易交出政权,因此民初的道并未真正起到行政区划的作用,始终只是省县之间的公文承转机构,同时每省只分成三四道、四五道而已,也没有实际的区划意义。因此南京国民政府成立以后,干脆把道一级也取消了,完全恢复到与秦代郡县制类似的省—县二级制,这显然是加强中央集权的措施。于是从元代开始至20世纪20年代,行政区划层级走过了从多级制到二级制简化的历程,恰与前面两个二级制向三级制繁化的循环完全相反。

但是民国初年的形势已与二千年前的秦代完全不一样了。省的数目只有秦郡的五分之三,而县的数目已达秦县的两倍。每省所直辖的县有数十上百个,管理幅度显然过大,于是在二三十年代之交,随着"剿共"的政治需要,首先在江西省分区设行政督察专员,不久各省照此办理,形成省—专区—县的虚三级制。这一体制为新中国所继承,后来又改专区为地区。但无论是专区还是地区,始终不被当成正式的一级政区,只是省政府派出机构的施政范围而已。

四、行政区划层级变迁的规律

1. 层级变化过程的归纳

对于行政区划的层级变化,过去学术界很少进行深入的讨论。各行政区也没有固定的指称,通常都按序数作第一级政区、第二级政区、第三级政区等。但这样称呼无法体现各级政区的特点。例如同为郡级政区,在秦汉为第一级,在魏晋南北朝却是第二级。而且如前所述,元代政区虽然实行多级制,但从各级政区对县的统辖关系来看,可以只划分为三个层次。通观二千年层级变化的过程,也可将其归纳为三个层次,即县级政区、统县政区与高层政区。县级政区也可称为基层政区,皇帝直接任命的地方官员到这一层为止,"县官"一语被用来作为皇帝或政府的代称。这是历史上最稳定的一级政区,在幅员、数目与名称方面变化起伏最小。统县政区也可称郡级政区,如秦汉的郡,隋唐五代宋辽金的州,元代的路、府、州,明清的府,民初的道。高层政区即不直接辖县的政区,亦即统县政区的上一级政区,在魏晋南北朝为州,在唐宋为道、路,在元明清与民国为省。按照三个层次的划分就可将历代行政区划的变化,归纳成下面所示的表一。

表一　历代行政区划层级变迁示意

时　　　　期	高层政区	统县政区	县级政区
秦		郡	县、道
汉		郡、王国	县、道、邑、侯国
魏晋南北朝	州	郡、王国	县、国
隋、唐前期		州(郡)	县
唐后期、五代	道(方镇)	州、府	县
辽	道(府)	府 ｜ 节度州 ｜ 州	县
宋、金	路	府、州、军、监	县、监
元	省	路 ｜ 府 ｜ 州	县
明	布政使司(省)	府、直隶州 ｜ 州	县
清	省	府、直隶州、直隶厅	县、州、厅
民国初年	省	道	县、设治局

表一中括弧内外的名称为互称或等称。如隋唐时期,大部分时间的统县政区称州,其中两度短期改称郡(隋大业三年至十四年,唐天宝元年至至德二载,共二十八年),郡、州性质一致,故为互称。唐代后期,观察使兼节度使,所以道与方镇合为一体,称道或称方镇均无不可,是为等称。在明代,布政使司是正式名称,但一般称为省,两者也是等称。又,表中辽、元、明三栏的统县政区有几种类型,中间以短线隔开,表示它们除统县的共同特点外,相互之间还可以有统属关系,如明代的府可直接统县,也可经由属州统县。辽代的道(府)是比较特殊的,道与唐代相同是地理区划,但又与京府(如南京析津府)的范围相一致。而京府既是高层政区,又是统县政区,故在表中重复出现。表中以顿号隔开的则都是同一层级的不同类型政区,例如宋代

的府、州、军、监四种政区都是同一层级。

2. **层级变化的规律**

层级变化的规律主要有两条,一是由高降低,二是由虚入实。

(1)由高降低

所有高层政区都随着历史的发展而幅员渐次缩减,数目次第增多,级别逐层下降,最后归于消亡。这一点以州最为明显,州在东汉末年只有十三个,作为高层政区,大者相当今两三省之地,小者也有半省规模。到隋初,州数达到三百多,幅员只有数县大小,级别已降为统县政区。至元明时期,大部分州已降为与县相当,清代的散州则完全与县同级。民国初年进而废州为县,于是州从行政区划体系中消失了。到新中国成立后,才又采用州作为第二级民族地方自治区域的名称。

道在唐朝前期作为州之上的监察区出现,后期与方镇结合而成为实际上的高层政区,幅员已大大缩小。宋初的道后来被路所代替,到元代又作为省以下的监察区。明清沿袭元制,也在省与府之间设道,但幅员大大缩小。民初改道为省县之间的一级政区,20世纪30年代废道以后,就消亡了。

路的演变与道近似,只是沿用时间较短。北宋的路只有二十几个,作为高层政区,其幅员相当今半省或一省之地。到元代,路降而为统县政区,幅员也缩小到如今一两个地区的大小,明代废路为府,路也消亡了。

省的幅员从元代到民国是逐步缩小的,20世纪20年代以后降为统县政区,至今在名义上还是统县政区,因为在省县之间的地区仍是一个虚级。不过与此同时,省也是高层政区,因为省县之间已经出现管县的市这样一个实级。

作为统县政区的郡和府,与高层政区不同,虽然幅员也逐渐缩小,但级别并不降低,而是直接归于消亡。郡的幅员到南北朝末期已经缩小到两三县的范围,所以隋初就被取消了,虽然在隋后期及唐中期两度短时间恢复,最终仍不免于消亡。但是郡县制的称呼却一直保留下来,以代表与封建制不同的行政制度,因此一切统县政区,如隋唐宋的州,元明清的府都可以称为郡级政区,事实上,古人也一直把州府当作郡来看待,州刺史、知州和知府也雅称为郡太守。

不但如此,宋代更在每州的州名之外还附有郡号。许多人读《宋史·地理志》有"沧州,上,景城郡""福州,大都督府,长乐郡"等记载,就以为宋代还存在郡称,其实不然。这里的郡称只是个号,就如同人的字号和本名的区别一样。郡号长乐,就是福州在唐代的郡名。宋代的州大都由郡改名而来,因此郡号也大都现成。一些新置的州没有郡号,则由皇帝颁赐,如河东路丰州就赐名为宁丰郡。

府在明代成为普遍的统县政区,幅员较大,如山东只分为六府,比如今的地区还要大。清代府境明显缩小。民初则废府存道,府也消亡了。

(2) 由虚入实

历史上所有高层政区都是由非行政区,即监察区或军区演变而来,政区长官也由中央官员转变而来,此即谓由虚入实。

秦代的监察区与行政区相一致。秦始皇分天下为三十六郡,郡置守、尉、监。守和尉是郡的长官,监是中央派出的官员,每一郡成一监察区。汉代情况发生变化,郡的幅员缩小,郡数增加,于是在郡之上设州作为监察区,由于监察的对象是吏治而不是民政,事务较简,无须每郡设一监察区。但是州既作为一级区域划出,与郡县相分离,就构成了以后转变为行政区划的地理基础。待到东汉末年州牧掌握辟官、莅政、理财、治军四权之后,州就自然转化为行政区了。

唐后期的道(方镇)则由两条线演变而来。一条线是魏晋南北朝的都督区,这是以都督为军事长官统辖数州的军务督理区。都督又例兼所驻州的刺史,实际上形成了州以上的一级准行政区。唐代沿用这一制度,都督又因加节而称为节度使。另一条线是唐初按山川形便设置的道,后来也成为正式的监察区,道的长官是采访使,后改为观察使。这两条线结合起来,以节度使兼观察使,就使方镇和道重合而成为州以上的一级行政区。

元代行省近取金代行尚书省的制度,在中原用兵之时,也以中央大员率领部分政府成员在地方上设立行尚书省。这本来只是中央政府的派出机构,但其所管辖的地域久而久之就成了行政区划,这是另一种由虚入实的形式。金代的行尚书省溯其源,则是学六朝隋唐的行台尚书省,当时"省"是中央官署之名,行台尚书省或某处行台省都是从中央分出的行动机构,以处理地方事务,事毕行台省即予取消,千年以后的元代却将它变成固定机构。后来,元代的行尚书省又随中央政府机构的改名而称为行中书省,简称行省。

中国历史上的四种高层政区——州、道(方镇)、路、行省,只有路完全出自宋人的独创,其他三种则由原来的监察区、军区或临时行动机构演变而来。但是路的出现亦非无据,它是将唐代转运使这一临时职务加以固定,并使之有一定的施政范围而形成的,同样是由虚入实。此外,明代的总督、巡抚辖区在明清之际几乎成为新的一级政区,后来经清初二三十年的调整,还是回到布政使司（行省）的框架之中，只是督、抚成了布政使之上的省区一级的最高长官。

第二节　量地制邑，度地居民——行政区划幅员之伸缩

层级是上下政区之间以及地方政府之间关系的体现，但并非政区本身的要素。幅员、边界、形状和地理区位才是其要素，其中尤以幅员与边界两要素最为重要。本节先来讨论历代政区幅员的变迁过程。究竟每一层级应划分多少政区，亦即设置多少个地方行政单位才合适，这是地方行政制度的一个重要环节。《礼记·王制》云："凡居民，量地以制邑，度地以居民。"这是对于政区必有一定幅员，以及幅员与人口之间数量关系的最早论述。虽然这里的邑还不见得是后世的县，但这句话正和"体国经野"一样，具有重要的象征意义。行政区划的幅员从另一个角度看就是地方政府的管理幅度，更通俗点说就是地方政府的权力圈。而政区的幅员又直接与地方行政单位（即地方政府）的数量相对应。在一定的地域范围内，政区幅员大，则行政单位数目少；政区幅员小，则行政单位数目多。

一、政区幅员的尺度

幅员就是指面积的大小。那么政区的面积大小到底是如何确定的？

县是中央政府直接任命长官的基层政区，因此划定县的幅员是确定其他层级政区幅员的基础。秦汉时对县的幅员大小就定下了一个基本原则："县大率方百里，其民稠则减，稀则旷。"[1]也就是说，以百里见方的面积作为县的幅员基数，再以居民的数量作调节。人口稠密的地方，县的面积划得小些；人口稀少的地方，县的面积划得大些。这个原则自然合乎道理，因此为以后历代所遵奉，百里之县成为习惯的称呼，县令有时也就戏称为百里侯。实际上，如果除去方百里这个具体数字不计，至今也还没有更高明的原则来代替它。所以，今天青海省的一些县、内蒙古自治区的一些旗，地域之辽阔几和沿海的省一般大，但也无法随意缩小，因为那里的人口过于稀少。

至于方百里的数字是如何确定的，历史文献没有记载，推测是为了与当时的管理水平相适应。假定县城位于方百里的某县的几何中心，那么到四边的距离都是五十里，相当于今天的17.5公里。这样的距离，如果起早贪黑

的话,可以在当天徒步往返。这对于官员下乡劝课农桑、农民进城交纳租赋都是比较合宜的。当然这是就理想情况而言,因为一个县的地域,不会是四方的,县城也不一定恰好位于几何中心。但是这样的推测大约并不离谱,因为一切基本原则都是按标准情况制定的。秦汉时代,中国经济最发达的地区是黄河中下游地区,这里已经形成关中与山东(崤山以东地区)两个经济重心。在地理景观方面,黄河中下游是一马平川的大平原,在其上划出方百里作为县的幅员标准也是合乎情理的。国外也有类似的例子,法国大革命以后,重新划分行政区划,其中最高一级区划 departement(此法语词曾被译为省、郡或县)幅员的划定,是以使这个区划之中所有居民都能在一天之内往返于区划中心与居住地之间为原则的,但这个原则的确定已在秦代之后二千年了。

县以上政区的幅员则没有面积大小的明确规定,大致是以所辖县的数量作为衡量标准。汉代的人俗称郡为"千里之郡",指的是一个郡大约领有十县之地,三国时代的人称州为"万里之州",也是表示一个州大概包含百县之地的意思。这并不是郡非千里见方,州非万里见方不可,说到底,千里之郡与万里之州也是间接地以地域面积和人口数量两项指标来确定幅员大小的。因此在秦汉时代,南方的州郡幅员都比北方大得多,其原因就是南方户口少,而县的分布稀。二千年来,县级政区的幅员相对稳定,而县以上各级政区的幅员都是变动不居的,例如从秦到宋,统县政区就有越来越小的趋向,其中有出于政治目的和行政管理的需要,也有为了适应自然区域和经济开发状况等原因。因而不仅在同一朝代中同级政区的幅员相差悬殊,而且历代同类政区的幅员也有相当大的波动,尤其是某一朝代新创置的政区更有其特殊的幅员。下面我们就来分析三层不同政区的幅员变化情况。

二、"百里之县"幅员的相对稳定

元代以前,每一县级政区幅员的大小在历史文献中是没有具体记载的,到了明代以后,在一些地方志中有些县才有幅员大小的记载。因此关于历代县的幅员变迁情况,不容易直接弄清楚。但是在一定的地域范围内,政区的幅员与数目成反比,这样从历代县的数目变化中,可以侧面看出县的幅员变化情况。县级政区数目的增加一般表示其幅员的减缩,反之亦然。表二所记就是历代县级政区数目的变化简况。

从表二中可以看出,县级政区数量的变化幅度是不大的。从秦到清,县级政区的数量只增加了约50%,而时间已经过去二千年,疆域已经大大扩展。

表二　历代县级政区数目变化简况

时　期	年份(公元)	县数(个)	县级政区数(个)
秦		约 1 000	—
西　汉	前 8	1 350	1 587
东　汉	140	1 180	—
三　国	265	1 190	—
西　晋		1 232	—
南北朝	580	1 752	—
隋	607	1 255	—
唐	740	1 573	—
北　宋	1 102	1 234	1 270
元		1 127	1 324
明		1 138	1 427
清		1 455	1 549

　　县数的增加有许多原因,其中有两个原因与县的幅员变化没有关系,那就是外部疆域的扩大与境内统治空白的消失。前者不言自明,后者必须举例说明。譬如福建的长汀、龙岩、宁化三县都是唐朝开元二十四年(736)"开山洞置"。所谓山洞,是指原来为政府统治所不及的偏远山区,当这些地方开辟为县治后,自然不会影响其他县的幅员的缩减。但是在传统观念中,这种情况依然被看成是其他县幅员的减少。还是以福建为例,今福建地区,在西汉时只设置了冶县一县,于是全福建都被当成冶县地,凡是新置一县,都被当成是分冶县地所置。这种看法当然不合适,因为当时的冶县根本管不到偏远的山区,只能管辖到今福州附近的地区而已,但在地方志中一般都按上述传统观念来表述。

　　除了以上情况外,新县的设置多是从旧县分出,必然使旧县的幅员减少;反之,原有县的撤销,也必然并入邻近的县,而使后者的幅员扩大。表二中有几个朝代的县数增加特别突出,有几个朝代与前代的县数相比有明显减少,都是县的幅员有一定程度的变化的反映。

　　秦县总数到底多少,《史记》未明载,估计在千数左右。西汉的县级政区数突增至一千五百八十七个,一方面自然是汉武帝开广三边所增置,另一方面则是因为大量侯国的分封。这些侯国大部分是由某县分出一乡之地或分出几百户的户口建立起来的,幅员非常之小,但是却具有与县同等的政治地位。在一千五百八十七个县级政区中,这样的侯国就有两百多个。到了东汉,这些侯国全被省去,再加上因人口减少而省并大量的县,于是总县数就明显减少,但同时也说明这时县的幅员相对比西汉的大。南北朝时期,县数的增长最不正常,往往为了设官分职的需要,而把县的幅员不断割小,以增设更多的县。例如,南朝齐氏的东平郡领二县,一县是寿张,是"割山阳官渎以西三百户置";另一县是淮安,乃"割直渎破釜以东淮阴镇下流杂一百户置"。此时县的幅员之小,由此可见一斑。

隋代由于矫枉过正,大量并省州县,所以县数明显减少,县的幅员也相对增大。唐代以后,南方地区开发程度加深,经济显著发展,不断有新县从老县分置出来。新旧唐书《地理志》对此颇有详细的记载,如江西的玉山,是"分常山、须江置",四川的蒙阳县是"分九陇、雒、什邡三县置",被分割的老县幅员自然要缩减。唐代县数的大幅度增加,一方面是恢复了被隋代并省的部分县,另一方面是疆域扩大所致,第三个原因就是新县的析置。

宋代疆域比唐代大为缩小,幽云十六州失于辽,陇右西北地区归西夏,云南一带独立为大理,越南北部成为安南国领土,县数自然减少。元代县数减少的原因则大为不同,以元代版图之广袤,而只领一千一百二十七县,令人费解。除了由于长期战乱人口大量流失,因而并省大量的县这一比较明显的原因外,还有另一个比较隐蔽的缘故,那就是部分的州变为县级政区,而不再是统县政区。宋代以前,州是统县政区,州治必须设于某个县城之内,这个县被称作附郭县。元代许多州不设附郭县,因此州治周围就形成一个与属县相当的县级政区。有无附郭县的州所含政区个数是一样的,只是前者比后者要多一个县,也就是多出一个县政府来。同时,元代又有许多州不领县,这些州其实也是县级政区。最后,由于江南地区户口较多,又有一批县升为州,这些州也不辖县,从区划上来看,自然也是县级政区。明、清两代,所有的州都不设附郭县,清代的直隶厅也是这样。所以元明清三代,从纯粹的县数来看都偏低,而从县级政区来看就属正常了。

虽然历代的县数多少有一定的波动,反映了县级政区的变化,但从总的方面说来,历代县的数目与幅员变化是不大的,即使在南北朝时期,其变化幅度也比郡、州两级政区小得多。这表明作为基层政区的县,其幅员大小是以行政管理的程度来确定的。任何朝代都要维持正常的农业生产,才能保证王朝的长治久安。而县级政府是直接"牧民"的基层组织,其劝课农桑和收租征赋的施政范围是不宜朝令夕改、频繁变动的,否则将会影响国家职能的正常发挥。这就是县级政区的数目与幅员相对比较稳定的基本原因。

对于州县幅员的大小,宋人便认为应在相去不远的程度。如毕仲游主张:"为今之策,宜先求建国之大法,要在均一而易治。凡邑之大者,割其大以补小;邑之小者,增其小以成其大。置一县之封,必度其四面之界,分长乡以补其短,分宽乡以补其狭。县相比,州相较,大者不使如固始之宽,小者不使如仙居之狭,此之谓均。户口赋税之籍,徭役狱讼之制,大略相等。贤者俯就而有余,不肖者勉强而无累。"[1]这一建议的目的是均其能力,以能者治小县、以不能者治大县是不利于治理效果的,说明宋代的地方行政管理运作已经达到比前代更高的水平。不过在实际上,均一政区幅员的想法远远无法实现,因为不同地域之间在人口密度、经济开发程度和自然环境等方面的差异太大了,幅员大的政区未必比幅员小的政区难以治理,幅员只不过是众多行政管理难度的一个指标而已。所以到了清代,对所有政区的治理难易程度用一个综合的标准,即所谓"冲、繁、疲、难"四个字来评定。"冲"指地理区位是否冲要,"繁"是指行政事务的繁简,"疲"指赋税征收的难度,"难"指民情风俗的所谓刁顽与否。四字俱全的县、州、府称最要缺(缺即职位),三字为要缺,两字为中缺,一字或无字为简缺。中央即据缺位之需要来派遣适当的官员。当然这四字考语不全是针对政区而言,而是包括了政区里的人民。与政区最相关的是"冲";至于"繁""疲"也多少与政区有些关系,幅员大,事必繁,逋税可能难收;而"难"则几乎与政区设置无关了。

三、"千里之郡"幅员的缩小倾向

1. 统县政区幅员变化的总趋势

从总的方面来看,号称千里之郡的统县政区,其幅员自秦至宋呈现出逐渐缩小的倾向,元代以后又经过了一个先大后小的起伏。这一不断变小的总趋势由种种原因所造成,其中以政治因素最为关键,目的是要实现中央集权对地方分权步步强化的抑制。

由于县级政区的幅员较小,而且大多没有幅员大小的具体记载,因此在一般的历史地图上只能以点——县治所在的地点来表示。而统县政区已有足够的幅员,其属县又有明确的地理位置,因此在地图上可以画出其地域范围来,幅员的大小是一目了然的。另一方面,统县政区的幅员还可以其所辖县数的多少来判别,辖县越多,一般而言幅员越大,反之亦然。但是这并非

---

1 《历代名臣奏议》卷42。毕氏语中之固始县,属光州(治今河南潢川县)。仙居县在宋则有二,一属光州,后废;一属台州,今仍存。毕氏奏议中的仙居应指光州仙居(故与同处一州的固始对比),后来因其地过狭而废。当分别是宋代幅员最大与最小之县。

绝对的,在特殊情况下,也有辖县多而幅员并不大的。在下面的分析中,两方面的标准都要用到。

秦代末年的郡已接近五十,而县的总数大约为一千,平均每郡统县二十左右。汉代以后,郡的幅员明显比秦代的小。《汉书·地理志》载:"汉兴,以其郡太大,稍复开置。"开置的意思就是将一郡分成数郡,或二或三,如前述秦代内史在汉代被分成京兆尹、左冯翊、右扶风三郡,号称三辅。又如从九江郡分出豫章郡,从陇西郡分出天水郡,从北地郡分出安定郡等。秦的内史相当于今天的关中平原,面积不足今陕西省的三分之一,分成三辅以后,幅员就更小了。至于汉代把郡划小的原因,史籍未明言,但很显然其主要目的是削弱郡太守的权力,减少地方的分权。

统县政区幅员变化的总趋势,很不容易讲清楚,这里首先用辖县数量的变化来大体表示,表三就是历代统县政区所辖县级政区平均数的变化情况。

表三 历代统县政区所辖县级政区平均数情况

时　期	县级政区数	统县政区数	统辖平均数
西　汉	1 587	103	15.4
东　汉	1 180	105	11.2
三　国	1 190	158	7.5
西　晋	1 232	172	7.2
北　周	1 124	508	2.2
隋	1 255	190	6.6
唐	1 573	328	4.8
北　宋	1 270	337	3.8
元	1 324	319	4.2
明	1 427	179	8.0
清	1 549	276	5.6

从表三可以看出统县政区的幅员呈现出一波三折的变化。秦代以后,统县政区幅员直线下降,至南北朝末年达到最低点。隋代回升但未达到西晋水平,之后又再度减缩,至宋代降至第二个波谷。元代以后又回升,至明代达到新的波峰,清代又开始下降,但仍比唐为高。我们以这些数字再结合具体的实例作进一步的说明。

东汉的郡的幅员比西汉的有些缩减,如西汉会稽郡的范围包括今江苏省南部、浙江省和福建省,过于寥廓,东汉时分成了吴郡与会稽两郡。但总的来说,两汉的郡的幅员相去不远。西汉每郡平均统县在十五个以上,其实包含很大水分,是由于许多小侯国的存在而形成的。例如西汉琅邪郡领有五十一个县,是汉代领县最多的郡,但其幅员实际并不大,只相当今山东省东南一隅的青岛、日照、诸城、海阳一带十一二个县市的范围。琅邪领县多的原因,是该郡的属县当中有大半,即三十一个县是幅员很小的侯国。

三国时期的总县数与东汉相差不多,但郡国数增加了约50%,的确表明郡国的幅员有大幅度下降。但这种变化还有经济开发逐渐深入的原因。尤其是孙吴割据的东南地区,过去人口较少,经济不发达,县的分布很稀,郡的幅员很大;汉末中原大乱,北方人口大量南移,政府又着意发展经济,以增强自身实力,相应地增设了许多新郡。如今江西地区,两汉都仅设豫章郡一郡,到三国时已分为四郡。又如孙吴后期分吴郡与丹阳郡置吴兴郡,就是为了"以镇山越"的需要。[1] 西晋时期,郡国幅员与三国相比差别不大而略偏小,南北朝时期则主要出于分官设职的需要而把郡的幅员不断割小,不全是以此来削弱郡太守的权力。

隋代虽然拨乱反正,大大扩展了郡的幅员,但仍不使其过大,比起西晋来仍略显小。唐代更是有意减削统县政区——州的幅员。唐代设置正式政区的版图与汉代相去不远,而唐州的总数竟是汉郡的三倍有余,平均一个州的幅员只有汉郡的三分之一。时人常称唐州为十万户州,其实这与千里之郡一样只是象征性的称呼。据天宝元年(742)户口最盛时期的记录,七万户以上的州仅三十六个,只占当时总州数的九分之一;甚至五万户以上的州也占不到五分之一;大部分的州都在两三万户以下,足见唐州之小。

不但如此,在削减州的幅员的同时,唐朝政府还配合以削夺刺史权力的措施,这些措施中最重要的有两项:一是军民分治,刺史不像汉代郡太守那样掌有军权[2];二是州县属员都要由中央吏部铨选,不能由刺史和县令自行辟除。这一措施实际上从隋代已经开始,前文已经提到。宋代中央集权更加强化,州的地域更形缩小,有将近十分之一的州只辖一县之地,完全不可能发生割据一方的现象,但地方政府也就因此缺乏御侮缉乱的能力,形成权轻易撼的毛病。元代统县政区有路、府、州三级,路、府两级的幅员比宋代州的幅员大,但元代州的幅员却是不可遏止地向下滑坡,三百五十九个州当中

1　参见《三国志·吴志·孙皓传》。

2　西汉的郡虽设都尉以典兵,但主要军权似仍在太守手里。东汉则连郡都尉也省去,郡太守掌握军事全权。

就有一百五十八个没有属县,除了官员级别较高以外,这些州实际上等同于县(或者可比拟为今天的县级市)。但从总的平均数来看,元代统县政区的幅员比宋代略有起色。

明代则是突变时期,主要的统县政区——府的幅员已超过三国时期郡国的平均幅员。如以今山东地区为例,在明代只设六个府,而在之前的宋代竟分布有二十个州(或府、军),在其后的清代也分置了十二个府和直隶州。又如今广东地区,在明代只设八府一直隶州,而在元代却分置十八个路、州。可见明代在这一带的统县政区的平均幅员比元代扩大了一倍。清代高层政区和统县政区的幅员都比明代有所缩小,尤其因为直隶州数量比明代多得多,所以统县政区的平均幅员比明代小了许多,但仍比唐代州的幅员要大。明代扩大统县政区幅员的做法,可以说是接受了宋代积弱的教训。由于地方上的军权、财权都已收归中央,适当地扩大府一级官员的管理范围,对于提高地方绥靖治安能力自有裨益。明代能维持长达二百七十七年的统治,与统县政区相对较强的缉乱能力不无关系。秦代以来统一王朝延续时间比明代长的只有二百九十余年的唐代,但唐代后期存在藩镇割据现象,已算不上真正中央集权的统一王朝了。

统县政区的幅员就是该级政区长官的权力范围,这个范围的大小直接与地方分权的轻重相关。尤其在实行二级制或三级制的朝代,中央政府更不希望统县政区的幅员过大,所以从秦到宋,政区幅员逐渐小了下去。在实行三级制的时期,发生割据的危险乃在于高层政区,对统县政区幅员大小的考虑就着重于行政管理效率,而不是分权太轻太重的问题,这就是元明清三代的路、府一级政区允许有较大幅员的缘故。

2. 但望"分郡疏"的解析

郡级政区幅员的适当尺度是多少,郡为什么被逐渐划小,这样一些问题在自上而下的官方正式文献中没有留下什么记载,但是东晋人常璩所著的《华阳国志》却保留了一份极其可贵的由下而上要求分郡的奏疏,从中我们可以看到除中央政府政治目的以外,划小郡境还有其他原因。

东汉后期桓帝永兴二年(154),巴郡太守但望上疏朝廷,要求将巴郡一分为二,他陈述了必须分郡的理由,并提出了具体分郡的方案。虽然当时的执政者因循守旧,不同意实行分郡,但是由于分郡的必要性一直存在,这一愿望终于在三十八年后实现,但方案改为一分为三。但望奏疏陈词恳切,理由充足,这里特将其要求分郡的原因作一解析。

但望要求分郡的根本理由是巴郡面积过大、户口太多以及产业兴盛。

该疏开头说:"谨按《巴郡图经》,境界南北四千,东西五千,周万余里。属县十四,盐铁五官,各有丞史。户四十六万四千七百八十,口百八十七万五千五百三十五。"秦代巴郡略当今重庆直辖市及四川东北角,境域辽阔,至西汉中期才分出西南角㸒犍为郡,其后垂三百年郡境未曾变动,而户口从西汉末年至当时已分别增加两倍和一倍半,属县增加三个,并且各县经济发达,盐铁官俱全。为了行政管理的方便,这样的大郡自然应该划小。

由于郡境太大,"土界遐远","远县去郡千二百至千五百里。乡亭去县,或三四百,或及千里",因此治安十分困难,"令尉不能穷诘奸凶,时有贼发,督邮追案,十日乃到,贼已远逃,踪迹绝灭"。同时由于郡境太大,老百姓当差服役,吏员履职省亲,路途都太遥远,"给吏休谒,往还数千(里)",负担很重。下级官吏如果"冤枉弱民",则"欲赴诉郡官,每惮还往"。而且上级官员巡视属县也受影响,"太守行桑农,不到四县。刺史行部,不到十县"[1]。公文往来旷日持久,"闭囚须报,或有弹劾,动便历年"。总之,郡境过大使行政管理极为不便,为了治政有效,必须分巴郡为二。

由但望的奏疏可以看出,郡的境域不可过大,尤其在人口增多、经济发展以后更须适当划小。与巴郡相邻的蜀郡,在西汉时就已一分为三(一度一分为五)。而巴郡由于山地居多,经济较蜀郡落后,所以郡境长期不变。但三百年后,分郡条件已经成熟,所以才有但望此疏的出现。这种由下而上自发的分郡要求并不多见,因为对太守而言,郡越大,权力越大,正是求之不得的事情。因此这份奏疏正是当地士民、豪强强烈愿望的反映。

大量郡级政区地域划小的具体情况我们虽不得而知,但除中央政府的集权目的以外,如上述分巴郡疏所列举的种种理由肯定也是全部或部分存在的。

四、"万里之州"幅员的起伏变化

这里以"万里之州"来比拟历史上所有形式的高层政区。高层政区指的是不直接统县的政区,如魏晋南北朝的州,唐代的道(方镇),宋代的路,元明清的省。由于这级政区幅员最大,如果政区长官又兼有财政、军政大权,形成唐代藩镇那种"又有其土地,又有其人民,又有其财赋,又有其甲兵"的状况,则分裂割据局面必然出现。因此这级政区的有无以及幅员的大小、界线的划定,就成为历代最高统治者最重视、最关切的问题。而就幅员言,中国

---

1 原文如此,颇疑"四"与"十"应互倒。

历史上的高层政区无论是州、道,还是路、省,都经历了由大变小的过程。

1. 州的幅员和数目

州本来是水中高地的意思,战国时人借用大禹治水的传说,将天下划为九州,写成《禹贡》这一我国现存最早的区域地理著作。后来,《周礼·职方》《吕氏春秋·有始览》也提出了各自的九州区划。但这些区划都只是纸上谈兵而已,直到汉武帝时才真正把州当成监察区的名称。汉武帝分全国为十三刺史部和一司隶校尉部,其中有十一部以州为通名,如冀州刺史部、豫州刺史部,所以俗称十三州。这些州名来自《禹贡》和《职方》,因这两篇都是儒家的经典,两篇著作的州名大部分相重,而略有出入,正好提供了十一个互不相重的州名。其中对《禹贡》中的两个州名雍州和梁州,分别改成凉州和益州。参见图一。

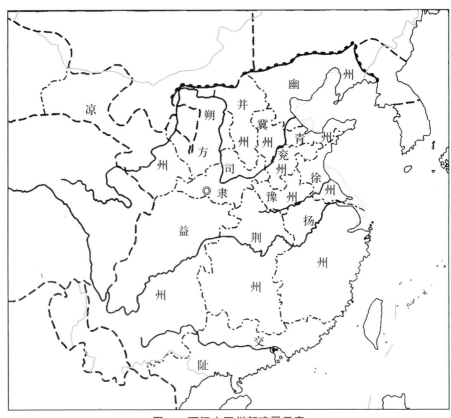

图一　西汉十四州部建置示意

汉武帝时的十三州,地域十分广阔。北方的州略当今半省或一省之地,南方的州可抵今两三省、三四省之地。除了朔方刺史部被并入并州刺史部以外,其余十二州的幅员大致由东汉继承下来,司隶校尉亦正式领一部;同时交趾刺史部又改名为交州，所以习称仍为十三州，到汉末成为正式的行政区划。三国时期，州的幅员和数目没有实质性的变化，只有一点例外，即魏、吴两国都设荆、扬二州，但是魏的荆、扬二州只具象征性意义，仅占原二州地域的一小部分而已。与此同时，司隶校尉又改称司州。到西晋统一后，州的数目逐渐增加到十九州，幅员才开始明显地缩小。尤其是西北的凉州、东北的幽州、西南的益州、岭南的交州都因地域过于辽阔而被分成两州或三州。西晋末年，幅员最大的荆、扬二州也分置出湘、江二州，形成各州幅员比较均衡的二十一州的局面。表四就是汉晋之际各州部分化过程的示意。

表四　汉晋之际各州部分化过程示意

时期	北方										南方			
	司隶	冀州	幽州	并州	朔方	兖州	青州	徐州	豫州	凉州	扬州	荆州	交趾	益州
西汉														
东汉														
三国 魏														
三国 蜀														
三国 吴														
西晋	司州	冀州	幽州 平州	并州		兖州	青州	徐州	豫州	凉州 秦州 雍州	扬州	荆州 湘州 江州	交州 广州	益州 梁州 宁州
	⑬	①	②⑲	③		④	⑤	⑥	⑦	⑧⑰⑭	⑨	⑩⑳㉑	⑫⑯	⑪⑮⑱

说明：表中序号①～⑬及朔方等十四州部同时置，⑭～㉑诸州部按始置年代编号。虚线表示魏国只占荆、扬二州小部分地。

三国时人称州为"万里之州"虽是以辖郡数目为说，但在当时州的地域也确有地广万里者，如南方的荆、扬、益、交四州。西晋的州，幅员已大为缩减。东晋十六国以至南北朝以后，州的数目大幅度增加，幅员急剧减小。产生这种情况的原因很复杂，如上文已经提到的为报功酬庸而因人设州，又有因侨置需要而置州，还有就是为了巩固中央集权而使州置于割治无常的状态。如《宋书·何尚之传》载："荆、扬二州，户口半天下，江左以来，扬州根本，委荆以阃外，至是并分（指两州各割一部分地置郢州），欲以削臣下之权，而荆、扬并因此虚耗。尚之建言复合二州,上不许。"不许的原因就是以巩固皇权为要务,而荆、扬二州经济因此受到影响,倒在其次。

南北朝后期,州的数目膨胀到两三百之多,州的幅员就只有数百里见方的狭小范围了。历代高层政区的变迁以州最为剧烈,甚至到隋代时下降为统县政区,元代则更降至县级政区的水平了。

2. 道的幅员和数目

州降为统县政区后,新的地理区划又出现了。唐代的道代替州的地位,逐步变为新的高层政区。唐太宗贞观元年(627)分全国为十道(见图二),是纯粹以地理区划的面目出现的,但其中实际上已暗含有监察区的影子了。

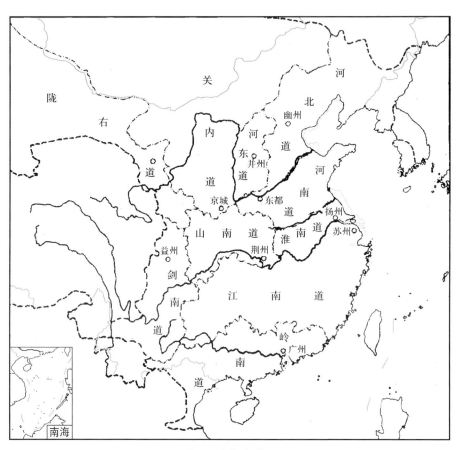

图二 唐初十道图

汉唐疆域相仿,西汉置十四部,而唐初只分十道,道的幅员远比汉的州部大。在北方,唐河南道之大可包容汉之豫、兖、青、徐诸州,河北道也能涵盖冀、幽二州;在南方,江南道比荆州或扬州都要广袤。唐玄宗开元二十二年(734),将十道分为十五道,成为正式的监察区,两者之间的关系如表五所示。京畿的幅员很小，只有五六个府州的范围，都畿更小，只有两个府州，这两道是为首都和陪都的特殊需要而析置的。真正因为地域过大而分道的，只有江南与山南两道。南北朝以来南方经济已经相当发达，天宝元年(742)的统计数字表明，南北户口之比已达四比五。所以南方的道领域也相应缩小，于是江南道三分，而山南道两分，以适应监察事务日益繁重的需要。这时十五道的幅员大约与汉十四部相侔。

表五　唐初十道至开元间十五道的分置沿革

贞观元年（十道）	关内道		河南道		河北道	河东道	陇右道	淮南道	山南道		剑南道	江南道			岭南道
开元二十二年（十五道）	关内道	京畿	河南道	都畿	河北道	河东道	陇右道	淮南道	山南东道	山南西道	剑南道	江南东道	江南西道	黔中道	岭南道

唐代后期，道又称方镇，变成州以上的实际上的一级行政区，其数目在四五十之间波动，每道辖三四州至十来州不等，大致与秦郡幅员相似。换句话说，小的方镇只当今十几县地，大的方镇则当今一省之地。如福建道、江南西道、岭南东道恰等于今天的福建省、江西省和未分海南省以前的广东省。元和时期的四十七方镇可以作为唐后期道（方镇）的代表。

3. 路的幅员与数目

接受唐王朝与藩镇偕亡的教训，宋代没有直接继承唐后期方镇与道相结合的制度，而是另外设计了一套概念全新的路作为新的高层行政区划。宋太祖时置诸道转运使以总财赋，分全国为十三道。太宗以边防、盗贼、刑讼、钱谷、按廉之任皆委于转运使，分全国为十五路。此后转运使路的数目逐渐有所增加，从十八路、二十三路、二十四路至北宋覆灭前昙花一现的二十六路，路的幅员也随之逐步变小。路的分置沿革如表六所示。

十八路是宋代维持最久的路制。元丰二十三路则是较有代表性的路制，《元丰九域志》一书即依据这二十三路编成。二十四路是将首都开封府独立为京畿路。二十六路则是加上北宋末年在辽亡之后取得燕云十六州，改造为燕山府路、云中府路而成，两路旋得旋失，与北宋俱亡于金。十八路的幅员除陕西路稍大（与今陕西省相比），西川路和峡路稍小（与今四川省相

表六　宋代路的分置沿革

宋初	京东路	京西路	河北路	陕西路	河东路	淮南路	两浙路	江南路	荆湖路	西川路	峡路	福建路	广南路
天圣元年（十八路）	京东路	京西路	河北路	陕西路	河东路	淮南路	两浙路	江南东路　江南西路	荆湖北路　荆湖南路	益州路　利州路	夔州路　梓州路	福建路	广南东路　广南西路
元丰四年（二十三路）	京东东路　京东西路	京西北路　京西南路	河北东路　河北西路	永兴军路　秦凤路	河东路	淮南东路　淮南西路	两浙	江南东路　江南西路	荆湖北路　荆湖南路	成都府路　利州路	夔州路　梓州路	福建路	广南东路　广南西路
略当今地	山东省	河南大部　湖北西北部	河北大部　河南一隅	陕西宁夏及甘肃大部	山西大部	苏皖北部	苏南浙江	江西　皖南苏南一角	湖南全省及湖北大部	四川西部北部及陕西南一隅	四川东部南部及贵州北部南部	福建省	广东大部　广西海南

说明：北方与南方之分乃以秦岭、淮河为标志。据此则京西南路和淮南东路都各有一半在北方，一半在南方。

比)以外，其余各路都与今省的幅员相近，其中福建路与今福建省完全一致，京东路与今山东省相差很小，广南东路相当今广东省，但缺雷州半岛，广南西路略当今广西壮族自治区、海南省和雷州半岛之和。元丰二十三路的幅员则一般比今省为小。

女真人灭北宋以后，在北部中国建立了金朝，与南宋以秦岭、淮河为界。金继承了北宋的路制，但是路的幅员则小得多，原来的一路有的被分为二三路。金泰和八年(1208)分全境为十九路，这就是见于《金史·地理志》的体制，其中五路自辽之五道改造而来，一路是金之旧土，其余十三路即略当于北宋崇宁间北方的十路。偏安南方的南宋王朝也把个别路的幅员缩小，如两浙路和利州路被分成东、西两路。南宋时期，路的总数在十六七之间，比北宋时期的南方多出二三路。此外还须指出一点，金和南宋时的路已与北宋时性质不同，二者分别以总管府(相当于安抚司)和安抚司代替转运司，成为路的主要统治机构。

4. 省的幅员与数目

元帝国建立以后，将宋金的路降为统县政区，而在路以上建置起幅员空前辽阔的中书省和行中书省，作为新的高层政区。元帝国版图本来就极其广袤，行省的数目又少，因此其幅员之恢宏为任何朝代所不及。

　　元初除中书省直辖地域外，全境又分六个行中书省。其中陕西四川行省一度囊括今陕西、四川、甘肃、宁夏及内蒙古西部的广大地域，幅员之大可以想见。但就面积而言，行中书省比起中书省的直辖范围来，还是小巫见大巫。中书省的直辖范围为自山陕间黄河一线以东、淮河以北直至北海（今北冰洋）的一片广阔无垠的土地。

　　元代省的幅员如此之大，显示其作用主要不在行政管理，而在军事殖民。由于蒙古民族用军事征服的方式合并了几大政权，为了防止被征服民族的反抗，不得不把中枢权力分散于各处，建立起镇抚作用的军政区域。而中枢权力又不能过于分散，因此行省的数目不能太多，幅员相对也就要大，省的幅员过大还有一个重要原因，即因民族习性和地理环境所致。对于在天苍苍、野茫茫的广漠草原上驰骋的游牧民族来说，成千上万里的远征似乎都是等闲之事，行省幅员划得十分辽阔也就不足为奇了。

　　随着元朝统治的不断深入，行政管理事务的繁杂，大而无当的行省逐渐得到改造，既缩小其幅员，又改变其性质，以成为名副其实的行政区划。至元代中期遂形成一中书省和十行中书省的体制。从七省到十一省的转化过程如表七所示。

表七　元初七省至元中期十一省的分置沿革

至元二十七年（七省）	中书省			江淮行省	福建行省	湖广行省	江西行省	陕西四川行省			云南行省
至顺元年（十一省）	辽阳行省	岭北行省	中书省	河南江北行省	江浙行省	湖广行省	江西行省	陕西行省	四川行省	甘肃行省	云南行省
略当今地	东北以北至北冰洋	内蒙古一隅及外蒙古以北至北冰洋	山东、山西、北京、河北、	河南、湖北大部、江苏、安徽北部及	苏南、浙江、福建	湖南、广西、海南及黔东鄂南一隅	江西及广东，但无雷州半岛	陕西及甘肃东部	四川大部	甘肃大部、宁夏及内蒙古西部	云南及贵州西部、缅甸泰国北部

　　但是十一省的幅员仍然太大，从下辖的统县政区数目来看，平均每省约辖三十个单位。如果除去地广人稀的岭北行省（只辖一路）和辽阳行省不计，其余九省平均辖有三十五个统县地区，管理幅度稍显过大。因此在每个行省之下又设有若干个宣慰司，作为派出机构，"掌军民之务，分道以总郡

县,行省有政令则布于下,郡县有请则为达于省"[1]。宣慰司辖区称道,设置于离省会较远的地区。元代的宣慰司/道的性质似以监察为主而辅助行政管理事务,开了在行政区底下设置监察区的先例。

由于行省幅员过广,管理幅度过大,处理地方政务很不灵活,因此在元末地方多事、农民军蜂起的情况下,又纷纷从行省之中析置出许多分省。这种情况恰与历代不同,过去在地方多事之秋往往是建立大政区,而不是划小政区。元末分省的出现证明幅员过大的行省是不利于中央集权统治的,因而明代就对这点进行了适当的改革。

除了大而无当以外,元代行省还有另一个毛病是各省之间幅员过于悬殊。从地域上来看已是如此,如元初福建行省与今福建省相当,而陕西四川行省一度包有今陕、甘、川、宁四省区及内蒙古西部之地。若就各省所辖行政单位和户口而言,则更是"偏枯",如辽阳行省名义上的面积几乎有半个欧洲那么大,但其户口不过等于南方行省中的一个上等路而已。当时人就对这种极不平衡的状态表示忧虑,以为行省之间"偏枯如此,难为永制"。

这种偏枯现象是各地区之间经济发展极不平衡所致。北方草原、沙漠、森林地带,人民从事游牧采猎的生产方式,地广人稀,而中原和南方是劳动密集型的农耕地区,人口密集,只要各地区一律建立行省,就无法避免偏枯现象。所以岭北行省只辖一路,完全失去了建省的意义。后来的清代同样是少数民族入主中原,也同样建立起一个幅员辽阔的大帝国,但采用的政区建制就有所改变,在汉族为主的地区建立十八省,而在少数民族地区建立特殊的边区制度,克服了元代行省之间极端悬殊的状态。

元为明取代后,行中书省改称为布政使司,但习惯上仍称省。明代将相当于元后期南部九省的疆域划分成十五省,即两京十三布政使司,省的幅员比元代小得多。元代的一些行省被一分为二或一分为三,如中书省分为京师及山东、山西三地,江浙行省析置为浙江、福建两省等。又有一些行省各割一部分地成立新省,如割湖广、云南、四川各一部分而置贵州省。参见图三。

明代各省之间幅员比较均衡,但南北二京都划得过大。尤其是南京,以明初首都应天府和朱元璋的老家凤阳府为两个核心而划出,包括今江苏、安徽省的全境在内,领有十六府和四直隶州之地,后来因浙江行省相形之下幅员太小,才把嘉兴、湖州两府割隶浙江。除两京外,幅员较大的省还有陕西、

　　1　《元史·百官志七》。

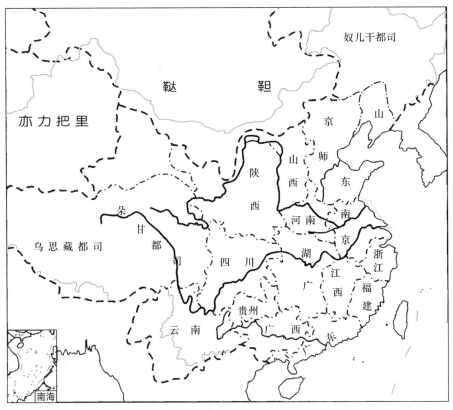

图三 明两京十三布政司建置示意

湖广等省。

　　历史上的改朝换代,几乎都要对行政区划有所变动,唯独清承明制,几乎全盘继承明代原有的整套行政区划体制,仅在层次上稍有简化,在幅员方面稍有缩减。清代缩减幅员的措施是把南京、湖广、陕西三省各一分为二,其他十二省则基本不变。从明代十五省到清代十八省的变化如表八所示。

表八 明代十五省至清代十八省的分置沿革

明代（十五省）	京师	山东	山西	河南	陕西		南京		湖广		浙江	福建	江西	广东	广西	四川	贵州	云南
清代（十八省）	直隶	山东	山西	河南	陕西	甘肃	江苏	安徽	湖北	湖南	浙江	福建	江西	广东	广西	四川	贵州	云南

　　十八省的区划从康熙年间一直维持到光绪时期,长达二百年而无所更张,是中国历史上稳定时间最长的高层政区体系。由于延续时间长,而形成

所谓中国"本部十八省"的概念。虽然清末已增置台湾省、新疆省和东北三省,但辛亥革命时,在武昌首举的义旗竟还是象征十八省的十八星旗。当然以十八省来代表整个中国是不确切的,但长期延续的政区在人们心理上造成的深刻影响由此可见一斑。清代十八省的幅员与今天相应各省的幅员差别不大,除分置台湾、宁夏、海南三省区及京、津、沪、渝四直辖市外,后者未有根本性的变化。

五、行政区划幅员变迁的特点

政区幅员的变迁是一个比较复杂的问题,从历史的发展来看,其总趋势是逐渐变小的。政区幅员大、数目少,则控制难而监察易;反之,则监察难而控制易。汉武帝置十三州以为监察区就是想收两面之利。造成政区幅员变小这一总趋势的主要因素在政治方面,如加强中央集权的需要,或出于其他的政治目的,这在上文已经说到。而进一步的分析表明,政区幅员的变迁还有下列特征。

1. 政区幅员的变化存在地域差异

由于经济开发程度的差异,在同一朝代中,不同地域的同级政区,其幅员有时相差很大。如秦代北方的郡只相当于今天一两个地区,河东郡就略似今山西的临汾、运城两地区;而南方的郡则如今天一省或更大,九江郡起初就相当于今安徽及江西的大部。后来随着南方经济的加速发展,政区的设置越来越多,幅员也越变越小,因此相对而言,南方政区幅员的变化速率就比北方要快。这种地域方面的差异是经济因素所造成的。

2. 不同级政区幅员变化的程度有别

在高层政区、统县政区及县级政区中,以高层政区的幅员变化较大,统县政区次之,县级政区起伏最小。前两者的变化主要受政治因素的影响,后者则多数由于经济的发展而逐渐缩小其幅员。

3. 政区幅员的缩小有一定限度

南北朝后期三级政区的幅员都迅速地缩减,尤其州、郡两级政区幅员的缩减似乎无法遏止,甚至出现了"双头郡县"的怪现象。隋唐以降,这种现象未再重演,虽然统县政区和县级政区的幅员也逐渐缩减,但均有一定的限度。例如唐代有五千万人口,大县很多,但并未一再划小;同时,一些小县也未被合并,而是与大县并存。因此,对县的幅员来说有一个地域共同体的问题,这个共同体内的地理环境、经济发展和文化背景有一定的相似性,而相对于邻县则有较明显的差异性。这也是县级政区幅员相对比较稳定的原因之一。

同样,统县政区幅员的缩小也有明显的限度。以南方地区为例,在今浙江境内,唐代就已设置十个半州,其中十个州的幅员历时千余年毫无变化,已成定式。这些州在自然地理方面自成一个小区,在方言方面有很大的一致性,而且究其沿革史,每个州都是由秦汉或三国时期的一两个或两三个县所发展而来[1],在人文地理方面形成内部相似性很大的共同体,所以幅员一般不再缩小。

福建和江西的开发比浙江要晚,唐朝时,州的幅员还较大,福建分为五州,江西分为八州。唐后期与五代十国时期,闽赣地区接受了大量北方移民,经济发展开始加快,因此统县政区的幅员也开始划小。至北宋初期,福建已划为八个州军,所以福建称为八闽,江西也分成十三个州军。但自此以后直到清末,统县政区的幅员未再缩小,稳定长达九百年之久。可见统县政区幅员的缩减,也是有一定限度的。

高层政区也是如此,其幅员不可能无限制地缩减。历代高层政区以唐后期的方镇幅员最小,最小的只有两三州之地,但也只能小到这个程度,再小就不成其为高层政区了。而且两三州的幅员已经太小,所以宋代必须改弦更张,设置幅员较大的新的高层政区——路。

第三节 犬牙相入还是山川形便? ——行政区域划界的原则

一、政区边界概念的产生

行政区划的第二个地理要素是边界。据旧说,我国之有疆界概念是很早的事。《新语·道基》云:"后稷乃立封疆界畔,以分土地之所宜。"但这只是传说而已,边界是随着行政区划的产生才出现的。后稷是传说人物,不大可能有立封疆画界畔之举。直到西周封建时期,所建立的还是据点式的城邦国家,星罗棋布的封呈点状分布,各国之间存在大块无主的土地和荒野,尚无明显的边界,这种情况即使在中原地区也不例外。例如郑国在西东周之际迁到今河南省郑州附近,还是"斩之蓬蒿藜藿而共处之"。郑的东邻是商代后裔的封国——宋,宋、郑之间直到春秋末期还有隙地六邑,两国都未曾占有,这时距两国初封已有整整六百年之久了。春秋中期,公元前627年,秦国派遣大军攻打郑国,途经晋、滑二国,如入无人之境,不但晋、滑不加

1　参见周振鹤、游汝杰:《方言与中国文化》第三章,上海人民出版社2006年。

干涉,郑国也没有得到一点信息。直到秦国大军临近郑国边境,才被商人弦高发现,弦高急中生智,赶忙以犒军的名义稳住秦军,并派人回国通知,做好战备,才避免了遭到突然袭击的厄运。这个故事今天读来,令人感到奇怪,但在当时,列国之间存在大量隙地却是很正常的情况。

所以,《礼记·王制》说:"凡四海之内九州,州方千里。州建百里之国三十,七十里之国六十,五十里之国百有二十,凡二百一十国。名山大泽不以封,其余以为附庸间田。"这里的"间田"应该就是各封国之间无主的土地,既可以作为封国之间的缓冲地带,也可作为一种新封土的储备,即:"诸侯之有功者,取于间田以禄之,其有削地者归之间田。"因此边界的概念不会在封建时期出现,而是随着行政区划的产生而出现的。

本来在氏族社会里,只有部落居住地人口较为集中,在居住地周围是一片广大的狩猎地带,外围是把这个部落同其他部落隔离开来的中立的防护林带。这种隔离地带在后代仍有其残留的形式,商代都邑之外的郊、牧、野就是各种分带的名称。《尚书·牧誓》曰"王朝至于商郊牧野",这里的商就是指商的都邑,邑外是牧,牧外是野。周代列国内部也有类似的情形,国外是郊,郊外是野,郊就是国与野的接触带,根据居住地的不同,而有国人和野人的区别。直到地缘关系确立起来后,国野的界限泯灭,才转入郡与郡、县与县的边界,这时隔离带就渐渐消失了。现在称城外为郊外、野外,依然是沿袭了原称呼。

秦汉时期,匈奴与秦汉之间也有空地,称为瓯脱。更往后,唐与吐蕃间也存在"闲田"。周代的间田(或隙地)、秦汉的瓯脱和唐代的闲田(按:"闲"通"间"),对双方政权来讲就是边区,即英文的 frontier,就是缓冲地带。春秋以后,在经济逐渐发展、边区日益开发、人口不断增多的情况下,双方敌对倾向加强,以至于发生战争,争夺隙地。在战争中各国的攻防只着重在险要的关隘,并无派兵戍边之举,甚至连关隘也只是战时才有人驻守,平时则弃之不理。但既有关隘,则边界的概念当已渐渐浮现。齐桓公二十三年(前663)救燕伐山戎,燕庄公为表示感谢之情,亲送桓公入齐境,桓公曰:"非天子,诸侯相送不出境。吾不可无礼于燕。"于是分沟割燕君所至与燕,说明其时境界概念已很明确。只是此事只见于《史记·齐太公世家》与《燕召公世家》,而不见于《左传》,不知是否后人之附会。又据《齐太公世家》管仲语,其时齐国的疆界四至也相当清楚,即"东至海,西至河,南至穆陵,北至无棣"。《史记·晋世家》也记载了稍后的晋献公时晋国的疆域:"西有西河与秦接境,北边翟,东至河内。"当然,此处的"接境"二字可能是史家司马迁的述语。春秋后期,战争越来越频繁,才渐渐有陈兵守境之势。《春秋公羊传》载:昭公元年(前541),"叔弓帅师疆运田,疆田者何?与莒为境也"。边境一明确,争界的事端也就出现了。《史记·楚世家》就记载了因吴边邑卑梁与楚边邑钟离小童争桑而引起两国大动干戈一事。

战国时期,边境概念已完全形成,城邦国家已转化为领土国家。苏秦对齐宣王说:"且夫韩、魏之所以重畏秦者,为与秦接境壤界也。……韩魏战而胜秦,则兵半折,四境不守。"《史记·河渠书》载:齐、赵之间"以大河为境"。当其时,各国之间夺城略地,目的就是为了扩大自己的领域,边界概念自然已十分明确。

在列国之间边界概念形成的同时,郡县之间也一样有边界产生,郡即建在边地,与他国相接,从分段来看,国界也包含着郡界,更小的分段就是县界。如上引吴楚两国边界就在吴边邑卑梁和楚边邑钟离之间。而在列国内部,由于生产日进、土地日辟,城邑之间的空地也随之消失,郡与郡之间也有了明确的边界。例如战国时秦孝公用商鞅变法,集小乡聚为县,这些小乡聚的数量位置都是明确的,其外围界限也就自然确定了。而比秦国先进的晋国,还在春秋后期就已有明确的划县之举了。《左传》昭公二十八年载:"秋,分祁氏之田以为七县,分羊舌氏之田以为三县。"失势贵族之领地被分为明确的数县,其边界就跃然纸上了。

边界的概念越到后来越是明确,至秦汉统一帝国时代,在开发比较深入的地区,郡界、县界已经有明确的四至与走向,郡与郡之间甚至有界石标志。1987年和1998年在江苏连云港东连岛上发现两块刻石,应该就是郡界的标志。其中羊窝头刻石载:"东海郡朐[与]琅邪郡柜[为]界朐北界[尽]□因诸山山[南]水以北(可能有一行字损坏)柜西直况[其],[朐]与柜分高□[为]界东各承无极。"而苏马湾刻石文字则为:"东海郡朐与琅邪郡柜为界因诸山以南属朐水以北属柜西直况其[朐]与柜分高[陌](或[桓]、[伯])为界东各承无极始建国四年四月朔乙卯以使者徐州牧治所书造。"[1]这两块刻石标明了琅邪郡柜县与东海郡朐县的分界。柜县东汉时已省去。后一块刻石写明是王莽时代的,前一块刻石若非与之同时,也当是西汉时代的。不但如此,在汉代,甚至连田畴阡陌也要画到地图上,以作为划界的依据。凿壁偷光故事的主角、鼎鼎有名的匡衡就被封在僮县(今安徽泗县东北)乐安乡,起先有

1　连云港市文管会办公室、连云港市博物馆:《连云港市东连岛东海琅邪郡界域刻石调查报告》,《文物》2001年第7期。

一条边界错划在闽陌,结果多收了租谷,被人告发,后来再依地图作了纠正。当然像这种情况是发生在人口密集、生产发达的地区,如果是在未开发地区,郡、县的边界也不是那么清楚的。例如整个福建地区在两汉时期,只在闽江口设立过一个冶县(即今福州市的前身),这个县在西汉时离最近的邻县少说也在五百里以上,显然它和邻县之间是不会有明确的边界的。

但是从总的方面来说,应该说随着郡县制的萌芽,边界概念就逐渐产生了,而且到了战国时期,边界概念已经十分明确。这时就产生了如何划界的问题,在七国争雄时,这一问题还不突出,因为战争频繁,国界经常变动,疆域时缩时伸,通常国与国之间、郡县与郡县之间就直观地以山川为界。而且当时郡县制正在形成之中,也来不及设计完善的划界原则。待到秦始皇统一全国时,如何划定行政区域界线的问题就提到议事日程上来了。

政区本来就是为中央集权国家行政管理的需要而设置的,其划界当然要以对集权统治有利为原则;但在另一方面,农业经济的发展又是维持封建政权的基础,政区边界的划定也要注意使政区与地理环境相一致。在这两种思想的指导下,逐渐产生了犬牙相入和山川形便两条相互对立的原则。

在中国历史上,这两个原则是同时并用的,但越到后来,犬牙交错的原则越占上风,这反映了中央对地方控制愈来愈紧,中央集权程度愈来愈加强的客观事实。

二、山川形便原则的运用

山川形便的意思就是以天然山川作为行政区划的边界,使行政区划与自然地理区域相一致。这个原则是最自然、最直观的。尤其在高山大川两边的地域,往往具有不同的地貌、气候和土壤,形成不同的农业区,也形成不同的风俗习惯。古人早已注意到这一问题,《礼记·王制》云:"广谷大川异制,民生其间者异俗。"因此,采用山川形便的原则意味着政区的划分是在物质文化与精神文化同一化的基础上进行的。

高山大川除了造成地域上的差异外,在交通工具不发达的古代,又成为文化传播的天然障隘,因此以山川为界来划分政区是世界各文明古国的通行原则。只是在近代形成的移民国家,如美国、加拿大和澳大利亚,才不顾山川之隔而以经纬度为划分州界、县界的依据,使得大部分州县界都是横平竖直的几何线条。但即使如此,以山川为界的原则依然没有被完全丢弃,美国东部十三州的界限就是明证。

在中国,山川形便的原则是与边界概念的形成同时出现的。春秋战国时期,列国之间的边界已以山川作为标志。《左传》记载了这么一个故事:春秋中期,晋国大夫赵穿杀晋灵公,当时担任正卿的赵盾,为了避免弑君的恶名而离开国都出走,表明自己不曾与闻其事,但是他"未出山而复"。于是晋国史官大书"赵盾弑其君",理由就是他"亡不越境,反不讨贼",可见当时的晋国是以山为境的。以河为境的例子前面已经提到,即"齐、赵以大河为境"。战国时期,齐、赵两国不断相向扩张领土,最终止于河水两岸。

以山川为界是如此浑然天成,因此战国时人在规划全国统一以后分置九州时,就以高山大川作为分界的标志并托词其为大禹所定,成就了《禹贡》这篇伟大的地理著作。秦始皇统一海内之后,分天下为三十六郡,也以山川作为政区划界的基本依据。例如今山西省的边界在秦代就已大致形成,其东、南、西三面以太行山和黄河为界,在秦时也恰是太原、河东和上党郡的边界。

汉代郡的幅员比秦时小许多,又因为后来分割蚕食王国领域,结果使部分郡与山川界线不合,如西汉临淮郡跨淮水两岸,西河郡据黄河东西,这在秦代和汉初都是未曾有过的现象。当然南方的一些郡界也仍与山川相符,最典型的是豫章郡,几乎与今江西省完全一致,三面以山一面以江为界。东汉魏晋以后的郡国是在西汉的基础上调整而成的,因此边界也与山川大势有相当程度的背离。两汉魏晋的州界比起郡国边界来,要更符合山川界线。但是南北朝以后,州郡不断分割,幅员直线下降,政区划界已无一定之规。

隋代一革前朝之弊,不但简化层级,省并州郡,而且郡界也多以山川形势而定。在中国,作为山川形便依据的最重要的高山大川有这些:秦岭、南岭、淮河、黄河下游、长江中下游,这是东西向的;太行山、山陕间黄河、武夷山、雪峰山,这是南北向的。隋炀帝时一百九十郡中除了江都郡跨长江、临川郡跨武夷山外,其余各郡无一跨越上述重要的高山大川。如河东诸郡边界又复与黄河、太行山相吻合,回到秦时的状态,尽管郡的幅员比秦代为小。河南诸郡一鏊齐地以河水为北界,岭南岭北诸郡也极严格地以南岭作为它们之间的界线。这是连秦代也没有过的现象。譬如,秦代南海三郡的北界与南岭就呈犬牙相入状态(详后),而隋代诸郡的北界与南岭两相一致的程度令人惊讶。今广西壮族自治区全州在隋为湘源县,被划入岭北的零陵郡,比今天的区划还要合理。正由于隋炀帝一扫前代之弊的这一重大改革,才有后来唐太宗时山川形便原则的实施,但过去很少人注意及此。

唐代开国以后,正式提出山川形便的原则。《新唐书·地理志》载:"然天下初定,权置州郡颇多。太宗元年,始命并省,又因山川形便,分天下为十道。"唐代州的幅员比隋代的郡要小,但州界也多与山川走向相一致。三百多州分为十道,这十道又与自然地理区域相符合,这一双重的关系对后世影响很大。一方面,十道后来分为十五道,到唐后期又衍化为四十多个方镇,其中南方的一些方镇奠定了如今皖、浙、闽、湘、粤、桂等省(自治区)的部分或全部边界;另一方面,唐代的州界有许多延续下去,成为宋代的州(府)、元代的路和明清的府的边界,长期稳定达数百上千年之久。

虽然实行山川形便的原则有经济上的需要和文化方面的益处,但对中央集权制而言,却有一个很大的弊病,那就是完全以山川作为边界的政区,成为一个完善的形胜之区、四塞之国,如果这个政区的幅员足够大,而政区长官又有一定权力的话,就可能出现凭险割据的现象。东汉末年各地州牧的割据,以及接踵而来的三国鼎立,唐代后期藩镇割据,以及由此引起的五代十国分裂局面中,就多有凭借地险而长期独霸一方的政权。

古代战争水平不高,崇山峻岭、长河大川都是天然的防守工事。因此如岭南山地、四川盆地、山西高原,都是地理条件极佳的割据区域。五经之一的《易》曰:"天险不可升也,地险山川丘陵也。王公设险以守其国,险之时用大矣哉。"这一思想在古代的政治家、军事家心中是根深蒂固的,所以诸葛亮在《隆中对》中劝刘备占据益州,骨子里的思想就是,倘使刘备不能进而逐鹿中原,也可退而为一国之君。事实果然如此。蜀汉虽然既弱且小,但竟能与魏、吴鼎足而三,就是因为益州北有秦岭作屏障,东有巫山之险阻,内有沃野千里的盆地,具备长期固守的条件。"蜀道之难,难于上青天"的千古绝唱,点明了四川盆地易守难攻的地理特征,所以凡是分裂时期或朝代更迭之际,这里都要出现地区性的割据政权。两汉之际已有公孙述在此称帝,盘踞十二年之久,是后来蜀汉的榜样;东晋十六国时期,这里又建立成汉国;到了残唐五代,又先后有前蜀、后蜀两个政权登上政治舞台。宋代以后,割据政权不再出现,但四川有利的地理形势又成为元明之际的明玉珍与明清之际的张献忠等农民起义军的根据地。

与四川盆地的凹地形相反,山西高原是凸地形,其西面和西南为滔滔大河所萦绕,东面和东南被巍巍太行山所包围,整个高原雄踞于华北大平原之上,也形成一个易守难攻的封闭的地理单元。因此在十六国时期,许多小王国建立或发祥于此,而后再扩张到其他地区。刘渊的前赵、石勒的后赵都是如此。后来的西燕国疆域更是除了西南一角外,几乎与今山西省完全一致。五代十国时期,在山西建立的北汉国,是十国之中唯一位于北方的,尽管它就在北宋王朝的卧榻之旁,却是北宋统一过程中最后一个被合并的王国,除了有契丹在背后撑腰外,特殊的地理环境也是一个重要原因。

岭南地区在古代也有"负山险阻"之称。虽然南岭山脉并不十分高峻,但由于远离王朝统治中心,所以也容易造成割据。秦汉之际赵佗就在此建立南越国,延续百余年之久。五代十国时期,南汉政权也在这里维持了半个多世纪。

由于山川形便原则是促成地方割据的一个重要因素,因此从秦代开始,统治者便有意识地采用犬牙交错的原则与之相抗衡。隋唐时期之所以强调山川形便的原则,是因为隋郡尤其是唐州比秦郡小了许多,即使州郡之界与山川相符合,也不可能造成割据。但即便如此,犬牙相入的原则也并没有被完全放弃,到元明清时期,这一原则更发挥得淋漓尽致,以致使部分行政区划与自然地理区域相背离。

三、犬牙相入的原则与发展过程

讨论犬牙相入的原则必须先从一段历史说起。刘邦的儿子代王刘恒,在周勃等大臣的支持下肃清了吕后的党羽,登上了汉文帝的宝座以后,给割据岭南的南越国王赵佗寄去一封信,说明自己当上皇帝的合法性,并建议汉与南越罢兵停火,和平相处。信末并附了这么一段话:"朕欲定犬牙相入者,以问吏,吏曰:'高皇帝所以介长沙土也。'朕不得擅变焉。"

由汉文帝的信中我们可以猜到,赵佗起先给汉廷发去一信,表示调整汉越边界的愿望,但汉文帝不肯答应。那么犬牙相入到底是什么意思?汉文帝又为什么不把边界划得整齐一些,而要坚持犬牙相入的状态呢?

幸运的是,在二千年后的今天,我们竟然还能看到这条有名的边界原貌。1973年,湖南长沙马王堆汉墓发掘出极为珍贵的西汉初期的帛地图(见图四)。这张地图上南下北,与今天地图方向相反。图幅的主要部分是当时长沙国南部的地形及县、里(各以方框和圆圈表示)的分布。在图的最上方又画出南海及注入其中的珠江水系,珠江流域是南越国的范围。图上只作简略表示,除"封中"两字外,未标出任何地名。在南越国与长沙国之间,有一条横亘东西的山脉,这就是南岭,当时是两国之间的界山。

进一步我们又可发现,在图的左上角,有一个桂阳县(今广东省连州市),位于南岭以南,湟水(今北江支流连江)之源。这个县虽在南岭以南,但却不属南越国,而属南岭以北的长沙国,可见南越与长沙之间又不全是以南岭为界。文帝复赵佗信中所谓的犬牙相入,指的正是两国边界与南岭山脉走向不相重合的这一现象。这种形势使赵佗时刻感到自己北部边界的不稳

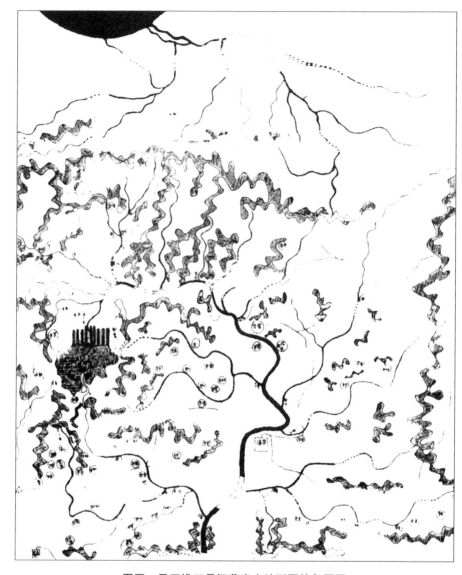

图四　马王堆三号汉墓出土地形图的复原图

固,所以极想将边界调整到与南岭重合,以便能恃山为险,保持割据局面的安定。而这也正是汉文帝不肯答应的原因,因为在他那方面,是时刻不忘要统一岭南的,尽管当时力量有所不足,但威慑的形势却是要保持的。汉文帝申述边界不能改变的理由是:"高皇帝所以介长沙土也。"其实这只是一个托词。西汉长沙国与南越国之间的边界是沿袭秦长沙郡和南海郡的边界而来。因为秦亡之时,赵佗以南海尉击并桂林、象郡,自立南越武王,领三郡之地。当时刘邦与项羽正逐鹿中原,无暇顾及岭南,这条边界就维持了下来。汉初以长沙郡置诸侯王国,也无力收复南越地,名义上封赵佗为外诸侯,实际上以敌国相处。汉文帝当然不便提及此边界是前朝遗制,只能借口说是刘邦所定。

由此可见,以秦始皇的远见卓识,为维护高度中央集权制,已开始采用犬牙相入原则,以严密控制地方。这一措施在当时是十分必要的,因为岭南地区离统治中心太过遥远,又是花了很大力气才最后征服的领土,尽管已派了五十万戍卒前去守卫,但若不用犬牙相入的手段,一旦有事,该地还是很容易脱离王朝版图的,后来的事实证明当时的预见是正确的。秦代设计的犬牙相入方案,不但使长沙郡的桂阳县介入岭南,还使象郡的镡城县越过岭北。这一状态使后来汉武帝的军队得以在很短的时间内,一举击败南越国的抵抗,将岭南地区统一到汉王朝之中。

秦代划分郡界的基本原则是山川形便,又在局部地区辅以犬牙相入的原则,但后一条原则的实行只是使郡界和山川的走向不完全吻合而已,并非与之完全背离,如同后来的元明两代那样。秦代的岭南地区仍然保持其自然区域的大致完整性,汉代比秦代更进一步,从长沙国分置桂阳郡和零陵郡,并使这两郡的南界更远地伸入岭南地区。桂阳郡南界直达今广东英德,零陵郡南界则接近今广西柳州,同时又使岭南新置的苍梧郡北界越过岭北,临近今湖南的道县,形成一条更加曲折离谱的郡界。其目的明显地是为了更牢靠地控制岭南地区。

犬牙相入的原则不仅在山地应用,到汉代也在平原地带应用;不但用于郡与郡之间,也用于王国与王国之间,是为了使各国互相牵制,共同维护汉王室的稳固。《史记·孝文本纪》载:"高帝封王子弟,地犬牙相制,此所谓磐石之宗也。"《索隐》解释说:"言封子弟境土交接,若犬牙不正相当而相衔入也。""犬牙相制"在《汉书》中作"犬牙相错",意思一样。这一策略在吴楚七国叛乱时也发挥了作用,使中央政府得以迅速平息叛乱。

秦汉时期萌芽的犬牙相入原则为历代所沿用。即使隋唐大部分州郡都遵从山川形便的原则,犬牙相入的措施也并未弃而不用。如以出产琼花而名闻天下的扬州,隋炀帝时改为江都郡,该郡就地跨江南北;又如以今江西抚州为中心的临川郡境也居武夷山之东西;唐代的陕州(治今河南三门峡)也地跨黄河两岸。唐初的道严格以山川划界,但中期有所调整,如河东道就领有黄河以南的虢州(今河南西北角)。但这样的例子并不多,隋和唐前期的州、郡、道一般都是不跨越重要山川两侧的。

安史之乱以后,唐朝政府在各地遍设方镇,"要冲大郡,皆有节度之额"。这时朝廷开始考虑以犬牙相入的原则控制方镇。如濠州在唐前期属淮南道,唐德宗时割属以淮北徐州为中心的徐泗濠节度使(后改武宁军节度使)。这件事在二十多年后受到唐宪宗的宰相李吉甫的严厉批评,认为这是当时宰相窦参"不学无术,昧于疆理"的缘故。这个批评毫无道理。因为濠州(今安徽凤阳)阻淮带山,本为淮南之险,若淮南节度使凭险抗上,朝廷将无能为力。因此中央政府有意破淮南之险,又加强徐州保护漕运的能力,才将分居于淮水南北的徐、泗、濠三州交给当时忠于朝廷的张建封。何况当时淮西节度使李希烈骄横跋扈,并与淮南节度使相勾结,这一防备措施是完全正确的。李吉甫的批评是由于后来张建封之子倾向割据,并且以徐州为根据地几乎吞并江淮一事而引起的。但此一时彼一时,有一利也有一弊,不可以后事之非来否定前事之是。

另一犬牙相入的显著之例是昭义军节度使辖有太行山东西之地,但是唐代后期呈犬牙相入的方镇毕竟为数不多,多数方镇还是与山川形势大体一致的。因此从秦到唐,犬牙相入的原则一直处于从属地位,并未达到喧宾夺主的地步。当然这一原则也有所发展,秦代的出入只在个别的县,唐后期已扩大到州。宋代以后,犬牙相入原则贯彻更为普遍。

宋代的州府跨越重要山川的比唐代要多。如河南府领黄河以北的河清县,黄河以北的孟州又领有黄河以南的河阴、汜水两县,使孟州的领域呈现奇怪的扭曲状。又如泗州跨淮水南北之例,也为唐代所无。宋代的路也比唐代的道更偏离山川形便的原则。唐后期武宁节度使(即徐泗濠节度使之后身)虽辖有淮南北之地,但其所领四州中,仅有一州在淮南。北宋淮南东路虽以淮南为名,却有半路在淮水之北。而且该路与其北面边界还形成犬牙交错的曲折状。两汉的豫章郡和唐后期的江南西道几乎与今江西省全等,是一个比较完整的地理单元,在宋代则把它一分为二,东北部归入江南东路,其余部分与今湖北的东南角组成江南西路。又,北宋的河东路既缺西南一角,却又在西北方向越过黄河,领有河西之地;永兴军路以今陕西为主体,但却有河东一隅与豫西一角之地,而且更重要的是已越过秦岭,领有商州。虽然商州很小,但这是历史上秦岭南北首次被同一个政区所跨越。荆湖北路也很特别,其西南部分顺着沅水流域上溯直至与广南西路交界。

凡此种种,都说明犬牙相入的原则正在发生质的变化。在秦代,这一原则只不过使郡界与山川走向不完全一致,其出入不过一两县、两三县之地,到宋代其出入已达两三州、三四州的程度。到金与南宋对峙时期,情况又有进一步发展,如金代的山东西路的部分领域形成一条狭窄的走廊伸入山东东路与河北东路之间。南宋的分划虽然沿袭北宋,未有大变,但改变的想法已在酝酿之中,后文将会详述。要之,宋、金两代出于加强中央集权的需要,已发展了犬牙相入的原则,但最根本的变化是发生在元帝国建立之后。

四、犬牙相入原则的极端化及肥瘠搭配原则

元代是犬牙相入原则发生转折性变化的时期。无论是作为高层政区的行省,还是降为统县政区的路,犬牙相入原则都走向了极端。

元代的路与路之间,情况千差万别。就层级而言,北方许多路除直辖县外,又通过属州再领县;南方不少路则较简单,路下无领县之州。就幅员来说,路与路之间也很悬殊,大的如山西地区,只设两个半路,一路有半个今山西省那样大;小的如福建兴化路,只有两县之地。就边界而论,南方的许多路以山川为界,而河北山东地区的路却极端犬牙相入,以致产生许多飞地——与本路地域不相连接的属地。

但是最能体现犬牙相入原则的极端化的实例是行省的划界。元代行省幅员过于辽阔,即使小省也有数十万平方公里之巨,而且行省长官握有军、民、财政大权,加之行政区划层次既多又复杂,为防止分裂割据现象的发生,唯一的手段只有利用犬牙相入的原则。因此元代的省一反过去汉州、唐道、宋路的划分方法,无视历来与划界密切相关的几条最重要的山川边界——秦岭、淮河、南岭、太行山的存在,使得任何一个行省都不能成为完整的形胜之区。其中陕西行省越过秦岭而有汉中盆地;湖广行省以湖南、湖北为主体而又越过南岭有广西;江西行省也同样跨过南岭而有广东;河南江北行省则合淮水南北为一;中书省直辖地却跨太行山东西两侧,兼有山西高原、华北平原和山东丘陵三种不同的地理区域;至于江浙行省,乃从江南平原逶迤直到福建山地;只有四川行省稍成四塞之国,但其北面屏障秦岭业已撤去,难以养成长期割据的气候。

这样划分行省就使所有山川之险完全消解。因此元代行省幅员虽广,分权虽大,但是缺乏实行割据的地理基础,也就不容易产生分裂局面。对比唐代的道和元代的省,我们会发现,两个朝代的划界方法正好完全相反。唐代的分划是以横向为主,元省的分划却以纵向为重。

中国的主要山川都呈东西走向,唐代的道是以山川形便来分划,所以唐初的十道大都是横长竖短:河南道由山东半岛到豫西山地,江南道从东海之滨到贵州高原,横向长度都在一千公里以上,纵向却只四五百公里;岭南道、山南道、淮南道、陇右道也都是既扁且宽;只有河北道、剑南道是既狭且长,但这也是山川所限;河东道扼于太行与黄河之间;河北道为渤海与太行所

限。元代分省的取向与唐代分道相反，一方面既要便于军事上实行由北向南的控制，另一方面又要破除山川之险，省的形状也自然与道完全相反。陕西、湖广、江西、江浙四省南北长而东西短，正与唐江南、岭南二道的横向布置相径庭；而中书省又把山东山西（唐河东道）与河北合在一起，却是变纵向为横向。

后人对元代划分行省的方法大多予以贬斥。清人储大文说："元代分省建置，惟务侈阔，尽废《禹贡》分州、唐宋分道之旧。合河南、河北为一，而黄河之险失；合江南、江北为一，而长江之险失；合湖南、湖北为一，而洞庭之险失；合浙东、浙西为一，而钱塘之险失；淮东、淮西、汉南、汉北州县错隶，而淮汉之险失；汉中隶秦，归州隶楚，又合内江、外江为一，而蜀之险失。故元、明二季流贼之起也，来无所堵，去无所侦，破一县，一府震；破一省，各直省皆震。"[1]

平心而论，储氏此说尚未完全搔到痒处，他还未提到最不合理的两点：合岭南岭北为一，合太行山之东西为一。而且合江南江北为一是明代的事，元初虽一度实行，但后来已纠正。合浙东浙西为一亦非元代之过，唐代和北宋时便未分浙东西，因此不宜说"尽废唐宋分道之旧"。同时归州隶楚亦在唐宋而不在元。但是储氏所指出的，因天险尽去而引起地方治安无法维持，却有一定道理。

再进一步分析，犬牙相入极端化的做法虽然发生在元代，但其思想在南宋已经萌发。文天祥就写道："宋惩五季之乱，削藩镇，建郡邑，一时虽足以矫尾大之弊，然国亦以寖弱。故敌至一州则破一州，至一县则破一县，中原陆沉，痛悔何及！今宜分天下为四镇，建都督统御于其中。以广西益湖南而建阃于长沙，以广东益江西而建阃于隆兴（即南昌），以福建益江东而建阃于番阳，以淮西益淮东而建阃于扬州。责长沙取鄂，隆兴取蕲、黄，番阳取江东，扬州取两淮，使其地大力众，足以抗敌。"[2] 文天祥的建议几乎与元代南方几省的分划完全一致，这正是从政治军事观点出发而得出的共同结论。文天祥为了北向抗敌，认为必须多头突击，又为了使地大力众，必须合两路为一路，所以主张合湖南与广西为一，合江西与广东为一，合江东与福建为一，产生纵向的合并。如果横向合并，例如合江西、湖南为一，合广东、广西为一，那么虽地大力众，但却只有一个突击方向，在军事方面自然不利。

1　转引自魏源：《圣武记·武事余记》，中华书局1984年，第360页。

2　《宋史·文天祥传》。

元代的统治思想恰好与此相反相成,既要实行南向控制,同时又要使行省成为地大人众的军事殖民区,因此对宋的路也只能采取纵向合并的办法,即以荆湖南北路与广南西路组成湖广行省,以江南西路与广南东路组成江西行省,以江南的福建路再加上南宋首都所在的两浙路组成江浙行省。因此元代的南向控制与文天祥的北向抗敌的思想正合一句老话:相反而皆相成。

如果更详细地观察元代行省的分置过程,还可发现,元初七省的分划完全是南下军事征服行动的直接后果,后来的十一省则是根据行政管理的需要作进一步调整所形成的。这点留待后文再予论述。但由上述情况来看元代的分省建置并不全是"惟务侈阔"的毫无根据的胡思乱想,而是出于明确的军事政治统治的需要而制定的。

当然,元代这样分省只服从中央集权统治这个唯一目的,必定要伴生许多弊病,如:地方无险可守,于长治久安颇为有碍;将不同气候土壤的地理区域合而为一,对农业经济发展带来不利;行省地域过大,于和平时期的行政管理很不方便,省与路之间不得不再设道一级监察区域,增加了管理层次。所以明代对这些弊病有所改革,但这些改革并不是要放弃犬牙相入的原则,而是从另一个方向造成新的犬牙相入区域。

明初建都南京,南方统治稳固,因此将元代南方三省全部一分为二:江西省回到汉豫章郡、唐后期江南西道的范围,又成了完整的地理区域;福建省回到唐后期福建观察使辖区和两宋福建路的领域;两广则因袭宋代而有所调整。又将元代北方的中书省一分为三,即北平(后改北京、京师)、山东和山西;将中部的河南江北行省之地分属南京、河南、湖广。至此,元代时犬牙相入之区只留下陕西一省。但是明代新的犬牙相入形势又产生了。

首先是南京的建置。明太祖朱元璋定都江南的金陵(元属集庆路,明属应天府),他的老家又在淮南的凤阳,于是洪武元年(1368)以金陵与凤阳为两个中心,划出一个包括淮北、淮南和江南三个不同地域的大南京,这是史无前例的举动。淮河和长江都是历史上行政区划的重要分界线,宋代以前跨淮或越江的政区都是罕见的现象。元代虽厉行犬牙相入的原则,但元初的江淮行省只跨长江两岸,元中期的河南江北行省仅越淮河南北,从未出现过同时跨江越淮的政区。明代南京地位特殊,幅员很大,包括十六府和四直隶州,其西北角直达今安徽砀山,离北京的南端不过一百多公里。

南京的设置使邻省浙江相形之下显得过于局促,一共只有九府之地。于是后来将嘉兴、湖州两府割给浙江,但这样一来却再次违背了山川形便的原则,使太湖流域分属于两个高层行政区划。而历史上太湖流域从来处于单一的高层政区之中,从秦汉隋唐至宋元不变。因此清初大学者顾炎武形容这一做法如同把人腰斩一般。

南京属下的府,也同样存在犬牙相入的现象。如首都所在的应天府地跨长江南北,朱元璋以其老家凤阳置一大府,又使其领域居淮河两岸。南京之外,还有几处典型的例子。

一是河北省。朱元璋建立明朝是由南向北的军事行动造成的,恰与元代相反,因此建立河南省时,故意使之有黄河以北的属地,以和京师的南界成犬牙相入状态(见图五、图六)。这条界线几经调整,直到1949年以后才由曲折状态变成直线,但河南省兼有河北地的现象依然存在,而且这块地方是河南省最富庶的地区,解放初曾一度以之为主体建立过平原省。

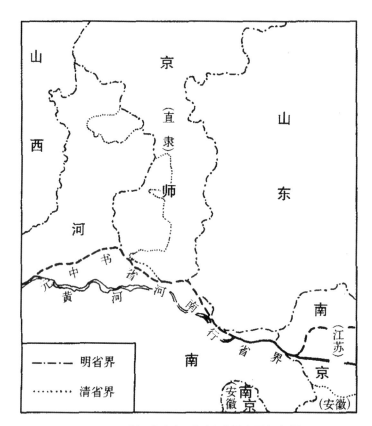

图五　明清河南京师(直隶)边界犬牙相入图

二是广东省。宋代时广西比广东有长得多的海岸线,是因为今属广东省的高州化州一带及雷州半岛、海南岛均为广西所有。元代也沿袭这一分界而设湖广行省和江西行省。但元代在湖广行省下又将宋时广西沿海地

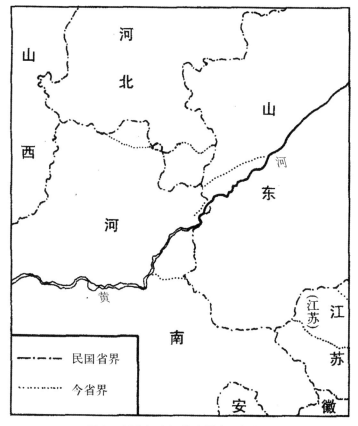

图六 近今河南河北边界犬牙相入图

带,即高、化、雷、钦、廉诸州与海南岛组合为海北海南道宣慰司。明王朝建立以后,分建广东、广西二省,但不恢复宋代原有分界,而是将元代的海北海南道划归广东省,造成广西没有一寸海岸线,以及钦廉地区几乎与广东不相连接的现象。这一犬牙相入的分界为清代、民国所继承。解放后,钦廉地区时归广东,时归广西,最终还是回到广西。

三是贵州省的边界十分特殊,东、南、西三面且不提,其北面省界向内凹进一大段,四川省属地如同一把尖刀直插入贵州的心腹。现代史上赫赫有名的遵义以及瓮安、余庆等地都属四川,而非贵州所有。这样划界显然是为了控制新建省的需要。直到清代雍正年间,贵州省才形成如今的完整边界。

清代省界基本上沿袭明代而来,没有大的变动,如上述贵州省界就是最重要的调整,再则只是在南京(清初改称江南)、陕西、湖广三省一分为二时确定两个新省之间的界线而已。陕西分置甘肃省,以延安、西安、凤翔、汉中四府的西界为省界;湖广分置湖北、湖南二省,以原岳州府北界为省界,都不费什么思量。只有江南省分成江苏、安徽两省则是有所考虑,并不采用历史上横向划分,以符合自然地理区域的做法,而是竖切一刀,将其分成东西两半,使皖苏二省都包有淮北、淮南和江南三部分地。这样做是为了使富庶的江南和稍次的淮南,以及经济上相对落后的淮北能够肥瘠搭配。历史上农业经济重心的转移是由北而南,本来淮北地区经济文化都相当发达,汉晋时期所谓"汝颍之士利如锥"。唐代以后,淮南地区发展很快,有"扬(州)一益(州)二"之称。南宋以降,江南地区之发达已居于全国之首,淮南、淮北则瞠乎其后。至明代,淮河两岸因灾害不断,已退而为贫困地区了。把淮北、淮南和江南地区合于一省之中,虽然有悖于山川形势,但是从肥瘠搭配的原则出发,这样做也只能说其情有可原。

五、行政建置方面的交错重叠

犬牙相入的原则原来是纯粹用于边界划分的,对于单式政区而言,与山川走向不合的边界大致就是犬牙相入的现象。但对于复式政区而言,却有另一种类型的犬牙相入形式。如明代布政使司与都指挥使司行使权力的地域范围,有时并不尽一致。显著的例子是山西布政使司辖有大同、太原、平阳、潞安四府和汾、辽、泽、沁四直隶州,但山西都指挥使司却只管大同府以外的其他地区的卫所,大同府范围内及内蒙古地区的卫所则归山西行都指挥使司所辖。这样,从行政建置方面而言,山西布司、山西都司与山西行都司三者之间就形成交错状态。这是范围较大的交错。

较小范围的还有湖广与贵州之间的例子。如贵州东南的黎平府就立于湖广的五开卫之中,亦即从贵州布政使司来看,黎平府是其下属,但黎平府所在的地盘却又是湖广都指挥使司所辖五开卫的实土,五开卫就设在黎平府城内,下领黎平等十六所。故若以布司划界,贵州东南角应划至黎平府东界为止,但若以都司划界,则湖广都司西南界的一段却要划到黎平府的西界去。但事情还不止于此,在黎平府所辖之湖耳长官司内还设有铜鼓卫,所以在地域上,黎平府又不是简单地与五开卫相对应。[1]

明代学者已经注意到这种制度上的犬牙相入状态,王士性在《广志绎》一书中就两次提到这种现象。他在卷1《方舆崖略》中说:"潼关,陕西咽喉也,称直隶潼关,而考核属屯马直指。颍州,南直辖也,而颍州(按:此处当脱一卫字)以隶河南。晃州以西,贵州地也,而清浪、偏桥以隶湖广,黄平以隶四川。五开,楚辖也,而黎平以隶贵州。此皆犬牙相制,祖宗建立,自有深

[1] 参见嘉靖《湖广图经志书·靖州》。

意。"在卷 5《西南诸省》中又再次提及这一现象。至于明后期之总督巡抚辖区更是有意兼辖两个以上布政使司的边界之地,这在时人看来也是一种犬牙交错形态,故王氏在其《朗陵稿》中又说:"故国家初以流寇开督府于郧阳,令得与汝南犬牙错。"[1]这是指设治在湖广郧阳的巡抚可以管到河南的汝南地区。

犬牙相制的目的自然是为了统治的需要,尤其在湖广与贵州间的设置是出于稳定苗族地区的目的。明后期曾经总督湖广、四川、贵州等地的张岳,在其《小山类稿》中就说:"湖、贵之苗非有高山大川为之界隔,其田地犬牙相入,贵苗未靖,湖苗未可恃以为安。"[2]

---

1 《朗陵稿·赠大参徐公总宪滇南序》,见周振鹤编《王士性地理书三种》,上海古籍出版社,1993 年。
2 《小山类稿·与张龙湖阁老》,文渊阁四库全书本。

第五章

特殊行政区划简述

各个朝代的特殊行政区划在本书各卷中都将进行详细的考证,在此先将其提纲挈领地作一简述,以有助于分解性的比较与整体性的理解。

第一节 军管型准政区——都尉、都督、都护府和都司卫所

组成历代王朝疆域的,除正式政区外还有各种类型的准政区,尤其在边境和少数民族地区,往往采用军管或军事监护形式的特殊政区进行统治管理。以下所述为最典型的一些实例。

一、两汉魏晋的都尉

都尉是汉代郡的长官,作为郡太守的副贰,掌管一郡的军政事务,但边境和内地某些地区的都尉,成为实际上的政区长官。司马彪《续汉书·百官志》曰:"中兴建武六年,省诸郡都尉,并职太守……唯边郡往往置都尉及属国都尉,稍有分县,治民比郡。"其实在西汉,都尉就已治民比郡,不过没有上述记载明确罢了。汉代都尉种类很多,与政区有关的主要是部都尉和属国都尉两种。

1. 部都尉

汉代边郡常按方位分设东、南、西、北、中诸部都尉。如西汉北边的辽东、辽西、上谷、代、雁门、定襄、云中、五原、朔方等郡,都设有东、西两部都尉。这些郡面对匈奴,沿东西方向分设都尉,显然有利于增强防御力量。除了这一作用外,部都尉之设,还往往是置郡的先声,或者是废郡以后的归宿。

如汉武帝初年就曾派遣大文学家司马相如略定西南夷,在今四川、云南省交界的少数民族地区设一个都尉、十几个县,归蜀郡所辖。这个都尉后来发展成两个郡,即以邛族地置越嶲郡,以笮族地立沈黎郡。汉武帝末年,沈

黎郡被废弃,就成为蜀郡的西部都尉。蜀郡又设有北部都尉,主要管理冉駹族,后来以之成立汶山郡,汉宣帝时该郡取消,又恢复为北部都尉。

由此可见,部都尉常设立在新开发的少数民族地区,以便为设置正式的郡做准备。也就是说,先用临时军管的办法,保持当地的故有习俗,免征赋税,待条件成熟,再设为郡。相反,当设郡不利于有效的统治管理时,正式的郡也可退而为都尉。除上述两例外,又如汉武帝中期在朝鲜设有四郡,其中临屯、真番二郡先后罢省,前者成为乐浪郡的东部都尉,后者成为同郡的南部都尉。但这种情况比较少见。尤其是西南地区,都尉的设置必定是建立新郡的前奏。如上述蜀郡北部都尉到三国时期,到底还是建为汶山郡。又如东汉初期,先建立益州郡西部都尉,不久,益州境外的哀牢人内属,朝廷在该地设两县,并以西部都尉所领六县与这两县合而建立永昌郡(地处今云南、缅甸之交界),而且就以部都尉本官作为新郡的太守。

东汉末年,军阀割据,连内地的郡也设立部都尉(当然这些郡对军阀的割据地盘来说也许就是边郡),以部都尉划疆治民更是常事,甚至将都尉当成郡级政区看待,如刘表为荆州牧领八郡,其中有一郡便以荥阳都尉当之。更有置新郡而不设太守只设都尉的,如建安二十年(215)分锡、上庸(今陕鄂交界处)二县为郡,就只置都尉。

三国时期的东吴,部都尉往往是置郡的前奏。如太平二年(257),以长沙东部都尉为湘东郡、西部都尉为衡阳郡,以会稽郡东部都尉为临海郡(今浙江南部)、豫章东部都尉为临川郡;永安三年(260),以宜都西部都尉为建平郡、会稽南部都尉为建安郡(今福建);甘露元年(265),以零陵南部都尉为始安郡、桂阳南部都尉为始兴郡;宝鼎元年(266),又以会稽西部都尉改东阳郡(浙西南)、以零陵北部都尉为昭陵郡。东吴所增设之新郡不过二十六七,而其中由部都尉改置而来的却占了将近一半。

2. 属国都尉

属国都尉本是专职管理少数民族的官员,当然也是武职。汉武帝时,匈奴浑邪王率部降汉,朝廷将降众安置在西北五郡故塞(战国秦长城)以外,设属国都尉予以管理,这就是属国都尉的由来。属国都尉初设时只有五个,归中央负责少数民族事务的典属国所管,后来内附的少数民族除匈奴外,还有羌人,而且部众越来越多,属国都尉也就越设越多,并且下放归郡太守管辖,同时在地域上又与太守分疆而治。

东汉时期,属国都尉已成为管理少数民族的特殊政区,与郡平行。汉安帝时下令将其中六个重要的属国都尉领县比郡,成为正式政区。如前述西汉的蜀郡西部都尉,此时就建为蜀郡属国都尉,领四县。属国都尉都带有某郡的名称,但实际上已与该郡毫无关系。都尉的俸禄为比二千石,与太守的二千石相当。

三国时期尚有部分属国都尉建立,同时又把前代的属国都尉进一步改成郡。如蜀郡属国都尉就升为汉嘉郡。到西晋初年,所有属国都尉都改成郡,由军管形式演变为正常的行政管理。

3. 典农校尉

这是一个特例。三国时孙氏割据江东,着意发展农业,因此分吴郡无锡以西地区为毗陵典农校尉,以军事屯垦方式开发该地。晋初,改为毗陵郡(今江苏常州)。校尉也是军职之一种,在特殊情况下也成为特殊政区的名称。

都尉领县治民作为一种过渡型的军管性质的政区,盛行于汉代,但其起源也许可以溯至秦朝。北魏郦道元的《水经·赣水注》说:豫章,"秦以为庐江南部",即豫章郡本来是秦代庐江郡的南部(都)尉。秦郡设有守、尉二长官(太守和都尉是西汉时更名),或许当时已有都尉之设置。

二、两晋南北朝的都督区、总管区与行台区

(一) 两晋和南朝

《南齐书·百官志》云,都督一职乃"起汉顺帝时御史中丞冯赦讨九江贼,督扬徐二州军事"[1]。在东汉,这只是一项临时性差遣,事毕即罢。至"魏文帝黄初二年,始置都督诸州军事,或领刺史"(《宋书·百官志上》)。都督渐有成为固定官职之趋势,亦即都督本非正式或专任官职,而是从刺史本官加其位权而来。所以《南齐书·百官志》说:"魏晋世……刺史任重者为使持节都督,轻者为持节督。"实际上持节加督的情况还要复杂些。持节有假节、持节、使持节三等,加督亦有督、监、都督三种。持节是使之位尊,加督是使之权重。两方面的配合理论上可以产生九种类型的职务,即假节、督,假节、监,假节、都督;持节、督,持节、监,持节、都督;使持节、督,使持节、监,使持节、都督。《宋书·百官志上》云:晋世,"都督诸军为上,监诸军次之,督诸军为下。使持节为上,持节次之,假节为下"。持节等级不同,权位就不同。故上文接着说:"使持节得杀二千石以下,持节杀无官位人;若军事,得与使持

1　据严耕望先生考证所引《后汉书·冯绲传》:"拜御史中丞。顺帝末,以绲持节督扬州诸郡军事,与中郎将滕抚击破群贼。"又《隶释》有车骑将军冯绲碑。故《南齐书》云冯赦误。

节同。假节,唯军事得杀犯军令者。"持节与加督本来都属临时性质,但久而久之就成定制了。

但都督即使成为较固定的职务,最初之职权也只在军事方面,然而既兼所在州之刺史,则自然兼民政,又因督诸属州之军事,也就开始渐渐干涉属州之政事。魏世刺史犹可与都督有矛盾,而晋已不多见,都督对于治所之州刺史控制力加强,并时有侵权者。此后都督除控制本州军民刑政外,对其他属州亦以统府之地位有指挥督察征调物力之权。但州刺史仍有半独立之权,并非完全受都督控制。东晋以来军事重于民事,都督遂凌驾于刺史之上,并已越权管理民事,如《晋书》杜预、扶风王骏、刘弘传,皆有叙及。故西晋末即令都督兼领治所之州刺史,而于属州有统属关系。《晋书·闵王承传》载:元帝"以承监湘州诸军事……湘州刺史……而倾心绥抚,甚有能名。敦恐其为己患,诈称北伐,悉召承境内船乘。承知其奸计,分半与之(时王敦都督荆湘等州诸军事、荆州刺史)"。但刺史亦有自主权,州亦有直达权。《晋书·周访传》载:"督梁州诸军、梁州刺史,屯襄阳……务农训卒,勤于采纳,守宰有缺辄补,然后言上。敦患之,而惮其强,不敢有异。"《晋书·温峤传》载:"古镇将多不领州,皆以文武形势不同故也。"时入东晋不过十一二年,古当指魏世。据《晋书》则西晋时都督已兼领民事,而东晋已治民。

在东晋南朝,都督区的固定性亦超过州域。分州之举不断,而都督区变化较小。如自东晋后,时或分荆州置湘州,分荆益置巴州,然皆仍属荆州都督;分扬州置东扬州,仍属扬州都督;分交广置越州,后又分置十余州,皆仍属广州都督;分豫州为南北二州,而督区则一。宋、齐之世,竟陵郡时属荆州,时属郢州,随郡时属荆州,时属郢州,时属司州,然皆属雍州都督。

又,州域可被打散,以其中个别郡隶于都督。这也说明都督区之重要已超过州域。如《晋书·地理志下》扬州条载"旧江州督荆州之竟陵郡"。《晋书·殷仲堪传》载,巴西、梓潼、宕渠三郡本属梁州而归益州所督。此四郡之号令选用专于督将,几于本州无涉。刘宋永初三年(422),刘粹以征虏将军督豫、司、雍、并四州,以及南豫州之梁郡、弋阳、马头三郡诸军事,豫州刺史领梁郡太守。梁郡属南豫州,而为豫州刺史所督,且领其郡守,则此郡在行政上、军事上皆统隶于豫州督区,而与本属之南豫州毫不相干。[1]

但都督区毕竟不是州郡县一类正式政区,并未形成一个确定的政区等级。在同一层级的正式政区间,如郡与郡之间即使有等第不同,但相互间并

1　《宋书·刘粹传》。

无统辖关系。而都督区与都督区之间,因军事形势的变化,会从平行关系变成上下关系。如宋齐时期,扬州都督区时而统隶徐兖都督区,时而与徐兖都督区平行。

尽管都督区早在曹魏时已出现,但历西晋而制度仍未成熟。东晋以后,军事需要高于一切,且都督兼领刺史已成定制,故都督区渐趋稳定。根据都督区的幅员和权限,我们可以将东晋南朝的都督区分为基本的两类,即州以上之都督区与郡以上之都督区。前者还可再分为两等,一等是大型都督区,另一等是一般都督区。以下分别对州以上都督区与郡以上都督区两大类加以说明。

1. 州以上的都督区

(1) 东晋时期

大型都督区:

扬州都督区——作为首都所在地,扬州都督区是最重要的都督区,但辖区因人而异,最无定型。常见者为兼督豫州,或加督江州,或加督兖州。小而仅督本州,大则或东兼徐、兖,或西兼豫、江,竟至全国诸州,或称都督中外诸军事。

荆州都督区——通常统荆、益、宁、雍、梁五州,时或兼统江州,时或兼统交、广。

一般都督区:

江州都督区——通常自成一都督区,虽时或属扬州都督区,时或属荆州都督区,然非经制。始仅督本州,后兼统他州零郡。常包括荆州之汉水以东诸郡,及豫州西南诸郡。

徐州都督区——徐州刺史多加都督,督徐、兖、青三州。加督扬州晋陵者亦甚多。此都督为京师东北重镇,先镇淮阴,继广陵,迁京口,复进下邳,又迁广陵,终京口,显示出军事形势的变化。

豫州都督区——豫州侨置于扬州,故所督皆扬州之郡。督豫州及扬州之宣城、庐江、历阳、安丰、淮南诸郡;初多镇芜湖,进则寿阳、马头,退则姑孰、芜湖,为京师西北重镇。

益州都督区——督益、宁二州及梁州之三四郡,统辖于荆州都督。

广州都督区——交、广亦常为一都督区,以广州刺史兼充都督,统于荆州都督。

(2) 南朝宋齐时期

宋州有扬、南徐(徐州改)、徐(晋末分徐州淮北地为北徐,宋初但曰徐)、南兖(文帝分南徐之江北地置,治广陵)、兖、南豫、豫、江、青、冀、司、荆、湘(自晋以来屡置屡废)、雍(原侨州郡,文帝元嘉二十六年割荆州五郡置,治襄阳)、梁、益、宁、广、交凡十九州。孝武分荆湘江豫置郢州,明帝分交广置越州,孝武又尝分扬州置东扬州,故终宋世为二十二州。齐承之,惟分荆益置巴州,凡二十三州。

第一等都督区:

扬州都督区——宋代大体督扬及南徐二州,偶不督南徐而督南豫,宋末定制。齐确定为都督扬、南徐二州诸军事。

南徐州都督区——宋初督徐、兖二州及扬州之晋陵郡;宋初,扬州不置都督,南徐都督独立为区,及扬置都督,例多统督南徐,然南徐都督又兼统南兖、徐、兖、青、冀诸州,则非扬州都督所统,其时制度歧驳如此。齐世扬州都督区例督南徐,而南兖则不在扬州督区内,与宋亦同。

荆州都督区——宋、齐皆督荆、湘、雍、益、宁、梁与南、北秦州。

第二等都督区:

南兖都督区——自元嘉中叶后,督区最大时为南兖、徐、兖、青、冀、幽六州。或无幽,或又无青、冀。元嘉、大明中(457—464)二都督各自独立。泰始(465—471)后,形式上统于南徐。入齐,定制为督南兖、兖、徐、青、冀五州。唯其时淮北之地多已入魏,实辖之地惟江淮之间而已。

徐兖都督区——督徐、兖二州及豫州之梁郡,或北兼青、冀,或南兼南兖。本区都督或与南兖都督区平等分立,或统隶于南兖都督区。

南豫、豫州都督区——豫州与南豫州时分时合,而此都督区不变。合时,豫州刺史都督豫、司、雍、并等州;分时,则豫州刺史都督豫、司、雍、并,及南豫州之梁郡等郡;南豫州刺史则都督南豫、豫、司、雍、并等州。齐世,南豫州刺史常加都督南豫、司二州。

雍州都督区——督雍、梁、南秦、北秦四州及荆州之南阳、竟陵、顺阳、襄阳、新野、随六郡。或仅竟陵、随二郡。齐同。统于荆州都督区。

益州都督区——督益、宁二州(因梁州之巴西、梓潼、宕渠、南汉中,秦州之怀宁、安固,共六郡,于元嘉十六年属益州,故不督梁州之郡)。

江州都督区——宋时督江州及豫州之晋熙、新蔡二郡。后缩小到仅督本州。

郢州都督区——都督郢、湘二州,都督郢州,监湘州。一般是本州外加督西阳、义阳二郡。齐时,督郢州及司州各一郡,实际上司州即治义阳郡。

广州都督区——宋时督广、交二州,又比前朝加督湘州南部即始兴、始安、临贺等郡。齐则督广、交、越（越自广、交分）三州，加上始兴、始安、临贺。又，交州亦常加督。

第三等都督区：

梁秦都督区——宋齐时期，梁、南秦恒置一刺史，亦常加都督。常统于雍州都督。

青冀都督区——宋世，青、冀二州地狭民稀，通常置刺史一人兼领二州，以其在东北边境，例加都督。有时督区亦超出二州范围。统于徐州都督区。

湘州都督区——自宋孝武帝孝建元年（454）复置湘州后始定。《宋书》卷46《张邵传》载："武帝受命……分荆州立湘州，以邵为刺史，将置府。邵以为长沙内地，非用武之国，置署妨人，乖为政要。帝从之。"后设督，督湘州七郡，不及一州之地。

2. 郡以上的都督区

两晋南北朝时期不仅在州以上设有都督区，把所有的州都置于都督区的军务管理之下，而且在重要的郡国之军事要地或地区中心也设置都督区，以加强军事监护。此类都督区虽然并不覆盖所有的郡国，但地位却很特殊，而且为前朝与后代所无。

以东晋南朝为例，由郡太守、国内史、国相加督或加都督所构成的都督区就有好几个。常见于史传者主要有二：

会稽都督区——浙东沿海至浙西北一带的中心是会稽郡（国），自东晋中叶以后，户口最为殷实，又因地理上离首都建康较近，所以会稽太守（或内史）的地位不在大州刺史之下，故经常都督浙东五郡（会稽、临海、东阳、永嘉、新安），是郡以上督区中最为著名、最为持久，也最为稳定的一个。东晋、宋、齐、梁历代都有重要人物或都督或监或督此五郡诸军事。至梁末陈初，其督区又有所扩大，如陈霸先为会稽太守，就都督会稽等十郡诸军事，这当然也与陈霸先扩充自己实力，为篡夺帝位做准备有关。陈朝初年沈恪、徐度为会稽太守时，则都督九郡军事，亦即在会稽等五郡外，还加上建安、晋安、新宁、信安郡，范围扩展到了今福建省北部、浙江省西部。

沔中（或沔北）都督区——东晋沔中诸郡以襄阳为中心，包括南阳、新野、义阳、顺阳、义成、江夏、随等八九郡，常自成一都督区，统隶于荆州都督之下，作为荆州的屏障。该都督区因位于沔水（即汉水）一带，故以沔中为名。又因该区在沔水以北部分较以南为大，故一称沔北都督区。此都督区有时也一分为二，即沔北与沔中分置二督。与会稽都督区都督恒为会稽太守不同，督此区者时为此郡太守，时为彼郡太守，时以州刺史，无一定之规。

若郡守为督,则以义成太守、江夏相为多,或同时兼二郡(义成、新野)、三郡(襄阳、义成、河南)太守者。又其督区不及一州之全境,而常为几个州的部分郡。如东晋时桓冲任宁朔将军,义成、新野二郡太守,并督荆州之南阳、襄阳、新野、义阳、顺阳和雍州之京兆、扬州之义成等七郡军事,镇襄阳。入宋以后,沔中(或沔北)都督区划入雍州都督区,遂不复以郡守督之。

此外,东晋南朝尚有许多郡级都督区见于记载,如:东晋桓伊为淮南太守,进而督豫州之十二郡、扬州之江西五郡军事;义熙中(405—418),向靖为安丰、汝阴二郡太守,梁国内史,又刘敬为淮南、安丰二郡太守,梁国内史,所督均为马头淮西诸郡军事。

宋代元嘉十年(433),巴西、梓潼二郡太守周籍之督巴西、梓潼、宕渠、遂宁、巴五郡诸军事;大明元年(457),吴兴太守沈文秀督吴兴、钱塘军事;宋末,齐郡太守刘怀慰进督秦、沛二郡。

梁代南平王伟子恭以西阳、武昌二郡太守督齐安等十一郡军事;天监十二年(513)巴西太守张齐智督益州外水诸郡军事;梁末陈华皎以寻阳太守督寻阳、太原、高唐、南北新燕五郡诸军事。

陈太建中武陵王伯礼、桂阳王伯谋、新安王伯周均以吴兴太守都督吴兴诸军事;始兴王伯茂为南彭城太守,都督南琅邪、南彭城二郡诸军事。

另有不少记载,此处不再列举。在所有郡级都督区中,最重要者当是会稽及沔中(沔北)两区,次则为马头淮西都督区、巴西梓潼都督区、南琅邪南彭城都督区及吴兴都督区等。但郡级都督区与州级都督区有一个很大的不同,那就是前者远不如后者规范。州级都督区是中央将所有的州级政区较有计划地分划为几个大区域,各设都督以治,相对比较稳定。而郡级都督区的设置则带有任意性,即并非所有的郡都纳入都督区中,而只在要地设置;而且,郡级都督区的地域范围也有较大的伸缩性,不是一成不变。上述的任意性和伸缩性,常常是因人——都督——而异。有时为提拔某人,就在其太守(内史)职务上加督诸郡军事,而督区的大小也往往依人而别,弹性较大,不如州都督区稳定。

(二) 北朝

1. 北朝都督区

北朝都督区之设远不如东晋南朝发达。北魏道武帝、明元帝时疆域尚狭,分置未繁,故未置都督。至太武帝时拓宽疆土,始采用都督制,首先以长安镇都大将加都督关中诸军事。献文帝以下都督渐多,但都督区不稳定,变化较大。且除军事外，都督对刺史控制权也不明确。至西魏末年，始有材料显示都督对属州行政有控制权，入周以后更为明显。《周书·代奰王达传》云："建德初，进位柱国，出为荆淮等十四州十防诸军事、荆州刺史。……所管沣州刺史蔡泽黩货被讼……乃令所司，精加案劾，密表奏之，事竟得释。"北魏时都督区之彰著者有关右都督区，其幅员至大，实即后来西魏疆域。东魏、北齐见于史传者不多，时已渐向行台区转化。

2. 北周总管区

总管区实即都督区的化身。《周书·明帝纪》载："初改都督诸州军事为总管。"总管区比都督区稳定，且总管权力大，但性质与都督无二。北周一代置总管府四十余所。

3. 北齐行台区

东魏、北齐的都督制不显著，在州以上设置的地方行政机构以行台为主。《文献通考·职官六》云："行台，自魏晋有之，昔魏末晋文帝讨诸葛诞，散骑常侍裴秀、尚书仆射陈泰、黄门侍郎钟会等以行台从。至晋永嘉四年，东海王越帅众许昌，以行台自随，是也。及后魏，谓之尚书大行台，别置官属。北齐行台兼统民事，自辛术始焉。"行台是中央权力的行动机构，起初尚非统治地方的行政组织。以行台为地方行政机构，或从北魏道武帝开始。《魏书·太祖纪》载：皇始元年（396）九月，"并州平，初建台省，置百官"。这是在拓展疆域的过程中，以台省来统治新领土。次年十月中山平，第三年（天兴元年）正月克邺城，于是分别在中山与邺置行台。但在北魏逐渐统一北方后，这一制度并未继续推行，其地方行政制度是在州郡县制基础上外加上前述之都督制，并配合以镇戍制。可见行台在拓跋魏南下中原之时，只是一种临时性措施。直到魏末大乱，行台制才再次实行。行台本是尚书行台的简称，意即尚书台的地方分部，即代表中央权力治理地方的行政机构，因此可以相机处理事务，如《魏书·孝庄帝纪》载，建明元年（530）十一月，"以后将军、定州刺史薛昙尚为使持节、兼尚书，为北道行台，随机召发"。这里的行台已带有地区的限制，即"北道"。魏末之乱开始于北方与西方之边远地区，置行台于此，是为了便宜从事，以免事事请示中央，贻误戎机。

行台制初行时，都督制仍存在，所以往往就重州之刺史加都督、加行台，至东魏时仍然如此。到北齐时，大都督区制度逐渐消隐，而行台则普遍设立，寖假成为一级地方行政机构，同时又形成相对固定的辖区，似乎成为州、郡、县之上的一级行政区划。所以《周书·武帝纪下》载建德六年（577）二月平齐一事云："齐诸行台、州、镇悉降，关东平。"把行台当成与州、镇性质相同的行政组织。事实上从行台的施政范围以及施政内容来看,已经可以看成是一级准政区和准地方行政组织了。就施政内容而言,行台已经由纯粹处理治乱的军事性质演变为综理民事。《北齐书·辛术传》载:"武定五年(547),侯景叛,(术)除东南道行台尚书。……东徐州刺史郭志杀郡守。文宣闻之,敕术自今所统十余州地诸有犯法者,刺史先启听报,以下先断后表闻。……安州刺史、临清太守、盱眙、蕲城二镇将犯法,术皆案奏杀之。"这不但说明行台兼摄军民两政,而且说明行台已是中央与州郡之间的一级地方组织了。当然行台对行政事务的介入,也非一蹴而就,而是由微而著,逐渐成形。详察之,则魏末已有此征兆。《魏书·杨椿传》载:"诏椿以本官加侍中兼尚书右仆射,为行台,节度关西诸将。其统内五品以下郡县,须有补用者,任即拟授。"即是明证。

北齐行台官制至唐朝时已不明白。据严耕望从实例分析是:行台长官通常为仆射,少数是尚书,也有尚书令。不似后来隋代行台省长官位尊,皆以尚书令担任。行台之长官大都兼治所之州刺史,是以军政而入民政的通例。行台所统地区大小因时因事因地而异,文献所载常不明确,往往只说"某州道",或就方位言之,曰北道、西道、东北道、东南道等,如上述的北道行台即是一例;也有明举所统州数者,则通常为三四州之范围。

北魏末虽已有行台之制,但其时都督区仍在起作用,故不如东魏、北齐典型。

北齐最重要的行台是河南道大行台,为侯景所主。据《梁书·侯景传》载其归降表言,此行台所统在十州以上,即豫、广、襄、兖、南兖、齐、东豫、洛、扬、北荆、北扬等州。降梁后此行台不存。

除河南道大行台外,有代表性的行台还有并州大行台、朔州行台、晋州行台、建州行台、定州北道行台、幽州东北道行台、河阳行台、豫州行台、徐州东南道行台与扬州行台等。[1]

行台制度在唐初亦曾实行,据《旧唐书·职官志一》,武德年间(618—626)凡置陕东、益州、襄州、东南、河东、河北、山东等道行台尚书省。秦王李世民曾以一人兼领陕东、益州、山东等三道行台,而即皇帝位后,即废除行台制,因其深知行台权力太大,有篡权的危险。

4. 隋唐总管区

北周灭北齐后,总管府制度推行于北方。隋承周制,于统一天下以后又

1　严耕望:《北朝行台制度》,台北师范大学《历史学报》第5期。

行之于全国。通隋一代,先后设置总管府六十四个。[1] 唐初犹行总管府制,但不久又回复到都督制。《旧唐书·地理志一》云:"高祖受命之初,改郡为州,太守并称刺史。其缘边镇守及襟带之地,置总管府,以统军戎。至武德七年,改总管府为都督府。"在改都督府前,唐于各地置总管府共七十一个。若以淮水秦岭一线分南北,则南方有三十四个,北方有三十七个,大约呈对半之势。总管府本由都督府变迁而来,至此复回到原地,从周明帝武成间至此,历半个世纪有余。此后唐都督府不只管军事,且变成文官系统,故入于地理志中,都督府级别亦与州相当。

5. 都督制的尾声

都督制大行于魏晋南朝,北朝虽仿行之,究竟不甚发达。北齐施行的为行台制,北周施行的为总管制,齐为周所并,隋又代周而立,以致混一宇内,故总管制遂行于天下而至唐初。虽然唐高祖复改总管为都督,但由于形势已经变化,军权已不在都督手中,故都督在唐演变为地方行政官员,与刺史职责一样,所以无论《唐六典》《通典》还是《唐会要》都把都督与刺史列在一起。其中《唐六典》载都督、刺史的职权如下:"京兆、河南、太原牧及都督、刺史掌清肃邦畿,考覈官吏,宣布德化,抚和齐人,劝课农桑,敦谕五教。每岁一巡属县,观风俗、问百姓、录囚徒、恤鳏寡,阅丁口,务知百姓之疾苦……"这里的牧、都督与刺史都是同级地方政府的长官,所不同的只是都督之州在地理上位于要冲之处而已。虽然名义上都督仍有属州,但实际上已无东晋南北朝时的督理诸州军事之责。至于《通典》所云"掌所管都督诸州城隍、兵马、甲仗、食粮、镇戍等"(《新唐书·百官志》略同),当是沿前朝之职掌,并非事实。唐代兵力已入折冲府,与都督无大关系。平时都督发兵十人以上,若无符契,即犯擅兴律;若因事急需紧急调度,也要在事后呈报中央请求追认。[2] 都督实已成为文职官员。

据《旧唐书》,若以贞观十三年(639)大簿为准,则其时天下置都督府四十四个,领州二百七十七个。由新、旧《唐书》参照,知天宝元年(742)都督府减为三十四个。又由《新唐书》所载,知唐末共有都督府五十二个(其中陇右八都督已在唐廷控制之外)[3]。

南宋时又数度出现"都督兵马"一职,但那是中央临时派出、统摄前线多

1　严耕望:《隋代总管府考》,《中国学志》第六本,东京,1972 年。

2　《唐律疏议》卷 16,中华书局 1983 年。

3　桂齐逊:《唐代都督、都护及军镇制度与节度体制创建之关系》,《大陆杂志》89 卷 4 期,1994 年。

路兵马的最高指挥官,以宰相、副相、枢密使担任,战事结束即撤罢,既非常设之官,也与行政事务干涉不多,已与两晋至唐之都督不同。而元以后,并都督之名亦不存矣。

三、汉唐的都护府

都护府之制既可归为军事型政区,亦可归为少数民族特殊政区,但因唐之都护府与节度使有部分渊源关系,故系于此。

汉代在正式的郡国政区之外,还有一个相当特殊的行政区即西域都护府。西域都护俸禄为比二千石,近似郡太守的级别,都护府地位相当于郡,但并不辖县,而是以军事监护的方式管理天山南北绿洲上的三五十个小国。

这些小国大致分为两类,一类是行国,即随水草游牧;另一类是居国,在绿洲之上建立城郭,从事农耕生产。西域诸国在汉武帝之前为匈奴的藩属,经过武、昭、宣三代的经营,才于公元前60年设立西域都护府,将这些小国置于军事监护之下。这是中原王朝领有西域版图的第一步。西域都护并不干预各国原有的制度和生产生活方式,只要求他们效忠汉王朝。

在西域设置都护府的形式,从汉代一直延续到唐代(中间一度改为长史府),但其间若断若续。唐朝前期国力鼎盛,在天山南北分设安西大都护府和北庭都护府。这时北庭都护府以下辖县,与内地正式的州县无别。但天山南路的安西都护府仍以军事监护形式管理诸国。《唐六典》云:"都护、副都护之职,掌抚慰诸蕃,辑宁外寇,觇候奸谲,征讨携离。"所以都护从实际上来看既与州刺史相当,可以辖县;另一方面又是专门设置于边疆少数民族地区的特殊政区,同时还是边防的军事机构。

唐代不但在西域设置都护,还把这种制度推广到东、北、南、西各个方向的边境地区:在辽东的朝鲜设立安东都护府,在北边建立单于、安北大都护府,在越南北部建安南中都护府,在西南设保宁都护府。其中单于、安北和安南三个都护府也都统县,与正州无二。安东都护府初设在平壤,只起监护作用。唐廷因平定高丽国所置的都督府和州县,概用当地首领为都督、刺史和县令。但不到十年,因当地民族的反抗,安东都护府内撤至辽东,再徙于辽西,安史之乱以后罢废。保宁都护府至唐朝中期才设立,以管理西藏云南地区少数民族,但只起羁縻作用而已。

因此,唐代都护府名称虽一,而实质各异,大抵在汉化程度较深的地方,都护府已是正式政区;而另外一些则保留监护性质,对所辖少数民族仍以故俗治理;还有一些大抵只是挂名而已,没有真正的管理效能。在东、南、西南三个方向,唐代疆域范围都不如汉,但在西域地区唐代的版图却超过汉,并比汉代的统治更为深入,这不单是唐代国力鼎盛的缘故,也是十六国时期以来长期经营的结果。公元4世纪中期,前凉已在今新疆吐鲁番地区设置高昌郡,隋代又在哈密设伊吾郡。唐代改这两郡为西、伊二州,然后更向西北建立庭州,北庭都护府实际上就是庭州的后身,其所辖四县之一的轮台县,就是今天的乌鲁木齐市。

除了军事监护的统治方式外,唐代都护府还辖有羁縻府州,将在下一节叙述。

四、北魏的镇戍

北魏是鲜卑人拓跋部族所建立的中原王朝,在以武力统一北方以后,于全国范围内实行镇戍形式的军事制度,以巩固统治,并采用不同的军镇形式与地方行政机构相结合,来统治不同地区的居民,亦即在东南汉人聚集地域仍保留郡县制,而在西北鲜卑和其他少数民族地区则利用纯粹的镇戍制进行管理。两大地区的分界大致是由和龙镇(今辽宁朝阳)向西南,经平城(今山西大同)、太原、龙门,横过渭北,经上邽(今甘肃天水)至仇池(甘肃西和县南)为止。

1. 镇戍的类型

北魏一代,前后所置的镇在八十个以上,按其性质,大致可分为如下三类。

一是设在非州、郡、县地区的镇:沃野、怀朔、武川、抚冥、柔玄、怀荒、赤城、御夷、薄骨律、高平、枹罕、鄯善、凉州、晋昌、敦煌、焉耆。这十六镇位于北方与西北,北魏前期置,而且大多至末年始改州。

二是与州同一治所的镇:和龙营州、云中朔州、平城恒州、长安雍州、上邽秦州、统万(太和废前短时置,与夏州同治)、虎牢北豫州、悬瓠南豫州、彭城徐州、瑕丘东兖州、东阳青州、东莱光州,仇池时或与梁州同治。这十三镇,除平城迁洛阳后所置,宣武中叶尚见外,余十二镇在太和中叶因华化已废而置州。

又有四镇较为特殊,与郡同一治所,即陇西镇与陇西郡、新野镇与新野郡、汝阴镇与汝阴郡、盘阳镇与东清河郡。其中唯汝阴镇在太和末置,余皆太和末以后置。这些镇名义上不统土地人民,但有都督本州军事并督附近诸州,且兼本州刺史者。在当时,既督军事,实即干预一切,故权力有时甚至超过西北诸镇。

三是参间于州郡区内,而不与州郡同治所之镇。这种镇有时设在三不管地区。如《魏书·韩均传》载："广阿泽在定、冀、相三州之界,土广民稀,多有寇盗,乃置镇以静之。以均在冀州,劫盗止息,除本将军广阿镇大将加都督三州诸军事。"广阿镇之置,有些类似明朝设在赣闽粤湘交界的南赣巡抚之地,只是规模小多了。这一类镇共有二十二个,其中的十八镇后来有十一镇改为州,七镇改为郡,大多在太和年间设置。以下即这些镇的名称与它们所改置的州郡:灵丘镇—灵丘郡,广昌镇、九原镇—肆州,离石镇、吐京镇—汾州,柏壁镇—东雍州,广阿镇—巨鹿郡,平原镇—平原郡,枋头镇、河内镇—怀州,杏城镇—东秦州,李润镇—华州冯翊郡,三县镇—班州,雍城镇—岐州,武都镇—武都郡,武兴镇—东益州,隆城镇—南梁州,陕城镇—陕州,鲁阳镇—荆州,临济镇、谷阳镇—平阳郡(后为谷阳郡),宿豫镇—宿豫郡。

除以上五十五镇外,其他镇的性质不明。

2. 镇戍的行政组织

镇戍制本是普遍设于北魏全境的军事制度。但设在东南郡县地区的镇与州同一治所,镇将只治军,不管民,而在西北不设郡县地区,镇以及镇以下的戍就代替州郡县的作用,成为军区形式的行政区划,镇将和戍主就相当于刺史、太守和县令。一般来说,与州相当的镇设都大将为首长,与郡相当者则称镇将,所以北魏前期的高层政区是州镇并称。《魏书·世祖纪下》云真君元年,"州、镇十五民饥",视州与镇为同一类型的政区。但以地位而论,镇在州之上,且镇将常常在统军之外兼督数州,如长安镇都大将常都督关西秦、雍等州诸军事,兼雍州刺史。故时人以为镇将"重于刺史"。北魏后期,东南诸镇皆已改为郡县,西北诸镇虽仍保留,但地位已经降低,故《魏书·崔光传》载其子勔任"宁远将军、清河太守,带槃阳镇将",于是时论又云"州名差重于镇"。

镇以下分置军戍。据《魏书·地形志上》,汾州"延和三年为(吐京)镇,太和十二年置州"。而汾州下属之西河郡隰城县"太延中改为什星军,太和八年复"。又,《元和郡县志》肃州条所载"后魏太武帝平沮渠氏,以酒泉为军,属敦煌镇。明帝孝昌中,改镇立瓜州,复置酒泉郡",亦是一证。南北朝时期,边疆州郡皆置戍,故镇以下也必然置戍。如《魏书·灵征志》载,孝明帝熙平二年(517)"敦煌镇上言晋昌戍木连理"。但军戍之间关系不详,一般认为,戍位于军之下。

西北军镇所管理的镇民,主要是拓跋部族的成员,这些人不愿改变原有的生活方式,不愿随王室迁到黄河中下游地域,仍旧实行部落统治的行政制度。还有一部分镇民是被迫迁徙的汉族或其他少数民族,包括豪门大族与部落首领。第三类人是被发配的罪犯,对于这些人采用军事管制的办法最为适宜,因此所有镇民都隶属于军镇,称为府户,不再另设民政机构予以管理,而是用镇这一驻防军区的组织形式进行统治。

军镇制度盛行于北魏太武帝至孝文帝前期的六十余年间(约 422—484),此后由于孝文帝迁都洛阳,加速汉化,军镇逐渐废除,镇废为州或废为郡,戍废为县。后来北方的六镇起义更加快了这一进程,所以北魏后期已经实行近乎纯粹的州郡县制,只是边境还保留着少量纯粹军事性质的镇戍。

五、明代的都司卫所

朱元璋建立明朝以后,很注意吸取前代经验教训,尤其因为仰慕唐宋之制,往往进行模仿并加以改造发展。如高层政区就学习宋代的路,实行都、布、按三司分立的制度;而都司卫所制又与唐的府兵制有相似之处。

明初在天下已定之后,在边疆要害之处遍设卫所,作为军事布防之用。卫所组织大率以五千六百人为一卫,每卫分为前、后、左、中、右五个千户所(见《明史·兵志》),每千户所一千一百二十人,下设十个百户所,每百户所设总旗二、小旗十。卫所管辖军户,即军士及其家属。军士都是世籍,也就是世世代代为兵,平时垦屯自给,遇有战事则上疆场。

卫所起初隶属于中央的大都督府,后来按地区分属于各省的都指挥使司。不久,行省又被改造成布政使司,于是都司和布司就分别掌管地方上的军、民二政。唐代的府兵虽然也是战时为兵,平时为农,但统兵的折冲府却与行政区划无涉。而明代的部分都司卫所却是一种特殊的地方行政组织和行政区划。

先说卫所。明初洪武年间罢废部分边境州县,建立卫所,这部分卫所有自己的管辖地域和户籍,俗称实土卫所。卫相当于府、州,所相当于州、县,成为地方行政组织与行政区划的一种。内地的卫所则星罗棋布,与府、州、县相杂错,只是单纯的军事组织。

一般而言,作为行政系统的州、县,与作为军事系统的卫所是两不相涉的。但在边疆民族地区,这两个系统有时有相混的情形。如云南的澜沧卫军民指挥使司,在洪武年间就兼管军、民二政,亦即既领千户所,又领北胜、永宁、蒗蕖三州。[1] 有的卫虽然不下辖州县,但因所领民户较多,也称为军民指挥使司,如贵州的都匀卫即如此。弘治七年(1494),划出都匀卫的大部分

1　景泰《云南图经志》卷 4。

地域设置都匀府，隶属于贵州布政司，该卫之名称就"节去军民二字……止称都匀卫指挥使司"[1]。

实土卫所之外还有实土都司。明代高层政区定制为两京十三布政司，与十三布司同一治所的有十三都司，这十三都司都是非实土都司，但其中的陕西、四川、湖广、云南、贵州五都司领有实土卫所。在十三都司之外又有三个与布司无关的都司：其一是辽东都司，置于今辽宁地区，全为实土，领二十五卫、二州；其二是万全都司，在河北北部，大部分为实土；其三是大宁都司，即元代大宁路（今冀辽交界处），原为实土，后来侨治于保定府，已非实土。

在十六都司之外，又有五个行都司，设于边境、海疆重地，其中陕西、四川行都司为实土，山西行都司为部分实土，福建和湖广行都司则为非实土。在都司和行都司以外，又有两个留守司，也分统部分卫所：一是中都留守司，二是兴都留守司。中都即安徽凤阳，是朱元璋老家。兴都即湖北钟祥，为嘉靖皇帝父亲陵墓所在。二留守司俱非实土。

这样，明代分统卫所的地方军区共有二十三个单位，即十六都司、五行都司和二留守司。其中的实土都司和行都司以及实土卫所的名目都列在《明史·地理志》中，表明是行政区划的一种。又，非实土的十三都司与十三布司并列。而非实土的行都司、留守司和卫所都不列于《地理志》中，以示与政区无涉。如赫赫有名的天津卫，在《明史·地理志》中就找不到。

明代都司卫所制度十分复杂，上面所说只是梗概。除羁縻都司卫所外（详后），明代后期正式版图是由两京、十三布政使司和两个实土都司（辽东和万全）所组成的。实土的行都司和非实土的都司都不作为行政区划单位看待，如陕西都司和陕西行都司辖区之和就是陕西布政使司的范围，故只以陕西布司为一个政区计算。但这只是名义上的说法。实际上，陕西布政司是无权管辖陕西行都司的，不但如此，也管不到陕西都司下辖的卫所中的土地与编户。

都司卫所制度对御外和靖内都起过一定的作用，但到明代后期，这一体制已渐渐松弛。清代初年都司已废，而卫所尚存，但性质也变成纯粹的军事组织。至雍正年间，卫所皆已改为府、州、县。如西宁卫改为西宁府，天津卫改成天津直隶州，上海附近的金山卫也辗转变为金山县。但是卫所制度行之三百年，许多地名已留下很深的烙印，所以口头俗语仍留下许多痕迹，如喻北京人老于世故为京油子，而称天津人善于言词为卫嘴子，这卫就是因天

---

[1] 《明孝宗实录》卷97。

津卫而来。

附：宋代的军

上文说到许多类似的军管型政区，但竟没有一类是以"军"作为政区的通名的。宋代虽有以"军"为通名的政区，却反倒是正式的统县政区。军的建制自唐代而来，本隶属于节度使，是军旅之号，而不是行政区划的名称。

唐初的制度是把军事区域与行政区域分开，在边境建立节度使—军—守捉这样三个层次的军事单位，每个层次都有其驻地和管辖范围，但不成为行政区划。唐后期，节度使辖区成为高层政区——方镇（道）。五代时期，军事活动频繁，诸军开始与州并列，分疆而治，军旅之号渐成政区之名。

宋代以后，从边境到内地都设有以军为通名的行政区划，与府、州、监同为统县政区。但军的地位较低，相当于下等州，即所谓"同下州"。本来军设在边境是出于防御的需要，置于内地是为绥靖的目的。若某地原由县所辖，一旦地方不靖，就可能设军严加治理，从而成为统县政区。军也可能升为州，但不意味着治安职能的丧失，而是表明从准州级单位提升为正式的州级单位。州有时也可废为军，这也并不说明其军事地位的增强，而只是说明政治地位的降低。

所以到宋代，军的称号变成只是政区地位的表征。军的地位虽低于州，但却高于监。例如荆湖南路的桂阳监是因采矿业而设，到南宋时就升为军，并非因采矿业的停顿。从五代置军的例子来看，县、镇、渡口、州、监可以置军，或升或降，没有明显的规律。至于军和军额的不同，前文已经说过，此处不再赘述。

六、军事因素对行政区划的影响

在政治因素之外，军事因素也对政区的分划起着不可忽视的作用。一则因为军事行动直接与政治目的相关，二则由于国防治安方面的特殊需要。在军事因素的作用下，政区的幅员、形状、边界等方面都有特殊的表现。这里举两个例子来说明军事行动和军事征服以后，政区的划分往往与军事行动过程和军事区域密切相关。

1. 宋代荆湖北路的区划

今湖南省包括湘、资、沅、澧四水流域，但在宋代，湖南只有湘、资两水的范围，澧水和沅水流域却属荆湖北路所有，因此湖北向南伸出一块舌状地区，插入荆湖南路与夔州路之间，直至与广西为邻。这种状态的产生就是军事行动的直接后果。

湘西地区虽然在唐代已置州县,但统治并不深入,许多地方处于羁縻状态。宋代熙宁年间(1068—1077)北方对外用兵,在南方也派兵深入湘西南北江蛮地区,打算将其改造为正式政区。负责此次军事行动的章惇,以荆湖北路为根据地,溯沅江而上,用"三路兵平懿、洽、鼎州",于是湘西逐步改造为辰、沅、靖三州,成为宋的正式政区,归荆湖北路所领,因此出现宋代湖北遂有洞庭湖以南地区的现象。

这样一来,荆湖北路的形状显得很不规整,所以南宋绍兴元年(1131)一度将荆湖南北路改为东西路,不过仅一年,又恢复南北路原状。元代大致沿袭宋代成规,湖广行省属下的湖南道宣慰司亦不领沅、澧流域。直到清代湖广分为湖北、湖南两省时,今湘西地区才归湖南所属。

2. 元代初期的行省区划

元初行省的区划是战时临时体制的反映,也是军事征服过程的直接产物,此处,我们来分析一下行省和军事行动的关系。

元初中统元年(1260),设陕西四川行中书省,辖今陕西、四川以及甘肃部分地。这个幅员辽阔、跨越秦岭南北的大行省正是由于从北向南和自东至西的军事征服过程造成的。缩小点范围讲,今陕西秦岭南北地区是在同一次军事行动中被占领的。太宗二年(1230)年末,成吉思汗幼子拖雷率军侵入金朝的陕西,第二年越秦岭,入宋境,逾散关,破凤州,屠洋州,围兴元(今陕西汉中市);分兵西进,入沔州,沿嘉陵江而南,至西水县(今四川阆中西)而还,主力留兴元、洋州间。于是关中和汉中同时入蒙古军队之手。这就是今天陕西领有秦岭南北之地的起因。

五年多以后(1236),蒙古军队以陕西为根据地又大举南下,入成都,旋弃去;又过五年(1241),蒙古军队达海部汪世显再度入蜀,陷成都,随后占领四川其他地方。与首次入成都同时,蒙古军又从陕西西向招降金朝之秦、巩诸州。所以后来建立行中书省之时就把陕西、四川组成秦蜀行省(即陕西四川行省)。

元初南方的湖广、江西、江淮、福建四行省的区划也是由元军平宋的进军路线与时间先后来划定的。至元十一年(1274)六月,元世祖下诏全面攻宋,以丞相伯颜为统帅,行中书省事。九月,伯颜从湖北襄阳出兵,大举南进。十二月,元朝大军抵达汉口。第二年兵分三路:丞相伯颜率诸将直趋南宋首都临安(杭州),左丞阿里海牙径直南下取湖南,蒙古万户宋都带等人行都元帅府,取江西。

伯颜所率元军主力自二月开始次安庆府,下太平州、和州,入建康府(南京)、宁国府(宣城),宋江东路全部归元,随后又由建康下常州,降平江府(苏州)。第三年正月入嘉兴府,军次皋亭山,于是宋室投降,元军入临安。二月,两浙路大都归元。后来的江淮行省即以此次军事行动所征服的淮南东、西路,江东路和两浙路设置。宋室投降后,部分大臣拥帝罡入海,伯颜于是又遣人往泉州策反蒲寿庚兄弟降元。第四年,宋福建路入元,以立福建行省。

攻湖南的一路于至元十二年(1275)三月败宋兵于荆江口,岳州(今湖南岳阳市)降元,接着,宋京湖制置使等以湖北首府江陵降元,并为元军据抚两湖。十月,元攻湖南首府潭州(长沙),翌年春,潭州破,湖南诸州闻风而降。随后元军越南岭入广西,陷首府静江府(桂林),阿里海牙于是分兵取广西各地。第四年,广南西路全部"归附"。后来所建湖广行省即以宋荆湖南北路及广南西路组成,北自淮水之源南至海南岛,南北纵向长达一千六百公里以上。

攻江西的一路,在至元十二年十一月军次隆兴府(南昌),宋江西转运使降。行都元帅府檄谕江西诸府归附,江西路遂属于元。翌年六月,行都元帅府准备进军广东,但受宋兵阻挠要求增援,在一度反复之后,第四年正月知循州刘与以城降,随之又破梅州,至九月,广南东路诸州皆"内附",江西广东一线战事结束。后来的江西行省即合并宋江西路和广东路而成,北自长江,南至海滨,呈狭长形。

另外,早在宪宗三年(1253),忽必烈就从四川宜宾出发,分兵三路,越大渡河,以革囊渡金沙江破大理,平定云南。忽必烈称帝后,先封皇子忽哥赤为云南王,到至元十二年,即下诏攻宋的第二年正式建云南行中书省。

所以到元代天下大定之后的至元十七年(1280),全境共分为上述六个行省及中书省直辖的腹里七个部分。其时腹里的范围极广,包有淮水以北山陕间黄河以东的广大地域。很显然,六行省的区划完全是军事行动的直接后果(同时各行省的首府也是军事行动的指挥中心),这种战时体制并不能适应和平时期的行政管理需要。所以过了一段时间以后,这一体制就逐步得到调整。

首先是四川行省从秦蜀行省中分离出来,这是至元二十三年(1286)之事,四川在历史上首次作为单一的高层政区出现。但是这时的四川与宋代川峡四路的范围有所不同,汉中盆地由于与秦岭以北地区同时入于元军之手,所以已和陕西牢牢结合在一起,不再属于四川,以至于今。

其次是组建新省,至元二十八年(1291),将中书省黄河以南地区及湖广行省与江淮行省的长江以北地区划为河南江北行省。而后江淮行省改名江浙行省,大德三年(1299),罢福建行省入江浙行省。于是元初的六个行省到元代中期调整为七个行省。

另外,在东北又置辽阳行省,在西北又建甘肃行省,在外蒙古以北又建岭北行省,因此元代中期的行政区划体系是中书省和十个行中书省并存的格局,大致进入比较合理的阶段。

以军事行动范围作为行政区划也有现代的例子。新中国成立初期的东北、华北、华东、中南、西北和西南六大行政区也是根据解放战争时期四个野战军的作战区域划定的。但这也是临时体制,三年以后,大行政区的人民政府或军政委员会不再作为一级政权,只代表中央人民政府,对各大区实行领导和监督工作。又过一年半,在 1954 年 6 月,为了加强中央集权统一的领导,减少组织层次,大区一级机构完全撤销。

第二节　少数民族地区的特殊行政制度——道、左郡和土司

一般而言,少数民族多居住在边疆地带,在这些地带为了防御的需要,常常设置军管型的行政组织,而这些组织往往与少数民族的特殊行政制度结合在一起。这一做法自秦代以来就开始实行。在汉代,西域都护府是军事督护型机构,但所管辖的却是少数民族所建立的西域诸国。又,唐代边区的都护府与都督府是军事机构,但治理少数民族的羁縻府州却归其所辖。所以本节所述与上一节军管型的特殊制度难以截然分开。

从秦代到清代,中央政府对待少数民族地区的政策,大致是以羁縻为始,推行名义上的统治,或者说是统而不治;进而渐次实行间接统治;最后才是直接治理。在两千多年中,少数民族地区的地方行政制度有过多种形式的变化,但归结起来就是上面这三部曲。《史记·司马相如列传》载,相如为了谏阻开通西南夷,假蜀地父老的口吻说:"盖闻天子之于夷狄也,其义羁縻勿绝而已。"意即皇帝对少数民族的统治只要停留在名义上即可。《索隐》解释说:"羁,马络头也;縻,牛缰也……言制四夷如牛马之受羁縻也。"羁縻一词当然有贬义,但其用意是要政府使用笼络手段,而不必直接统治。从秦到宋,基本上执行的就是羁縻政策。有的少数民族只是表示臣服,受领封号,不时朝贡,名义上内属而已;有的少数民族虽然在王朝版图之内,但朝廷并不过问其内部事务,只是通过其首领来实现间接统治,有时虽有内地行政组

织和行政区域的名称，但实质都与正式的郡县制完全两样。元代以后，改行土司制度，表面上还是采用羁縻手段，但实际上已通过派至土司当中的流官来进行半直接的治理。从明代中期起，又逐渐采取改土归流的政策，经过四五百年的调整，才把少数民族地区的地方行政制度基本纳入郡县制之中。本节所述就是从秦到清少数民族地区地方行政制度的变迁概况。

一、秦汉的道和初郡

秦汉的道是县一级的行政单位。据《汉书·百官公卿表》，秦代设道以管理少数民族，即所谓县"有蛮夷曰道"。汉承秦制，保留道的建制。《汉书·地理志》后序说，西汉末年有道三十二个。道是少数民族的聚居地，这从许多道名中可一望而知，如氐道、甸氐道、刚氐道、湔氐道是氐族及其各个分支所居，羌道、僰道、翟道是羌人、僰人、翟人集中的地区。夷、狄、戎是华夏族对周边民族的称呼，戎邑道、夷道、狄道之名即由此而来。还有些道名比较特别，如绵诸道、豲道、义渠道，其实也都是少数民族地区的名称，绵诸、义渠都是戎人的分支。[1] 道的行政管理方式与一般的县有何区别，今已不明，但推测起来至少应有两个特点：一是保留少数民族原有的生活方式，二是在征收赋税方面有所优待。

但是西汉道的分布却使人产生一个疑问：汉代是多民族的统一大帝国，除汉人以外，边郡到处分布着少数民族，何以道的数目只有三十二个，而且分布在西北和西部诸郡？ 如果仔细分析，就会发现道的分布范围主要在战国末年的秦国境内，这似乎说明道的设置可能是在战国时代。当时秦国在征服少数民族政权后，就设道予以治理。秦惠文王更元十一年(前314)县义渠，很可能随之置义渠道。南郡的夷道也置于秦始皇统一全国以前。云梦秦简中的《南郡守腾文书》发布于秦王政二十年(前227)，其时已有"南郡守腾谓县、道啬夫"的记载，可见南郡早有道的建置，也许正是秦昭王取南郡以后的新政。汉初继承秦代政策，可能又增设了若干道。而汉初版图比秦代的小，无须制定新的管理少数民族的政策。

汉武帝元鼎年间(前116—前111)以后，情况就大不相同，南越、西南夷等大片地区归入西汉版图，这时少数民族的居住地已不是零散的点，而是大片的面，过去设道的办法已不适用，因此元鼎六年后武帝在南越、西南夷地

---

[1] 《汉书》卷94《匈奴传》。有关秦汉道的考证，请参见周振鹤《西汉县城特殊职能探讨》，《历史地理研究》第一辑，复旦大学出版社1987年。

区置十七个初郡,以为管理少数民族的特别行政区域。初郡的特点是:"以其故俗治,无赋税。"初郡的设置就是取代道制的新措施。在初郡内仍然保留少数民族原有的统治机构,封其君长为王、为侯,如牂柯郡与益州郡中的句町王、夜郎王、滇王等。由初郡的制度可以推想,道与县的最大区别,恐怕就在行政制度上。道以下大约不设乡里,而保留土著的行政管理方式。后世如南朝的左县、唐的某些羁縻州郡,及元代以后的土司实都滥觞于秦汉的道。

二、南朝的宁蛮府、左郡左县和俚郡僚郡

蛮、夷是古代对少数民族的通称,故秦汉时期的县"有蛮夷曰道"。但蛮有时也专用来指南方的少数民族,即所谓南蛮,与东夷、西戎、北狄相对而言。俚、僚(原作"獠")则专用来称呼南方的某些少数民族,不见于北方。南朝境内的少数民族可以统称为蛮,也可细分为蛮、俚、僚、僰、巴、蜀、越、濮等。但所有这些名称都不那么明确,经常有混用的情况,故又有蛮僚、蛮夷、夷僚、蛮俚、俚僚等混称。

作为专称的蛮、俚、僚三族,人数较多,居住地域较广,民族特点显著。因此南朝政府特别设有专门政区予以治理,这些政区的情形各有不同,以下分别概述。

1. 蛮族和宁蛮府

以种属和活动地域而言,南朝时期的蛮族可分为两大类:一为荆、雍州蛮,一为豫州蛮。前者据称是盘瓠之后,以犬为图腾,故别称为盘瓠蛮。东汉时,其主要居住地在武陵一带,即今湖南沅澧流域,故又称武陵蛮。东晋以降,渐次北迁,遂以荆、雍二州为活动中心。豫州蛮相传是廪君之后,以白虎为图腾。其先出于武落钟离山(今湖北长阳土家族自治县西北),散居于巴郡、南郡(即今川东鄂西一带)。东汉时徙居江夏界中,及南朝,主要居住地在西阳郡(今大别山西南麓),称西阳蛮。因西阳有蕲、浠、巴、赤亭、西归五水,故又称五水蛮。五水蛮是豫州蛮的主体,但豫州蛮的分布并不限于五水流域,而是向四周不断扩展。

关于蛮族的分布地,《魏书·蛮传》云:"在江淮之间,依托险阻,部落滋漫,布于数州。东连寿春,西通上洛,北接汝颍,往往有焉。……陆浑以南,满于山谷。"《南齐书·蛮传》则说:"蛮,种类繁多,言语不一,咸依山谷,布荆、湘、雍、郢、司五州界。"这些记载大致符合实际,若细加考察,则除《南齐书》所载五州外,尚有南豫、豫、江、梁、益五州,分布面颇广。

东晋南朝政府为了加强对蛮族的控制,同时为了适应少数民族的特点,在蛮族集中的地区设置宁蛮府,予以统辖。齐梁两代,宁蛮府单独划领郡县,比于州级政区。其长官为宁蛮校尉,地位高于一般州刺史,而相当于"刺史领兵者"。宁蛮校尉之置不始于齐,东晋安帝初已有宁蛮府之设,由雍州刺史兼领宁蛮校尉,治襄阳,开府置佐,一如诸州。其后历宋、齐、梁三代,一直沿而未革,直至梁元帝承圣三年(554)西魏占领襄阳后,宁蛮府才不复存在。但由于史料缺乏,对历代宁蛮府的具体变迁至今还不十分清楚。东晋及宋时宁蛮府似未自行辖领郡县,而南齐之宁蛮府则领西新安、义宁、南襄、北建武、蔡阳、永安、安定、怀化、武宁、新阳、义安、高安、左义阳、南襄城、广昌、东襄城、北襄城、怀安、北弘农、西弘农、析阳、北义阳、汉广、中襄城,凡二十四郡。前十二郡领六十六县,后十二郡领县缺载。至于梁代宁蛮府,领郡可考者唯有南襄、安定、蔡阳、弘化等。

与宁蛮校尉相类似的官员尚有不少,举其要者有:南蛮校尉,治荆州,理荆州蛮;安蛮校尉,治豫州,理豫州蛮;三巴校尉,治白帝城,理荆、益两州接壤处(曾置巴州)蛮僚;平蛮校尉,治益州,理梁、益二州僚;镇蛮校尉,治宁州,理宁州僚。此诸校尉,大抵以所治地之州刺史兼领,但似不单独开府与领郡。

比校尉低一级,与太守、内史相当的还有护军一职,如镇蛮、安远、宁蛮等护军。一般而言,庐江、晋熙、西阳太守加镇蛮护军,武陵内史加安远护军。但谯、淮南、安丰、汝阴、梁、寻阳、南新蔡等郡国也曾设镇蛮护军,西阳、寻阳太守也曾加宁蛮护军。

又,与护军相仿的还有督护。如广州俚人"楼居山险,不肯宾服。西南二江,川源深远,别置督护,专征讨之",以此而有西江督护、南江督护之置,后来又增置东江督护。督护位于校尉之下,一般也以郡太守充任,如西江督护多由高要太守兼领。

无论是校尉,还是护军、督护,皆得开府置佐。这类军府,独立于州府、郡府之外,有僚属、军队、钱粮和防区,实力十分雄厚。以南蛮府为例,僚属有长史、司马、参军、主簿,开销"岁三百万,布万匹,绵千斤,绢三百匹,米千斛"。兵额数虽不知,但防区很大,据《水经·江水注》云,自油口以东,"渊潭相接,悉是南蛮府屯"。刺史领校尉,太守、内史领护军、督护,均开三府,一府莅民,一府统军,一府治蛮(俚、僚),三套机构分其责而治之,由东晋而至梁、陈不变。

然而,除了宁蛮府外,其他蛮府或治蛮护军或督护均未见领属郡县,也就是说不是行政区划的一种。宁蛮府之所以成为特殊政区,有其历史背景。宁蛮府所治之雍州蛮在诸蛮之中势力最为强盛,又多不宾服,常恃险为乱,官军疲于征讨;加之该蛮居住地跨南北朝疆界,一旦起事,容易为北朝所乘,事实上,北朝也着意招徕,以争取蛮酋,与南朝为敌。刘宋时虽采取多种措施,如:移蛮人于京师,以削弱其力量;引蛮人出平土,以便于控制;割雍州为实土(雍州原为侨州),以增强宁蛮府实力;任皇子为宁蛮校尉,以提高其地位。但这些措施收效并不显著,蛮人的反抗仍然前后相寻。所以到南齐时,遂作根本性的变革,直接划出一部分靠近北朝边界的蛮人聚居区(主要是沔北地区)置郡立县,由宁蛮府直接治理,在平时加强行政管理,而一旦蛮人反叛,即迅速以重兵镇压。这一措施看来行之有效,所以到梁代依然奉行不改。

2. 蛮族和左郡、左县

南朝的左郡、左县为何以"左"命名,历来有各种不同的解释。注《资治通鉴》的胡三省说:"自宋以来,豫部诸蛮率谓之蛮左,所置蛮郡谓之左郡。"此解可称允当。本来"南方曰蛮"毫无贬义,但到南北朝时蛮人却以称"蛮"为辱。《隋书·地理志下》云:"诸蛮本其所出,承盘瓠之后,故服章多以班布为饰。其相呼以蛮,则为深忌。"既然"蛮"字触忌,就变通一下,称之为"左"。以"左"称少数民族,由来已久。子曰:"微管仲,吾其被发左衽矣。"西汉扬雄《蜀记》有"左语",西晋左思《魏都赋》有"左言",东晋郭璞《南郊赋》有"左带"。至北朝,颜之推《观我生赋》更明确地说:"自东晋之违难,寓礼乐于江湘。迄此几于三百,左衽浃于四方。咏苦胡而永叹,吟微管而增伤。"说少数民族左衽被发,只是表明他们的风俗特别而已,丝毫不含贬义,故刘宋以左代蛮,就避免了刺激蛮族的麻烦。

左郡、左县始创于刘宋建国初期。《宋书·州郡志》载:"南陈左郡太守,少帝景平中省此郡,以宋民度属南梁、(南)汝阴郡。……孝建二年(455)以蛮户复立。"这是有关左郡最早的文献记载,估计当建于永初年间(420—422)。初置时南陈左郡尚杂有汉人(当时称宋民),并不纯是蛮户。后来该郡一度撤销,将宋民归属他郡,而后又重立时,就纯是蛮户了。蛮户立郡在东晋时已有,如桓玄移沮、漳蛮二千户于江南,立武宁郡,领二县[1],但此郡并不以左郡称。

左郡、左县多建于宋元嘉(424—453)后期和孝建(454—456)、大明

---

1 《晋书·桓玄传》及《宋书·州郡志》。

（457—464）、泰始（465—471）年间以及齐永明（483—493）时，尤以元嘉二十五年（448）与永明中为主。这恰是蛮人起事被征服及蛮人归附的高潮。故左郡、左县之命名含有建置时间、抚慰及祝愿之意，如宋安、齐开、齐通、始新、新平、遂安、乐安、乐化、慕化、仰泽、归德、开化、义安、安蛮等。左郡、左县的治理与汉代的初郡一样，有两大特点：一是以其故俗治，二是不纳或少纳贡赋。在南朝时特称这一政策为"保落奉政"。故左郡、左县的太守、令长均由酋帅担任，如齐永明六年（488）时，"除督护北遂安左郡太守田驷路为试守北遂安左郡太守，前宁朔将军田驴王为试守宜人左郡太守，田何代为试守新平左郡太守，皆郢州蛮也"。如果郡所居虽为蛮户，但以汉人为太守者则不称左郡。如上述东晋所立武宁郡历南朝不变，皆以汉人武将为太守。

左郡上属州，下或领县或不领县。宋世所领县有左县，也有不冠"左"字者。齐世则均无"左"字，不知是制度的差异和变化还是记载的疏忽。又，宋世一般郡也有下属左县的，且宋世左郡、左县置废较为频繁，更名亦多，或初无"左"字而后有，或先有而后无，亦不明是否因制度而变。

从领属关系及户口来看，左郡、左县的规模较小。宋世左郡一般领一至四县，齐世领县虽增多，但那是普遍滥置的结果，并非规模扩大。又左郡、左县户口都很少，如《宋志》载边城左郡领四县，户才四百一十七，口不过二千四百七十九，平均一县仅百余户、六百余口而已。由于规模小，左县之长官几乎都称长，可考者仅阳唐、乐化二左县为令。更由于小，以至许多左郡、左县今天已不能指实其所在。

左郡、左县的分布范围颇广，宋世在南豫、江、荆、豫、郢诸州蛮所居地都设置过左郡、左县，以今地范之，约在巢湖—淮河—汉水—长江之间的区域中，但相对集中于大别山西南、长江以北、汉水以东、淮河上源以南。故左郡、左县主要是为部分豫州蛮置。其他蛮，如雍州蛮由宁蛮府，荆州蛮由南蛮校尉，武陵蛮由安远护军统领，均不置左郡、左县。而豫州诸郡镇蛮护军则因蛮已置于左郡、左县的行政管理之下，而逐渐废弃。

据诸书所载，有名可考的左郡有二十来个，左县则有十来个。随着统治的不断深入，左郡、左县或被废或逐渐被改造为正式的郡县，如梁改齐通左郡为齐通郡，改北随安左郡为北随郡等。故进入梁代以后，左郡、左县已不见于记载。

3. 俚、僚和俚郡、僚郡

南朝的俚族主要分布在岭南。《后汉书·南蛮传》载："建武十二年，九真徼外蛮里张游，率种人慕化内属，封为归汉里君。"李贤注曰："里，蛮之别名,今呼为俚人。"此为俚人见于记载之始。建武十六年(40),交趾女子征侧、征贰反,"九真、日南、合浦蛮里皆应之"。九真等四郡东汉时属交州。马援平二征后,"徙其渠帅三百余口于零陵",于是俚人北入湘境。魏晋以降,"里"通作"俚"。西晋张华《博物志》云"交州夷名俚子",说明俚在岭南应当是主体民族。由吴丹阳太守万震撰于西晋的《南州异物志》叙述了俚人的分布情况:"广州南有贼曰俚。此贼在广州之南,苍梧、郁林、合浦、宁浦、高凉五郡中央,地方数千里。往往别村,各有长帅,无君长。恃在山险,不用王法。自古及今,弥历年纪。"

东晋南朝时期,俚人进一步向周围扩散,西入桂林、始安,东达东江流域,北上始兴、临贺,乃至于越过南岭,阑入湘、衡。但总的说来,南朝俚人的聚居地主要还是在岭南。《宋书·夷蛮传》载:"广州诸山并俚僚(原文作"獠",下同),种类繁炽。"《南齐书·州郡志上》曰:广州"虽民户不多,而俚僚猥杂";又曰:陈伯绍在越州"威服俚僚"。这里的俚僚都是泛称,实指俚人。至中唐以后,俚讹为黎,赵宋以来,黎族才以海南岛为聚居地,[1] 至于今。

僚即今仫佬族。[2]《魏书·僚传》云:"僚者,盖南蛮之别种,自汉中达于邛筰川洞之间,所在皆有。种类甚多,散居山谷,略无氏族之别。"这里所说的并非僚人的原居地。僚人原居岭南,后来有一部分沿牂柯水(今红水河)上溯,三国蜀汉时,主要活动在南中地区。[3] 及东晋"李势时,诸僚始出巴西、渠川、广汉、阳安、资中、犍为、梓潼,布在山谷,十万余落,攻破郡县,为益州大患。自桓温破蜀之后,力不能制。又蜀人东流,山险之地多空,僚遂夹山傍谷,与人参居"(《通典·边防典·南蛮上》),此后又很快向北发展到梁州境内,向东至于荆州西界,于是梁、益二州遂遍布僚人。

俚人可测知的约有十余万口,僚人约三十万户、一百五十万人。[4] 而据《宋书·州郡志》不完全统计,刘宋有户不过九十四万余、口五百四十六万有奇,对比之下,俚、僚人口数简直惊人。加之俚的分布集中,且南通海隅;僚的散布面广,或地当腹心,或北接敌国,举足轻重。而南朝土蹙户少,国力寖弱,为了统治的稳固、财政收入的增加,南朝政府必然要加强对俚、僚的控制,俚郡、僚郡就是这一政策的产物。

对俚郡、僚郡的建置,文献记载不如左郡、左县多,见于《南齐书·州郡

1 谭其骧:《粤东初民考》,载《长水集》,人民出版社1987年。
2 吕思勉:《秦汉史》,开明书店1947年。
3 张泽洪:《魏晋南朝蛮僚俚族的北徙》,《四川大学学报》1988年第4期。
4 朱大渭:《南朝少数民族概况及其与汉族的融合》,《中国史研究》1980年第1期。

志》的有如下六个：东宕渠僚郡、越嶲僚郡、沈黎僚郡、甘松僚郡、始平僚郡（以上属益州）及吴春俚郡（属越州）。入梁以后，俚郡、僚郡也不见于记载。推测当是由于统治深入，少数民族逐渐汉化，等同于一般的编户齐民的缘故。故梁代始平僚郡更为始平郡，东宕渠僚郡改为东宕渠郡，以越嶲僚郡为嶲州，置越嶲郡等。

在左郡、左县，俚郡、僚郡制度取消后，梁陈两代又采取了新的措施：一是加重平越中郎将及三江（南、西、东）督护的职权。其背景是随着梁陈疆域的缩小，长江以北蛮区及梁、益僚区渐入北朝之手，岭南地位上升，俚事渐重。二是广置州郡，大封酋帅为刺史、太守，并利用他们中的部分人骚扰北朝边地。在南方，梁武帝平俚洞后，"或因荒徼之民所居村落置州及郡县，刺史守令皆用彼人为之"。陈世在岭南，将这一政策更加推而广之。这第二个政策与为"酬功报庸"而滥封将领为刺史太守一起，造成梁代后期政区数量的恶性膨胀，贻害无穷。

三、魏晋十六国与北朝的诸部护军和部落酋长制

1. 护军制度

护军制度本为曹魏所创，用以统治内附的少数民族，起初为中央官职，后来渐渐演变为地方官职的名称。《通典》魏与晋官品条皆载：安夷、抚夷护军"第五品"。此时当是中央官职。[1] 其后，十六国承魏晋之制，在中央设有护军将军、中护军等职。如据《晋书》有关记载，前赵有中护军靳准，前燕有护军将军审平熊、傅颜等。[2] 护军一职与西汉之属国都尉相似，后者也是由中央官渐变而为有具体治所并有统治范围的地方官。

护军一职的地方化在十六国之初的前凉已很明显。如《晋书》，卷103《刘曜载记》云："张骏闻曜军为石氏所败……遣金城太守张阆及枹罕护军辛晏、将军韩璞等率众数万人，自大夏攻掠秦州诸郡。"卷86《张骏传》载："及石勒杀刘曜，骏因长安乱，复收河南地，至于狄道，置武街、石门、候和、漒川、甘松五屯护军，与勒分境。"卷86《张重华传》又载："季龙又令麻秋进陷大夏，大夏护军梁式执太守宋晏，以城应秋。"同时，卷14《地理志上》亦载："张骏

---

[1] 若据《元和郡县志》卷1，京兆府云阳县条所云"（云阳）本汉旧县，属左冯翊，魏司马宣王抚慰关中，罢县，置抚夷将军"，则彼时之护军似已带有地方性质。

[2] 此外，护军将军一职，前秦有赵海、李威、杨璧、王亮，后燕有平幼、徐超，西秦有支统阿若干；中护军一职前凉有张邕，成汉有中护军李寿等。参见张金龙：《十六国"地方"护军制度补正》，《西北史地》1994年第4期。

分……敦煌、晋昌、高昌、西域都护、戊己校尉、玉门大护军三郡三营为沙州。"以上记载中,在护军前面皆冠以地名,可见其时护军已成为地方官职。前凉时期之护军是为统治少数民族地区而设立的。后来其他少数民族建立的政权,直至北魏前期,也都有地方性质的护军一职,用于统治既非本族又非汉人聚居的地区。如前秦之冯翊护军,统"和(戎)、宁戎、鄜城、洛川、定阳五部,领屠各、上郡夫施、黑羌、白羌、高凉西羌、卢水白虏、支胡、粟特、卉水,杂户七千,夷类十二种"。

这一时期名称可考之护军有四十余个,绝大多数在今陕西中部与甘肃地区,这一带是汉末以来北方少数民族聚集的地区。但亦有无名称之护军,如《魏书》,卷101《氐传》云:"(杨)盛……自号征西将军、秦州刺史、仇池公……分诸氐羌为二十部护军,各为镇戍,不置郡县。遂有汉中之地,仍称藩于晋。"卷113《官氏志》云:"(天兴)四年(401)七月,罢匈奴中郎将官,令诸部护军皆属大将军府。"护军所统即为少数民族,大抵以户落为单位,而不以土地为单位。护军之名称大多以汉晋旧郡为名,如安定护军、离石护军、辽东护军、云中护军等。由此也可看出少数民族之内徙情形。护军作为特殊的行政组织,其地位略与郡相当或在郡县之间,统于州镇,犹如郡、军。护军作为官职之名,其位为五品或六品,亦与郡太守位略相当,或在郡守与县令之间。至北魏后期,华化已深,护军皆改而为郡县。文成帝太安三年(457)以诸部护军各为太守,标志着护军制度的正式废除。据《元和郡县志》与《太平寰宇记》引《魏志》云,抚夷护军为魏世司马懿所置,当公元235年前后,至文成帝此时,前后经历了二百二十余年。

此外,东晋南朝也有护军之名号,不过那是加在有蛮夷之郡的太守身上的称呼,不是独立的行政组织,[1]已如前述。

2. 部落酋长制

部落酋长本是胡人之制。西晋末,匈奴、羯、鲜卑、氐、羌等少数民族入主中原,胡夷部落之制即与汉人州郡县制掺杂并行。例如鲜卑入主中华,以州、郡、县统治汉族地区,以护军制治汉人以外之异族,至于鲜卑本族或早期降附之他族,则有领民酋长之制。大抵部落所居,因地封拜,本因旧俗,称之曰汗,子孙世袭其位,后乃转用汉语名称曰酋长或领民酋长,又分为第一、第二、第三等级。其封地大小不一,就可考者言之,或见方三百里,或见方百里,封内部落或近万家,家出武士盖一人,由酋长率领之。酋长地位在州刺

史下。这些部落大抵多居北边诸镇及前期京畿邻近地区,如代郡西部善无、秀容。及魏末大乱,部落南徙,离开世居地后,在汉人地区迁徙无常,渐见华化,部落遂瓦解消弭,不复存在。

《洛阳伽蓝记》永宁寺条载:"尔朱荣……北地秀容人也,世为第一领民酋长……部落八千余家,有马数万匹……部落之民,控弦一万。"《魏书·尔朱荣传》则云:"北秀容人也,其先居于尔朱川,因为氏焉。常领部落,世为酋帅。高祖羽健,登国初为领民酋长……以居秀容川,诏割方三百里封之,长为世业……父新兴……秀容第一领民酋长……肃宗世,以年老启求传于荣。"《北齐书·斛律金传》载:"斛律金……朔州敕勒部人……父大那环,光禄大夫,第一领民酋长……金性敦直……正光末,破六韩拔陵构逆,金拥众属焉,陵假金王号。金度陵终败灭,乃统所部万户诣云州请降,即授第二领民酋长。"这些都是部落酋长制的典型史料。

四、唐代羁縻府州与明代羁縻都卫

军管型和军事监护型政区虽与正式政区有区别,但贡赋版籍都上报中央政府的有关部门。另外还有一类非正式政区,中央政府控制较松,贡赋版籍多不上户部,而且政区特征也不明显,亦即无明确的层级、幅员和边界,只是保持少数民族原有的部落统治方式于边境的军事组织,在唐称为羁縻府州,在明则为羁縻卫所。

1. 唐之羁縻府州

隋代虽无羁縻府州之名,但已行其实,如对于西南少数民族,隋炀帝"缘西南边置诸道总管,以遥管之"。唐兴伊始,即定下对周边少数民族的羁縻政策,高祖二年(619)即下诏曰:"画野分疆,山川限其内外;遐荒绝域,刑政殊于函夏。是以昔王御世,怀柔远人,义在羁縻,无取臣属。……朕祗膺宝图,抚临四极,悦近来远,追革前弊,要荒藩服,宜与和亲。"[1]羁縻政策的核心是不以武力或行政手段来改变少数民族原有的社会经济特征,不强加他们以汉民族的政治制度。唐朝统治者意识到,对少数民族若"遽欲改其常性,同此华风,于事为难,理必不可"[2]。根据这一原则,唐初首先就在西南地区置南宁、昆、恭等州,隶属南宁都督府;又在东北奚部落设置了饶乐都督府,在靺鞨诸部设置了慎、威、昌等州,在契丹室韦部设师州等羁縻州。贞观四

1　《册府元龟·帝王部》,"武德二年闰二月"条。
2　《唐会要》卷73。

年(630)在平定东突厥后,羁縻府州制度大规模地得以实施。唐太宗将突厥内附各部安置在东起幽州西至灵州沿长城一线的广大地区,分突利故所统之地,置顺、祐、化、长四州都督府;又分颉利之地为六州,左置定襄都督府,右置云中都督府,以统其众。除了地域上作如此安排外,还对突厥酋长以禄位实行笼络,"其酋首至,皆拜将军、中郎将等官,布列朝廷,五品以上百余,因而入居长安者数千家"[1]。这一政策不但安抚了突厥旧部,使他们安分守己,重要的还在于分化了酋首之间固有的联系,使强大的突厥不可能再度出现。自此而后,边境少数民族地区遍设羁縻府州,至开元年间(713—741)在靺鞨地区设置黑水都督府止,唐王朝先后在东北、北方、西南与南方设置了八百五十多个羁縻府州。[2]

唐代羁縻府州理论上属于唐王朝的版图,因此在《新唐书·地理志》的卷末列有专篇予以详述。其篇首有序曰:"唐兴,初未暇于四夷。自太宗平突厥,西北诸蕃及蛮夷稍稍内属,即其部落,列置州县,其大者为都督府,以其首领为都督、刺史,皆得世袭。虽贡赋版籍多不上户部,然声教所暨,皆边州都督、都护所领,著于令式。"这正是说自唐太宗自平突厥以后,声威大震,因此西北诸蕃及蛮夷纷纷内属,表示归附。朝廷就以其部落列置都督府、州、县三等,并任其首领为都督、刺史、县令,采用世袭制度。这些府州就称为羁縻府州。但上引序所叙其实还不够全面。羁縻府州的最高一级还不是羁縻都督府,而是羁縻都护府。唐高宗显庆间(656—661)平西突厥后,曾在西突厥境内设置濛池、昆陵两个羁縻都护府,这两府分别押领碎叶川以西及以东若干以西突厥部落及其所役属诸胡设置的羁縻府州。濛池与昆陵两羁縻都护府起初隶属于安西都护府,长安年间以后改属北庭都护府。这两个羁縻都护府都由西突厥可汗一族阿史那氏作都护,并仍兼可汗称号,世袭罔替,直到武则天时该地区为突骑施部西突厥所占据,才废绝。所以严格地说,羁縻府州实际上有都护府、都督府、州、县四级,习惯上总称羁縻府州,又称蕃州。相对于羁縻府州而言,正式州县即称为正州。

在名义上,羁縻府州都由边州的都督、都护所分领。唐初分天下为十道,除淮南道外,其他九道都设置过羁縻府州,但其中之河东道与河南道只是短时侨置少数羁縻州县而已,羁縻府州主要分布在沿边各道。若以少数

1　《旧唐书·突厥传》。

2　《新唐书·地理志七下·羁縻府州·序》作八百五十六,据谭其骧《唐代羁縻州述论》(载《长水集续编》)中统计,以序中各道府州数相加则为八百五十七,以诸道各族下所记府州数相加亦为八百五十七,诸道实列府州数则为八百五十五。

民族及所隶之道划分,则突厥、回纥、党项、吐谷浑隶关内道,为府二十九,州九十;突厥之别部及奚、契丹、靺鞨、降胡、高丽隶河北者,为府十四,州四十六;突厥、回纥、党项、吐谷浑之别部及龟兹、于阗、焉耆、疏勒、河西内属诸胡、西域十六国隶陇右者,为府五十一,州一百九十八;羌、蛮隶剑南者,为州二百六十一;蛮隶江南者,为州五十一;隶岭南者,为州九十二;另有党项州二十四,隶属山南。[1]

羁縻府州数量巨大,情况千差万别,有控制稍紧的,也有控制很松弛的,更有的只是挂名而已,难于细述。控制稍紧者,有的与正州差别不大,州下设县,有版籍户口,如陇右道松州都督所辖丛、崌、奉、岩、远、麟、可、关、彭、直、肆、序、静等十三州,初与正州无异。有些正州也可退而为羁縻州,如江南道之牂、琰、庄、充、应、矩六州(今贵州省中部和南部)本来为下等州[2],开元和天宝(742—756)年间先后降为羁縻州。又,剑南道茂州都督府所领维州曾反复由羁縻进正,又降羁縻,又进为正。

控制较松的羁縻州既不分县,也无版籍,只知为某族某部所置。更有些羁縻府州仅有州名,甚至只登记在案而已。其中最生动的例子要算波斯都督府,该都督府是唐代最边远的羁縻府。在唐高宗时,波斯国内乱,又遭大食国入侵,国王被杀,其子卑路斯奔长安求救兵,唐朝政府就授卑路斯以波斯都督的名义,派兵送其回国,但路程太远,只送至西域为止,卑路斯也未回到波斯,而是羁留吐火罗国,波斯都督府即于龙朔元年(661)置于驻在疾陵城(今伊朗锡斯坦之席翼)的波斯残部内。虽然在建府二三年后波斯都督府即为大食所灭,但其部族直至开元、天宝间仍遣使来献,波斯都督府也列名于唐代的羁縻府州之中。

唐朝政府对羁縻府州管理方式的基本特点,是保留其原有的行政机构与政治制度,但在不同地区、对待不同民族,还是有具体形式的差异。这些形式大致有三种:其一是完全保留其原有统治机构。从长官到僚佐,均由该族人来担任,并允许其在本民族内部称国,其首领、君长亦照旧称王、可汗等。如回纥地区在贞观二十一年(647)置为瀚海都督府,令回纥首领吐迷度为都督,虽当时吐迷度已称可汗,"署官吏,壹似突厥"[3],唐政府亦予以认可。唐政府在大多数民族地区都采用了这种治理形式。其二是"华官参治",即

1　《新唐书·地理志七下》原文作"不知其隶属",据谭其骧考证应属山南道,参见上揭《唐代羁縻州述论》一文。

2　按:今贵州可能得名于矩州,贵、矩唐代应同音。

　3　《新唐书·回鹘传上》。

派遣汉官充当羁縻府州的官员,与民族首领共同治理。总章元年(668)唐平定高句丽后,分其地为府州县,"擢酋豪有功者为都督、刺史、令,与华官参治"。其具体参治情况不详,但这一方法实为后来土司制度中的"参用土人"提供了参照样式。其三是实行监领制,即在保留该民族原有统治机构的同时,中央政府派代表进行监领。如开元十四年(726)置黑水都督府,"中国置长史就其部落监领之"[1]。这样做显然是为了加强对黑水靺鞨部的控制。

总而言之,唐代的羁縻政策所看重的是名义上的统治,但在当时,这种名义上的统治仍有一定的约束力,而且是以强盛的国力为其基础的。羁縻府州的都督、刺史虽然实行世袭制,但不得自行任命,必须由中央政府封赐册拜,有时还要派使臣前往册封,方才有效。不但如此,即国王、可汗、酋长的嗣位或更迭,都要报鸿胪寺,经中央的册封认可,否则就被视为非法。这一做法在以后的土司制度中得到更完善的发展。

2. 明之羁縻都卫

与唐代羁縻府州相似的是明代的羁縻都司卫所。都司卫所是明代自成一系的军事机构,又是政区的一种形式。在这些都司卫所的外围,明代还设立了一种控制较弱的羁縻性质的都司卫所,其中最主要的有以下几处。

奴尔干都司,其所辖地面极宽,从西辽河、鸭绿江北至外兴安岭以北,包括整个黑龙江流域。都司治所即设在今俄罗斯境内黑龙江河口,表明中国对该地区主权的著名的永宁寺碑就矗立在那里。明代后期,奴尔干都司实际上已不存在,但仍保留了在所属之地建州卫等羁縻卫所的做法。清代始祖努尔哈赤的祖先就曾任建州卫的官员。在奴尔干都司全盛时期曾领有三百八十四卫。

乌斯藏都司和朵甘都司,置于西藏地区。西藏自元代以后正式进入中原王朝版图,明初朱元璋意识到要控制西藏必须因其俗尚,采用宗教方式进行化导,因此派遣使节前往,广行招谕,又承认元代在西藏所封的官职,要这些故官到南京重新受职。于是乌思藏摄帝师亲到南京见朱元璋,明廷遂封其为炽盛佛宝国师,并在西藏设置朵甘和乌斯藏两个都指挥使司,将其纳入明王朝版图。表面上都司的设置是采用军事管理方式,其实都司只是一种名义,实际上还是利用宗教文化方式进行联络。所以历代皇帝不断加封西

1　《唐会要》卷 96。

藏喇嘛教里不同流派的首领为国师、西天佛子等名号,以其故俗统治,使之转相化导以共尊明王朝。因此终明之世,西藏地区一直十分安定,明代后期两个都司又都改为宣慰司。

哈密等卫,在陕西行都司以西相当今甘肃、新疆、青海交界地区。明代前期又设有哈密、罕东、安定、曲先、阿端等羁縻卫。这一地区在唐建有正式州县,后来历经吐蕃、西夏和元代的统治,成为各蕃族部落的生息地。明代之军事实力不足以在此建立正式卫所,所以设羁縻卫予以管理,到明代后期,此诸卫尽失于吐鲁番。

五、元明清的土司制度

(一) 土司制度的变迁

土司制度兴起于元朝,是中央政府在少数民族政策上的一大变化。从秦汉以至唐宋时代,在少数民族地区实行的基本上是羁縻政策,同时在条件许可的情况下又使用武力变羁縻地区为正式的州郡县。羁縻政策的实质是间接统治,亦即中央政府不在少数民族地区设置正式政区,而委托民族首领自行治理,这种情况在六朝时已很普遍。《隋书·食货志》说:"岭外酋帅,因生口翡翠明珠犀象之饶,雄于乡曲者,朝廷多因而署之,以收其利。历宋、齐、梁、陈,皆因而不改。"另外,也有少数情况是利用在民族地区平乱有功的汉人将士来管辖赐地。土司制度则比羁縻政策进了一层,变间接统治为直接统治,当然这一制度与汉族地区实行的州县制还有很大区别,但已经是朝着正式行政制度的方向迈进了一大步,经过再进一步的改土归流,土司制度就变成正式的州县制了。

1. 元代土司

元代由中央指派蒙古官员达鲁花赤进驻各级地方政府,以便实现少数族蒙古族对多数族汉族的牢固统治。同样在西南少数民族地区,也有达鲁花赤与土官实行共治。尤其是蒙古军队在征服淮汉以南地区之前,早就先革囊渡江,取得云南,因此有些由达鲁花赤参治的土官组织产生在元代南方各级地方政府之前。至元十一年(1274),云南行省平章政事赛典赤就以当地土酋信苴日为大理总管,在西南地区建立了第一个土官总管府。

元代的土官制度比较复杂。本来在行省制度中,有宣慰司的设置,作为行省的派出机构,管理远离省会的地区的州县,犹如一个分省。《元史·百官志七》言其职权为:"掌军民之务,分道以总郡县,行省有政令,则布于下,郡县有请,则为达于省。"设在少数民族地区的宣慰司,其下则有宣抚司、安抚司、招讨司等机构,这三司级别相等,都是正三品,只是所配备官员的数目依次递减。[1] 后世所谓"土司"当是因为宣抚、安抚、招讨三司所管为少数民族土著,下属有土路、府、州、县的原因,而且此三司的官员可"参用其土人为之"。当然,设在少数族地区的宣慰司也是土司的一种,但因在正式州县制地区也有宣慰司,故宣慰司并非全是土司,而宣抚等三司则是名副其实的土司。

此外,宣慰司本身还依照所管地区及事务的不同而有组织方面的差异,有宣慰司、宣慰司都元帅府、宣慰使兼管军万户府等名目的不同。宣慰司只设于内地,后两者则有设在边疆地区的。如云南行省就设有大理金齿等处宣慰司都元帅府、曲靖等路宣慰使兼管军万户府等。在某一地区设置哪一级别的管理机构是有一定之规的,如设宣抚司的地区有云南行省的广南西道和丽江路,湖广行省的顺元等处和播州、思州,四川行省的叙南等处。从官员的品秩来看,宣抚等三司的级别与正式政区的路相当。在宣慰及宣抚等三司之下则设有××路军民总管府,××路军民府及路、府、州、县等土官组织。在这之下又有更低层次的诸蛮夷长官司。《元史·百官志七》说:"西南夷诸溪洞各置长官司,秩如下州。"更特别的一点是,长官司的达鲁花赤、长官、副长官是"参用其土人为之",不纯是流官担任;而宣慰、宣抚、安抚、招讨等司的达鲁花赤则没有用土人之理。各级土司之层级结构如下线图所示:

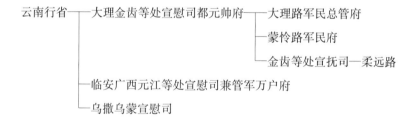

元代土官可以达到很高的职位。如上文提到的信苴日在至元十八年(1281)时就做到大理威楚金齿等处宣慰使、都元帅的高位。至于任职宣抚使、安抚使、长官、总管、土知府、知州、知县者更是历历可数。

2. 明代土司

明代继承了元代的土司制度,并予以完善。虽然中原王朝已经改姓易代,但土官却继续存在下去。"洪武初,西南夷来归者,即用原官授之",并

---

1 《元史·百官志七》载:"其在远服,又有招讨、安抚、宣抚等使,品秩员数,各有差等。"

"以劳绩之多寡,分尊卑之等差"。同时又按照少数民族聚居地的大小来设置土司衙门,即所谓"因其疆域,参唐制,分析其种落"[1]。为了加强对土司的控制,洪武末年起就将土司分为武职土司与文职土司两个系统,而又以武职土司为主,上系于各省都指挥司,再达于兵部;以文职土司为辅,属于各省布政使司,再达于吏部。武职土司即宣慰司、宣抚司、安抚司、招讨司、长官司与蛮夷长官司,其中宣慰司在明代专为土著地区而设,不设于内地正式郡县之上,与元代有别;文职土司即军民府、土州、土县。但在明代中期以后,文职土司地位上升,可以下辖武职土司。如永昌军民府就下辖安抚司四、长官司三。虽然中央政府授官以文武职分,但土官实际上并未按文武分职行事。除了文武两类土司而外,明代还有元代所无的卫所土司,这是因为明代新创"都(指挥使)司—卫(指挥使司)—(千户)所"的军事系统,在边疆和内地都有不设郡县只设卫所的情况,而这些地区有时又是少数民族聚居区,于是设在这些地方的卫所就称为××卫军民指挥使司、××军民千户所(如果仿照土州土县的叫法,这些卫所似乎也可俗称其为土卫、土所,虽然实际上并不这么称呼),这些卫所的官员也"参用土人",任为土指挥使、土千户等。

武职土司衙门的首长及佐贰官员由土著首领担任,品级较低的流官则主理经历司,掌握该土司地区的户口田粮赋役和军备状况。而在文职的土司衙门中,则不但经历之职由流官担任,即佐贰官员亦以流官为主。各省都司与布司就依靠这些流官来牢牢控制土司。据《明史·百官志》,明代设宣慰司十一、招讨司一、宣抚司十、安抚司十九、长官司一百七十三个。

明代的武职土司名目与元代土司基本相同,但土司官员的品级却降了二到五级不等:元宣慰使从二品,明从三品;元宣抚使、安抚使和招讨使都是正三品,明宣抚使从四品,安抚使和招讨使则降至从五品,这显然是加强中央权威的举措。[2]

3. 清代土司

清代土司制度基本上一仍明代之旧,所有土司机构大体都设置于顺治、康熙、雍正三朝,土司土官也大致从明代沿袭下来。顺治十五年(1658)诏"各处土司……凡未经归顺,今来投诚者,开具原管地方部落,准于照旧袭封"[3]。同时在清代也有新的民族首领归附,产生新的土司,如康熙三十九年

1　张萱:《西园闻见录·土官》。
2　参见《元史·百官志七》和《明史·职官志五》。
3　《清世祖实录》卷122。

（1700）贝和诺上疏曰：“打箭炉、木鸦等处番民一万九千余户归顺，请增设安抚使五、副使五、土百户四十五，以专管辖。”[1] 雍正十年（1732），在青海玉树地区进行户口清查，划定地界，将一百多个大小部落头人分别委任为土千户、百户、百长。除由前明归降仍袭旧职的各级土官千家左右外，又新增设了约七百家小土司。

虽然土司职位是世袭罔替的，但从元代到清代，承袭的办法却渐渐严格与规范化，体现了中央政府对土司的控制逐步严密。元代土官的承袭要经朝廷批准，否则要兴师问罪。如至元十七年（1280），土官“亦奚不薛病，遣其从子入觐。帝曰：‘亦奚不薛不禀命，辄以职授其从子，无人臣礼。宜令亦奚不薛出，乃还军’”[2]。至于承袭的对象则依其旧俗，不加苛求。如延祐六年（1319），“中书省臣言：‘云南土官病故，子侄兄弟袭之，无则妻承夫职。远方蛮夷，顽犷难制，必任土人，可以集事。今或阙员，宜从本俗，权职以行。’制曰‘可’”[3]。

至明代，对土司的承袭则有详细的规定。首先是承袭人必须“赴阙受职”。《明史·土司传序》载：“袭替必奉朝命，虽在万里外，皆赴阙受职。”不过这一规定只在中小土司中执行，大土司则未认真从命。其次是承袭人范围明确，其承袭人袭替的次序依次是：父死子继，兄终弟及，叔侄相立（叔继侄子），族属袭替，妻妾继袭，女媳继职，子死母继。第三是有具体的承袭办法。为了防止假冒作弊，必须要有人证物证，即“取具宗支图本（物证），具官吏人等结状（人证），呈部具奏”[4]；而且要求预定承袭人及承袭次序，以免日后纷扰不清；同时还规定承袭禁例，造反变乱者自然不许承袭，即嫁娶超出本省或交结外夷者，其子孙亦不准承袭。清代对承袭的规定更加严密，不但规定承袭须按宗支嫡庶次序，而且规定了承袭人的具体年龄，“土官子弟，年至十五，方准承袭”[5]。承袭手续复杂，承袭人须将顶辈宗图、亲供、地方官并邻封土司甘结（邻近土司的证明书）以及原领号纸（原任命书），详报督抚，由督抚具题请袭。由土司承袭制度的逐渐规范化，可以看出历代中央集权措施的逐步加强。

1　《清史稿·贝和诺传》。

2　《元史·世祖纪八》。

3　《元史·仁宗纪三》。

4　《明会典》卷8。

5　《大清会典事例》卷589。

（二）改土归流

土司制度的建立本是一种权宜之计,是中央政府尚无力采用郡县制直接统治少数民族地区的暂时性措施。与郡县制度相比,土司统治自然是一种落后的社会形态。一般而言,在土司统治下的人民都处于奴隶或农奴地位。土司的暴虐统治、经济压榨,土司之间的纷争仇杀,土司统治下生产方式与生活方式的极其落后,都显然应该加以改变。而且从实质上来说,土司统治是一种半割据状态,与中央集权制是水火不相容的。因此在条件具备的情况下,就必然要采取各种策略与办法,将土司制度逐渐改造成正式的郡县制,这就是改土归流。至明代中叶,社会已经长期稳定,中央政府已具备一定的经济实力和军事力量,于是开始推行改土归流的举措。但归流必须有由头,例如因土官犯法,或土官无后不能世袭,甚或借口"不系世袭"(即承袭人不合法),因而裁撤土司,改设流官。如云南"鹤庆土知府高伦与弟纯屡逞凶恶,屠戮士庶,与母杨氏并叔宣互相贼害",正统八年(1443)"伦等皆伏诛",鹤庆府遂改设流官。[1] 但改土归流直接侵犯了土著首领的利益,必然要招致土司的激烈反抗。在中央的镇压力量不足时,有时归流的行动就要受挫。于是在明末又辅行"众建诸蛮"的另一政策。"众建诸蛮"即汉代"众建诸侯"的陈规:将土司领域划小,以削弱其反抗力量。如对势力较大而又经常挑起事端的广西田州、思恩州两土府,明政府在派兵镇压后,就将该府的辖境划为许多小片,设立许多小土司,分而治之。经过明中期以后的这些措施,土司势力在很大程度上被削弱了。

清代继续了明中叶后改土归流的取向。清初在清军进入西南地区以后,改土归流随即展开。如顺治十六年(1659),云南元江土知府那嵩反抗清兵,被吴三桂镇压,该府土官即被改为流官。大规模的改土归流是在雍正四年(1726)开始的。当年,清政府委派鄂尔泰为云南、贵州、广西三省总督,负责改土归流事宜。五年以后,基本上完成了这三省的改流任务:"自四年至九年,蛮悉改流,苗亦归化。间有叛逆,旋即平定。"[2] 乾隆元年(1736)平定四川大、小金川土司叛乱后,设置美诺厅(后改懋功厅)、阿尔古厅,四川西北部土司也基本完成改流过程。这里说基本完成,意思是指适宜改流者已经全部改流而已,并非所有土司毫无例外地一体撤废。如在云南省,就以澜沧江为界,改流只在江内进行,江外仍保留土司制度,这是因为江外条件尚不具

1　《明史·云南土司传二》。

　2　《清史稿·土司传》。

备。对于甘肃境内的土司则终清之世从未改流,原因是这些土司"有捍卫之劳,无悖叛之事"[1],"绝不类蜀、黔诸土司桀骜难驯也"[2]。

清末宣统三年(1911)民政部有一份奏折,把此前的改土归流情况作了一个总结:"西南各省土府州县及宣慰、宣抚、安抚长官诸司之制,大都沿自前明,远承唐宋,因仍旧俗,官其酋长,俾之世守,用示羁縻,要皆封建之规,实殊牧令之治。康熙雍正年间,川楚滇桂各省,迭议改土归流。如:湖北之施南,湖南之永顺,四川之宁远,广西之泗城,云南之东川,贵州之古州、威宁等府厅州县,先后建置,渐成内地。乾隆以后,大小金川,重烦兵力,迨改设民官,而后永远底定。比值筹备宪政,尤宜扩充民治。近年各省,如云南之富州、镇康,四川之巴安等处,均经各该疆臣,先后奏请改土归流。而广西一省改革尤多,所有土州县均因事奏请停袭,及撤任调省,另派委员弹压代办。此外则四川之瞻对、察木多等处尚未实行,德尔格忒、高日、春科等处甫经核准。伏维川、滇各省,僻处边陲,自非一律更张,不足以巩固疆圉。惟各省情形不同,办法亦难一致,除湖北湖南土司已全部改流官外,广西土州县,贵州长官司等,名虽土官,实已渐同郡县,经画改置,当不甚难。四川则未改流者尚十之六七,云南土司多接外服,甘肃土司从未变革,似须审慎办理,乃可徐就范围。"[3]余下的土司到民国时继续推行改流,但速度很慢,到民国二十四年(1935),尚有土司 186 家,其中云南最多,有一百一十三家,四川次之,有六十九家,甘肃尚余四家[4]。土司制度的彻底废除则迟至中华人民共和国成立后的 1956 年。

六、清代边区的特别行政制度

一般而言,边区即少数民族聚居地,故边区的特殊制度即民族地区的特殊制度,但清代东北地区的特殊性还不只与少数民族有关,亦附于此。但民族地区并不完全等于边区,如两湖即有相当数量之少数民族,故土司制度不列于此。

1. 东北地区的旗民分治

东北为清朝发祥之地,故定为封禁之区,而以盛京(今辽宁省沈阳)为留都,初设内大臣为留守。顺治元年(1644)以内大臣为总管,三年改为昂邦章

1　《清史稿·土司传》。

2　《清史稿·土司传》。

3　《清朝续文献通考》卷 136。

4　民国二十五年《申报年鉴》。

京(汉名总管),并分盛京昂邦章京东部地置宁古塔昂邦章京。康熙元年(1662),改两昂邦章京为镇守辽东等处将军与镇守宁古塔等处将军。乾隆十二年(1747)又分别定名为盛京与吉林两将军。又,康熙二十二年时,已分宁古塔将军西北辖地,置镇守黑龙江等处将军。东北遂形成三将军辖区。三将军分别掌管三辖区之军、民诸政。

盛京将军的副贰有副都统四人,分驻锦州、熊岳、金州、兴京四处;城守尉八人,分驻盛京四人,兴京、凤凰城、辽阳、开原各一人,下设协领、防守尉、佐领、防御、骁骑校等各若干人。从将军衙门、副都统衙门到旗佐衙门均为专治八旗旗人的机构,只理旗务而不与问民人之事。所谓民人即指汉人,由府州县衙门治理。盛京附近各州县设奉天府以统之,府设府尹,地位同于京师首府之顺天府尹。奉天府的前身是顺治十年(1653)设置的辽阳府,该府的设置首创旗人与民人、旗署与民署并存分治的双重管理体制。其后在奉天府以西又置锦州府,设知府,同于内地的府。府州县虽与都统、旗佐衙门平行,但旗人与民人争讼,州县不敢受理,民人备受歧视。

吉林地区起先绝少汉人踪迹,吉林将军所辖为吉林、宁古塔、三姓、伯都讷、阿勒楚喀五个副都统辖区。这些副都统旗署的主要职责是管理旗人之户籍与田土。八旗各旗署旗人皆有旗籍,定期进行编审。雍正朝以后,关内流民开始涌入东北地区,起初主要集中于传统的农耕区奉天府一带,也有人进而北上至吉林地区。还在雍正四年(1726)时,吉林就已经设置永吉州、泰宁县与长宁县,以管理民人。但这一州二县并不归吉林将军与有关的副都统管辖,却遥属于盛京将军辖下的奉天府。这也是地方行政制度方面的一种特别现象。直到乾隆十二年(1747),永吉州改为吉林厅,才划归吉林将军直辖。

虽然乾隆五年曾颁布封禁令,不准流民入关。但关外土地的空旷,与关内流民的众多适成巨大的反差,生存压力使得一切封禁措施都成为一纸空文,大量流民不断进入东北。尤其道咸以后,清廷内外交困,边疆面临割地危机,政府为加强防务,不得不开禁实边,主动招引汉民垦荒。到光绪末年,东北地区民户猛增至二千七百多万,约为旗人的二十倍。反映在行政组织上的变化是,咸丰朝至光绪朝约五十年间设立的民署为前两百多年的四倍,而旗署却没有增加。[1] 双重体制已无存在必要。光绪三十三年(1907)东北三省建立,省以下的府州县制全面形成,旗民分治现象遂成历史。

　　1　参见刁书仁:《论清代吉林地区行政体制及其变化》,《社会科学战线》1994年第3期。

2. 漠南、漠北蒙古地区

漠南、漠北蒙古(内、外蒙古)及青海大部分地区为蒙古民族游牧地,清政府采用因地制宜、随俗而治的办法,推行盟旗制度。这一制度是仿照满族的八旗制度,并略加改造。分之则为旗,合之则为盟。旗之长官为札萨克,由理藩院奏请简派旗内最有威望的王公大臣担任,掌管一旗的军政、民政及入京朝觐、年班诸务。合数旗为一盟,盟设盟长,正副各一人,由各旗札萨克内简派。盟长主持各旗会盟事务,并代表皇帝监督各旗。

漠北蒙古通称外蒙古,设乌里雅苏台将军统辖。雍正十一年(1733)设定边左副将军(即乌里雅苏台将军)统辖喀尔喀蒙古四部及科布多、唐努乌梁海地方,驻乌里雅苏台。喀尔喀四部是:北路为土谢图汗部二十旗,东路为车臣汗部二十三旗,西路为札萨克图汗部十九旗,中路三音诺颜部分自土谢图部二十四旗。科布多设参赞大臣,管厄鲁特、乌梁海十七旗。唐努乌梁海五旗四十六佐领,分属将军、札萨克图汗部及三音诺颜部。

漠南蒙古指内蒙古和套西蒙古。内蒙古东起科尔沁,西至鄂尔多斯,共二十四部、四十九旗,合为哲里木、卓索图、昭乌达、锡林郭勒、乌兰察布与伊克昭六盟,直隶中央理藩院。设有热河都统,驻防直隶承德府。六盟之外,复有归化城土默特两旗,由山西绥远城将军管辖。又有察哈尔八旗,各设总管,由察哈尔都统管辖,驻直隶张家口。另有套西蒙古两旗,即阿拉善厄鲁特旗与额济纳土尔扈特旗,游牧于河套贺兰山以西,各自为部,直隶理藩院,不设盟。

内蒙古与东北不同,民人较少,不另设州县以治民人。若一旦以旗属某地置县置厅,则须往属相邻之省府。如嘉庆十一年(1806)于哲里木盟科尔沁左翼后旗之昌图额勒克地置昌图厅,往属盛京之奉天府。[1] 又如雍正七年(1729)于卓索图盟喀喇沁左翼旗地置八沟直隶厅,往属直隶省。光绪二十九年(1903)于土默特左翼旗东北境置阜新县,往属直隶省之朝阳府。故内蒙古地区实际上呈旗地与州县地插置状态。

3. 青海西藏地区

青海北部为蒙古厄鲁特等二十九旗,南部为玉树等藏族四十土司,由西宁办事大臣统辖。蒙古诸旗之上不另设盟。

西藏自元以来即为政教合一地区,元明两代未派官员驻藏。至清代,则置驻藏大臣、帮办大臣各一人,分驻拉萨与日喀则,统辖全藏事务,主管高级

---

1 民国《奉天通志》卷57。

僧俗官员的任免,稽查财政收支,掌管藏区军队的调遣,督察司法、田产、户籍、差役(乌拉)等项事宜;并兼巡视边境防务,办理一切涉外事项;更重要的是代表清廷监督达赖喇嘛、班禅额尔德尼及其他大活佛转世灵童的抽签,并主持达赖与班禅的坐床典礼。乾隆年间在平定了西藏噶伦之乱后,对驻藏大臣的上述地位与职权作了明确规定。西藏分卫(前藏)、藏(后藏)、喀木(康)、阿里4区,各置噶伦一人分治其地。由四噶伦组成噶厦,即西藏地方政府。

4. 新疆回部伯克制

新疆回部(即南疆维吾尔族聚居区)推行军民分治。军治设伊犁将军一人,统辖天山南北路准部回部的军政与戍务,驻伊犁惠远城。在伊犁、塔尔巴哈台、喀什噶尔三处设参赞大臣,乌鲁木齐设都统,哈密、喀喇沙尔、库车、阿克苏、乌什、叶尔羌、和阗设办事大臣,库尔喀喇乌苏、古城、巴里坤、吐鲁番、英吉沙尔设领队大臣,皆统于将军。

民治方面,则天山北路设镇西府于巴里坤,设迪化直隶州于乌鲁木齐,隶属于甘肃布政司;南路根据维吾尔等族原有的行政制度,推行伯克制。伯克即官员之义,最高者称阿奇木伯克,世袭,掌综回务。至清废世袭,而伯克之名不改。南疆三十一城各设有伯克,因职掌不同而异其号:伊什罕伯克,掌赞理回务,仅次于阿奇木伯克;噶杂拉齐伯克,掌田亩粮赋;商伯克,掌征收税赋;哈资伯克、斯帕哈资伯克、拉雅哈资伯克,分掌各种诉讼;又有六品、七品伯克,采铅、挖铜、管铜等各种伯克甚多。直至清末新疆建省,伯克制才废除。

第三节 虚拟政区——遥领、虚封与侨置州郡

行政区划是地方官员安身立命之所,是他们进行行政管理的权力范围。只有划定行政区划,才能设官施政,这是一般的常识。但是在历史进程中也出现过只有行政机构,而无行政区划的特例,如三国时期的遥领与虚封、东晋南朝的侨州郡县。这是地方行政制度折去一翼(侨州郡县)甚至两翼(遥领、虚封)的不正常现象,在这里行政区域只是虚幻的存在,而地方制度并不因此而废除,所以必须作为专门的研究对象来阐述。

一、遥领与虚封制度

秦汉时代,刺史太守所领之州郡都是实土,也就是实实在在的政区。同样,汉代诸侯王所分封的王国也是实土。但是在三国时期,却出现了遥领与

虚封的制度。遥领就是以不属于本国的州郡设置刺史太守,而虚封则是受封的诸侯王只有虚号,其封土则在他国境内。此亦即:"遥领者,不入版图之地,而别于国内他处设刺史郡守以辖之也。虚封者,则仅有封爵而无实土之谓也。"这是在分裂时期形成的特殊制度。魏、蜀、吴三国虽然仅能各据一方,但每方都期望自己能拥有整个天下,在这一愿望尚未或不能成为现实时,便以遥领与虚封来满足自己。

遥领与虚封制度的存在,引起了一些混乱。洪亮吉在《补三国疆域志》中说:"三国土壤既分,舆图复窄,州郡之号,类多遥领。吴有犍为之守,蜀存京兆之名。武都一郡,土归西国,而名立扶风;房陵一区,实隶当涂,而虚领益土。近而易混,骤每不详。"如果我们不明白这个制度的实质,有时便会因某国设有某州刺史而误以为该国拥有该州之地。如《三国志·蜀书·李恢传》载:"恢为庲降都督,使持节,领交州刺史。"有人据此以为蜀国有交州地,其实不然。因李恢领交州时居平夷县,而该县为牂柯郡所属,若蜀有交州,则李恢决不能在牂柯。实际上,交州始终为吴国所有,从未归属于蜀。又如蜀国所封有鲁王,但鲁地却在魏国。

遥领与虚封不独三国时期有,然起于三国,且以三国为盛。鼎足伊始,蜀汉章武元年(221)即以马超为骠骑将军,领凉州牧;又,尚书杨仪左迁,遥署弘农太守。凉州与弘农郡皆魏国所有。其后,吴起而仿效,愈演愈烈。陆凯赤乌(238—251)中除儋耳太守,周泰攻关羽后拜汉中太守,韩当先后领永昌太守、冠军太守,均为遥领。汉中、永昌在蜀,冠军属魏;儋耳在海南,则早于西汉末年废郡。以封爵论,孙和为南阳王,居长沙;孙奋为齐王,居武昌;孙休为琅琊王,居虎林,皆是虚封。南阳、齐、琅琊均在魏。

遥领与虚封不但是为了图空名,虚张声势,还有政治上的目的。《三国志·吴书·孙权传》云:黄龙元年(229)六月"蜀遣卫尉陈震庆权践位,权乃参分天下:豫、青、徐、幽属吴,兖、冀、并、凉属蜀。其司州之土,以函谷关为界。造为盟曰:'……今日灭睿,禽其徒党,非汉与吴,将复谁任?夫讨恶翦暴,必声其罪,宜先分制,夺其土地,使士民之心,各知所归。'"这就是说,孙吴和蜀汉为了联合的需要,在签订盟约时,除了其他条件外,又把魏国的土地先行瓜分,各"占"其半(魏的九州,吴蜀各有其四,首都所在的司州则以关为界,各取其半)。这种做法貌似可笑,实则是政治手段的应用。有此盟约,则吴、蜀虽大肆遥领虚封,亦不得随便胡来,而必须限制在各自所"占"的领域上。故缔约后,蜀有冀州刺史张翼、兖州刺史邓芝、并州刺史廖化、凉州刺史姜维;吴有青州牧朱桓、豫州牧诸葛瑾、徐州牧全琮、幽州牧孙韶。以上八州皆为魏土,吴蜀之刺史州牧,挂名而已,然在吴蜀则另有驻地。如《南齐书·州郡志上》载:"南徐州,镇京口。吴置幽州牧,屯兵在焉。"甚至缔约前后,吴蜀自行其是所遥领虚封者,若与盟约不合,亦加以调整。如交州为吴地,故蜀解李恢之交州刺史职,又"徙鲁王永为甘陵王、梁王理为安平王,皆以鲁、梁在吴分界故也"。同样,吴原以朱然牧兖州,步骘牧冀州,为表示对盟约的尊重,亦解其牧职。

三国尽归司马氏后,遥领、虚封制度的政治基础已不复存在,该制度也就随之消亡。但西晋历时颇短,分裂之势重现,遥领之制又见抬头,如《陈书·始兴王叔陵传》云:太建元年(569),"都督江、郢、晋三州诸军事"。其中晋州即为遥领,但其势不如三国时期之盛。遥领还有另外一种情况,即虽然某些郡县实际上是在政权所辖范围内,但由于那些郡县的土著民族势力大,政府官员无法进入该地实施统治,实际上犹如遥领。如《魏书·刘藻传》载,刘藻为秦州刺史时,"秦人恃崄,率多粗暴,或拒课输,或害长吏,自前守宰,率皆依州遥领,不入郡县"。这种遥领与上述遥领的概念不同,只是形容实力不到彼处而已,而前述之遥领则纯粹镜花水月。

虚封制度也同样在南北朝复活,如北魏封爵四等——王、公、侯、子,王封大郡,公封小郡,侯封大县,子封小县。明元帝有六子分别被封为乐平王、安定王、乐安王、永昌王、建宁王、新兴王。时乐平等六郡并不在魏的版图内,另外如交趾公、襄城公、武原侯、平舒侯之类,其爵名中的郡县也在魏的辖境之外。

遥领、虚封虽无实土,但组织机构却是有的。如北魏天赐元年(404)诏:"赐王、公、侯、子国臣吏,大郡王二百人,次郡王、上郡公百人,次郡公五十人,侯二十五人,子十二人,皆立典师,职比家丞,总统群隶。"[1]

不过,东晋南朝时虚幻政区的典型已属侨州郡县,它有寄治之所、有所属之民籍,比遥领、虚封之制还要实在些,不像遥领、虚封纯粹是子虚乌有。

二、侨州郡县
(一) 侨州郡县之源

州郡县政区与政府因为失去本土,而侨置于其他地区者称为侨州郡县。这是地方政府设置的非正常情形。侨置州郡县的典型时期和地区是东晋南朝的江淮地区,是由于西晋永嘉丧乱以后,北方领土失于少数民族政权之手,大批北方人民迁移南方而引起的。但溯源追本,侨置郡县的做法始于东

[1] 《魏书·官氏志》。

汉安帝以前玄菟郡的内徙。玄菟郡置于汉武帝元封三年(前108),辖今辽宁、吉林与朝鲜半岛东北部交界地,郡治设在夫租(今朝鲜咸兴)。后来因受夷貊所侵,不得不将郡治迁往高句骊县(今辽宁新宾满族自治县以西),俗称第二玄菟郡。东汉时期,高句骊逐渐强大,不受汉朝政府控制,使玄菟郡无法立足,但朝廷又不想放弃玄菟郡的名义,于是把该郡迁到辽东郡的北部,这就是所谓第三玄菟郡,事在汉安帝即位(107)前。这个玄菟郡及其所辖的三个县——高句骊、西盖马和上殷台,就是我国历史上最早的侨置郡县,因为它的领土已经丢失,完全寄治在别郡的领域内。安帝时,又割辽东郡三个县属玄菟郡管辖,于是玄菟郡遂成半实半虚之郡。[1]

(二) 东晋南朝侨州郡县的背景

虽然东汉已有侨置郡县,但尚未蔚为普遍制度,侨置郡县的数量不多,侨置地域亦不广。侨州郡县的广泛设置与制度化出现在东晋南朝时期。《宋书·州郡志一》记侨州郡县缘起曰:"自夷狄乱华,司、冀、雍、凉、青、并、兖、豫、幽、平诸州一时沦没,遗民南渡,并侨置牧司,非旧土也。"南渡的遗民亦称"侨人",他们都是以宗族部曲的形式集体迁徙而来的,东晋南朝政府为了招抚安顿这些流民,就在他们的侨居地设新的州郡县三级政区和政府(即所谓"侨置牧司"),并以他们原居地的政区名称作为新政区的名称,即《隋书·食货志》所说的"皆取旧壤之名"。所以如并州、青州,如琅邪郡、兰陵郡这样一些北方的州郡名称,都可以在南方见到。

侨州郡县的设立有几方面的原因。一是当时人们以为东晋南渡只是暂时的,北方失地很快就能收复,于是地方行政机构仍旧按故地的形式组织。而且保留原有州郡县的名称,也是在怀念之余表明收复失地的决心。后代在类似情况下也有人建议照此设置侨州郡县,如南宋汪藻建言"用六朝侨寓法,分浙西诸县,皆以两河州郡名之"[2]。绍兴八年(1138),李谊也建议"于淮南、荆襄侨建西北州郡,分处归正之民"[3]。但其时宋金和议,不准双方招引归正之人,故这些建议均未实行。二是正统观念的深入人心。虽然当时南北分裂,各政权皆以正统自居,但"自古以来未有戎狄作天子者"的传统观念牢不可破,故东晋"虽僻陋吴越,乃正朔所居"是时人的普遍意识。领土虽失,但讳言削弱,只能以侨置的虚名自慰;与此同时,又不侨置十六国北朝新

1　参见周振鹤:《西汉政区地理》下篇第十五章。

2　《建炎以来系年要录》卷33。

3　同上书,卷118。

立的州郡县,以表示对其政权的否定。三是侨人自高姓望,地域乡里观念浓厚。由于汉魏以来多聚族而居,因此不但南迁时是举族而行,而且侨寓南方后,也仍然以宗亲、乡党、部曲的形式聚居,而不与侨居地的土著相混。这样一来,政府只有以侨州郡县的办法,才能对他们施行有效管理。四是东晋南朝政府欲借侨州郡县制度吸引更多北人来归,并安抚已南迁之移民,使之安居乐业,促进经济发展。

由于上述原因,自晋元帝南渡后,随即设置大量侨州郡县,不久便"侨州至十数,侨郡至百,侨县至数百"。南朝宋齐梁陈沿流其后,终造成一代特殊的地方制度。

(三) 侨州郡县的两大类型

1. 处侨流而立

侨流人口是侨州郡县存在的基础。自永嘉丧乱以后的一百五十年间,有大量北方人民远离黄河中下游地区,迁到江淮流域一带,形成中国历史上第一次自北而南的移民大浪潮。据谭其骧师研究,这一期间,涌到南方的人口有九十万之众,占北方原有人口的八分之一,迁徙的结果使南方居民中每六人中即有一人来自北方。这些侨民在南方呈高度集中状态,多处在长江中下游的南北岸,于是这一地带的侨州郡民相应地最为密集。最先设立的侨县是怀德县。《宋书·州郡志》云:"晋乱,琅邪国人随元帝过江千余户,太兴三年(433)立怀德县"于建康。怀德并非琅邪国旧县名,这说明当时虽为侨县,但尚未想到要用旧壤之名。据《建康实录》,怀德县后改名费县,即琅邪国属之旧县名。这是侨县一级政区。以此为始,侨置不断。该志还说:"晋永嘉大乱,幽、冀、青、并、兖州及徐州之淮北流民,相率过淮,亦有过江在晋陵郡界(今常州一带)者……其徙过江南及留在江北者,并立侨郡县以司牧之。徐兖二州或治江北,江北又侨立幽、冀、青、并四州。"这是侨州一级政区。接着晋明帝又立沛、清河、下邳、东莞、平昌、济阴、濮阳、广平、泰山、济阳、鲁等侨郡并所领县于江南北。这是侨置郡一级政区。这以后随着每一次移民浪潮的到来,也相应地形成设置侨州郡县的高潮。举其要者,东晋时就有成帝侨立淮南郡及诸县于江南,侨立庐江郡于春谷、汝南郡于涂口、安丰、松滋二郡于寻阳、河东郡于上明,这是长江中下游南北岸的侨置;穆帝在南郡侨立义阳郡,孝武帝在襄阳侨立雍州、秦州,这是汉水流域的侨置;安帝以关、陇流民侨立始康郡,以秦、雍流民侨立怀宁郡,并寄治成都,这是蜀地的侨置。

所有这些侨州郡县只是因侨人而设置,起初并无实土,至多只有行政管理机构,而无明确的行政区划,既无一定的幅员,也无确定的边界,层级也不完善。它们只是寄托在南方固有行政区划之中的另外一套行政管理体系,而且仅仅是同一本贯的侨民的集合体。因此侨州郡县与正常状态下的实土政区相比,显得有些虚幻。

2. 备职方而立

北人南迁以东晋时最盛,刘宋时已远少于东晋,齐梁陈时则已无大批移民,但侨置州郡县的情形并不因而终止,相反,还不断有新的侨州郡县出现。这是因为东晋南朝政权在失地于北方政权后,为了维持面子,表明疆域的完整性,而将沦陷区中的州郡县立一虚名于南方,并不一定就有该州郡县的侨民存在。如宋明帝初年,北魏南侵,"青、冀、徐、兖及豫州淮西,并皆不守……于是于钟离置徐州,淮阴为北兖,而青、冀二州治赣榆之县"[1]。但当时的文献并没有这四州人民南迁的记载,"四州之侨治亦非应北人南徙之需而设,徒以职方不可不备,遂画地立名耳"[2],表明这些侨州郡县更为虚幻。

以"郡县虚置"而备职方者中,最典型的例子是宋泰始间豫州郡县的侨置。据《宋书·州郡志》,豫州领淮西十郡、四十三县,泰始(465—471)中这些郡县都沦于北魏,于是将其侨置于淮南,如表九所示。[3]

表九 南朝宋泰始年间的侨置郡县

原 郡 领 县		侨 郡 领 县	
汝南郡	上蔡、平舆、慎阳、北新息、安成、南新息、朗陵、阳安、西平、瞿阳、安阳	汝南郡	上蔡、平舆、真阳、北新息、安成、南新息、临汝、阳安、西平、瞿阳、安阳
新蔡郡	鲖阳、固始、新蔡、苞信	新蔡郡	鲖阳、固始、新蔡、东苞信、西苞信
谯 郡	蒙、蕲、宁陵、襄邑、魏、长垣	谯 郡	己吾(其余无考)
梁 郡	下邑、砀	梁 郡	(领县无考)
陈 郡	项城、西华、谷阳、长平	陈 郡	项城、西华、谷阳、长平、阳夏
南顿郡	南顿、和城	南顿郡	南顿、和城
颍川郡	邵陵、临颍、曲阳	颍川郡	邵陵、临颍、曲阳
汝阳郡	汝阳、武津	汝阳郡	汝阳、武津
汝阴郡	汝阴、宋、安城、楼烦	汝阴郡	汝阴、宋、安城、楼烦
陈留郡	浚仪、小黄、白马、雍丘	陈留郡	浚仪、小黄、白马、雍丘、襄邑、封丘、尉氏

1 《宋书·州郡志》。

2 周一良:《南朝境内之各种人及政府对待之政策》,见《魏晋南北朝史论集》,中华书局1963年。

3 胡阿祥:《东晋南朝侨州郡县的设置及其地理分布》,《历史地理》第八、九辑,1990年。

从上表可看出,不仅沦陷的十郡全部侨置,就是各郡所属县也几乎全部侨立。而且原汝阴郡中的楼烦县已是侨置县(楼烦原属雁门郡),这时又再度侨置,陈留郡及其所辖四县也是侨置郡县,亦同样再度侨置。不但如此,还侨置了原晋代陈留国所领之襄邑、封丘与尉氏三县。这显然是为了名义上保全原有疆域的虚张声势之举。如果将《晋书·地理志》和《宋书·州郡志》、《南齐书·州郡志》相对照,这样的侨州郡县还有不少。梁陈之际,疆域更加萎缩,而侨州郡县之名目反而有所增加,也都纯粹是为备职方而设。

(四)侨州郡县的施政管理

但凡政区,先要划定施政区域,方能分官设职。但侨州郡县情况特殊,在设置之初,都是"无有境土"[1]的虚幻政区体系,所以官职的设置并不是以行政区划为依据,而是以侨人集团为基础。也因此,侨州郡县的长官多为侨流人民所推举的领袖人物,而不是朝廷经过正常选举途径派遣的流官。这样一来,侨州郡县的长官所辖只是户口,而无一般州刺史、郡太守和县令长在地理意义上的权力圈,即施政范围。同时,侨州郡县的长官还可以世袭,不像朝廷正式命官,必须定期撤换。

南来的侨民既归侨州郡县所管辖,则他们的户籍也另外管理,而不与新居地的土著相混。土著的户籍称为黄籍,而侨人的户籍则以白纸登记,做成白籍,在白籍上注明他们的本贯,即原居地的州郡县名。由于侨州郡县在实质上不是政区,而是侨流人口的乡族集团,其行政管理也就比一般的正式郡县要宽松些,即所谓"牧司之任,示举大纲而已"。侨民的流动性、分散性较大,"去来纷扰,无暂止息""一县之民,散在州境""十家五落,各自星处",而且他们的资财大部分丧失于播迁途中,因此受到政府优待,得以减免他们的赋役租税。这样做,一方面是为了招引更多的北人南迁,另一方面,在侨民家计未立时,实际上也不可能服役缴税。

(五)土断——侨州郡县由虚入实的变化

侨民流寓初期,因为流离失所、生活艰难,而享受优免待遇,自然有其合理性。但侨寓时间一长,侨民已经安居乐业,而且失土恢复无望时,他们享受的特殊照顾就要使政府蒙受不少损失,于是土断办法应运而生。所谓土断,就是将侨流人口的户籍断定在侨居地上,使之可以附着在名副其实的政

1　《资治通鉴》卷128。

区之上，以便按时按地征收赋税。现在习惯上把籍贯作为一个单独的概念，其实籍是户籍，贯是本贯，一指户口，一指故乡，并不一致。如果不出现侨寓现象，则籍和贯可以配合一致；如果侨寓他乡，则户籍在新居地，就与本贯相分离。简单地说，土断就是使客籍成为本贯的措施。可以想象，土断政策的某些措施必定要遭到侨民的抵制，尤其是引起豪门大族的不满。因此整个东晋南朝时期，由中央下达土断条格有十次之多，从东晋咸和年间（326—334）直到陈代天嘉元年（560），延续两百余年之久。而各级地方政府依照土断条格进行的小范围或地区性土断还不计在内。

由于侨州郡县并没有境土，土断的主要任务就是让这些州郡县有生根落脚的实土，像一般的政区那样。但设置侨州郡县之时，只是从侨流人民的本贯出发给出政区的名称，任意性很大，形态相当复杂，土断的难度也就很大。其实与原州郡县体系一致的侨州郡县体系并不多见。原州郡县一经侨置，就发生许多变化，大体说来，有这么几种形态：[1]

（1）只沦没一州一郡一县，而因为侨人的分散，却同时侨置数州数郡数县，于是为了区别，将同名的侨州郡县加上东、西、南、北等方位词。[2]

（2）侨实并存。如刘宋时徐州（实）与南徐州（虚）并存。

（3）实土恢复而侨置不废。东晋义熙（405—418）中收复青州，而南方所侨置之青州不废，而为了区别两个青州，竟将原青州加上北字。益州江阳郡寄治武阳，后原郡恢复，改称东江阳郡，而侨郡不变。

（4）实土恢复而原政区建置不恢复，只留侨置政区。如《晋书·地理志》载，徐州彭城郡有武原、傅阳二县，而《宋书·州郡志》无，仅南徐州南彭城郡领有武原、傅阳两侨县。

（5）以侨州领原郡县。如《宋书·州郡志》中豫州寄治睢阳（即淮南寿春），而遥领淮北的汝南、新蔡等郡县。

（6）侨置已废之旧郡（国）、县。如汉代之广川郡，早已废，而东晋又侨立广川郡于扬州。楼烦、阴馆亦汉旧县，魏晋废，而东晋雁门侨郡却有楼烦、阴馆两侨县。

（7）因侨置而改原王国或原县为郡，如平原、乐陵、清河、太原在西晋为王国，侨置改为郡；义成、松滋原为县，侨置亦为郡。

1　胡阿祥：《东晋南朝侨州郡县的设置及其地理分布》，《历史地理》第八、九辑，1990年。

2　侨名普遍加"南"字，多在宋永初元年后，见钱大昕：《十驾斋养新录·晋侨置州郡无南字》；加"北"字如北徐、北兖等州，北济阴、北淮阳、北下邳、北京兆、北梁（领北蒙、北陈等县）等郡；加"东""西"者如东宕渠、东、西京兆，西扶风，西南顿等郡，东、西苞信，东、西信丰，东、西丰阳等县。

(8) 侨置县,而稍改其原县名。如冀州平原郡领侨平昌县(原西平昌),同州高阳郡领侨新城县(原北新城),又秦州南安郡领侨桓道(原獂道)。

(9) 侨置郡县另创新名。如益州始康郡领始康、领城、谈、晋丰等县,郡县名皆新创。这样做的原因有二,一是流民来源成分复杂,无法以一地命名;二是以军户所立侨县,因军人恒为流寓之人,故无乡里之号。

侨州郡县的设置已有如上的任意性,而在设置以后又"省置交加,日回月徙;寄寓迁流,迄无定托;邦名邑号,难或详书"[1],处于很不稳定的状态。土断就是整理任意设置和变化无常的侨州郡县体系,使之由虚幻而入现实,与原有的行政区划体系相合为一。由于侨置的形式复杂,土断的方法也随之而不同,计有如下几种:

(1) 省并

这是土断的一种主要方式。侨州郡县因人而立,许多州郡县空张名目,并没有多少户口,于是在土断时就被省废(即取消州郡县建置)或合并(合数州郡县为一)。如大明土断,"诏并雍州三郡十六县为一郡"[2];又如建元土断,南兖州刺史柳世隆以北济阴郡等四郡十七县"散居无实土,官长无廨舍,寄止民村",于是通通省去,而将"民户帖属"广陵郡;又如幽、冀、青、并四侨州,因流寓者少,于是后来以幽、冀合徐,青、并合兖。省并对于正式政区也是常有的事,故不难理解。只是侨州郡县因虚名较多,故土断的省并数量较大,一次就可能省并十数个行政机构。

(2) 割实

这是特有的一种方式。侨州郡县设置之初都"无有境土",后来由于种种原因,也有不少割成实土。所谓割成实土,就是将正式行政区划割出一部分作为侨州郡县的领域。如宋元嘉二十六年(449),割荆州襄阳、南阳、新野、顺阳四郡为侨立的雍州的领土。但雍州所属的侨郡县还寄在其他郡内,没有实土。于是在大明(457—464)年间,又分实土郡县作为侨郡县境,使京兆、始平、扶风等侨郡都领有当地的实县。有实土就有生根之处,就能站住脚跟,所以土断中的割实一项最为侨人所关切。如兖州本土在宋泰始中沦没,泰始六年(470)遂侨兖州于淮阴,但无实土,深为该州侨人不满,而司、徐、青三州也是新置侨州,却都有实土,因此兖州侨人上诉,希望设置实土的东平郡(原兖州属郡)以为侨兖州的立足点。这一要求得到批准,于是割盱

---

1 《宋书·律志》。

2 《资治通鉴》卷128,大明元年条。

眙与山阳(今江苏省淮安)之间的地方立寿张县(原东平郡属县)与淮安县,以此二县属东平郡。[1] 县既有实土,郡州也就相应有了实土。当然在这里,割实也只是象征性的,不可能将原东平郡属县全部割实,只能割实两县;同时也不能将兖州各郡全部割实,只能以东平郡为代表。为何选中东平郡,这也有讲究,是因为该郡人吕安国时任光禄大夫,是通过他上奏才获许可的,自然以其桑梓之邦为割实的对象了。

(3) 改属

土断以前,侨置郡县不管侨于何地,在理论上还是归属原来的州。[2] 若原州有侨州,则侨郡属侨州;若原州无侨州,或侨州与侨郡不在同一区域内,则侨郡名义上仍悬属于原州,而由所在州"兼督"。土断的一个做法,就是将这些侨郡县断入所在的州,将兼督变为实际的领属,这叫"依界土断"。这种做法其实就是改变侨郡与原州的隶属关系,故此处称之为改属。如宋元嘉八年(431)割江南为南徐州实土,则侨兖州所属的在江南的南高平等侨郡,也就归属南徐州。

(4) 借侨名新置县

土断虽然省并了不少不合理的侨州郡县,但在另一方面也因"流寓来配"而新设了一些有基础的新郡县,如合来自不同州郡县而同寓一处的侨民置新县,归某郡领属,或侨寓者居住相对集中,即"乡屯里聚,二三百家,井甸可修,区域易分"时,也允许别置"侨邦"。

(六) 十六国北朝的侨州郡县

侨州郡县制度以东晋南朝最为典型,但并非东晋南朝所独有,十六国北朝也存在这一情形。十六国时,如前、后赵,前、后秦,成汉,北凉,前、后、南、北燕,西秦及夏等国皆见有侨州、郡、县之置,但这些州、郡、县大多既无土地,亦无人民,形同虚设,其目的当是"务广虚名",备职方而立。其中唯有慕容廆(前燕王皝之父)"立郡以统流人,冀州人为冀阳郡,豫州人为成周郡,青州人为营丘郡,并州人为唐国郡"[3],似以侨人而立,但郡名却不尽为原称,如唐国郡即非旧郡名。又有李玄盛(西凉始祖)"分南人五千户置会稽郡,中州

1　《南齐书·州郡志上》,北兖州条。
2　钱大昕说:"顿丘本属司州,即使侨立徐土,徐州刺史得兼督之,而未经土断,当犹存司州之名而不得云属徐州。"见《廿二史考异》卷19。
3　《晋书·慕容廆载记》。

人五千户置广夏郡"[1]，也不像虚设。

北朝也有不少侨州郡县，据《魏书》卷 106《地形志》、卷 12《孝静帝纪》、卷 42《寇赞传》、卷 51《韩均传》及《水经注》等文献可以考见。但前人对此研究尚未深入，只能暂缺以存疑。

（七）侨州郡县制度的终结

侨州郡县本来是作为一种临时性的、管理北方侨人的行政制度来设计的，故虽有州郡县之名，而无行政区划之实。随着时间的推移，北土的恢复已经无望，侨人已渐渐把新居地当成本贯看待了，即所谓"士民播流江表，已经数世，存者老子长孙，亡者丘陇成行""后来童幼，班荆缀音，积习成俗，遂望绝于本邦，宴安于所托"[2]。如《颜氏家训》的作者颜之推就是明显的例子。他原为梁代湘东王记室，其祖颜含随晋元帝过江，至其身已历九世，祖先坟墓都在建康（今江苏省南京），已视建康为其家乡，故他被北周掳至北方后，犹冒险过黄河砥柱而下北齐，欲由北齐而返梁都之建康。土断政策的施行一方面使部分侨州郡县成为实在的政区，另一方面更使部分北方侨人迅速土著化。待到隋朝重新统一天下，南北界线泯灭，侨州郡县的名目就没有继续存在的基础了，所有有关制度也都一笔勾销，成为历史陈迹。整个侨州郡县制度虽然消失，但个别的侨置县名却保留至今。如淮南的当涂县侨置于江南的于湖县，土断以后，于湖县名反而不见，当涂县名却保留到今天，其附近的采石矶就是唐代大诗人李白的长眠之地。

侨州郡县作为一项正式制度虽已随着南北统一而结束，但其流风余韵仍然在后世时隐时现。如据两唐书《地理志》及《太平寰宇记》所载，自唐武德以来，以归蕃所置侨都督府、州、县合计有上百个。又据《辽史·地理志四》辽有归义县、容城县，"户民皆居拒马河南，侨治涿州新城县"。拒马河是宋辽界河，河以南有宋雄州之归义县（太平兴国后因避讳改归信县）与容城县，辽为了表示疆域至拒马河南，故特意侨置与宋同名的两县。但辽之侨此二县，也并非全无意义，因为在拒马河南宽约四十里的地带里，其居民是所谓"两属税户"，必须同时向宋与辽纳税。[3] 其后，据元代姚燧所撰《邓州长官赵公神道碑》，在蒙古与南宋对峙期间，也曾先后侨置个别州县于洛阳与邓

1　《晋书·凉武昭王李玄盛传》。

2　《晋书·桓温传》。

　　3　《宋会要辑稿》兵二九之二。

三、畸形的双头州郡

所谓双头州郡指的是两州同一刺史,且两州同治一地,以及两郡同一太守,且两郡同治一地的特殊建置。双头郡的建置较多,而双头州的情况较少。

二郡同设一太守、二州设一刺史情形,一般认为始于东晋。据《晋书·毛璩传》载,毛璩在孝武帝太元(376—396)中任谯、梁二郡内史,安帝时行宜都、宁蜀太守,又文处茂亦于同时任巴西、梓潼二郡太守。又毛璩弟瑾为梁、秦二州刺史,略阳、武都太守。该传一气就举出五处双头州郡的名目,可见此制已普遍行于东晋孝武、安帝之际。而上述的巴西、梓潼二郡据考早在穆帝永和三年(347)前即已设置。[1] 如果我们再往前追溯,则《三国志·魏书·夏侯惇传》有云:"太祖自徐州还,惇从征吕布,为流矢所中,伤左目。复领陈留、济阴太守,加建武将军,封高安乡侯。"惇以一人而领二郡太守,很可能即是双头郡的滥觞,不过此二郡其时是否同治一地,尚待考实。

合二郡为一太守本不甚奇,因有兼职之可能。但在东晋南朝之时,以一人领二郡太守并非兼职,而是因为土地荒残,民户寡少,或者土地已沦于敌手,但又不愿省并政区,而强二郡合为一太守、二州为一刺史。而离奇的是双头郡中,有两郡共领七县、五县、四县、三县、二县、一县的情形,其中两郡共领一县是畸形到了极点。《魏书·地形志》中载颍州有九对双头郡,楚州有两对,其中新蔡、南陈留二郡就共领鲷阳一县。关于北魏双头郡的来历,《地形志》在汝阴弋阳二郡下注云:"萧衍(梁武帝)置双头郡县,魏因之。"据清人钱大昕的解释,此二郡所在本为汝阴郡地,又侨立弋阳郡,如同《宋书·州郡志二》中所说的"帖治"。[2] 所谓帖治,就是指某郡治所帖在另一郡治所之上,在刘宋时就有陈郡帖治于南豫州南顿郡和汝南郡帖治于豫州新蔡郡的两例。后一例是实土郡帖治实土郡,与北魏的汝阴、弋阳二郡是侨郡帖治实郡不同。

双头州的典型例子是梁、南秦二州与青、冀二州。《宋书·州郡志二》及《南齐书·州郡志·秦州》云:秦州(也称为南秦州)于晋"安帝世,在汉中南郑",而南郑又是梁州州治所在,说明在晋安帝以后,南秦州寄治在此,成为

---

1 参见吴应寿:《东晋南朝的双头州郡》,《历史地理研究》第一辑,复旦大学出版社 1986 年。

2 钱大昕:《廿二史考异》卷 29。

梁南秦双头州。又,宋泰始以后侨治于郁洲的青、冀二州,也是"二州共一刺史"[1],自然也是双头州。

归纳起来,双头州郡的类型大致有三种:[2]

(1)侨州郡帖治于实土州郡。这一类出现最早,实例也较多。双头郡如上文《晋书·毛璩传》中的巴西、梓潼二郡,治涪县,是侨巴西郡帖于实梓潼郡,自东晋迄梁恒置一太守。又如梁、齐两代的东莞、琅邪二郡,治朐山,是侨东莞郡寄治于琅邪郡,见《南齐书·州郡志上》。此外还有治于历城的济南、平原二郡(平原侨郡),治于梁邹城的乐安、渤海二郡(渤海侨郡),又有历阳、南谯二郡,晋陵南、下邳二郡等。双头州即如上文治于南郑之梁(实)、南秦(侨)二州,与晋、宋时置于今山东的北青、冀二州。东晋北青州治东阳城,为实土州,而冀州是侨州。

这一类型还有少数倒过来的变形,即侨州、郡割成实土后,实土州、郡反而帖治侨州、郡者。如淮南、宣城二郡,淮南为侨郡,后有实土,而宣城本为实土郡,东晋及宋齐间,常合二郡置一太守,治淮南郡治于湖。又如青、冀二州,冀州为侨州,割成实土治历城,青州乃实土州,却在宋孝建三年(456)至大明八年(464)间帖治历城。

(2)两侨州郡同治。即前一类双头州郡的侨置,故实际上其中有一郡或一州是再度侨置。双头郡如《宋书·州郡志》中南豫州之陈、南顿二郡。此二郡是宋泰始中失豫州淮西地后,以淮北豫州之陈、南顿二郡侨置。同《志》又有清河、广川二郡,为冀州侨郡,皆治盘阳城。双头州即前文所述侨治于郁洲的青、冀二州,据《宋书·州郡志》与《南齐书·州郡志》,此双头州乃宋明帝泰始中失淮北后侨置,历齐、梁两代皆存。又据《隋书·地理志》,梁代时有南梁北巴州,也属此类。

(3)两实土郡同治。此类仅见双头郡,为一实土郡帖治另一实土郡,而与侨郡无关。两实郡同治一地的原因不详,推测可能是为了军事方面的需要。如上文提到的宋豫州之汝南、新蔡二郡,乃新蔡郡帖治于汝南郡上蔡县。而上蔡县治是东晋南北朝时赫赫有名的战略要地悬瓠城,其地控带颍洛,为淮泗屏藩,大约因此而设两郡,以加强实力。又如陈、南顿二郡,乃南顿郡帖治于陈郡项城,该地亦当南北交通要冲。又如《宋书·州郡志》豫州之汝阳、颍川二郡,青州之齐、北海二郡,也都是实土的双头郡。

1　《南齐书·州郡志上》。

2　参见吴应寿:《东晋南朝的双头州郡》,《历史地理研究》第一辑,复旦大学出版社1986年。

双头州郡多设置于东晋南朝的北部边地,西自今四川省中部、陕西省南部,东至淮水南北及今山东省西部。其中除少数外,大多变化很大,或治所迁徙不定,或两郡(州)离合无常,以至"地理参差,事难该辨"。双头州郡只存在于东晋南北朝时期,起于东晋,盛行于南朝,北朝又沿袭其制。到隋代统一全国后取消侨置州郡,双头州郡也就随之消失了。据胡阿祥所考,东晋南朝凡有双头州九、双头郡七十余。

另外,东晋还曾出现过三头郡的现象。孝武时期,毛穆之"督扬州之义成、荆州五郡、雍州之京兆军事,襄阳、义成、河南三郡太守"[1],义成、河南,皆孝武时侨立于襄阳,此三郡合治一处,以一人领三郡太守。又,淮南、安丰与梁国三郡,淮南、安丰与汝阴三郡,在晋末义熙(405—418)中也常共一太守,治寿阳。[2]

---

1 《晋书·毛穆之传》。
2 胡阿祥:《东晋南朝双头州郡考论》,《中国历史地理论丛》第二辑,1989年。

第六章

影响行政区划变迁的诸因素

第一节　政治主导原则

一、内外轻重的概念与转换

在分析了行政区划的历史变迁过程以后,我们应该小结一下政治因素在这些变迁过程中所起的作用,并且讨论政区变迁和历史上治乱相乘与统一分裂的关系。

从秦代到民国,中国历史上所发生的治乱变化,概括起来只不过是一治一乱、统一分裂的循环往复而已。常人感叹的"天下治世少、乱世多"及平话小说作者总结的"天下大势,合久必分,分久必合",都体现了这一不变的循环规律。那么,产生这一循环的根本原因是什么呢? 古人用"内外轻重"之说来进行解释。

所谓"内"指的是中央政府或中央集权,"外"则是指地方政府或地方分权。在中央集权削弱、地方分权偏重的时候,就被称为"外重内轻",反之则为"内重外轻"。外重内轻可能引发割据分裂局面,促使统一王朝走向瓦解,这是汉、唐两代的教训;内重外轻虽无割据之忧,却使地方失去绥靖御侮能力,在内忧外患交加的情况下,就要导致亡国的危险,这是宋、明王朝的结果。因此古人所追求的理想目标是轻重相维,也就是在中央集权的前提下使地方有适度的分权,但是要做到这一点并不容易。轻重相维是一种不稳定的平衡状态,一旦处置失当,就会失去平衡,不是向外重内轻滑坡,就是向内重外轻倾斜,因此中国历史上的治乱变化总是循环不已,周而复始。当然每一个循环都不是简单的重复,而是吸取前代教训以后的提高。

除了以内外为比拟外,中央和地方的关系还可称为干枝关系、首尾关系、本末关系,如西汉中期削弱诸侯王国的措施叫作强干弱枝或大本小末,唐后期的藩镇割据现象被形容为尾大不掉。但是无论是内外、干枝,还是本末、首尾,矛盾的主要方面总在内、在干、在本、在首这一边。对历代统治者来说,保持一姓专制政权的长期统一和稳定是最高的政治目的,因此对地方安宁的重视超过对地方发展的关心,统治政策的制定也就往往偏向高度中央集权的那一端。宋太宗在一次谈话中就明确地提出了重内轻外的思想,他说:"国家若无外忧,必有内患。外忧不过边事,皆可预防。惟奸邪无状,若为内患,深可惧也。帝王用心,常须谨此。"[1] 这里内患指的就是地方割据,故宋以后的统治者便只授予地方当局以最低限度的必要权力,维持老百姓的最低生活水平。而为后人企羡不已的汉代吏治,也不过只达到"政平讼理,百姓无愁怨"而已。

但是高度的中央集权并不总能维持下去,当地方多事之秋,亦即连温饱水平也不能满足而引起农民起义,或是因统治权力分配不均而爆发内乱时,中央政府又不得不下放一定的权力,以便地方政府有能力镇压起义和叛乱,以维持王朝的生存。然而每一次权力的下移并不是正好停留在轻重相维的中点,而是常摆向极端地方分权的那一端,于是分裂局面出现,乱世到来,统一王朝走向崩溃,各种势力进入逐鹿中原的混乱舞台,直到最强有力者夺得政权,建立新的王朝,于是统一重现,治世开始。新统治者接受前朝的教训,寻求更佳的中央集权方式,又摆回到高度集权的另一端,一部中国政治史就在外重内轻和内重外轻的两端往复摆动,同时又一步紧似一步地走向极端的中央集权。

从具体的朝代来看,秦汉两代可以算作轻重相维的时期。秦之速亡非由于地方权力太重,而是因为苛政太甚,所以"时则有叛人,而无叛吏"。直到东汉末年才出现极端地方分权,引起军阀割据,造成三国鼎立局面。西晋统一以后实行封建制,外重内轻现象变本加厉,促使西晋王朝早早就在八王之乱中覆灭。此后的东晋南朝和十六国北朝对峙时期,一直处于轻重失序的周期,乱世从东汉末年算起整整延续了四百年之久。

隋代和唐前期又一次达到轻重大体相维的态势,当然在接受汉末的教训之后,中央集权更加强化。但是为了平定安史之乱,唐代政府不得不把权力下移,唐后期又从治世转入乱世,部分方镇拥兵自立,形成割据,其他方镇的分权则可上比汉末的州牧。唐王朝与藩镇偕亡以后,全面分裂的局面再度出现,从唐中期到宋代重新统一,混乱的形势也贯穿了两个世纪。

因此从秦汉到五代十国可以看成是从轻重相维到外重内轻的两次过

---

1 《三朝北盟会编》卷35。

程,也是由统一到分裂以及由治而乱的两次循环。长达千年以上的这一历史变迁,深刻地教育了宋代统治者,使他们意识到轻重相维的局面固然不错,却是不牢靠的,要想防止出现外重内轻的弊病,没有别的办法,只有走内重外轻的道路,这就是宋代绝对专制的思想基础。于是,宋代不但尽收地方之权于中央,而且集中央之权于皇帝个人手中。

元明清三代中央和地方的关系与宋代一脉相承,乃以中央官员分掌地方大权,实际上再无真正的地方分权可言。因此自宋代以后,中国历史上不再出现因割据而产生的分裂局面。金与南宋的对峙是由异族入侵而引起的,并非地方极端分权的产物。内重外轻之弊历久而愈显,宋以后王朝的覆亡多由外力所造成。宋一亡于女真,再亡于元;明亡于清,而清几乎将亡于东西方列强。然而只要无强敌压境,即使国势寖弱,地方凋敝,总还是能勉强维持专制政权的延续,所以统治者非不明白内重外轻之病,但与外重内轻相较,则宁愿两害相权取其轻。于是中国封建王朝之世,内重外轻之病已不能去。

二、政治主导原则

行政区划作为地方政治制度的一翼,其创设和变迁,首先要服从于政治目的和政治需要,因而两千年来政区诸要素也就随着内外轻重关系的钟摆来回摆动,未尝稍息。

政区层级最明显地体现出中央和地方关系的变化。就中央政府的主观愿望而言,是力图尽量简化层级,以便加强对地方的控制,只有在形势不许可的情况下才被迫增加层级。秦汉时期的郡县二级制正是轻重相维的体现。层次简单即有利加强控制和提高管理效率,也就可以让地方享受较大的分权,既促进地方发展,又不必担心割据分裂。后人念念不忘的秦汉雄风和盛唐气象,实际上是中央和地方共同参政的结果。如果地方毫无实权,即使社会经济发达,也只能造成宋代积弱的局面。

当然,隋唐时期的州县二级制,已比秦代不如,地方的军权、财权和部分行政权已被剥夺,但大致尚能维持中央与地方的正常关系。这是汉宋之间的过渡时期。隋唐的统治者接受汉末的教训,一方面要削弱地方公权,另一方面又不愿增加层级。

作为外重内轻表征的三级制,无论在汉在唐,都是被迫采用的。在汉是由于镇压黄巾起义,而把监察区改为行政区;在唐是为了平定安史之乱而于各地遍设方镇。因为中央和地方的关系出现了由轻重相维到外重内轻的两次循环,在政区层级上就表现为二级到三级的再度反复。

既然两级制是轻重相维的体现,那么当宋朝实行内重外轻政策时,即使无法将层级简化到二级制以下,也应该在废方镇以后恢复二级制,为什么却采用三级制呢？这是因为统县政区之府州军监幅员太小,数目太多,不得不在其上再加一级区划。从权力的实质而言,路只是各监司(即各职能部门)的工作范围,不像魏晋的州、唐的方镇那样是严格意义上的一级地方政权。甚至从区划上看,其形态也和其他三级制的高层政区有所不同。

前文说过,北宋的路是以转运司路为主,所谓至道十五路、元丰二十三路都是以转运司路为计,但这只是理论上的说法。在当时对于路的计算并不那么刻板,有时是以实际情况来看待的。也就是说,哪一个地区是哪一种监司路为重要,就以哪种路作为计算标准。

譬如西北地区是与夏国对峙的前线,转运司和提刑司都只分永兴军、秦凤两路,而安抚司由于前敌任务重,所以分成六路,亦即由上述的路各分成三路：永兴军路、鄜延路、环庆路;秦凤路、泾原路、熙河路(见图七)。除永兴军安抚司路外,其他五安抚司路都与西夏或吐蕃接境,所以统称西北五路。这一统称在两宋已经定型,甚至正式标在地图上。现在保存在日本内阁文库的珍本古籍——宋本《历代地理指掌图》中,有一幅《圣朝升改废置州郡图》,在西北边境诸州之中就单标上"五路"的字样,而不详写路名(见图八)。更特别的是一幅《圣朝元丰九域图》,文字说明是二十三路,图上标的却是二十七路,原因就是西北的六个安抚司路和其他二十一个转运司路同时并列。由此可见,宋人并不把路当成一级正式完善的高层政区。而且后人也往往

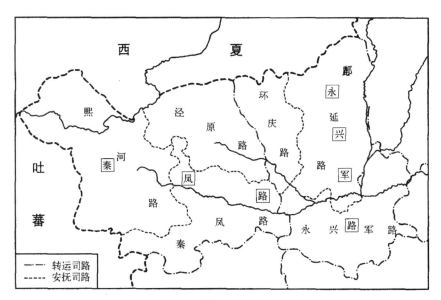

图七　北宋陕西转运司和安抚司分路图

图八 宋本《圣朝升改废置州郡图》

认为宋代陕西是分为六路而不是两路,如《元史·地理志》就是这样写的。今人读图若以为宋代曾存在这二十七路的体制,那就错了。

宋代分路的这种形态,前无古人,后无来者,完全是内重外轻的产物,路不但在权力方面,而且在区划方面也不是完善的一级,因此宋代的行政区划层级只能算虚三级制。元代的多级制是长期战争状态以及综合各种制度的结果。行省只是中书的分支权力机构,本来并非一级正式的地方政府,这是内重外轻的另一种形式。路、府、州、县是正式的行政区划,名为四级实则两级,因为府同路,而州似县,因此也有人把元代的行政区划看成是二级制。当然,由于行省后来实际上成为高层政区,所以元代还应算作是三级制。对于一个版图十分广袤的帝国来说,要实行完全的二级制是很困难的,因此元代中央对地方的控制不以简化层级的办法,而以犬牙相错的手段来体现。

明代以后更加强化内重外轻的措施,于是一方面简化元代形式上的多级制,另一方面又使高层政区三司分立,不但事权分散,而且三司的地域范围也呈现复式状态。总论第四章中已举出山东按察司与布政司不同区域的例子。其实都指挥使司(行都指挥使司)与布政使司之间的出入更为复杂。如山西布政使司统太原、平阳、潞安、大同四府及汾、辽、沁、泽四直隶州;但山西都司却只管大同府以外的州府,大同府与内蒙古西部的卫所则归山西行都司所辖。这种地域上的交叉使明代的高层政区也成为不十分完善的一级。

清代一方面将政区层级进一步简化到完全的三级制,以加强中央集权;另一方面却使地方政府形成五级,即总督、巡抚一级,布政使一级,道员一级,知府、知县各一级,以收互相牵制之效。清代省级政区虽然不存在复式状态,但在权力结构上却造成总督和巡抚之间以及督抚与布政使之间互相掣肘的状态。清代十八省除直隶、四川只置总督不置巡抚,山东、山西、河南只置巡抚不置总督外每两三省组成一个总督辖区,每一省又置一巡抚,这样在督、抚同驻一城的情况下就要产生矛盾。如闽浙总督与福建巡抚同驻福州,则福建一省的事务,督、抚总要互不买账,中央也得以经常干预,以收控制之效。

层级是行政区划体系的基础。中央政府乃是以地方区域的层级作为政治组织的系统,因此政区层级必然要随着中央与地方关系的变化而变化。为了加强中央集权,朝廷总是尽力简化层级,不设高层政区;无法简化的就使之成为不完善的形态,或者更进一步使政区层级与权力等级不相一致,这就是二千年来政区层级变化的情况。

政区幅员的变化没有层级这么复杂,其总趋向是县级政区相对稳定,统县政区和高层政区则在逐渐缩小的趋势中有些波折,反映了在中央与地方的关系中,内重外轻倾向的逐步加深。例如隋唐与秦汉大致都可看成轻重相维的时期,但前者的中央集权程度已比后者强化,统县政区幅员也就明显比后者要小。而且即使以汉与秦比、唐与隋比,幅员也是显著缩小,内重倾向一代紧似一代。只是当宋代走到极端,州府幅员太小,举一州一府之力无法攘外之后,明代才接受教训扩大统县政区的幅员,但到清代又小了下去。因为幅员就是地方政府的权力圈,圈越大,实力越强,这是中央政府所不愿看到的,统县政区如此,高层政区也是如此。汉末州的七八十县的地域,后来逐渐减少到南北朝末年六七县的规模。道、路、行省等莫不如此,步步减缩。而且政区幅员的减缩常常被当作一种政治手段来运用。西汉诸侯王国封域的削夺是如此,唐末五代的方镇亦是如此。后梁开平二年(908)六月,就以邢州置为保义军节度,并割洺、惠二州隶之。[1] 邢州原属以潞州为治所的昭义军节度,时潞州尚为李继韬所盘踞,此举等于是将唐末之昭义军节度使辖区一分为二。又,护国军原辖河中、晋、绛、慈、隰五州,开平四年四月升晋州为定昌军节度,以绛、沁二州隶之,实际上也是将护国军一分为二。后唐同光元年(923)庄宗灭梁,"友谦觐于洛阳……既归藩,请割慈、隰二郡,依旧隶河中(上述护国军治所),不许,诏以绛州隶之"[2]。可见同光以前护国军已无支郡,领绛州后,也仅有此一支郡而已。此外,魏博节度使辖区更是一分为四:后晋天福三年(938)升广晋府为邺都,置留守;升相州为彰德军,澶、卫二州属之;升贝州为永清军,以博、冀二州隶之;[3] 又,开运元年(944)陈州与曹州也分别从忠武军、宣武军析出而升为镇安军与威信军。[4] 所有这些例子都是五代时为防止节度使割据而缩小其辖地的重要措施,实际上是宋代削节镇支郡之先声。

在层级与幅员之间,有一定的依存因果关系。如统县政区幅员足够大,层级就可减少;若幅员太小,则层级不得不增加。前者如秦汉,后者如宋代。但是从中央集权的需要来看,却是想收两面之利,既要简化层级,又要缩小幅员。因为层级太多,则有梗阻之病;幅员太广,则有隔膜之虞;职权太尊,则有尾大之惧。即使层级无法再简,也要使高层政区成为中央官员的施政

1　《五代会要·诸道节度使军额》。

2　《旧五代史·朱友谦》。

3　《旧五代史·晋书·高祖纪》。

　4　《旧五代史·少帝纪》。

分治区域,削弱地方政府的权力;即使幅员不能过分缩减,也要尽量分散地方官员的事权。目的只是一个——强化中央集权。

作为第三个要素的政区边界,起初当作一种防范措施,而有犬牙相入原则的制定。然虽有此措施,尚不妨碍行政区划与自然地理区域基本一致的态势。但是越到后来,犬牙相入原则越居上风,山川形便原则渐渐居于次要地位,于是量变引起质变,致使行政区域的分划与自然地理区域逐渐背离,高层政区多非形胜之区。这一变化倾向也是由于内重外轻趋势的强化所造成的。

政区的层级幅员和边界三个要素的历时演变主要是出于政治目的和政治需要,从上面的叙述已可了然。这或许可以称之为政治主导原则。尤其犬牙相入是纯粹的政治手段,层级的波动也基于政治形势的变迁,只有幅员大小的变化除以政治原因为主外,还有经济及其他因素的作用。行政区划作为一种政治现象,其要素随着政治环境的变化而变化,正是天经地义之事。

政治过程在行政区划变迁史中起着主导作用,甚或是决定性作用。这不但已见在上文关于层级、幅员与划界方面的规律性的分析,而且在政区设置以及改隶等方面的实例更是随处可见。这里仅以两例说明之。

《三国志·吴书·贺齐传》云:建安十三年(208),贺齐"讨丹阳黟、歙,时武强、叶乡、东阳、丰浦四乡先降,齐表言以叶乡为始新县"。随后贺齐又续破"歙贼帅金奇"等,于是"复表分歙为新定、黎阳、休阳,并黟、歙凡六县,权遂割为新都郡"。今安徽省歙县一带,当时还相对闭塞落后,在三国时期开始得到开发,于是在治安稳定以后,就分设县治,并进而设立新郡,以加强对该地的统治。在另一种情况下,则可能为了"剿匪"的需要而对行政区划的统辖关系有特别要求,如宋代蔡戡要求不要将临武、宜章二县划归广东连州管辖,[1]就是为了有利于军事行动。

但是过分重视政治因素的作用有时却会产生行政管理上或其他方面的不便,因此这种作用有时会招致严厉的批评。如元代的行省历来受到诟病,程钜夫在《论行省》一文中就说:"窃谓省者,古来宫禁之别名,宰相常议事其中,故后来宰相治事之地谓之省。今天下疏远去处亦列置行省,此何义也?当初只为伯颜丞相等带省中丞相衔出平江南,因借此名以镇压远地,止是权宜之制。今江南平定已十五余年,尚自因循不改,名称太过,威权太重。凡去行省者皆以宰相自负,骄倨纵横,无敢谁何。所以容易生诸奸弊,钱粮羡

1　蔡戡:《定斋集·割属宜章、临武两县奏状》。

溢则百端欺隐，如同己物；盗贼生发则各保界分，不相接应。甚而把握兵权，伸缩由己。然则有省何益，无省何损？又其地长短不均，江淮一省管两淮、两浙、江东，延袤万里，都是繁剧要会去处，而他省有所不及其五分之一，如此偏枯，难为永制。今欲正名分，省冗官，宜罢诸处行省，立宣抚司，一浙东西，二江东西，三淮东西，四福建，五广东西，六湖南北，自江淮以南，止并为六个宣抚司……外如诸道宣慰司，今日止是过道衙门，有无不加损益，宜尽行革罢，归其权于宣抚司。凡旧日行省、宣慰司职事，皆于宣抚司责办。其江淮诸道军马分立六个元帅府，但有宣抚司处，便有一个元帅府，管诸万户以下军官，专一讨灭盗贼。如此军民之事有何乖误，何必令外面权臣借大名分，窃大威权，以恣横于东南哉？"[1]

程钜夫的批评是中肯的，行省本是军事行动的临时之制，结果变成和平时期的经制，只不过从元初的六个行中书省加为十个，以免幅员过大不便管理而已。对行省制度的不合理，许多人都有指摘，但以蒙古游牧民族入主中原，一时只能以军事行动机构来统摄辽、金、南宋、西夏与大理诸政权原有的行政区划，未遑建立新的一套行政机构，也是情有可原的。等到局面稳定以后，先将原来幅员过于辽阔的七省调节为十一省，已经是第一步的改革了，还来不及作根本性的调整时，其统治就岌岌可危了。这一改革的真正完成是在明代，即以布政使司来代替行省，将行政区划体系的层级与高层政区的幅员都调整到合适的地步，其实这一思路与上述程钜夫的建立宣抚司的想法在本质上是一致的。元代行省的设立恐怕也有其不得已的地方。由少数族统治多数族不能不将军事行动摆在第一位，所以元代的行省就连形状也与军事行动路线与方向相一致，而与山川形便毫不相干。最突出的如江西行省是将今江西与广东合并在一起，湖广行省则以湖南、广西与海南以及湖北一部分组成，于和平时期的行政管理极为不便。

而更为特殊的例子发生在西汉，即为了政治的需要而完全不理会行政管理的不便。尤其是汉武帝时推恩法的运用，使原来与自然地理大致相适应的政区完全脱离了自然环境的合理基础。例如，在秦代，今山西省地区被划为五个郡，每一个郡大致对应一个河谷盆地，行政区划与自然背景相对一致。到了汉代，这个地区被封为代国，后来因汉文帝的众建诸侯又分成几个小国。到汉武帝时只剩下山西中部的太原国。这时武帝采用主父偃所提到的推恩法，将诸侯王的子弟都分封为王子侯，而他们所建立的王子侯国，却

　　1　程钜夫：《程雪楼文集》卷10。

要归属邻近的汉郡(即皇帝直属的郡)所有。于是位于今山西省中部的太原国分立出来的许多王子侯国,不得不划归在黄河西面的上郡管辖,当上郡幅员扩大到一定程度时,又只得分出一个西河郡来,于是这个西河郡的地理位置就很特别,横跨了黄河两岸。即使在今天交通如此便利的情况下,山西、陕西间的黄河依然是高层政区不可逾越的界限,而在两千年前交通极其不便的情况下,为了政治上的需要却可以制造出那样一个政区来,这不能不说其中政治因素起了决定性的作用,而行政管理的不便倒被放到次要的地位上去了。同样,在东海之滨,江淮之间临淮郡的形成也与西河郡有异曲同工之妙,参见图九。

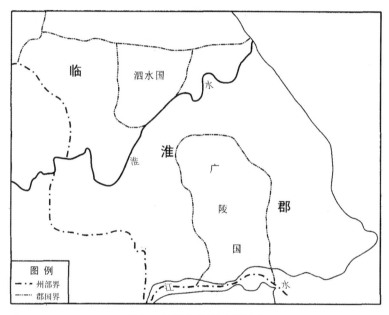

图九　西汉临淮郡建置示意

前文已经说过,犬牙交错的划界原则使政区行政管理不便,山北的统县政区而领有山南的一个县,显然不便管理。与此同时,政区幅员太大也不便,如元代的行省,上下阻隔太甚;幅员太小亦不利,如元代不管县的州、今河北省南部的小县,无疑增加了管理成本。政区形状不规则同样也不便管理,这以西汉最为典型。至于插花地则更为不合理,元代北方的统县政区有不少地方分裂为不相连接的两块,就是这种状态。行政区划是一项政治行为,其本意是为了行政管理的方便而设置,但如果有特殊的政治需要,则有时并不顾及便利与否,可能会出现行政区划与自然地理区域、人文地理区域不相符合,边界走向特殊甚至奇异等现象。

第二节　自然环境的基础

一、我国的自然地理区域

1．自然地理区划的概念

地表上存在浩瀚的沙漠、无边的海洋、险峻的高山、坦荡的平原等,地理环境的这种地域分异现象是显而易见的。根据各地理要素的差异,人们经常把地球表面或某一特定地域分成不同的地带和地区。如根据温度的不同,可以分成温带、亚热带和热带;凭借水分条件的差异又可划分为湿润和干旱、半干旱地带;依照地形地势的起伏又有山地、丘陵、盆地、平原、高原的区别。

如果根据各地理要素的共同作用,则可以进行综合自然地理区划工作,以综合反映不同地域的自然地理环境的相似性和差异性。一般地说,气候(主要是温度和水分条件)和地貌(地势起伏与山川排列等)是自然环境中的两个基本因素,划分自然地理区域主要是根据这两个因素的综合影响,并参考土壤和植被两个重要因素的差异。当然,根据不同的标准,会有不同的自然地理区划方案,但大致说来,各种方案都相去不远,尤其几条重要的地理界线,不但今天的地理学家们没有分歧或分歧不大,就是古人和今人的看法也没有什么出入。

按照最近的综合自然地理区划方案,中国可以分成三个大自然区,即东部季风区、西北干旱区和青藏高寒区,这三大区又可进一步分成七个自然地区和三十三个自然区(见图十与表十,表中略去了不相关的自然区名称)。

在三大自然区中,东部季风区约占全国陆地总面积的45%、总人口的95%,该区过去、现在和将来都是我国最重要的农耕区。其内部地域分异的主要因素是随纬度变化的温度,所以自北到南可以细分为四个自然地区。

西部干旱区的主导分异因素则是由距海远近而产生的水分条件差异,所以分成东西两个自然地区。

青藏高寒区的环境差异主要是由地势高低所引起的垂直变化,水平地带性变化则居次要地位,所以全区只作一个自然地区。

2．中国古代对自然地理区域的认识

在中国古代,人们对于自然环境的差异有深刻的认识。这种认识表现在:中原王朝的历史疆域和自然地理区域竟然密切相关。例如秦帝国的版图正和东北地区以外的东部季风区大体一致,如果后者再加上西北干旱区

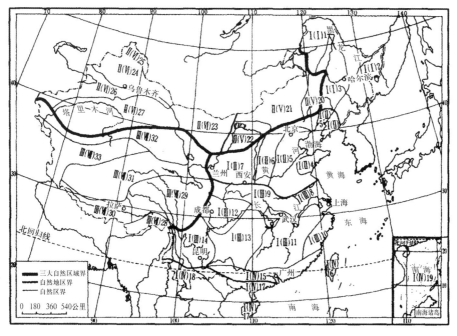

图十　中国综合自然地理区划示意

表十　中国三大自然区、七个自然地区和三十三个自然区

大　区	自然地区	自然区
Ⅰ 东部季风区	（Ⅰ）东北湿润、半湿润温带地区	1～3
	（Ⅱ）华北湿润、半湿润暖温带地区	4 辽东、山东半岛落叶阔叶区 5 华北平原半旱生落叶阔叶林区 6 冀晋山地半旱生落叶阔叶林、森林草原区 7 黄土高原森林草原、干草原区
Ⅰ 东部季风区	（Ⅲ）华中、华南湿润亚热带地区	8 北亚热带长江中下游平原混交林区 9 北亚热带秦岭、大巴山混交林区 10 中亚热带浙闽沿海山地常绿阔叶林区 11 中亚热带长江南岸丘陵盆地常绿阔叶林区 12 中亚热带四川盆地常绿阔叶林区 13 中亚热带贵州高原常绿阔叶林区 14 中亚热带云南高原常绿阔叶林区 15 南亚热带岭南丘陵常绿阔叶林区 16 南亚热带、热带台湾岛常绿阔叶林和季雨林区
	（Ⅳ）华南热带湿润地区	17 琼雷热带雨林、季风林区 18 滇南热带季雨林区 19 南海诸岛热带雨林区

433

续　表

大　区	自然地区	自　然　区
Ⅱ 西北干旱区	（Ⅴ）内蒙古温带草原地区	20～21 22 鄂尔多斯高原干草原、荒漠草原区
	（Ⅵ）西北温带及暖温带荒漠地区	23 阿拉善高原温带荒漠区 24～27
Ⅲ 青藏高原区	（Ⅶ）青藏高原地区	28～33

的鄂尔多斯高原区（即前后河套地区和套西地区），则两者竟完全吻合！不但如此，东部季风区与西北干旱区的界线还与战国时期秦、燕长城的走向惊人地契合。这并非巧合，而是说明先秦时期农耕民族对于自然地理环境已有深刻的认识，因而将农耕文化区推到了极其合理的北界。东部季风区（除东北气温较低外）是自然条件最适宜的农耕区，所以燕、秦长城建筑在该区的边缘。长城以外则是干旱区，本来应该是游牧民族的天下，但是河套地区情况特殊，虽然雨量稀少，却有良好的灌溉条件，所以胡服骑射实行改革的赵武灵王遂北逐胡人，夺得该地，将其改造为农耕区，并在阴山脚下、黄河以北建筑长城予以保护。

秦并六国之时，匈奴乘机夺回河套，恢复其游牧区的原貌。秦帝国建立之后，大将蒙恬再度北却匈奴，占领河套，建立九原郡；又在战国秦昭襄王长城之外，沿黄河筑城为塞，形成一条新的长城，并使之与赵、燕长城连接，作为秦帝国的北界，这也就是当时农耕文化区的北限。长城以外则是广漠无垠的游牧区。秦帝国的版图正是由除东北以外的季风区和一小部分干旱区所组成；以后历代王朝的疆域即以此为基础向外逐渐扩展，直至包括整个季风区、全部干旱区，以至青藏高寒区。

可农可牧的河套地区，在秦汉之际中原大乱时又落入匈奴手中，直到百年以后汉武帝时才又夺回。但是在正北方向，由中原向外的疆域扩张也仅到此为止，除了少数民族建立的王朝以外，汉民族各王朝的正式政区始终也没有跨出燕、赵长城以北。北部疆域的扩展主要是向东北和西北两个方向，以寻求尽可能适宜的农耕区，所以汉代人对于长城早就发出"天所以限胡汉"的感叹。限者，界限也，既是两个民族的分界，也是两种文化的分野。

对于作为中国历史疆域主体部分的东部季风区，古人也早就认识到其内部地理环境的差异性。季风区内可以划出三条东西向的分界线，第一条是在东北自然地区和华北自然地区之间，正与战国燕长城的东段重合。这段长城紧挨在赤峰、阜新和铁岭一线以北伸展,可见辽东半岛和辽西南部在自然地理区域方面不属东北而属华北,不但是今人的观点,也早就是古人的高见。战国时期划分九州的方案中辽东半岛都和山东半岛同处一州之中,亦不无道理。

第二条界线是分开华北和华中两个自然地区的秦岭—淮河一线,这是中国最重要的地理分界线。此线南北两侧,无论地层、地貌、气候、水文、土壤、生物等自然地理要素都显著不同。比如从气候上来看,此线是最冷月太阳辐射热量收支相等(即1月份平均温度为0℃),也是全年水分收支相等的标志线。这个标志作用自古以来就被观察到,所以在《晏子春秋》中记载了"橘过淮即为枳"的故事。由于上述原因,秦岭—淮河一线历来被视为中国南方和北方的分界线,不但南船北马、南米北麦由此线而判然分明,甚至分裂时期南北政权的对峙也常以此线为界。

华中地区和华南地区的分界是亚热带和热带的分界,这一界线今人争议最大,争议的方案在北纬21°~25°之间波动,本书所引用的方案是极端南界(位于北回归线以南)的方案。在其他方案中此线大致画在南岭与北回归线之间。古人没有具体纬度的概念,但对南岭一线南北气候的显著差异却有明显的感觉。"岭上著梅未"的诗句便透露了岭南与岭北梅花开放先后的差异。秦始皇征服南越,建立南海三郡后,中原人来到两广地区,马上就发现了"北向户"现象。所谓北向户指的是夏天太阳光可以从北边窗户射入屋内,这是北回归线以南的特有现象,古人大略把它当成是岭南地区的特点,因此视南岭为重要的地理分界线。由于长城、秦岭—淮河及南岭三条界线,在自然地理区划方面极其重要,因此历史上行政区域的划分在元代以前也几乎不跨越这三条界线。

在由三条界线所划出的四个自然地区之下,又可再细分为十九个自然区。在华北地区和华中地区内的自然区界线也极富标志性。在华北,由于距海的加远,湿润程度随之下降,因此自然区分界线呈南北走向,如太行山和西河(山陕间黄河)就使河北、山西和陕西处于不同的自然区之中。在华中,地势的抬升与降水量密切相关,因此武夷山、雪峰山、大别山、巫山、乌蒙山都成为重要的自然区分界线。历代王朝的政区绝大部分分布在华北和华中地区,上述自然区的分界线也都成为政区之间的天然界线。

正因为重要山川实际上起着划分自然地理区域的作用,因此古代在理想的地理区划和现实的行政区划中都实行山川形便的原则,《禹贡》的九州和秦始皇三十六郡的划分就是这一原则的最初体现。但后世的行政区划却逐渐和自然地理区划脱离关系。

二、"九州制"的设想与自然区的关系

《禹贡》是我国最早的区域地理著作,伪托为夏朝大禹所著,被收入五经之一的《尚书》之中。由于《尚书》是儒家最重要的经典之一,所以《禹贡》所载大禹划分九州的故事,历来被奉为信史,并把九州当成中国最早的行政区划。五四以来的研究已经证明《禹贡》是春秋战国时人的作品,九州是当时人统一意识和地理知识的产物(详见总论《终章》)。

九州制代表着一种新知识。它以重要山川为标志,将当时的天下划为九个区域,即:

(1)"济、河惟兖州。"济是济水,河指东河,即古黄河下游。济水已湮没,其下游略当今小清河。古黄河下游自今河南延津县北,东至浚县大伾山西折而北,又东北行,经河北广平、河间、文安,又东至天津入海。古济水和古黄河之间的冲积平原就称兖州。

(2)"海、岱惟青州。"海即渤海,岱即泰山。泰山以东至海为青州,包括今辽东、山东两半岛。

(3)"海、岱及淮惟徐州。"海即黄海,淮即淮河。泰山以南至淮河、以东至黄河的淮海平原,是徐州的范围。

(4)"淮、海惟扬州。"淮水以南、大海以西的地域是扬州,包括长江三角洲、鄱阳湖盆地和江南丘陵几种不同的地貌。

(5)"荆及衡阳惟荆州。"荆即荆山,在今湖北省南漳县。衡即衡山,在今湖南省。从荆山至衡山之南的云梦平原及山地丘陵属荆州。

(6)"荆、河惟豫州。"河指南河,即黄河在今河南省境内的一段。荆山以北到南河为豫州,由黄河冲积平原、豫西山地和南阳盆地所组成。

(7)"华阳、黑水惟梁州。"华即华山。黑水历来聚讼不休,若以汉人的眼光,黑水当即周水,即今怒江,西汉在昆明立黑水祠,就是奉祀这条水道。华山以南、怒江以东地区,即汉中、四川盆地为梁州。

(8)"黑水、西河惟雍州。"此处黑水亦不明,或以为即甘肃之张掖河,西河指陕西与山西之间的一段黄河。西河以西的黄土高原区被称为雍州。

(9)冀州。这一州被认为是帝都所在,其范围《禹贡》没有说明,但除去上述八州的地域,冀州应在"两河之间",即河东和西河之间的河北平原与山西高原。

九州的标志山川和大致范围已见上述。可以看出,各州的分划是和前

述综合自然区划的主要线条相一致的。秦岭——淮河一线的重要性在这里已被注意到,徐州与扬州即以淮河为界。雍州与梁州之界虽未说明,但明显以秦岭中分,华山即在秦岭的东端;荆山是豫州与荆州的分野,正在淮河西向的延长线上。所以九州之中,扬、荆、梁三州在秦岭——淮河一线以南,十分明确,这三州正相当于前述东部季风区中的华中自然地区。青、徐、兖、豫、冀、雍六州在北,相当于华北自然地区。

北方六州之分界与各自然区暗合。青州相当于表 10 中 I(II)4 区,即辽东、山东半岛落叶阔叶区,此区的西界大致正是泰山。参见表 10,青州与徐州的分界也恰是 I(II)4 和 I(II)5 两个自然区的分界;雍州与冀州之间的西河则是 I(II)6 和 I(II)7 两个自然区的界线;徐、豫二州之间界线不明,在自然地理区域中属同一自然区 I(II)5。

南方三州之间界线模糊,荆州与梁州之间大致可以华山之阳向南延伸,与巫山重合为界,即表 10 中 I(III)12 与 I(III)13 之界。但扬州与荆州之间则全无标志山川,说明当时人由于地理知识所限,无法划出明确的界线,而今天在武夷山与湖南雪峰山之间的地区也是同属一个自然区而没有其他中分界线的。

北方各州界限分明,州域较小;南方各州界限不清,州域辽阔,说明中原地区开发深入,人口密集,而南方尚属新开发地区。例如关于梁州的知识,显然是战国后期秦并巴蜀以后才获得的。《禹贡》九州的四至只有东界大海最为明确,北界和南界均未明言,但可以推测,其时北界达长城一线,已尽季风区的北限,南界至多只到南岭,岭南是秦朝的新版图。西北界虽已知有弱水,但战国、秦代的西北疆界只达兰州一带,到汉武帝时才越河水而建河西四郡,占有今甘肃、宁夏和内蒙古西部。这一地区是西北干旱区中的阿拉善荒漠区,即表 10 中 II(VI)23 自然区,本来是月氏人的游牧区,后来入匈奴人之手,最后被汉人改造为农耕区。

在九州的区域中,《禹贡》作者记述了各州的山川地理、矿产、田亩赋税等级,物产及手工业品,进贡的交通路线。其中尤有特色的是各州的土壤和植被,如扬州是"厥草惟夭,厥木惟乔,厥土惟涂泥"。夭形容花草盛美,乔指树木高大状,涂泥指湿润的土壤。又如梁州"厥土青黎"、雍州"厥土黄壤",分别指无石灰性的冲积土和淡栗钙土。由此可见九州的划分是以地貌和气候为基本依据,再参以土壤和植被两个重要因素的自然地理区划。九州的划分表明了战国时期人们普遍向往统一的思想,所以将天下当作一个整体来进行区划。这种思想在当时十分流行,所以九州说并不只《禹贡》一家,今天留下来的记载,至少还有另外三家,那就是《周礼·职方》《吕氏春秋·有始览》和《尔雅·释地》。

《职方》的九州分划标志与《禹贡》不同,它以地理方位为主,再辅以河水为坐标,即:"东南曰扬州,正南曰荆州,河南曰豫州,正东曰青州,河东曰兖州,正西曰雍州,东北曰幽州,河内曰冀州,正北曰并州。"各州界限更加模糊,与《禹贡》相较,冀州分出幽、并两州,梁州合于雍州,徐州并入青州。这或者表明《禹贡》是西北人士所著,所以明了雍、梁之别;《职方》是中原学者所写,所以将山西高原与河北平原分划为并、冀两州,将战国晚期拓地到辽东的燕国疆域称为幽州。

《尔雅》列于十三经之末,《吕氏春秋》属于子书,其九州之分划不太受重视。汉武帝元封五年(前106)综合《禹贡》与《周礼》两种九州制,去其同,存其异,合为十一州(但改雍为凉,改梁为益),又在岭南置交趾,从幽州北部分出朔方部,组成十三州刺史部。交趾部相当于华南热带湿润地区,朔方部略似于干旱区中的鄂尔多斯高原草原区,所以十三州部的分划也大致与自然区划相一致,但这已是后话。

《禹贡》的九州分划还仅是一种设想,到秦代真正统一天下之后,自然地理区域就成为行政区划的真实背景了。

三、秦郡的自然地理背景

秦始皇一统四海之后,为了中央集权的需要,曾使一些郡的边界与山川呈犬牙交错状。但从总的方面来说,秦郡的划分基本上是以山川为界,郡的地域范围与自然地理区划存在互相对应的关系,或者是一郡自成一个独立的地理单元,或者数郡组成一个完整的地理区域,少数情况下一郡包含几种不同地貌类型。

秦代的关中和山东地区开发充分,经济发达,人口分布较密集,因此郡的幅员较小,郡数较多,往往是几郡组成一个地理区域。如邯郸、巨鹿两郡为黄河与太行山之间的三角冲积平原。上郡、北地两郡是陕西与陇东黄土高原。雁门、代郡、太原、河东、上党五郡集聚在山西高原,是黄土高原的一部分,当然这五郡又各自成一个地理单元:雁门是大同盆地及其周围高地,代郡是蔚县、广灵盆地及其附近高地,太原是太原盆地,上党是潞安盆地及周围高地,河东是汾河陷落谷及河东盆地。

北方一郡自成一个地理单元的也不少,最赫赫有名的是首都所在的内史,正占据当时最富庶的关中盆地,或称渭河冲积平原,今天仍然是著名的八百里秦川。又如南阳郡即相当于南阳盆地,九原郡即河套土默川平原,上述太原等五郡也是类似情形。也偶有一郡包含两种地貌,如三川郡包含有豫西山地和伊洛小平原。

南方在秦代开发尚浅,地广人稀,郡境很大,甚至一郡超过今天一省,所以常自成一地理区域,或包括几个地理单元。如巴郡是川东褶曲山地及嘉陵江流域,蜀郡是成都平原及川中丘陵,汉中郡是汉中盆地,闽中郡是浙闽丘陵,会稽郡是太湖流域和浙东丘陵,九江郡是淮南平原与丘陵及鄱阳湖盆地,黔中郡是湘西丘陵及鄂西黔东山地等。

秦郡的划分重视地理区域的作用,每郡都以一肥沃盆地或平原为核心而推广至四周之高原或山地,以便保证有相当范围的可耕地,使农业经济的发展有一坚实的基础。汉兴以后,出于政治需要,已破坏了秦郡分划的态势。首先把秦郡划小,如内史一分为三,每郡都成支离破碎之区;其次是削王国之地以充实汉郡,使王国周围的汉郡领域不断变化,以致如西河郡跨黄河两岸,临淮郡居淮水东西,与地理区域完全脱离了关系。

当然南方的汉郡由于地域缩小,也有个别郡反而与地理区域相符,如豫章郡从秦庐江郡分出,恰好是鄱阳湖流域的范围,但这样的例子不多。东汉以后郡域与自然区域的乖离愈甚,因此大致可以说,汉晋南北朝时期的行政区划已和自然地理区划脱离关系。这一情况直到隋代重新统一全国后才有了变化。

四、唐代十道的地理区划

隋文帝结束了南北朝的混乱状态,再次一统四海,虽然他取消郡级政区,直接以州统县,将三级制恢复成二级制,但是当时全国有州三百余,州境与自然地理区域并不尽相一致。于是隋炀帝在大业三年(607)进行一场改革,将三百余州调整为一百九十郡,并使绝大部分郡界与山川形势相符,这不但为以后唐代的十道分划奠定基础,而且也使统县政区又如秦郡一般,大致与自然地理区域相适应,当然是在更小的地域范围内的适应。

隋郡幅员远比汉郡为小,比之秦郡就更不可同日而语了。因此就每一个郡而言,其所辖范围多数只是一个地理单元的一部分而已,但就一群郡来说却往往与一个自然区域相合。因此隋郡的划分重在符合山川大势,不使郡域跨越重要的山川。

最重要的高山大川是:秦岭、南岭、淮河、黄河下游、长江中下游,这是东西向的;太行山、山陕间黄河、武夷山、雪峰山,这是南北向的。除了有两个郡各跨长江下游及武夷山外,上述山川是严格作为郡界而不被跨越的。这是连秦代也没有过的现象。

例如就南岭而言,秦南海三郡的北界与之呈犬牙相入的状态,尽管三郡的地域与华南热带湿润自然地区尚大致相符。但隋代岭南诸郡的北界则完全与南岭的走向相重,其两相一致的程度令人惊讶,如将湘源县(今广西全州)划入岭北的零陵郡,比今天的两广北界还要合理。再如长江中下游地区,除江都一郡外,其他沿江各郡一崭齐地排列在南北两岸。黄河中下游地区也大抵如此,更不用说秦岭—淮河一线的情形了。

因此,对比秦、隋划郡的特点,可知前者重区域,后者重分界。正由于有隋炀帝的这一改革,才有后来唐太宗时山川形便原则的实施,但过去很少有人注意到这一点。

隋唐之际的混战,使隋郡又改成唐州,而且州的数目上升到三百多。唐州的幅员虽更进一步缩小,但是州界依然遵循隋代的规矩,与高山大川的走向重合。而且因唐州多由隋郡分割析小而来,所以隋代跨长江的江都郡和越武夷山的临川郡也不见了。江都郡的江南部分置为常州,临川郡在武夷山以东部分并入建州。只有东都河南府因地位特殊,以及陕州(治今河南省三门峡)因控扼漕粮通道的咽喉,才跨踞黄河两岸。

因为有以山川作州界的基础存在,唐太宗才能在贞观元年(627)将天下诸州以山川形便分为十道。这十道严格地以名山大川及关隘要塞作为界限,并以之取名,形成在地貌组合方面相当完整的地理区域,它们依次是:

(1)关内道——潼关以西,包括鄂尔多斯高原、河套、银川平原、陕北高原和关中盆地。

(2)陇右道——陇山以西,包括陇中高原和河西走廊。

(3)河北道——黄河以北,包括华北平原北部、辽西丘陵和辽河平原。

(4)河东道——黄河以东,太行山以西的山西高原。

(5)河南道——黄河以南,淮河以北,包括豫西山地、华北平原南部(即黄淮平原)及山东丘陵。

(6)淮南道——淮河以南,长江以北,包括长江中下游平原和淮阳丘陵。

(7)山南道——南山(秦岭)以南,包括汉中盆地、川东褶曲山地、南阳盆地和江汉平原。

(8)剑南道——剑阁以南的四川盆地西半部及其周围高地。

(9)江南道——长江以南,南岭以北,包括浙闽丘陵,江南丘陵,沿江平原,鄱阳湖、洞庭湖平原。

（10）岭南道——南岭以南，包括两广丘陵、珠江三角洲、海南岛及红河平原。

除山南道东与淮南道、西与剑南道之间均无南北向的山川为界之外，其他各道之间都有明确的山川界线。

中国的地理大势是西高东低，主要河流与山脉都呈东西走向，因此十道的分划即以这些山川为骨干，先由黄河、秦岭—淮河、长江及南岭横切四刀，再以南北走向的次要山川太行山、西河（山西间黄河）、陇山以及以淮水之源的桐柏山和嘉陵江为标志竖切五刀，就形成了十个地理区域，这十分自然也相当合理。

十道的分划是《禹贡》划分九州以来第二次最重要的自然地理区划。九州只是统一愿望的体现，十道却是天下统一后君主踌躇满志的表征。大禹治水成功而有九州，大唐混一天下而有十道，都包含奉天承运的重要意义（九和十都是有特定内涵之数，此不赘述）。此后十道和九州一样成为天下的同义词，全国地理志或称十道志，或称九域志。

当然，相隔千年，九州和十道的分划有许多相异之处。前者只有大体范围，后者却有明确界限。九州的分布是北六南三，十道却是南北对半开。九州是自然地理区划而带有政治与经济区划的倾向。十道也符合自然地理区划，却带有政治地理的意味。

十道的作用虽不见载籍，但显然对三百余州起了分组的作用。唐初派遣按察使、巡察使赴各州进行监察工作，年底回京汇报，这些使节之间的分区巡视肯定与十道有关系。道者，路也，分道与交通路线必然关联，以利于监察工作的进行。所以开元（713—741）年间将十道分成十五道以后，就正式成为固定的监察区。

但是十道的背景基本上还是自然地理区划，这从上述各道所包含的完整地貌类型已可看出（只有山南道较特殊，下文再分析）。不但如此，十道的分划也和今天的综合自然地理区划有一定的对应关系。参见表十，如江南道大致相当于季风区中亚热带常绿阔叶林区，即Ⅰ（Ⅲ）10、Ⅰ（Ⅲ）11 和Ⅰ（Ⅲ）13 自然区；河南道和河北道近似于山东半岛落叶阔叶林区、华北平原半旱生落叶阔叶林区即Ⅰ（Ⅱ）4、Ⅰ（Ⅱ）5 区；甚至山南道也与北亚热带秦岭、大巴山混交林区即Ⅰ（Ⅲ）9 区相去不远。其他如淮南道、关内道、河东道也都与各自然区有一定的对应关系。

然而十道的分划也有其不足之处。从地貌的角度看，完整的云梦平原被分割在淮南、山南和江南三道之中，是一个缺陷。云梦平原可分为北面的江汉平原与南面的洞庭湖平原两部分,在秦代分别划入南郡和长沙郡之中,在汉代以后即作为一个整体长期处于荆州之内。

从道的地域范围看,山南道最为特殊,它把江汉平原之西半、汉中盆地、大巴山区和四川盆地的东半组成一区,长期以来使中外地理学家迷惑不解,有人将它看成秦岭汉水区,有人视之为中部山地区。然而秦岭只是界山,应为关内道和山南道共有,故秦岭汉水区之说不妥。另一方面,山南道虽容有大巴山区、巫山和川东褶曲山地,但江汉平原、汉中盆地也是其重要组成部分,仅视为中部山地区也有偏颇。如果视为汉水与嘉陵江两流域的组合,则比较切近,但仍有些勉强,因为嘉陵江西侧的支流在剑南道之中。因此看来山南道的划定是以界线为准绳,而不是以地理区域为背景。

山南道与淮南道之间的界线以桐柏山为标志,貌似牵强,其实有一定道理。首先,桐柏山及其西北延长线伏牛山是淮、汉分水岭,桐柏山往南的大洪山则是江、汉流域的分界;其次,桐柏山又是淮水的源头所在,因此以桐柏山为标志,向南沿州界竖切一刀还是正确的,既有流域的意义,又使整个淮水以南地区都属淮南道。而且即使如此分划,淮南道还是十道之中幅员最小的一道。倘把山南道东界向东移至大别山,则淮南道地域将缩减近三分之一,而且这一界线就离南山更为遥远而致名不副实了。

山南道的西界的确有点特别,但也并非绝无道理。大致以嘉陵江为标志的西界,正好把整个川东褶曲山地包括在内,也涵盖了嘉陵江流域的大部分地区。更重要的是,这条界线作为山南道的分野,又恰与秦代巴、蜀两郡的分界相重,因此,此线的划定很可能是因为民情风俗之异,不全为山川之别。

唐代的分道除了与自然地理区域相对应外,还侧重于天然界线,这就是山川形便原则的实质。而比较起来,秦代的分郡更偏重地理区域。当然,符合山川形便的区划,一般也和自然地理区划相对应,像山南道那样是比较特殊的例子。

唐代的州由隋代的郡划小而来,在地貌方面也大多自成一小地理区域。例如今浙江省在唐代分成十个半州,即杭、湖、越、明、睦、婺、衢、温、台、处十州及苏州的南小半。州与州之间则以河流的分水岭为界。

除北部太湖平原外,浙江全境为丘陵山地所盘踞。在山地之间分布着包括钱塘江在内的许多单独入海的短小河流。这些河流的谷地是人们从事农业生产的基地,因此每条河流的流域或者这个流域的一部分就构成唐代的一个州。如温州是飞云江流域和瓯江的下游,处州则由瓯江的支流小溪流域所组成,台州包括整个灵江流域,明州覆盖了甬江流域,湖州则与苕溪流域相对应。至于钱塘江流域,乃由衢、婺、睦、杭诸州所分割,每州各包含其一条支流。

由于浙江地区在唐代得到比较深入的开发,所以州的幅员已经过小。除了东北一隅外,十个州的地域和界线自唐代直到清末一千年间毫无变化,只有名称更改而已。诸州之间由于关山阻隔,形成一个个的小封闭圈,成为长期保持稳定的地理基础。浙江东北嘉兴一带是长江三角洲的一部分,在唐代属于苏州,北宋从苏州分出置为秀州(南宋改嘉兴府)后,其辖境也延续至清末不变。

在北方的平原地带,州界的划定便没有山地可作依据,尤其是河北道南部,由于黄河水系下游变迁很大,分支水道纵横交叉,地形又是一马平川的千里平原,因此不可能存在与州境明确对应的自然地理区域。但即便如此,州的分划也不是毫无规矩、杂乱无序的。在河北平原(今称海河平原)上,地势还是略有起伏,从东到西可分为滨海平原、中部平原和太行山前平原三部分。河北道南部诸州的分划也大抵依此起伏而排成三列。第一列只有沧、棣二州,第二列是莫、瀛、魏、博等八州,第三列是定、恒、相、卫等七州。即使平原地带不能像南方丘陵山地那样每州成为一个小封闭地理区,也要尽可能使数州成为一组而符合地理大势,这里便体现了唐人划分政区的基本用心。

唐代无论是分道还是划州,都力图使之与自然地理区域相适应,目的就是为了寻求一政区之内的自然地理特征的相似性、均一性,以利于农业经济的发展。直到20世纪,综合自然地理区划的工作依然是直接为着农业生产服务的。因此了解不同自然地理区域之间的差异,并使行政区划与某一自然地理区域相对应,显然有助于古代中央政府和地方政府对农业生产进行统一的指导和规划。

在一个统一的中央集权的农业大帝国中,如何保持正常的乃至发达的农业生产,是保证帝国长期稳定的重要因素。所以皇帝每年要举行籍田仪式,地方官员要适时劝课农桑,中央要根据各地收成的好坏和上计的多少来评定地方官员的政绩。除了这些象征性仪式和行政的措施以外,农业生产的正常与否还要依赖于自然环境,既要靠天,也要靠地。同样的气候、均质的地壤、完整的地形有利于进行同一类型的生产活动,简化农业生产管理,便于进行水利建设。所以秦代和隋唐都有意使统县政区的分划与自然区划相一致。

由于汉代的主要矛盾在于政治方面,即中央专制皇权和地方诸侯王分权的对立,所以西汉尽一代之力来分化瓦解东部地区诸侯王国林立的局面,夺取王国支郡为汉郡,并以蚕食方式不断扩大这些汉郡的领域。这样一来就引起郡域和郡界的不断变动,在这种情况下而求其与自然地理区域相对应,岂不等于缘木求鱼?因此西汉末年的郡大多与自然环境关系不大。此后,这一局面长期延续,直到隋代重新统一全国以后才得以改观。隋唐帝国刻意追求行政区划与自然区划相适应,说明中央集权与地方分权的矛盾基本上得到了妥善的处理,社会主要矛盾已偏向经济方面。这是秦代以地理区划作为分郡基本原则的第二次循环。

但是隋唐的统县政区并非没有缺陷,出于政治目的,隋唐的州(郡)域划得过小,在农业生产方面也产生了不良因素,如有些建设工程在此州为水利,在他州可能就成水患。但是从总的方面来看,可以说自隋唐时候起,直到清末为止,统县政区是与自然区划大体一致的。但是高层政区情况则完全不同,唐后期的方镇已不如前期的十道和十五道那样与地理区域相对应;宋代以后因为中央集权的需要,路一级政区已逐渐和地理区域发生偏离。

五、元代行省与地理区域的脱节

唐后期方镇的分划,已出现与山川形便原则不相对应的情况。如徐泗濠三州节度使(后改武宁军)治淮北徐州而领有淮南的濠州;又如昭义节度使(即泽潞方镇)辖泽、潞、邢、洺、磁五州,前两州在太行山以西的上党盆地,后三州却在太行山以东的山前平原;还有鄂岳观察使由江南的鄂、岳二州与淮南的申、安、黄、蕲、沔五州所组成。但这些还只算是个别的例子。

北宋的路制虽然出自独创,但路的区划却和唐代的道与方镇有渊源关系,只是离山川形便的原则又远了一步。例如宋初京西路边界与山川不吻合,即区划方面既有黄淮平原西部又有汉水流域中段;宋代中期分为京西南、北路后,才各成比较完整的地理区域。还有与京西路相反的例子,如宋初江南路在分成东西两路后,江南西路并不和唐后期自成一地理区域的江南西道一致,而是缺失东北隅饶、信二州(即昌江与信江流域),并在西北越过幕阜山领有兴国军(今湖北省东南角),这样一来,江南西路就不成为完整的地理区域了。宋代分路的实例表明,高层政区由于中央集权的需要已开始偏离自然地理区域。

但是由于路并不是严格意义上的高层政区,所以无须与地理区域完全脱离关系,因而如两浙路,福建路,广南东、西路在地貌方面就都是比较完善的地理单元。因此宋代可以说是高层政区脱离自然地理区划的过渡时期。

元代形势大变。行省是集民、财、军、政大权于一体的高层政区,为了防止割据,省界的划定以犬牙相入为主导原则,行省的区划根本不考虑自然环境因素,而是根据军事行动和政治需要来确定。元代的征服行动是由北向南进行,而中国的主要山川是东西走向,因此沿北南方向布置的行省就必然要跨越黄河、秦岭、淮河、长江、南岭等天然界线,而包容复杂的地貌类型。另一方面,温度的变化又与纬度的变化成函数关系,南北走向过长的行省也不得不纵贯几个不同的气候带。再者,在北方,降水量由滨海地带到内陆呈逐步递减状态,领域过大的行省就不免要横跨湿润与干旱的不同气候区。

以元初的体制而言,全境只分为七省。除福建行省沿袭宋代的福建路而幅员较小之外,其余六省的地域都很辽阔,而且多与地理区域不相契合。其中最不合理的是陕西四川行省,在地貌方面既覆盖了整个陕甘黄土高原西部,又越过秦岭包容了汉中盆地和四川盆地,以至贵州高原北部;从综合自然地理区划来看,则是横跨了西北干旱区和东部季风区两个自然大区,在季风区中又跨越了华北温带和华中亚热带两个自然地区,并且在华中地区还跨越了北亚热带和中亚热带两个自然区。

其次是湖广行省,北从淮河之源,南至海南岛,越长江,跨南岭,地貌复杂支离不说,还纵贯四个温度带(北、中、南亚热带及热带)。江西行省也从长江之滨,越过南岭,到达海边。宋以前岭南完整的自然区域被两省分割成破碎之区。中书省直辖地也过于广袤,等于唐初河北、河南与河东三道之和,在历史上首次将黄河南北地区合为一个高层政区,因此涵盖了山西高原、华北平原和山东丘陵三种主要地貌,而且从东到西又包括了三个自然区。差堪可慰的是淮河尚未被全面跨越,大致仍作为中书省的南界,以与江淮行省分野。后者居长江两岸,略当唐代淮南道和江南东道北部之和,这样组成高层政区也是空前之举。

元初七省之分划是战时体制的反映。为了行政管理的需要,到元代中期调整为十一省的新体制。陕西四川行省一分为三,成为甘肃、陕西、四川三行省,其中陕西行省跨越秦岭的形势已定,直至今日不变。中书省直辖地向北退缩到晋豫间黄河一线,湖广行省则南移到长江。江淮行省撤销,原所属长江南岸地区与福建行省合并为江浙行省,这样一来,就在黄河以南和长江以北地区形成了一个新的河南江北行省。这也是历史上第一次将淮河两岸地域组合为一个高层政区。

秦岭—淮河这一中国地理上重要的分界线在元代完全被弃置不顾,说明自然地理区域已不成为划分政区的重要基础,被优先考虑的是政治因素。虽然后代政区有所变动,但秦岭—淮河一线不作为高层政区界线的状况一直延续至今。

元代十一行省中只有四川行省是唯一完整的自然地理单元,相当于综合自然地理区划中的中亚热带四川盆地常绿阔叶林区。此外,云南行省和江浙行省也大致与自然区划相符合。其余行省和自然地理区划已经脱节。尤其是陕西、河南江北、湖广和江西四行省,因为跨越秦岭—淮河和南岭两条重要的地理界线,已和地理区域呈现明显的交错状态。前两省跨越华北、华中两个自然地区,后两省则纵贯华中、华南两个自然地区。但是前两省与后两省情况还有点不一样。

元代行省由于地域辽阔,远离省会的地区又设某某道宣慰司予以统辖。因此江西行省虽然跨越南岭,但其岭南部分另置广东道宣慰司(即宋广东路),湖广行省亦同此例,在岭南地区设置广西两江道和海北海南道两个宣慰司(即宋广西路)。这样一来,到了明代,岭南地区又很顺当地复原为一完整的地理区域,设立广东和广西两省。只不过这两省与宋代的广东路和广西路领域不同,广东省即元代广东道和海北海南道之和,广西省即与元代广西两江道相当。

对比起来,陕西行省和河南江北行省则是另一种情形。秦岭以南的汉中地区直属陕西行省管辖,未另设宣慰司管理。河南江北行省则所设淮东道慰司本身也跨越淮河南北,不但如此,淮河全线还被三个统县政区,即汝宁府、安丰路、淮安路所跨越。因此明代以后,行政区划跨越秦岭—淮河一线的现象已无法消除。

明代改元十一省为两京十三布政使司,俗称十五省,每省地域有所缩小和调整,大部分省都成为比较完整的地理区域。中书省一分为三,成为北京、山西和山东三省,大致相当于唐初的河北、河东两道和河南道的东北部,在地貌方面即为河北平原、山西高原和山东丘陵三区。河南江北行省撤销,其西半部一分为二,北面建为河南省,南面划给湖广省。河南省略当唐初河南道西半,但因省界犬牙交错的缘故,因而有部分黄河以北与淮河以南地。河南江北行省的东半部则划入南京。

元代湖广行省在分出广西省后,实际上是有湖无广,而划入元河南江北行省西南部后,明代湖广省成为一个完整的地理区域,为云梦平原及其四周高地所组成。江西行省在分出广东省后,其北面边界经过调整又恢复到唐后期江南西道的地理区域。江浙行省南部分出福建省,也重现宋代福建路的原貌。另外,又在西南成立一新省——贵州省,由元代的湖广、云南两行省各割部分地组成,占据了贵州高原的大部分,成为一不太完整的地理区域。明代四川省比元代四川行省为大,其南部边界因湖广和云南两省部分地的划入而向南移动,但其主体部分仍是四川盆地,只是南部也伸入云贵高原的边缘。

明代省的分划之所以能大致照顾到与自然地理区域的对应关系,乃因为省是都、布、按三司分立,权力分散的缘故。但在省界的划定方面,仍然执行犬牙相错的原则。而且除了上述几省相当或近似相当自然地理区域外,还有一些省份是违背自然环境因素作用的。

例如明代陕西省和元代陕西省约略相当,同样跨越秦岭南北,这是沿袭。明代还自有独创,那就是以元代河南江北行省的东部和江浙行省北部合组为南京(南直隶),相当于今天的苏、皖、沪三省市。这个高层政区跨淮越江,居于暖温带和亚热带两自然区之间,又包括有黄淮平原、淮阳丘陵、长江中下游平原、江南丘陵和太湖流域各一部分,其与自然地理区域的交错比河南江北行省尤甚。元代江浙行省之北部划入南京,中西部割给江西,南部分出福建以后,其余十一路置为浙江省,延续至今。宋代两浙路拥有整个太湖流域和浙东、西丘陵地,但是到了明代,太湖流域被一分为二,浙江省也不成完整的地理区域了。

清代十八省由明代十五省析分而来,南直隶被分成东西两半,即江苏与安徽,仍然未改其兼有淮北、淮南和江南三部分地区的特点。陕西省西部划属复置的甘肃省,但仍然领有秦岭以南的汉中府,因此苏、皖、陕三省都与地理区域不合。但是清代甘肃省与元代甘肃行省不同,由河西走廊和陇中高原组成,是完整的地理区。湖广省被分为湖北、湖南两省,虽然云梦平原一分为二,但两省各有其一半,即江汉平原和洞庭湖平原,在地理区域上尚称完整。

其余十二省沿袭明代,但省境有所调整。如贵州省疆域向北向南扩大,因而与贵州高原相一致。四川省边界向西推进,领有青藏高原东部边缘,已逸出四川盆地的范围之外,这是出于加强与西藏地区联系的政治需要。直隶和山西的北界也因疆域的扩大而推到长城以外。另外八省的领域没有什么变化甚至省界也几乎不动,只有些微的出入。

六、行政区与自然区的基本关系

行政区是在地理环境的背景上所划定的政治空间,因此在人为的政区和天然的地理环境之间就存在着契合与否的问题。地理环境是由地貌、气候、水文、土壤和生活于其中的植物、动物等因素组成的复杂的物质体系。中国自古以农立国,对于地理环境的地域差异有很深刻的认识,因此在划分行政区域时就注意到尽量使之与地理环境相一致,以利于农业经济的发展,维护王朝的稳定。《三国志·吴书·孙皓传》载:宝鼎元年(266)"分会稽为东阳郡,分吴、丹阳为吴兴郡"。裴松之注补充了分郡当时所下的诏书的内容,可以看出分置新郡时的思路。诏曰:"今吴郡阳羡、永安、余杭、临水,及丹阳故鄣、安吉、原乡、於潜诸县地势水流之便,悉注乌程,既宜立郡,以镇山越。……其呕分此九县为吴兴郡,治乌程。"当时设置东阳、吴兴等新郡的目的主要是为了镇压山越,即政治方面的需要。但即便如此,仍要兼顾各郡的自然环境,使之与同一地貌区、同一流域即所谓的"地势水流之便"相一致,这就是自然环境对行政区域的划分有直接影响的典型实例。

但这只是问题的一个方面。当政治需要与自然地理区划发生矛盾时,这种自然空间与政治空间的协调就可能转化为背离。随着中央集权的逐步强化,政治因素的作用越来越大,行政区划与地理环境的一致性就越来越差,尤其是高层政区在古代中国社会的后期已和地理环境有相当大程度的背离。如果我们从秦到清作一回顾,就可以发现行政区划与自然区划之间的关系也有一个曲折的发展过程:秦的相符,汉的脱节,隋唐的契合,宋的渐离,元的背离和明清的渐合。这似乎也是一种循环往复。

所谓自然地理环境,以中国的老话说,可称之为天时与地利。气候的两大因素是温度和水分条件,这可谓天时;地貌、土壤、植被则可以比拟为地利。几千年农耕文化的发展都离不开天时和地利。行政区域是人为划定的,也许可以说是人和的因素之一,如何使行政区划与自然地理环境相一致,在某种意义上来说就是如何求得天时、地利与人和的配合,以创造农业发展的最佳条件,这就是秦代、隋唐政区与自然地理区域契合的原因。但是当政治需要超过经济动机的时候,政区的地理背景就被忽视了,出现了元代行省与自然环境的背离,然而这种不合理现象也不能长期维持,所以明清以后又渐渐使行政区划和地理区域趋向一致。

地理区域有自然地理区域与人文地理区域两类,本节所论专指自然地理区域。行政区划和自然与人文两种地理区域应存在何种关系,古人是有明确的概念的,我们从东汉但望所写的《分巴郡疏》中可以看出一些信息。

该奏疏的最后一段提出具体的分郡方案："而江州（今重庆）以东，滨江山险，其人半楚，精敏轻疾。垫江（今合川）以西，土地平敞，姿态敦重。上下殊俗，情性不同。敢欲分为两郡：一治临江（今忠县），一治安汉（今南充）。各有桑麻丹漆，布帛鱼池，盐铁足相供给。两近京师。"从地理背景看，两汉的巴郡东部是褶曲山地，亦即"滨江山险"，西部是嘉陵江平原，所以"土地平敞"，可见东西自成地理区域。从人文地理基础看，东西又有风俗的差异，东部"其人半楚，精敏轻疾"，西部却"姿态敦重"，所以"上下（指江水的上下游，亦即东西部的另一种说法）殊俗，情性不同"。以此为据，巴郡应该分为巴东与巴西两郡。可见至迟到汉代，人们就已认识到统县政区必须有合宜的自然和人文地理基础。同时也可以推知汉代以后，统县政区以外的高层和基层政区也受着这种思想的支配。

第三节 经济因素的影响

一、经济发展的地域差异与政区设置的空间变化态势

从政区变迁史看，无论是基层政区、统县政区还是高层政区，其地理分布变化的总趋势都是从北密南稀到南密北稀的逆转，也就是说无论哪一级政区，其设置数量都呈现从北众南寡到南众北寡的转变。这一逆转基本上是全国经济重心由北到南的转移，[1]以及人口分布从北密南稀到南密北稀的转换所造成的。由于基层政区的分析比较繁琐，所以这里只着重讨论高层政区和统县政区分布的变化与经济因素的关系。

高层政区及其前身——监察区的南北分布情况最为简单明了地反映了南北稀密的变化。汉武帝元封年间（前110—前105）置十三刺史部，四州在南，九州在北。后来北方又加一司隶校尉部，于是北方监察区是南方的两倍半。东汉末年，十三州演变成为高层政区，依然是南四州和北九州的格局。

西晋前期设十九州，南七、北十二。后期南方又增置二州，南北之比已提高到三比四。到唐贞观元年（627），分全国为十道，正好五道在北。开元二十一年（733），十道分成十五道，南八北七，南方已略占优势，何况北方增设两道，纯粹是因为东、西两都的特殊地位，并非由经济因素所致。唐中期以后方镇的设置虽然是北多南少，但那是受军事因素的影响，安史之乱的战

---

1 关于中国古代经济重心从北到南的转移，可参见周振鹤《中国地方行政制度史》（上海人民出版社2005年）第十章第二节的简述。

事发生在北方,所以规划了较多的方镇。

北宋元丰年间(1078—1085)置二十三路,南方占十四路,而北方只有九路,南北之比已经是三比二强。当然,北宋并非统一全国的中原王朝,与之并立的尚有辽朝和西夏。幽云十六州在五代后晋时已归辽,河西走廊诸州则为西夏所属,这些地方或可当两三路的范围,即使如此,南方依旧稍胜于北疆。

元代重归一统,十一省中大致是五省在北,六省在南。说其大致,是因为将兼有秦岭以南地的陕西省当成北方省份,将跨越淮河以北的河南江北行省当成南方行省。当然说十一省南北各半亦可。但是元代行省不大能体现南北经济差异,如岭北行省只有一路,置省本来多余;辽阳行省也是地广人稀,户口远抵不上南方一个较大的路。倘以元初七省而分南北,则南方有五省半,北方只有一省半(中书省与陕西四川行省的一半),比例悬殊却又过大。

明代两京十三布政使司,大抵五省在北,而十省在南,基本上反映了经济重心在南方的态势。清代十八省的南北比例也是二与一之比,与明代一致。

统县政区的情况比较复杂,但其变化总趋势与高层政区大体一致。这里只选取有代表性的秦、隋、清三代予以说明。

秦代南、北方的郡幅员相差很大,南方的大郡比今天一省的范围还大,北方的小郡只有今天某些管县的市那么大,因此南北方郡级政区的分布密度也有很大差异。秦一代设内史和四十八郡,在北方者三十三个半,在南方者十五个半(东海郡跨淮水南,各计半郡),北方的分布密度将近南方的 2.2 倍。两汉时期,南北郡国数之比大致为三七开,与秦代差不多。

三国鼎立时期,南方经吴、蜀两国的开发,增设很多郡,所以到了西晋短暂统一的时候,北方郡国总数只有南方的 1.2 倍了。再经过东晋南朝的进一步发展,到隋代大业(605—618)年间,在全国一百九十个郡当中,南北已大致各占一半。而且除浙南福建、湘西贵州一带外,各郡幅员都较均匀。唐代情况比较特殊,在南方设置了过多的政区,那是针对两广贵州少数民族地区的特殊措施。

北宋中期,据《元丰九域志》统计,共有府州军监二百九十七所,其中南方占到一百七十七所,南北比例已经逆转为接近三比二之谱,这一比例与路的分布相一致。同样,如果考虑到幽云十六州等情况,南北比例当有所降低,但南方统县政区的分布密度已超过北方却是确定无疑的。

元代的统县政区为复式层级，难以进行对比。明代已经简化，但仍有复式残余，若大略只以府和直隶州作为统县政区，则在全明一百七十九个府和直隶州中，北方只占四十一个，南北之比已在三比一以上。清代政区恢复为单式层级关系，可以作为南北对比的典型实例。据《嘉庆重修一统志》统计，全清十八省共有二百四十九个府与直隶州，而北方只占八十八个，南北统县政区之比接近于二比一，这与高层政区的南北比例是相当一致的。

统县政区的分布由秦代北方是南方的两倍余，到隋代南北大致相等，中间隔了八百年；之后，又过了一千二百年，到清代中叶，南方的统县政区已将近北方的两倍。与此相映成趣的是高层或准高层政区也经历了几乎雷同的变化，两汉时期北方的州是南方的两倍有余，到唐代是一个转折点，南北的道各占一半，而到了明清的省，南方又是北方的两倍了。这种逆转过程正是经济重心转移的真实写照。

二、经济因素对政区其他方面的影响

虽然经济因素对行政区划的建立、行政中心的迁移、行政区划等第的变迁有很大的影响，但是并未出现以经济区影响行政区设置的情况，倒是反过来，行政区要对经济区产生制约作用。其实在中国古代，并无所谓严格意义上的经济区概念，如果勉强说有的话，那只是农业区与牧业区以及半农半牧业区的区别，至于农业区内部是无所谓经济区的划分的。一省是一个农业区，一府一县也是一农业区，只是区域大小的不同而无实质的差别，至于农作物的地域差异则并不体现经济区的特征。美国学者施坚雅（W. G. Skinner）将中国划为九大经济区，基本上是按商业活动来划分的。只有工业生产与商业活动才对经济区的划分有真正的意义，即使是简化到只是农产品交换的商业行为。但是由于中国行政区划的管理方式存在很大的刚性，所以直到工商业已经相当发达的今天，行政区与经济区基本上仍为同义语。所以我们这里所谈的例子只能限于历史上经济因素对行政区划的影响而已。这种影响在唐中期以至宋代表现得很突出，尤其是表现在以经济发达的原因设县或迁徙县治方面。

基层政区县的设置受到种种因素的影响，首先自然是政治因素，尤其是行政管理的需要，其次是军事上的需求，同时也有经济发展的推动。而且经济因素的影响随着历史的发展越来越明显。中唐以后，由作为经济节点而进一步发展为县治的例子不少。据《旧唐书·代宗纪》载，仅大历七年（772）正月戊子这一天，就以三个行市为中心设置三个新县："以（魏州）顿丘县之观城店置观城县,以张之清丰店置清丰县……以贝州临清县之张桥店置永济县。"这三个县的县治原来的通名都是"店",此处店与行市同义,[1]就是原来县以下的集镇,因经济发达而以之为中心设置新县。由此可见经济因素对县级行政区划的作用。不但如此,上述引文中的观城与清丰两县还与原有的两个旧县组成一个新州——澶州,说明这种经济因素进而影响到更高一级政区的设置,一个新的州级政区的形成,竟然有一半是与经济发展因素有关的。

秦汉时期行政中心与经济中心相一致。一般而言,郡治就是该郡最大的经济中心,县治也是该县的经济中心。从唐中期至宋代商业经济发达,除了州治、县治以外,还出现了其他的经济中心,因此相应设置了一套以某场某务为通名的地方税收机构。但当时有一项明确的规定,即在城(即县治、州治)的税额必比其他场务高,换言之,行政中心与经济中心必须一致。如果两者不一致,也就是说在县城外出现了新的经济中心,则多半将县治迁移至该处(此情形近代犹存,如因铁路开辟或公路交通便利,县治往往会迁徙到交通要冲,以促进经济发展)。如唐玄宗开元二十三年(735)将幽州安次县治从常道城移至耿桥行市之南,[2]宪宗元和四年(809)从淄青节度使李师道所请,将兖州鱼台县治移至黄台市等。[3]

宋以后行政中心与经济中心从一元化向二元化、多元化过渡。一个行政区域的行政中心一般只能有一个,而经济中心在宋代同一行政区形成了多个,不可能都成为行政中心,于是在行政中心兼经济中心的县治、州治之外,产生了不作为县治、州治的市镇。到明代,这些市镇在经济的繁荣程度上,有不少已超过县治甚至府治。但在明朝初年,仍以迁移县治的办法来维持行政中心作为最大的经济中心的地位。到后来才因不胜其迁,而放弃了县治必须同时是经济中心的做法。这种做法为清代所延续,例如,到了晚清,湖州府吴兴县下属南浔镇的经济地位不但超过县城,甚至远远超过府治,但依然是一个镇的建制,在行政区划级别方面没有蹿等的变化。

在政区的改置方面也有明显受到经济因素影响的情况,这里仅举两例说明之。

从古代起直至近代,中央集权对经济物流的管理方式,都是将行政区内的物资先集中于政区中心,再调资首都,或倒过来,从中央调拨物资到政区中心,再到政区以下各所属次一级政区,而不管物资的产地是否就在离该行

---

1 《元和郡县志》卷16载:"永济县……大历七年,田承嗣奏于张桥行市置。"
2 《太平寰宇记》卷69,幽州。
3 同上书卷14,单州。

政区不远的地方。元代有人注意到这一弊病,主张予以改革,但改革依然以行政的方法为主,不是改变物流的基本方式,而是移置行政中心。《元史·世祖本纪十一》载:至元二十三年(1286)七月庚午,"江淮行省忙兀带言:'今置省杭州,两淮、江东诸路财赋军实,皆南输又复北上,不便。扬州地控江海,宜置省,宿重兵镇之,且转输无往返之劳。行省徙扬州便。'从之"。这是说江淮行省原来的治所是杭州路,因此杭州以北的淮河南北及江南的财赋军实先要南下集中于杭州,然后北运至京城或北方的做法不合理,应将行省治所迁到扬州去,以免迁回运输。但实际上不改变物流方式,行省中心放在哪里都免不了迁回的问题,只是路途长短的区别而已。

在传统的农业社会里,农业赋税的征收是国家财政的基本来源。明代以来同一层级的县就因财政收入的高低而划成不同等第,[1]在清代甚至因为江南某些州县的赋税收入过高而将其一分为二甚至一分为三,这是因财政因素而致行政区划变化的典型实例。雍正三年(1725),将江南苏州府、常州府、松江府属下十三县一分为二(其中苏州府附郭则成为吴、长洲与元和三县)。这种分县与因新地区的开发而形成的新县不同,也与因开发程度的提高而割数县之地另立一县的情况完全不同,是将一地域上长期形成的经济共同体与文化共同体生生地割裂开来,目的主要是为了使财政管理方面化繁为简而已。这样的割裂在一定的时段里可能有一定效果,但却不符合传统的农业社会因经济发展与开发程度深化而设置新县的原则,因此在两百年后即出现重新并县的需要,最终在辛亥革命后又复原到分县前的状态。[2]

第四节 文化因素的作用

一、行政区划建置和数的关系

"数"是事物普遍存在的一种量的规定性,世上的万事万物莫不与数有关。古代东方和西方的哲人无不把数当作一种哲学范畴。古希腊的毕达哥拉斯学派就有"万物即数","数是事物的原本"的观念。古代中国也有"万物皆有定数"的信念,例如"历数"的概念本来指的是根据天象运行规律推算出的岁时节候次序,推衍开来,受命于天的帝王也必须按照"历数"来进行更替。尧在禅让帝位给舜时说:"咨,尔舜,天之历数在尔躬。"历数也被赋予改

---

1 周振鹤:《中国地方行政制度史》,上海人民出版社 2005 年。
2 谢湜:《清代江南苏松常三府的分县和并县研究》,《历史地理》第二十二辑,上海人民出版社 2007 年。

453

朝换代的意义了。所以《史记·律书》说："形然后数。"

由于数的观念在古人思维中占据重要地位，所以《禹贡》以九州划分天下，有其深刻的思想背景。九表示多或终极的意思，所谓"天地之至数，始于一，终于九焉"。因此天下有九隅，异族有九戎，人有九族，官有九卿，皇帝尊礼大臣而加以九锡，河水下游入海而分为九河，直到北宋时全国地理志，仍称为《九域志》。

十则表示齐全，完备，比九的应用面要窄，也比较后起。先秦经籍中以十为二字词组的很少，魏晋以后才渐见其多，这恐怕与佛教东来有点关系。如十力、十地、十谛、十善、十齐等皆是佛教用语。以是北周始有十死之恕（比较先秦时期楚辞《离骚》的"虽九死其犹未悔"），隋律方有十恶之罪，唐人有十友之美谈，宋代取士而有十科之目，清代乾隆皇帝也自称十全老人。在政区上，显然唐太宗分为十道也是表示大唐版图的完满。

但是九州只是理想，十道起初本为地理区划，都还不是正式政区。与"数"发生密切关系的正式行政建置，当以秦代的郡最为典型。

始皇帝一匡天下，以为秦代得水德，因此"衣服旄旌节旗皆尚黑，数以六为纪，符、法冠皆六寸，而舆六尺，六尺为步，乘六马"。水之数为六，所以上列事物都与六有关。更进一步，还与六的倍数有关，如销天下兵器，铸金人十二；徙天下豪富于咸阳，十二万户；刻石以四字一句，三句一韵，一韵十二字，泰山、芝罘、东观三刻石都是三十六句，琅邪、会稽二刻石都是七十二句，无不为六的倍数，这就是《史记·封禅书》所说的"度以六为名"的意思。

正是这个缘故，秦始皇二十六年（前 221）"分天下以为三十六郡"，一郡不多，一郡不少。其他事物的数是一经确定就不再变的，而郡数却不一样，是会浮动的。如秦始皇三十三年北逐匈奴，南平南越，置九原及南海三郡，就明显突破了三十六郡的格局。而事实上在这之前，由于秦始皇重新疆理政区，已有许多新郡从旧郡之中析置出来，增加了郡的总数。如《史记·秦始皇本纪》二十八年就载有三十六郡以外的衡山这一郡名。

由于三十六郡之置比较匆忙，因此在天下大定之后，依山川形势、地域大小重新规划，析置新郡乃在情理之中。如以故齐国之大，在始皇二十六年时只置临淄、琅邪两郡，显然不妥，所以后来又增置济北、胶东两郡。上述衡山郡也是从幅员太大的九江郡析置出来的。虽然郡数可以浮动，但六的倍数却仍要保持。据王国维考证，秦一代最终总郡数为四十八。[1] 估计其先从

　1　王国维：《秦郡考》，收入《王国维遗书》（影印本），上海书店出版社 1983 年。

三十六郡发展为四十二郡,所增加的六郡都从旧郡中分置;秦始皇三十三年开疆拓地置四郡以后变为四十六郡,于是又在内地新置二郡,以足四十八之数。

迷信"数"与事物的关系,今人视之似不可理喻,而在古人却是正常的文化心理状态。秦代设郡要符合一定的数并非孤例。王莽代汉之后,为应符命,也同样重视数的作用,这个数是五,因此分全国为一百二十五郡,置州牧、部监二十五人,各辖五郡;又将河南郡的县数增满三十,并设置六郊州长各一人,每人管五县;还将全国郡县三百六十处改为以亭为名等,不一而足。

但是毕竟政区数目变动太大,凑数不易,魏晋以后,政区和数就脱离关系了。但就两汉而言,郡国总数还是跟数存在一定关系的。西汉百三郡国,其中首都所在三辅不计,其余一百郡国是五的倍数(秦之首都特区内史也在三十六郡之外)。东汉迁都洛阳,三辅地区与一般郡国相同,因此总共有一百零五郡国,也是五的整倍数。

二、行政区划建置与宗教的关系

1. 因祭祀需要设置的县

最早与宗教有关的政区是西汉所设的陵县。陵县是在皇帝的陵墓旁边设置的特殊县,专为奉祀陵园之用。西汉时代尚未形成体系严密的一神教,当时的宗教形式主要表现在自然神崇拜和祖先崇拜方面。陵墓的建筑及供奉方式是祖先崇拜的一个重要内容,陵县的设置更把这种崇拜提到新的高度。

陵县的正式名称是陵邑。汉高帝刘邦死后葬于长陵,其陵县就叫长陵邑。长陵邑的设置标志着陵县制度的建立。此后,每个皇帝从即位的第二年起,就开始营建陵园,并划出一定地域,迁来民户,设置陵县。西汉一代共有七个皇帝陵县,即高帝长陵、惠帝安陵、文帝霸陵、景帝阳陵、武帝茂陵、昭帝平陵与宣帝杜陵。这些陵县地位特殊,在地理位置上它们虽然分属京兆尹、左冯翊、右扶风三辅郡,但在行政上却统归太常管理。太常是中央专掌宗庙礼仪的官署,陵县属太常而不隶三辅,正表明了陵县特殊的宗教地位。汉元帝以后不再设置新的陵县,原有陵县才划归三辅所属,宗教地位也就随之取消了。

陵县地位的显要还在于县令的级别上。汉县万户以上才置县令,不足万户置长,但陵邑一律置令。不但如此,陵邑的长官秩俸还特别优厚。县令一般秩千石至六百石,长陵令秩则为二千石,与郡太守相当。同时陵县都筑有规模不小的城垣，这也是地位重要的象征。

表面上看，陵县是为宗教仪式的需要而设立的，但在背后，它还有更深刻的意义。陵县的居民都不是原住户口，而是强迫迁徙关东豪族、天下高訾而来，因此居民的成分多是不事生产的旧贵族、高级官吏、富商大贾、游侠豪杰，将这些人集中于特定区域内，显然是为了加强监视与控制，防止动乱，保证安定。由于人为的迁徙集中，陵县的户口都很殷实，如西汉末年，长陵邑已有五万户，茂陵邑则达六万户。汉代万户以上为大县，这两个陵邑已经是特大县，超过许多郡国的户口数。

西汉陵县都密布在首都长安周围，尤其是有名的五陵——长陵、安陵、阳陵、茂陵与平陵，一字排开在长安以北的渭水北岸，一县紧挨一县，形成"都都相望、邑邑相属"的景象。东汉史学家班固对陵县的繁盛作了生动的描述，他在《西都赋》中说："……若乃观其四郊，浮游近县，则南望杜霸，北眺五陵，名都对郭，邑居相承。英俊之域，绂冕所兴，冠盖如云……""五陵"一词后来成为豪门贵族聚居之地的代称，唐代李太白有诗云："五陵年少金市东，银鞍白马度春风。"杜少陵也有句曰："同学少年多不贱，五陵衣马自轻肥。"

除了七个皇帝陵县之外，还有四个县也是专为奉祀陵园而设，可称之为准陵县。一是刘邦为其父太上皇陵所设的万年邑，二是文帝为其母薄太后所立的南陵，三是昭帝为其母赵婕好所置的云陵，四是宣帝为其父史皇孙所建的奉明邑。陵县是西汉的特例，东汉以后这一制度即予取消。但后代依然还有个别的例子，如北宋皇帝陵墓集中在今河南省巩义南郊，宋代先是在该地设立永安镇，以"奉陵寝"，后来又升镇为县，并且定为与首都、陪都地位相当的赤县。永安县的职能就是管理宋帝诸陵，只不过比西汉每帝一陵大大简化了。

比陵县更具宗教意味的政区是奉郊县，这是专为郊祀和封禅而特设的县。古代郊祀对象十分广泛，几乎包括原始宗教里的各种崇拜对象，如天神、地祇、山川、动植物、鬼魂、灵物、祖先等。封禅活动则比较单纯，指的是封泰山与禅梁父，亦即在泰山上祭天，以及在泰山下的小山上祭地。

郊祀的重要性在于宣扬皇权神圣性，所以那位以凿壁偷光而闻名的汉成帝时丞相匡衡说："帝王之事莫大于承天之序，承天之序莫重于郊祀。"[1]封禅的意义则是："王者功成治定，告成功于天。"为封禅和郊祀所特划的政区有两个突出的例子：一是奉高邑，这是汉武帝元封元年（前110）设置于泰山

　　1　《汉书·郊祀志》。

东麓下的一个县,作为封禅大典的基地。二是崇高邑,与奉高邑同时设立,乃为了奉太室山,即今天的中岳嵩山而置。据说那年武帝登太室山时,随从官员在山上听见有"万岁"的呼声,这自然是祥瑞之兆,所以武帝就以山下三百户封崇高山,为其奉邑。奉高和崇高两县既专为宗教目的而立,其民户所出就都作奉祀之用,不纳算赋,也不服徭役。

2. 由宗教事务机构管理的政区

上文提到西汉的陵县不归郡管辖,而归太常这样的宗教事务机构管理,这还是较小范围的事。千余年后的元代也有类似现象,但所管辖的不是区区数县而是比今天西藏自治区范围还大的宣政院辖地。

宣政院是元代的宗教事务机构,《元史·百官志三》说它的职责是"掌释教僧徒及吐蕃之境而隶治之",也就是既管全国的佛教事务,又管理吐蕃(即西藏)的行政事务。蒙古人虽然在军事上征服了藏人,但在文化上反被藏人所征服。元朝皇帝就都是藏传佛教——喇嘛教的忠实信徒。因此在西藏归入元朝版图之后并不像其他地方那样设置行省,而是实行"僧俗并同,军民通摄"的政教合一制度。这一制度一直延续到西藏民主改革以前,长达六百余年。

在宣政院下面又按地区分设乌思、藏、纳-里速·古鲁·孙等三路宣慰使司都元帅。这三路的名称是藏文成语 Dbus Gcan Mna-ris skor gsum 的音译,意为"前藏、后藏、阿里三部"。到清代,乌思、藏、纳-里速被读成卫、藏、阿里。"乌思"或"卫"是"中"的意思,指前藏;藏指后藏;纳-里速即阿里,在后藏之西。元代在三路宣慰司之下,又更进一步,将前后藏分为十三个万户。

事实证明,元代采用宗教文化的手段对西藏地区进行特殊的行政管理是行之有效的。统一而强大的吐蕃在唐朝以后陷入了分裂纷争的局面,在归入元代版图时,吐蕃内部各地方政权、各教派、各部落之间的纷争现象还很严重,不宜采取与内地一样的行政制度。相反,宗教及军管形式的制度却可保持其相对安定,有利于其发展。所以明代建立以后沿袭了元代的制度,在建立乌思藏和朵甘两都司的同时,又分设十三万户府,并且仍以喇嘛教的宗教组织进行导化工作,使其效忠于中央政府。

三、行政区与文化区的契合

总论第四章第二节中所引东汉末年巴郡太守但望的《分巴郡疏》是一份极其宝贵的文献,它提出的分郡方案正表明了当时行政区域的划分标准,既注意到自然环境,也兼顾了经济文化背景:"江州(今重庆)以东,滨江山险,其人半楚,精敏轻疾;垫江(今合川)以西,土地平敞,姿态敦重。上下殊俗,情性不同,敢欲分为二郡:一治临江(今忠县),一治安汉(今南充)。各有桑麻丹漆,布帛鱼池,盐铁足相供给。"可见当时政区的划分是注意到民情风俗的差异的。虽然分巴郡为二的提议当时未被接受,但四十年后卒分为三,大致遵照但望之提议而行,只是江州以东更细分为二郡而已。

政区不但与风俗区域有关,也与方言的地域差异相对应。本来语言地理和宗教地理是文化地理的两个重要侧面。世界上以文化区域为基础来划分行政区域的国家,以瑞士最为典型。瑞士联邦各州的分界,就是该国基督教派别与语言分区相互叠加的结果。中国人的宗教观念淡薄,宗教派别之间不构成地域特征,但方言的地域差异却十分显著,因此古代在划分政区时已经注意到方言问题,虽然有时本意并非要使行政区与方言区正相叠合,但客观上造成了这样的结果。如汉高祖刘邦封其子刘肥为齐王,划分齐国范围的原则就是"民能齐言者皆属齐",把齐国领域与齐方言区等同起来。这是很典型的例子,此后未见类似明确记载。

但在宋代,从路的区划来看,却与方言区划存在明显的对应关系。据拟测,宋初南方分布有吴、湘、闽、粤、赣等五种非官话方言(另有客方言正在形成过程中),以及官话方言(即北方方言)的两个分支上江官话与下江官话。而宋代的两浙路(苏南浙江)大致为吴语区,荆湖南路为湘语区,广南东路为粤语区,福建路为闽语区,江南西路为赣语区,荆湖北路为上江官话区,淮南路与江南东路一部分为下江官话区。这一地理格局至今尚无根本变化,只是后来客方言在赣、闽、粤交界地区形成,相应地将三个方言区的范围往北、往东、往南压缩。

尤其值得注意的是,荆湖南北路的划分完全与方言区相一致。荆湖南路相当于今湖南省的湘资流域与广西壮族自治区东北角,正是湘语区的范围。而今湖南省西部沅澧流域却属荆湖北路所辖,与今湖北省同属官话区。又,两浙路与今吴语区的出入只有润州治一地。宋代润州领三县,州治丹徒(今镇江)今属官话区,而其南面二县丹阳、金坛却是吴语区。推测宋初镇江还处在北方话和南方话的交界点上,两宋之际北方人民又大举南迁,才使镇江与南京一样完全官话化。

不但在路一级的大范围内存在与方言区相对应的关系,在小范围内也有类似现象。宋代的兴化军,治所在今福建省莆田,元代升为兴化路,明清改为兴化府,相当今莆田市。很有意思的是,从宋代至今近一千年中其领域丝毫未变,而且从元至今只辖莆田、仙游二县(宋代虽辖三县,但地域相同)。元代的路、明清的府,一般都要辖五六县,至少三四县,只有兴化例外。为什么这么小的地域始终单独成为一个统县政区? 主要原因就在其方言特殊。

闽方言可以分为闽北、闽南、闽东、闽中和莆仙方言等五个方言片。莆仙方言仅仅通行于莆田、仙游二县,范围最小,而且与其他四个方言片包括邻近的闽南、闽东方言都不能通话,其间的差异比湘、赣两大方言之间的差异还大。由于方言特殊,用方言演唱的莆仙戏也只流行于莆、仙二县,形成一个与众不同的文化区。正由于这个缘故,所以这两县始终单独成区,在元代是最小的路,在明清是最小的府,今天则是最小的辖县市。

莆田、仙游在近代似乎没有什么名气,但在古代,尤其是晚唐以后却一直是文化相对发达的一个小区。早在晋室南渡之时,中原已有林、黄、陈、郑等八姓入闽,为福建文化的繁荣打下基础。到南朝梁陈间,莆田已设有南湖先生郑露书堂。中唐安史之乱又促使更多的北方人民移入福建,莆仙一带文化逐渐发达,登科仕宦的人越来越多。因此而有"乌石山前,官职绵绵"的说法,乌石山正在莆田东北二里处。

从唐代后期到南宋,莆仙登科第者年年都有,形成许多著姓望族,出现许多如父子一榜、昆季同年、五世登天、四代攀桂的佳话。以诗名家、以文行世成为相当普遍的现象。担任显宦要职者也在在皆是,林家九牧、陈氏五侯只是最突出的例子。唐代欧阳詹、五代陈洪进、宋代蔡襄都是一时名人。陈洪进是仙游人,于五代时曾占有漳、泉二州,割据一方。

"朝为种田郎,暮登天子堂"是耕读社会的最高理想,莆田、仙游科甲特别鼎盛,与周围的州府有明显差异,成为一个特殊的文化发达区,这也是促使这两县组成的政区能长期延续不变的重要原因。

另外,在宗教方面,莆田也有其特殊性。在沿海地区赫赫有名的海上女神——天妃,传说就是宋代生长于莆田湄洲的林默娘的化身。在东南沿海和港台地区的老百姓都把天妃尊称为妈祖,虔诚朝拜,相信她有无边的神力。天妃后来演变为整个福建的象征,清代以来福建人在外省聚居经商之处都建有天妃宫,有的实际上成为福建会馆的代称。时至今日,天妃依然在海峡两岸起着重要的维系作用。由此可见女神天妃和莆田地方在福建宗教文化方面的特殊地位。

上述这几种原因,造成了从兴化军、兴化路、兴化府到今天莆田市这一长期延续的政区的稳定。明代时,有人曾提出要重划福建的府县,但到底也未能改变兴化府的辖境,文化区与政区的契合在这里算是十分典型的体现。

四、文化心理状态对政区变迁的影响

前文已经提及,行政区划的确定与自然地理环境相关,在南方,不少统县政区都自成一个自然地理单元,四周一般都有天然的河流或山脉作为政区的界线。从唐代以来的州到明清时期的府,都存在这样的情况。不过也有例外的情况,即一些州或府往往领有越出自然地理界线的县级政区,如明代徽州所属六县之中,就有婺源一县是在今安徽与江西的分水岭以南,与其他五县不在一个自然地理单元之中。同样,今玉山县在唐代也北属今浙江的衢州,而不属于江西。这种情况是由开发过程形成的。婺源与玉山两县显然是因为来自分水岭以北的旧县移民的开发而建立的。照一般的常理,以自然地理界线为政区界线最为自然也容易稳定,但在某些特殊情况下,人文因素或者说文化心理因素的影响甚至要超过自然因素。而这种情况在婺源得到了充分的体现。

婺源至少从唐代开始一直到清代就处于新安郡、歙州、徽州与徽州府一系的政区境内,长达一千余年。婺源建县而与徽州(徽州府)其他五县并立也有数百年之久,因此而形成了一个文化共同体。这种共同文化地域的概念根深蒂固,以至民国二十三年(1934)因军事行动需要,将婺源划归江西时,激起当地强烈的反对之声,甚至引发长达十三年的回皖运动,迫使国民政府不得不在三十六年(1947)将婺源重新划回安徽。对于这个回皖运动,当时的中华日报社记者写有《婺源回皖运动实录》[1]予以记载。

当然,在文化因素背后,经济因素亦很重要。婺源的赋税原为八万石,划到江西后增为十七万余石。在商业方面,婺源原来加入徽州同乡会,有竞争力,划归江西后竞争力下降;而且茶叶的出口原来从安徽下水,划归江西后要从九江转运,变得不便,木材经营亦受影响。但经济因素在回皖运动中并不显得突出,运动中重要的是其文化背景。1946 年 4 月组织回皖运动委员会,27 日全县两度罢市、罢课,举行民众大会公推代表,组织请愿团,致电国民大会,并由安徽籍国民大会代表上书陈请回皖,其中就有胡适等名人。婺源回皖的成功表明文化心理要素对行政区划变迁的影响不可小觑。婺源虽然在 1947 年成功划回安徽,但解放以后,依然被重新划入江西省。只不过迄今为止,婺源人在文化心理上还是认同于徽州。

除了婺源的例子以外,由于中国许多行政区划及其名称大都延续了千年之久,有的更达两千年以上,因此造成了根深蒂固的畛域观念。宋代曾有

---

1 中华日报社发行,民国三十六年。

人建言改宜章、临武属广东连州，但另有人上奏反对，理由之一就是宜章、临武久隶湖南，素轻广东。[1] 当时广东的发展状况不如湖南，因此民众在心理上不愿划入。由于地域差异，长期以来，就不但有福建人、广东人、江西人、山西人等不同人群的提法，而且更有小地域的苏州人、无锡人、江阴人的区别，由政区不同而形成的心理因素长期难以调整，甚至在今日也没有完全清除。

政区设置的改变受文化心理的影响还有其他例子，如降低政区级别使之消弭于无形。《癸辛杂识·前集》"改春州为县"条载："春州瘴毒可畏，凡窜逐黥配者必死。卢多逊贬朱崖，知开封府李符言，朱崖虽在海外，水土无他恶，春州在内地，而至者必死，望改之。后月余，符坐事，上怒甚，遂以符知春州。至州，月余死。元丰六年[2]，王安石居相位，遂改春州为阳春县，隶南恩州，既改为县，自此获罪者遂不至其地，此仁人之用心也。"这条记载说明当时贬人只贬至州，至于州下属县则不问。春州在北宋时大约是一重要的贬窜地，而南恩州则不是。为了避免再有因贬窜春州而致死者，遂将其降为县。这样的改变更具文化意味，而与行政管理无关了。

第五节　行政区与自然区、文化区的关系概述

本节的目的是探讨行政区与自然区及文化区三者之间最一般的关系，以及它们之间的互动作用，试图弄清楚行政区划对文化区的整合作用，自然区对文化区的制约作用，以及如何调整改革行政区划以适应经济与文化的发展，并与自然区保持某种程度的协调。

如果从直观的感觉来看，似乎在不少地区中，作为行政、自然和文化之区，三者是相当一致的，但仔细分析却不然。自然地理区域虽不像行政区划那样有法定的确切的边界，但在经过学术论证以后，可以有相对明确的范围。但文化区域主要是由感知而来的认识，当选取不同的文化因子作为划分文化区域的标准时，其范围也会有不同的形态。在各文化因子中，语言（或方言）、风俗、宗教都是比较重要的标准，而其中语言的标准更显突出。根据现有的研究成果，我们可以分析几个实例来说明文化区域与自然地理区域以及行政区划之间的关系。我们将会看到既有三个区域相重，也有两

1　蔡戡：《定斋集》卷1《割属宜章、临武两县奏状》，四库全书本。

2　此书中华本点校者吴企明以为当是熙宁六年(1073)。

个地域相重,而另一种区域与此两地域背离的情况,还有三种区域互相间都不重合的情况。

以湖南为例,历史上湖南的综合文化地理区划可以分成东部的湘、资二水流域与西部的沅、澧二水流域两区,两者的分界以雪峰山为标志。这是与自然地理界线相一致的。在唐后期,湖南的概念初步形成,当时仅指湘资流域,沅澧流域尚未得到深入开发。这一地区以五溪蛮为代表的少数民族的文化占有重要的地位。北宋时期,沅澧流域得到开发,成为荆湖北路的一部分。由于对沅澧流域的开发是从湖北方向而来,而且在行政区划上与湘资流域分处两个高层政区,因此通两宋与元代,沅澧流域与湘资流域分属不同的文化区域,方言不同,风俗有别。元代由于湖广行省太大,包容今湖南、广西、海南及湖北南部,对文化区域的整合作用不明显,此时沅澧流域属湖北道,仍与湘资流域的文化不同。明代以后,原荆湖南北路合并成为湖广布政使司。清初,又分湖广为湖南、湖北两省,这时的湖南省包括了湘、资、沅、澧四水流域,于是湖南文化的一致性渐渐体现出来。经过三百年的整合,湘资流域与沅澧流域不再分属两个文化区,而属于同一个文化区的两个亚区。湖南的类型是文化区域既与行政区划大体一致,也与自然地理区域一致。

山西则是另一种情况。从表面上看,山西似乎是三种区域完全一致的典型。例如作为行政区域的山西省在自然地理方面也基本上自成一区,周围有黄河与太行山为其明确的自然边界。在文化上,山西似乎也有文化一体的感觉,晋中文化与相邻的河北地区的燕赵文化、陕西地区的关中文化似乎有明显区别。但仔细加以研究,就会发现其实不然,在山西这样的地区,也存在文化区与行政区及自然区不一致的情况。如从汉语方言来说,晋语有入声,在北方官话区里显得十分特殊,但晋语并不覆盖山西全省,山西省西南部运城地区的方言就不存在入声,不属晋语区的范围,却与关中方言十分接近。而方言与语言的认同,正是划分文化区的最重要的因素之一。如果再从历史上作深入研究,更可发现在明代以前,并不存在全山西省范围的一体化的山西文化,其中运城地区与陕西关中文化一体,上党地区与河南省的河内地区文化接近,雁北地区则与边塞文化相对一致。这种情况也许会令人感到惊奇,因为在山西这样一个封闭的凸地形中,文化的一体性原本应该是无可怀疑的。

在南方的福建,也存在着类似的情况。福建与江西之间的武夷山是划分自然区的标志界线,福建省本身也成一相对封闭的地形,两面是山,一面是海,只有南边与广东不存在明显的自然界线。但从文化上看,闽西与赣南及粤东北却成为一个独特的客家文化区,既与自然区不符,也与行政区不一致。跨越三省的客家文化区的存在,说明文化区域的活力并不受法定的界线(行政区划)与天然的界线(自然地理区域)所限制。当然,除了客家文化区外,福建其他地区的文化存在着某种一致性,或者可以称之为闽文化区,但在这一文化区域中又有明显的地域差异性,至少可以分为四个亚文化区。而这些亚文化区与历史上的统县政区(即唐宋的州与明清的府)的范围有密切关系。另外,闽文化区虽然未覆盖福建全省,但却延伸到福建以外的广东东南部的潮汕地区,这一点在明代就已经有明眼人看出来了。王士性在《广志绎》中已指出:"(潮州)以形胜风俗所宜,则隶闽者为是。"当然,若仅以闽方言为基准,则闽文化区还可以扩大到在地域上并不连属的广东雷州半岛、海南岛与台湾地区。

至于陕西省,则是行政区划与自然区划及文化区域相矛盾的典型。秦岭南北分属不同的自然区域,而从文化上看,关中文化与汉中文化也有明显的不同。关中方言属于中原官话,而汉中方言却夹有中原官话与西南官话的成分。而且时至今日,汉中地区仍然流行用西南官话演唱的汉剧,而关中地区却是秦腔一枝独秀。陕西内部的文化地域差异不但体现在关中与汉中地区之间,而且还存在于陕北与关中之间。陕北地区通行的方言是晋语,与关中的中原官话有相当大的区别,而与山西大部分地区有共同方言。就自然环境而言,陕北的黄土高原地貌与关中的渭河冲积平原也截然不同。因此,陕西其实是三种不同的文化区的无机结合,是自然区、政区、文化区三不重合的典型。但是值得注意的是,自元代将秦岭南北划在同一行政区以来,经过七百年时间,在行政管理体制的作用下,关中与汉中地区的文化却又有逐渐走向一体化的倾向。这种倾向最明显表现在中原官话区的扩大。向北,关中方言侵蚀陕北的晋语,而使之出现由北而南晋语特征逐渐削弱的现象,亦即入声字逐渐弱化的趋向。在汉中,中原官话则从东西两侧南下,使得西南官话的范围收缩到中部一带。同时,在汉中,在关中,都有秦腔的演唱,但倒过来,汉剧却流行不到关中。这种文化的整合过程至今尚未完成,因为原来自然背景与文化因素的差异都很大的不同文化区的整合为一,是要经过很长的历史时期的。

相对陕西地区而言,湖南文化的一致性就比较显著。尽管湖南的沅澧流域与湘资流域组成一个单一的高层政区仅有三百年时间,远比陕西统合秦岭南北的时间为短,即使加上与湖北共处一个布政使司的时间,也还不足六百年,但到底雪峰山所隔开的湖南东西两部分只是第三级自然区的差异,而秦岭所分隔的陕西南北两部分却是第二级的自然区域的差异。相比起来,当然前一差异要比后一差异小得多。加之,自中唐安史之乱以后,北来的移民到达荆南与江湘地区,使得沅澧下游与湘资下游的方言互相靠近,寖假至于今日,新湘语与西南官话的差异也比关中方言与汉中方言的差异为小。

以上是就省一级的高层政区为范围来讨论三种区域之间的关系,但还应该提到的是一个特殊的与行政区划毫无关联的文化区域的形态,那就是上面已经提及的客家文化区。这一文化区主要以特殊的客家方言与其他文化区区别开来。由于中唐以后的一次南北向的大移民以及唐末五代与两宋之际的移民活动,使得客家方言在南宋时期逐渐形成于赣闽粤三省交界的丘陵山区,从而形成一个与江西、福建与广东主体文化不同的特殊文化区。明清以后,由于生存压力,客家人又西行北上东渡,在湖南、广西、四川、台湾形成许多客方言小区与客方言岛,形成了客家文化的外围地域。这一文化区既与历史的、现行的行政区划没有关系,也与自然地理环境的关系不大。当然客家人的分布都在东部季风区的华中与华南自然区域内,这是与他们以稻作为主的农耕生活相一致的,但毕竟与第三级的自然区的差异毫不相干。

客家文化区的存在以及陕西内部三种区域的矛盾,充分说明了文化区域划分的最根本的基础是人群与社会,而不是自然环境与政治区域。但是这样说并不意味着后两者对于文化区域的形成毫无作用。相反,就整个汉民族而言,在历史上,不适合农耕的自然环境往往是汉文化的边缘;就客家人而言,即使他们的迁徙面再广,也脱离不了适合稻作的自然环境。这就是自然地理环境对文化区域的基础性的作用。

虽然山西与陕西分别代表了三种区域一致与不一致的典型,但不管一致还是不一致都说明在划分行政区域时,自然区域是放在基础地位上来考虑的。陕西是有意使其不一致,以便由北而南的统治;山西的一致,是为了经济管理的方便。与此同时,自然区与文化区也有对应关系,这是在长期的历史发展长河中自然形成的,如湖南省的湘资流域与沅澧流域就分属不同的亚文化区。而长期稳定的行政区划又对文化区域起着规范整合的作用。即使如陕西的关中与汉中文化那样,原本存在相当大的差异,经过七百年的行政管理的整合,也出现了异中有同的现象。

在三种区域的关系中,尺度范围不同的地域有不同的情形。上面所说的是省区内以及相当于省区的大尺度的范围,已经体现了行政区划的作用。

而省以下的文化亚区,行政区划的规范作用就更加明显,因此文化亚区往往与历史上的统县政区的范围相一致。不但如此,在这个尺度范围里,文化区与自然区之间也存在明显的依存关系。例如在浙江与福建,各中小河流的流域往往是一个个统县政区(即州或府),同时又是一个个小文化区。尤其在浙江,流域与府、与吴语的次方言区基本重叠。在山西与湖南,也有同样的现象。这一现象的产生绝非偶然,而是与经济开发过程相联系的。一个府的地域,往往由一两个县先行开发,其他县再由这一两个县分置而来。因此,一府之内的文化具有同一性,相对于其他府则有相异性。而且,一府的府治由于是该府的政治经济文化中心,因此对该府起着一种文化垂范的作用,从而使该府的文化同一性更形加强。这从政治中心所用方言往往是该府的权威土语这一现象可以看出。

对于文化区域与行政区划以及自然地理区域的关系,古人已有明确的认识。前文两度引用的东汉巴郡太守但望的《分巴郡疏》就说明了这一点。他计划分出的新郡,就是自然地理区域、文化区域与行政区划相一致的典型。虽然当时朝廷未接受这一意见,但我们由此可以看出,关于上述三种区域的统一性问题,早已有人注意到了。

形成文化区域的是社会的力量,划定行政区划的是国家的行政权力,而自然地理区域的划分则是受自然规律所支配。因此文化区域与行政区划以及自然地理区域的关系事实上体现了社会、国家与环境之间的关系。

中国疆域辽阔,历史悠久,文化积淀深厚,在不同的地域中,这三者有不同的关系,而且从历史上来看,这一关系又是在逐渐变化的,例如政治需要随着时代的发展而发生变化,行政区也不断发生变迁。在今天,如何调整行政区以促进现代化建设是一个重要的课题。同时在学术上,这项研究也可视为是联系自然地理与人文地理两大分支的桥梁,尤其因为行政区划是政治地理的研究对象,文化区又是文化地理的研究内容,因此这一研究等于是对自然地理与政治地理及文化地理的有机联系进行深入探讨。这对于如何更深刻地认识人地关系,使地理学成为研究人地关系而不单纯只是研究自然环境的科学,有着重要的学术参考意义。而且研究三者的关系对于文化区的重新塑造,深化对中华民族文化的认识,也有一定作用。

目前国外这方面的探索尚未见到,原因是多方面的。例如在美国,其行政区划大多与自然区划没有关系,许多州与县的形状只是简单的几何图形,谈不上三者之间的关系。欧洲各国虽然有政治地理研究,但都注重大尺度的地域范围,较少涉及行政区划与文化区关系的问题,这与它们国土幅员相对较小不无关系。另外,文化地理研究在北美较受重视而在欧洲尚未得到充分发展,也是一个重要的原因。我国与欧美国家不同,在文化区尤其是行政区的变迁方面积累了丰富的历史资源,应当在学术研究方面加以充分利用,从而对地理学理论的发展作出自己有特色的贡献。

终章

从政治区与行政区理解中国政治地理的两种基本格局

　　中国历史政治地理研究的重要工作之一,应该是就疆域政区本身的要素来进行分解式的、政治学角度的研究。但历来对疆域政区的研究大体上是整体式的、历史学角度的研究。例如,对于疆域方面的研究,主要是探讨版图的伸缩、领土的归属以及国界的划定,而未将历史上的王朝版图分成边疆区、核心区、缓冲区或其他有关的概念来进行研究与分析。当然也有学者从事具体的边疆地理的研究,但多半不是从政治学的角度去理解其与整个国家疆域变迁的关系,而主要集中在边疆地区的地理考证。例如,通过考证,唐代羁縻府州、明代羁縻都卫的具体地理位置大都能够确定,但对其在政治地理方面所起的作用则不够明确,有待于进一步的分析。

　　边疆区、核心区与缓冲区的地理格局及其相互关系的研究,虽然可以说是国家尺度的研究,但这与地方尺度即行政区划的研究有很大的关联。因为边疆区、核心区与缓冲区往往是由一部分政区组成的,这些政区有一定相似性而组成一个较大的政治区,所以这一研究其实有介乎国家尺度与地方尺度之间的性质。除了边疆区、核心区与缓冲区等概念外,还应对其他各种政治区进行分析与研究。行政区是政治区最基本最主要的一种,但却不是唯一的。例如,在秦汉时期就有边郡、内郡这样对立的概念,在西汉时有初郡的说法,唐代则有边州,明代有羁縻都卫,清代有藩部,这些都是对某些特殊政治区的不同称呼。行政区划以外的政治区有几种情况:一是因地理区位及其政治作用而由一群政区所组成,如上述的边郡与内郡;另一是在统县政区与高层政区之上起着分块进行军事上统摄、财政上统筹或政治上监察作用的政治区,如汉代郡以上的州、魏晋南北朝州以上的都督区、南宋路以上的总领所辖区等;还有一种是正式行政区划以外的特殊政治区,如元代具有宗教性质的宣政院辖地、清代作为少数民族特殊治理区的藩部,但由于少数民族多分布在边疆,所以边疆区与少数民族特殊治理区有时又呈重叠的状态。

　　除了政治区以外,对分裂时期与统一过程中的政治地理特征也较少有人关注。在秦统一天下之前,战国之间的合纵与连横是政治军事谋略的体现,而表现于地域上的则是政治地理格局的变迁。崇尚统一是中国的传统政治理念,但历史的实际却是分久必合、合久必分,统一与分裂时期各约占一半的时间。在统一时期,中央与地方的关系有隐性的政治地理格局可探究;在分裂局面中,对峙政权之间更有政治空间的变迁需要探研;在统一走向分裂与分裂趋向统一的过程中,政治地理态势的急剧变化更加值得重视。

　　总论第四章中,我们对历史上的行政区进行政治地理视角的研究,其中主要总结了三条规律:一是政区层级在三层到两层之间反复;二是政区边界划分有山川形便与犬牙交错两大原则;三是政区幅员经过由大到小,又由小到大的波动。上文又指出,行政区的变动是以政治因素为主导原则的,而对其他政治区未进行全面的总结与分析,只是以南宋政治家对组建军事政治区的思路与元代行政区的地理区位及形状作对比,以透视某些政治区的实质而已。但是很显然,有些政治区与行政区不可能没有关联,而且政治区多半是以行政区作为基础来划分的,所以行政区的某些基本原则可以延伸到对各类政治区的理解中。

　　对于行政区划以外的各种政治区的划分,历来很少有人关注。而对于基本经济区,却早有代表性的成果,如冀朝鼎对于中国历史上基本经济区[1]的研究,以及施坚雅(W. G. Skinner)关于中国大经济区域的研究[2]。可以说,20 世纪以来,历史学界对于经济史方面的研究成果大大超过了政治史。这一方面固然因为政治史长期以来是历史研究的重点,使人觉得没有新的空间可以开拓,还因为经济学的发展在 19 世纪的西方取得很大的成功,如政治经济学是马克思主义的重要组成部分,关于人类社会五个发展阶段的理论也是以经济形态(生产力与生产关系)为标准的。这种情况显然也影响了中国的学术界。同样,在地理学界,经济地理因其具有实用价值也取得长足的进展。而与之相比,不但政治史研究发展不快,而且政治地理研究基本上没有得到开展。近年来这种情况并无多少改变,所以我们才产生了建构中国历史政治地理的设想。中国历史上是一个皇权专制的中央集权制国家,[3]政治因素在国家政策的制订方面起着关键的作用;又加以历史上外患频仍,

1　冀朝鼎:《中国历史上的基本经济区与水利事业的发展》,朱诗鳌译,中国社会科学出版社 1981 年。

2　施坚雅将晚清划分为九大农业区,并提出区域体系分析方法,见其《中华帝国晚期的城市》(中华书局 2000 年)中的《十九世纪中国的地区城市化》与该书"中文版前言"。

3　严格地说应该是"中国历史上的中原王朝",此处姑从简。

尤其是北方游牧民族的军事威胁始终不断(在分裂时期的不同政权的对峙中,也存在军事方面的对抗),军事因素对政治区的影响极其显著。中国又是一个传统的农业经济国家,十分注重自然环境与政治区的一致,因而经济因素也受到重视。中国历史悠久和文化发达的因素对政治行为的影响也不可忽视。所以在种种因素的作用之下,政治区的类型除了最重要的行政区以外,实际上还应包括监察区、财政督理区、宗教文化区、军管区等不同的内容。但这些区域的形成,其目的也只有一个,那就是如何加强中央集权,为政治主导的目的服务。前述冀朝鼎对中国基本经济区的划分,其研究虽然以经济区为对象,而结论却是:谁控制基本经济区,谁就控制了天下,这依然可以看作是政治地理的问题。

历史上各种政治区的划分以及历代的政治地理格局并非我们今天的凭空臆造,而是对当时统治者的意图进行的总结以及对客观上存在的地理形势的分析。政治区域的地理分异是与地理区位及政治形势密切相关的,所以这种分异不能不说是一种客观存在;另一方面这种分异又因人的主观意图而更加显著,这些意图有时是正式见诸文献的,有时却有点隐晦,这就需要我们予以分析诠释。本章即试图对建构中国历史政治地理设想中的一部分稍做展开,对中国历史上的政治地理格局作一简明的、基本的分析,以为今后深入的研究作准备。

虽然在漫长的中国历史上政治地理格局有过十分繁复的变化,但其中有两种类型的地理格局十分明显与突出,本章即就这两种格局举例予以分析。这两种基本格局,一种体现了边疆区与内地的关系,另一种则体现了中央集权与地方分权的对立态势。这两种政治地理格局的形成来源于古代的两种政治地理思维,我们必须由此说起。

一、《禹贡》的两种政治地理思维

《禹贡》是《尚书》中的一篇,也是我国最早的地理学著作。对于《禹贡》的研究可以说是中国学术史上一件重要事情。大致在 19 世纪以前,一般人或认为此篇是大禹所作,或认为篇中为大禹纪事,而由当时史官所记录,故属于夏书之列,篇中的九州所反映的是夏代的制度。从 20 世纪以来,学术界对《禹贡》成书年代开始怀疑,产生了各种不同的看法,但有一点是共同的,即《禹贡》是托名大禹的作品,不可能成书于夏代。至于成书于何时,则众说纷纭。有西周说、春秋说、战国说,还有人认为成于秦统一之后。近来则有主张其蓝本早于商代武丁以前,后递修而成的一说。刘起釪先生的意见是:

《禹贡》非修于一人一时，故赞同考古学者所云，其蓝本早有，反映了自龙山文化以来就已形成的人文地理区系，但写定于西周，而后又掺进了战国的事实，今天所看到之定本应是战国时期之本子。[1]

古代典籍内容有非成于一人一时，而随时代加入新成分的可能，但其基本思想应是一人或少数几人兴于一时，这是毫无疑义的。《禹贡》九州的分划，思维极为明确，非有"溥天之下，莫非王土"的王权思想，或"九合诸侯，一匡天下"的霸权理念不能作。所以其早不能过西周，晚则不过春秋。按理说，将九州的分划置于战国时期最为合适，因为其时已渐有大一统的观念，划分天下的思想有其产生的政治背景。但《禹贡》作者不知黄河有改道的事实，亦不知吴王夫差有开凿邗沟以通江淮之事，故不可能作于春秋之后。[2]至于说"公元前2000年前后黄河长江流域古代文化区系的划分与《禹贡》九州的划分基本相符"[3]，显然只能是今人的分析（至于如何算作基本相符，则是另一问题，此处不展开），并不能说明古人已对该区系有所认识而划九州以求与之匹配。因而据"基本相符"而将《禹贡》始作推至商代嫌之过早。

《禹贡》的内容实分为三部分：一是九州的分划，二是导山导水，三是五服制。所谓九州，是以名山大川为标志，划分天下为九个区域，取名为冀、兖、青、徐、扬、荆、豫、梁、雍等九州。所谓五服，则是以王都四面五百里为甸服，而后每隔五百里往外增加一个圈层，形成甸、侯、宾、要、荒五服的圈层结构。九州与五服体现了两种有截然分别的地理区划体系。依现代的眼光看来，九州制大致是以自然地理与经济地理为表征的政治地理区划，五服制则是理想的政治地理格局。

九州制在当时是一种新思维，但又是未曾实行过的制度。以名山大川作为标志来为天下划分地理区域，是农业社会的天然思路，因此各州内部的自然环境有一定的同一性。这种同一性由《禹贡》详载各州的土壤与植被体现出来，以这种同一性为基础划分区域，对农业经济的发展显然有利。《禹贡》没有点明的另两个自然环境的参数是降水与气温，在当时，这两个指标不可能量化，只能通过植被来表现。所以九州是一种自然地理区划。与此同时，九州又是经济地理区划，因为各州的物产与到达王都的交通路线，《禹贡》都详细备载。但在自然与经济因素背后，还有一个重要的因素——政治。西周封建社会的基本特征是天子不直辖王畿以外的地方，而以国与家

1　刘起釪：《〈禹贡〉写成年代与九州来源诸问题探讨》，《九州》第三辑，商务印书馆2003年。

2　刘起釪：《〈禹贡〉写成年代与九州来源诸问题探讨》，《九州》第三辑，商务印书馆2003年。

3　邵望平：《〈禹贡〉九州风土考古学丛考》，《九州学刊》第2卷第2期，1988年。

的分层封建的形态,由诸侯与大夫治理地方。诸侯对于天子的义务有三项,即朝觐、进贡与助征伐。因而进贡是一项重要的政治行为,以贡道的不同为九州的区别,实际上就是一种政治区域的划分。九州制还有一个重要特点未受到重视,那就是九州的分布是南三、北六。南方地域虽然辽阔,但只有扬、荆、梁三州;北方却有六州,如兖、豫、青、徐四州地域都很狭小。这一方面表明北方经济开发程度较高,另一方面还因为北方政治单位比南方多得多。南方只有吴、越、楚三个诸侯国以及巴、蜀等小国,而北方却是列国林立,以是划分政治区域时必然要南方稀、北方密。因此九州制可以看作是以自然地理与经济地理为表征的政治地理格局。

但是又不能将九州视为行政区划,因为行政区划产生的前提是中央与地方有行政统辖关系,而在西周及春秋初期,周天子与诸侯之间只存在如上所述的政治关系。中央与地方间的行政关系要经过春秋战国时期的长期演变才得以形成,其表征就是郡县制。在郡县制产生以前,是无所谓行政区划的。先秦人对九州制的设计特别感兴趣,传世文献《吕氏春秋·有始览》《周礼·职方》与《尔雅·释地》都有自己的九州方案,最近出土的楚简《容成氏》也有九州的分划[1],也许当时这是一个热门话题,《禹贡》只是其中最合适、最科学的一种而已。

五服制则是旧套路,所谓"五百里甸服(中心统治区)、五百里侯服(诸侯统治区)、五百里绥服(必须平服的地区)、五百里要服(边远地区)、五百里荒服(蛮荒地区)",是指不同地位、不同功能的地区,以五百里为宽度,依次向外排列:甸服,作为中心统治区,在空间上同样处于核心地位;其外是侯服、绥服,要服;最外者荒服,就是蛮荒之区了。

五服制正是封建制的理想化,从中心统治区向外围水波纹似地推开去,正和"商郊牧野"和国野制度的圈层型结构——城外是郊,郊外是牧,牧外是野——相似,这是过去现实制度的反映。《周礼》中所谓九服制,性质也与此相同。

虽然现实社会不可能有这样一个方方正正的、圈层严格分明的政治实体,表面看来这只是一种理想化的政治地理格局,但却不是没有事实作依据的。圈层状的地理结构最远可溯源至原始社会的部落分布形态。恩格斯在《家庭、私有制与国家的起源》中提到印第安人部落的特征时说:"每一部落除自己实际居住的地方以外,还占有广大的地区供打猎与捕鱼之用。在这

---

1 见《上海博物馆藏战国楚竹书(二)》,上海古籍出版社 2002 年。

个地区之外还有一块广阔的中立地带,一直延伸到邻近部落的地区边上。……这种地带与德意志人的边境森林,与恺撒(时代)的苏维汇人在他们地区四周所设的荒地相同。"[1]这里所述就是在部落核心居住区外有一层猎捕圈,再往外还有一个中立缓冲圈。

中国古代社会也有同样的地域结构,在商王朝末年,这种结构形态依然明显。《尚书·牧誓》载:武王伐纣,"王朝至于商郊牧野,乃誓"。这里的商就是天邑商,即商之都城朝歌,郊、牧、野则是城外的三重圈层,郊外是牧,牧外是野。其后仍有较明确的圈层制,《逸周书·王会》载"方千里之内为比服,方二千里之内为要服,方三千里之内为荒服",这是比较简单的三层制。而《国语·周语》则扩大到了五层:"先王之制:邦内甸服,邦外侯服,侯卫宾服,夷蛮要服,戎狄荒服。甸服者祭,侯服者祀,宾服者享,要服者贡,荒服者王。日祭,月祀,时享,岁贡,终王。"《禹贡》则进一步,在每一服中还分为两到五个更细化的圈层,如在侯服里又有"百里采,二百里男邦,三百里诸侯"的区别。但圈层的设计并没有止于《禹贡》,《周礼·职方》描写了一种更为细化繁琐的九层模式,即王畿、侯服、甸服、男服、采服、卫服、蛮服、夷服、镇服、藩服。如果说《禹贡》的五服制是理想化的格局,那么《职方》的九服制接近于纸面上的游戏了。

在王权思想指导下产生各种政治地理思维是很正常的,九州制与五服制不过是两种典型的代表而已。一般人都推崇九州制的高明,而以五服制为虚妄,甚而认为五服制是《禹贡》的赘疣[2]。其实《禹贡》将两种不同的政治地理思维放在同一著作中正表明作者的高明,因为在统一的中央集权制国家出现以后,两种政治地理格局都在不同的情势下出现。九州制是后世的统治者在加强中央集权与最大限度地发挥政府职能方面的思想资源,而方方正正的圈层格局虽然没有出现,简化了的圈层却一直体现在中国历史上的边疆区与内地的关系上。从秦汉时期的边郡与内郡到唐代的边州与内地诸州,都基本上是这个模式。因此五服制所体现的是一个国家的核心区与边缘区的理想关系,而九州制体现的是一个国家的内部如何进行政治分区以实行管理的实际体制,或者说是中央与地方的政治关系的一种地理体现。我们既然称五服制为圈层式结构,亦不妨称九州制为分块式结构。秦汉以降,这两种结构一直是政治地理格局的两种基本形态,以迄于近现代。

---

1 《马克思恩格斯选集》第 4 卷,人民出版社 1966 年,第 81 页。

2 刘起釪:《〈禹贡〉写成年代与九州来源诸问题探讨》,《九州》第三辑,商务印书馆 2003 年。

二、边疆区与内地的圈层型关系

1. 秦汉时期的边郡与内郡

秦汉时期的边郡是指直接与敌对政权相邻的郡,内郡则是不与敌为邻的内地的郡。有些郡即使离边界很近,只要不与敌相邻,也算作内郡,而不是边郡。例如西汉名将李广勇于作战,原为边郡太守,有人怕他遭到不测,要求将他调离边境,结果调到上郡。[1] 其时上郡不与匈奴邻接,不算边郡。又,冯参在永始年间被破格提拔为代郡太守,后朝廷又因为边郡道远,徙其任安定太守,[2] 说明代郡是边郡,而安定郡不是边郡。其实安定离边界也不远,只是不与匈奴紧邻。由此说明边郡就仅指边界上的郡而已。所以边郡与内郡的关系依然是圈层型的,边郡成圈状包围着内郡。边郡的组合就是现代意义上的边疆区。在汉武帝以前,边郡有南边郡与北边郡之别。北边郡备胡,即匈奴;南边郡备越。汉武帝开广三边以后,东越、南越地入汉之版图,因此边郡的范围有所变化,只有备胡的北边郡,而西南与南部新开疆土共有十七郡,则视为初郡。这些初郡就是少数民族边疆地区,采用不征税、以故俗治的方式治理。

具体而言,在武帝时期,从东到西方向,西汉的北边郡依次为辽东、辽西、右北平、渔阳、上谷、代郡、雁门、定襄、云中、五原、朔方、北地、武威、张掖、酒泉、敦煌,另外朝鲜四郡玄菟、乐浪、真番、临屯也应该算在内。这些边郡大多数都设置有专门的军事机构都尉,而且往往是东、西部都尉并设,多数还设有中部都尉。这明显地是为了有多头的防御进攻能力。而且正北方的边郡在形状上都有一个共同的特点,即都是南北向长,东西向窄。这些边郡从战国时代起就是抵御匈奴进攻的军事重地,边郡的形状也显然是为了强化军事攻防的力度,增加多头的出击或抵御方向。抑有甚者,在这样南北狭长的郡境里也同样有东、西两部甚至中部都尉的设置,而不是设南北都尉,显示其重要的军事作用。除了北边郡外,在汉武帝开广三边以前还有南边郡,即会稽、豫章、桂阳、武陵等郡。以上定襄以东的各个北边郡以及南边郡,在汉景帝三年(前154)吴楚七国之乱以前都归诸侯王国所有,乱平之后才归中央管辖。所以《史记·诸侯王表》说:"吴楚时,前后诸侯或以適削地,是以燕、代无北边郡,吴、淮南、长沙无南边郡。"

汉代的边郡在地理区位上显示其特殊性,这是汉朝与北方游牧部落政

---

1 《史记·李将军列传》载:"徙为上谷太守,匈奴日以合战。典属国公孙昆邪为上泣曰:'李广才气,天下无双,自负其能,数与虏敌战,恐亡之。'于是乃徙为上郡太守。"

2 《汉书·冯奉世附冯参传》载:"永始中超迁代郡太守,以边郡道远,徙为安定太守。"

权双方都要力争的边缘地带。从自然环境上看,有些边郡也较特别,处于可农可牧的地位。于中原人民而言,这一地区是很好的农业地带,虽然降雨量不足,但却可以靠灌溉弥补。于游牧民族而言,则是丰美的牧场。处于这种境况的边郡,其人文地理风貌也很特别,在风俗方面既与游牧民族有异,也不完全同于内地民风。[1]

边郡与内郡在军事上的作用有明显的区别,但在其他方面的差别,我们所知不多。所知的只有:边郡无论在什么时候都可用粮食喂马,而内郡在收成不好时,就被严禁以粟喂马。[2] 这显然是为了给边郡提供军事行动的保证;而在内政事务方面,边郡就少了一些权利,如边郡基本上不参与选举贤良方正之事。西汉宣、元、成帝时,曾屡有举文学高第、贤良方正之事,但都仅限于三辅、太常、内郡与诸侯王国的范围内[3];又曾有选择吏员补郡太守卒史事,一般的郡补二人,而边郡只一人[4]。可见边郡之要务重在军事,而较少参与内政事务。再者,由于边郡是军事重地,故律法比内郡为严。东汉建武十八年(42)四月"甲戌,诏曰:今边郡盗谷五十斛,罪至于死,开残吏妄杀之路,其蠲除此法,同之内郡"。

两汉之间的新朝,还在边郡与内郡之间增加了近郡的概念。《汉书·王莽传》载:"莽下书曰:常安西都曰六乡,众县曰六尉。义阳东都曰六州,众县曰六队。粟米之内曰内郡,其外曰近郡。有鄣徼者曰边郡。合百二十有五郡。"王莽改制,一切崇古。内郡、近郡与边郡的区分使圈层更加明显,也是模仿《禹贡》五服制的结果。所谓粟米之内就是相当于五服制里的甸服,即都城附近四五百里之内的范围。边郡概念不变,在边郡与内郡之间的就是近郡,成为三圈层的地理结构。不过此时细分为内郡与近郡两类到底有何实际意义则不清楚。

秦时有否边郡与内郡的明确区分,在传世文献中还没有看到。由于汉承秦制,秦时同样需防御匈奴的进犯,可能也有边郡与内郡之别,以利于军事方面的管理。不过如果上溯至战国时代,则不可能有内郡与边郡的区别。因为郡的出现本来就比县要晚,郡所设置的地理位置都是在各国都城以外的边地,与他国相邻,起着防御的作用。或者不妨说,战国时代的郡按性质

1　参见周振鹤:《秦汉风俗地理区划浅议》,《历史地理》第十三辑,上海人民出版社 1996 年。

2　《汉书·景帝纪》载:后元二年(前 142),"春,以岁不登,禁内郡食马粟,没入之"。

3　《汉书·宣帝纪》载:本始四年(前 70)夏四月,"令三辅、太常、内郡国举贤良方正各一人"。另参见卷 9《元帝纪》与卷 10《成帝纪》。

4　《汉书·儒林传》载:"请选择其秩比二百石以上及吏百石通一艺以上补左右内史、大行卒史,比百石以下补郡太守卒史皆各二人,边郡一人。"

讲都是边郡,而内地则只是都城周围的地区。尽管某些国家随着领土的扩大,设郡增多,有些郡不一定紧邻他国,但也不致有边郡与内郡的明确分别,因为距初设郡时的本意在时间上还相去不远。只有到了秦统一天下之后,六国之地尽入于秦,各国的都城附近地区与郡大都变成统一帝国的内地,这时内郡与边郡的概念才可能产生。当然也不排除直到秦代还没有边郡与内郡的明确区分,只是到汉代匈奴之患更加严重时才产生了这一对概念。而自此之后,人们对边疆地区的认识显然强化,所以边郡、边州的叫法直到唐、宋、元、明时还始终盛行。[1] 如《元史·世祖本纪五》载:至元十二年(1275)正月"丁亥,枢密院臣言:'宋边郡如嘉定、重庆、江陵、郢州、涟海等处,皆阻兵自守,宜降玺书招谕。'从之"。

内郡的称呼也是如此,从汉代一直延续下来,直至宋元以后。如《宋史·食货志上三》云:"元丰二年(1079),籴便粮草王子渊论纲舟利害,因言:'商人入中,岁小不登,必邀厚价,故设内郡寄籴之法,以权轻重。'"可见其时内郡与边郡的粮食政策是有差别的。《宋史·蛮夷传四·西南溪洞诸蛮》又载:太平兴国"八年(983),锦、溪、叙、富四州蛮相率诣辰州,言愿比内郡输租税。诏长吏察其谣俗情伪,并按视山川地形图画来上,卒不许"。由此可知,如果"蛮夷"未曾内附,则可视作边郡,若输租税,其治理方式与内郡同,则可视作内郡。不过比较奇怪的是,在元代,似乎内郡的范围很小,如《元史·世祖纪十三》载:至元二十七年(1290)五月丙寅,"江西行省言:'吉、赣、湖南、广东、福建,以禁弓矢,贼益发,乞依内郡例,许尉兵持弓矢。'从之"。广东、福建非内郡是可以想象的,而湖南与江西的吉赣二路亦非内郡则令人不解。

2. 唐代羁縻府州的圈层

唐代的羁縻府州是为内附的少数民族与所谓"蛮夷"部落而设的管理机构。这些机构虽都以羁縻为名,但在性质上与地域上有很大的区别。大致说来,在性质上可以有三个层次的不同:第一层次与中央政府所辖的一般府州即所谓正州没有实质上的区别,如安北都护府。第二层次是中央政府能够操控的属地,如开元、天宝以前的松漠都督府与饶乐都督府。第三层次则只有名义上的归顺,如忽汗州都督府[2],实际上是独立的政治实体。而从地域上看,羁縻州只有两个层次:一是设于边外的各国、各族的原住地的羁縻州;一是侨居于边内的内迁部族的羁縻州。地域上的这两个圈层从东、北、

1 《新唐书·玄宗纪上》载:开元十五年(727)八月"己巳,降天下死罪,岭南边州流人,徙以下原之"。《新唐书·百官志》:"边州不置铁冶,器用所须,皆官供。"

2 以上实例见谭其骧师《唐代羁縻州述论》的分析,载《长水集续编》,人民出版社1994年。

西与西南各方面包围着唐帝国的疆土,形成一个很合适的缓冲区,对于边疆的安定起了很好的作用。所以羁縻府州的设置并非只是权宜之计,而是有其重要的政治地理思路的。

三、特殊政治区的类型与功能

如果说以五服制为代表的圈层式结构带有一点天然的性质,也就是说,敌对政权并立时总归会出现这样的结构,那么以九州制为代表的分块式结构就是人为的设计了,即不管分块的依据是自然环境和经济因素,还是政治目的,都是按人的主观意志进行的。在中国历史上,这种政治地理格局表现为许多种不同的形式,限于篇幅,以下只举其昭昭者予以说明分析。

1. 两汉的刺史部

秦汉的行政区划体系是郡县两级制,以郡统县,郡以上不设高层政区。汉代将秦郡析小,加之汉武帝开疆拓土增加了许多新郡,所以到元封年间汉郡与王国总数已经达到一百零三个。在这种情况下,中央的管理幅度显然太大,遂将首都附近地区以外的一百零二郡划成十三刺史部,每部设刺史一人,监察该部所属各郡长官郡太守的工作,刺史部就是以监察事务为目的构建起来的政治区。[1]

十三刺史部的取名中有十一部以某州刺史部为名,故习称十三州。州名基本上沿用了《禹贡》与《职方》九州旧名,只不过改雍州为凉州,改梁州为益州,另外,又从冀州分出幽州与并州。十一州的地域范围与《禹贡》九州基本一致而有所扩大,凉州增加河西五郡,益州扩展至西南夷地区,幽州延伸到朝鲜四郡。十一州中,大部分州的地理区位也与《禹贡》九州相对应,《汉书·地理志》说十三州是兼采夏周之制,其实只因其中有幽、并二州之名来自《职方》而已。可见《禹贡》九州制的分划是合乎汉代人理想的地理区划方案。这个方案的实质就是以都城为中心,通过划分监察区,派遣刺史以控制全国的一种政治措施。东汉沿用了这一制度,但到东汉末年,刺史部演变为行政区,州成为郡以上的高层行政区,与原来的监察区性质完全不同了。

2. 唐初的十道与唐中期的十五道

唐代贞观元年(627)分天下为十道。这十道既非行政区,亦非军事区,

---

1 由于西汉政区变化很大,汉武帝初设十三刺史部与《中国历史地图集》第二册所载西汉末年之十三部有较大差异。

有人认为是监察区,虽无文献方面的直接证明,但却是很有可能的。因为监察官员是分道(即分路线)监察,年终回京汇报。分道是分区的另一方式,同一路线去向的就组成一个地区。《唐会要》亦载,唐初巡抚、按察、存抚之使的派遣络绎不绝,[1] 这些使节的派遣应该是分道进行的。这十道基本上按照山川形便来划分,即以大山名川作为标志,分天下为河北、河南、河东、关内、陇右、山南、淮南、剑南、江南、岭南等十道。百年之后的开元二十一年(733),将十道进一步细分为十五道,每道"置采访使,检察非法",此时的道是正式明确的监察区,采访使即为负责一道的监察官员。与十道相比,十五道是由关内道分出京畿道,河南道分出都畿道,江南道分出黔中道,而剑南道与山南道各分为东、西而成。

比起《禹贡》的九州与西汉的十三部,唐初十道所反映的政治经济态势已经大不同了。《禹贡》九州的地域若以秦岭—淮河一线为南北界线,则九州之中六州在北方,三州在南方,显见南方开发程度低,人口少,所以区划不密。到了西汉,这种情况尚未发生根本变化,其时长江以南还是饭稻羹鱼的粗放农业经济形态,人口亦是北方多而南方少。十三刺史部中,四部在南,而九部在北,南北经济发展水平相差悬殊。更重要的是,荆、扬两部都跨长江而置,呈南北狭长状,明显有以江北带动江南发展的意味。而到七百多年以后的唐初十道,江南已单独成为一道,在地理区位上成横向布置了。而且唐初十道之数是南北各五道,呈均衡状态。到开元年间,南方分区更加密,十五道中已成南八、北七的比例了。

《禹贡》九州的影响深远,一直到隋代文献中,还以此框架来分述一百九十个郡的地理情况。但其时南方已获相当发展,《禹贡》的九州分划已脱离实际,所以才有唐初抛弃九州另分十道的革新。不过十道的基本思维还是山川形便,与《禹贡》并无二致。

3. 南宋的大军区构想与元初的行中书省

南宋末年已与蒙元政权形成南北对峙局面。为了抗击北方的强敌,文天祥提出一个建立新军区的设想:"今宜分天下为四镇,建都督统御于其中,以广西益湖南而建阃于长沙,以广东益江西而建阃于隆兴(南昌),以福建益江东而建阃于番阳,以淮西益淮东而建阃于扬州。责长沙取鄂,隆兴取蕲、黄,番阳取江东,扬州取两淮,使其地大力众,足以抗敌。"[2] 这一设想

1　《唐会要·巡察按察巡抚等使》。
2　《宋史·文天祥传》。

在于使南宋形成多头的抵抗力量,并各有相应的后援。实际上文天祥这一构想是为了将南宋原有的宣抚、制置使与总领所辖区(参见后文)规范化,一方面使两个系统的辖区固定下来,不再废置无常,范围不定;另一方面又使两个系统的辖区相一致,以利于军事行动。而1274年由北而南进攻南宋腹心地区的元朝军队正与此构想相反相成,元兵分三路,一下江东,一下湖南,一下江西,而底定南方。这以后元代所建立的六行中书省,即陕西四川行省、云南行省、江淮行省、湖广行省、江西行省和福建行省,不但与行军路线相关,而且其区划与文天祥的构想基本相类,只是方向上反其道而行之。

元初的行中书省其实不是行政区划,而只是临时性的军事型政治区,亦即在原有被征服政权的行政区划上再叠加的一种军事政治区,因此与自然区域及经济区域毫无关系。这种空间模式似是沿袭了自《禹贡》九州至汉州唐道的分块模式,实质却是大不同了,完全抛弃了以山川来规划高层政区而可使其内部自然环境趋同的思路。

但是等到军事行动结束,元代稳定下来以后,发现管理农业社会仍需要延续千年的政区体系,于是原有的行政区划作了调整而与经济区及自然环境又有了一定关系,形状也从纵向变成横向,行省也由军事型政治区变成正式的行政区划。至元代中期,上述元初行省的两个特点都有所改变,在地理方面,狭长形的行省得到改造,陕西四川行省被分为陕西与四川两省,以中书省、江淮行省及湖广行省部分地建立河南江北行省,使湖广行省向南缩短;还将福建行省与江淮行省南部合并而成江浙行省。加上在蒙古故地建立的岭北行省,在东北与西北建立的辽阳与甘肃行省,十行省与一中书省的地理区划趋向均衡。由总论第四章的分析可知,前代分块模式体现的自然地理因素在元代中后期的行省区划调整过程中,也渐有体现。

还有一个被很多人忽视的重要特点,是元代行中书省始终被视为外廷,在地理上甚至被视为与内郡对立的边郡性质。《元史·文宗纪一》载:致和元年(1328)"九月……丙寅,命造兵器,江浙、江西、湖广三省六万事,内郡四万事……冬十月……己酉……分遣使者檄行省、内郡罢兵,以安百姓"。这里首先是内郡与江浙、江西与湖广并列,其次以行省与内郡对举,可见行省在外,具有拱卫内郡之作用。两者之间又似有核心区与边疆区的区别。只是内郡所指仍不十分明确,似乎不应该只指中书省,还应包括河南江北行省在内,因为据《元史》,从未有内郡与河南江北行省对举之例。岭北行省是蒙古故地,或不被视为边疆,也许算作内郡,其余行省或许就都是边疆区了。[1] 由此,九州的块状模式与五服的圈层结构,在元代后期的高层政区分划上都有一定程度的反映。

四、跨高层政区的特别政治区

汉代以后,各朝统治者都想在行政区划体系之上建立一层非行政区划的政治区,以对整个行政区划体系或高层行政区划起统摄作用,从而在中央集权与地方分权之间保持适度的张力,以利于国家政治的正常运转。这些政治区有监察性质的,如汉代的州与唐中期的道;有军事政治性质的,如东晋南北朝的都督区、总管区和元初的行省;有财务督理性质的,如南宋的总领所辖区。其中汉州与唐道建立在统县政区之上,已见前述。下面要着重分析高层政区之上的特别政治区。

1. 军事型政治区——两晋南朝的都督区

东汉末年,州郡县三级行政区划体系形成,这是长期固定的监察区制度的必然结果。随后整个魏晋南北朝行政区划实行的都是三级制,已经使其时的行政效率有所下降。但事情的发展还不止于此。在魏晋南北朝这一大分裂时期,军事行动的重要性不言而喻,于是产生了管辖数州之地的军事长官都督,形成州以上的新型的一层政治区——都督区。

三国时期,鼎立局面使对峙政权在各自的边境地带都要设有军事区域以利攻防,此时期的都督区正在萌芽,三方的都督区形态差异较大。其中魏之都督区发展较为成熟,而蜀、吴则尚未成型。

魏在缘边诸州皆分置都督区,《三国志·魏书·杜恕传》云:"今荆、扬、青、徐、幽、并、雍、凉缘边诸州皆有兵矣,其所恃内充府库,外制四夷者,惟兖、豫、司、冀而已。"曹魏全境分为十二州,由上引文知其中有八州是边州,只有四州是核心地区。边境八州之中分置四个都督区:一为雍凉都督,治长安以备蜀;二为荆豫都督,治宛,以备蜀、吴;三为扬州都督,治寿春以备吴;四为青徐都督治下邳;五为河北都督统幽、并二州,治蓟,以备胡。[2] 其中不

1　下列记载或能补充上述推测:《元史·世祖纪十三》载:至元二十八年(1291),"户部上天下户数:内郡百九十九万九千四百四十四,江淮、四川一千一百四十三万八千六百七十八,口五千九百八十四万八千九百六十四"。卷21《成宗纪四》载:大德八年(1304)十一月"壬子,诏内郡、江南人凡为盗黥三次者,谪戍辽阳。诸色人及高丽三次免黥,谪戍湖广"。卷22《武宗纪一》载:"甲寅,敕内郡、江南、高丽、四川、云南诸寺僧诵藏经,为三宫祈福。"卷35《文宗纪四》载:天历二年(1329)三月,"以儒学教授在选数多,凡仕,由内郡、江淮者,注江西、江浙、湖广;由陕西、两广者,注福建;由甘肃、四川、云南、福建者,注两广"。

2　参见严耕望:《中国地方行政制度史》上编(三)卷中《魏晋南北朝地方行政制度》上册,(台北)历史语言研究所专刊之四十五,第26~27页。

临前敌者惟有青州，乃以此为徐州之后盾而组成青徐都督区。魏之都督区虽是分块状，但其与核心区分立的态势亦是明显的圈层状，只是西北方向仍不圆满，司州应属核心区，但还有一个边郡与羌胡相邻。

同样，蜀于缘边诸郡也分置都督区以备军事。蜀仅一州之地，故都督区所统辖者是郡而不是州。汉中都督备魏；江州都督及永安都督（一名巴东都督）备吴；庲降都督，统南中七郡备蛮（先治南昌县，后徙平夷县，又徙味县）[1]。吴于缘江军事要地置督以备魏、蜀，督区更小，自西而东有信陵、西陵、夷道、乐乡、江陵、公安、巴丘、蒲圻、沔中、夏口、武昌、半州、柴桑、吉阳、皖口、濡须、芜湖、徐陵、牛渚、京下诸督，亦有称都督者，似以缘长江之军事要地为防线，而非以地区作为都督区，与魏、蜀有异。

西晋承三国，有司、豫、兖、冀、青、徐、幽、并、雍、凉、益、荆、扬、交、广诸州，又分益而置梁、宁，分雍、凉而置秦，分幽而置平，凡十九州。在这十九州之上常置都督者有八：豫州都督、邺城督（至西晋末始有都督冀州之号）、幽州都督兼督平州，关中都督统雍、凉、秦三州，以及沔北都督、荆州都督、青徐都督、扬州都督。[2] 后来晋惠帝又分荆、扬二州置江州，常属扬州都督区；怀帝又分荆、广二州置湘州，常属荆州都督区。

至东晋时，都督区的最大特点是经常变化其都督的地域范围。例如扬州都督区的大小就经常因人而异，比较常见者为兼督豫州或加江州或加兖州。荆州都督区通常统辖荆、益、宁、雍、梁五州，时或兼统江州，或兼统交、广二州。江州都督起始仅督本州，后来常包括荆州之汉水以东诸郡及豫州之西南诸郡。徐州都督为徐、兖、青三州。豫州侨置于扬州，所督皆扬州之郡。会稽都督区为浙东五郡，沔中都督区以襄阳为中心，包括南阳、新野、义阳、义成等七郡或八九郡。益州都督区督益、宁二州及梁州之三四郡。广州都督区则督交、广二州。

都督区与州一级政区除了有上下统辖关系之外，还与州郡级行政区在地域上有交错的现象，可以下辖部分州加上部分郡。这种交错是为了军事上与行政上的互相牵制，同时也反映了都督区的性质实为军事型政治区而非行政区的一种。如果都督区是行政区，则范围应与州境相一致，既然都督区可与州境相交叉，则说明都督区意在偏重军事上的统辖，而非行政上之治理。例如《晋书·地理志下》扬州条载："旧江州督荆州之竟陵郡。及何无忌

1　参见洪饴孙：《三国职官表》。

2　参见严耕望：《中国地方行政制度史》上编（三）卷中《魏晋南北朝地方行政制度》上册，第35页。

为(江州)刺史,表以竟陵去州辽远,去江陵三百里,荆州所立绥安郡人户入境,欲资此郡助江滨戍防,以竟陵还荆州……安帝从之。"竟陵郡不邻江州,江州何以越江夏等郡而督竟陵,殊不可解;且言"还荆州",必是原属荆州,后因为某种缘故而归江州,最终才又归还。

要之,两晋南朝期间之都督区具有很强的军事政治区特征,其主要功能在于军事方面而非行政管理。所以其地域大小弹性很大,大者或半天下,小者仅数郡之地,而且经常不顾行政层级关系而州郡并辖,割裂了原有州郡县的统辖关系。还因人而异,更换都督就可能改变都督区范围,致有都督区与州郡级行政区相交叉的情况。所以不宜视都督区为一级行政区,只能视为权宜之军事型政治区。这种军事型政治区经常由各种因素的变化而变换其形态,处于一种不稳定的状态之中,换句话说,在这一历史时期中,政治地理格局是经常变化的。

2. 经济型政治区——北宋的发运使管辖区

宋代为了边防及供养大量官员的需要,中央政府所需地方供给加上边疆地区需要中央调拨与其他地区支持的财帛粮食数量很大,财赋的转运是当时地方政府最重要的公务。因此北宋的高层政区虽采用多机构多首长并立的制度,但必以转运司为主要机构,并以转运使为一路的主要长官。不但如此,北宋时期还在经济特别发达地区设置路以上的专门的发运机构,这就是江淮荆浙发运使的设置。北宋的发运使与其他地方官员不同,它不是普遍设置的官职,而是一个特别的职务,只管辖发运淮南、江南、荆湖与两浙六路的粮食到首都地区。这个职务的形成与北宋的经济地理形势直接相关。《续资治通鉴长编》曾总结北宋各地的财政情况说:"京之东西,财用自足,陕右、河朔,岁须供馈。所仰者,淮南、江东数十郡耳。"[1]这里所提到的三个地区,实际上包括了除川峡、闽、广以外的各路在内。自足区是京东、京西路,短缺区是陕西、河东与河北路[2],供馈区是东南六路(淮南、江东是其代表),故发运使只设在这一地区。下文将会提到,唐代后期的东南八道是中央政府的财政基础。而北宋的东南六路,即荆湖南北路、淮南路、江南东西路与两浙路正与唐代东南八道的范围大体一致,这一地区不但是唐宋时代的经济发达区,在后来的元明清时期,其经济发展依然领先于全国其他地区。

上引《续资治通鉴长编》没有提到的地区是川峡四路、广南东西路及福

1　《续资治通鉴长编》宝元二年五月癸卯条。
2　《宋史·食货志上三》亦载:"河北、河东、陕西三路租税薄,不足以供兵费。屯田、营田岁入无几,籴买入中之外,岁出内藏库金帛及上京榷货务缗钱,皆不翅数百万。"

建路。这一地区的经济情况虽没有明确的描述,但基本上也是自给自足区,有的路如福建路的经济情况不错,能向中央提供财帛,但粮食却只能自给。[1]因此仅按经济情况,就能将北宋全境划分为四个功能不同的地区。但这四个地区在地缘政治方面又各有其特点。陕右、河朔是前敌攻防区,京东西是政治核心区,东南六路是基本经济区,川峡闽广最重要的特点还不在经济方面,而是在其险恶边远,是当时人们心目中的边远区。[2]这是一个中央集权制国家的正常的政治地理格局,[3]而且这一地理格局是天然形成的,并不是人为划定的,与南宋时期有意分全国为四个总领所区有很大的区别。北宋的政治地理格局虽分为四块,但其形态显然是圈层状的,其外层是北方防御区与南方边远区,内层是不周全的东南供馈区,中间则是政治核心区。

3. 军事型与经济型相结合的政治区——南宋制置使与总领所辖区的结合

南宋由于与金在军事上长期对峙,其路一级长官遂改以安抚使为主,与北宋以转运使为主的情况有所不同。而且为了协调军事行动,南宋更在路一级政区之上设有大军区,这就是宣抚制置使辖区。宣抚、制置使的设置历史较长,唐代已见端倪,至南宋因政治军事形势的发展而日显重要,而且其所管辖的范围逐渐形成四川、京湖与江淮三个大军区。其中,四川宣抚制置使辖区为川峡四路,最为明确而且稳定;京湖宣抚制置使辖区也相对稳定,包括京西与荆湖北、南三路;唯有江淮宣抚制置使辖区最为不定,大致包括淮南东、西和江南东、西四路。[4]

因为财政经济是支持军事行动的最主要的基础,所以南宋在路以上也建立了一层以经济为主导的地理区域,即四个总领所区。最先建立的是四川总领所,统领川峡四路,随后又建立了淮东、淮西与湖广三个总领所。其中湖广总领所地域范围比较明确,领荆湖南北路与广南东西路。[5]淮东与淮西总领所的领辖地区则不甚明确,而且此两总领所有时废置不定,有时合并,即使分置时所辖范围也有重叠。据余蔚研究,淮东总领大致辖淮东、江

1 详见余蔚:《两宋政治地理格局比较研究》,《中国社会科学》2006 年第 6 期。

2 《宋史·选举志五》载:"川峡、闽、广,阻远险恶,中州之人多不愿仕其地。初,铨格稍限以法:凡州县幕职每一任近,即一任远。川峡、广南及沿边,不许挈家者为远,余悉为近。既分川峡为四路,广南东、西为二路,福建一路,后增荆湖南一路,始立八路定差之制,许中州及土著在选者随意就差,名曰指射,行之不废。"

3 参见余蔚:《两宋政治地理格局比较研究》,《中国社会科学》2006 年第 6 期。

4 参见余蔚:《论南宋宣抚使和制置使制度》,《中华文史论丛》2007 年第一辑。

5 刘宰:《漫塘集·故宗氏安人墓志铭》载:"湖广合四道数十州命使,幕府事殷。"

东、江西、两浙路，淮西总领则辖淮西、江东、江西路。[1]

由于军事行动与财政支持的关系密切，所以宣抚、制置使与总领所的结合趋势越来越明显，即所谓"合官、民、兵为一体，通制（置）、总（领）司为一家"[2]。因此余蔚综合宣抚、制置使与总领所辖区，以及其他地理情况，将南宋分为三个独立攻防区与中央直辖区及边远区，形成与北宋不同的政治地理格局。此一格局还有待进一步探讨，因为南宋的边远区并不如北宋那样明显，中央直辖区也不处于核心地带，但可暂备一说。

五、地方分权偏重时期的政治地理

1. 西汉诸侯王国与汉郡消长的政治格局

汉初因为中央政权不够强大的缘故，不得不采取封建政策，建立与中央分庭抗礼的诸侯王国及由中央直属的侯国。异姓与同姓诸侯王国同中央所属汉郡在地理上的对立，是一种特殊的政治地理格局。诸侯王国并没有形成如五服制那样包围着甸服的侯服，而是占去汉初的大约一半疆域，并与汉郡形成东西对立的态势。这种形势自然不利于皇权专制的中央集权制度，所以在汉文帝、景帝与武帝三朝，相继采取了众建诸侯、削藩与推恩的手段，使诸侯王国占据整个东部地区的政治局面发生根本的变化，这种变化由以下几个方面组成。

首先是通过诸侯王国数目的增加使各王国的封域相对缩小。高帝年间的诸侯王国都地跨连城，拥有数郡之地。所谓"众建诸侯"就是将一国分为数国，如齐国分为六国，赵国分为四国，表面上是在原来只传嫡长的诸侯王之外，让其兄弟也都平等地成为诸侯王，这样做的实质就是要"少其力"，使每一新封王国的封域至多只有原来该国的一郡之地而已。高帝末年只有十个诸侯王国，到景帝时期竟达二十余国，有的王国甚至只有汉初王国所属一郡的二分或三分之一地。其次是削夺诸侯王国的支郡。因为有的诸侯王没有兄弟，无法实行"众建"，就强行采取削藩的办法，借某一罪名削去诸侯王国的支郡，而使其领地只余一郡。再次是利用推恩的办法，使那些剩下的一郡之地不断割出一县或一乡之地建立王子侯国，以分封诸侯王子弟为王子侯，并将这些被封的王子侯国划归其相邻的汉郡。这样一来，到汉末，许多诸侯王国就只剩数县之地了。

1　参见余蔚：《宋代的财政督理型准政区及其行政组织》，《中国历史地理论丛》2005 年第三辑。

2　《宋史·赵方传》。

诸侯王国封域被削夺,直接体现为地理空间的缩小,同时又间接反映在人口数量与兵源的减少、财力的削弱方面。与此同时,汉郡的数目与领域不断增大,到西汉中期,中央集权势力已经大大超过诸侯王国潜在的割据势力。而且还有另一种地理上的变化:在汉初,十个诸侯王国封域连成一片的格局,到景帝初年已成为"插花"局面,亦即在诸侯王国之间已经插着许多汉郡,政治地理态势发生了很大的变迁。所以景帝三年虽有吴楚七国之乱,但这一中国历史上首次地方对中央的叛乱很快就被敉平,主要原因就是这七国的封域已经很小,而且在地域上并不连成一片,其实力不足以颠覆中央政权。西汉一代诸侯王国的变迁是中国历史上政治地理变迁的一个绝好的实例,[1] 其后期汉郡包围分割王国的插花模式,是一种能有效遏制地方势力的空间形态,它是削藩的政治过程的成果展示。

2. 唐后期的中央与地方关系所反映的政治地理格局

唐中后期的中央—藩镇对抗,近似于西汉之中央—诸侯王国关系,而情况之严重则犹有过之。不过,在中晚唐却呈现出另一种有别于汉代的政治空间形态。

安史之乱以后,为了迅速平定叛乱,各地普建方镇,与作为监察区的道相结合,产生一批上马管军、下马管民,集节度使与观察使于一身或以观察使兼团练使的地方长官,掌握了一镇(道)的行政、军事、财政大权,因此有的方镇向中央政府闹独立,自署官员,截留地方财赋,户口版籍不上报户部。据李吉甫《元和国计簿》载,元和二年(807)"总计天下方镇凡四十八,管州府二百九十五,县一千四百五十三,户二百四十四万二千二百五十四,其凤翔、鄜坊、邠宁、振武、泾原、银夏、灵盐、河东、易定、魏博、镇冀、范阳、沧景、淮西、淄青十五道,凡七十一州,不申户口。每岁赋入倚办,止于浙江东西、宣歙、淮南、江西、鄂岳、福建、湖南等八道,合四十九州,一百四十四万户。比量天宝供税之户,则四分有一"[2]。这里所说的表面上是经济状况,实际上表明了一种政治地理局面,那就是此时中央政府在西北,而支持中央的政治经济基础却在东南。财政收入对中央政府而言是权威的基础,如果中央政府没有正常的、足够的财政收入,政治上的威权就会流失,因此东南八道在经济上保证中央的供给,等于在政治上维持中央政权的运转。

对于唐代藩镇,历史学者已经有过很多精辟的研究,[3] 但从政治地理角

---

1 诸侯王国的地理变迁,详见周振鹤:《西汉政区地理》上篇,人民出版社 1987 年。

2 《旧唐书·宪宗纪上》,元和二年十二月条。

3 这些研究的代表作是张国刚的《唐代藩镇研究》,湖南教育出版社 1987 年。

度进行审视,还有研究的空间,本节打算就此视角稍作展开。在上述具有割据性质的易定、魏博、镇冀、范阳、沧景、淮西、淄青等七道中,其节度使皆采用世袭制或牙兵拥立制,[1]其中又以魏博、镇冀、范阳三镇最称割据的典型,甚至一度自称为王。[2] 东南八道则是安史之乱以后北方移民的主要聚集地,[3]在唐后期这一地区的经济有比较迅速的发展,所以能够成为财赋的来源。介于割据与"忠诚"的藩镇之间的其他方镇则有两种:一种在西北边疆,可以称为前敌诸道,即上述凤翔以下八道,其中河东虽偏内地,但仍被视为边疆,因天宝元年(742)置十节度使,九在西北,而一在河东。另一种在地域上介于河北割据诸道与东南忠诚八道之间,是中央政府防遏河朔割据诸道与联络东南八道的交通命脉,他们有军队可以提供给中央,以进击叛藩,却不能对中央政权有经济方面的支持。他们的政治态度是"乐于自擅,欲倚贼自重"[4],即希望天下有叛乱以从中取利。这些方镇或可称为中立诸道。此外还有《元和国计簿》未提到的南方边远诸道,即剑南东西川、黔州、两广、容管、桂管与安南都护府,与藩镇的纷争基本上没有什么关系。这一地区如同西北边疆一些方镇那样,有时也不向中央政府上报户口版籍,[5]其原因不在于割据,而在于中央政府有时鞭长莫及,还有在经济上任其自我维持的背景。至于西北边疆的不上版籍,则因为其经济上属于中央必须供给的防卫地区,也不可能有赋税上缴朝廷。

对于藩镇的政治态度,唐人已有分析。如杜牧在《战论》中分藩镇为河北一块,河东、盟津、滑台、大梁、彭城、东平一块,咸阳西北一块以及吴越荆楚一块,[6]正与《元和国计簿》所载相对应。于是我们可以将元和二年(807)方镇的政治态势划分成五个地区:一是东南"忠诚"八道,二是河朔割据诸道,三是西北边疆诸道,四是中部中立诸道,五是南方边远诸道。其中不参与中央与藩镇或藩镇与藩镇之间的战争的,只有南方边远诸道。其他四个地区在中央对某个藩镇开战时都被征过兵。虽说中立诸道是被征兵最多的地方,但边疆诸道、东南诸道,甚至叛乱割据的河朔诸镇,也在被征之列。故

---

1 李翱:《李文公集·韩吏部行状》云:"自安禄山起范阳,陷两京,河南、河北七镇节度使,身死则立其子。"

2 据《新唐书·藩镇卢龙传》,"建中三年(782)冬十月庚申",此三镇之首领田悦号魏王,朱滔号冀王,王武俊号赵王,又淄青镇李纳号齐王。

3 参见周振鹤:《唐代安史之乱与北方人民的南迁》,《中华文史论丛》第2,3辑,1987年。

4 《资治通鉴》元和十年九月。

5 《旧唐书·穆宗纪下》载:元和十五年(820)"是岁,计户帐,户总二百三十七万五千四百,口总一千五百七十六万。定、盐、夏、剑南东西川、岭南、黔中、邕管、容管、安南合九十七州不申户帐"。

6 杜牧:《樊川文集》卷5。

唐后期众藩镇一方面有中央控制与割据自立之别，另一方面互相间又要维持均势的局面。宋人尹源说："弱唐者，诸侯也。唐既弱矣，而久不亡者，诸侯维之也。"[1]有割据经验的藩镇首领自己也说："礼邻藩，奉朝廷，则家业不坠。"[2]虽然唐最后还是亡于藩镇，但因藩镇之间错综复杂的利害关系，却又使时有变化的均势局面维持了百余年之久。上述四个地区之间的关系就有政治均势的意味在内。而且割据诸道在地理上连成一片，也是割据局面能够长期延续的原因。泽潞一镇势力单薄，只有三州之地，但也能自立达二十六年之久，就是因为在地域上依傍着河朔诸镇的缘故。[3]至于河朔诸镇，尤其是幽镇魏三镇能长期自外于中央，有一个重要原因是中央政府将此诸镇视为防御北方外敌的屏障。当泽潞镇第一代割据者刘悟死后，其子求袭，朝议不许，原因就是"上党内镇，与河朔异"。可见时人是将河朔视作防边的"外镇"，故亦姑且涵容其割据。

这五个区域在地理上的变迁有可究之处：东南八道与南方边远诸道中，各道的领域几乎不变。割据之七八道稍有变化，变化程度亦不剧烈，因为各道之间既相互牵制，而中央亦无力改变之。西北边疆诸道变化也不大。只有缓冲各道由于中央经常调整其范围，以应对割据诸道的反叛行为，所以变迁较大。

欧阳修纂《新唐书》所立藩镇传，将割据自立的藩镇归在一起叙述是有见地的，并强调其割据时间的长短；与此同时，更立有藩镇表，以地系镇，使割据地域的伸缩变迁相对清楚地显现出来。两相结合，在时间与空间上揭示出其时随中央与地方政治势力消长的地理变迁。不过遗憾的是，新旧《唐书》列传中，于方镇的割据年限多未有明确纪年，故逐年制作唐后期的政治地图还要进行细致的考证。《新唐书》为藩镇立传者有八，即魏博、镇冀、卢龙、淄青、横海、宣武、彰义、泽潞等八道。元和二年至十五年时，泽潞尚未割据。

"忠诚"八道的形成是因为这一地区在安史之乱时未受战乱波及，中央从未下放兵权，故这八道多以观察使带团练使，而不是节度使兼观察使，因此在政治上仍听命于中央。河朔割据诸道原先多是安史之乱时的叛将，后表面上归顺中央。从元和二年的藩镇分布态势中可见，其时淮西节度使与其他割据诸道在地域上并不相邻接，而且只据三州之地，但这一割据势力却

1　《宋史·尹源传》。

2　《新唐书·王廷凑附绍懿传》。

3　《新唐书·藩镇泽潞传》载李德裕言："积(泽潞镇第三代节度使)所恃者，河朔耳。"

花了唐王朝很大力量与很长时间才予以铲除，还在当时被当成一件丰功伟绩，由韩愈写下著名的《平淮西碑》来称颂。

　　中国历史上政治地理格局的变化极其纷繁复杂，但以上两种类型的政治地理格局却贯穿于两千多年的王朝变迁之中。而即使这两种类型的格局也有种种不同的表现形态，本节所述只属于举隅性质，还有许多形态值得探索总结。例如圈层结构其实贯穿于整个中国历史，直到清代藩部与行省之间的关系也是如此。藩部犹如汉代的边郡，包围在本部即直隶行省之外，本部即如汉代的内郡，边郡与内郡都是汉帝国领土的一部分，行省与藩部也都是清帝国的神圣领土。近代一些外国学者或殖民者认为清代的藩部不算中国的领土，除了别有用心的，就是完全不懂中国历史上的政治地理特征。又如对于明代的行政区划，过去只注意布政使司—府—州—县系统，而对于都指挥使司—卫—所体系未曾从行政区划的角度去研究，对明代后期的总督巡抚辖区作为一种实际存在的政治区划也研究得不够。历史政治地理研究的是时间过程中的政治空间的形成与变迁，在过去长期进行的行政区划研究以及今后将进行的关于政治区域的实证研究基础上，我们还应该建立理论思维，总结政治空间变化的基本模式与规律性，为促进政治地理学科的建设而努力。中国历史悠久，政治空间的时代差异与地区差异都过于复杂，对政治思维在地理空间方面的体现还需要作深入的探索。中国历史政治地理研究任重道远，大量具体而微的探究以及宏观的思考还有待于将来。

论文粹编

秦汉宗教地理略说

引言

宗教是一种特殊的文化现象,宗教地理是文化地理的一个重要侧面。不研究宗教史,必然写不好文化史;同样,不研究宗教地理,也不能建立起全面的文化地理学。

宗教地理学的叫法已经有相当一段时间了,也有不少西方学者写出有关的专门著作,但究其实,这门学科还没有完全建立起来,还处在成形的过程中。最初研究宗教地理的一些学者,企图证明宗教是地理环境的产物,但没有获得成功,因为这个研究方向本身就是错误的。近年来,这门学问倾向于分析研究一定文化地域中的宗教与其环境(自然的、社会的)的相互关系,取得了一些成绩。有关宗教和生态学环境,宗教的分布,宗教和民俗,宗教和经济活动,宗教和语言分布等等课题,正在引起人们越来越大的关心和兴趣。

本文并不属于严格意义上的宗教地理学范畴,而只是想就地理特点方面对秦汉时期古代宗教的形态作些分析和探讨,以就正于宗教地理学领域的专家学者。

我国古代宗教的一个显著特点是多神崇拜。即使在东汉佛教东来和道教形成以后,这种多神现象不但依然存在,而且继续了近二千年之久。因此研究我国的宗教史,不能不注意多神崇拜极为发达的秦汉时期。

秦始皇并四海制六合以后,强令推行车同轨、书同文、行同伦的政策,以消除战国时期地域之间存在的文化差异。在宗教方面,也对前代的神祇世界作了一番整理,规定了官方正式祭祀的对象,建立了祭祀制度并设置大量神祠,将多神崇拜的形式固定了下来。西汉初期由于忙于恢复生产和防御外患,基本上只停留在继承秦代原有的宗教体系上,到汉武帝时则将这一体系发扬光大,扩充了祭祀范围,增加了祭祀对象,丰富了祭祀仪式,将多神崇拜推向新的高潮。长期统一的封建大帝国本来就是宗教广泛蔓延的最好温床,秦皇汉武又特别热衷于鬼神之祀,追求长生不老之术,配合上方士们的鼓吹播弄,就将许多民间信仰也变成了国家宗教,使这一时期的宗教呈现空前所未有的发达景象。

秦汉时期的崇拜对象包括有天帝崇拜、祖先崇拜、自然神崇拜和其他多种神祇的崇拜。主要的宗教仪式有郊祀、封禅以及天子宗庙和各种神祠的致祭活动。举行这些宗教活动的场所在地理分布方面存在一些明显的特点,本文打算以西汉为主从三方面对这些特点进行初步探讨,同时兼及秦代和东汉的情况。

一、几处圣地和一个规范中心

封建社会里占主要统治地位的思想意识形态即是宗教,在我国封建社会中最重要的宗教活动始终是祭天。祭天的形式主要是郊祀。郊祀的重要性在于它是宣扬皇权神圣性的仪式。"帝王之事莫大乎承天之序,承天之序莫重于郊祀",点明了郊祀的意义所在。

殷周以来认为天帝(或帝、上帝)是自然界和人类社会的最高主宰,而国王即是天帝在人世间的代表,接受天命,行使统治权。因此周代只有天子——王,才能祭天,诸侯是没有这个权利的。周室东迁以后,天子权威下降,原有的宗教制度自然也受到冲击,诸侯不但在政治上向周天子闹独立,在宗教上也祭起自己的天来。这一变化大概是从秦国最先开始的。

春秋初年,秦襄公被列为诸侯,认为自己独占西方,应主少皞之神,因此作西畤(畤即祭坛)祠白帝。随着秦国的逐步强大,到战国时期,祭祀的天帝又陆续增加了青帝、黄帝、炎帝(即赤帝)三名。与此同时,其他诸侯国也出现了王帝的观念。天帝由一个而变成数个,天上世界由统一变成分片管理正是当时地上国家分裂状态在宗教方面的反映。天上世界不过是人间世界的摹写而已。

秦国祭祀四帝的传统一直延续到秦代,祭祀地点集中在雍县。春秋中期,秦德公自西县迁都雍,此后雍县逐渐成为秦国的宗教中心。传说黄帝曾在雍祭祀上帝,所以秦人将祭祀四帝的四畤放在这里。在秦人眼里,雍始终是块圣地,连秦始皇的加冕典礼也要从咸阳赶回雍县举行。

汉初在秦代四畤之外又加上北畤,以祀黑帝,黑帝其实是汉高祖在天上的影子。五帝崇拜的形式显然是受了阴阳五行说的影响,雍郊是汉代最重要的祭祀活动,皇帝必须亲到雍县举行祭天仪式。西汉诸帝中,文帝最先"幸雍,郊见五畤";景帝随之;武帝时祭祀规模更大,而且制定三年一郊的制度,终武帝之世,郊雍八次。由于雍郊的重要性,专司宗教职责的官员甚至直属中央。太常属官专设有雍太宰、太祝,又在五畤各设一尉,可见雍县宗教地位之高。

五畤之外,雍县还有许多形形色色的神祠,秦时已有百余所,到汉代更发展到二百零三所。汉武帝初年全国共有神祠六百八十三所,雍县一地竟占了近三分之一,其宗教职能之突出显而易见。相形之下,五百年后,佞佛最高峰时的"南朝四百八十寺"也算不得什么惊人的纪录了。

雍县成为宗教圣地有两个原因:一是"自古以雍州积高,神明之隩,故立畤郊上帝,诸神祠皆聚云",地势高容易引起神人交通的幻想;一是秦德公徙都雍,"雍之诸祠由此兴",雍县成为秦国都城达三百五十年之久,政治中心与宗教中心融为一体,以至由于惯性作用,这一中心继续保持到秦国迁都咸阳,乃至西汉代秦以后。

雍以外,西汉的第二个宗教圣地是云阳甘泉山。

五帝说既然是国家分裂的产物,那么在天下统一以后按理应该出现单一的天帝才对,但是这样的一位天帝并不在秦始皇消灭东方六国以后立即出现,而是在百年之后的汉武帝时才姗姗来迟。这一方面当然由于作为意识形态的宗教现象必定滞后于现实世界,同时也由于秦代的统一历时太短,汉初实际上又还不完全是专制皇权的中央集权制国家,诸侯王国有相对的独立性。直到景武之际,中央集权全面实现,地上的皇帝权力达到顶峰,天上单一的上帝也应运而生,这个适应大一统形势的天神叫作太一。

"太一"并非汉人的发明,《荀子·礼论》篇已经出现,《吕氏春秋·大乐》则用它来阐释老子的道。到了汉代,方士们才移植来作为天地间至上神的称呼。元鼎四年,武帝接受方士薄忌的建议,在长安东南郊置祠祭祀太一神。但比起雍郊五畤来,这样做似乎还不够尊重,于是过了两年又在云阳甘泉设立泰畤,专门奉祀太一,以与五畤比美,提高其神格。

云阳在秦代已有特殊地位,处于交通要道之上。蒙恬通直道,自九原抵云阳,徙五万家于此。秦汉万户已是大县,云阳则是特大县。汉武帝时又迁徙郡国豪杰于此,称之为云阳都。传说云阳是黄帝圜丘祭地处,少昊葬于云阳山,因此也算得历史圣地。甘泉本有秦代离宫,汉武帝又极意经营,大建亭台楼馆,方士更附会说古代也有帝王曾在甘泉建都。因此将泰畤设在云阳甘泉,含有神圣的意味。

新神的出现,暂时还没有打掉旧神的香火,"天神贵者太一,太一佐曰五帝"。五帝依然与太一并存,但地位下降为太一的助手。甘泉的泰畤太一坛下就环列着五帝坛,表示二者地位的高下。太一的星座是天极星(即北极星）。汉代人认为天极星位于天中，位置是不会改变的，正说明了太一的尊贵。汉武帝视北极星为帝星，将太一升格为最尊贵的天帝，实际上就是自居为太一在地上的代表。因此武帝从元鼎六年起，亲郊太一于云阳，如雍郊礼。由于泰畤的重要性，甘泉山还筑有诸侯邸，以供诸侯王参加郊祀典礼及朝天子之用。

云阳除了泰畤外，还有六所重要的神祠，专为供奉少数民族神祇而设。其中休屠、金人、径路三所神祠与匈奴有关，休屠王元狩二年降汉前为同族浑邪王所冤杀；金人是匈奴的天神；径路神所指不明，或说是休屠王的佩刀，当亦是祭休屠王之用。另三所是越巫祐禳祠，祭祀越人的天神上帝百鬼，并使用越巫鸡卜之法。汉武帝开疆拓土最重要的对手就是匈奴与百越，但他们的神祇并不受排斥，而是纳入汉民族的神祇体系，这不但表明了汉民族在宗教方面的宽容性，而且也加速民族之间的交融过程。选择云阳设置这六所神祠既表明这些神祠的重要性，也表明云阳宗教地位的显要。

除了郊祀以外，另有一种祭天的方式是封禅。所谓封禅是封泰山与禅泰山下小山的合称。封是在泰山上祭天，"王者功成治定，告成功于天"。禅是在这些小山上祭地。传说古代有七十二代赫赫有名的帝王在泰山举行封禅大典，春秋中叶，齐桓公称霸以后，对封禅也有点跃跃欲试。但管仲却借口天没有给他降下同意受命的祥瑞，阻止了他公然以天子自居的僭越行为。

由于封禅似乎比祭祀天帝还要神圣一些，而且实际上没有成例可循，所以即使好大喜功如秦皇汉武在封禅之前也小心翼翼，做了很久的准备。汉初泰山及其周围地区属济北王国所有，济北王因武帝欲行封禅而献泰山及其旁邑，武帝于是特地设置奉高邑，以为行封禅大典的基地。并在奉高县城西南建造明堂，"祠太一，五帝于明堂上坐"，以汉高祖配享。元封元年，武帝首次封泰山，禅肃然山，并且定下五年一修封的制度。封禅的仪式十分隆重，诸侯王都要参加，因此也跟云阳甘泉一样，各诸侯王都治邸泰山下。封建时代的宗教活动常常与政治活动结合在一起，《汉书》记载武帝四次受计仪式，有三次就在奉高明堂，另一次则在云阳甘泉。

泰山之所以成为传说中的封禅圣地，在文化史上的起因尚待研究，但无疑与其地理特征有关。泰山是黄河下游平原上的第一座高山，雄踞于周围的矮山丘陵之上，所以孔夫子登泰山而小天下。岂但孔子，古往今来的人无不以为泰山是东天一柱，气势雄伟。山高容易接近天神，这是古人很自然的想法，封禅的传说也就油然而生。秦始皇虽从黄土高原来，看到泰山拔地而起，大有参天之势，自然也要对封禅说深信不疑。如果泰山卑小，封禅说绝对没有市场。汉武帝不肯加封于没有气派的东泰山就是明证。

当然秦始皇急于实践东方的封禅说还有更重要的原因。秦始皇是从西向东统一天下的,光有雍郊四帝的天命还不够,那些天帝毕竟是秦人自己的产品,似乎还不足以作为应得天下的全部宗教根据,于是自然而然想到要把封禅大典实行起来,以见得自己是富有四海的真命天子。这个想法也就促使秦始皇成为中国历史上真正实行封禅的第一人。

雍郊五畤,祭拜太一,登封泰山,都与祭天有关。能与祭天平起平坐的祀典是祭地。秦代除皇帝东巡在梁父山祭地以外,在京都区域没有祭地的场所。汉武帝以为这样不全面。古来天神地示对偶,必须配合雍郊上帝,设置专门神祠祭祀后土,才符合帝者"父事天,母事地"之义,这当然也是阴阳五行的思想在作祟。于是武帝元鼎四年选中了河东郡汾阴县的汾阴脽作为设置后土祠的地方。汾阴脽是河水纳汾水处东岸的一块高地,这块高地"长四五里,广二三里,高十余丈",地形十分奇特,又据说有人曾在这里看见汾水旁有光如绛,两种祥异一凑合,也就颇有点圣地的味道了,而且凑巧得很,不久以后,汾阴脽又出土宝鼎,其神圣性自然又增加了几分,因此后土祠设在这里真是合情合理。

汾阴所祭祀的后土神,虽然也属于地示,但已经和过去的社神含义不一样了。社神是具体的、分地段进行管理的土地神,直接与农事年成有关,而且每县都设有公社(官社)进行祭祀。后土神则是独一无二的大地之神,是与皇天为对偶的载育万物的至上神。所以祭祀后土的仪式也很隆重,皇帝也必须亲拜如上帝礼,武帝之世共亲祠后土五次。

经过汉武帝的补充修订,使雍郊五畤、甘泉泰畤、汾阴后土的祭祀,成为汉代第一等重要的宗教活动,规定皇帝必须亲自三年一次轮流朝拜这三个圣地,举行祭祀仪式。这个制度为后来的宣帝、元帝所遵奉。至于泰山封禅,宣元以后诸帝自度功德不能望武帝之项背,没有人再去尝试(至东汉光武帝亦踌躇再四才又演习了一回。而后整整过了六百年,才又有唐高宗、唐玄宗的重演。再过将近三个世纪,终由宋真宗唱了中国历史上最后一幕封禅大戏,此后这曲阳春白雪再没人应和了)。

但是武帝所制定的祭祀制度,基本上是按善于制造鬼神的方士们的主张建立的。武帝虽然标榜独尊儒术,但他是做了皇帝想成仙,始终不能摆脱长生不老的诱惑。因此,儒生们虽然常被委以重任,却从来没有像方士那样受到皇帝亲信。宣帝的政治杂采霸王之道,也不重视儒生。到了元帝时,儒家学说才真正受到重视,贡禹、韦玄成、匡衡等大儒相继被重用,于是他们就开始非议起汉家的宗庙祭祀制度来,认为现存的神祇系统有点不伦不类,天只有一个,但天神却既有太一,又有五帝;同时,祭祀的地点也不对头,郊天应在南方阳位,结果皇帝却跑到长安西北的甘泉,祭地应在北方的阴位,后土祠却建在长安东面的汾阴。因此,成帝就位以后,匡衡就提出整顿宗教体系的方案,建议取消雍五畤,把泰畤和后土祠搬到首都长安来,前者放在南郊,后者放在北郊,把长安变成规范化的宗教中心。

这个建议的理论根据是:"天地以王者为主,故圣王制祭天地之礼必于国郊长安。圣主之居,皇天所观视也,甘泉、河东之祠非神灵所饗,宜徙就正阳大阴之处。"匡衡们并声言古礼就是这么规定的,古代帝王也是这么做的,于是成帝接受了他们的建议,在长安正式定南北郊。这一举可以说是儒生对方士的大胜利。不过这一胜利反复了几次才巩固下来。当灾异频繁或者皇帝出了什么毛病时,长安南北郊就被当成牺牲品,因此自成帝建始元年以后的二十多年时间内,天地之祠一忽儿在长安,一忽儿在雍、甘泉、汾阴,来来回回搬了五次,直到平帝元始五年才最终定在长安。于是由三个分散的宗教圣地集中于一个规范化宗教中心的过程才算结束。

东汉定都洛阳,南北郊随之而移。雍郊、甘泉泰畤、汾阴后土之祀当然已不复见。而且自此以后,政治中心与宗教中心相一致的定制为历代所遵奉,一直到清代不变。现在的北京城南边有天坛,北边有地坛,就是过去南北郊的遗制。

二、一组陵县和一批郡国祖宗庙

在我国古代,能与郊天祀地相提并论的宗教形态是祖先崇拜。祖先崇拜是鬼神崇拜的核心,自原始社会已然。进入阶级社会以后,祖先崇拜有着特殊的发展。统治者建立有专门祭祀祖先的祖宗庙,规定一整套严格的祭祀制度。这样做的目的,是为了宣扬统治者家族出身的尊贵,因为推本溯源,他们的祖先都是远古时代的显赫帝王,以此来证明天命之所归和现阶段统治的合法性;对一般人而言,祖先崇拜则起着维护宗法制度,从而稳定统治秩序的作用。

到了西汉,祖先崇拜的形式达到一个前所未有的高度,出现了两种历代所无的特别制度:陵县制和郡国祖宗庙制。

先说陵县制度。

陵县就是在皇帝陵墓旁边特置的县,专为奉祀陵园之用。陵墓的建筑及供奉方式本来就是祖先崇拜的重要内容,陵县的设置更抬高了祖先崇拜的地位。汉高祖十年,葬其父亲于栎阳县北原之上,并置万年邑于栎阳县大城内,以奉太上皇陵。万年邑的设置实开陵县之先声,虽然它不算是陵县,也不另筑县城,但其性质与陵县无异,可称为准陵县。

汉高祖十二年置长陵邑,正式建立陵县制度。此后,从每个皇帝即位的第二年起,即开始营建陵园,并划出一定地域,迁徙民户,设置陵县。西汉一代共有七个皇帝陵县,即高帝长陵、惠帝安陵、文帝霸陵、景帝阳陵、武帝茂陵、昭帝平陵、宣帝杜陵。这些陵县地位特殊,在地理位置上它们虽然分属三辅,但在行政上却统归太常管辖,不受制于郡。太常是中央专掌宗庙礼仪的官署,陵县属太常而不隶三辅,正是表明了陵县的宗教地位。

陵县地位的显要还表现在县令的级别上,汉县万户以上才置县令,不足万户者称县长。但陵邑一律置令,而且秩奉特别。县令一般秩千石至六百石,吕后六年增长陵令秩至二千石。陵县都筑有规模不小的城垣,如长陵周七里百八十步,安陵城北门城墙实测长度有一千二百二十三米。陵邑建城也是地位重要的象征。

陵县的居民并非原住户口,而是从强迫迁徙关东豪族、天下高赀而来,因此居民成分多是不事生产的旧贵族、高级官吏、富商大贾、游侠豪杰。由于人为的迁徙集中,陵县的户口都很殷实。《关中记》说:"长陵城……徙关东大族万家以为邑。"《汉旧仪》载:"武昭宣三陵邑皆三万户。"这还只是初置陵邑时的户数,到西汉末年,长陵已发展到五万户,茂陵则达六万余户,远远超过一般大县的水平。

陵县在名义上虽为祭祀而设置,但事实上它还有更重要的政治作用。《汉书·地理志》说:"汉兴,立都长安,徙齐诸田,楚昭、屈、景及诸功臣家于长陵,后世世徙吏二千石,高赀富人及豪杰兼并之家于诸陵。盖亦以强干弱支,非独为奉山园也。"将关东旧六国贵族、天下豪富集中于京师附近,显然便于监视控制,防止叛乱,保证安定。从这个角度看,陵县又具有特殊的政治职能。

皇帝陵县而外,还有两个太后陵县。

一是薄太后南陵,这是文帝七年为他母亲建立的陵园。景帝二年薄太后死,置陵县。汉制帝后合葬一陵,因此皇后没有单独的陵县。吕后与高帝合葬长陵,文帝因而另建南陵,以备其母之葬。

一是赵婕妤云陵。昭帝母赵婕妤本已葬云阳县,昭帝即位尊其母为太后,并特为置云陵邑。

另外,奉明县也是一个准陵县,这是宣帝为奉其父史皇孙陵园所置的县。史皇孙是武帝戾太子之子,没有当过皇帝,奉明因此不能称为陵县,但其性质与陵县实在没有什么差别,只是规模小,元康元年置县时只有一千六百户。

在九个陵县和两个准陵县(见图一)中,只有宣帝杜陵是就秦代杜县改名而来,其他各县都是汉代新置。如茂陵邑本是槐里县茂乡,霸陵邑是芷阳乡更名,云陵邑乃割云阳县地置(景帝阳陵是弋阳改名,弋阳可能亦是乡名,如芷阳然)。因此这些陵县在地域上相对狭小。上述十一县除万年邑和云陵邑距离稍远外,其余九县都密布在长安周围。尤其是有名的五陵,即长陵、安陵、阳陵、茂陵、平陵一字排开在长安以北的渭水北岸,一县紧挨一县,形成"都都相望,邑邑相属"的景象。长安的东郊有霸陵、南陵、杜陵三县,奉明县则紧靠在长安东南郊外。此外,在长安与长陵、安陵之间还有一个渭城县(本秦都咸阳),这样的十一个县城密集在南北不过三十余公里、东西不过五十公里的范围内,实际上可以看成是由长安及十个卫星城所组成的大长安。

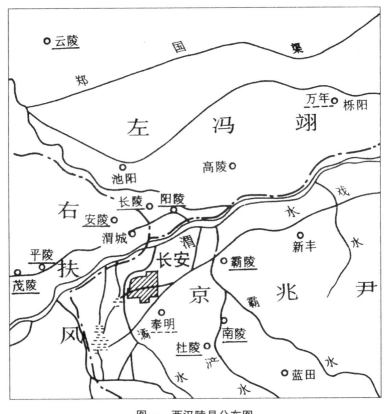

图一　西汉陵县分布图

大长安的地域虽然如此狭小,却集中了大量的人口。据笔者估算,西汉末年长安及其附近十县的总人口当在一百三十万以上,平均人口密度每平方公里约九百人,这是一个相当惊人的数字。对比起来,上海直辖市是今天我国人口最密集、城市化程度最高的地区,按 1982 年人口普查的统计数字,人口密度也不过是每方公里一千九百余人,仅为大长安的两倍。而北京直辖市的人口密度约五百五十人,只有大长安的一半多而已。由此可见,长安及其周围陵县城市化程度之高。

班固《西都赋》描写陵县的繁华景象说:"若乃观其四郊,浮游近县,则南望杜霸,北眺五陵,名都对郭,邑居相承。英俊之城,绂冕所兴,冠盖如云,七相五公,与乎州郡之豪杰、五都之货殖,三选七迁,充奉陵邑。盖以强干弱枝,隆上都而观万国也。"

但是陵县的形成并不是经济逐步发展和人口自然集聚的结果,而纯粹是由人为的行政措施所造成的。陵县既以宗教名义而建立,当宗教政策发生变化时,它的特殊地位也要相应发生改变。元帝开始,不再设置新的陵县,原有陵县全部分归三辅管辖,表明陵县宗教地位开始下降。平帝元始中,毁奉明园(奉明县当然随之撤销);南陵邑、云陵邑罢为普通县城。两汉之际的大动乱,使陵县人口大量流散。据蔡邕《樊陵颂》所载,长陵户口在王莽以后,已经十不存一,至东汉光和年间,领户不盈四千。东汉迁都洛阳,长安与各陵县已经衰微,无复当日旧貌,连班固的《西都赋》也只是"观迹于旧墟,闻之乎故老"的产物。

虽然东汉继奉西汉正朔,仍然保留七个皇帝陵县,但奉祀典礼已非昔比。长陵因为户口剧减,"园陵蕃卫粢盛之供,百役出焉,民用匮乏,不堪其事",其他陵县也可见一斑。至于南陵、云陵在东汉初则连县的建制都已撤销。万年邑治于栎阳县城之中,东汉省栎阳县,保留万年虚名,其实骨子里是省去万年邑。因为这时万年的辖境是原栎阳县,已非专为奉太上皇陵之用了。三国以后,七个西汉皇帝陵县全部取消,杜陵复改为杜县,霸陵因处于长安大门的地位,改名霸城,予以保留。陵县作为一种特制至此完全消亡,而且在中国历史也没有再次出现过。

再及祖宗庙制度。

"祖宗"二字的本意是一种祭祀方式,据经学家的解释,一族一朝的创始者才能称祖,而他们后裔中的领袖人物则称宗。虽然谁配称宗,郑玄和王肃两派经学家的说法不一致,如王肃强调"祖有功,宗有德",与郑玄只以血缘亲疏解释祖宗崇拜规矩不同。但有一点是相同的,即他们都认为只有受到子孙供奉在祖宗庙内进行祭祀的先人,方可称为祖宗。实行祖先崇拜的方式就是建立一套合乎礼仪制度的祖宗庙,并在其中举行定时的祭祀活动。到了西汉,对于祖宗庙的建设更是特别看重,不但继承先例在京师地区的皇帝陵旁置庙,而且标新立异,在有关的郡和诸侯王国也设立一大批祖宗庙,扩大祖先崇拜的影响。

汉高帝十年,刘邦父亲死,"令诸侯王皆立太上皇庙于国都"。此令实开郡国祖宗庙之始。当时的诸侯王国有淮南、长沙、梁、燕、齐、荆、楚、赵八国,因此相应有八所太上皇庙。十二年,高帝病死,被尊为汉朝的太祖。惠帝即位,"令郡诸侯王立高庙"。这里的"郡"指当时皇帝自属的十四汉郡(内史除外)。又当时并存十王国,共辖支郡二十九(国都所在本郡不计),因此诸侯应立庙三十九所,加上汉郡十四,郡国共有高庙五十三所。

景帝元年,尊文帝为太宗,诏郡国诸侯为文帝立庙。此时郡国数目有所增加,应立孝文庙五十七所。宣帝本始二年尊武帝为世宗,令"武帝巡狩所幸之郡国"皆立孝武庙。《汉书》明载孝武庙有四十九所。至此时为止,有四类祖宗庙,即太上皇庙、高庙、文庙、武庙共一百六十七所,分布在六十八个郡国当中。其时全汉郡国总数(除京师三辅外)为一百零一,也就是说在三分之二的郡国中设有祖宗庙,其中每个郡(或国)至少有一庙,多者二、三、四庙不等。郡国庙分布之广泛由此可见(具体分布情况参见附录)。

到元帝时,郡国庙再加上三辅地区的九庙——高帝至宣帝七庙及太上皇庙、宣帝父悼皇考庙——全汉共有祖宗庙一百七十六所(见图二),一岁上供祭祀所花费的人力物力大得惊人。于是贡禹等人提出罢废郡国庙及定宗庙迭毁之礼的建议,这个建议当然是以恢复古礼的面目出现的。其实,在武帝三年三月丁酉,辽东高庙灾,四月壬子高园便殿火之后,董仲舒就对曰:"今高庙不当居辽东,高园殿不当居陵旁,于礼不当之,与鲁所灾同。"其时已有主张郡国不当立祖宗庙之意。元帝永光四年采纳贡禹之此议,"罢祖宗庙在郡国者",同时取消陵邑制度,原有诸陵分属三辅,对祖先崇拜作了一番改革。至于京师九庙何者应毁、何者应留,众说纷纭,皇帝无所适从,因此自元帝至平帝间,除高庙外,其余八庙时毁时复,举棋不定。但郡国祖宗庙的罢废则成定局,元帝以后天子宗庙只存京师而已,此制亦为历代所遵奉。

东汉迁都洛阳,立高庙祫祀(祫即合,祭法之一种)西汉诸帝。光武帝死后,明帝为之建世祖庙。明帝以后的东汉诸帝都不另起寝庙,而藏木主于世祖庙更衣室,相当于集数庙为一庙,恰与西汉每一皇帝独立一庙的制度相反。两种制度皆与所谓周礼的天子七庙之制不合,于是迁延至东汉末献帝

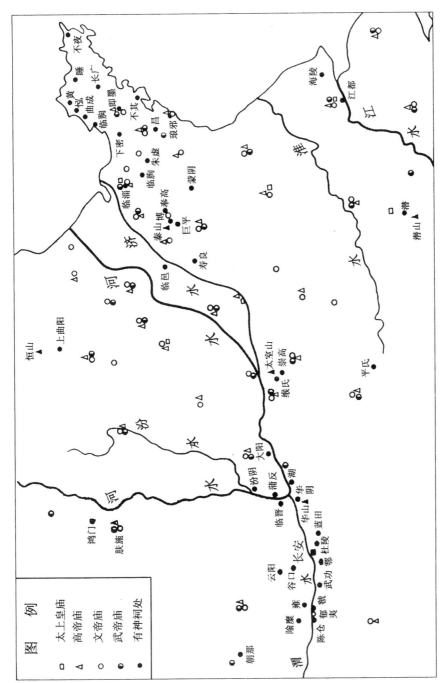

图二　西汉宣元之际郡国祖宗庙及成帝初年神祠分布图

初平年间,方从蔡邕之议,在高庙祭祀一祖(汉太祖刘邦)二宗(太宗文帝、世宗武帝)及近帝四(光武帝、明帝、章帝、灵帝),这是否七庙之制,说者犹有异议,但显著的好处,是将天子宗庙制度大大简化,因此后世亦仿东汉之例,建立类似的制度。

三、分布极不均衡的众多神祠

秦汉时期存在于全国各地的形形色色神祠是多神崇拜的具体表现。这些神祠祭祀的对象十分广泛,包括各种自然神(日月星辰、风雨云雷、土地山川)、动植物神、人神(传说中或历史上的帝王、英雄)、厉鬼、仙人,以及灵物、异象(如天然气火),几乎无神不有祠,无神不致祭。

这些神祠一部分是前代的遗留,但更多的是秦汉的新创。秦汉两代统治者特别热衷于鬼神之祀,加上方士们的鼓吹和播弄,许多神祠随时随地而立,不少民间信仰也变成国家宗教,于是神祠数量迅速增加,崇拜对象不断扩展。到汉成帝初年,据官方统计,全国已有各类神祠六百八十三所(参见图二)。当时全国县城不过一千五百多个,相形之下,神祠的数量十分可观。

本节打算就这些神祠总的地理分布特征和各类神祠的分布情况作些分析,至于汉代以后在各县普遍建立的公社和灵星祠,因为在地理分布方面没有特色,略去不谈。

1. 神祠的地理分布特征

《汉书·郊祀志》载成帝建始二年匡衡等言:"长安厨官县官给祠郡国候神方士使者所祠,凡六百八十三所。"这六百多所神祠约有半数的地理位置在《汉书·地理志》和《汉书·郊祀志》中得到揭示。《地理志》在有关的县城下,载录了位于该县境内的神祠数目和名字(其中有些县神祠数目太大,则只举若干神祠名为代表)。累计这些数字得二百九十余所,加上《地理志》失载而《郊祀志》已载明地点的部分神祠,共约三百二十来所。这三百多所祠庙所在县城的分布如图二所示。

由图二中可以明显看出,这些神祠的分布极不均衡,绝大部分集中在关中和齐鲁两个地区。在这两个地区以外只零星存在一些山川之祠。两个地区之中又以关中为主,在十五个县里竟密集了二百五十余所祠庙,其中有二百零三所麇集于雍县一地。齐鲁地区神祠虽较少,但分布面较广,在十七个县里较均衡地散布着三十所左右。

这一分布特点的形成有其深厚的历史原因。黄河中游和齐鲁地区本是华夏民族最早的文化摇篮,这一带有大量的龙山文化以前的遗存。后来的商人又曾以泰山为其活动中心,而周人则源于关中的渭水流域。及至春秋战国时期,又是齐鲁地区最早繁荣,五霸之首就是齐桓公;接着三河地区崛起,晋文公随之称霸;最后是关中地区再次得到迅速发展,孕育了后来统一天下的秦国。战国后期,秦齐两国的经济、军事实力远在其他五国之上,一时有东西帝之称。

宗教的发展是以经济的发展为基础的。因此,自春秋战国以来,在秦齐两国已经逐渐形成了自成体系的神祇系统。在齐国有所谓八神的祭祀和封禅的传说,在秦国则有以雍四畤为中心的各种神祠。

齐地的八神是天主、地主、兵主、阴主、阳主、月主、日主、四时主,包括了天、地、日、月等一切宗教观念里普遍存在的主要神祇,很明显自成一个体系。八神起源很古,《史记·封禅书》已不知其详。由八神的分布,即日主东至海,兵主蚩尤西至东平陆监乡(于汉为寿良县境),四时主东南至琅邪,可以推知,这大约是战国后期齐地的范围,也就是说八神的最后形成可能迟至此时。

秦国的宗教中心在雍,已见前文所述。秦人的宗教观念以天帝为中心,同时将日月星辰诸神也集中于雍地,这是又一种体系,正与齐地八神的均衡分布相映成趣。

秦始皇统一天下以后,秦齐两地的神祇体系依然并立而存。关中地区成为统一大帝国的政治、经济、文化中心,宗教地位更加提高,神祠有增无减。例如,秦代整理天下名山大川,山东六国旧地不过名山五,大川祠二;而旧秦地则名山七,名川四。秦都咸阳附近则连小山川也置祠奉祀,因此关中地区神祠更加高度集中,雍县至有百余庙之多。入汉以后,这一现象变本加厉,以至雍县有祠二百零三所。与此同时,齐鲁地区的宗教地位并未衰落。秦皇汉武不但继续奉祀八神,而且由于他们迷信方士仙道,企望长生不老,齐地正是方士们入海求仙的基地,也就成为他们东巡必到之地,并且因此凭空增添了许多新祠庙。

统观秦汉两代的神祇体系正是战国时期秦齐两国旧有神祇的混合,再加上秦汉间新创诸神而成,因此神祠在地理分布上自然呈现极不均衡的状态。

汉成帝时的六百多所祠庙,还有半数地理位置不明,不可能作进一步的分析。不过可以断言,这半数绝不会全部位于旧秦、齐两地以外,以致影响上述结论。相反,倒是有迹象表明这些未知地点的神祠仍有相当部分位于旧秦国的范围之内。

例如据《封禅书》所载，秦时"西亦有数十祠"。西县是秦德公迁雍以前的秦国旧都，秦之宗庙尚有部分在该地，而按照秦人政治中心与宗教中心相一致的传统，西县建有数十神祠是完全可能的。汉代的神祠是在继承秦代的基础上再加以发展，所以西县数十祠，在汉时应当仍然存在。《汉旧仪》载汉时"祭人先于陇西西县人先山，山上皆有土人，山下有時坿，如种菜畦，時中各有一土封故云時"，可以为证。

又据《封禅书》，秦代关中地区的霸、产、长水、沣、涝、泾、渭诸川，汧、洛二渊，鸣泽、蒲山、岳嶰山之属皆有祠，也应为汉代所承继，但《汉书·地理志》只载录郁夷的汧水祠，可见关中神祠所漏尚多。

因此从已知的和可推知的大量神祠的地理位置来看，上述关于秦汉神祠的地理分布极不均衡的论点是完全可以成立的。

2. 各种神祠具体分布情况

秦汉神祇系统是一个相当混杂的体系，既对前代不同文化背景的神祇兼收并蓄，又依当代统治者之需要随时随地创立新神，因此有些神祠重复出现，有些神祠的分布在地理上没有任何特点。在西汉六百多所神祠中，有名字可查的只有百余所，以下选择重要的神祠，分类简述其分布情况（神祠所在都以《汉书·地理志》为准）。

（1）天帝及天上诸神

西汉不但有专门祭祀天帝的中心如雍五時、云阳泰時，长安太一祠，而且还有分散在其他地方的同类神祠。如渭阳五帝庙，左冯翊谷口和琅邪郡朱虚的五帝祠，不其的太一祠。还有性质不太清晰的右扶风鄠县和上郡肤施的天神祠（《封禅书》载下邽亦有天神祠，但汉时不见）。另外齐郡临淄有天齐祠，这原是齐八神之一天主的神祠，同时存在于谷口县的天齐公祠大约是天齐祠在京师地区的副本。

这些散落各地的天帝祠，就是随时随地而置的标本。如渭阳五帝庙就是文帝听信望气者之言而置，不其太一祠当是武帝于太始四年到不其时所立，因此这类神祠的分布毫无章法可言。

日月星辰之祠存在三个系统。雍县秦时已有日、月、参、辰、南北斗、荧惑（火星）、太白（金星）、岁星（木星）、填星（土星）、辰星（水星）、二十八宿等祠，相当完备。宣帝时又在长安城旁置岁星、辰星、太白、荧惑、南斗祠，在鄠县置日月祠，与雍诸祠重复。而旧齐地八神中的日主、月主仍然保留在东莱郡不夜县成山日祠和黄县莱山月祠（《汉书·地理志》称为松林莱君祠）之中。前两个系统体现了神祠集中化的倾向。而齐地之日祠却很有地理特征。

成山日祠位于今山东荣成县成山角。这是我国东海岸最东面的海角。古人早就发现"成山斗入海,最居齐东北隅",这里每天最早看到日出,因此将祭祀日主的神祠置于此,表明了齐人极为明晰的地理观念。恩格斯曾经指出:"一个部落或民族生活于其中的特定自然条件和自然产物,都被搬进了它的宗教里。"(《致马克思》,1846年10月18日)成山日祠真是最生动的例子。四时祠设在琅邪也有同工异曲之妙,因为"琅邪在齐东方,盖岁之所始"。

(2)山川之神

秦汉祭祀山川的神祠与地理环境直接相关,因为这些神祠都建造于山川实体附近,分布面也因此最宽。西汉疆域内神祠分布的西、南、北三方的极限都是山川之祠。

周礼规定,天子祭天下名山大川,诸侯祭其境内名山大川,各有范围,即所谓"三代命祀,祭不越望"。由于各诸侯国所祭山川不同,秦并东方六国以后,把山川之祀作了一番整顿,确定国家统一的祭祀对象。这番整顿的显明特点是重秦地而轻六国。所以自殽山以东,只有五所名山祠,即太室山(嵩山)、恒山(今河北阜平北)、泰山、会稽(今绍兴南)、湘山(今岳阳君山);两所大川祠,即济水、淮水;而自华山以西即秦国旧地却有名山祠七,即华山、薄山(不明)、岳山(今陕西太白东)、岐山、吴山(今千阳西)、鸿冢(在汉雍县)、岷山;大川祠四,即河水、沔水、湫渊、江水。

这套山川祭祀体系既偏颇又不合乎传说中的五岳四渎系统。于是宣帝时又作了第二次改造,将五岳四渎之祀实行起来,规定了祭祀的地点:东岳泰山在博县(这是祭泰山之神,而在泰山封禅是祭天,与此不同),中岳太室在崇高,南岳潜山在潜县,西岳华山在华阴,北岳恒山在上曲阳;河水在临晋,江水在江都,淮水在平氏,济水在临邑。同时又规定了祭祀的制度:泰山和河水地位最高,一岁五祠;江水其次,一岁四祠;其余则只有三祠。

西汉绝大部分神祠于后代都已不存,唯有五岳四渎之祀一直保留到清代。但五岳位置有所变动。定南岳于潜山是汉武帝,当时江南大部地区尚未深入开发,因此把安徽天柱山(即潜山)当成南岳。到了唐代,南方经济文化已经十分发达,于是移南岳于今湖南衡山。北岳恒山一直到明代都是在今河北境内,清初才改为今山西浑源县的恒山。四渎的对象则一直沿而未革,唯祭祀地点各朝或有变动,或在源头或在中游、下游不定。

古人祭祀山川主要以其能敛云布雨,润泽大地,滋生万物,其次因为某些山川有特殊"灵异"之处。如湫渊实际上是一个小湖,因为湖水常年不增不减,水中不生草木,所以秦人视之为神,还将诅楚文沉于此渊之中,并置祠奉祀。至西汉时朝那的湫渊祠依然继续存在。

山川之祠的位置还标示着疆域的变化。汉武帝开西南夷地区,拓地直到周水(今怒江,《禹贡》黑水)边上,于是在最西南端的益州郡治滇池县置黑水祠。汉宣帝平羌地,将金城郡向西扩展至临羌县,于是在该县置昆仑山、弱水二祠。这三处神祠是西汉神祠在西方和南方的极限。它除了具有一般山川之祠的职能外,同时还有表示疆域范围的政治意味。因为山川之祀在古代称为望,祭祀某地的山川表明望(国境)已到某地。昆仑山是河水之源,在古人心目中地位很高,临羌虽不在昆仑山下,但汉人以为这是最接近昆仑的地方了,所以置祠设祀。

(3) 人神、厉鬼、仙人之祠

我国古代宗教的特点之一是人神不分。传说中或历史上的有功之人死后即成为神。《国语·鲁语》云:"夫圣王之制祀也,法施于民则祀之,以死勤事则祀之,以劳定国则祀之,能御大灾则祀之,能捍大患则祀之。"这里所说的祭祀对象都是由人而神,本文因此统称之为人神。

三皇五帝是传说中的上古帝王。《汉书·地理志》载雍县有太皞、黄帝以下祠二百三所,太皞、黄帝都是五帝之一(太皞即伏羲氏,或说是三皇之一),又陈仓县有舜妻育冢祠,由此可以推知秦汉对所有传说中的帝王均应建有祠庙奉祀。尤其黄帝是华夏民族的祖神,"能成命百物,以明民共财",因此设祠特多。除雍县外,武帝时于长安置黄帝祠,上郡肤施有黄帝祠,右扶风隃糜、虢县有黄帝子祠(黄帝子即黄帝,子为尊称,汉时犹存此习。故几种纬书都说黄帝胸口有文曰"黄帝子"),陈仓又有黄帝孙祠,此处孙应亦为子之讹。除上郡以外,京师地区集中了五所黄帝祠,可谓盛矣。

屈死之人即为厉鬼。古人害怕厉鬼作祟,故祀之以祠。最有名的厉鬼祠是周右将军杜主祠。据说杜伯为周宣王所冤杀,后化成厉鬼向宣王索命。周人信其鬼而为之立祠,秦汉人依然保留这一信仰,杜陵一地竟重复建有四所杜主祠,雍县又另有一所,古人对厉鬼的迷信程度可见一斑。

半人半神是为仙。战国以来方仙道盛行,方士们鼓吹修炼真性、服食药物,达到成仙得道的不死境界。秦皇汉武一生都在追求长生不老药,派人寻找海上仙山。秦汉神祠中因此增添了仙人祠这一新品种。京师的谷口、鄠县,河南郡缑氏,琅邪郡不其,上郡肤施都有仙人祠,散布面之广仅次于山川之祠。

(4) 其他杂祠

举三例为说。

灵物崇拜是原始宗教形态之一,但直到秦汉依然有其残留。春秋初年,秦文公得到一块特别的石头,在陈仓山上建陈宝祠祭祀。传说陈宝的神形是鸡,来去不定,有声打光,因此秦人极为敬畏,几乎将陈宝的地位抬到与天帝相近。陈宝祠也一直保持了七百多年,到西汉末年才废。陈宝其实是陈仓宝鸡的简称,神祠虽废,但宝鸡地名一直保留到今天。

奇异的自然现象,也是秦汉人的崇拜对象。汉代已知有可燃之液体,《地理志》载"高奴有洧水,可燃",大约是洧水上面漂浮着石油的缘故;但同时却不明白有天然气和煤炭自燃这回事。西河郡鸿门天封苑有火从地中出,不是天然气引燃就是煤炭自燃之火,宣帝时以为神火,因此置火井祠祭之。后人倒由此可以得知该地可能有过天然气或煤炭的蕴藏。

与少数民族有关的祠庙,前文已提到位于云阳的六所。其外,还有位于安定郡朝那的端旬祠十五所,这些神祠由胡巫觋主持,胡即匈奴。元狩二年,匈奴浑邪王降,汉武帝在西北五郡置五属国以居匈奴人,十五所端旬祠的设置显然与安定郡一带居住大批匈奴人有关。

3. 成帝以后对神祠的整顿

西汉元成之际,一班位居显要的大儒开始改革原有宗教体系。最先整顿的是天子宗庙,其次是天地之郊,最后及于其他神祠。匡衡等人以为当时官方六百八十三所神祠之中,只有二百零八所符合古礼,或者无法证明其不合礼,可以继续奉祠;其他四百七十五所不应礼,或者虽应礼而有重复,必须全部罢省。汉成帝批准了这一改革,于是全国神祠顿时削减了三分之二以上。

其中雍县旧祠二百零三所,只有山川诸星十五所应礼,砍去百分之九十三之多。长安及其附近自高、文、武诸帝所兴之梁晋秦荆巫、渭阳五帝庙、薄忌太一、黄帝等祠一概废除。陈宝祠在废雍五畤同时已罢,齐地八神及宣帝所立诸祠也统统罢省。这一整顿不但使神祠数目大大缩减,而且引起布局的变动,雍县、神祠的集中程度大为削弱。

但是和天子宗庙、天地郊的整顿一样,神祠的裁减也经过一番反复。到得平帝元始五年王莽掌权,最后确定长安南北郊之时,权将群神集中于长安,按五行说,把它们分成五类,布置在长安城的四郊:

中央帝黄灵后土畤及日庙、北辰、北斗、填星、中宿中宫在西南郊;

东方帝太昊青灵勾芒畤及雷公、风伯庙、岁星、东宿东宫在东郊;

南方炎帝赤灵祝融畤及荧惑星、南宿南宫在南郊;

西方帝少皞白灵蓐收畤及太白星、西宿西宫于西郊;

北方帝颛顼黑灵玄冥畤及月庙、雨师庙、辰星、北宿北宫在北郊。

这样一来,长安无论在郊祀、天子宗庙、各类神祇方面,已成为一个全面完备的宗教中心。虽然王莽新朝末年一度恢复并滥设神祠至一千七百所,但这只是国之"将亡,听于神"的短时回光返照。东汉王朝建立以后,照旧采用元始年间定下的祭祀制度,不过将宗教中心从长安移至洛阳而已,至于成帝以前遍于各地的凡百诸神几乎尽皆消亡。东汉以后,虽然多神崇拜依然存在,但就国家宗教而言,像秦代和西汉那样不成体系的神祇林立与遍地祠庙的混乱局面基本上已不复再现。

结语

从秦汉宗教的三个主要组成部分,即郊祀、天子宗庙和各种神祠的地理分布及其变化,我们可以得到几点启发:

首先,宗教是一定的政治结构和经济基础的曲折的反映,同时这种反映往往滞后于社会现实。从雍县五畤的唯我独尊到与云阳泰畤平分秋色,再进一步到长安南北郊的确定,实际上体现了大一统的封建帝国取代分裂割据状态的过程。从大量神祠在地理分布上显示出来的区域性特征,又可看出秦汉以前经济发展方面的地域差异。而从天子宗庙内京师(中央)向地方(郡国)的扩散,还可说明人为宗教的表现形式是与一定的政治目的相联系的。

汉初迫于政治形势,实行"封建"诸侯的制度。高帝十年令诸侯王都立太上皇庙,有双重的意义:对同姓王而言是以此作为封建宗法关系的纽带,促使他们拱卫中央政权;对异姓诸侯来说是以宗教形式来约束他们对刘氏政权的效忠。惠帝初年,异姓王基本上已被同姓诸侯所取代,这时所立高庙不但在诸侯王都,而且深入各王国的所有支郡,含有"普天之下,莫非王土"的意味,以图从精神方面遏制诸侯王的分裂倾向,所以景帝为文帝立庙也遍于全汉各郡国。到宣帝年间,诸侯王实力大为削弱,王国地位早已下降,等同汉郡,其时所立武帝庙只有歌功颂德的意义,因此只设置于武帝曾经到过的郡国。郡国祖宗庙的政治作用至此已告结束,因此后来元帝废除郡国庙制度没有遇到什么阻力,也没有出现过反复。

其次,古代宗教和自然、社会环境之间存在相当密切的关系。一方面自然条件常常被直接搬进宗教里头,如山川之祠、火井祠、陈宝祠之类的设置;同时社会环境的变化也反映到宗教方面,如二十余所少数民族神祠的设置表明了秦汉王朝是多民族的统一封建帝国。另一方面,特殊的自然与社会环境常被选作祭坛和祠庙的设置地点,例如雍地的高陕和作为秦国的政治中心的双重特点使之成为各种神祠的集中地。成山角的特殊地理位置使齐人将日主祠建于该地,泰山的雄伟高峻又使他们产生了封禅的传说。至于胡巫颎主持的端句祠当然也以设置在匈奴人聚居的安定郡为最合适。

第三,透过西汉后期郊祀地点、天子宗庙和各种神祠向首都长安的集中,可以发现汉代的宗教观念和宗教形态在这个时候发生了根本性的变化。

西汉中期董仲舒的神学目的论使儒家学说在理论上开始带上宗教的色彩,但是在实践方面,他不能有所作为,因为当时汉武帝好的还是鬼神之祀。到西汉后期,当权的一班儒生和贡禹、韦玄成、匡衡之辈才动手用儒家学说对原有的宗教体系进行改造,使之从混乱、庞杂趋于细密完备,以调整祭祀地点为开端,使崇拜对象和祭祀仪式全都系统化,或者说儒家化了。如果反过来看,也未尝不可以说是在实践方面儒家开始宗教化了。

经过儒家改造的宗教体系以奉天法祖为其核心内容,表现在宗教仪式方面则是郊天的祭祖,进行宗教活动的地点集中于京师的南北郊和天子宗庙。这一宗教体系强调皇权神授,以天上唯一的至上神与地上唯一的专制皇帝相呼应,以祖先崇拜作为维系封建宗法制度的纽带,完全体现了封建时代专制皇权的中央集权制国家的政治需要。

这一宗教体系在东汉时期得到了巩固。在理论上《白虎通》继承了董仲舒的学说,在实践上,天子宗庙得到进一步的简化,更提高了其神圣性。西汉时期这种对国家宗教进行自上而下的改造,为儒教的形成准备了条件。但是对此进行深入的分析已经属于另一个课题的范围了。

附录一　西汉郡国祖宗庙的分布

西汉郡国祖宗庙的分布可以考证如下:

《汉书·韦玄成传》载:"至宣帝本始二年……凡祖宗庙在郡国六十八,合百六十七所。"祖宗庙有四种:太上皇庙、太祖庙(高帝庙)、太宗庙(孝文庙)及世宗庙(孝武庙)。据同书《夏侯胜传》载,孝武庙有四十九所,设置于武帝巡狩过的郡国。又据《高帝纪》,高帝十年令诸侯王都皆立太上皇庙,其时诸侯王国共有八个(见《史记·诸侯王表》),相应有八所太上皇庙。由此可以推知,高帝庙和孝文庙之和应为一百一十所。

《汉书·惠帝纪》又曰:"高帝十二年,令郡诸侯王立高庙。"当时皇帝直属郡有十四个(内史不计),当有十四所高庙。问题是诸侯王应立高庙几所?由《武帝纪》"建元六年……辽东高庙灾"及《地理志》"辽西郡且虑有高庙"两项记载,知道诸侯王国的支郡也要立高庙(诸侯王都立庙不言而喻),因为辽东、辽西两郡在景帝三年以前一直是燕国的支郡。据拙著《西汉政区地理》所考,高帝十二年时,共有诸侯王国十,辖支郡二十九(王都所在本郡不计),因此诸侯王们应在王都和支郡共立高庙三十九所。合以在汉郡的十四所,全汉郡国共有高庙五十三所。

高庙之数既定,孝文庙数目随之而知,应为五十七所。据《汉书·景帝纪》知,孝文庙也是设立于所有郡国之中。景帝元年时,全汉共有皇帝直属郡二十五(左、右内史不计),诸侯王国十六,共辖支郡十六,合之恰为五十七之数(亦见《西汉政区地理》所考)证明上述四种郡国庙数字的推算完全正确,也证明《韦玄成传》"行所尝幸郡国各立太祖、太宗庙"的说法是错误的。太祖、太宗庙应据《惠帝纪》《景帝纪》所载置于当时所有郡国,而不只是高帝和文帝曾经巡幸过的郡国,才能与上述计算相合。

接下来,再讨论这些郡国庙的具体分布。

郡国庙的设置地点,对王国而言,必在王都,对汉郡和王国支郡,史籍未有明言,我们假定是在郡治。西汉一代郡国置废离合十分频繁,王都和郡治也时有迁移。《韦玄成传》所说设有祖宗庙的六十八个郡国,是以宣帝本始二年为准而言,与立太上皇庙、高庙、文庙时的郡国已经不同。因此必须以立庙时的王都和郡治为据,逐庙考证应位于本始二年时的那一郡国。

举例来说,高帝十年淮南王都应立太上皇庙,此时之王都为六县。景帝元年淮南国也应为文帝立庙,此时之王都为寿春邑。六县和寿春本来同处于一郡(淮南国本郡九江郡)之中,至宣帝本始二年则已分处于六安国与九江郡内。仿照此例,进行详细考证,知太上皇庙、高庙、孝文庙分布在本始二年的五十八个郡国之中(考证过程较繁琐,此处不一一列举)。

既然有祖宗庙的郡国总数为六十八,除去有上述三庙的五十八郡国之后,余下十郡国应各只有孝武庙一所而已。又孝武庙总数为四十九,除去这单独的十所,应有三十九所与三庙所在郡国相重。但是汉武帝具体究竟巡行过哪些郡国,史籍并无完整记载,笔者虽尽力爬梳钩稽,仍有少数几个郡国只能略作推测,以待日后的纠正。

四种郡国祖宗庙分布情况的考证结果,如附表所示。表中第一栏是宣帝本始二年设有祖宗庙的郡国名目。第二、三、四、五栏分别为四种祖宗庙所在的王都或郡治名。这些王都和郡治在立庙时已分属的郡和王国名则表示在括弧里。如:第二栏江都(东阳,荆国)一行表示广陵国之太上皇庙位于江都,其时江都属东阳郡,东阳郡又属荆国。同一行第三栏为:~(~,吴国)

表示广陵国之高庙也在江都,江都仍属东阳郡,但荆国已更名吴国。符号~表示与左栏相同的意思。

西汉各个时期的王都和郡治所在,史籍亦未明载,因此表中的王都和郡治名虽已经笔者作了考证,但仍有少数仅能作参考,而且祖宗庙是否一律都位于郡治,亦有待进一步论证。所以附表的作用主要是在确定祖宗庙所在的郡国,而不是确定所在的具体地点。

郡国祖宗庙分布表

序号	宣帝本始二年郡国名	太上皇庙	高　庙	孝文庙	孝武庙
1	上　郡		肤　施	~	~
2	北　地		义　渠	~	马领
3	陇　西		狄　道	~	
4	上　党		长　子	~	
5	河　东		安　邑		
6	河　内		怀　县	~	
7	河　南		雒　阳	~	
8	南　阳		宛　县	~	
9	南　郡		江　陵	~	
10	巴　郡		江　州	~	
11	蜀　郡		成　都	~	
12	汉　中		南　郑	~	
13	广　汉		广　汉	~	
14	云　中		云　中	~	~
15	颍　川		阳翟(颍川,淮阳国)	~	~
16	淮　阳		陈县(陈郡,淮阳国)	~	
17	楚　国	彭城(彭城,楚国)	~(~,~)	~(~,~)	
18	鲁　国		曲阜(薛郡,楚国)	~(~,~)	~
19	东　海		郯县(东海,楚国)	~(~,~)	
20	广陵国	江都(东阳,荆国)	~(~,吴国)	~(~,~)	~
21	丹　扬		故鄣(鄣郡,吴国)	~(~,~)	宛陵
22	会　稽		吴县(吴郡,吴国)	~(~,~)	~
23	济　阴	定陶(梁国)	~(~)		

511

序号	宣帝本始二年郡国名	太上皇庙	高　庙	孝文庙	孝武庙
24	梁　国			睢阳	
25	东　郡		濮阳(东郡,梁国)	～	～
26	赵　国	邯郸(邯郸,赵国)	～(～,～)	～(～,～)	
27	真定国		真定(常山,赵国)	～(～,～)	～
28	钜　鹿		巨鹿(巨鹿,赵国)	～(～,～)	～
29	清河国		清河(清河,赵国)	～(～,～)	～
30	河间国		乐成(河间,赵国)	～(河间)	
31	定　襄		成乐(定襄,代国)	～(～,～)	
32	雁　门		善无(雁门,代国)	～(～,～)	
33	代　郡		代县(代郡,代国)	～(～,～)	
34	太　原		晋阳(太原,代国)	～(～,～)	
35	齐　郡	临淄(临淄,齐国)	～(～,～)	～(齐国)	～
36	济　南		博县(博阳,齐国)	东平陵(济南国)	～
37	泰　山		卢县(济北,齐国)	～(济北国)	奉高
38	胶东国		即墨(胶东,齐国)	～(胶东国)	～
39	高密国		高密(胶西,齐国)	～(胶西国)	～
40	琅　邪		琅邪(琅邪,齐国)	～	东武
41	城阳国		莒县(城阳,齐国)	～(城阳国)	
42	广阳国	蓟县(广阳,燕国)	～(～,～)	～(～,～)	
43	上　谷		沮阳(上谷,燕国)	～(～,～)	
44	渔　阳		渔阳(渔阳,燕国)	～(～,～)	～
45	右北平		无终(右北平,燕国)	～(～,～)	平刚
46	辽　西		且虑(辽西,燕国)	～(～,～)	～
47	辽　东		襄平(辽东,燕国)	～(～,～)	
48	九　江		寿春(九江,淮南国)	～(淮南国)	～
49	六安国	六县(九江,淮南国)			
50	豫　章		番阳(庐江,淮南国)	～(庐江,庐江国)	
			南昌(豫章,淮南国)	～(豫章,庐江国)	～
51	江　夏		邾县(衡山,淮南国)	～(衡山国)	西陵

序号	宣帝本始二年郡国名	太上皇庙	高庙	孝文庙	孝武庙
52	长沙国	临湘(长沙,长沙国)	～(～,～)	～	～
53	桂阳		郴县(桂阳,长沙国)	～	
54	武陵		义陵(武陵,长沙国)	～	
55	汝南			平舆	
56	广川国			信都(广川)	～
57	勃海			浮阳	
58	淄川国			剧县	
59	常山				元氏
60	庐江				舒县
61	西河				平定
62	安定				高平
63	天水				平襄
64	朔方				朔方
65	五原				九原
66	弘农				弘农
67	东莱				掖县
68	北海				营陵

附录二　西汉成帝初年祠庙分布情况

汉成帝初年六百八十三所祠庙,见于《汉书·地理志》者有近三百所(有名可查的不足百所),《地理志》失载而见于《郊祀志》的有数十所,以下综合两志记载,将这些祠庙分别郡国,略加考证,录在有关的县名之下,以便对照附图查阅。

京兆尹

　　长安:蚩尤祠、梁晋秦荆巫祠、九天巫、南山巫祠、渭阳五帝庙、长门五帝坛、薄忌泰一、三一、黄帝、冥羊、马行、皋山山君、武夷君、阴阳使者,随侯珠、剑宝、王宝璧、周康宝鼎四祠、岁星、辰星、太白、荧惑、南斗祠、白虎祠;

　　蓝田:虎侯山祠;

　　华阴:太华山祠;

湖县：周天子祠二所；

杜陵：周右将军杜主祠四所；

左冯翊

谷口：天齐公、五床山、仙人、五帝祠四所；

临晋：河水祠；

云阳：太一畤，休屠、金人、径路神祠三所，越巫䄏䄻祠三所；

右扶风

雍县：五畤，太昊、黄帝以下祠二百三所（其中应包括：日、月、参、辰、南北斗、焚惑、太白、岁星、填星、辰星、二十八宿、风伯、雨师、四海、九臣、十四臣、诸布、诸严、诸逑、杜主等祠）；

隃麋：黄帝子祠；

陈仓：上公明星、黄帝孙（子？）、舜妻育冢祠，陈宝祠；

虢县：黄帝子、周文武祠；

武功：岳山、斜水、褒水祠三所；

郁夷：汧水祠；

鄠县：劳谷、五床山、日月、五帝、仙人、玉女祠；

河东郡：

汾阴：后土祠；

大阳：天子庙；

蒲反：尧山、首山祠；

河南郡

缑氏：延寿城仙人祠；

东郡

临邑：沛庙；

寿良：蚩尤祠（齐地八神之兵主）；

颍川郡

崇高：太室、少室山庙；

南阳郡

平氏：淮水祠；

庐江郡

潜县：天柱山（潜山）祠；

常山郡

上曲阳：恒山祠；

泰山郡

博县：泰山庙；

巨平：亭亭山祠；

蒙阴：蒙山祠；

齐郡

临淄：天齐祠（齐地八神之天主）；

临朐：逢山祠；

东莱郡

腄县：芝罘山祠（八神之阳主）；

黄县：莱山松林莱君祠（八神之月主）；

临朐：海水祠；

曲成：参山（八神之阴主）、万里沙祠；

嵫县：百支莱王祠；

不夜：成山日祠（八神之日主）；

琅邪郡

不其：太一、仙人祠九所；

朱虚：三（凡？）山五帝祠；（《封禅书》有凡山祠之名）

琅邪：四时祠（八神之四时主）；

长广：莱山莱王祠；

昌县：环山祠；

临淮郡

海陵：江海会祠；……

益州郡

滇池：黑水祠；

金城郡

临羌：弱水、昆仑山祠；

安定郡

朝那：端旬祠十五所、湫渊祠；

上郡

肤施：五龙山仙人、黄帝、天神、帝（此字恐衍）原水祠四所；

西河郡

鸿门：天封苑火井祠；

胶东国

　　即墨：天室山祠；

　　下密：三石山祠；

广陵国

　　江都：江水祠。

　　以上诸祠中，渭阳五帝庙和南山巫祠的具体地点比较模糊。据《史记·封禅书》，前者应在霸渭之会的渭水北岸，此地立庙之时，应属长安，景帝后应属阳陵，但史籍于此未有明言，故暂置长安县下；后者祠秦二世，二世为赵高所杀后，葬于杜南宜春苑中，也许就在南山（今秦岭）脚下，故称南山巫祠，因此此祠或可能在杜县（即后来之杜陵）。

　　此外，汉武帝所置祠尚有明年、夏后启母石等祠，不知其处，只得阙疑。

　　又，秦代尚有会稽、湘山、薄山、岐山、吴山、鸿冢、岷山、沔水诸祠；泾、渭、霸、产、沣、涝、长水、洛、鸣泽、蒲山、岳崤山之属亦皆有祠；下邽有天神祠，杜县有寿星祠；于汉以上诸祠应该继续存在，但《郊祀志》《地理志》皆未载明，只能附录于此以备考。

（原载《中国文化》第三辑，复旦大学出版社 1986 年）

从汉代"部"的概念释县乡亭里制度

　　《汉书·百官公卿表》云:"大率十里一亭,亭有长。十亭一乡,乡有三老、有秩、啬夫、游徼。……县大率方百里,其民稠则减,稀则旷,乡亭亦如之,皆秦制也。"对这段话最简单的演绎必然是:汉代县以下的地方行政组织是积里为亭,积亭为乡,积乡为县。但这样演绎要遇到一个困难,即汉制一里大约百户,[1]层层累积,则每乡已有万户之众。而秦汉制度万户以上称为大县,显然与此演绎存在矛盾。然而自南北朝以来,人们对于汉代县乡亭里关系的认识一直如此,虽有矛盾而置之不理。《宋书·州郡志》曰:"汉制……五家为伍,伍长主之;二五为什,什长主之;十什为里,里魁主之;十里为亭,亭长主之;十亭为乡,乡有乡佐、三老、有秩、啬夫、游徼各一人。"清人俞正燮更进一步说:"汉则五家为伍,十家为什,百家里魁,千家亭长,万家乡三老、啬夫。"[2]虽然清初顾炎武已看出这样演绎有问题,提出汉代制度是"以县统乡,以乡统里",但又无由否定十里一亭,十亭一乡的白纸黑字,陷于进退维谷的境地。[3] 而耐人寻味的是乾嘉诸儒及清末民初的学者——尤其是一代大师钱大昕与王国维,对汉代县以下制度都不置一词(王氏只言及亭燧之制而不及乡亭里关系),不知是无暇顾及还是知难而退。要之,直到20世纪30年代以前,对于汉代的县乡亭里制度基本上未展开深入的研究。

　　20世纪30年代以后,随着制度史研究的深化,县以下行政组织的结构引起众多学者的关心,于是对上引《百官公卿表》那段话各自进行诠释,开展争论,至今已历时六十余年,牵涉到的中外学者不下数十位,论著不下数十种。然而这场争议并未结束,于今尚无一致的定论。若把数十种意见归纳起来,主要是三大类:第一类以冈崎文夫为代表,他将《百官公卿表》的表述与《汉官仪》作比较,认为十里一亭的里是道里之里。但同时又不放弃旧说,

---

1　《续汉书·百官志五》。

2　《癸巳类稿》卷11。

3　《日知录》卷22。

承认县—乡—亭—里的逐层统辖关系,结果无法自圆其说;[1] 第二类以王毓铨为代表,否定存在十亭一乡的制度,认为十亭一乡不过是十里一乡传抄之误,而十里一亭则是交通与警察制度,此处之里是道里之里,不是乡里之里;[2] 第三类以日比野丈夫为代表,认为积亭为乡从地域角度来看是完全可能的,同时里也可以包含在亭部之中。只要放弃一里百户和乡亭里的十进统计关系,就不存在任何矛盾了。[3]

这三类意见反映了研究步步深入的三个阶段。第一类意见虽已看出十里一亭是交通制度,但无法在交通、警察制度(十里一亭)与行政制度(十亭一乡)之间搭一桥梁,只好沿袭旧说,不能解决问题。第二类意见开辟了一条新思路,但认为《百官公卿表》传抄错误则过于武断,于情理不合。若真改"十亭一乡"一语为"十里一乡",不但与上文口气不相衔接,亦无由解释班固何以要将不相关的两个系统写在意思连贯的一段话里。第三类意见注意到亭部的地域概念,使"十乡一亭"有可能成立,又前进了一大步;但对十里一亭的解释仍回到老路上,有勉强凑合之嫌。由于以上这些见解都无法圆满地诠释《百官公卿表》表述的史实,只能各执一端,且不能自坚其说,必须要以某种假设做前提(王说假设文献有误,日比野说假设制度和统计有别),因此谁也说服不了谁。有鉴于此,本文企图从另一个角度来作出解释,为此须先从汉代"部"的概念说起。

秦始皇统一天下之后,在全国推行郡县制,郡和县都是行政区划,是与行政管理制度有关的地域概念。汉代承继这一制度,只不过增设了与郡平行的王国,与县平行的侯国而已,表面上看来变化不大。但实际上,西汉时期在改革监察制度的同时,逐渐产生了处在郡(国)县制背后的,层次分明的监察地域的概念,长期以来为人所忽视。秦的监察制度至今尚不十分清楚,只能稍作推测。《史记·秦始皇本纪》载:"二十六年(前221年),分天下为三

---

1 见冈崎文夫《魏晋南北朝通史》,弘文堂1932年。劳干《汉代的亭制》(史语所集刊第22本,1950年)、严耕望《中国地方行政制度史》(史语所研究专刊,1961年)中阐述的观点与冈崎氏相类,但严先生已注意到亭部的概念,唯未能将之与"十亭一乡"相联系。

2 见王毓铨《汉代"亭"与"乡""里"不同性质不同行政系统说》,载《历史研究》1954年第2期。王先生在文章的注释中已提到亭部"想系指亭的辖地而定",但未意识到亭部是乡的区划,因此于"十亭一乡"仍置之不理。

3 见日比野丈夫《乡亭里についての研究》,原载《东洋史研究》14卷1、2合并号,1955年;又作增补载氏所著《中国历史地理研究》,同朋舍1977年。在日比野氏之后宫崎市定又有一种新意见,以为县、乡、亭是本质相同的聚落,所以如果不拘泥于十这个具体的数字,那么十里一亭,十亭一乡与十里一乡在某种意义上都可以并行不悖。此说法显然过于勉强,可存而不论。但宫崎氏又认为亭所辖是十里见方的一块地域,却是不错的(见宫崎氏所著《アジア史论考》,朝日新闻社1976年)。

十六郡,郡置守、尉、监。"虽然守、尉、监并提,但前二者是地方官员,而后者则是中央官员,不然如何执行监察任务? 由此记载又可看出秦代的监察区是与行政区重合一致的,郡既是施政区域,同时也是监察区域。到了西汉,监察制度就比较清晰,并且有了某些根本的变化。清晰的是监察官员的层层派出:监察郡守的刺史由中央派出,监察县令长及其属吏的督邮由郡派出,监察一般百姓的乡官部吏由县派出。有根本变化的是监察区与行政区的分离:部是监察区,而郡县乡是行政区。第一层监察区是刺史部和司隶校尉部,每一部监察数郡;第二层监察区是督邮部,一郡往往分成二至五个督邮部,分别监察数县至十来县不等;第三层是县以下所分出的廷掾部,以监察属下的乡;第四层则是乡以下的亭部,理论上每乡分为十个亭部,以监察位于部内的里。

四层监察区中刺史部最为人所熟知,督邮部次之,亭部又次之,廷掾部的存在最为模糊,而由这样四个层次的部所组成的监察地域系统则很少引起人们的注意。这个系统与郡县制的关系可表示如下:

郡县乡里之间有统辖关系,故用实线连接;各部之间并无统辖关系,故以虚线维系。看了上面的图式,大约就会明白上引《百官公卿表》那段话的含义了。

先说"十亭一乡"。在秦汉的地方行政组织系统中,郡、县、乡三级都是既有地域又有户口的,到了里一级则只有户口而无地域了。里只是一个有围墙、有里门的居民点而已。因此乡以下的地域分为亭部。换句话说,郡是国家的区划,县是郡的区划,乡是县的区划,而亭部则是乡的区划。大致说来,一个乡划成十个亭部,而亭部又可省称为亭,这就是所谓"十亭一乡"的意思。而实际上在每个亭部上都设有亭的机构与建筑,故"十亭一乡"的"亭",无论当其为亭部还是当其为亭都没有问题。《百官公卿表》所说的"乡亭亦如之",就是说明乡亭与县一样,在分划地域范围时,户口多些的地域就划得小些,户口少些的地盘就划得大些。如果亭(实即亭部)不是地域概念,这句"乡亭亦如之"的话就说不通了。同时,汉代又有"国家制度,大率十里一乡"的记载,[1]这是从乡所包含的居民点来说的。所以里(居民点)与亭部

---

1 《续汉书·百官志五》,引应劭《风俗通》。

是相对应的,平行并存的。也就是说,一般而言,是在一个亭部的范围里容纳着一个里。里是用来体现户籍的,而亭部则是用来体现地籍的。

再说"十里一亭"。此处之里是道里之里,也就是说每十里路设有一亭。传统的理解则认为此处之里是乡里之里,以为秦汉的制度是积里为亭,再积亭为乡,而后积乡为县,这就必然要产生万户乡的毛病,所以这个里必定是道里之里。问题是班固在说这段话时行文的口气是一贯的,如果上文说的是道里制度,而下文又说的是地域概念,好像串不到一块。所以历来解释《百官公卿表》这段文字的都很难自圆其说。其实再仔细推敲,道里制度与地域分划两者之间有一定的关联,而居间搭桥的正是"亭"。请看下图:

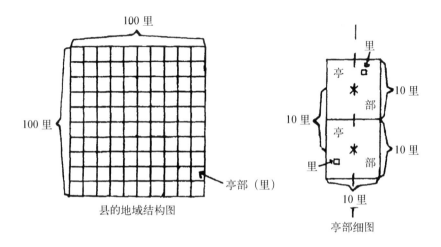

县的地域结构图　　　　　亭部细图

这是一个理想县的地域分划图。秦汉制度"县大率方百里",这"大率"就是一种理想,在北方一马平川的形势下可以大体上得到贯彻,在南方多山地带就得变通。但行政制度都是按标准状态设计的。方百里就是百里见方,长宽各百里。而这方圆百里的范围内正好可以划分成一百个里(居民点),每个里若有一百户,全县正好万户,这是标准县的户数,以上为大县,以下则为小县。所以县大率方百里与县辖有一百个里是一致的(这或许就是为什么道里之里与居民之里是同一个字的道理)。上文已提到,里(居民点)与亭部是对应的,一百个里对应着一百个亭部,每个亭部就是方圆十里,亦即长十里宽十里的地域。每个亭部设一个亭,有一个亭长,"司奸盗";并有一个亭舍,接待来往官吏。由于亭部长宽各十里,因而这个亭又可兼作道路上十里一亭的亭,亭长既负责一亭部的治安,又兼顾十里道路上的邮递事宜,这不正符合了十里一亭,十亭一乡的制度了吗?因此上图中每个小方块相当于一个亭部,其中容纳着一个里(亭部细图中的小方格),星点则代表亭。

当然,借用物理学上的术语来说,上面所说只是一种标准态。现实中则是这一标准态的各种变态。例如,每里不一定是百户。从长沙马王堆出土的驻军图看,在标明户数的里中,最高的一里是一百零八户,最低的里只有几户,有40％的里在三十至六十户之间。但这是边区,并且是丘陵山地地带的情况,平原地带应该规范一些。当然无论如何规范,每乡亦不见得都是十里或千户,每县更不一定是十乡或万户。而除了北方少数的例外,也恐怕很少有哪一个县是标准的棋盘状。因此,县、乡、亭(里)三级组织的数量比例不可能是完全的十进制。据《百官公卿表》载,西汉末年"凡县、道、国、邑千五百八十七,乡六千六百二十二,亭二万九千六百三十五",则平均每县不到五个乡,每乡亦不足五个亭。县多而乡少,有一个很重要的原因是大量的侯国——这些侯国再小也是县级单位——其实只有一乡甚至不足一乡之地的缘故。乡多而亭少的原因不是很清楚,但恐怕与交通路线有关。实际上重要道路不可能布满于各里之间,有些偏远的里也许只有不设亭驿的阡陌式小路,在这样的情况下亭就减少了,但里倒不一定减少,也许在一个亭部的地域内含有一个以上的里。

虽然县乡亭在总数上不符合名义上的十进制,但并不影响"十里一亭""十亭一乡"制度的规定,因为制度的设计总是要按一定的模式来进行的,这个模式是以当时政治经济文化重心所在的地区为背景来建立的。在秦汉时代,这一地区就是黄河中下游平原。譬如说,县的幅员何以要规定为百里见方? 这个问题似乎从来没人问过,史书上亦无现成答案,但想来是为了劝农、收税与诉讼的方便。假设县治是在该县的几何中心,则从该县的边缘到县治的直线距离是五十里,约略是今天的十七公里半,这样的距离对于步行者来说,恰好是一天可以走一来回的路程。过大过小都不合适,所以规定为方百里。但这一标准肯定是以黄河中下游平原人口适中的地区为背景制定的,在人口过密的经济发达区或南方山区与边郡空旷地带,方百里的制度必定实行不了,所以才需要以"其民稠则减,稀则旷"的补充原则来作调整。十里一亭与十亭一乡的比例关系也与此相同,必定是实行于标准背景下,如果是在人口稠密地区,譬如西汉颍川郡每县平均二万余户,济阴郡每县三万余户的情况下,则每乡恐怕不只十亭;而在如上谷郡、合浦郡那样每县平均只有二三千户的情况下,一乡自然不及十亭。看来在全国范围内,一乡不足十亭的情况很普遍,所以平均起来是乡多而亭少。

中国制度文化的特点之一就是高度的规范化。例如《周礼》陈述的一整套严密有序的行政制度在当时的世界上是无与伦比的,但《周礼》的规范并不见得全推行于实践之中,有些恐怕始终停留于书面上。十里一亭与十亭一乡制度必定也是规范意识的产物,我们的意图是证明这一制度在实际上可以行得通,而不是要证明它适合于汉代全境的任何地区。所以县乡亭在总数上不符合十进制,并不能否定十里一亭,十亭一乡制度的实际存在。

汉代的县乡亭里制,如果依上面的解释看来既简单,又与各种文献不相矛盾,在汉代肯定习以为常,认为是很普通简单的制度,所以班固未曾详细介绍,只用一句话就带过,想不到后人对之百思不得其解。六十年来对县乡亭里制的讨论虽不断深入,但仍未能解决问题,其症结在于从前的思路都只在"亭"属于什么性质的组织上面打转转,未从地域概念方面去把握它;而当有的学者已注意到亭(亭部)的地域意义时,又未能将亭的双重身份——道路上每隔十里一座的亭与管理亭部的亭——统一起来。一旦这两方面的思路打开,问题好像一下子显得十分简单了。

上面为了便于说明十里一亭和十亭一乡的实质,所以对"部"的存在与其性质只作结论性的叙述,未曾详细论证。以下就来依次作补充说明。

(1) 刺史部。汉武帝元封五年(前 106),设十三刺史部,每部监察四五郡至九十郡不等;[1] 后又设司隶校尉部,察三辅、三河、弘农七郡。两者合而为十四部。东汉省朔方刺史部,成十三部。因十三刺史部中有十一部以某州命名,故又习称十三州,又常简称为州部或部,如冀州刺史部可称冀州,亦可称冀部。刺史秩六百石,以六条问事,主要监察对象是秩二千石的郡国守相。除了两汉部的数目有所不同,及汉武帝初置刺史部时所辖郡目这两方面不大为人所知外,刺史部制度久为治史者所熟知,无须赘述。

(2) 督邮部。督邮部是假定的名称。在郡国守相的属员中有督邮一职,起着监察县令长及其属吏的作用,即所谓"(守)相以督邮为耳目也"[2]。小郡可以不分部,由督邮一人巡行各县以司监察之责,大郡则需分部监察。如《汉书·尹翁归传》载,田延年为河东太守,分所部二十八县为两部,闳孺部汾北,翁归部汾南。尹翁归为宣帝时人,督邮分部的记载最早见此。所分之部不像刺史部那样有专称,姑仿刺史部之例名之曰督邮部。东汉以后,督邮分部记载甚多。《续汉书·百官志》云:"其监属县有五部督邮曹掾一人。"虽不见得每郡都分五部,但分部必定已很普遍,故五部督邮已成定名。亦有作

1　见拙文《汉武帝十三刺史部属郡考》,载《复旦学报(社会科学版)》1993 年第 5 期。

2　《北堂书钞·设官部》,引谢承《后汉书》。

四部督邮,或作三部督邮者。[1] 督邮权限很大,以监察县令长为主,甚至郡太守要驱逐县令亦要假督邮之手。《后汉书·陈球传》载,陈球任繁阳县令时,魏郡太守向其索贿不得,遂怒而挝督邮,欲令逐球,然遭拒绝。督邮也兼察乡官部吏。《后汉书·钟离意传》言钟离意为郡督邮时,有某亭长受人酒礼被记录在案,本来应受处分,不料钟离意览此记后却建议太守不予追究。

(3)廷掾部(或称五官部)。廷掾部也是假定的名称。此部的存在最为模糊。在县令长的属员中有五官一职,《续汉书·百官志》曰:"五官为廷掾,监乡五部,春夏为劝农掾,秋冬为制度掾。"监乡五部应该是将县所属诸乡分为五部进行监察的意思。但五部恐怕也是虚词,与五部督邮一样,不必尽有其实,只表示有分部监察的做法而已(因为五是表示东南西北中各方位都占全)。而且属乡不多的县亦不见得都分部。同时廷掾的责任也是两兼的,既负责监察,起制度掾的作用;又负责劝课农桑,发挥劝农掾的功能。监察的对象应是乡吏亭长一类。

(4)亭部。亭部的存在历来不大受重视。除少数学者外,在讨论县乡亭里制度的文章中不大提及亭部这个重要概念,只侧重于亭的分类与性质的讨论。两汉亭部的实质由《汉书·张禹传》的一段记载可以看得很清楚,故先抄录如下:

> 禹年老,自治冢茔,起祠室,好平陵肥牛亭部处地,又近延陵,奏请求之,上以赐禹,诏令平陵徙亭它所。曲阳侯根闻而争之:"此地当平陵寝庙衣冠所出游道,禹为师傅,不遵谦让,至求衣冠所游之道,又徙坏旧亭,重非所宜。孔子称'赐爱其羊,我爱其礼',宜更赐禹它地。"根虽为舅,上敬重之不如禹,根言虽切,犹不见从,卒以肥牛亭地赐禹。

由这段话可看出肥牛亭部是平陵县(正式名称是平陵邑)的一部分地区,亭部之内设有一亭(即肥牛亭),该亭归平陵县管辖;当亭部之地赐给张禹私人以后,这个官家之亭就要迁到其他地方去。而且肥牛亭原先是位于平陵(汉昭帝陵)寝庙衣冠出游道上的,现在亭既迁往他处,衣冠出游之道也得随之改变了。很显然,肥牛亭部的地域性以及肥牛亭部与肥牛亭的关系,还有肥牛亭与道路的关系在这段记载里是表现得一清二楚了,而这些关系正如在前文和附图所已揭示的那样。最后还应该注意到,在上面的引文中,赐给张

---

1 见《汉官旧仪》及《后汉书·高获传》注引《续汉书》。

禹的肥牛亭部地,在后来重提时简称做"肥牛亭地",这正意味着"亭部"在许多情况下都被省称为"亭",所谓"十亭一乡"实即十个亭部组成一乡的意思,完全是地域概念而没有任何户籍的意义。

亭部的地域意义还表现在其他方面,如两汉的买地券在申明土地的所在时总要标明是位于某某亭部的范围内,[1]居延汉简在说明地域范围也常使用亭部的概念,[2]陵墓所在、祥瑞所现也多用亭部来表示。[3]

亭部在某些情况下也省称为部。《后汉书·左雄传》载左雄所上疏曰:"乡官部吏,职斯禄薄",建议"乡部亲民之吏,皆用儒生清白任政者"。这里的"乡官"即指三老、有秩、啬夫、游徼之属,"部吏"即指亭部之吏,即亭长、亭父、求盗一类。乡与亭部一起又常合称为"乡部"。《汉书·贡禹传》云:"乡部私求,不可胜供。"此处的部即指亭部,与上文的"乡官部吏"相对照便可明白。日比野丈夫等日本学者以为"乡部"即乡,是一种误会。亭部之首脑是亭长,有时也称为部亭长,[4]犹如部刺史一般。其主要责任是"司奸盗",实则包含监察一般百姓的意思。同时由于亭长是县政府派驻各亭部的亲民之吏,故也兼作部分简单的平讼工作。

需要再次强调亭或亭部是不辖里民、不管户籍、没有户口的。除了传统说法"千家亭长"明显错误外,还有因东汉分封亭侯而误以为亭有户口的,这个误会从顾炎武开始到今日一直存在,故须略赘数语。西汉封侯一视同仁,无论功臣侯、外戚恩泽侯还是王子侯都是一个级别,侯国都是县级单位。东汉稍变其制,封侯分为县侯、都乡侯、乡侯、都亭侯、亭侯数等。乡侯、亭侯都是级别的象征,而并非一乡之侯或一亭之侯的意思。例如袁安封安国亭侯,食邑五百户,有人以为现实中有一安国亭,其户口有五百户,其实不然。安国亭侯的意思是安国一亭侯,而不是安国亭一侯。虽不排除袁安封在安国亭的可能,但其所封地域不必一定是安国一亭的范围,而是以安国亭为核心,划出包含五百户人家所出租税的地域范围来,作为安国亭侯的封域。即使所封恰好是安国亭部的范围,其中的户口也不归亭所辖,而是属所在的乡

1　如曹仲成买地券:"光和元年(178年)……平阴都乡市南里曹仲成从同县男子陈胡奴买长谷亭部马领陌北冢田六亩……"(日本书道博物馆藏,见仁井田陞《汉魏六朝の土地卖买文书》所引)。

2　如"三月余□粟一千九百六十八三钧十斤……千石积高沙亭部,千七百八石积陈亭部,千六百八十七石积箕山亭部"(178.5)。

3　前者如《汉书·哀帝纪》载:"建平二年(前5年)七月,以渭城西北原上永陵亭部为初陵。"又如《后汉书·琅邪孝王京传》载:"(京)葬东海即丘广平亭,有诏割亭属开阳。"此处之广平亭实为广平亭部的省称,如同肥牛亭部处地可省称为肥牛亭地。后者如《后汉书·章帝纪》载:元和二年(85年)"九月壬辰,诏凤凰黄龙所见亭部无出二年租赋"。

4　《后汉书·卓茂传》载:"人尝有言部亭长受其米肉遗者,茂辟左右问之曰……"

里所管。

最后还要重申一点：亭部与其他三部还有一点不同之处。刺史部等三部是纯粹的监察性质的地域概念，而亭部还有上面已经提及的作为乡的区划的作用。换句话说，乡及乡以上的县和郡包含有户籍与地域双重概念，而乡以下这两重概念分别由里和亭部来体现。或者说，郡是积县而成，县是积乡而成，而乡严格地说是积里与亭部而成。所以在文献中有时是郡县乡里并提，有时却又是郡县乡亭并提，出发点不同而已。在东汉成书的《太平经》中有两段话不大引起人们的注意，却又透露了县乡亭里制的实质，特引如下，以作本文的结束。

其第四十五卷云："今一大里有百户，有百井；一乡有千户，有千井；一县有万户，有万井；一郡有十万户，有十万井；一州有亿户，有亿井。"这是从户籍而言的，所以顺序是州—郡—县—乡—里。

第八十六卷云："夫四境之内有严帝王，天下惊骇，虽去京师大远者，畏诏书不敢语也；一州界有强长吏，一州不敢语也；一郡有强长吏，一郡不敢语也；一县有刚强长吏，一县不敢语也；一闾亭有刚强亭长，尚乃一亭部为不敢语。"这是从地域角度而言的，所以顺序是州—郡—县—（乡）—亭部，只不过中间漏脱了乡一级而已。

读了这两段话，县乡亭里制度应该说是清楚无遗了。

（原载《历史研究》1995 年第 5 期）

唐代安史之乱与北方人民的南迁

　　中国历史上北方人民向南方的大规模迁徙运动，一般认为最重要的有两次，一次由西晋末年永嘉丧乱所引起，另一次发生于北宋末年靖康之难以后。通常都把中唐安史之乱所造成的南向移民忽略了。其实这次移民的规模及其产生的影响足以与上述两次相提并论，只是由于文献资料的零落，致使移民过程显得若明若暗，因而历来不为人们所重视。不过认真地说，中国历史上的移民活动在正史上向来没有得到正常的反映，即使上述两次显而易见的大移民也缺乏正面的详细记载，前者由于《宋书·州郡志》等文献保存有东晋南朝侨置州郡的资料，才得以从侧面估计南迁人口的数量；[1]后者没有这个方便，始终只能使人有个大概轮廓而已。[2] 同理，分析中唐以后的移民活动也有一定的难度，本文的努力只在于使这一移民过程的轮廓尽可能清晰而已，同时对其产生的影响作简要的分析，以为治史者参考。

　　一

　　安史之乱发生于天宝十四载（755）末，变起仓卒，打破了唐代前期一百多年没有战祸的"太平"局面，在官吏与百姓的心理上都引起巨大的恐慌。《资治通鉴》所谓"时海内久承平，百姓累世不识兵革，猝闻范阳兵起，远近惊骇"，就是当时形势的写照。同时叛乱军队蕃将胡兵的组成又触发人们联想起"五胡乱华"的故事，更加深了这种恐慌心理。因此当战火由北向南推进时，大批北方人民也迅速形成一股股南下的洪流，大规模迁向淮汉，以致长江以南的半壁江山，出现诗人李白所描绘的"三川北虏乱如麻，四海南奔似永嘉"的大迁徙景象。李白当时正辗转于皖南浙西一带，这一幅颠沛流离的画面他是亲眼看见的。

　　安史之乱的战祸几乎遍及整个黄河中下游地区，骚扰了河北、河南、都

1　参见谭其骧《晋永嘉丧乱后之民族迁徙》，《燕京学报》第十五期，1934年。
2　参见张家驹《靖康之乱与北方人口的南迁》，《文史杂志》第二卷第三期。

畿、京畿、河东五道的绝大部分地区。战火所到之处,人口急剧减少。例如洛阳以东至徐州,以北至扬州(今安阳)一带,"中间畿内,不满千户……东至郑汴,达于徐方。北自覃怀,经于相土。人烟断绝,千里萧条"[1]。东南至泗州(今临淮)一线,"东都至淮泗、缘汴河州县,自经寇难,百姓凋残,地阔人稀"[2]。又如京都长安关中附近,"今连岁戎旅天下凋瘵……京畿户口减耗大半"[3]。

经过战乱以后,北方各地人口的减少程度在《元和郡县志》(以下简称《元和志》)的户口数字上得到了反映。元和时期(806—820),北方大部分州的户数只有开元时期(713—741)的五分之一以下,少数州甚至在二十分之一以下。人口大量损失,一方面当然死于战乱和灾荒,但更大部分是逃难而去。"记得街西邻舍否,投荒南去五千余"的诗句,正从侧面透露了这一信息。

安史之乱在短时间内席卷了河北河南大部分州县后,在东线却被挡在睢阳,于是"贼锋挫衄,不至江淮";在西线又受阻于南阳,于是"南夏得以保全"。因此南下的北方移民浪潮就在淮汉以南各地沉淀下来,明显地形成三道波痕。第一道涌得最远,达到湘南、岭南、闽南等地;第二道集中于长江沿线的苏南浙北、皖南赣北、鄂南湘西北一带;第三道则停留在淮南江北、鄂北和川中地区。三道波浪之中,中间一道麇集了最多数量的移民,第三道次之,第一道最少。

移民的过程实际上是一种人口再分布过程,因此下文将在引述有关移民资料的同时,对上述接受移民的南方各地在安史之乱前后的户口变化进行分析,以较为全面地反映中唐以后北方人民南迁的规模。安史之乱历时八年(755—763),其间还触发了其他内乱,如肃宗上元年间刘展(760—761)之乱。安史之乱平定以后唐代从中央集权的统一局面转入藩镇割据状态。自此以后,藩镇之间的混战,朝迁对藩镇的征讨始终不断。下文的分析有些地方实际上也包含了这些战乱所引起的小规模移民。

二

北方移民高度集中的第二道波痕由东到西,可以分成三区,即苏南浙北区、皖南赣北区和鄂南湘西北区。第一、二区连在一起在唐代笼统地被称为

1　《旧唐书·郭子仪传》。

2　《全唐文》卷 46,代宗《缘汴河置防援诏》。

3　《减京畿官员制》,见《唐大诏令集》。

江外、江左、江东或江南,甚至与淮南地区一起被混称为江淮之间。不少记载表明这一地区是安史之乱后北方移民的主要集聚区。

唐肃宗《加恩处分流贬官员诏》说:"又缘顷经逆乱,中夏不宁,士子之流,多投江外。"[1]

《旧唐书·权德舆传》载:"两京蹂于胡骑,士君子多以家渡江东。"

权德舆《王公神道碑铭》云:"时荐绅先生,多游寓于江南。"[2]

韩昌黎《考功员外卢君墓铭》曰:"当是时,中国新去乱,仕多避处江淮间,尝为显官得名声以老故自任者以千百数。"[3]

记载个别人物或家庭避地于这一地区的更是多见。

玄宗相韩休之子韩洄因安禄山乱"避地江南"[4],著名文士李华在安史之乱后"屏居江南"[5],崔翰"携扶孤老,托于大江之南"[6]。

肃、代两朝宰相元载于时"避地江左"[7],穆宗时户部尚书杨於陵天宝乱时"始六岁,间关至江左"[8],著名文人萧颖士"自中州播越,流播汉阴,遂至江左"[9]。

诗人皇甫冉"以世道艰虞,避地江外"[10],李希仲、赵郡人"挈家避乱入江淮"[11],崔孚因"天宝末盗起燕蓟……遂以族行,东游江淮"[12]。

由此足见时人南渡之盛。大批北方人民在安史乱后奔向江南地区是有其深远的历史政治原因的。永嘉丧乱以后,东晋南朝偏安江左,给人们留下深刻印象,天宝之乱一起,一般人以为朝廷或将有永嘉渡江之举,纷纷流向江外。李白甚至还为宋中丞撰写了要求迁都金陵的报告。加上江南一带自孙吴以来的长期开发,经济已经比较发达,自然更要吸引大量北方移民寓居于此。

第三区,鄂南湘西北在中唐以后分属荆南、鄂岳两镇,是另一移民高度集中区。下面我们即依次分析这三区接纳北方移民的情况。

1　分别见《全唐文》卷 43、卷 500;《韩昌黎集》卷 24。

2　分别见《全唐文》卷 43、卷 500;《韩昌黎集》卷 24。

3　分别见《全唐文》卷 43、卷 500;《韩昌黎集》卷 24。

4　各见《新唐书》本传。

5　各见《新唐书》本传。

6　《韩昌黎集》卷 24,《崔评事墓铭》。

7　分别见《旧唐书》及《新唐书》本传。

8　分别见《旧唐书》及《新唐书》本传。

9　《全唐文》卷 323,萧颖士《与崔中书圆书》。

10　《唐诗纪事》卷 26、卷 27。

11　《唐诗纪事》卷 26、卷 27。

　12　《全唐文》卷 678,白居易《博陵崔府君神道碑》。

1. 苏南浙北区

这一区相当于唐代的润、常、苏、湖、杭、越、睦等州,合而言之俗称为吴越,分而言之大致是苏南为吴,浙北为越。[1] 文献中具体提到移民迁至吴地的记载也屡见不鲜。

"天宝末,安禄山反,天子去蜀,多士奔吴为人海"[2] "自艰难以来……不能自奋者,多栖于吴土"[3] "天下衣冠士庶,避地东吴,永嘉南迁,未盛于此"[4],这是就一般而言。就个人言之则有柳宗元之父的"举族如吴"[5],梁肃的"窜身东下,旅于吴越"[6],以及殷怿先知先觉的"徙居吴郡"[7],等等。

由于大批北方人民的到来,自然要使江南各州的户口有所增加,而且移民户口在各州户口中应占有相当的比例。据时人估计,在吴郡(苏州)治所在的吴县,移民要占到当地户口总数的三分之一。[8] 不但吴县一县如此,苏州一州(包括今苏州、嘉兴地区和上海市)的移民恐怕也占有相去不远的比例。以《元和志》和《旧唐书·地理志》相较(下文凡提及元和与天宝户数之比皆依此二书),苏州元和户数比天宝时期增加 41%(十万户比七万六千户),由于元和户数的偏低不实(详后),实际增加尚不止于此,因此可以将元和的增加数看成是移民的结果。

苏州以东的常州和润州在安史之乱后户口也当有一定程度的增加。《旧唐书·萧定传》载:"大历中,有司条天下牧守课绩,唯定与常州刺史萧复,濠州刺史张镒为理行第一。其劝农桑,均赋税,通亡归复,户口增加,定又冠焉。"萧定当时正在润州刺史任内。[9] 可见润州、常州、濠州在大历中(766—779)户口有所增加,尤以润州为突出。记载中也曾见迁居润州的北方人,如德宗相权德舆之父权皋预感到安禄山之乱即于天宝末徙家润州丹徒。

唐朝廷在安史之乱发生后并未迁都金陵,但至德二载(757)却在该地置

---

1 浙北的缘边部分,今湖州、嘉兴地区也属吴。世称吴郡、吴兴、丹阳为之吴。

2 《全唐文》卷 529,顾况《送宣歙李衙推八郎使东都序》。

3 《全唐文》卷 754,杜牧《崔公行状》。

4 李白《为宋中丞请都金陵表》。

5 《柳宗元集》卷 20,《先侍御史府君神道表》。

6 《全唐文》卷 517,梁肃《过旧园赋》。

7 《全唐文》卷 624,冯宿《殷公家庙碑》。

8 《全唐文》卷 519,梁肃《吴县令厅壁记》。

9 由两唐书《萧定传》,定历任袁、信、湖、宋、睦、润六州刺史,未能确知大历中为何州。据《嘉定镇江志》卷十四引萧定撰《延陵季子庙记》,于大历十四年润州刺史任内。又《旧唐书·萧复传》云,复大历十四年由常州刺史迁潭州刺史;《张镒传》曰,镒在李灵耀反于汴(大历十一年)后不久由濠州迁寿州刺史,故三人大约在大历十二至十四年间分别任润、常、濠刺史,大历中考课当在十三年或其前。

江宁郡（乾元元年后为升州），一方面固然因为金陵地位的重要，另一方面也因为有许多北方移民集中于此。如《旧唐书·崔造传》载："崔造，博陵安平人，永泰中与韩会、卢东美、张正则为友，皆侨居上元。"[1]这四人当然是众多侨居金陵的代表而已（后来因为迷信童谣，升州废为上元县，至唐末又复置）。

与苏南连成一体的浙北地区，在东晋南朝期间未设立过任何侨置郡县，说明当时北来移民很少，但中唐天宝之乱却使相当数量的北方人民到达这里。

独孤及因"中原兵乱，避地于越"[2]。齐抗以"幽陵横溃，中原如毁，奉太夫人安舆违难于越"[3]。

其中到达越州（会稽）者为数不少，"自中原多故，贤士大夫以三江五湖为家，登会稽者如鳞芥之集渊薮"[4]。

杭州位于苏州与越州之间，也有许多北方移民，白居易长庆间任杭州刺史，时杭州有十万户。[5] 比天宝间增加一万余户，其间应当有移民成分在内。

《全唐文》卷504权德舆《弘农杨氏墓志铭》记载蓟县尉王氏奉其母杨氏在安禄山乱后南走江南，至德二载杨氏死于"杭州富阳县行次"。杭州一带北方移民的行踪由此可见一斑。

苏南浙北区根据上引资料可以推测北方移民的规模不小，但除苏州外，从《元和志》上却看不出户口的增加，这一方面是因为元和时期户口数字的不实，另一方面是肃宗上元年间刘展叛乱与宝应年间"江东大疫，死者过半"造成的。但这时所减少的户口已包括北方移民与当地原居民双方在内，并不影响移民在总户口中的比例。虽然我们不能确切知道迁到江南的移民有多少，但由上引记载看来，至少可以了解到苏南浙北区的北方移民不只集中在苏州一地，而且若准吴县与苏州之例，估计苏南浙北区北方移民要占到总户数的三分之一左右，应该不会太过分。

2. 皖南赣北区

本区又可分成皖南与赣北两部分进行讨论。

先说皖南。

1　《南部新书·丙》所载与此同。

2　分别见《全唐文》卷409，崔祐甫《独孤公神道碑铭》；卷499，权德舆《齐成公神道碑铭》；卷783，穆员《鲍防碑》。

3　分别见《全唐文》卷409，崔祐甫《独孤公神道碑铭》；卷499，权德舆《齐成公神道碑铭》；卷783，穆员《鲍防碑》。

4　分别见《全唐文》卷409，崔祐甫《独孤公神道碑铭》；卷499，权德舆《齐成公神道碑铭》；卷783，穆员《鲍防碑》。

　5　参见《白居易集》卷21，《自咏》。

皖南略相当于唐天宝间的宣、歙二州之地,在安史之乱期间及其后数年间,该地区接二连三地设置了至德(757)、旌德(763)、祁门(765)、石埭(766)和绩溪(767)等五个新县。[1] 同时还从宣州分置出一个新州——池州,这些新政区的设立虽说一方面是为了加强对山区人民的控制,另一方面也与户口的大量增加有关。顾况在贞元十六年(800)所写的《宛陵公署记》说:"宣户五十万,一户二丁,不待募于旁郡而宣男之半已五十万矣。"虽然这里所说的五十万户无论指宣州一州或指宣歙池观察使所辖三州而言,都似乎有过多之嫌,不过皖南地区在安史之乱以后户数的激增却是无可争辩的事实。另有一条记载可以从侧面说明这一点。

《旧唐书·代宗本纪》载有大历九年(774)每道(即节度使或观察使辖区)防秋兵马数,其中宣歙道出兵至三千人之多。兵丁是按户而出,以三州之地而所出兵额竟与浙西、湖南、山南东、剑南西川诸道(管州都在六州以上)相等,足征当时宣歙道人口数量之多可以与上述诸道相比。回头看天宝年间,宣歙二州(时池州尚未分置)户数还不足浙西六州的三分之一,比湖南七州也少了近四分之一。可见宣歙户口增长速度之快。这些在短时间内迅速增加的户口显然是北来移民所致。

移民的到来自然促进了开发程度的提高和经济的繁荣,史载刘赞在大历以后任宣州刺史十余年,时"宣为天下之沃饶"[2]。经济的发达反过来也是当地接受大量移民户口的证明。

上文已提到从北方迁移到江外、江南、江东以至江淮间的北方人民有一部分是到本区来的。权德舆所撰《邵州长史李公墓志铭》[3]提供了一个例证,李铝于天宝十四载因"幽陵兵起,茹毒违难,南浮江淮","宣州观察使郑炅之表为广德令"。可见李铝南浮江淮的具体地点是皖南。皖南地处长江以南,是北方人民渡江以后最先到达的地方,自然成为移民的主要居留地之一。这一点自西晋永嘉丧乱以来即见端倪。

再说赣北。

此处的赣北准确点说应是赣北与赣中,相当于天宝年间的江、洪、饶、袁、抚、吉诸州。东晋南朝侨置于此的郡县很少,说明移民不多。但在安史之乱以后却有许多移民南奔而来。

1　《元和郡县志》卷 28。

2　《旧唐书·刘赞传》。

3　《全唐文》卷 502。

如诗人卢纶"河中蒲人,避天宝乱,客于鄱阳(饶州)"[1],又崔祐甫因"中夏覆没,举家南迁,内外相从,百有余口。长兄宰丰城……仲姊寓吉郡"[2]。

使本区一时成为十分重要的移民聚集区,户口有了显著的增加,其增加幅度可以从《元和志》中看出大概。现存的《元和志》保留有一百八十个州的元和户数,是唐代后期唯一的分州户口资料,诚属可贵。但唐代后期由于藩镇拥地自专,户口申报制度已不能行于全国,两税法的推行又复使所申报户口亦多趋不实,因此在利用元和户口资料前必须先作一番分析。

综观《元和志》中各州元和户口数,最显著特点就是普遍比同书所载开元户数为低。若与两唐书《地理志》所载天宝户口相较则更低。这在北方可以解释为战争的破坏,在南方许多地区却不好理解。很显然,元和户数一定有不实之处,而且趋向是偏低。唐代文献正有两处重要记载可以印证这个论断。

首先,据元和二年(807)李吉甫所上《元和国计簿》,浙西、浙东、宣歙、淮南、江西、鄂岳、福建、湖南等八道共有户一百四十四万(即此数字已经偏低),而在《元和志》中,这八道户口合计至多只有一百一十四万,[3]竟偏低近五分之一之多。这是东南八道大范围内的情况。

其次,《唐会要》卷八五载:"元和六年正月衡州刺史吕温奏:'当州旧额户一万八千四百七……臣到后团定户税,次检责出所由隐藏不输税户一万六千七。'"隐瞒户数几与在籍户数相当,令人吃惊,这里所载旧额户数即是《元和志》中的元和户数[4],这是一州的情况。

由此两例,元和户数的不实与偏低程度昭然在目。

吕温又说:"臣昨寻旧案,询问闾里,承前征税,并无等第,又二十余年,都不定户。"由元和六年上溯二十余年,正是建中年间。或许正是自建中元年(780)底全国定天下两税户以后,衡州就从未重新定户。而且不止衡州一州如此。《唐会要》中记载朝廷三番五次要求各地履行三年一定户的规定,正表明这一规定总是被普遍地违反。因此,从这一方面看,《元和志》的元和户口应当提前了看,甚至可以提前到建中年间。建中元年上距安史之乱的平定不过十来年,此时之户口数更能直接反映战乱所引起的移民规模。

1　《新唐书》本传。
2　《全唐文》卷409,崔祐甫《上宰相笺》。
3　《元和志》淮南道佚,元和户以天宝户之五分之二代替,视周围诸道仍偏高。
4　元和户数为一万八千四十七,与旧额户数仅"十"与"百"一字之差,必有一笔误。这种情况在旧籍中多见。

从另一方面看,由于《元和志》中元和户口的偏低,又应当把它放大了看,因此与天宝时期相比,户口大量减少的州,也许减少得不多,稍有减少的恐怕是并未减少,没有减少的则是有所增加,增加显著的应该是大量增加了。因此在元和户口普遍比天宝时期大幅度下降的情况下,竟有十一个州户口出现增加就是非同凡响的事了。如果把这些州所增加的户口看成北方移民的结果是完全不为过的。这十一个州除隰州以外,其余十州都在南方。而且其中赣北和赣中就占去三州,即饶州、洪州、吉州。

饶州在中唐以后户口的增加是出于一般人的想象之外的。该州位于赣东北鄱江和信江流域,自安史之乱第四年即乾元元年(758)年起至永泰元年(765)间,这里接连分置了上饶、永丰、贵溪三县(其实四县,至德县割属池州)。这三县合以衢州玉山县建立一个新州——信州。天宝间饶州有户四万挂零,到元和时期,饶、信二州合计有户近七万五(此时饶州已去至德一县,而信州则得玉山一县,故两州之和的版图略当天宝间饶州的范围),以天宝间饶州的地域范围计,元和时户数净增83%之多,幅度之大为历来治史者所忽略。[1]

比饶州户口增长幅度稍小的是洪州。天宝时有户五万五千余,元和时增加到九万一千多,净增数亦达64%。贞元十五年(799)武宁县分置分宁县,恐怕即与户口增加有关。

值得一提的是饶州和洪州所增设的新县都位于山区,即集中在信江和修水的上游,这或许正说明该二州在鄱阳湖周围的平原地带开发程度已较高,人口也较密集,所以新来移民遂聚居于条件稍差之山区。前述宣、歙、池三州所置新县大约也是这种情形。

洪州之后是位于赣江中游的吉州,元和户口比天宝增加近10%,数量也颇可观。

饶、洪、吉三州面积占去赣中赣北的三分之二,又地处江西条件最好的农业区域,三州户口大量增加表明安史之乱以后这里吸引大批移民到来。准苏州的情况以观,赣北的移民可能达到户口总数的三分之一以上,赣中则稍逊于一成。

直到唐末,江西地区依然是逃避战乱的胜地。徐铉在《唐故印府君墓志铭》中说,印某"其先京兆人也……会上国丧乱,遂南奔豫章"。

[1] 一般人未注意到饶州分出信州的事实,简单化地将元和与天宝时的饶州户口相较,以为仅增户10%左右,其实前后两个饶州领域大小不同,不可比。

江西北部和中部在接受众多移民之后,经过一百余年的蕃衍生息,已使河谷平原地带人满土满,从五代起又转而向湖南移民,而且所输出移民又以洪州、吉州籍人为多(饶州因相距较远,所以移入湖南较少)。[1]

3. 鄂南湘西北区

本区于唐相当于荆、澧、朗、鄂、沔诸州,是移民最呈高度集中的地区。

《旧唐书·地理志》载:"自至德后,中原多故,襄邓百姓,两京衣冠,尽投江湘,故荆南井邑,十倍其初。"荆州一带因为北方人民的南移,户口顿时增加十倍,这种情况在中国历史上只有永嘉丧乱以后的金陵及靖康之难以后的杭州可以与之相比。荆州在南朝时曾经兴盛过一段时期,但在安史之乱以前,不过是一个中等州而已,天宝年间仅有户三万出头,北不及襄、郢,南不如衡、潭。安史之乱发生后,因为有南阳太守鲁炅等人先在南阳,后在襄阳阻敌南下,大批北方难民遂沿南阳—襄阳—江陵大路蜂拥而下,使荆州迅速成为江汉、江湘间首屈一指的大州。据《资治通鉴》乾符五年(878)条所载,仅荆州治江陵城下,就有三十万户之众,故知上引"十倍其初"之言不虚。

由于人口的大幅度增加与地位的重要,至德二载即以荆州为中心置荆南节度使。上元年间甚至一度以荆州为南都,并升为江陵府。同时,江陵县还因为一时容纳不下突然增加的大量人口,而一度分置长宁县与江陵同治一城。江陵之外,荆州其他县也都有流民寄寓其中。贞元二十一年(805)由长林县分置荆门县恐也与移民的到来有关。

不但安史之乱,即整个唐代后期北方一有动乱,荆州始终是接纳移民的最重要地方。广德二年(764)吐蕃入侵,占领长安"衣冠戚里尽南投荆、襄及隐窜山谷"[2];唐乾宁中,补阙杨贻德"方属京国扰攘,乃谋南来,藏迹于江陵"[3];后梁宰相李琪于唐末"昭宗播迁,衣冠荡析"时,与弘农杨玢藏迹于荆楚间[4]。在这一点上,江陵恰取代了东晋南朝金陵的地位。安史之乱以后唐室未曾南迁,而北方动乱始终不断,荆州离两京最近,南来避乱的人自然就近寄寓于此。因而,荆州迅速成为长江中游地区的中心,这一地位延续七百年之久,直到元代才为湖广行省首府武昌所代替。

荆州以南的澧州天宝时还只是不到二万户的下等州,在大历初年竟然

1　参见谭其骧《湖南人由来考》,《方志月刊》六卷九期,1933 年 4 月。
2　《旧唐书·吐蕃传》。
3　各见《北梦琐言》卷 12、卷 6。
4　各见《北梦琐言》卷 12、卷 6。

增户数万,史籍记载这是刺史崔瓘风化大行的缘故,[1]其实也是移民南来的结果,是"荆南井邑,十倍其初"又一例证。荆南节度使又称荆澧节度使,除荆澧二州外,其他属州也当有部分北来移民。如朗州水利建设在唐代后期特别发达,恐怕也与发展农业、安顿移民有关。

鄂州位于江汉之会,是本区又一个移民集中地。天宝以前,鄂州因户口之寡而被列为下州。随后因"戎狄乱华,寓县沸腾",许多避兵人民由汉水东下群集于此,以至元和时期户口比天宝间增加了一倍。其中个别属县增户的幅度远在这一平均值之上。据李白《武昌宰韩君去思碑》所记,安史之乱后,韩愈之父任武昌令时,"此邦晏如,襁负云集,居未二载,户口三倍"。

鄂州户口的增加,还直接导致大历二年和元和二年先后设置了永安镇和锡山镇,成为五代时永安县(今咸宁)和通城县的基础。[2]

由于人口非同寻常的增加和有利的地理位置,使鄂州在乾元二年(759)即成为鄂岳沔三州都团练守捉使治所。永泰元年(765)团练使又升为观察使,并增领蕲黄二州。到元和时期鄂岳观察使辖区已成为支持中央财赋主要来源的东南八道之一。

三

以上所述是移民集中带,亦即第二道波痕的情形。接下来讨论第三道波痕或曰次集中带的情况。这一地带也可以分作三区来谈,一是淮南江北区,二是鄂北区,三是川中区。

先说淮南江北区。

本区在唐天宝间属淮南道。安史之乱时,由于张巡、许远死守睢阳,江淮得免兵祸,自然有大批士人避乱前来,前文所引的避地"江淮之间"就包括本区在内。淮南道首府是扬州,素称"江右大锁",因此流寓至扬州的人为数不少。如诗人张南史,"幽州人,以试参军避乱居扬州扬子"[3]。张氏与钱起等大历十才子是同时代人,避乱自是避安史之乱。又,《旧唐书·杜亚传》提到兴元初(784)"侨寄衣冠及工商等多侵衢造宅,行旅拥弊"之事,当是时,侨寄者显然由北而来。

扬州西南的和州,隔江与宣州相对,也是移民驻足之处。《新唐书·穆

1　《旧唐书·崔瓘传》。
2　《舆地纪胜》卷66。
3　《新唐书·艺文志》。

宁传》载：穆宁大历间为和州刺史，理有善政，"以天宝旧版校见户"，"增户数倍"，显见有大量移民到来。

扬州北面的楚州也有移民的足迹。《太平广记》卷 404 叙述了一名尼姑于天宝乱后从河南巩县怀珠"辗转流寓于楚州安宜县"的故事，此事在当时被大加渲染，以至安宜县改名为宝应县。撇开其传奇色彩，可以看到当时北人流寓楚州的史实。

楚州西面的濠州显然也接纳了为数不少的移民。上引大历中濠州刺史张镒与常州刺史萧复、润州刺史萧定，考课为天下最，其户口的增加恐怕与移民的到来不无关系。

近代出土的唐代墓志铭，也表明安史之乱时中原人避乱淮楚间的事实。[1] 遗憾的是《元和志》淮南道部分全佚，失去重要参考。不过就已有史料看来，本区的移民显然不及苏南浙北区与皖南赣北区多，是跟在大浪头后的小浪。

其次是鄂北区。

本区以襄州为中心。襄州治襄阳位于汉水与南阳——江陵大道的汇合点，地位十分重要。是荆南节度使辖区未分出以前整个山南东道的首府。安史之乱期间，中原人士蜂拥至此，如韩滉于至德初"避地山南"[2]，元结"自汝坟大率邻里，南投襄汉"[3]。

到达襄州的人一大部分沿陆路南下荆州或沿汉水东下鄂州，又有相当部分就此留在襄州一带，以是有"襄阳南渡之民"之称。这批移民数量之多，使襄州元和户口比天宝时净增一点二倍，居元和时增户十一州中之冠。

襄州作为移民避难地的作用与荆州一样，至唐末不衰。《旧唐书·唐次传》载："乾符末，河南盗起，两都复没，以其家避地汉南。"但比起荆州增户十倍来，襄州移民也还是大浪后面的余波，因为南阳失守后，襄阳处于临敌前线，所以两京衣冠和襄邓百姓大部分还是继续南下，进入以襄阳为屏障的荆州地区。

而后是川中区。

天宝十五载，潼关失守，唐明皇仓皇逃蜀，随之到达川中的士民自当不少。高适《请罢东川节度表》说："出日关中米贵，而衣冠士庶，颇亦出城，山南，剑南道路相望，村坊市肆，与蜀人杂居。"

1　见罗振玉《广陵冢墓遗文》。

2　《新唐书》本传。

3　李肇《国史补》。

成都平原一带在唐末依然是北方人民避乱的重要去处。元代费著所撰《成都氏族谱》载录成都及附近各县氏族四十五姓，其中于唐末随僖宗入蜀者有八姓，自行避乱而来者二姓，五代广政中来者一姓，合之几占总数之四分之一。所以益州(至德二载升为府)治成都在安史乱后，光城中即有十万户之众。[1] 而天宝间，整个益州所属十县合计也不过十六万户挂零，可以推想成都当聚集了不少关中移民。

又，建中间，韩洄任蜀州刺史时复人唐亡二千余户，或也有避乱之户在其中。

进入四川避乱的人民，并不只集中在成都附近，恐怕远至重庆一带都有他们的踪迹。据《元和志》卷33载，渝州有至德二载新置璧山县，乃因“天宝中，诸州逃户多投此营种”而置。颇疑逃户之中或有因避乱而来者。

唐代后期，一直有人前来四川避难。大和初，薛元赏为汉州刺史，“流亡自占者过九千家”[2]，如此大量的流亡者亦可能包括有避兵的北方人民。唐末自然有更多人前来，如《北梦琐言》卷20载“唐四方馆主，王鄑尚书自西京乱禽，挈家入蜀”；卷三载李琪与“杨玢藏迹于荆楚间，杨即溯蜀”。《唐诗纪事》卷70载，张蠙，“唐末登第，尉栎阳，避乱入蜀”。

不过，从上述情况看来，安史之乱后，避地川中的人显然比鄂北及江北淮南区都要少。

当着大股移民浪潮拥到大江南北的时候，部分移民赶在大浪头的前面，走得相当远。在东南一隅的，到达福建南部。如诗人兼隐士秦系于天宝末先是避乱入剡中，而后又客居泉州。[3] 这样的人当不在少数，影响所致，泉州元和户数比天宝时增加约50%。[4] 唐末继续有人避乱到福建，如李绰“避乱莆田，寓居佛寺”[5]，事大约在昭宗时。后唐进士江文蔚，其先人为“济阳考城人”，亦于唐末“徙籍建安，世为大姓”[6]。

在湖南，“尽投江湘”中的部分移民到达湘水流域。上述衡州所隐瞒的户口中当有移民之户。更往南，在湘江上游的道州、永州一带也聚集一些避乱的人。元结在广德元年(763)被授为道州刺史时说，道州当年经西原蛮之

1 《全唐诗》卷227，杜甫《水槛遣兴》。

2 《全唐文》卷760，张次宗《荐前汉州刺史薛元赏状》。

3 《新唐书·秦系传》。

4 一般而言，天宝户数比开元户数要高(参见《元和志》与两唐书《地理志》)，但泉州及下文道州、广州天宝户数都低于开元户数，不正常，故本文所计算此三州元和户数比天宝户数的增加都嫌偏高。

5 《全唐文》卷821，李绰《尚书故实序》及卷885，徐铉《江公墓志铭》。

6 《全唐文》卷821，李绰《尚书故实序》及卷885，徐铉《江公墓志铭》。

礼,户口从四万降到不足四千。[1] 以广德初四万余户与天宝间二万二千户相较,[2] 说明经安史之乱后道州户增加一倍左右,所增之户当多是北来移民所致。西原乱后,"结为民营舍,给田免徭役,流亡归者万余"[3]。以至大历二年能够新置大历县。至元和时期户数增长至二万八千多,比天宝时增加四分之一。道州以西的永州大约也有避地移民寄寓其中,故肃宗上元二年即已复置灌阳县。湖南在唐末依然有人前来避乱,如杨燠因"关中乱,崔胤引朱全忠入京师,乃挈家避地湖南"[4]。

有些避乱的人走得更远,乃至翻越五岭,到达广州。如《太平广记》卷403载,某魏生在天宝乱后"将妻子入岭南"。此人后来虽北返,但相信当时肯定有不少人定居下来。这从广州元和户数比天宝增加四分之三可以推知。[5] 因为岭南距中原最远,因此从中唐以至唐末一直是避乱胜地。《新五代史·南汉世家》以是说:"天下已乱,中朝士人以岭外最远,可以避地,多逃焉。"如倪曙即"因广明庚子避乱番禺,刘氏潜号为翰林学士"[6]。北来移民最远的居留地是交州,该处元和时户口比天宝时略增百分之十二。

这些到达闽南、湘南、岭南的开路先锋,总的来说,数量不是太多,但其意义却不可低估,这是永嘉丧乱以来的新现象,同时又为两宋之际的第三次大移民开辟了道路。

四

安史之乱引起北方人民大规模向南迁徙的情况已如上所述。比较起永嘉丧乱以后的第一次大南迁来,这次移民有它自己的特点:一是路线长,二是散布面较广,三是移民最密集区在长江中游的荆州。但是在这次大移民过程中究竟有多少人到达南方,从现存史料中找不到现成答案。不过《新唐书》有一条记载值得注意。

该书《食货志》说:德宗时"使者按比,得主户三百八十万,客户三十万"。客户占主客户总和之百分之七点三。此次按比即是建中元年定天下两税户时所为,当是时上距安史之乱平定只有十来年,所谓客户大部分应当是受战

1　见《元次山集》卷四,《舂陵行》序及《贼退示官吏》序,又《新唐书·元结传》。

2　此处天宝户数疑偏低,见第535页注4。

3　《新唐书·元结传》。

4　《旧唐书·杨燠传》。

5　此数偏高,参见第535页注4。

6　《南部新书·丙》。

乱影响而迁往他乡的人口,而不单是平常意义上的逃户。考虑到安史之乱时北方遍地战火,因避乱而离乡背井的人当中大部分又当是由北方逃往南方,因此三十万客户主要应分布在南方;相反,主户三百八十万则分布于全国,两者相较,南方客户(其中大部分是北方移民)占南方主客户总数的比例自然要高于上述的百分之七点三之数。因此这一比例可作为了解天宝之乱以后移民运动规模的参考指标。

人口的迁移实际上是人口再分布过程,这点上面已经提到。中唐以后这一再分布过程有两个明显的特征。

第一是南北人口比例的变化。如果我们粗略地以天宝年间的淮南、山南东西、剑南、江南东西、黔中、岭南八道作为南方的范围,而将京畿、关内、陇右、都畿、河南、河北、河东七道作为北方,则当时南北户口的比例约为四比五之谱。[1] 双方已经相当接近。安史之乱以后,北方诸道户口大量减少,而南方许多地区户口明显增长,因此南北户口比例肯定已发生逆转,变成南多北少,这点由北宋太平兴国年间(976—984)南北户口比例已超过三比二也可看出端倪。[2] 只是由于《元和志》缺佚过多,无法计算其具体比数。

第二是南方人口的分布趋向均衡。天宝年间南方户口以江南东道北部(当元和时浙西、浙东两道,今苏南浙江地区)密度最大,以十三州之地拥有户一百零一万,占去南方二百零五州总数的四分之一。当是时岭南黔中人口稀少自不必说,即今江西地区(元和时江西道八州)也还是地广人稀,有户不足二十五万,此时苏南浙江与江西户口之比为四比一强。安史之乱以后,这一比例发生显著变化。苏南浙江元和时仅有三十六万户,而江西却有户近三十万,两者之比变成为一点二比一。

南北人口比例的变化意味着大批人才和劳动力的南流。政府为了安顿移民必须垦荒辟田,兴修水利,发展农业经济。因此唐代后期南方垦田开渠的记载屡见不鲜。如裴倩任信州刺史,"复其庸亡五千家,辟其农耕二万亩"[3]。又,贞元八年荆南节度使李皋塞古堤,广良田五千顷[4];宣州南陵县有"大农陂,溉田千顷,元和四年,宁国令范某因废陂置"[5]。农业经济是封建经济的核心,发达的农业经济自然要促使整个封建经济趋向繁荣。

1　分别据《旧唐书·地理志》和《太平寰宇记》统计。
2　分别据《旧唐书·地理志》和《太平寰宇记》统计。
3　《舆地纪胜》卷21,引《权载之集》。
4　《旧唐书·李皋传》。
5　《新唐书·地理志》。

如果以《新唐书·地理志》所载水利工程作指标,可全面看出安史之乱前后南北经济发展情况的变化。安史乱前北方建设水利的县有六十二个,南方只有二十二个;安史乱后,情况发生逆转,北方下降到只有十八县,而南方却上升到四十三县(剑南道在开发程度上应属北方,此处统计略去),体现了南方经济的发达和全国经济重心从北方向南方转移的开始。

再以漕粮为例。据《元和志》卷 2 载:"天宝中,每岁水陆运米二百五十万石入关;大历后,每岁水陆运米四十万石入关。"这里天宝中所运米都来自北方,有二例为证:一是开元十八年后裴耀卿三年中漕粮七百万石,是益漕晋、绛、魏、濮、邢、贝、济、博北方诸州之租而来,当时,江、淮漕者,皆输河阴仓,不入关。[1] 二是开元二十五年,令"江南诸州租并回造纳布"。[2]

相反,大历后,运米虽少,但全是江、淮漕米。《旧唐书·食货志》曰:"旧制,每岁运江淮米五十方斛,至河阴留十万,四十万送渭仓。"此处之旧制指大历以后之制。天宝中与大历后情况两相比较,南方经济地位的提高立时可见。更重要的是,南方所能提供的漕米,远远在五十万石之上。贞元初,朝廷打算"增江淮之运,浙江东、西岁运米七十五万石,复以两税蜀米百万石,江西、湖南、鄂岳、福建、岭南米亦百二十万石"。后虽因有关大臣之阻扰而作罢,但足见当时东南地区提供漕米的潜力达三百万石之多。[3] 南方地区在唐后期经济之发达由此可见一斑。

唐代后期,北方大部分为藩镇所割据,唐王朝就依靠这发达的南方经济所提供的财赋以维持国家机器和对藩镇作战。所以时人有言:"天下以江淮为国命""赋所出以江淮为渊"。李吉甫《元和国计簿》更明确说:"每岁县赋入倚办,止于浙西、浙东、宣歙、淮南、江西、鄂岳、福建、湖南等八道。"而促使南北经济发展发生上述变化的主要原因正是南北人口比例的逆转。

另一方面,南方人口分布的趋向均衡,则是南方各地经济发展趋向均衡的基本前提。上文已提到苏南浙江与江西户口之比在安史之乱前后由悬殊的四比一变成均衡的一点二比一,因此在农业经济方面同样也往均衡的方向变化。就是以水利设施为例,安史乱前苏南浙北有十一个县兴修了水利,江西却一个也没有,极端悬殊。安史乱后,苏南浙江加强开发,有十五个县有水利建设;与此同时,江西急起直追也有七个县建设了水利工程,虽尚落后,但情况已大大改善。即就南方整体范围来看,均衡趋向也很明显。安史

---

1 《新唐书·食货志》。

2 见《通典》卷 6。

3 《南部新书·丁》也载贞元二年规定江淮年运米二百万斛(以两税易米部分当然不计)。

乱前苏南浙江兴修水利的县占南方的一半,而在安史乱后,只占三分之一强。这种均衡趋势对于开发南方较为后进的地区是大有好处的。到了北宋,这种好处就显示出来了。沈括《梦溪笔谈》卷 12 载各地漕运粮食数量说:"发运司岁供京师米以六百万石为额:淮南一百三十万石,江南东路九十九万一千一百石,江南西路一百二十万八千九百石,荆湖南路六十五万石,荆湖北路三十五万石,两浙路一百五十万石。"除了荆湖南北路外,各路所运相当均衡。

大批北方人民迁入南方,不但促使南方经济迅速发展,还在文化方面留下深刻影响。尤其在移民特别集中的地方,这种影响是十分显著的。荆州就是典型的实例。

唐代前期荆州在人口方面只是一个中等州,文化水平也不高,甚至于解送进京应考的人从无一人中试,时人号为"天荒"。安史之乱以后,比原居民多出十倍的北方移民聚集于此,情况为之一变。《太平寰宇记》卷 89 说荆州自"至德后,流佣争食者众,五方杂居,风俗大变"。杂居的结果必然是不同地域文化的加快融合,使"大变"了以后的新风俗具有浓厚的北方气息,提高了封建文化水平。大中四年(850)刘蜕首次以荆州解及第,时人称之"破天荒",随后余知古、关图、常修等人相继得中进士。于是荆州道号为"衣冠薮泽"。[1]

"风俗"的变化还体现在语言的变化之上。北方移民既在人数上对当地土著居民压倒优势,在语言上就自然出现取代现象,亦即以当时之北方方言代替当地固有方言(姑称之为中古楚语),从而出现今日西南官话的端倪。这种情形恰与东晋南朝相似,当时大量北方侨民寄寓今南京、镇江一带,也产生了今日下江官话的最初基础。[2] 不但如此,南投江湘的北方人还用它们的语言侵蚀了当时的湘语,诱发了今天新湘语的苗头。[3]

到达江西的北方移民在文化方面则产生了一个最重要的后果,那就是形成了客家人和客家方言的最初源头。关于客家人的源流,现在最通行的是五期移民说,[4]亦即由五个历史时期有关的移民综合形成今天的客家人。这种说法过于简单化,而且未分出源与流的区别,很值得商榷。

客家人与众不同的最大特征是他们所使用的客家方言,因此我们可以

1　《太平广记》卷 266,引《北梦琐言》及《唐摭言》卷 2、《北梦琐言》卷 4。
2　参见周振鹤、游汝杰:《人口变迁和语言演化的关系》,《学术季刊》1986 年第 4 期。
3　参见周振鹤、游汝杰:《湖南省方言区划及其历史背景》,《方言》1985 年第 4 期。
4　见罗香林《客家研究导论》,兴宁希山书藏 1933 年。

将客家方言的形成看成客家人起源的标志。众所周知,今天客家方言中保留了许多古代北方方言的特征。而北方方言要在南方立定脚跟而不被当地方言所同化,就必须在短时期内实现大规模的移民运动才有可能。如果是分散、断续的少量移民,其所使用的方言只能被土著方言所消融。

五期说的第一期是指东晋南朝时的移民,其实此时来到江西的北方侨民数量很少,他们的方言不可能保持四百年之久,然后再叠加上去第二期即所谓黄巢起义引起的北方移民的影响。更何况黄巢起义是流动作战,南下北上大半个中国,根本不可能形成由北而南的大规模移民。客家人的源头只能是被五期说所忽视的、安史之乱以后到达江西的移民,这些移民挤满了江西的北部和中部,其数量之多前文已作分析。这里还可以从另外一个角度来看,由于在中唐以后接受了这么一大批北方移民,而使全江西地区元和时期户口比天宝年间增长了近五分之一(实际上当然不止,而与此同时南方其他省区的户口却是下降,甚至大幅度下降)。这样多的移民自然而然要在语言上占相当的优势,他们所使用的方言就是今日客家方言的先声。

但这时远不是客家方言,必须等到唐末五代及其以后的历次战乱把这些移民的后裔逼入赣南、闽赣以至闽粤赣山区,将他们的方言与北方方言区隔离开来,走上独特的发展道路以后,才逐渐形成客家方言。后来进入山区的短距离移民运动是重要的,如果没有这些运动,赣北赣中的移民方言充其量只能发展成今天北方方言的一个次方言,如下江官话或西南官话那样,而不能成为一种独立的南方方言,同时也就没有客家人可言。但是,更重要的是,如果没有中唐以后进入赣北和赣中的移民,那就完全失去了客家方言的源头。

因此,总结一句话,对客家方言形成起关键作用的是安史之乱引起的对江西的移民,唐末及后来的乱世只能说是起了催化作用而已。

北方移民对南方地区文化方面的影响,以上只是举其荦荦大者,其他如民居由竹屋改成瓦屋,凿井而饮代替临河汲水等物质文化以及生活习俗方面就不多谈了。

综观以上所述,可以看出安史之乱所引起的移民浪潮对于南方经济文化产生十分显著的影响,单就这方面而言,它已足以与东晋南朝和两宋之际的大移民相提并论。虽然在移民的规模方面,它也许要稍逊于永嘉丧乱后的移民运动(但不一定比靖康之难以后的移民规模小),但在移民路线的延伸,移民分布地域的广泛方面显然都略胜一筹。

东晋南朝在江南主要促进了苏南的开发,而中唐以后则扩展到了皖南、江西和鄂南湘西北,开始了经济重心的转移。到南宋时则全国经济重心已经南移,连湖南、福建、岭南都得到深入的开发,而这三个地方在中唐以后都已有了一定数量的移民。

因此,安史之乱所引起的移民活动似乎在东晋南朝和两宋之际的两次移民运动中起着承上启下的作用,实在可以与这两者并称为中国历史上的三次由北而南的移民大浪潮。

(原载《中华文史论丛》1987 年 2、3 期合刊)

中国历史上自然区域、行政区划与文化区域相互关系管窥[*]

对于中国历史上自然区域、行政区划以及文化区域三者相互关系的研究,迄今似乎未见过有专门的讨论。本文试图从宏观的角度对这一关系进行初步的探讨,由于题目较大,不可能面面俱到,只能先以例证式的方法予以说明。

在这三种区域中,行政区划是国家行政管理的产物,由法律形式予以确认,有最明确的边界与确定的形状;自然区域是地理学家对自然环境进行的科学性的区划,不同的科学家与不同的地理观点,形成互有差异的自然区划方案;文化区域则是相对较不确定的概念,一般由文化因素的综合来确定,具有感知的性质,主要是人文地理学者研究的对象。

自然区划虽有不同的方案,但由于其所根据的是确定的自然环境,所以各方案之间相去不是很远。行政区划虽由现实的政治需要而确定,但要受制于历史传统与自然环境,从来都是在已有的体系上进行调整与改革,不可能凭空设想一个全新的体系。而历史传统中既包含历史自然环境变迁的因素,也有历史文化区域因素的影响。另一方面,文化区与自然区也有依存关系,尤其是小文化区与自然环境关系更为明显。要之,行政区与自然区和文化区三方之间有密切不可分的关系。

一、行政区划与自然区域的基本关系

行政区划是在自然地理环境的背景上所划定的政治空间,因此在人为的政区与天然的地理环境之间就存在契合与否的问题。地理环境是由地貌、气候、水文、土壤和生活于其中的植物、动物等因素组成的复杂的物质体系。中国历史上长期是一个农业国家,对于地理环境的地域差异有很深刻的认识,深知行政区与自然区的一致对农业生产管理有重要作用,因此在可

* 国家教委十五规划项目:01JB770001;教育部人文社科重点基地项目:02JAZD770010。

能的情况下,总是尽量保持行政区划与自然区域的一致,以利农业经济的发展,维护封建王朝的稳定。但是长治久安又是中国历代统治者所追求的最高目标,这个目标是摆在有利社会发展的目标之上的。而为了达到长治久安,统治者不断总结历史经验,认识到逐步加强中央集权的必要性,在这种政治思想的指导下,行政区划与自然区域的一致性越来越差,尤其是高层政区在古代中国社会的后期与自然环境之间已经存在相当大的背离现象。

按照最近的综合自然地理区划方案,中国可以分成三个大自然区,即东部季风区、西北干旱区与青藏高寒区。这三大区又可进一步分成七个自然地区和三十三个自然区。东部季风区占全国陆地总面积的45%,总人口的95%,过去、现在与将来都是中国最重要的农耕区。对于作为中国历史疆域主体部分的东部季风区,古人早就认识到其内部地理环境的差异性。季风区内可以划出三条东西向的分界线。第一条是在东北自然地区和华北自然地区之间,正与战国时期的燕国长城的东段重合。这条界线使得今辽宁省大部地区在自然区划方面属于华北而不属于东北。而在《禹贡》所划分的九州方案中,辽东半岛与山东半岛同处于青州之中,说明古人对这一界线的认识与今人一致。

第二条界线是分开华北与华中两个自然地区的秦岭—淮河一线。这是中国最重要的地理分界线。此线南北两侧,无论地层、地貌、气候、水文、土壤、生物等自然地理要素都显著不同。比如从气候上来看,此线是最冷月太阳辐射热量收支相等(即1月份平均温度为0℃),也是全年水分收支相等(即降水与蒸发相等)的标志线。这个标志作用自古以来就被观察到,"橘过淮即为枳"可以说是这一观察的最形象的总结。由于上述原因,秦岭—淮河一线历来被视为中国南方和北方的分界线,不但南船北马、南米北麦由此线而判然,甚至分裂时期南北政权的对峙也常以此线为界。而且在元以前统一王朝之中,行政区域的划分基本上不跨越这条界线。

第三条界线是华中地区与华南地区的分界,也是热带与亚热带的分界。这一界线在地理学家当中争议最大,大致在北纬21°~25°之间波动。极端南界的方案是在北回归线以南,其他方案则画在南岭与北回归线之间。在北回归线以南,夏天时太阳可以从北边的窗户射入屋内,古代称之为"北向户"或"北户"。但对于北回归线古人的认识还不是那么具体,必须以山脉河流为标志才能更直观地感觉到,所以南岭常被近似地当成热带与亚热带的分界线,"岭上著梅未"就透露了岭南与岭北梅花开放先后的差异,标志着岭南地区近乎热带的风光。这条界线不如第二条界线重要,但在元代以前,行政区划界线也大致遵循此线,除了个别地点,一般不被跨越。

由三条界线所划出的四个自然地区以下,又可细分为十九个自然区。而在华北地区与华中地区内的自然区界线也极富标志性。在华北,由于距海的远近与湿润程度密切相关,离海越远,湿润程度越低,因此自然区界线呈南北走向。如太行山与西河(即陕西与山西之间的黄河段)就使河北、山西和陕西处于不同的自然区之中。在华中,地势的抬升与降水量密切相关,因此武夷山、雪峰山、大别山、巫山、乌蒙山都成为重要的自然区分界线。历代王朝的正式政区大部分分布在华北与华中地区,这些垂直的自然区的分界线也都成为政区之间的界线。

以下我们更具体地来分析一下行政区划与自然区域关系的历史变迁。

秦始皇统一天下以后,为了控制边远地区,曾对某些政区,实行过犬牙相错的划界的措施。这一措施的实质是使政区的边界不和重要的山脉或河流相重合,以避免那些地区负险对抗中央政权。但从大的范围看来,秦代郡级政区的幅员与自然地理区域存在相互对应的关系,或者是一郡自成一个独立的地理单元,或者数郡组成一个完整的地理区域,少数情况下一郡包含几种不同的地貌类型。

北方的关中与山东地区开发充分,经济发达,人口稠密,因此郡的幅员较小,往往是几郡组成一个地理区域,如邯郸、钜鹿两郡为黄河与太行山间之三角冲积平原。雁门、代郡、太原、上党与河东五郡组成山西高原,是黄土高原的一部分,当然这五郡又各自为一个地理单元:雁门郡是大同盆地,代郡是蔚县、广灵盆地,太原郡是太原盆地,上党郡是潞安盆地,河东郡是汾河陷落谷地及河东盆地。其他自成一个地理单元的郡还有不少。最著名的是首都所在的内史,正占据当时最富庶的关中盆地,或称渭河冲积平原,今天依然是著名的八百里秦川。也偶有一郡包含两种地貌,如三川郡包有豫西山地和伊洛小平原。南方在秦代开发尚浅,地广人稀,郡域很大,甚至一郡超过今天一省,所以常自成一地理区域,或包括几个地理单元。如巴郡是川东褶曲山地及嘉陵江流域,蜀郡是成都平原及川中丘陵,闽中郡是浙闽丘陵,九江郡是淮南平原与丘陵及鄱阳湖盆地等。

秦郡的划分重视地理区域的作用,每郡都以一肥沃盆地或平原为核心而推广于四周之高原或山地,以便保证有相当的可耕地,使农业经济的发展有一坚实的基础。汉兴以后,出于政治需要,破坏了秦郡划分的原则。首先把秦郡划小,如内史一分为三,每郡都成支离破碎之区。其次是削王国之地以充实汉郡,使王国周围汉郡领域不断变化,以致如西河郡跨黄河两岸,临淮郡居淮水东西,与地理区域脱离了关系。当然南方的汉郡由于地域缩小,也有个别郡反而与地理区域相符,如豫章郡恰好是鄱阳湖盆地的范围,但这样的例子不多。因此汉晋南北朝时期,行政区划已与自然地理区划脱离关系,直到隋代重新统一全国以后才又有了变化。

隋炀帝在大业三年进行行政改革,将三百余州调整为一百九十个郡,并使绝大部分郡界与山川形势相符,这不但为以后唐代的十道分划奠定基础,而且也使唐以后的统县政区又与秦郡一般,大致与自然地理区域相适应,但当然是在更小的地域范围内。隋郡的幅员远比汉郡为小,比秦郡就更不可同日而语了。因此就每一个郡而言,多数只是一个地理单元的一部分而已。但就一组郡而言,却往往与一个自然地理区域相合。因此秦隋划郡原则的对比,前者重区域,后者重分界。

贞观元年,唐太宗将天下诸州以山川形便分为十道,这十道严格地以名山大川及关隘要塞作为界限,并以之取名,形成在地貌组合方面相当完整的地理区域。这十道是:关内道,潼关以西,陇山以东;陇右道,陇山以西;河北道,黄河以北;河东道,黄河以东,太行山以西;河南道,黄河以南,淮河以北;淮南道,淮河以南,长江以北;山南道,南山(即秦岭)以南的汉中、川东山地、南阳盆地和江汉平原;剑南道,剑阁以南的四川盆地西半部;江南道,长江以南,南岭以北;岭南道,南岭以南。以上十道除山南道东西界外,各道之间都有明确的山川界线。

中国的地貌大势是西高东低,主要河流山脉都呈东西走向,因此十道的划分即以这些山川为骨干,先沿黄河、秦岭—淮河、长江及南岭横切四刀,再以南北向的次要山川太行山、西河、陇山及淮水之源的桐柏山和嘉陵江为标志竖切五刀,就形成了十个地理区域,十分自然,也相当合理。十道的分划对唐代三百余州起了分组的作用。唐初派遣按察使、巡察使赴各州进行监察工作,年底回京汇报,这些使节之间的分区巡视肯定与十道有关系。所以开元年间将十道分成十五道以后,就正式成为固定的监察区。时隔不久,安史之乱爆发,全国范围内被划为四十来个方镇以对付叛乱,这些方镇在唐后期成为实际上的高层政区,其幅员多与自然地理区域相对应。如原来的江南西道被调整为宣歙、江西、湖南三个观察使辖区,江西观察使与今天江西省完全一致,是一完整的自然地理区域,湖南观察使则对应于湘、资二水流域。另外福建观察使也与今天的福建省毫无二致,为浙闽丘陵的南半。

唐代的州由隋代的郡划小而来,在地貌方面也大多自成一小地理区域。例如今浙江省在唐代分成十个半州,即杭、湖、越、明、睦、婺、衢、温、台、处十州及苏州的南小半。浙江北部是太湖平原,南部则是众多河流谷地。在这十个半州中,温州是飞云江流域和瓯江的下游,处州则由瓯江支流小溪与大溪流域组成,台州包括整个灵江流域,明州覆盖了甬江流域,湖州则与苕溪流域相对应。至于钱塘江流域乃为衢、婺、睦、杭诸州所分割,每州各包括其一条支流。浙江在唐代已经得到比较深入的开发,所以州的幅员已经够小。除了东北一隅以外,十个州的地域和界线自唐代直到清末一千年间毫无变化,只有名称的更改而已。诸州之间由于关山阻隔,形成一个一个的小封闭圈,成为长期保持稳定的地理基础。可见政区的分划若与自然地理区域相一致,就有可能保持长期的稳定。

唐代无论分道还是划州,都力图使之与自然地理区域相适应,目的不是别的,就是为了寻求同一政区之内的自然地理特征的相似性、均一性,以利于农业经济的发展。直到21世纪的今天,综合自然地理区划的工作依然是直接为着农业生产服务的。因此了解不同自然地理区域之间的差异,并使行政区划与某一自然地理区域相对应,显然有助于古代中央政府与地方政府对农业生产进行统一指导和规划。同样的气候,均质的土壤,完整的地形有利于进行同一类型的生产活动,简化农业生产管理,便于进行水利建设。所以秦代与隋唐都有意使统县政区的分划与自然区划相一致。

汉代由于主要矛盾在于政治方面,在于中央专制皇权与地方诸侯王分权的对立,所以西汉尽一代之力,以分化瓦解东部地区诸侯王国林立的局面,既夺取王国支郡为汉郡,又以蚕食方式不断扩大这些汉郡的领域,因此郡域与郡界不断浮动。在这种情况下,而求其与自然地理区域相对应,岂不是等于缘木求鱼。因此西汉末年的郡大多与自然环境关系不大。隋唐帝国刻意追求行政区划与自然地理区划的一致,说明其时中央集权与地方分权的矛盾基本上得到了妥善的处理,社会主要矛盾已偏向经济方面。但是隋唐的统县政区并非没有缺陷,出于政治目的,隋唐的州(郡)范围划得过小,在农业生产方面也产生不良影响,有些建设工程在此州为水利,在彼州可能就成为水害。但是从总的方面看,可以说,自隋唐时候起,直至清末为止,统县政区是与自然区划大体一致的。但是高层政区情况则完全不同,在宋代以后,已经与自然地理区域发生偏离。

宋代是中央集权高度发展的朝代,中央政府显然有意识地使作为高层政区的某些路的辖境,偏离山川形便的原则,以利于中央对地方的控制。其中典型的例子之一是江南西路。该路并不和唐后期自成一地理区域的江南西道一致,而是缺去东北隅饶、信二州(即昌江与信江流域),并在西北边越过幕阜山而领有兴国军（今湖北东南角）。这样一来，江南西路就不成完整的地理区域了。另外，名为淮南东路，却地跨淮河南北；称河东路，却领有黄河以西的州军，同时又不领属位于河东的河中府与解州。但是宋代的路毕竟不是严格意义上的高层政区，所以这种偏离自然区划的路还不普遍，如两浙路、福建路、广南东西路在地貌方面就都是比较完整的地理单元。因此宋代是高层政区脱离自然地理区划的过渡时期。

元代形势大变。因为行省是集民、财、军政大权于一体的高层政区，为了防止割据，省界的划定以犬牙相错为主导原则，行省的区划根本不考虑自然环境因素，而是根据军事行动和政治需要来确定。蒙古征服中原的行动是由北到南进行，因此行省的布置也采取南北拉长的方向。但中国的主要山川是东西走向，因此沿北南方向布置的行省就必然要跨越黄河、秦岭、淮河、长江、南岭等天然界线，因而包容复杂的地貌类型。同时，温度的变化与纬度的变化成函数关系，南北走向过长的行省也不得不纵贯不同的气候带。加之元设置的行省幅员过大，在北方，由于降水量由滨海地带到内陆呈逐步递减状态，这样的行省就不免要横跨湿润与干旱的不同气候区。如元初的陕西四川行省，在地貌方面既覆盖了整个陕甘黄土高原和内蒙古高原西部，又越过秦岭包容了汉中盆地和四川盆地，以至贵州高原北部。从综合自然地理区划来看，倒是横跨了西北干旱区和东部季风区两个自然大区。在季风区中又跨越了华北温带和华中亚热带两个自然地区，并且在华中地区还跨越了北亚热带和中亚热带两个自然区。

当然这是战时体制的体现，当时全元疆域只分七省。之后，为了平时行政管理的需要，到元代中期调整为十一省的格局。上述陕西四川行省一分为三，成为甘肃、陕西、四川三行省。其中陕西行省跨越秦岭的形势已定，直至今日不变。又在黄河以南长江以北组建一个新的行省——河南江北行省，如果忽略宋代小规模跨越淮河的淮南东路，那么这是淮河南北地区第一次组合为一个幅员广大的高层政区。这两个行省的建立，意味着秦岭—淮河这一中国地理上最重要的分界线在元代完全被弃置不顾，说明自然地理区域已经不成为划分政区的重要基础，被优先考虑的是政治因素。其他如湖广行省包容今湖北南部、湖南与广西、海南，江西行省包容今江西与广东，都是不合常理的表现。

明代改元代十一省为两京十三布政使司，俗称十五省，每省地域有所缩小和调整。大部分省份都成为比较完整的地理区域。但秦岭—淮河被跨越的状况依旧，同时还出现新的不合理的区划，即将太湖流域一分为二，分属南京与浙江。清代十八省,进一步由十五省析分而来。南京被竖切一刀,分为江苏与安徽,但依然是跨淮越江的形势,与自然区划无关。

统观历代行政区划的变迁,可以发现其与自然地理区划之间的关系有一个曲折变化的过程,那就是秦的相符,汉的脱节,隋唐的契合,宋的渐离,元的背离和明清的渐合。所谓自然地理环境,以中国的老话说,或可称之为天时与地利。气候的两大因素是气温与降水,这可谓天时;地貌、土壤、植被则可比拟为地利。几千年农耕文化的发展都离不开天时与地利。行政区划是人为划定的,也许可以说是人和的因素之一。如何使行政区划与自然环境相一致,在某种意义上来说,就是如何求得天时、地利与人和的配合,以创造农业发展的最佳背景。这就是秦代隋唐政区与自然地理区域契合的原因。但是当政治需要超过经济动机的时候,政区的自然地理背景就被忽视了,造成元代行省与自然环境的背离。然而这种不合理的现象也不能长期维持,所以明清以后又部分地使行政区划和自然地理区域趋向一致。

二、文化区域与自然地理区域以及行政区划的关系

如果从一般直观的感觉看来,似乎在不少地区中,这三种区域是相当一致的,但仔细分析却不然。文化区域比不得自然地理区域,后者虽不如行政区划那样有法定的确切的边界,但在经过学术论证以后,也有相对明确的范围。但文化区域主要是由感知而来的认识,当选取不同的文化因子作为划分文化区域的标准时,其范围也会有不同的形态。在各文化因子中,语言(或方言)、风俗、宗教都是比较重要的标准,而其中语言的标准更显突出。根据现有的研究成果,我们可以分析几个实例来说明文化区域与自然地理区域以及行政区划之间的关系。我们将会看到既有三个区域相重的情况,也有两个区域相重,而另一种区域与此二区域背离的情况,还有三种区域互相间都不重合的情况。

以湖南为例。历史上湖南的综合文化地理区划可以分成东部的湘、资二水流域与西部的沅、澧二水流域两区,两者的分界以雪峰山为标志。这是与自然地理界线相一致的。在唐后期,湖南的概念初步形成,当时指的仅是湘资流域。沅澧流域则尚未得到深入开发,以五溪蛮为代表的少数民族的文化占有重要的地位。北宋时期,沅澧流域得到开发,成为荆湖北路的一部分。由于对沅澧流域的开发是从湖北方向而来,而且在行政区划上与湘资流域分处两个高层政区,因此通两宋与元代,沅澧流域与湘资流域分属不同的文化区域。方言不同,风俗有别。元代湖广行省太大,包容今湖南、广西、

海南及湖北南部,对文化区域的整合作用不明显,此时沅澧流域属湖北道,仍与湘资流域的文化不同;明代以后,原荆湖南北路合成为湖广布政使司;清初,又分湖广为湖南、湖北两省,这时的湖南省包括了湘、资、沅、澧四水流域,于是湖南文化的一致性渐渐体现出来,经过三百年的整合,湘资流域与沅澧流域不再分属两个文化区,而属于同一个文化区的两个亚区。湖南的类型是文化区域既与行政区划大体一致,也与自然地理区域一致。

山西则是另一种情况。从表面上看来,山西似乎是三种区域完全一致的典型。例如作为行政区域的山西曾在自然地理方面也基本上自成一区,周围有明确的黄河与太行山为其自然边界。在文化上似乎也有山西文化一体的感觉,晋中文化与相邻的河北地区的燕赵文化与陕西地区的关中文化似乎有明显区别。但仔细加以研究,就会发现其实不然,就在山西这样的地区,也存在文化区与行政区及自然区不一致的情况。如从汉语方言来说,晋语有入声,在北方官话区里显得十分特殊。但晋语并不覆盖山西全省。在山西省西南部的运城地区的方言就不存在入声,不属晋语区的范围,而与关中方言十分接近。而方言与语言的认同,正是划分文化区的最重要的因素之一。如果再从历史上作深入研究,更可发现,在明代以前,并不存在全山西省范围的一体化的山西文化,其中运城地区与陕西关中文化一体,上党地区与河南省的河内地区文化接近,雁北地区则与边塞文化相对一致。这种情况也许会令人感到惊奇。因为在山西这样一个封闭的凸地形中,文化的一体性原本应该是无可怀疑的。

在南方的福建,也存在着类似的情况。福建与江西之间的武夷山是划分自然区的标志界线,福建省本身也成一相对封闭的地形,两面是山,一面是海,只有南边与广东不存在明显自然界线。但从文化上看,闽西与赣南及粤东北却成为一个独特的客家文化区,既与自然区不符,也与行政区不一致。跨越三省的客家文化区的存在,说明文化区域的活力并不受法定的界线(行政区划)与天然的界线(自然地理区域)所限制。当然,除了客家文化区外,福建其他地区的文化是存在某种一致性的,或者可以称之为闽文化区,但在这一文化区域中又有明显的地域差异性,至少可以分为四个亚文化区。而这些亚文化区与历史上的统县政区(即唐宋的州与明清的府)的范围有密切的关系。另外,闽文化区虽然未覆盖福建全省,但却延伸到福建以外的广东东南部的潮汕地区,这是在明代就有明眼人已经看出来的。在王士性的《广志绎》里就说到:"(潮州)以形胜风俗所宜,则隶闽者为是。"当然,若仅以闽方言为准,则闽文化区还可以扩大到在地域上并不连属的广东雷州半岛、海南岛与台湾地区。

至于陕西省,则是行政区划与自然区划及文化区域相矛盾的典型。秦岭南北分属不同的自然区域,这一点在今天任何自然区划方案里都是一样的,在古代也是这样认识的。而从文化上看,关中文化与汉中文化也有明显的不同。关中方言属于中原官话,而汉中方言却夹有中原官话与西南官话的成分。而且时至今日,汉中地区仍然流行用西南官话演唱的汉剧,而关中地区却是秦腔占明显优势。陕西内部的文化地域差异不但体现在关中与汉中地区之间,而且还存在于陕北与关中之间。陕北地区通行的方言是晋语,与关中的中原官话有相当大的区别,而与山西大部分地区有共同语言。就自然环境而言,陕北的黄土高原地貌与关中的渭河冲积平原也截然不同。因此,陕西其实是三种不同的文化区的无机的结合,是自然区、政区、文化区三不重合的典型。但是值得注意的是,自元代将秦岭南北划在同一行政区以来,经过七百年时间,在行政管理体制的作用下,关中与汉中地区的文化却又有逐渐走向一体化的倾向。这种倾向最明显表现在中原官话区的扩大。向北,关中方言侵蚀陕北的晋语,而使之出现由北而南晋语特征逐渐削弱的现象,亦即入声字逐渐弱化的趋向;在汉中,中原官话则从东西两侧南下,使得西南官话的范围收缩到中部一带。同时,在汉中,在关中,都有秦腔的演唱,但倒过来,汉调在关中却呈逐渐萎缩的弱势。当然这种文化的整合过程至今尚未完成,因为要将原来自然背景与文化因素差异都很大的不同文化区整合为一,是要经过很长的历史时期的。

相对陕西地区而言,湖南文化的一致性就比较显著,尽管湖南的沅澧流域与湘资流域组成一个单一的高层政区仅有三百年时间,远比陕西统合秦岭南北的时间为短。即使加上与湖北共处一个布政使司的时间,也还不足六百年。但到底雪峰山所隔开的湖南东西两部分只是第三级自然区的差异,而秦岭所分隔的陕西南北两部分却是第二级的自然区域的差异,相比起来,当然前一差异要比后一差异小得多。加之,自中唐安史之乱以后,北来的移民到达荆南与江湘地区,使得沅澧下游与湘资下游的方言互相靠近,寖假至于今日,新湘语与西南官话的差异也比关中方言与汉中方言的差异小。

在自然区域、行政区划与文化区域的关系中,尺度范围不同的地域有不同的情形。以上所说的是省区内以及相当于省区的大尺度的范围,已经体现行政区划的作用。至于省以下的文化亚区,行政区划的规范作用就更加明显,因此文化亚区往往与历史上的统县政区的范围相一致。不但如此,在这个尺度范围里,文化区与自然区之间也存在明显的依存关系。例如在浙江与福建,各中小河流的流域往往是一个个统县政区(即州或府),同时又是一个个小文化区。尤其在浙江,流域与府及吴语的次方言区基本重叠。在山西与湖南,也有同样的现象。这一现象的产生决非偶然,是与经济开发过程相联系的。一个府的地域,往往由一两个县先行开发,其他县再由这一两个县分置而来。因此一府之内的文化具有同一性,相对于其他府则有相异性。不但如此,一府的府治由于是该府的政治经济文化中心,因此对该府起着一种文化垂范的作用,从而使该府的文化同一性更形加强。这从政治中心所用方言往往是该府的权威土语这一现象可以看出。

三、简短的结语

对于文化区域与行政区划以及自然地理区域的关系,古人似乎就有明确的认识。东汉时期,巴郡太守但望给中央政府上了一疏,要求将巴郡一分为二,其分割方案与依据是:"江州(今重庆)以东,滨江山险,其人半楚,姿态敦重。垫江(今合川)以西,土地平敞,精敏轻疾。上下殊俗,情性不同。敢欲分为两郡:一治临江(今忠县),一治安汉(今南充)。各有桑麻、丹漆、布帛、鱼池、盐铁,足相供给,两近京师。"[1]从自然地理背景看,两汉的巴郡东部是褶曲山地,亦即"滨江山险";西部是嘉陵江平原,所以"土地平敞"。东西两部分自成地理单元。从人文地理基础看,东西部有风俗的差异。东部"其人半楚,精敏轻疾",西部却"姿态敦重",所以"上下(指上下游,亦即东西部)殊俗,情性不同"。以此为据,巴郡可以分为巴东与巴西两郡。风俗的差异就是文化差异的表现形式,是分郡的重要依据之一。在这里,分出的新郡,就是自然地理区域、文化区域与行政区划相一致的典型。虽然当时朝廷未接受这一意见,但我们却由此可以看出,关于上述三种区域的统一性问题,已经早有人注意到了。

形成文化区域是社会的力量,划定行政区划是国家的行政权力,而自然地理区域的划分则受自然规律所支配。因此文化区域与行政区划以及自然地理区域的关系,事实上体现了社会、国家与环境之间的关系。

由于中国疆域辽阔,历史悠久,文化积淀深厚,在不同的地域中,这三者有不同的关系,而且从历史上看来,这一关系又是逐渐在变化的,例如由于政治需要随着时代的前进而发生变化,行政区不断发生变迁。在今天,如何调整行政区以促进现代化建设是一个重要的课题。同时在学术上,这项研

1　《全上古三代秦汉三国六朝文·全后汉文·请分郡疏》。

究也可视为是联系自然地理与人文地理两大分支的桥梁,尤其因为行政区划是政治地理研究对象,文化区又是文化地理的研究内容,因此这一研究等于是对自然地理与政治地理及文化地理的有机关系进行深入探讨。对于如何更深刻地认识人地关系,使地理学成为研究人地关系而不单纯只是研究自然环境的科学,有重要的学术参考意义。而且研究三者的关系对于文化区的重新塑造,深化对中华民族文化的认识,也有一定作用。

国外这方面的探索尚未见到,原因是多方面的。例如在美国,其行政区划大多与自然区划没有关系,许多州与县的形状只是简单的几何图形,谈不上三者之间的关系。欧洲各国虽然有政治地理研究,但都注重大尺度的地域范围,较少涉及行政区划与文化区关系的问题。我国与欧美国家不同,在文化区,尤其是行政区的变迁方面积累了丰富的历史资源,应当在学术研究方面加以充分利用,以对地理学理论的发展作出自己的有特色的贡献。

本文研究的主要目标是要探讨行政区与自然区及文化区三者之间最一般的关系,以及它们之间的互动作用。弄清楚行政区划对文化区的整合作用,自然区对文化区的制约作用以及如何调整改革行政区划以适应经济与文化的发展,并与自然区保持某种程度的协调。但兹事体大,以上所说只是一个提纲,详细研究,还待将来。

（原载《历史地理》第十九辑,上海人民出版社 2003 年）

从北到南与自东徂西

——中国文化地域差异的考察

中国的传统文化历来以南北的地域差异为主流,近代以来,由于先进的工业文化由沿海向内地的传播和辐射,已逐渐形成了东西地域的文化差异。但是对于这一点我们过去似乎没有足够的认识,在解放以来的头三十年中,甚至还过急地想要消除这种差异,结果反而对全国整个现代化进程起了阻碍的作用。

回顾一下历史上我国文化地域差异的变迁过程。对于今天制定与执行现代化的战略方针,或许不无好处。

一、农业文化重心从北到南的转移

中国古代史是一部农业文化发生发展兴盛衰落的历史,小而言之也是一部农业文化重心从北到南转移的历史。在铁器未曾发明的远古,黄土高原的土质松软,易于耕种,自然成为中华文化的摇篮。即使到了战国时代,人们把九州大地的土壤分成九等,黄土高原的土壤依然被认为是上上等,北方的其他地区则分别为上中等、上下等和中三等,而南方——即淮水秦岭以南地区都是下三等。[1] 从气候来看,秦汉以前也是南不如北,"江南卑湿,丈夫早夭"。北方气候凉爽,雨水虽少但集中,于旱地作物勉强够用。因此自远古直到秦汉一统时代,北方的农业文化得到有利的发展,在物质和非物质文化方面都对南方显出压倒的优势。

当着夏商周三代崛起于北方之时,南方并没有同样水平的政权出现。接着在春秋战国时期,北方列国林立,政治中心密布,而南方先后只有楚、吴、越三国。这一时期百家争鸣,学派林立,但是几乎所有的名人都出在北方,孔孟、老庄、申韩、扬墨、孙(武)吴(起)、管(仲)商(鞅)、苏(秦)张(仪)无一不是北方人。南方则只有屈原、范蠡等凤毛麟角。

1　见《尚书·禹贡》。

秦汉时期,北方已形成关中与山东两大农业经济中心,尤其"关中地于天下三分之一,而人众不过什三,然量其富什居其六"[1],而南方楚越之地却"地广人希,饭稻羹鱼,或火耕水耨"。在农业社会里,人是最主要的生产力,人口数量是农业文化发达程度的重要指标。西汉元始二年(公元2年)的人口统计表明南北人口比例为1∶3.2;就人才而言,两汉时代的三公九卿,儒林文苑人物也都集中在北方,南方近乎空白。[2] 因此,炎汉盛世的文化可以说是北方为主的文化。

虽然随着生产水平的提高,南方的农业经济也在逐步向前发展,但是速度很慢。例如牛耕技术直到东汉时期才传播到淮南地区。[3] 然而魏晋以后中国社会的大变动大大加速了南方的开发过程,使南方的农业文化水平不但赶上而且超过北方,实现了文化重心由北到南的转移。

从东汉末年到两宋之际,北方曾经出现过几次大动乱,边疆游牧民族入据中原,迫使黄河流域人民南迁到淮汉、长江以至闽岭以南地区,又造成几度南北政权分裂对峙的局面。南迁的人民不但给南方增添了大量劳动力,而且带来先进的技术和文化,移民过程实际上是一种文化快速传播的过程。同时,分裂的政权为了维持自己的生存也要积极发展经济。这两个因素都促使南方的开发速度比正常的一统时期要快。

在南下的移民长河中,有三次蔚为大观的浪潮,使南方农业文化的发展出现三次飞跃。第一次大移民发生在西晋永嘉丧乱之后,[4]南来的北方侨民大都集中在淮水以南、太湖以北地区,使江淮地区的农业文化在东晋南朝时期取得长足的进步,将三国东吴以来南方已经加速开发的势头更加推向前进,以至时人将江南比作昔之关中:"会土带海傍湖,良畴亦数十万顷,膏腴之地,亩直一金,鄠、杜(长安附近二县名)不能比也。"[5]但其时北方在十六国的混乱之后,也相对安定百余年时间,使黄河流域传统的优势继续向前发展,因此魏晋南北朝时期,南方农业文化尚未完全赶上北方。南北朝之后,隋唐重又建立一统宇内的大帝国,黄河流域重新得到繁荣,关中仍称沃野,南北方文化都臻于昌盛。天宝初年,南北户口之比达到4∶5之谱,双方相去不远。盛唐文化堪称南北共荣的文化,而北方仍略占优势,如唐前期北方进

---

1 《史记·货殖列传》。

2 卢云:《西汉时期的文化区域与文化重心》,《历史地理》第五辑;《东汉时期的文化区域与文化重心》,《中国文化》第五辑。

3 见《后汉书·王景传》。

4 参见谭其骧《晋永嘉丧乱后之民族迁徙》,《长水集》,人民出版社1987年。

5 《宝庆四明志》卷1。

士人数就明显多于南方。[1]

但是"渔阳鼙鼓动地来",天宝末年的安史之乱将北方诸道化为千里萧条荒无人烟的灾区,大批难民蜂拥至淮汉以南地区,形成了第二次移民浪潮。[2] 这次大移民散布面比第一次要宽,在苏南浙北、江西北中部和鄂南湘西北三个地区都集中了相当数量的移民。南方农业文化的发达从江淮一带向西扩展到中南地区,因此唐后期,"每岁县赋入倚办,止于浙西东、宣歙、淮南、江西、鄂岳、福建、湖南等八道"[3]。换句话说,整个淮水以南至南岭以北地区成了维持唐后期中央政权的经济基础。

农业经济的发达,促进封建文化水平的提高。荆州在唐前期的科举中从无一人中式,时人号为"天荒"。唐后期大中年间始有刘蜕其人以荆州解及第,遂称为"破天荒",以后接连数人得中进士,荆州于是号为"衣冠薮泽"。南方文化以安史之乱为转折点,已足与北方文化抗衡。北宋初年的人口统计表明南北户口之比已为三比二,也从侧面证明了这一点。

五代末期,黄河流域的经济文化得以恢复发展,但通观北宋一代,南方的经济力量已经完全超过北方,所谓"今之沃壤,莫如吴越闽蜀",尤其"东南诸郡,饶实繁盛",所以中央政府一直执行"竭三吴以奉西北"的方针。南方的人才也日见其多,以文学而言,南方的词人比北方多出一倍。但是从整体来看,南方的文化还不能完全凌驾于北方之上。首先,开封和洛阳作为文化中心的地位,南方尚无城市可与之颉颃。其次,高层政治人物在北宋前期一直是北人为多,到后期这一现象才有所改变;道学儒林人物也是北方超过南方(南北为四与七之比)。理学三派,洛学、关学都在北方,只有濂学在湖南。此外,在商业方面,北方之发达不让南方,单开封一地,崇宁间商税年收入就达四十万贯,如《清明上河图》所描绘的丰富多彩的市民生活也是南方城市所不及的。

但是靖康之难消除了北方仅有的一点优势,使文化重心完全转移到南方。靖康元年,金人南侵,宋王室辗转南逃杭州,大批各阶层的北方人随之南迁,形成第三次移民浪潮,使南方文化再度加速发展。[4] 苏南浙江聚集移民最多,农村和城市经济发展至为迅速。尤其苏杭,人称天堂,繁盛之貌,国际闻名。苏浙以外,福建、江西、湖南以至岭南地区,经济文化都相当发达。

---

1 见徐松:《登科记考》。

2 参见周振鹤:《唐代安史之乱与北方人民的南迁》,《中华文史论丛》,1987 年第 2—3 辑。

3 《新唐书·食货志》。

4 参见张家驹:《两宋经济重心的南移》,湖北人民出版社 1957 年。

相反,在北方,由于战争的影响,经济受到破坏,文化日见萎缩。即以人才而论,南宋在经学、史学、文学、地理学方面都有众多杰出人才群体的涌现。道学派别除北宋的关洛濂学以外,又有闽学、陆学(在江西)和浙东学派的繁荣。仅以道学儒林人物为例,《宋史》所载南宋著名学者有四十五人之多,而《金史》却连道学儒林二传亦不立。南北封建文化水平的高下十分明显。此时之南方文化已经完全压倒北方,恰与春秋战国时相反,北方人才已是月落星稀。

金宋以后的元明清一统王朝,除了政治中心依然在北方而外,经济文化重心已经固着南方不可移易了。元代"百司庶府之繁,卫士编民之众,无不仰给于江南"[1],南北差距更日益扩大。明代全国三十五个工商业城市,就有二十四个在南方;明初科举,南人中式的十倍于北人,以致不得不采用南北分卷制,以勉强维持南北人数的均衡。所以到清初,顾炎武评论北方文化的衰落时说:"今日北方有二患,一曰地荒,一曰人荒。"地荒是物质文化的退步,人荒是精神文化的不如。与顾炎武的话相映成趣的是康熙帝的诗句:"东南财赋地,江左人文薮。"以财赋而言,明代苏州一府垦田数不足全国的九十分之一,而税粮的征收却几占全国的十分之一;以人文论,有清一代江苏状元约占全国一半,而苏州状元又近乎江苏的一半,更重要的是著名学者——包括先进思想家和乾嘉考据派绝大多数都是南方人。其中对中国思想界起着重大影响的思想家如明清之际的顾炎武、黄宗羲、王夫之,清代中叶的经今文学者和鸦片战争前后经世致用派龚自珍、魏源等人均出自苏、浙、湘诸省。因此可以说,与秦汉文化相反,明清文化是南方为主的文化。

要之,南宋以还,封建的农业文化重心已从北方转移到南方,完成这个转移的全过程从东汉末年至两宋之际,历时八百年。到了清代中期,农业文化本身也已经发展到自己的顶峰,走到了尽头。康乾盛世以后的衰落不只是清一代的衰落,而是整个中国农业文化的衰落。嘉道之际,西方工业文化已经从海上屡次叩击中国的大门,然而我们这个过于成熟的文化仍然满足于"天朝大国,无所不有"的自给自足型的小农经济,并无改弦更张之思,不愿意主动实现向工业文化的转型。然而,鸦片战争终于使西方文化直接与东方文化发生撞击,工业文化与农业文化产生的冲突,使沿海地带首当其冲,并被迫在一百多年的时间内,向内地传播和辐射这一巨大的冲击波。

---

1 《元史·食货志》。

二、工业文化自东到西的传播

以失败的鸦片战争为标志,中国开始步入了近代,这以后的八十年历史进程,表现出极端错综复杂的面貌。一方面是西方资本主义国家对我国人民残酷的侵略、压迫和掠夺,另一方面是传统的农业文化在外来的工业文化冲击下缓慢地被改造和同化。我们既不愿像日本那样忍受一时之痛实现这一转型,便只好蒙受长期的屈辱,被迫在现代化的道路上艰难曲折地从沿海到内地逐步地实现这一转型。所以中国近代史在某种意义上又是一页工业文化由沿海向内地蔓延、渗透的历史。

西方列强要求中国实行开放的直接目的,首先是通商贸易,因此在以《南京条约》为始的一连串不平等条约中,不断地要求增辟通商口岸。由沿海地带到沿长江一线,由边境到某些内地城镇,至五四运动前夕,各类口岸已达九十二处。[1] 通商口岸的增多,一方面表明帝国主义侵略程度的加深,另一方面也说明西方文化影响范围的扩大。

鸦片战争的结果是香港岛的割让和上海、宁波、福州、厦门、广州五个通商口岸的开放。第二次鸦片战争后,除了在东南沿海增加台南、淡水、汕头和琼州(今海口)四口外,还向北方沿海和长江沿线延伸,开辟了天津、芝罘(烟台)、牛庄(营口)和汉口、九江、镇江等六口。此后不平等条约接踵而来,沿海沿江口岸越来越密。温州、北海、拱北三处相继开辟;长江中游的宜昌、重庆,下游的芜湖也辟成口岸,于是到中日甲午战争前夕,形成了以沿海一线和沿江一线为骨架组成的丁字形的通商口岸体系。

甲午战争失败,民族危机日益严重,帝国主义一方面将通商口岸向内地推进,一方面又掀起了割地狂潮,沿海良港大连湾、胶州湾、威海卫、广州湾以及九龙半岛均被强行租借。这些通商口岸(包括其中的租界)和租借地组成外国资本吮吸中国人民血汗的孔道,同时又成为西方文化和传统文化的撞击点。尤其是沿海的口岸,在作为贸易中心的同时,又是西方文化的展览橱窗,也是新式的工业基地,还往往是新思想、新知识和新事物的策源地(当然另一方面也往往是罪恶的渊薮),因而这些口岸在向内地渗透、传播工业文化的过程中起着重要的作用。值得指出的是,1986 年国务院宣布对外开放的十四个城市,除了连云港和南通外,全在这些沿海口岸和租借地中。

《南京条约》的签订,虽然只是打开一条门缝,但是西方的商人、传教士和外交官立即侧身而入,在东南五口建立起他们的滩头阵地。思想敏锐的

1　参见严中平等编,《中国近代经济史统计资料选辑》,中国社会科学出版社 2012 年,第 41—47 页。

中国人从西方的工业文化与传统的农业文化的鲜明对照中触发了后来称之为改良主义的最初念头,王韬正是这些人的杰出代表。1848 年,他二十一岁,从江苏长洲老家来到上海。在震惊于先进的西方文明之余,他写了《瀛壖杂志》一书。[1] 该书的第六卷几乎是西方文明的一曲颂歌,从邻舍西妇的缝纫机到墨海书馆的印刷车床,从精利的火器到便捷的电报,从博物馆到新闻纸,以至洋楼、路灯、照相、戏剧无不极口称赞,心向往之。十年以后,比王韬年长的冯桂芬也到达上海,在这里写出了著名的《校邠庐抗议》,提出了包括《采西学议》在内的一系列维新变法建议,这无疑也与他直接和西方文化的接触有关。后来成为中国第一位驻外使节的郭嵩焘,19 世纪五六十年代之际也在上海居留过,显然也是在西方文化的刺激下对其先进性产生了深刻的认识,而成为晚清最不为顽固派所容的先进思想家。通商口岸作为西方文化橱窗的这一作用是很明显的。

作为贸易中心,通商口岸把中国市场纳入了世界范围,并逐渐改变我国传统的商品流通渠道。洋货从口岸深入内地,农产品从内地输往口岸的体系,直接刺激了农村经济的商品化。例如咸同年间,因为出口丝茶之利,浙西"山乡亦皆栽桑",素不养蚕的江苏高邮、江浦、昆山等县以农兼桑者也不可胜计。福建武夷山区的茶叶也"漫山遍野愈种愈多"。[2] 与此同时,洋纱、洋布的进口又打击瓦解着农村家庭的手纺业,动摇了自给自足的自然经济结构。

作为工业基地,从鸦片战争后,外国资本就非法在通商口岸设立各种小型近代工业。上述的墨海书馆就是其中的第一家,于 1843 年设在上海。到 1894 年为止,这样的企业共有一百零一家。其中大半在上海,其余在沿海各口岸,沿江口岸所占比例较少。在外国资本主义刺激下,从 19 世纪 70 年代始,民族资本的近代工业也开始出现,1872—1894 年,这样的工业有七十四家。这些工业虽然大多在沿海地区,但已不限于通商口岸,有向内地发展的趋势,北京、杭州、慈溪、建宁,甚至远至太原都已各有一家。

从 70 年代到 80 年代,洋务派官僚创办的民用新式工业,有的在内地,有的在沿海。在内地的工厂往往从沿海地区招收熟练工人。左宗棠在兰州创办制呢局,即向广东招请技工,从福建调来技术人员;[3]张之洞在湖北办缫丝

1　此书至迟在清咸丰三年(1853)即已属稿,后屡经补充。参见该书光绪元年版蒋序及正文。

2　李文治编,《中国近代农业史资料》(第一辑),生活·读书·新知三联书店 1957 年,第 427—428、466 页。

　3　秦翰才:《左文襄公在西北》,岳麓书社 1984 年,第 138 页。

局(这个局原来要办在广东,随张之洞调职而到汉口),也从上海及江苏、浙江招募有经验的女工[1]。

1895 年《马关条约》签订后,外国在华投资办厂成为合法。通商口岸的外贸企业急剧增加,1895—1913 年至少又有一百三十六家外资或中外合办的工厂和矿山出现。除煤矿位于直隶和东北外,其他企业都集中在上海、北方的通商口岸和奉天(今辽宁)。民族资本工业在同一时期也发展得很快,创办了五百四十九家商办和半官方的制造工业和采矿业。其中四百六十八家非采矿企业有二百三十九家设在通商口岸,二百二十九家设在内地,大约各占一半。显示了现代化进程由沿海到内地的传播。当然,在资本和规模方面,通商口岸的企业要比内地大得多。论资本,内地企业只有通商口岸的一半,差距很大;论规模,差别更大。在 1900—1910 年间,上述华资工厂中雇用五百人以上的企业就有一百一十六家,其中沿海省份占去一百零四家,内地只有十二家,这十二家中还有八家是在武汉。[2] 换句话说,内地几乎没有较大规模的企业。

近代工业的出现,还造就了工人和资本家两个阶级,打破了农业文化中士农工商四民的格局,朝着人的现代化的方向迈进。工人分布的地区差异是很显著的。1884 年,仅上海、汉口、广州三地就集中了工人总数的 78%。[3] 在 1900—1910 年间沿海省份五百人以上的大工厂(矿山不计)工人总数为十万左右,而内地(包括武汉)一万五千人而已。若去掉武汉,则不足三千人[4],两者悬殊极大,这种集中程度化现象是沿海内地差异的重要表现。

伴随着工人阶级的兴起,沿海地带还出现了一批新型的知识分子,其中包括改良主义者、近代科技学者和语言文字改革者。他们绝大部分都出生在沿海省份,活动和经历又都在沿海的城市里。如冯桂芬是江苏吴县人,王韬是长洲人,薛福成是无锡人,马建忠是丹徒人(受教育于上海),何启是广东南海人(受教育于香港),他的合作者胡礼垣是三水人,郑观应是香山人,陈虬是浙江乐清人。

与改良主义者同时,另有一批知识分子,积极追求格致之学——即近代科学技术,成为我国最早的一批近代科技人物,其中的佼佼者有浙江海宁的

1　陈真、姚洛:《中国近代工业史资料》第一辑,生活·读书·新知三联书店 1957 年,第 954、1169 页;《上海总商会月报》第 5 卷,第 3 号。

2　据陈真、姚洛、逄先知:《中国近代工业史资料》第二辑,生活·读书·新知三联书店 1958 年,1184—1189 页计算。

3　陈真、姚洛:《中国近代工业史资料》第一辑,954 页、1169 页;《上海总商会月报》第 5 卷,第 3 号。

4　据陈真、姚洛、逄先知:《中国近代工业史资料》第二辑,1184—1189 页计算。

李善兰、慈溪的张斯桂，江苏无锡的徐寿父子和华蘅芳、上元（今南京）的管嗣复，松江的韩应陛。徐寿宁可放弃功名，孜孜不倦于物理、化学试验，试制轮船和翻译西方科技书籍，并与英国传教士傅兰雅等人在上海创办格致书院。管嗣复则甘愿以每月十五两的薄薪受雇于传教士医师，为的是"求西学"，而且颇耐人寻味的是他的父亲竟然是个闭关绝市的倡言者。[1]

稍后，还有一些人热衷于文字改革，创制各种拼音方案，企图改造艰深难懂的汉字，以达到开民智的目的。最早的是卢戆章，福建厦门人，1878 年就写出了《一目了然初阶》。接下来的四个人都在 1897 年出版了他们各自的著作，他们是蔡锡勇，福建龙溪人，毕业于广东同文馆；沈学，江苏吴县人，久居上海；王炳耀，广东东莞人，居香港；力捷三，福建永泰人。这五位文字改革运动的先驱，不但全出身于沿海，而且除力氏一人外，都受过新式教育。[2]

上述这些知识分子无疑都受到西学的深刻影响，但直到 19 世纪 90 年代，他们的活动范围都还仅限于沿海沿江地带。中日甲午战争的失败，使朝野震动，群情激愤。人们这才明白，不但西方文化本身是强大的，而且连西方文化的复制品——日本文化也竟然是强大的，于是结论只能是：只有向西方学习才是出路，于是以变法维新思想为代表的一切新思想、新文化和新知识一拥而从沿海进入内地。学会林立，报纸杂志如雨后春笋般涌现。有人描写当时内地湖南省的情形说："湖南风气日开，较江海各省，有过之无不及也。"[3]

由沿海向内地传播的还有西方的教育制度，其中以美国教会创办的大学影响最为明显。19 世纪上海有圣约翰书院（1879，圣约翰大学前身），山东有广文学堂（1882，齐鲁大学前身），北京有汇文大学（1888），通州有华北协和大学（1889，两校后合为燕京大学）的创办；20 世纪初又有苏州东吴大学（1901），武昌文华大学（1903），广州岭南大学（1904）及圣约翰大学（1905），北京华北协和女子大学（1905），上海沪江大学（1906），南京金陵大学（1909），杭州之江大学，成都华西协和大学、武昌华中大学（皆 1910）；长沙湘雅医学院、福州华南女子大学（皆 1914），南京金陵女子文理学院（1915），福州协和大学（1918），北京协和医学院（1920）的建立。[4] 这些大学的创办自然是彰明昭著的文化侵略行为，但在客观上却引进了西方先进的教育制度。

---

1 胡思庸：《西方传教士与晚清的格致学》，《近代史研究》1985 年第 6 期。

2 参见黎锦熙：《国语运动史纲》，商务印书馆 2011 年。

3 《湖南学会林立》，载《国闻报》光绪二十四年五月十一日。

4 罗荣渠：《论美国与西方资产阶级新文化输入中国》，《近代史研究》1986 年第 2 期。

当是时,中国的大学不过只有北京大学、山西大学、北洋大学三所。这些教会大学将当时美国大学中的系科设置、课程安排、教学方法以及管理方式引进中国,这种强制的文化输入提供了新型大学的样板,又是对传统文化教育的一种批判。

　　沿海和内地的差异不但体现在物质文化和制度文化方面,在思想意识、价值取向方面,也显出不小的鸿沟。这里只取两例以资对照。浙江定海县在舟山群岛上,因两次鸦片战争陷于敌手而闻名,这个僻居海岛的县城,"在海通以前,敦尚朴素,渔盐耕读,各安其业","迨商埠既辟,遂相率而趋沪若鹜……光宣以来商于外者尤众","于是风俗丕变,不重儒,应科试者少,士子多志在通晓英算,俾他日可得商界高位"。价值观念改变的结果是,全县所有男丁中,业盐渔农传统三业者只占一半,而业商,业工与其他职业及在外埠谋生者亦占一半。[1] 定海偏僻小县尚且如此,沿海他县可想而知。但是在内地,尤其是北方的内地,风气则截然不同,河北晋县离石家庄只有五十公里,不算太偏僻,但是该县在清朝覆亡十多年后仍然留着长辫,直到 1928 年,该县县长明令禁止垂辫,而且亲自到各处剪发,才算把辫子肃清。至于缠足陋习则"牢不可破,虽有放足会下乡查勘,而一般乡曲细民仍秘密缠足"。[2] 20 世纪已经过去二三十年,而内地保守依然如此,其在清末民初之落后可推而知之,正与沿海一带的开放、外向精神成一鲜明对照。

　　由沿海内地传播的西方文化,不止于上述这些内容,但已足够说明西方文化入侵的结果,并不只是体现在现代工业的数量和规模方面,而是一场由表层物质文化到深层精神文化的改造过程。如果将西风东渐以来,我国社会的变化过程略作小结,似可将近代八十年划为三个阶段:在鸦片战争后的二十年,变化仅限于东南沿海五口;第二次鸦片战争后三十年,变化扩大到南北沿海及沿长江一线;中日甲午战争以后,变化才逐步向内地城镇推进;而广大的内地农村,则到 20 世纪 30 年代还没有根本的变化。八十年来,我们从对西方文化的茫然无知到认识其物质文明的强大又进而发现自己制度的不行,到最后是对整个传统文化的怀疑,于是爆发了五四运动,揭开了现代史的帷幕。

　　从总的方面来看,近代的八十年里,现代化的进程是很慢的,但毕竟在沿海地区产生了较大的变化,造成了沿海与内地的文化差异。现代史的头

1　参见《定海县忠》,民国十三年铅印本。
2　见《晋县志料》,民国二十四年石印本。

三十年,这种差异在某些方面似乎更加深了。这一点仅从现代工业和城市分布两个方面就可作一简单的分析。

在现代工业方面,1937年的广东、福建、浙江、江苏、山东、河北沿海六省及沪、津、青岛、威海、南京、北平六市的工厂数占全国(除东北外)的80%,[1]其中沪、苏、浙三处又占56%,上海一地则独占三分之一。若以城市而言,1933年六大城市:上海、天津、武汉、无锡、广州、青岛的厂家占全国的39%,资本数占59%,生产总数占69%,工人数占54%,[2]沿海与内地差距之大由此可见。

在城市方面,到20世纪30年代,沿海一线已经兴起了一连串的港口和工业城市,从北到南有大连、营口、秦皇岛、天津、烟台、威海、青岛、上海、宁波、温州、福州、厦门、汕头、广州。除了广州和福州在晚清作为广东和福建的省会是较大的城市外,其余城市都是近百年发展的结果。它们当中有的原来只是一般县城(如上海、天津),有的只是县级以下的小港口(如烟台、汕头),甚至只是小渔村(如大连、青岛)。这十四个城市经过通商口岸或租借地的共同经历后,成为工业文化的基地。

在传统文化中,一省的省会是其唯一的政治中心,同时也往往是唯一的经济中心和文化中心。新的沿海城市的出现打破了这个老框框,先以经济文化中心出现,而后才卷入政治旋涡。因之在沿海省份中造成了二元或多元的中心,如辽宁的沈阳与大连,河北的保定与天津,山东的青岛与济南,浙江的杭州和宁波、温州,福建的福州和厦门,广东的广州与汕头。甚至在全国范围内形成北京(或南京)与上海的二元中心。

这些城市的出现,改变了传统的城市布局,在沿海地带形成一条经济文化发达的走廊。无论它们的形成过程是如何该受诅咒,但是它们的出现命定在将来要成为新的现代化进程的出发点。

三、沿海地区必须先行现代化

回顾南北文化差异和沿海内地文化差异产生的过程,可以发现,产生差异的原因都与外力刺激有关。从北到南的农业文化重心的转移是因为游牧民族对中原的压迫,从东到西工业文化的传播则起因于西方资本主义从沿海的入侵。游牧民族进入中原的结果是为我们的农业文化所同化,因此南

1　陈真:《中国近代工业史资料》第四辑,生活·读书·新知三联书店1961年,第94、95页。

2　陈真:《中国近代工业史资料》第四辑,第94、95页。

北文化之间没有质的不同,只是同一农业文化中的盛衰隆替。工业文化的侵入却是要改造和同化传统的农业文化,因此使沿海和内地文化发生了质的不同。

由于传统文化抵御力的顽强,百余年来现代化的进程极为缓慢,沿海与内地文化差异的出现并不能完全消解传统的南北文化的差异,因此近代以来两种差异发生重叠,表现为南方比北方先进,东部比西部发达。解放以后,我们忽视了南北的差异,又简单地把东西部差异当成是经济发展的不平衡,因此我们以北方的意识来改造南方,以削弱沿海工业的办法来建设内地工业,结果差异是缩小了,但代价却是全国现代化进程的迟缓。1956年以前一度减少对沿海地区的工业投资额,调出过多的工程技术人员,使沿海工业的潜力没有得到发挥,发展速度放慢,全国工业的发展也因此受到影响。在毛泽东作了《论十大关系》报告以后,这种情况有了改善。但后来随着备战备荒方针的贯彻,大三线小三线建设的进行,沿海地区的发展再一次受到阻碍。

十一届三中全会的召开和改革开放方针的提出,又把沿海的经济发展放到重要的地位,使我们又一次面向世界。特区建设,十四个沿海城市的开放,以及最近出台的沿海经济发展战略都说明我们已经意识到沿海地区在现代化进程中的重要性。我们必须再一次从沿海地区接受先进的工业文化,因此我们的确需要一个沿海经济发展战略,但又不能仅止于经济战略!今天无锡一市(包括所属三县)的工农业总产值比贵州一省大得多,可是后者有三家出版社,前者却一家也没有。这种不正常现象单靠经济战略是无法解决的。而且更重要的是沿海与内地的差异并不仅仅是经济的差异,那是一百多年以来积淀下来的从物质到精神文化的差异。因此我们显然必须制定比经济战略更高一层的总体战略。

我们最终总要克服沿海与内地的差异,但现在不能,也不可能。要消除差异必须先承认差异,并利用这一差异使沿海地区先行现代化,才能带动内地也走向现代化。传统的农业文化重心从北方转移到南方花了八百年时间,我们不能指望在太短的时间内就完成现代化从沿海到内地的传播过程。在目前,最要紧的是使沿海地区先行现代化,在这一点上,我们似乎别无选择。

(原载《复旦学报(社会科学版)》,1988年第6期)

中国文化的变与不变

——以万变成其不变

昔人常言：礼有经亦有权。权是变，经是不变。这句话或许可借用以表明中国文化数千年来走过的历程——有变有不变。

认为中国文化一成不变的看法在 20 世纪以前普遍存在。只是在 19 世纪前，对这种不变的文化是持仰慕态度，认为这是显著优点。法国革命前，就有人赞美道，像中国这样"一个时代更迭而旧貌依然的古老帝国"是"如此卓越伟大，相形之下，我对其他所有国家都不禁鄙视厌弃"。但在 19 世纪以后，仰慕和钦羡却一转而为批评甚至憎恶，宣称只有在欧洲，人类生活才真正具有历史，中国、印度和美洲的土族都没有真正的历史进步，有的只是停滞不变的文化。

但是世界上不可能有一成不变的文化，一成不变则意味着断裂，意味着死亡。堪与中国相提并论的其他古老文明，不是已成陈迹，便是蜕为另外一种文化。唯有中国文化延续数千年，既不中断亦未面目全非。这就是有变有不变的结果。有变才能发展，有不变才能维持其本来精髓。一成不变的观点显然无法解释中国文化的进程。那么中国文化变的是什么呢？是其表层部分，亦即物质文化、制度文化以至精神文化；不变的则为深层的心态文化。从物质方面说，中国人的衣食住行还有哪一样是不变的？早在赵武灵王时已经胡服骑射了，早在汉灵帝时已经流行胡饭胡床了。席地而坐到东洋去了，我们现在只会胡坐；峨冠博带早成陈迹，我们反倒以为长袍马褂自古以来便是国服。即使在政治制度方面，我们又何尝落在人后？在亚洲，我们是最早打落皇冠的，比谁变得都快。至于精神文化范畴的音乐舞蹈，盛唐时就既有胡琴又有胡旋舞，全都来自西域；比较深层的宗教领域，中国人也不在乎，来了佛教信佛教，来了基督信基督；死了人一班和尚一班道士，吹吹打打，没有人觉得奇怪。不像在西洋，改宗是件天大的事。

不变的又是什么呢？是道。子曰："吾道一以贯之。"贯到底都不会变。董仲舒说："天不变，道亦不变。"天哪里会变？道自然也不可能变。《汉书·

地理志》讲："齐一变至于鲁，鲁一变至于道。"尽管一变再变，但变到"道"就不再往下变了。那么道又是什么呢？《书》云：道心惟微。看来很神秘，不大容易懂。《易》曰：形而上者谓之道，形而下者谓之器。就有几分明白了。物质文化与制度文化以及包括宗教在内的精神文化在中国都只是器，只有深层的心态文化才是道。往俗了讲，道就是中国人特有的生活准则，就是对天地君亲师的信仰，就是为尊者讳为亲者讳，就是不孝有三无后为大，就是其他民族所没有的心态文化。严复从青年时代起就熏陶于西方文化之中，中年以后名声如日中天，却始终以未中科举为恨；辜鸿铭生在南洋，学在西洋，但却照旧蓄辫子赞小脚，都不变其中国人的心态。无论是孔子捶胸顿足的礼崩乐坏，无论是李鸿章哀叹的三千年未有之变局，这个作为中国文化核心的道都没有变。所以中国文化的特点之一并非以不变应万变——这是历来的看法，恰恰相反，是以万变来成其不变，以表层的万变来维持核心的不变。

然则表层的万变又各有程度的差异：真正全变的只是物质文化，这一点早在明末就被利玛窦看出来了，他说："我认为中国人有一种天真的脾气，一旦发现外国货质量更好，就喜欢外来的东西有甚于自己的东西。"说到制度文化，则只是表面的模仿而已。皇冠打掉了，专制依然；国会召开了，议员却是贿选的。精神文化也是变而不彻底，中国人因为有敬鬼神而远之的传统，所以对任何宗教都可来者不拒，换句话说，中国人是把宗教和信仰分开对待的，宗教虽可变更，信仰则永远是中国式的。所以儒家不是宗教，却比宗教更深入人心。而且更加意味深长的是，即便儒家学说这样纯属国粹的东西，看似不变，其实也在变，在为历代统治者服务的过程中不断演进，在接受外来文化的过程中变成新儒家和现代新儒家，只是不变其为儒家。

尽管中国的地理背景相对孤立，但数千年来仍然与东西洋都有着绵绵不绝的交往。与外来文化交流就要使中国文化发生变化，但这一变化的结果往往是将外来文化同化于中国文化，而不是使中国文化同化于外来文化。同化的结果有时简直惊人，就俗一点地说，例如狮子舞就被认为是中国传统舞蹈；就高深的方面说，禅宗完全是中国而不是印度的佛教。同化的过程简直是不露痕迹。所以中国文化变迁的第二特点是要变人为己，而不变己为人。是貌似西化而实为华化。只是这一过程是缓慢的、渐进的、不知不觉的。中国文化的发展远不是简单的"有容乃大"——这样说只强调容纳百川，而忽视其受外来影响所产生的变化，难怪费正清因此而产生冲击反应的思路——而是在同化外来文化的过程中不断地丰富和发展自己，这一过程或者可称之为"有变乃恒"。

　　既然中国文化的变迁有上述两个特点,因此除了在物质层面外,中国文化将朝着自己的道路发展下去,在这条道路上会模仿、借鉴、学习其他文化的制度与精神层面的东西,但模仿、借鉴、学习的结果,中国文化依然会是变其可变,而不变其不可变,绝不会变得面目全非。所以问题不在于中国要不要全盘西化,而在于中国根本不可能全盘西化——即使我们朝这个方向去努力也是枉然。现在常有人设计中国的将来文化应该如何如何,或应该是中西文化互补,或应该是融合中西文化的精华,立意虽然不错,无如中西文化并非两个泥人,可以打碎了和上水再重塑,变成你中有我,我中有你。中国文化有其自身的变化规律,我们对这一规律的认识至今还不敢就说十分清楚,恐怕还有继续探索的必要。但是有一点比较清楚的是:中国文化变迁的基本方式是述而不作,是著书不如抄书。自认述而不作的是中国儒家的创始人,提倡著书不如抄书的是清代实学的开山祖,都是极富创造性的大人物,但却都认为自己毫无创新,仅只沿袭成说而已。他们的思想或许表明了中国文化寓变于不变之中的特点。

（原载《文汇报》1994 年 6 月 5 日）

客家源流异说

　　客家人,或者说操客家方言的人在国内外约有三千七百万人,是一支很重要的建设力量。但是客家人到底如何形成,至今尚未完全定论,这是文化史和移民史方面的一个悬案。由于源头不明,所以历来的研究是将客家的源与流合而治之,认为客家的源流由几个不同时期的移民所共同形成,其中最具代表性的是五期移民说,这是罗香林先生在《客家研究导论》[1]里首先提出,而为学术界所普遍接受的说法。这种说法是把自西晋永嘉丧乱以来的五次较大规模的移民运动合而成为客家的源流。但是我以为,五期说在方法论上有较大的漏洞,无法分别客家的源和流,因此八年前,我在《中唐安史之乱与北方人民的南迁》[2]一文的最后部分,曾以近千字的篇幅分析客家形成的源头,反对旧来的五期说。由于文章主题所限,未能深入展开。该文虽然得到一些人的赞同[3],但因为拙作载于《中华文史论丛》,读者面较窄,未引起广泛的注意,故亦未见有任何批评意见。从前年在梅州市召开的世界客属恳亲大会看来,五期说至今仍然是解释客家源流的权威说法,以是不揣冒昧,再次稍申原义,以期引起争论,达成共识。

一、五期说的困境

　　客家人是北方的移民所形成,这点毫无疑问。问题是哪一次移民运动所形成以及到底如何形成。由于解释上的困难,过去所有的研究者都无法确指到底哪一次或哪几次移民是客家之源,只能含糊地认为历次迁徙运动所产生的移民都是今日客家的先人。所以五期说并非罗香林先生凭空的想象,而是他总结、修订与综合在他之前各家学说的产物。在 19 世纪以及 20 世纪初,已经有过一些外国学者和传教士提出三期或五期的假设。在罗之后,也仍有其他学者提出不同的分期说。但所有这些分期假设仅止于争论

1　罗香林:《客家研究导论》,希山书藏发行(1933 年)。

2　周振鹤:《中唐安史之乱与北方人民的南迁》,《中华文史论丛》1987 年第 2—3 辑,上海古籍出版社。

3　刘佐泉:《给客家人以应有的历史地位》,《中华民族史研究》第一辑,广西人民出版社 1993 年出版。

移民的次数与移民的时代而已，而并未去认真考虑这些不同时期的移民是否能够经过这么简单的叠加而成为客家的先民。

罗氏"五期移民说"的五期是指：（1）西晋永嘉丧乱以后；（2）唐末黄巢起义之后；（3）北宋靖康之难以后至宋元之际；（4）清康熙初叶至乾嘉之际；（5）清同治六年至20世纪三十年代。五期说只是罗列移民的事实，不分主次不别源流，而且不说清五期移民所以能够综合或叠加的道理。不过罗氏在叙述五期移民时，于第一、二期用"客家先民"字样，而于三、四、五期则直用"客家"二字，大约其心目中，乃以前二期为源，而以后三期为流。但即便是这种思路，也还存在问题。因为所谓第二期的黄巢起义上距东晋南朝已四五百年，此时来到南方的北方移民（其实并不存在，下面再分析）凭什么标志去跟四五百年前就已南来的先行者融合在一道——而不跟当地的土著融合——从而形成客家人的共同祖先呢？《客家研究导论》于此没有作出任何说明。如果我们替罗先生设想，他是以客方言的共同性为出发点的，那么这在事实上是不可能的。因为，东晋南朝时期迁移到江西地区的北方侨民很少[1]，他们当时带来的北方方言必然要被当地在数量上占优势的原住民所同化、所消融，而不可能保持永远不变，等到四五百年后再叠加上去第二期，即黄巢起义所引起的北方移民方言的影响。这是一。

第二，黄巢起义事实上并未形成全国性的自北而南的移民浪潮。这是因为起义的农民军并未建立固定的根据地，只是南下北上不断转徙的流动作战，在这种情况下，战乱的影响主要只在作战地点附近，并非遍地狼烟，处处疮痍。因而逃避战乱的迁徙行为往往只是短距离的，就近移动，不会造成定向的自中原而江南的大规模移民（当然少数的由北而南的长距离迁移也可能发生）。何况黄巢起义军南北转战大半个中国，即在南方亦非安定之地，何能使得北人大规模南迁呢？在唐代的确发生过一次自北而南的移民大浪潮，但这次移民运动是由安史之乱所引起，并非黄巢起义所造成。安史之乱与其前的西晋永嘉丧乱和其后的靖康之难一样，都是发生在整个中原地区，与此同时，南方又相对安定，因而自然逼迫北方人民往南迁移，这与黄巢起义的影响显然是不同的（当然，安史之乱所引起的移民运动，过去被整个史学界所忽略，并非仅罗先生一人而已）。虽然黄巢起义军未造成大规模长距离的移民，但在经过江西时，是可能使安史之乱以后来到江西的原北方移民，再度播迁至赣南与闽赣山区的。客家家谱中所看到的因黄巢之乱而

1　谭其骧：《晋永嘉丧乱后之民族迁徙》，《燕京学报》第十五期（1934年）。

进入赣闽粤交界山区的移民并非直接一步自北方迁来,而是从江西就近迁入的。在罗先生所举的第一、二期移民的族谱中,也看不出他们是一步由中原迁到今天的客居地的。

第三,五期说所利用的材料存在问题。罗先生的基本依据是族谱,然后辅以正史的记载。但是这些族谱大都修撰于晚近,因此上溯至唐宋时代以至东晋南朝的记事,其真实性是大打折扣的。对于族谱的不可靠性,宋人在《齐东野语》里已说得很透彻,欧阳修以修谱名家,尚且对欧阳氏从唐至宋的世系都弄不清楚,[1]又怎能保证千百年后的人,在叙其祖宗的播迁原因与过程时能准确无误呢?因此对于唐宋时代及其以前的移民情况,我们应尽量以当时或相距不远的正史或其他可靠的文献记载为主,而后再参考族谱的记载,而不应该倒过来。退一步说,即使我们相信所有族谱的可靠性,那么就以《客家研究导论》第二章所举证的几部第一期移民的族谱而言,我们又怎能确定这些移民在迁到南方后就直接成了客家先民呢?也许他们是在辗转迁入赣闽粤山区以后,才同化于当地已经形成的客家文化中,也说不定呢?在这一期移民族谱中,罗先生所举有八份材料,似乎只有一份是载明直接从北方迁至赣闽粤山区的。这一份是《崇正同人系谱》卷二《民族》的赖氏条,载赖氏一祖先于"晋末丁世变,避居南康。……"但南康亦有两解,一是赣北的南康军,一是赣南的南安军南康县。

由于五期说难于分辨客家的源与流,因此讨论客家源头必须另辟蹊径。客家人的最主要特征是客家方言,我们应该从方言认同的角度来进行探讨。

二、方言认同

汉民族虽然只是文化上的意义,而非血缘上的概念,但至今并无人将其按血缘来分别派系。无论是东西南北的汉人,都被看成一系。他们的分别主要体现在地域方面。中国长期稳定的地方行政区划,积淀成为特殊的地域文化心理,加之小农经济所造成的安土重迁心理,使得人与土地牢牢结合在一起。于是在相互介绍中,紧接着尊姓大名之后的便是仙乡何处的问题。过去,在一个人履历中,祖宗三代与原籍本贯是最重要内容,因此地域认同是划分汉人的主要标尺,也是中国人处理人际关系的基本认识之一。每个人都有各自的本贯和出生地,并以此被称为河北人、福建人,或者更小的范围,保定人、厦门人等。同一本贯的人被称为同乡,同乡的范围越小越亲热。

---

1 见《齐东野语》卷 11,《谱牒难考》条。

同是福建人,这是大同乡;同是厦门人,这是小同乡,还可以小到同是鼓浪屿人的程度。在福建省内,厦门人不以为与福州人是同乡,而到了福建以外的地方,厦门人与福州人就是福建老乡了。"老乡见老乡,两眼泪汪汪",这就是最通俗最大众化的地域认同。对大部分中国人而言,地域认同是最重要的认同方式。

上一世纪下半叶以来,由于有土客的矛盾产生,方言认同的趋势逐渐突显,特别是对客家人来说,方言认同的意义比地域认同更重要。客家人当然也有地域认同,梅县的客家人自然也是广东人,永定的客家人自然也是福建人。但无论是客家人本身,还是非客家人而言,无疑都会认为客家人的方言认同是超越性的,超越于地域认同之上。"宁卖祖宗田,不卖祖宗言"是客家人的共识。客家方言不但是客家人凝聚力所在,也是区分客家人与非客家人的根本标志。这无论是对国内的客家人或是海外的客家人都是如此。[1]

当然地域认同往往也包含方言认同。小同乡不但是方言相同,甚至可能是乡音无别。在这里,地域认同与方言认同是一致的。但大同乡就不一定。汉语方言极其复杂,尤其南方方言,同一省之内不能通话乃是常见之现象。但一般而言,地域认同均可以超越于方言认同之上,这就是过去福建同乡会、广东同乡会得以出现的基本背景。但是倒过来的定理并不能成立,也就是说,方言认同并不能包含地域认同。特别是对于居民成分的大部分是移民而非土著的地区,如台湾与东北而言,更是如此。台湾的大部分人讲闽南方言,但他们并不被看成闽南人,而被认为是台湾人。东北人大都由山东与河北迁来,东北方言是华北方言的大规模转移,但东北人并不被看成是山东人或河北人,而是很自然地被认为是东北人或更具体的辽宁人、吉林人或黑龙江人。很明显,从这个角度看,地域认同也是超越于方言认同之上的。唯独对于客家人来说,地域认同显然是次要的,无论是江西的、福建的、广东的,乃至广西、湖南、四川、台湾,只要讲客家方言,就被视为客家人。对于客家人来说,地缘关系当然也存在,但那是在县一级较低的层次上。方言认同是凌驾于地缘认同之上的。所以说到底客家人的最根本的标志是客家方言。

尽管客家人还有其他一些与众不同的文化特征,如圆形的大土楼,隆重的祭祖仪式,较高的文化水平,顽强的奋斗精神等,但这些比起方言的特殊

1　海外的情况可参阅麦留芳著:《十九世纪海峡殖民地华人地缘群体与方言群体》,周翔鹤译,《南洋资料译丛》1990 年第 4 期。

性来都不算是绝对的也不是最突出的特征。也因此,判断客家人的源头必须从客家方言的形成去寻根,而不是随意指认所有南来的移民以归宗。

三、客方言源头的探寻

客方言是北来移民所造成,这是毫无疑义的。不但客方言,所有汉语南方方言,都是北方移民在不同的历史时期先后来到南方而形成的。更扩而大之,北方方言的次方言如江淮官话、西南官话也都是移民运动的产物,换句话说,所有的南方方言,原来都是北方话,只是在不同的历史时期迁移到南方后,与北方方言走上了不同的发展道路而产生差异,进而演变为不同的方言。[1] 一般以为客方言保留着古代北方语言的特征,其实这是南方六大方言的共同特征,并非只是客方言独有。从语言特征上来说,客家方言并不见得就比其他南方方言更为古老。

关于方言形成的源头是一个不易说清楚的问题。我推测,客方言的源头是中唐安史之乱以后来到江西地区的北方移民带来的。要说明这个问题,首先要解决几个前提:一是安史之乱的确引起由北而南的大规模移民,二是移民要在什么条件下才能保持原有的方言。以下先对这两个前提进行分析。

中国历史上有两次比较显著的由北而南的移民浪潮,一次发生在西晋永嘉丧乱之后,另一次则在北宋靖康之难以后,这是学术界的共识。但实际上,在这两次移民运动中间,还有一次规模不亚于两宋之际,但被忽略了的移民运动,那就是安史之乱所引起的北方人民的南迁。我在《中唐安史之乱与北方人民的南迁》一文中,已对这次移民运动作了比较详细的分析,文中的观点也已为学术界所接受。而对于客家人的形成来说,安史之乱引起的第二次移民运动正是关键所在。拙文认为,江西北部与中部地区在中唐以后接纳了数量颇大的北方移民,估计赣北的移民可能达到当地户口总数的三分之一以上,赣中则稍逊于一成。这些移民必然带来他们固有的方言,问题是这一移民方言将以什么方式发生变化,是继续保留下去还是融合到当地的方言中去。

我们曾以湖南地区的方言为例,论证过移民要保持自身的方言,其充要条件是移民过程短而移民数量大,亦即在短时间内有集中大量的移民。如果移民数量足够大,但移民过程是断断续续的;或者移民过程虽是一次性的,但移民数量过少,就都不能使移民自身的方言长久保持下去,而会使移

1　参见周振鹤:《现代汉语方言地理的历史背景》,《历史地理》第九辑,上海人民出版社 1990 年。

民方言渐渐消融于土著方言之中。当然即使在这种情况下,移民方言对土著方言一般也会产生某些影响。[1] 安史之乱以后的移民正是具有短时间内集中大量移民的特点,所以对接受移民的南方地区的固有方言必然要产生很大的冲击。因此我推测在中唐以后,由于移民优势方言的作用,在荆南一带(即湖北荆州到湖南常德一带)产生了今日西南官话的端倪,而在江西的北中部则出现了客赣方言的共同源头。但在当时都还不能算是西南官话或是客方言与赣方言,只能称为苗头而已。来到荆南一带的移民的方言,因为在此后的上千年间,始终与广大的北方方言区连成一片,所以没有演变成为南方方言的一种,只是形成北方方言的一支次方言,即西南官话。而到达江西北、中部的北方移民则不同,他们又经历了一度或数度再移民过程,最后集中于赣南、闽西与粤东北交界连绵的山区,使得他们的方言与北方方言隔离开来,走上独特的发展道路,经过数百年的变迁,终于产生了客方言。

如果把安史之乱以后,北方人民来到赣北与赣中的迁徙过程作为客方言形成的第一步的话,那么,从江西北中部进入赣闽粤山区的短距离移民运动则是重要的、有决定意义的第二步,如果没有这一迁徙过程,则中唐以后来到江西北中部的移民方言,充其量只会演变为北方方言的一支次方言,或与北方方言差别不太大的一种南方方言,如赣方言。赣方言与客方言的差异,极有可能就是有无短距离再移民的差异。也就是说,中唐以后留在江西北中部的北方移民,他们的方言经过与当地原住民方言的交融,以及千年以上的变迁,就逐步发展成为今日的赣方言。

四、第二步移民的分析

促使客方言形成的第二步移民过程从唐末五代,直到两宋之际,时有发生。但是要以唐末的移民最为重要。此次移民离中唐为时不远,移民的北方方言仍然保留着较原始的面目,未被当地方言所消融,因而使后来客方言形成时自然保留有较浓的中唐以前的北方方言的色彩。同时,就迁往闽赣山区的移民规模而言,唐末的移民也比两宋之际要大,[2]造成了方言转移的

1　参见周振鹤、游汝杰:《湖南省汉语方言区划》,《方言》1985 年第 4 期。

2　吴松弟据罗香林之《客家史料汇编》第一册和《客家源流考》两书所载家谱,统计出 65 支氏族(不同家谱同出一位迁入汀赣祖先者视为一支氏族)的迁移情况,其中自称由北方迁入长江以南者 32 支,约占一半。内汉代迁入者 3 支,东晋 3,隋及唐前期 3,唐末五代 13,南宋 5,不明者 2。在这 32 支中直接入汀赣或在南方其他地区停留不久即迁入汀赣或在当时比较偏僻区域居住一段时间再迁入者 14 支,此 14 支中迁自东晋者 1,隋唐前 2,唐末五代 6,南宋 5。见吴松弟:《北方移民与南宋社会变迁》,台北文津出版社 1993 年。

优势。

所谓唐末指的是黄巢起义以后的时期。黄巢起义在江西引起了很大的震动,几乎没有哪一州不受到战乱的影响,可以说在江南地区,要算江西受战乱影响最大。虽然关于黄巢起义军队下江南路线,文献记载很混乱,但进入江西是确定无疑的。乾符四年(877)抚州、洪州一度被义军占领过。乾符五年三月,黄巢部分义军再攻江西,陷虔、吉、饶、信等州。广明元年(880)三月,再陷饶信抚等十五州。[1] 战乱的影响,必然使江西北中部的人民向着相对安全的闽赣山区转移。本来安史之乱以后来到赣北赣中的北方移民,在当地合适的条件下繁衍生息很快,到唐末时已有满坑满谷之象,必须向外发展,或者西去湖南,或者东奔福建[2]。也就是说,即使不发生战乱,因生存的压力也会自然地出现短距离移民。而黄巢起义的影响使得这样的移民过程以短时间集中的形式在唐末发生。

这些避乱性质的短距离移民,其移动方向必然是指向偏僻的山区。据《舆地纪胜》赣州景物条所载:"官人石,在宁都县西北十里,石崖环之,无路可到,游者扪萝凿磴以上,唐末巢寇为扰,官吏避难于此。"宁都即唐代的虔化县,当地人避难到峻岭之上,由此可想象有些人可能迁往比宁都更偏远的武夷山区。如赣中偏东的抚州再往东走建州、邵武军,赣中偏西的吉州往南走虔州,虔州则往东走汀州。这一推测还可以由上述诸州人口数量的变迁与政区的增置来证实。

中国典籍上的户口数字存在相当程度的混乱与不实,在运用其绝对数字时必须非常小心,但如果用来作为相对比较却是很有参考价值的。在下面的表格中,我们将宋初太平兴国年间与唐后期元和年间有关各州的户口作一比较(户口数字分别见《元和郡县志》与《太平寰宇记》),以从其相对变化中大致看出唐末江西北中部人民的移动趋向。由于政区的增设,有些州只能合起来比较。如宋初析江州与洪州地置南康军,又析洪州与袁州地置筠州,因此不可能有元和年间的南康军与筠州的户口数,只能将江、洪、袁三州合而比较,但这并不影响说明问题。表中顺便把唐代开元与元和两时期的户口相对变化也列了出来,以见安史之乱以后,江西北中部的确接纳了大量北方移民。(表见下页)

以上表元和时期与太平兴国时期作比较,可以明显看出,江西北中部的

---

1 参见《旧唐书·僖宗纪》、《资治通鉴》广明元年,及方积六:《黄集起义考》,中国社会科学出版社1983 年。

2 参见谭其骧:《湖南人由来考》,《方志月刊》六卷九期(1933 年 4 月)。

人口在唐末宋初明显地在南部与福建西部迁移。在此我们可以不拘泥于增加的倍数绝对值(增加数巨大是因为元和户口不实,过分偏低的缘故,参见《中唐安史之乱与北方人民的南迁》一文的分析),而是将各州增加的幅度作一比较。这样一来,江西东北的饶、信二州可看成无变化。北部江、洪、袁三州变化不大。中部吉州、抚州与南部虔州变化较大,而福建汀州与建州变化惊人。而且有意思的是江西中部与南部三州增加幅度差不多,福建汀州与建州增加幅度也差不多。说明江西在唐末的移民趋向是朝着南方,尤其是朝着福建西部。汀州今天是客家核心区,而建州西部分出的邵武军今天也是闽方言与客方言的边际区。由于技术上的原因(邵武军宋初才设置),我们无法单列出邵武军在这一时期的人口增加幅度,否则可能更说明问题。

中唐	开元户数	晚唐	元和户数	元/天+－%	北宋	太平户数	太/元+－%
饶州	40 899[1]	饶州[2]	46 116		饶州	45 917	－0.54%
		信州	28 711		信州	40 685	＋41.70%
			74 877	＋83.07%			
江州	21 865	江州	17 945	－17.93%	江州	24 364	
					南康军	20 948	
洪州	55 405	洪州	91 129	＋64.47%	洪州	103 438	
					筠州	46 329	
袁州	22 335	袁州	17 126	－13.33%	袁州	79 703	
			126 200			274 782	＋117.74%
吉州	34 481	吉州	41 025	＋18.97%	吉州	126 453	＋208.23%
抚州	24 988	抚州	24 767	－0.88%	抚州	61 279	
					建昌军	18 847	
						80 126	＋223.52%
虔州	32 837	虔州	26 260	－20.03%	虔州	85 146	＋224.24%
汀州	4 680[3]	汀州	2 618	－44.06%	汀州[4]	24 007	＋816.99%
建州	20 800	建州	15 480	－25.58%	建州[5]	90 492	
					邵武军	47 831	
						138 323	＋793.55%
潮州	9 329	潮州	1 955	－79.04%	潮州	5 831	
					梅州	1 568	
						7 399	＋278.46%

---

1 《元和郡县志》所载饶州户数 14 062,较之周围诸郡,显然有误,故以《旧唐书》天宝数字代替。

2 饶州割至德县属池州,信州又由衢州得玉山县,故元和时之饶州与信州之和略当开元时期之饶州。

3 《元和郡县志》汀州开元户数传写缺,亦同注 1 处理。

4 宋之汀州只及唐代汀州三分之二。

　　5 建州尚有部分地入南剑州。

唐末迁移赣南的现象除了上述从户口变迁方面来分析以外,还可由政区的增设情况看出。由于移民的到来与经济开发程度的加深,赣南在五代增设县治的现象极为突出。在中唐以前,赣南的虔州领有六县,安史之乱以后,仅于贞元四年(788)复置安远一县而已(梁大同置,隋开皇中废)。但在五代与宋初数十年间,该州竟然增设了六个新县,与中唐相比增加一倍(瑞金、石城、上犹、龙南四县为南唐置,兴国与会昌二县为太平兴国年间置),这些县的分布如下图所示。这么多县的增设不能与移民的到来无关。更加值得注意的是,这些县分布在赣州的东、南、西、北四方,而且每县恰分居于章水与贡水支流的上游,换句话说正位于赣州盆地周围的山区里。我们可以

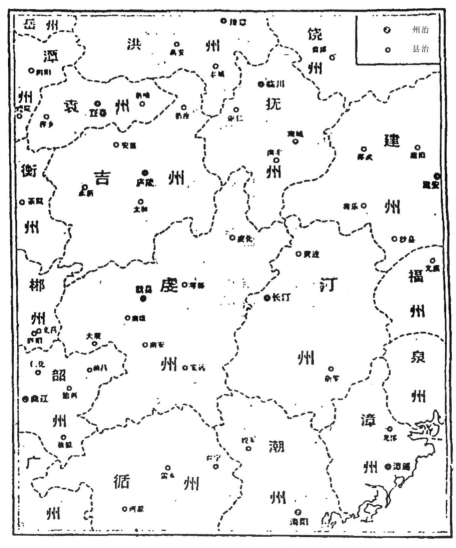

赣闽粤地区唐后期州县分布图

想象,当数量不少的移民沿着赣水来到盆地中心后,这里早已人满土满,于是他们就向盆地四周散开,沿着赣水的一级与二级支流,进入人口稀少的山区,定居下来,成为今日客家人的祖先。这六县正是今天的纯客县或客家重要居住县。赣州的开发比江西其他州要迟,故幅员在江西诸州中最大,而属县并不特别多。在五代宋初增置六县以后,领县剧增至十三县之多,于是不久就分三县之地置南安军。值得注意的是,在北宋中期以后到元代的三百多年间,赣州(即虔州之更名)与南安军竟未再析置一个新县。由此益可反衬唐末五代的确存在由赣北与赣中向赣南方向的移民。由于这些移民的到来,北宋时的虔州已称"地广人稠","生齿繁夥"了。[1]

向闽西迁徙的趋向也可由同样途径看出。抚州在赣中的东部,与闽西接壤,在安史之乱以后也接纳了不少北方移民。这些移民应多集中于抚州西部,汝水(今抚河)中游一带自然环境较合适的地区。但在唐末的战乱中,大约有一批人向东移动,靠近或进入闽赣间的武夷山区,所以在南唐时(宋开宝二年)就分抚州东部置建武军(归宋后改名为建昌军,先仅一县,淳化二年又增南丰一县),翌年抚州又新置宜黄县(淳化五年再置金溪县)。稍后,在太平兴国五年(980),又从与建昌军相邻的福建的建州西部分置邵武军,新设三县。建昌与邵武二军分居武夷山两侧,其设置均在宋初,且相去不过十年,显然与自赣东向闽西的移民有关。《太平寰宇记》说邵武军设置原因是"以户口繁,会路当要冲"。户口之繁恐怕即与移民之到来有关联,路当要冲亦意味着移民由建昌军南城县往东越杉关下西溪入光泽的路线。邵武军领四县唯有邵武一县是唐代旧县,其他三县均是五代宋初所置(归化、建宁南唐置,光泽太平兴国六年置),当是户口繁盛之故。而同期的建州,仅置松溪一县,那是从浙江进入福建的移民路线的标志。而与信州相邻之建州西北,并无新县之设,这一方向大约不大有移民进入,这与户口数的变迁是一致的。

再看汀州,情形也是一样。表面看来,唐后期之汀州领三县,而宋初的汀州领四县,相去无多。其实两者有较大的差别。因为宋代的汀州幅员比唐后期小去三分之一。在与宋代汀州相当的范围内,唐代只设长汀与宁化两县(见图)。而在宋初的淳化五年(994 年,上距宋统一南方不过二十来年),汀州同时新设两县,即武平与上杭,显见得与汀州人口的急速增加有关。这四县即是今日有名的纯客县。与赣州稍有不同的是,汀州设置新县

---

1 《舆地纪胜》卷 22,引董德元与晏殊语。

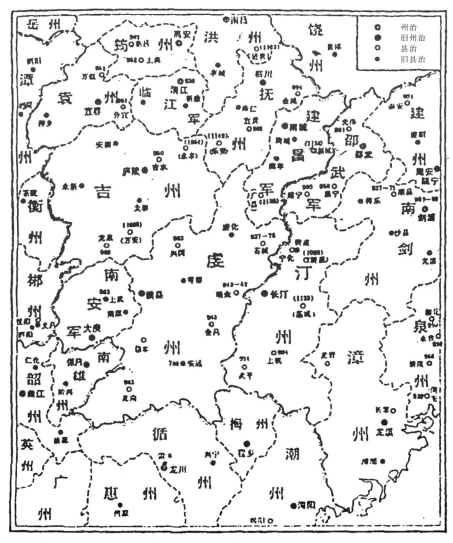

赣闽粤地区北宋初年州县分布图

的势头在北宋中期还在继续,元符二年又置清流县,暗示唐末五代进入汀州移民之多。进入汀州的移民大概多取道虔化(今宁都)至宁化,再转至他处,后来梅州的客人又多由汀州辗转而去,故客家人言其始迁地,往往说是来自宁化石壁村。专论石壁村的文章不少,但都未注意到《元和郡县志》特意提到的一句话:"县西与虔化县接"。闽西边境的县不少,但未有一县提到与江西某县邻接的话。可见经虔化到宁化的道路在唐宋之际是如何的重要。在《夷坚志》里有一则故事也从侧面证实了虔化与宁化联系之密切。该书补卷第十三有《刘女白鹅》一节,略云:汀州宁化县攀龙乡某氏女以不嫁自誓,及笄,父母夺其志,许嫁虔(原文作处,误。虔处繁体字形相近)州石城何氏子。

579

成婚日，忽一白鹅从空而下，女乘之飞升。土人遂置观祠之，观介于宁化、石城两境之间。而石城正是南唐时从虔化分出的新县。

两宋之际也有移民进入赣南与闽赣山区，但规模不及唐末。因为史籍上没有留下南宋绍兴年间的分府州户口数字，我们因而无法像上面比较唐末与宋初户口变化那样，来比较江西、福建与广东各府州在北宋晚期崇宁年间至南宋初期绍兴年间的户口变化，这一变化本来可以让我们了解两宋之际赣南、闽西与粤东北的人口增长速度，以有助于判别江西北部与中部各府州的人民是否在南宋初年迁入这些地区。所幸尚留有一汀州数字可供参考。保留在《永乐大典》中的《临汀志》引用了《郡县志》所载汀州在南宋隆兴二年的户数，将其与北宋元丰三年的户数（载《元丰九域志》）相较，可发现在八十年间，汀州户口增加了一倍有余。而在同一期间，整个福建路的户数，平均只增长了三分之一而已。[1] 可见汀州在两宋之际，人口亦有超常的增长。绍兴三年新置莲城县，大约与此有关。汀州是山高林密的山区，在福建路各州中，自然条件较差，除非有较多的移民进入，不然该州的人口增幅不可能比全路的平均数高出这么多。实际上，该地区多有外来移民也见于《元一统志》等文献记载。[2] 汀州成为客家人的发祥地看来是情有可原的。当然两宋之际进入汀州的移民，相对而言规模远比唐末要小。

遗憾的是，对于虔州（赣州）我们没有这个便利。赣州也是客家人的摇篮，而且应当是最早的摇篮。但是赣州已知的户口数字很成问题，不好作类似的比较。[3]

五、语言学研究的旁证

在撰写《中唐安史之乱与北方人民南迁》一文时，我主要是从历史的角度来分析客家之源头，当时尚未注意到稍早一些时候发表的一篇从语言学方面来探讨客方言起源的文章。该文为《客家话的原始形式述论》[4]，其研究

1　参见下面的比较：

	元丰三年（1000 年）	绍兴三十二年（1162 年）	嘉兴二年（1164 年）	绍/元、■元
汀州	81 454 户		174 517 户	+114.25％
■■■	1 043 839 户	1 390 565 户		+33.21％

2　参见赵万里校辑：《元一统志》卷八《汀州路》。

3　元丰三年为 98 000，不过二十年的崇宁元年即达 27 万余，而期间赣州并未有大变故，不可思议。再则，嘉靖《赣州府志》载绍兴间户 12.1 万，而大约也是在二十年后淳熙间，却膨胀至 293 000，同样不好理解。

4　严学宭、李玉：《客家话的原始形式述论》，《广西民族学院学报》1986 年第 2 期。

结果正和上述的历史分析不谋而合。文中说:"从声调和声母关系相比较来看,原始客家话和代表中原话的以洛阳口语为基础的《切韵》相差不大,约处于初唐时期。……客家话古次浊上声大部分字变阴平的时间和中原话古次浊上声字并于阴调类(清声母类)的时间相差不大,约于中唐左右。"这一研究表明,在中唐以前,客家话与中原话是尚未分家的同一方言,在中唐安史之乱以后,大量移民来到江西,客赣方言的源头才逐渐从原来的中原话分离出来。但当时客赣方言必定尚未分家,要等到唐末客家先民从江西北中部又辗转进入赣南与闽赣山区以后,客家方言才走上独立发展的道路,客家人也才逐渐形成。

同时我们又可推想,客赣方言的分家大约是在唐宋之际,今天的赣方言应该就是中唐以后北方移民与江西北中部土著语言融合并经千年演变以后的产物。赣客方言的共同点是古全浊塞音、塞擦音声母今一律变清送气音。这是与吴、湘、粤、闽,及北方方言截然有别之处。而赣方言与客家话之主要差异则是:客家话的古上声次浊字今大部分读阴平调,赣方言则无此现象。这个差异应当是唐末以后才出现的。

客家人的最显著特征就是客家话。今天的客家话是与其周围闽方言、粤方言差别很大的一种方言,这样明显的差别并非今天才存在,应该在客家先民迁到赣南与闽赣山区时就已显示出来。但在文献上我们找不到南宋以前有关客家先民语言与众不同的任何记载。推想当时闽赣山区尚是人烟稀少的地方,文化也相对落后,客家先民迁到此地以后,与外界接触不多,因此未有载籍述及。今天我们所能看到的,记载客家话特点的最早文献是南宋人陈一新的《跋赡学田碑》,该文的全貌已不可睹,好在王象之《舆地纪胜》保留了其雪泥鸿爪,才使下面这段至关重要的话能流传至今:"闽有八郡,汀邻五岭,然风声气息颇类中州。"所谓风声气息当包括语言风俗在内。在宋人看来,福建的其他地区的语言与中原相去已远(因为闽语实为六朝吴语,多有秦汉古音,与当时北方音差异较大),唯有汀州与中原相近。这正暗示了汀州的客家话至迟在南宋已经形成。陈一新是福建永春人,登绍熙元年(1190)进士后,到汀州任教授之职。永春是闽语区,因此陈一新到汀州后就马上觉察到汀州风声气息之异,记了下来。当然,客家话之形成应该还在陈一新撰写《跋赡学田碑》以前。因此认为客家话的源头起于唐宋之际应该是合理的。

在陈一新之后,文献再次中断,直到明代王世懋的《闽部疏》才又从侧面提及汀、虔一带的方言。其文曰:"建邵之间,人带豫章音;长汀以南,杂虔岭之声;自福至泉,龂舌弥甚。"这里王世懋将福建方言大略分成三部分,建邵之间是边际话,移民从江西来,故带豫章音;福州至泉州是闽方言区,对于说吴语的太仓人王氏来说有如鸟语,故称龂舌弥甚;至于汀州一带则和赣南方言一致,故云其杂虔岭之声。则明朝时客方言的分布已很明确。

六、结语

对于客家来源之分析已经如上所述。其基本思想是:客家方言的源头必须由一次决定性的移民运动所产生,绝不可能是历次移民运动简单地叠加而成。而中唐安史之乱来到江西的移民正是带来了今天客赣方言的源头;而后唐末五代从江西北中部迁往赣南与闽赣山区的移民,又使客方言的源头从客赣方言的共同源头中分离出来,并在相对封闭的山区环境中最终形成了客方言。因此,对客家方言的形成来说,安史之乱引起的移民与唐末五代、两宋之际的移民都很重要。没有前者,就失去了客方言的最初源头;没有后者,就不能最终形成客方言。但应该说,前者的作用是关键性的,而后者的作用是催化性的,二者之间还存在主次之差。

顺便还应说说,梅州的客家看来与唐末五代和两宋之际的移民没有多大关系。梅州虽为五代时期南汉国所置,但仅一县之地,而且北宋熙宁与南宋绍兴时均一度废去,其后虽复置,但直到南宋末年,始终以一州领一县而已,若果有大量移民在唐末或南宋初年到来,则应当在行政区划的设置上表现出来,如上述之赣州、汀州然。梅州作为客家人的中心是流而不是源,是从赣、汀二州再度迁徙的结果,迁徙的原因主要不是战乱而是人口的增殖所引起。南宋之时,梅州尚为人少土旷之区,远非后来人稠地蹙之象,《舆地纪胜》引图经说:"郡土旷民惰而业农者鲜,悉借汀赣侨寓者耕焉。故人不患无田,而田每以工力不给废。"梅州人口稠密,耕地偏少应是明清以后的事了。

(原载《学术月刊》1996 年第 3 期)

现代汉语方言地理的历史背景

汉语方言有一个长期的形成和发展过程。远古时期的汉族先民生息的地域范围不大,语言也比较单纯。后来随着社会的发展,他们的活动空间越来越大,有些人更播迁和流徙到较远的地方,与其他民族发生接触,使古代汉语因此而慢慢发生分化,产生了分布在不同地域上的方言。经过几千年演化的结果,现代汉语被认为可以分成七大方言,即北方方言、吴方言、湘方言、粤方言、闽方言、赣方言和客方言。这些方言有各自的分布通行地域,每个方言内部又可再行分区划片,构成一副现代汉语方言地理的完整面貌。本文的任务即在于从移民活动和行政区划两个重要因素来揭示和分析现代汉语方言地理形成的历史背景。

一

中国历史上的移民,大别之有两类,一是人民自动的流徙,一是政府有计划的移民。前者多由于战乱、灾荒、饥馑或人口膨胀所引起,后者则是为了某种政治、军事或经济上的目的。纵观历史上所有的移民活动,其迁徙大方向主要是由北而南,其次是由东到西,反向而行的例子则比较少见,这一重要特点产生了汉语南方各方言的最初源头,并形成今天汉语方言地理的格局。

现代汉语的北方方言自然是古代生活在中原地区的华夏族及其后身汉族所用语言,经过数千年长期发展并受周围少数民族语言影响的直接结果,而分布在中国南方的汉语其他方言溯其源则发端于历史上黄河中下游地区人民的几次南下移民活动。

在南方吴、湘、粤、闽、赣、客六大方言中,要数吴方言的源头最为久远。据《史记·吴太伯世家》记载,周太王之子太伯、仲雍为了让贤于其弟季历(周文王之父)而避地至今江苏无锡一带。这个记载暗示三千年前的先周时代,在经过一场政治变动后,有一支移民从陕西渭水流域迁到江南太湖流域。这支移民的文化比当地的荆蛮文化要高,所以太伯、仲雍成了新居地的

583

首领,建立了吴国,移民们所带来的语言可能成为后来吴方言的最早渊源。

比吴方言稍晚的是湘方言。湘方言来源于今天已不存在的古代楚语。操古楚语的楚人本来居住在中原,一说在楚丘(河南濮阳西南)一带,一说以鄢(许昌东北)为中心。在殷末中原动乱的时候,楚人由其首领鬻熊率领南迁至江汉流域,因此楚语被带到了湖北地区。战国时期,楚国南进占有湘资流域,古楚语又扩散到湖南,成为湘方言的源头。

战国时期结束,秦代一统海内,并且南逾五岭取得两广地区。岭南原是百越民族居住地,为了防止他们的反抗,秦始皇派遣五十万军队戍守于此。这些戍卒所用的语言,成为今日粤方言的先声。

福建本是闽越族的家园。西汉在此仅设一县以管理闽越人。东汉末年,军阀混战,大量北来移民从陆路和海路进入福建,于是从建安年间到西晋初年的八十年中,福建西北山地和东部沿海接连出现十三个新县,原始闽语应萌发于这一时期。

赣、客语的出现最晚。江西地区古称吴头楚尾,应当是古吴语和楚语的交汇处,因此汉代以前没有原始赣语的痕迹可寻,扬雄《方言》在江西也独留下空白。在西晋永嘉以后发生的汉族人民大南徙的浪潮中,有部分北来移民到达江西北部,他们带来的语言可以看成是赣、客语的前身。

上述所谓各方言的渊源,当然是指从历史文献方面所能追溯到的最早源头,并非说当时已经形成现代意义上的南方方言。现代汉语南方各方言是在上述渊源的基础上,经过千百年来多次移民活动所带来的新方言的不断冲击,发生取代、交融、渗透、混合而向前发展演化的结果。因此除了提及与方言渊源有关的移民外,更重要的是分析与现代汉语方言地理分布有关的重大移民过程。

二

现代汉语方言地理的基本格局大致如下:北方方言(又称官话方言)分布在长江及湖南雪峰山一线以北以西的广大地域以及九江至镇江一线的江南沿岸。其中的江淮官话分支通行于苏、皖二省的江北地区及江南的九江至镇江沿江地带;西南官话分支通行于湖北(除东南角)、四川、贵州、云南四省及湘西、桂西北、陕南与河南南缘。其他六种南方方言都分布在东南地区:吴方言在苏南(除镇江以西)、上海、浙江地区,湘方言在湖南湘资流域及广西东北角,粤方言在广东中部、西部和广西东南,闽方言在福建(除闽西)、粤东南、海南和台湾大部,赣方言在江西北、中部及湖南东缘,客方言在粤东北、赣南、闽西及川、桂、台、湘部分地区。

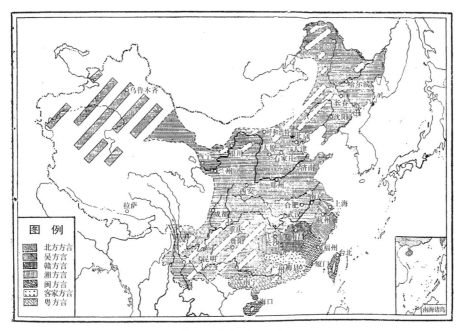

现代汉语方言地理示意图

　　这个基本格局是由于历史上汉人三次大规模南迁与其他一些中小规模的移民活动所造成的。推测在西晋以前,北方和南方方言前分野大致在秦岭—淮河一线。当时黄河中下游地区的北方方言内部比较一致,而南方则存在各有特色的吴、楚、蜀等方言。

　　第一次汉人移民浪潮,使北方方言大规模越过秦—淮一线而南下,从而改变了南方方言原有的地理格局。这次移民浪潮发生在西晋永嘉以后至南朝宋泰始年间。由于西晋末年的八王之乱导致了北方边疆五个少数民族的内徙,而迫使中原汉人大量向南播迁。在永嘉元年至泰始二年(307—466)的一百五十多年间,从河北、山西、陕西及淮水以北的河南、江苏、安徽和黄河以北的山东等地,向南方拥来的流民达九十万人之众。这个数目约占西晋北方人口的八分之一,又占到南朝刘宋人口的六分之一,换句话说,北方每八人就有一人南迁,而迁徙的结果,又使南方人口中每六人就有一人是北方侨民。[1]

　　这么大数目的移民并不是均衡地分散到南方各地去,而是集中分布在淮水(在山东是黄河)以南至太湖、鄱阳湖、洞庭湖以北地区及秦岭以南至四

1　谭其骧:《长水集》,人民出版社 1987 年,第 99—223 页。

川成都之间。具体而言,在北方偏东部的河北、山东(黄河以北)人民侨寓在黄河以南的山东地区,黄河以南的山东、苏北(及部分河北、皖北)移民则更往南迁至江北淮阴、扬州及江南南京、镇江、常州一带;同时淮水以北的河南、安徽(及部分河北、苏北)移民则流向淮水以南,或更进一步到鄂东、皖南芜湖、江西九江一带;在北方偏西部的山西及部分河南移民迁到湖北江陵、松滋、湖南安乡一带,陕西及豫西北流民则侨寓于以襄阳为中心的鄂、豫两省的汉水流域,而甘肃、陕北人民主要流向陕南汉中及通向成都的川陕通道上。

更进一步而言,上述地域中,单单苏、皖二省所接受的北方侨民就有四十三万之众,几近北方南迁人数的一半。江苏有些区段的侨民呈高度集中状态。例如建康(今南京)是东晋南朝首都,自然麇集以洛阳为主的大量北方衣冠士族,而南京以东至镇江一带的北方侨民甚至比当地土著居民还多。由于迁徙时间集中,侨寓地区集中,而且侨民的居住方式往往是聚族而居,不杂土著,在这种情况下,侨民所带来的北方语言必然要对土著语言发生深刻影响。我们可以想象,在江淮之间,当时的北方方言已取得优势,在南京镇江一带,北方方言恐怕已与当地原有的吴方言相颉颃,奠定了今天江淮官话的最初基础。当时北方侨民语言和吴语的巨大差异在《世说新语》和《颜氏家训》等书中有很生动的描写。唐代人士也注意到这种由于移民活动所引起的语言变化现象,诗人张籍的《永嘉行》写道:"北人避胡多在南,南人至今能晋语。"所谓"晋语",显然指的就是晋代北方移民带来的语言。在湖北地区,北方的"晋语"必然也对楚语发生冲击,而产生西南官话的最初端倪。

因为东晋南朝采用侨置郡县的办法安顿北方流民,因此从侨州郡县的名目和所领户籍数可以推知侨民的原籍和大致人数,从而对西晋永嘉以后的移民情形才得以有比较详尽的了解。但是研究后来的两次大移民都没有这个便利条件,因此情形也就暗昧得多,以至中唐安史之乱引起的汉族人民第二次大南徙,就几乎没有人提到过。

安史之乱发生在唐天宝十四载(755),历时八载,战祸遍及黄河中下游地区。由于这次叛乱还带点民族斗争的色彩,并且由北向南蔓延,所以再度引起中原地区人民的向南流徙。[1]

《旧唐书·地理志》载:"自至德后,中原多故,襄、邓百姓,两京衣冠,尽投江、湘,故荆南井邑,十倍其初,乃置荆南节度使。"中原多故指的是安史之

 1　周振鹤:《唐代安史之乱和北方人民的南迁》,《中华文史论丛》1987年第2—3辑,第115—137页。

乱。至德元载即安史之乱的第二年。这一记载表明,安史之乱不但的确引起北方人民(包括长安洛阳的士族和鄂北豫南的百姓)的南迁,而且移民规模很大,致使湖北江陵到湖南常德一带的户口增加了十倍,并因而设立荆南节度使辖区;同时移民的迁徙路程也比第一次大移民走得更远,到达洞庭湖以南的湘水流域。

北方移民不但到达洞庭湖流域,在东部还到达太湖流域。《旧唐书·权德舆传》载:"两京蹂躏于胡骑。士君子多以家渡江东。"大约由于江东人口的增加,所以至德二载分润州(今镇江)置昇州(今南京),几年以后,又分宣州(今宣城)置池州(今贵池)。

在南方中路的江西,更有大量北方移民到来,这一点史籍虽无明确记载,但从安史之乱前后户口的对比看来,却十分明显。

唐代后期成书的《元和郡县志》,保留了唐代相当一部分州府在开元年间(713—741,下距安史之乱十四年)和元和时期(806—820,上距安史之乱四十三年)的户数。从全国范围来看,由于中唐以后地方豪强隐占户口的现象十分严重,因此元和时期各地户数比开元时期普遍下降,其绝对数不可全信(实际数也许要多上近一倍),[1] 但从相对数来看,却很能说明问题。

北方各州户数元和时期呈锐减状态,普遍不足或只有开元时期的五分之一(实际上也许没有这么低),说明战争破坏的严重。相对而言,南方大部分州府户数减少得不太多(也许实际上不减),部分州府基本不减(实际是增),有些州府则有所增加(实际大增),个别州府甚至大幅度增加(实际激增),这个情况暗示了南方有些州府不同程度地接受了北方的移民。

江西地区在安史之乱以后,户数增加最为突出,其中最异常的是位于赣东北信江、鄱江流域的饶州。该州户数净增四倍之多,从一万四千户(江西六州中最低)激增至七万户左右,并因此分置一个新州——信州;稍次是赣江下游的洪州,净增三分之二;再次是赣江中游的吉州,增五分之一;洪州以南的抚州户数则基本不减(说明实际上也有所增加)。由此我们可以推知,江西北部和中部在安史之乱以后接受了大量的北方移民,所谓客家的先民,

---

1　《唐会要·定户等第》载:"元和六年正月,衡州刺史吕温奏,当州旧额一万八千四百七……臣到后,团定户税次检责出所由隐藏不输税,一万六千七……又二十余年,都不定户……"说明衡州户口隐匿不报之数约与名义户口相当。又从建中年间定两税户到元和间正是二十多年,很可能《元和郡县志》中元和时期的户数实际上是建中年间的旧额。建中元年上距安史之乱只有十来年,与开元时期户数相比较就更有意义。

当以此次移民运动最为重要,可惜这一点未被哪怕一位研究客家源流的学者所留意。江西在中唐接受大量移民后,经济上加速发展,以至人口增加很快,五代时已向湖南输出移民(详后)。江西而外,由襄州(今襄樊)沿汉水南下经郢(今钟祥)、复(天门)至鄂(武昌),诸州户口都有不同程度增加,移民路线斑斑可辨。

由上面的分析,可以看出安史之乱引起的移民运动规模不小。移民比较集中的新居地主要是襄阳、江陵、武昌之间的湖北腹心地区,湖南西北角,苏皖二省南部以及江西的北部和中部。而且这次移民走得比上次移民要远,已经到达洞庭湖、鄱阳湖以南,其前锋甚至到达岭南和福建。这种情况使北方方言再次对南方方言发生冲击,而且对南方方言地理格局的形成起了关键性的作用。

首先,在湖北加速了北方方言对湖北方言的同化作用,奠定了这一地区西南官话的基础。江陵至常德一带由于移民对土著人口的压倒优势,当地固有方言或许已被移民方言取代;更往南,长沙、衡阳一带的湘语受到北方方言的侵蚀,而削弱了其固有特征,新湘语的最初萌芽大约在此时出现。同时,粤方言也受到了移民方言一定程度的影响。

在江西北、中部,北方移民带来的语言形成了今日赣语的主要基础,并为日后客家话的形成准备了条件。进入江西的移民语言像楔子一样,把吴语区和湘语区永远分隔开来。因此可以说,今日南方方言地理的雏形在中唐以后即已出现。此外江淮和江南地区也受到一些移民语言的影响,但程度比较浅一些。

有些学者未注意到安史之乱引起的大移民,却误认唐末黄巢起义造成了汉人由北到南的一次大迁徙,其实这个看法没有足够的证据。黄巢起义军最大特点是流动作战,方向飘忽不定,两年内南下北上数十州,不可能引起北方人民大规模由北到南定向地迁徙,至多只能迫使人们就近分散避乱而已。但是这一特点却对客家方言的形成有着重要的作用,因为它引起部分江西北、中部人民进入闽西和赣南山区,使这部分人的语言与北方方言区相隔离,走上独立发展的道路,因此今天他们的后裔保留了较多的中唐以前北方方言的特征。

在移民的影响外,还必须着重提到的是:从中唐以后形成的藩镇割据局面到五代十国的分裂状态,历时达二百年,对方言地理的形成起到了强化的作用。也就是说,北方移民对南方不同地区的方言产生了不同程度的影响,这种地区差异性又由于各地人民长期生活在各自为政的分裂局面当中而更

形加强。吴越、吴(南唐)、楚、闽、南汉等国及其前身的各有关节度使辖区对
促进吴、赣、湘、闽、粤方言区的形成显然有不小的作用,而且这种作用一直
延续到统一后的宋代。[1]

第三次中原汉族人民的大规模南迁发生在北宋靖康之难到忽必烈入主
中原之间,大约也历时一百五十年。其中特别要强调的是靖康元年至绍兴
十二年(1126—1142)之间的移民活动。这次移民的原因和西晋末年一样,
由于战乱所引起;南下的路线和方向也和第一、二次移民相近似。但是有关
的历史记载十分零散,这次移民的详情不免有一定程度的模糊,只能作一基
本轮廓的描述。

具体而言,今江苏南部和浙江地区接受了北方最大量的移民。南宋临
时首都由扬州而建康,最终定于杭州,因此两浙路(今苏南、浙江)自然吸引
众多的北方士族和百姓。以是《建炎以来系年要录》说:"四方人民,云集二
浙,百倍常时。"又说:"平江(苏州)、常、润、湖、杭、明(宁波)、越(绍兴)号为
士大夫渊薮,天下贤俊多避地于此。"其中当然以临安(杭州)城里的北方移
民最为高度集中,其成分是以开封为主的北方各地的人物,从文官武将直至
僧尼商贾,在在皆是。[2]

江淮一带在北宋末年本来集中了许多北方移民,濠州(凤阳)与中唐时
一样,成为移民者的乐土,但南宋初年金兵南犯之后,这些移民又流向江浙
地区。

江西的情况比较暗昧,只能推测有相当一部分河南人及部分河北、山东
人移入。但值得注意的是金兵曾经由湖北南侵至江西中部,必然迫使一部
分北来移民进入赣南以至粤北。

两湖地区依然是重要的移民目的地。虽然湖北地近宋金边陲,因此本
地人口也向南迁徙,但同时它也容纳了更在其北的山西、河北、陕西、河南等
地的移民。湖南常德地区也再次接受大量移民,如《夷坚志》所载:"西北士
大夫遭靖康之难,多挈家南寓武陵(常德)。"同时,又有部分移民更往南行,
到达湘水流域。

必须引起注意的是,这次移民比第二次移民更加深入南方。福建、广
东、广西都接受了一定数量的移民。其中广西尤为突出,南宋绍兴三十二年
(1162)的户数比北宋元丰三年(1080)竟增加一倍,为各路中增加最多者,暗

---

1 宋代一级行政区划"路"的划分沿袭唐后期方镇的大势而有所改进,更加符合人文地理实际,因此今天
  方言地理与宋代行政地理有不少相合之处。
2 张家驹:《两宋经济重心的南移》,湖北人民出版社 1957 年,第 41—54 页。

示广南西路确有相当数量移民进入。[1]

两宋之际的移民情形大体如此。其特点是除了江浙一带外,移民的分布较均衡,因此对南方方言的影响从总的方面来看不如第一、二次大。最显著的影响在苏南浙北,使苏州和杭州都一度出现苏音与北音、杭音与北音对立并存的现象。经过几百年的发展演化,苏州的北音已经消融,但杭州的北音仍然顽强保留着。故明代郎瑛的《七修类稿》说:"(杭州)城中语音好于他处,盖初皆汴(开封)人,扈宋南渡,遂家焉,故至今与汴音颇相似。"今天杭州市区的方言依然带有明显的北方味,然而一出杭州则仍是纯粹吴语的天下。江浙地区的北方移民最多,其影响不过如此,其他地区的北方移民至多也仅是加强第二次移民所形成的方言地理特征而已,不可能发生方言的取代作用。

江淮地区是北来移民的中继站,湖南常德再次接受北方方言的影响。南京,尤其是镇江,相对集中数量较大的移民,这些地区此时应已成为北方方言的次方言区。具有特殊意义的是客家方言的逐渐形成。由于两宋之际和宋末金人与蒙古人的两次南犯引起中唐以后迁到江南的大批移民后裔及唐末迁到闽西、赣南的人民再次迁移到闽、粤、赣交界的山区,这一带地理环境的闭塞,使移民方言终于与北方方言完全隔开,形成了独特的客家方言,而且使梅县一带成为客家方言的核心地区。

三

元代以前,中国最主要的移民活动就是上述的三次北南方向的大迁徙,元代以后,自北而南的大规模移民不再出现,而由东到西的移民浪潮变为主要方向。

在东西向移民运动中,首先要提到的是从江西到湖南以及从福建向广东海南的移民。江西向湖南的移民过程从五代开始,直到明清之际,持续七八百年之久。[2]

移民的原因是自发的经济要求。江西赣江中下游地区由于中唐以后接受了大量移民,开发程度比湖南高,到唐末五代在河谷地带已经人满土满,于是逐步向西邻的湖南地区转移,以解决生计问题。所以《宋史·地理志》

---

1 元丰三年户数据《文献通考》卷一一,绍兴三十二年户数据《宋会要辑稿·食货》,不同出一书,但可供参考。

2 谭其骧,前揭书,第300—360页。

说："而(荆湖)南路有袁(江西宜春)、吉(吉安)壤接者，其民往往迁徙自占，深耕溉种，率先富饶。"这一移民活动由宋至元渐具规模，至明代而大盛，移民的结果使得湘东地区的百姓几乎尽为江西原籍，甚至僻在湘西也有江西移民的足迹。这种情况自然使湘语发生质的变化，由近而远带上程度不同的赣语特征。[1]

福建向广东的移民大致也从五代开始。苏轼曾在一首诗序中说："余居海康……其耕者皆闽人也。"苏东坡被贬雷州在北宋中期，可见福建人来到雷州半岛不迟于五代或北宋初期。福建和江西一样，在中唐以后也接受了大量的北方移民，尤其是闽南地区。泉州在元和时期的户口(35 571)比天宝年间(23 806)多出 50％，即暗示了这一点。福建山多田少，人口过饱和现象更加突出。于是从福建向广东实行移民便是不可避免的事。福建移民进入广东东南沿海并逐渐向西扩散，越过珠江三角洲(因为这里早已由操粤方言的汉人所开发)进入粤西南雷州半岛，再到海南岛。这些自闽来粤的移民大多是"泛海而至"，在两宋之际与南宋末年金、元相逼之时，更是大量涌来。从地方志和族谱记载来看，福建移民的原籍多是兴化、泉州、漳州人，他们把闽南方言散布在广东东、西两端的沿海地带，并在珠江三角洲留下了一些闽方言岛。

其次要提的是东部各省向西南地区即四川和云贵地区的移民。

四川人口在历史上经过几起几落的大变化。今日四川人大部分是清代以后移民的子孙，少部分是元末明初移民的后裔，元代以前的土著则是凤毛麟角，所以明初移民后代早已被当成土著。元代末年，湖北地区发生红巾军起义，不少人避乱或随红巾军入川，因此入川之湖北尤其是麻城人最多。明初政府对四川进行移民，也以湖北籍人为主。明末清初，四川经受了二三十年大规模军事行动的破坏，元气大伤，人口大减，以致康熙二十四年(1685)全川的在册户口数还不足二万丁(丁略当户计)。于是清政府采用军屯、招集外省人口、勒令川人还籍等方法，积极向四川移民，使得四川人口在不到四十年时间内剧增到五十七万户。外省入川的移民以明代湖广(两湖地区)籍人为大多数，所以有"湖广填四川"之说。[2] 加上本来的所谓四川土著也主要来自湖北，因此今日四川方言实际上是两湖地区的西南官话向西迁移的结果。虽然在民国初年四川有些地方的方言由于移民原籍的复杂还呈现五

1　周振鹤、游汝杰：《湖南省方言区画及其历史背景》，《方言》1985 年第 4 期，第 257—272 页。

2　胡昭曦文，载《中国农民战争史集刊》第一辑，1982 年，第 176—207 页。

花八门的状态,但通行的已是以两湖的西南官话为渊源的四川官话。

云南地区自从唐代中叶南诏独立以后,在长达六百年的时间内处于中原王朝的版图之外,到元代初年重新统治云南以前,这里已经没有汉语的地位。元、明两代及清初接连不断向云南、贵州地区派去大量军队,实行屯田制度。据研究,包括随军家属在内,四百年内,移入云贵地区的人口达百万之多。[1]

今天西南地区留下的带有屯、堡、旗、营等字的地名就是当时军屯的遗迹。虽然进入云贵的移民籍贯十分复杂,但其中明代从南京(今江苏、安徽二省)来的军人,地位相对重要,加上明太祖在军屯之外还迁徙富民大姓到云南,因此使得十七世纪初的昆明地区在风俗习惯、方言、衣着方面都与下江地区十分相似,今天人们依然可以在昆明话中发现与南京话相似的成分。

清代中期在四川人口逐渐增加以后,又有大批移民在政府鼓励下来到云贵地区,他们的籍贯比较单纯,主要来自江西和湖南,其次是四川,总人数在二百五十万左右。

两次移民使云贵地区纳入西南官话的体系中,但与四川、湖北方言又不尽一致,有些地区甚至带有下江官话的特征。

四

与北南方向和东西方向相反的移民在中国历史上比较少见,但在清代以后却有很重要的两次。一次是清朝康熙以后由大陆向台湾的移民,另一次则是清朝后期以至现代由关内向东北的迁徙。

康熙二十二年(1683)台湾入清朝版图,此后海禁遂开,福建及广东人民开始向台湾移民。到1811年时,台湾人口除土著少数民族外,已有一百九十万人,四分之三世纪以后,更达到二百二十万人之众。这些移民主要是来自闽南沿海的福佬人和来自粤东山地的客家人,两者的比例在日本占领初期是四比一,这就是今日台湾方言以闽南方言为主,并杂以客家方言的原因。

东北地区是清王朝的"龙兴之地",康熙以后辟为禁区,不准移民出关。其实在这之前很少有汉人移居关外,东北一直地广人稀。倒是在禁令发布以后的年代,由于灾荒和饥馑,不断有流民潜入东北。沙俄侵略黑龙江地区刺激清政府移民以实边,东北于是逐渐开放,人口迅猛增加。据估计,1904年时,东北总人口已达一千七百万。但东北人口增加最快的时期还是在20

1　James Lee, *Annales de Demographie Historique*, 1982, pp. 279 – 304.

世纪前期,到 1930 年,东北人口已经增加到三千四百三十万,与 1904 年相比,四分之一世纪中翻了一番。[1] 因此,东北方言是语言大面积转移的典型例子。这里不发生移民与土著语言相互取代或融合的问题,而纯粹是占据和填补,由河北和山东方言去填补东北的空地。今天在辽宁省可以观察到的辽东和辽西方言的差异,就大致反映了山东与河北方言的分歧,而且也反映了山东移民渡海进入辽东半岛和河北移民出山海关进入辽西的历史事实。

最后还要提一下两个不能以单一方向概括的移民活动,第一个是后期客家人的多方向分散移民活动。宋末以来,在闽、粤、赣交界山地长期生息的客家人由于人口膨胀产生的压力,到明末清初以后,不得不向外迁徙,以求发展,他们或向东渡海到达台湾;或向西迁移,一路到达湘赣交界诸县,远者更到达四川;又一路到广东西南沿海,远者进入广西,因此在这些地区造成了许多客家方言岛和方言小区。

第二个则是从东、南两个方向进入陕西汉中盆地的移民活动。汉中盆地处于汉水上游的秦岭和大巴山之间,清代以前一直是人口稀少的地区。康熙三十二年(1693)的人口不过十五万多人,平均每平方公里才二人。康熙之际开始有流民进入此地,乾隆以后移民蜂拥而至,以至嘉庆二十四年(1819)时人口已达三百五十万之多,百年之间人口增加二十来倍,可见移民数量之巨。移民原籍以四川、湖北二省为主,因此这里的语言自然与川、楚通行的西南官话相近,也因此今天陕南地区的群众喜爱汉剧(以武汉为代表)的程度胜过秦腔(以西安为中心)。

移民活动对现代汉语方言地理基本格局的影响大体如上所述。当然还有些规模较小的人口迁徙未曾提及,如太平天国战争后,河南、湖北等地对苏、浙、皖交界地区的移民,江南吴语区人民向江北的迁徙,陕西、甘肃人民向新疆的流移,等等。这些移民活动都对汉语方言地理的碎部有所补充,限于篇幅,不一一详叙。

五

在移民运动之外,影响汉语方言地理格局的第二个重要因素是长期稳定的行政区划。

先看两个实例:

---

1 Ping-ti Ho,*Studies on the Population of China 1368 - 1953*,Harvard University Press 1959. p. 237.

南方方言除客方言外,其他五个方言都是以地名来命名的。但是这些方言的名实之间都有点偏离,赣方言与江西省地域并不符合,湘方言与湖南省范围也不一致。以湘方言为例,一方面并未覆盖湖南全省,而只通行于湘资流域,另一方面却又超出湖南省范围,分布到广西东北四县市,这是什么道理?

每个方言区由于内部的差异又可进一步划分为片、小片等层次。吴方言区大致可分为太湖片[1]、台州片、温州片、婺州片、丽衢片等。这五片的范围除个别地点外,竟和历史上的二级政区相吻合。以唐代政区而言,太湖片略当常、苏、湖、杭、睦、越、明诸州,丽衢片相当于处州和衢州,台州片、温州片(或称东瓯片)、婺州片则大致与台州、温州、婺州的范围相当。怎么竟会如此巧合?

如果细加推敲,上述这两个例子的背后都是历史行政区划在起作用,如果说移民的作用是动态的,历史政区的作用则可以说是静态的。

首先分析湘方言区。广西东北角的全州、资源、灌阳、兴安四个县市的地域在历史上长期属于以长沙为中心的行政区划里。在秦代与汉初,属长沙郡(国),西汉中期以后属于从长沙国分出的零陵郡,东晋南朝以后属于湘州。隋时,全州、资源、灌阳三县市的地域与兴安县分属于零陵郡和以桂林为中心的始安郡,也就是说,兴安县地此时才脱离湖南的范围。唐代零陵郡改称永州,中唐以后永州属湖南观察使辖区,及至北宋才从永州分出全州(辖清湘〔今全州〕、灌阳两县,当时资源县尚未设置)。永、全二州均属荆湖南路,元代则属湖广行省下的湖南道宣慰。直至明代以后,全州地才归属岭南的广西省。由于广西东北角这块地方在长达十五六个世纪的时间内(对兴安县而言则是八个世纪)一直与古湘语的大本营(湘资流域)同属一个一级政区,所以至今通行湘方言是不难理解的。

相反,湖南的沅澧流域在历史上却长期与湘资流域分属不同的政区。在秦代,沅澧流域属黔中郡,两汉三国属武陵郡,南朝属以武昌为中心的郢州。唐朝中期以后将澧水流域的澧州(今津市)和沅水下游的朗州(今常德)划入以江陵为中心的山南东道和后来的荆南节度使辖区。宋代更把整个沅、澧流域纳入荆湖北路之中,到元代则属湖广行省下的江南湖北道肃政廉访司。直到明代,沅澧流域才和湘资流域共处于湖广布政使司之中,但此时

1　以下分片名称皆据《中国大百科全书·语言文字》卷。其中有些名称不够理想,如太湖片不如称吴会片,丽衢片也应称处衢片更合适。

两大流域区各讲不同方言的格局已定。湘西的这种情况恰与桂东北完全相反,在同样长达十五六个世纪的时间中,一直与湘资流域不共处于同一行政区划,而且在这一千多年的大部分时间里归属于以湖北地区为主体的政区之中,宜其与湖北同属官话区,而不与湘资流域共组湘语区了。

隋	唐	北宋	南宋	元	明、清		方言分片
毗陵郡	常州	～	常州	常州路	常州府		常州小片
			江阴军	江阴州			
吴　郡	苏州	苏州	平江府	平江路	苏州府		苏、沪、嘉小片
		秀州	嘉兴府	松江府	～		
				嘉兴路	嘉兴府		
余杭郡	湖州	～	～	湖州路	湖州府	太湖片	湖州小片
	杭州	～	临安府	杭州路	杭州府		杭州小片和临绍小片
遂安郡	睦州		严州府	建德路	严州府		
会稽郡	越州	～	绍兴府	绍兴路	绍兴府		
	明州	～	庆元府	庆元路	宁波府		明州小片
东阳郡	婺州	～	～	婺州路	金华府		婺州片
	衢州	～	～	衢州路	衢州府	丽衢片	龙衢小片
永嘉郡	括州	处州	～	处州路	处州府		处州小片
	温州	～	～	温州路	温州府		东瓯片
	台州	～	～	台州路	台州府		台州片

　　大方言区尚且如此,若从方言区的分片来看,则行政区划的作用更为明显。

　　附表是吴方言区内的政区沿革表及方言大致分片情况。

　　从上表可以看出,吴语区内行政区划的稳定性十分突出。从唐到清的一千多年时间里,各州的地域范围除了苏州和常州外竟毫无变化。而苏州的变化只是整齐地一分为二,再分为二而已;常州也只是先一分为二,以后又合二仍为一。而且在苏、常二州一分为二时,原有的边界也毫不更动,只在内部增加一条新界线。

　　如此长期稳定的行政区划,必然使同一区划之中的语言、风俗等文化因素趋向一体化。一般而言,政区的地域范围越大,一致性越弱;范围越小,则越强。但是不管强弱,这种影响都不容低估。上述湘方言区就是较大范围内的例子。而对于像唐宋的州、明清的府这样的二级政区,所辖地域适中,对文化因素的趋同性而言是最有利的。州和府是一群县的有机组合体,州(府)治不但是一州(府)的政治中心,而且一般也是该州(府)的经济、文化、交通的中心。因此,州(府)属各县与州(府)治之间在政治、经济、文化、交通之间的密切接触,也必然有助于消除各县方言的特殊之处,使各县方言自觉不自觉地向州(府)治靠拢。

与一州(府)之内的一致性相映照的是州(府)与州(府)之间一定程度的差异性。尤其在山区,州与州之间往往以分水岭为界,无疑因交通的不便而增加差异性。所以在吴语区北部平原地带,从常州到宁波的方言可以划为一片,包含了唐代的七个州、明清的九个府,而在吴语区南部除丽衢片外,一片就是一州而已。

促使州(府)之内的方言趋向一致,还另有一层更为深远的原因,那就是每一府的属县都是由一二个或二三个最古老的县析置的。如嘉兴府七县析自秦由拳、海盐二县,宁波府六县都析自秦代的句章、鄮、鄞三县,台州府六县除宁海(析自鄞县)外,都析自汉回浦县,金华府八县都析自秦乌伤县,衢州府五县都析自秦大末县,温州府六县都析自东汉永宁县,处州府十县都析自三国松阳、平昌二县,等等。县的析置意味着新县(子县)是由老县(母县)的人民前去开发的,这些人自然要将原有的方言带到新居地。因此,县的析置过程,实际上就是方言的传播扩散过程,子县的方言和母县方言一致就是很自然的事了。

方言区划和历史行政区划表现出密切关系的例子定有许多,但从上述两个例子,已足够说明长期稳定的行政区划对方言的分区划片产生多么重要的影响了。

六

行政区划对于方言还产生另外一种影响,那就是在一个行政区划之中,权威土语随着行政中心的变易而发生转移。

我们已经说过,行政区划的中心一般都是该政区的政治、经济、文化的中心,是当地最大的城市。有时在两个或几个府之中只有一个最大的中心城市。这时,这个城市就在各方面成为时尚的中心,在物质文化和精神文化方面都起引导潮流的作用。因此,一般人的语言心理都是向这个中心靠拢。行政中心所用的方言土语就成为这个政区的权威的方言土语,一旦行政中心或中心城市变换了,权威土语也就随之改变了。

上海地区的权威土语就是一个很重要的例子。

上海话(以市区老派上海话为代表)的历史源头,一般人认为跟苏州话、宁波话关系最大。从现代上海居民成分和所用语成分来看,这种认识不无道理。但是,根据上海地方志的记载,上海话较早的源头是宋元时代使用于华亭县的土语。明嘉靖《上海县志》说:"方言视华亭为重。"这是因为上海县是元至元二十八年(1291)从华亭县分置的,所以在二百多年以后仍奉华亭话为正宗。而明代的华亭县土语则与嘉兴话相接近,所以明正德《松江府志》和《华亭县志》在述及方言语音时都说:"府城视上海为轻,视嘉兴为重。"这里府城就是指松江府城华亭县。所以上海话的较早源头应该是跟嘉兴话关系密切的华亭话(或称松江话),而不是苏州话,更与宁波话不相干。

从明代的方志看来,当时在松江府,嘉兴话最为人所重,最带权威性,这自然是因为华亭县在元代初年才从嘉兴府分离出来成为松江府的缘故。可见政治因素对语言的影响不可忽视。一直到了清代,嘉兴话的权威地位才让位给苏州话。因为此时的松江府脱离嘉兴已长达四百年之久,而且松江府与苏州府同处一省之中,与嘉兴府则分属两省,再加上苏州比嘉兴在政治上、经济上地位更高,自然苏州话要比嘉兴话有权威了。康熙《松江府志》说"府城视上海为轻,视姑苏为重",嘉庆《松江府志》也有相同的记载。

至于现今上海话的权威地位,则是到民国之后才逐步确立起来的,现在上海地区各县自然都以上海市区话为权威,一般人也以能说市区话为时髦。"视上海为轻"的现象早就不存在了。因此上海地区的权威土语可以说是三易其主,嘉兴话(明代)→苏州话(清代)→上海话(现代)。

七

上面各节的分析已经表明,移民活动是形成方言地理格局的基本因素,而历史行政区划则是方言分区划片的合理基础,因此在汉语方言地理的研究工作中,应当充分重视历史背景的作用。

过去,语言学界都单纯利用语言特征来为方言进行分区划片。其具体做法是:将语言特征(包括语言、词汇、语法)相同的点连缀成同言线,再以密集的同言线束或主要语言特征的同言线来划分方言区及方言片、方言小片。但是这个方法在实际应用中遇到很大困难,因为不同方言之间的变化不是突然的,而是过渡的,因而同言线也往往是离散的、交叉的,很难密集成束,无法作为分界的标准。如果退一步求其次,以单一的语言特征同言线作标准,却又难于确定哪一个语言特征更为主要,即使勉强确定,也往往缺乏代表性和可靠性。由于这些缘故,过去对汉语方言的分区划片存在大量的分歧意见,很难得到统一。

随着研究工作的不断深入,越来越多的人认识到纯粹用语言特征来给方言划分支系是毫无问题的,但以之来给方言进行地理上的分区划片则是不理想的。换句话说,语言特征在确认方言的亲疏异同时,是起决定作用的,只有根据语言特征,才能将不同方言区别开来,将相同的方言归为一类。但是在为某方言划出明确的地理边界时,单纯运用语言特征的方法就显得力不从心了。由于这个原因,语言学界近年来在为汉语方言进行大量的地理区划工作时,已渐渐注意到方言的形成与演化的移民背景,注意到历史行政区划可以作为方言分区的有益参考。这种新认识正是促使语言学与其他人文科学实行横向交叉的动力,希望能以这种新认识为开端,建立起语言学与历史学、地理学、历史地理学等学科的密切关系,将汉语方言地理研究引入一个新境界。

(原载《历史地理》第九辑,上海人民出版社 1990 年)

不可无一 不容有二

——谈谈我对《水经注》的认识

　　"不可无一,不容有二"是清人沈德潜对《水经注》一书的赞语,可谓贴切
之至。对于中国这样一个自古以来就极端重视水利的国家,如果没有一本
既专门又精深的记述水道的著作,是不可想象的,《水经注》正是这样一部
"不可无一"的著作。但是《水经注》又写得太精彩太出色,以至无人敢东施
效颦,狗尾续貂,于是在中国历史上竟然没有再出现第二部可以与之比肩的
著作,遂使其成为一部"不容有二"的绝世之唱。

　　中国自古以来是个农业文明社会,水是国家社会的命脉。水患之治,水
利之用至关紧要。因此对于河流水体的记载在中国典籍上出现得很早,很
详细,甚至蔚为专门的篇章与著作,这与同时期的西方文明相比是一个显著
的特色。大约成书于春秋战国之际的《禹贡》,以大禹治水的叙事,记录了三
十五条水道的分布及其相互关系。战国秦代之际的《山经》虽然以记山为
主,但仍然以山系水,详细记载了三百多条河流的分布,简略说明其源出、流
向和归宿。而专门以河流为主要记述对象的文献恐怕要以《海内东经附篇》
为最早,虽然篇幅很短,所记河流数量很少(仅二十六条),从地域范围来看,
却是秦代主要河流分布相当全面的记载,故似可将其视作秦代水经。[1]

　　到了汉代,出现长期统一疆土广袤的局面,于是《汉书·地理志》有条件
记录西汉时期的三百多条河渠,成为当时河流水体最完整最全面的记载。
《汉志》诸水的记载或系于源出地,或系于终结处,而且规模较大的水道还载
明了流经多少郡国。这么多的水道的基本要素如此清楚,说明西汉时期在
中央已经保存有关于全国重要河流水道的基本资料。《汉志》是班固依照自
己设计的体例,将西汉时期各类专项地理要素按政区体系割裂编排的结果,
所以每条水道的记叙内容虽戋戋数语,其综合背景却是一个全国水系,其所

---

[1]　参见周振鹤:《被忽视了的秦代水经——略论〈山海经·海内东经附篇〉的写作年代》,《自然科学史研究》1986 年第 1 期。

据必定是当时已有的西汉境内水道的测量记录资料。由天水放马滩地图与马王堆汉墓出土地图[1]，我们可以看出实测的水道资料在地图上的显示。虽然这两幅地图所描绘的一些水道或许属"轻流细漾"，不足一提，或许未入班固所依据的史料之中，但《汉志》关于水道的记叙必定依赖于此类基础资料才能写成，是显而易见的道理。而且记载西汉时期全国水道的资料，显然比后来郦道元所注的《水经》还要丰富得多，因为后者所记也仅有一百三十来条水道而已。这也就是我推测在古代，水经所指不但是一部专书，可能还是一类书，撰写水经是中国古代传统的思路由来。[2]

进而言之，东汉时期《说文解字·水部》的记载，虽只记单名的水道，记述简略，但也具备出山、流向及归宿三要素。而且在《汉书·地理志》中未出现的马王堆地图中的深水，却在《说文》中见到，说明《说文》所据也是水经类型的资料，而将其分部别居，系之于相关文字的部首之下而已。到了魏晋南北朝时期，水经则可肯定是成为专门著作了，但到底这个时期是只有一种水经，还是有多种不同的水经并存，则尚无定论。不过对郦注《水经》的复原工作方面，则目前已经取得了初步的成果。[3]

在中国思想史上，水也有着特殊的意义。老子云："上善若水。"孟子比喻人之性善，"犹水之就下"。而在对现实世界的考察中，郦道元《水经注》对水也表达了一种特殊的感觉，自序一开头就说："《易》称天一以生水，故气微于北方，而为物之先也。《玄中记》曰：天下之多者水也，浮天载地，高下无所不至，万物无所不润。及其气流屈石，精薄肤寸，不崇朝而泽合灵寓者，神莫与并矣。"而在《河水注》中有"水德神明"的引语，又引管子曰："水者，地之血气，如筋脉之通流者，故曰水具财也。"在《巨马水注》中又有"水德含和，变通在我"的述语，可以约略见到郦道元视水若神的思路。中国人重视水经的传统或许也与这些认识相关，还不止于实用的需要。郦道元所在的时代是魏晋玄学兴盛时期，虽然《水经注》是实学著作，但从以上《水经注》中的这些话，或许说明郦道元立意著述《水经注》时，未必不受到由道家与儒家融合的玄学的影响，虽然最终其成就却体现在地理学领域之中。

《水经注》之所以达到当时地理学发展的新高度，是因为具备了一个全

1　关于此二出土地图的详细研究分别见晏昌贵《甘肃天水放马滩木板地图新探》(《日本秦汉史研究》第十五号，2015 年 3 月，该地图所复原出来的水道是甘肃秦岭西段南北的几条小河流，分别为渭水与嘉陵江的支流，地图时代为战国末秦王政八年)、张修桂《西汉初期长沙国南界探讨——马王堆汉墓出土古地图的论证》(收入氏著《中国历史地貌与古地图研究》，社会科学文献出版社 2006 年)。

2　参见周振鹤：《中国古代撰写水经的传统》，《历史地理》第八辑，上海人民出版社 1990 年。

3　见黄学超：《〈水经〉文本研究与地理考释》，复旦大学博士学位论文，导师李晓杰，2015 年。

新的地理学视角,采用了一种以河流水道为代表的自然地理框架来容纳人文地理及其他自然地理内容的写法。这个视角正与《汉书·地理志》所建立的以政区为基本框架来容纳自然地理及其他人文地理内容的撰述体例,形成强烈的对照,令《水经注》在传统绵长的正史地理志—地记—图经—地方志及全国地理总志为代表的传统地理系列著述之外,显得特别突出。从而使得《水经注》自行世以来,就受到众多学者极大的重视与推许。对《水经注》的称誉历代皆有所闻,而在清代达到高峰;对《水经注》的研究也历经宋、明,而在清代臻于至盛。《四库全书》的编纂是所谓"康乾盛世"文治的代表,包容了传世的三千五百多种书。在全书完工后,四库馆臣给乾隆皇帝写了一个很长的进表,举出这几千种书中极少数的杰出代表作,《水经注》就是其中的一部,获得了"郦注桑书,剖源流于地理"的美誉。说明在清人的心目中,《水经注》被定性为中国历史上地理书的杰出代表。也因此,《水经注》在清代得到了学者们的集体关注,许多人专心致志于《水经注》佚篇的钩稽、经注的厘清、异文的校勘、失误的订正,争相以复原《水经注》的原貌为荣誉,甚而造成著名的赵戴公案。[1] 潮流之盛,其至连皇帝本人也以能纠正《水经注》之误为荣。[2]

清代学者的集体贡献,使我们至今有一个基本可靠的《水经注》校本可供进一步的研究。民国以还,又有许多杰出学者究心于此,从王国维到胡适,无不致力于《水经注》研究。[3] 尤其是 20 世纪 30 年代以来,历史地理学科在中国逐渐形成,《水经注》被视为最重要的历史地理典籍之一,进一步将《水经注》的研究往纵深方向拓展。近数十年来,更形成了所谓"郦学"这样的专门学问,在文献学、历史学与地理学方面均有可观的成绩出现。其中,陈桥驿先生著述尤多,是当代郦学名家。但是不可否认,《水经注》的研究实际上还任重道远。

1　即赵一清后人所刊与戴震所校《水经注》大体相同,引起戴袭赵或赵袭戴之公案。20 世纪 30 年代郑德坤在《水经注引得》一书之序中已将此问题基本解决,复由当代著名的郦学家陈桥驿先生再行理董,成《论戴震武英殿本〈水经注〉的功过》等文,则已完全定谳。

2　如乾隆在《御制文集二集》之《热河考》一文中,指摘《水经注》所讲武列水(即热河)"三川合流之序则不足据",批评郦道元"徒尚耳食耳,而未尝亲履其地,晰其支派脉络分合之由,毋怪乎其舛也"。在《滦河濡水源考证》一文中也有性质类似的批评。而且《四库全书》还特意将以上二文置于《水经注》全书之前,以彰显乾隆皇帝的"天纵英明"。

3　关于《水经注》研究史,可参见汪辟疆《明清两代整理〈水经注〉之总成绩》(《杨熊合撰水经注疏》影印本卷首,台湾中华书局 1971 年)、陈桥驿《民国以来研究〈水经注〉之总成绩》(《中华文史论丛》第五十三辑,上海古籍出版社 1994 年)、《近代郦学研究概况》(《中国历史地理论丛》1985 年第 2 期)、《港、台〈水经注〉研究概况评述》(《史学月刊》1986 年第 1 期)、吴天任《郦学研究史》(艺文印书馆 1991 年)等。

《水经注》研究至少有三方面内容,一是文献学研究,必须尽量搜集现存齐备的版本,以进行文字校勘,使研究者先有一个可靠的最接近原本的本子可以使用。二是史源学研究,探知《水经注》文本的史源,尽量厘清编述与实勘的成分。三是地理学的研究,复原六朝时期的河流水道以及人文地理景观,编制出新时期的《水经注图》来,并且尽可能上溯下行,与古代的水文地理及后代的,乃至今天的水道系统作比较,以古为今用,为今天的地理环境的优化做出现实贡献。以上三方面研究是相互联系的,许多想当然的事,在深入研究中就会出现新的问题,解决这些问题才能使《水经注》的研究得到新的推进。而在实际上,尤其是从上述《水经注》成书过程的分析来看,对《水经注》的研究与其他传世文献相较,还有其特殊之处,即史源学研究的重要性丝毫不低于版本学研究。只有弄明白《水经注》的成书过程,我们才能更好地找到其文本的源头,以促进下一步的研究。在这里,我只要简单地举一个例子,就足可理解。

在最新的《水经注》文本研究成果,即中华书局版的《水经注校证》卷二《河水注》中有这样的一段话:"释氏《西域记》曰:南河自于阗东于北三千里,至鄯善入牢兰海者也。北河自岐沙东分南河,即释氏《西域记》所谓二支北流,迳屈茨、乌夷、禅善入牢兰海者也。"这最后一句的三个地名中,禅善(鄯善)至今仍在,屈茨即《汉书·西域传》之龟兹,即今库车,而乌夷到底指何处呢? 单纯对照各版《水经注》皆无法作出正解。[1] 当然,如果从释氏《西域记》本文去追寻,或许这问题就会迎刃而解,可惜道安所撰这本《西域记》已佚。但如果比照另一本传世的著作,就会明白,这"乌夷"之"乌"乃是"焉"字之误。章巽先生在研究《水经注》与法显《佛国记》关系时,摘出《水经注》里的另一段:"释法显自乌帝西南行,路中无人民,沙行艰难,所径之苦,人理莫比。在道一月五日,得达于阗。"其中的"乌帝"一语更是两字皆误,而究其实则为"焉耆"之讹。[2] 同理,上述"乌夷"也一样是传写之误。可惜《水经注校证》未注意到章先生这一早就发表的成果,而一仍其误。可见如果重视《水经注》的史源,以其所引用诸书来作深入探研,则对《水经注》本身的研究必定会有所促进。

许多现代的研究者认为,《水经注》主要是作者亲自踏勘调查所得的成果,因此在作者未亲自履历的地方,其记述就可能出现错误。这种想法其实

---

[1] 《水经注校证》称参校版本达三十余种之多,但仍不得正解。

[2] 详见章巽《〈水经注〉与〈法显传〉》,《中华文史论丛》1984 年第 3 辑,收入《章巽文集》,海洋出版社 1986 年。章先生引经据典,追源溯流,对比多种抄本刊本,详细考证"乌帝"致误的来源,令人钦服。

很早就有了,所以《四库全书》中的《〈水经注〉提要》说:"至塞外群流、江南诸派,道元足迹所未经,故于滦河之正源,三藏水之次序,白檀、要阳之建置,俱不免附会乖错。甚至以浙江妄合姚江,尤为传闻失实。"换言之,此语在客观上等于认定《水经注》是郦道元足迹所经处的实录与未经之处传闻的结合。实际上,这种看法并不正确。《水经注》里确有郦氏亲自踏足之处,所以在书中他对几处实际地理情况与载籍记述之间的矛盾,做了合理的辨析。在引述他人著作时,也注意到该作者是否亲睹该水。但就全书分量而言,大部分内容是从相关的载籍摘取汇编而来,实勘的小部分主要多是因公旅行时所进行。业师谭其骧先生曾言:"古今有许多学者认为,全部《水经注》内容除一些注明引自前人著作的词句外,便都是郦道元根据他自己调查、考察、研究所得写下来的,这是极大的误解。"又说:"郦注与班志一样,主要贡献也是在于郦道元纂集了大量的前人地理著作,而不是根据他自己亲见亲闻所记下来的那一小部分。"[1]所以《水经注》发生某些错误的原因主要并非因作者未作实地调查研究,而是征引典籍时出现的毛病,或误引,或张冠李戴,或随意附会所致,[2]这一点实不必为尊者讳。

有学者认为郦道元自序中"访渎搜渠"四字,是亲自踏勘的意思,其实不然。这里的"访渎搜渠"必须要从上下文语境来进行综合考索。郦道元在自序中早已表明他自己"少无寻山之趣,长违问津之性",他所做的主要大事,是将他所能看到的各种著作里的地理材料,按照河流水道的分布,一一安插到合适的位置上去,建构成一个新的地理体系。这种创造性贡献的特点,简而言之,或许可如古人所总结的所谓"因水证地,即地存古"。这个工作貌似纸上谈兵,却是在学术领域做了一个崭新的贡献。而所谓"访渎搜渠"四字是要放在"辄述《水经》,布广前文。……脉其枝流之吐纳,诊其沿路之所躔,访渎搜渠,缉而缀之"的大语境中去体会的,也就是说,道元先以《水经》为骨架("辄述《水经》"),再将前人之文("前文")加以演绎("布广"),将从前人书籍中访来的渎,搜到的渠,按照枝流吐纳关系,以及水流沿路的相关各类地理资料,组成一个完整的地理系统。

事实上,要将载籍中"乱流而摄诡号""直绝而生通称"的河流名号分辨清楚,并且将"枉渚交奇,洄湍决渎,躔络枝烦,条贯系夥"的水道体系整理清

---

1 谭其骧:《〈中国古代地图集〉序》,《文物》1987 年第 7 期,收入《长水集续编》,人民出版社 1994 年。

2 钱大昕《十驾斋养新录》卷 11,"《水经注》难尽信"条,举西汉安成、桃、建成等三侯国,在《水经注》里皆两见为例。如同一安成侯,《赣水注》中定为长沙之安成,在《汝水注》中又说是汝南之安成。"皆彼此重复,不相检照。"

楚,并在文字上清晰表现出来,绝不是一件容易的事。而郦道元做到了。他将大小一千多条河流一一梳理清楚,安排妥帖,尤其是要将河流的各级支流都叙述到(漳水并不算长,却连四级支流都涉及了),而又不能错乱,真是太难了。之所以要"访渎搜渠",其意义端在于此。所以他坦白承认其著作的出现是因为空闲时间太多,担心虚度了年华,所以才拿《水经》来消遣,将"前文"加以"布广",而结果却衍绎为一本空前绝后的大著作。如果他前文自己已经说过对"寻山"与"问津"并无兴趣,而后面又说"访渎搜渠"是亲力亲为,那岂不是一个大矛盾?

不过也因为郦道元的主要工作是纸面上的访渎搜渠,所以有时也会出现对"前文"过度"布广"的情况。譬如,钱大昕在《潜研堂答问》卷九中说:"汉初功臣侯者百四十余人,其封邑所在,班孟坚已不能言之,郦道元注《水经》,始考得十之六七。"汉初功臣侯国所封何处,东汉时班固尚且说不明白,四百多年后的郦道元何以多能坐实呢?他掌握的有关西汉历史的文献资料并不能超过班固,所以考得"十之六七"的事,也恐怕就未必都靠得住了。故钱大昕在《十驾斋养新录》卷 11"《水经注》难尽信"一条中,就举例说明"《水经注》载汉时侯国难以尽信"。但今人大约未注意到《养新录》此条,而且误读了钱氏前一句话,以为"在侯国的建置兴废中,《水经注》的记载超过《汉书》",并认为这一点"说明了郦氏用功之勤,也说明了《水经注》在这方面的史料竟超过《汉书》",因此"在史学上具有重要意义"。[1] 其实,只要稍加注意,就可以明白钱大昕所说郦道元考得十之六七的是"封邑所在",亦即这些封邑的具体地望,并不是侯国建置。而且所考得的那十之六七,正确与否,仍须后人予以验证,并非全是可以直接援用的成果。

陈桥驿先生曾总结说,"郦氏撰述《水经注》,其方法从实地查勘、稽核地图、引征文献以至访问外国使节"[2] 而来,这样说自然很全面。然究其实,征引文献实占其中的大部分。而古人在征引前人文字时,又为行文之流畅可读,往往不具引书名作者,甚至有时只概述引书的大意(这其实不独郦氏为然),使得后人以为《水经注》中除注明出处外,全书大部分为郦氏所著,于是有时就会对文本产生误读现象,以至对郦道元以北朝之臣而行文竟用南朝年号的情况曲为之解,认为他有大一统思想,[3] 这就未免有点谬托知己了。其实郦氏不过因为直接摘用南朝人的文章,自然不改其年号。更有甚者,

---

1 　陈桥驿:《郦道元评传》,南京大学出版社 1994 年,第 189 页。

2 　陈桥驿:《水经浿水篇笺校》,《水经注研究四集》,杭州出版社 2003 年,第 324 页。

3 　陈桥驿:《郦道元评传》,第 37—42 页。

《江水注》中还有实指宋文帝的"今上"一词出现,岂非更大逆不道? 其实这一点也早已由顾炎武《日知录》"引古必用原文"条所揭示:"凡引前人之言,必用原文。《水经注》引盛弘之《荆州记》曰:'其中有九十九洲。楚谚云:洲不百,故不出王者。桓玄有问鼎之志,乃增一洲以充百数。僭号数旬,宗灭身屠,及其倾败,洲亦消毁。今上在西,忽有一洲自生,沙流回薄,成不淹时,其后未几,龙飞江汉矣。'注乃北魏郦道元作,而《记》中所指今上,则南宋文帝以宜都王即帝位之事。古人不以为嫌。"也就是说,作文时引用前人的文字必定要用原文,并非郦道元出了毛病。包含"今上"在内的一段文字是从盛弘之《荆州记》照抄来的,并未因郦氏仕于北朝而改称南朝的"今上"为夷酋之类。[1]

事实上,郦道元的喜欢读书,早见于史载。《北史·本传》称"道元好学,历览奇书"。自《水经注》行世以来,尤其是自宋代以来,《水经注》就已以征引文献之丰富,为学者所瞩目。明代朱谋㙔《水经注笺》对征引典籍已作部分溯源考订,现代学者郑德坤更详细考证出明引的典籍有四百三十六种。[2]但是现有研究清理《水经注》征引文献数目,均以明确标注书名、撰者为限,对传统撰著方式中引而未注、撮取文意的征引(或可称"暗引")则未能全面揭示。如果再认真追寻其暗引的典籍,并大致估计其分量,更可清楚看出《水经注》的基本内容应该都是来自六朝及其以前诸相关文献。

有鉴于此,我建议复旦大学的夏婧博士后,从文献学角度来探究一下《水经注》有多少成分是暗引的。随后,她在博士后出站报告中指出,暗引材料若不仔细甄别,实难以确知。"如陈桥驿指出郦书引称《法显传》仅八次,所计显然以文中明确标出'释法显曰''法显传曰'为据。而比对《法显传》,可进一步判定卷一《河水》大半篇幅均出其书。"[3] 又"如卷37《夷水》篇内基本没有标示征引书名,偶有一两处提及'盛弘之以是推之''袁山松云'。但借助唐宋类书保存的文献片段,可以确定通篇几乎全部采自盛氏《荆州记》、袁氏《宜都山川记》、《荆州图副》等典籍;又如卷36《沫水》,从逐条内容推证,也可判断相关叙述皆本于常璩《华阳国志》、皇甫谧《帝王世纪》等。"[4]

进一步研究,则会想到,郦道元引用典籍数量甚巨,一方面有检索之难,

---

1 时南北朝对立,南朝詈北朝为索虏,北朝则蔑南朝为岛夷。

2 见郑德坤《水经注引书考》,《厦大图书馆报》1935 年第 2、3 期,但 436 种之数在其前一年的《水经注引得·序》中已揭示。陈桥驿则以为有 477 种,不过陈先生计数法略有不同,如《山海经》通常以一书计,而陈先生将其中之篇目如《山经》等复计为另一书。

3 夏婧:《〈水经注〉援引文献溯源研究》,复旦大学博士后出站报告,第 9 页。

4 夏婧:《〈水经注〉援引文献溯源研究》,复旦大学博士后出站报告,第 9 页。

另一方面,这些书是否都唾手可得? 因此会不会有间接辗转引用的可能? 也就是引用类书或其他现成的注书,如《史记集解》之类? 经过考证,夏婧认为:"郦注对传世典籍的援引,往往存在辗转他途的现象,比如最大限度地参考借鉴某书已有的集注、集解本。一些生僻或稀见文献的获得可能即出此法。进而言之,注释中某些错误观点的形成、材料引文与通行版本间的文句差异,或许也与这些隐性文本的存在有关。"[1]此外,郦注未标举引书来源的原因,还有可能是因为出于汇考群说,或者拼合同一书不同章节叙述的征引方式等情况。

要之,根据李晓杰等人对汾水与渭水诸篇的史源学研究与夏婧等对全书的抽检,[2]《水经注》全书是以征引同时及前代典籍为主要成分,而不是以个人的实地考察为主要依据,是完全可以断言的。

有了以上对《水经注》史源学方面的基本判断,对于复原一个最接近本来面目的《水经注》版本是有绝大好处的。因为研究者可以根据《水经注》所引书的原版,对现存《水经注》各版本进行必要的订正,如上文我所举的由《法显传》来订正《水经注》的例子。当然,反过来的道理也一样,未尝不可以《水经注》来订正其所引之书,只要你有能力确定谁正谁讹。当然这样的例子也不会很多,因为《水经注》所引书大部分已佚,正需靠《水经注》来进行辑佚工作。但这个道理却是重要的,对《水经注》版本研究有促进的作用。

就一般的印象而言,赵一清《水经注释》四库本、戴震主持校刻武英殿本,已经为公众提供了尽可能好的《水经注》校本。而且从残宋本以下的各种存世的不同版本的《水经注》,经过明清与民国时期诸家接力似的衰集,到民国时期为止,也已经齐备了,于是《水经注》的版本问题似乎已经解决了。但实际情况并非如此:一是上述校本并非尽善尽美,还有改进的空间。例如赵、戴校本读来也仍有疑问,上文所举《河水注》中的"乌夷"与"乌帝"即是显例。因此在今天进一步追求一个更加完善的新校本是完全必要的。其次,就整体存世的《水经注》版本而言,我们也不能断定绝无遗珠。第三,也很重要的一点,在现存三四十种《水经注》的主要版本中,它们之间到底存在什么样的关系,是一个接力般的直线体系,还是存在着不同性质的差异?

譬如说,明代朱谋㙔的校本是"三百年来一部书",与清代赵、戴校本现在都算作《水经注》的版本之一,但这一类版本是经过后人整理校改过的版

---

1 夏婧:《〈水经注〉援引文献溯源研究》,复旦大学博士后出站报告,第9页。

2 关于《水经注》史源学的研究,近年来也有其他学者加以留意,如鲍远航博士论文《〈水经注〉文献学文学研究》(首都师范大学,2004年)第二章专论《水经注》暗引的问题。

本,或者说是刻意造成的"新"版本。除此而外,另外是否还有一类只是经过简单的传抄或刊刻,而未经学者加工改造的版本?如果有,那么这些版本似乎应当分为两途来对待。如果简单化地作一个比喻,前者似乎是衍生态的版本,而后一种则近乎原生态版本。那么我们在对"衍生"版本投以很大的精力进行研究时,是否也应该对"原生"版本的长处予以足够的注意?

事实上,在前人研究的基础上,李晓杰等人在去年就已发表了关于版本研究的最新成果:《〈水经注〉现存主要版本考述》。[1] 这篇文章体现了《水经注》版本研究的当下水准,这一成果不但包括他们新发现的本子,而且对前人的版本论述提出了修正的意见;更重要的是将已经发现的各种版本分成古本(保留宋本原貌)与今本(已经校改过的)两个系统,以利于通过进一步的研究,厘定出一个最接近原本的《水经注》本子来。根据他们深入的研究,已经发现个别明抄本当中含有残宋本所不具备的内容,说明复原一个比残宋本更早的古本《水经注》是值得期待的。

版本研究是《水经注》本体研究的前提,但这绝不是说我们只有等版本研究过程结束之后才能进行本体研究。恰恰相反,对《水经注》进行历史地理方面的研究,经常会出现单纯版本研究意想不到的后果。如通过对《渭水篇》的研究,李晓杰团队就发现明末陈仁锡本的文字内容最接近吴琯、陆弼校刊本,而不是黄省曾本。[2] 更进一步说,即使现存所有版本都不存在疑问的地方,在历史地理研究方面如果过不了关的话,也一样可以证明版本在流传过程中出现了错误。这一点,清人的研究也已有"审地理"的先例,今人也借此考证出一些错简之处,[3] 在在说明《水经注》本体的研究是与版本研究相辅相成的。

至于《水经注》的地理研究,上面已经说到,从清代中期就已经发其端了。当然,自宋代以来,就有人将《水经注》作为古代城邑定点的根据,这已经是地理研究的先声了。到了清代,学者们争先将《水经注》的记述与当时的水文地理实况相对照,取得许多新认识。说实话,乾隆批评《水经注》记述的一些错误,将原因归于郦道元非亲履其地,也可算是一种地理性质的研究。而将《水经注》文本以地图的形式展示出来则是另一种类型的地理研

1 李晓杰、杨长玉、王宇海、屈卡乐:《〈水经注〉现存主要版本考述》,《历史地理》第三十一辑,上海人民出版社 2015 年。

2 李晓杰、杨长玉、王宇海、屈卡乐:《〈水经注〉现存主要版本考述》,《历史地理》第三十一辑。

3 周振鹤:《〈水经·浊漳水注〉一处错简——兼论两汉魏郡邺会侯国地望》,《历史地理》创刊号,上海人民出版社 1981 年。石超艺:《〈水经·浊漳水注〉错简与脱文考订——兼说用数字化地图技术重绘水经注图》,《历史地理》第二十辑,上海人民出版社 2004 年。

究。清代自黄仪以来，董祐诚、汪士铎以及杨守敬、熊会贞都绘制过《水经注图》，但黄图、董图已佚，汪图只存补绘图二卷，近似于示意图。杨氏《水经注图》开始使用具有经纬线的地图作底图，略具现代意义。[1] 民国时期郑德坤始以现代实测地图为底图而绘制水经注图，但可惜只有总图存世，不能反映细部情况。20世纪50年代以来，谭其骧师主编的《中国历史地图集》充分利用《水经注》的记载，并经过深入考证，复原了六朝及其以前的水道以及其他地理现象，使绘制专门的《水经注》图有一个很好的前提条件。

从整体范围看，由于地球科学与数字化地图学近年来的长足发展，为历史时期地貌的研究提供更加可靠的基础，例如古河道的复原与地图绘制比过去任何时代都要精确，因此将《水经注》文本研究与精细的历史地理研究相结合，并绘制出精细的《水经注》图的可能性已经明显存在。在这种情况下，四年以前，李晓杰的团队已经就范围稍小的汾水流域作了一个解剖性的地理景观复原研究，[2] 取得显著的成绩。在这个研究中，所绘制的流域地图是目前最大比例尺的历史地图，其详尽程度远过于谭图第四册的相关地域；所收获到的不仅是历史地理学方面的进步，而且也对《水经注》文本有更深的认识，所以接着才有对于《水经注》版本的深研，以及对更大范围的渭水流域进行研究的基础。而《水经注校笺图释·渭水流域诸篇》[3] 不但是前人提倡过的编纂《水经注》新版本与编绘《水经注》图的部分实现，而且比任何前辈对《水经注》研究的期望更具前瞻性。关于此书对前人研究的推进，李晓杰已经在前言里作了总结，简而言之有以下六端：文本的校勘精度、史源学的探究、佚文的辑补、水道分布与政区设置的复原以及渭水流域释图的编绘。循此以往，再接再厉，代表最新研究成果的《水经注》全新版本以及六朝时期及其以前的河流水道的面貌的整体复原完全可期。而且将本书的渭水流域图与今天该流域的水文实测图相比较，可以清楚地发现，一千多年来，我们究竟损失了多少水资源，进而明白人类应该走什么样的发展道路，才是真正的可持续发展之路。

接连三项有关《水经注》研究的较大成果的完成，也说明了另外一个道理，就是这一项研究工作非要有集体性不可，以一个人之能力与精力，难以完成逐字逐句吃透文本的工夫，以复原一个好版本，同时也难以完成《水经

1　关于清代水经注图的研究，可参见辛德勇《关于〈水经注图〉》，《书品》2009年第6期。

2　李晓杰、黄学超、杨长玉、吕朋：《〈水经注〉汾水流域诸篇校笺及水道政区复原》，《历史地理》第二十六辑，上海人民出版社2012年。

　3　李晓杰主编，《水经注校笺图释·渭水流域诸篇》，复旦大学出版社2017年。

注》地理学层面的研究任务。日本学者对于中国古籍常常以读书会的形式，集体研读，字字推敲，句句斟酌，取得较出色的成绩。李晓杰团队数年以来也采用类似的形式，不求躁进，踏实用功，一步一步走去，希望以局部成绩的积累而竟其研究之全功，这种形式与态度均是可取的，也由所取得的成果证明是可行的。当然也还有一个期望，是该团队能进一步将研究成果与地理信息系统相结合，这样既能与今天的地貌相映衬，又便利于相关的研究者利用。

谭其骧师曾有意深研《水经注》，平日里一有什么关于《水经注》研究的想法，就写入一个专门的笔记本，希望在完成《中国历史地图集》之后，能腾出时间来专门写作《水经注》研究文章，尤其是从地理学角度来阐发《水经注》的成就。对惜他在历史地理研究方面需要解决的难题太多，竟终其年不能专心于这一领域。我的眼界与见识都浅得多，虽也想从事此项研究，但只在刚入历史地理门庭之时做过一篇小文章，以说明从地理学视角出发研读《水经注》，可以解决从纯粹文献学角度不能解决的文本错简问题。此后因为旁骛过多，蹉跎至今也未能遂愿。今李晓杰偕其指导的学生有志于《水经注》的专深研究，在一个相对较大的流域范围内真正做到了文献学、历史学与地理学三结合的新成就。可以想见，循此而往，积步计程，《水经注》全面深入的研究成果将是 21 世纪可以期待的学术成就。

（原载《文汇报》2016 年 12 月 23 日）

中国洋泾浜英语的形成 [*]

语言接触(language contact)指一种特殊但又普遍存在的语言现象,差不多任何人都会遇到语言接触现象,处于语言接触过程中。不但语言之间,即共通语与方言之间、方言与方言之间也有语言接触现象发生。不同语言(方言)在发生接触时相应地要发生语言变迁,变迁的程度与变迁的形式与语言接触的过程、接触的深度直接相关。过去语言接触只是作为一种语言现象来研究,属于社会语言学的范畴,在学术界未引起普遍的注意与深刻的重视,但随着研究程度的深入以及语言接触现象的普遍,已然形成一门语言学的专门分支,称为接触语言学(Contact Linguistics)。社会语言学本身的历史并不算太长,语言接触从其中的一个课题发展为接触语言学,还是相当晚近的事,表明了语言学发展的一个新侧面与新方向。[1] 接触语言学的研究对象从两种语言接触后产生的最简单的结果,即词语的借用,以至最复杂的结果,即新语言的产生这两者之间的各种语言接触现象。更进一步的发展是,不但语言接触成为一门专门的学问,甚至语言接触的最极端结果的pidgin 与 creole 现象也进一步成为一门专门的学问,有了所谓的 pidgin&creole linguistics。

中国是一个大国,讲汉语的人口比世界上操任何其他语言的人口要多,与其他语言发生接触的现象也很突出。海通以前,与周边民族之间的语言接触就很频繁,也因此产生了许多语言接触材料,至少从西汉以来,就有文

---

[*] 本文原是为了写作一本小书《中国洋泾浜英语研究》所积累的部分素材,除了上述内容以外,本来还应该写出中国洋泾浜英语在上海的变迁、盛行及衰落过程,还应该写出中国洋泾浜英语在海外的延伸情形,更重要的还有这种混合语的语言学研究,但是限于时间与精力,只能先成此篇,希望能引起有关人士的兴趣。此外本文所用部分资料有赖学生余蔚、林涓与司佳帮忙收集,并此致谢。

[1] 1988 年 The MIT Press 出版的 *Lectures on Language Contact*(by Ilse Lehiste)里,只有四个方面的内容:The Concept of Interference, Bilingualism;The Bilingual Individual, The Bilingual Community;Language Contact and Linguistic Convergence;Results of Language Contact:Pidgins and Creoles。但最迟三年后,就看到接触语言学的称呼了:Languages in Contact and Contrast:Essays in Contact Linguistics,到 2003 年更有 An Introduction to Contact Linguistics/Donald Winford 这样的概论出现,内容相当丰富。

献上的记载体现出语言接触的现象。佛教传入中国,汉语与西域诸语言及与梵文都有深度的接触,汉译佛典中的词语进入寻常文书口语之中,乃是司空见惯的现象。中国与朝鲜、日本、越南之间的语言接触尤为其中之突出者。至于宋元明清以来,边疆少数民族入主中原,这种接触更是有增无已。故至明代已有数十种华夷译语之编写,让我们得以研究其时少数民族语言的基本形态。晚明以降,中国与东南亚交往密切,汉语南方方言与东南亚诸语有了密切的接触。满洲兴起,满语与汉语之间互有影响;至海通以来,中国与西洋诸国语言也直接发生接触,先与葡萄牙语,后与英语,甚至在北方还有与俄罗斯语的接触。与欧洲语言的接触表现在形形色色的 pidgins 里头,而与英语的接触更形成了语言学上有定称的 Chinese Pidgin English (CPE),其地位在世界上诸种 Pidgin English 里显得特别重要,在学术上应予以足够的重视。

　　Pidgin Language 一语在汉语里至今没有定译,目前一般音译为皮钦语。但在 19 世纪 70 年代,就有先行的中国人称之为"别琴"语[1],比今译早了一百余年。至于语言学上的意译,至今没有正式出现。大约从 19 世纪末以来,一般惯称在中国流行的 Pidgin English 为洋泾浜英语。更早一些时间,西洋人与中国人对这一语言的称呼则五花八门,西洋人尤甚。直到今天,Chinese Pidgin English 也没有学术上的定译,因此本文不得不仍暂称其为中国洋泾浜英语。中国的洋泾浜英语在中国沿海地区存在了两百年之久,而且实际上是大航海时代以来由于语言接触所产生的、林林总总的洋泾浜语言 (Pidgin Language)中非常重要的一种,就连 pidgin 一词也应该是产生于中国的。但中国学术界对于这一重要的文化现象的研究基本上处于空白状态,外国学者有过一些研究,但基本上不为中国学术界所知。而中国方面的某些文献因为不常见,不但为外国研究者所不知,也为本国学者所忽略。其实这一研究至少有两方面的意义,不但在于语言学方面,还在于历史学方面,因为这一语言现象同时又是历史上一种特殊的文化现象。最近有人认为,洋泾浜英语、买办或基督教的本土化等都是欧洲文化因应实际状况而主动改变自己面貌的例子。[2] 这是很有见地的。笔者前此曾就洋泾浜英语的具体问题作过一些研究,本文企图在这些个别研究的基础上,对中国洋泾浜

1　周振鹤:《别琴竹枝词百首笺释》,《上海文化》1995 年第 5 期,收入《逸言殊语》(修订版),上海人民出版社 2008 年。

2　滨下武志:《网络城市香港之历史作用》,载《港澳与近代中国学术研讨会论文集》,台湾"国史馆"印行,2000 年。

英语的形成过程作稍微全面的探索。

　　"洋泾浜英语"是 Pidgin English 的俗译,但是一种不确切的对译。这一对译的双方各有其来源。洋泾浜是清代上海县城北面的一条小河,鸦片战争以后成为外国租界与华界之间的界线。习惯上将法租界以南至小东门一带称为洋泾浜。这一带地区因为是外贸码头所在,起初经常有人操蹩脚的英语作为中国人与外国人之间的贸易中介,后来这种英语直接成了中外买卖双方之间常用的语言,于是这种英语就被称为洋泾浜英语。而 pidgin 一词的词源,至今没有完全定论,一般认为就是从洋泾浜英语对 business 的蹩脚发音而来的。但无论洋泾浜英语或者 Pidgin English 都是这种语言用了一百多年以后的叫法。在此叫法之前还有广东英语,即 Canton English 的称呼。广东英语是较文雅的叫法,实际上多称为广东番话,这是广东沿海一带中国人叫出来的,而西洋人则将之译为 Canton English。但即使是 Canton English,也还不是这种混合语言的最初称呼。在起初的数十年中,一般的洋人都只称它为 Jargon of Canton,或 Canton Jargon,[1] 有时也称为 broken English [2],甚至于简单地说其是 slang of Canton [3] 或 slang [4],甚至也有当它为一种 dialect 的 [5]。本文的研究正要从这种无正式称呼时期开始,一直延续到 19 世纪 70 年代。主要是从历史学而不是语言学的角度,甚至只是从编年的视角来看看 Pidgin English 形成的基本脉络,尤其是利用此前许多学者未曾注意的比较分散、零星的资料来达到这一目的。Pidgin English 形成以后并没有停滞不前,而是不断地向前演化,这一演化过程主要是在上海完成的,因为上海取代广州成为中国最重要的外贸港口,并逐渐发展为全国的经济中心。与此同时,在海外华人当中,这种中英混合语也不断发生变化,但这些内容将是下一篇文章的重点所在,不在本文引中。

　　虽然洋泾浜英语这一名称并不合适,但已约定俗成,所以我们仍以之作为两百年间流行于中国沿海的中英混合语的总的名称。与此同时,也以 Pidgin English 一语涵盖这两百年间西洋人对这种混合语的总称。

1　George Thomas Staunton, *Miscellaneous Notices Relating to China*, Part 2, 1822.

2　Robert Morrison, *A Dialogue*, 1824.

3　*Notices Concerning China and the Port of Canton*, Malacca, 1823.

4　C. Toogood Downing, *The Fan-Qui in China in 1836-37*, London, 1838.

5　Charles F. Noble, *A Voyage to the East Indies in 1747 and 1748*, London, 1762, p. 262. 一直到 1876 年 C. Leland 著 *Pidgin-English Sing-Song* 一书,还说 Pidgin English is that dialect of our language.

一

20 世纪 40 年代，研究中国洋泾浜英语的 R. Hall 根据前人的研究，将这一混合语的变迁过程分成四个时期：（1）起源于广州与澳门时期，大约是 1715—1748 年；（2）在广州使用的"古典"时期，1748—1842 年；（3）扩展并广泛使用于香港、通商口岸以及长江沿岸时期，1842—1890 年左右；（4）衰落消亡时期，1890—1940 年代。[1] 这一说法在研究洋泾浜英语变迁过程中有一定的参考意义。

对于中国洋泾浜英语的起源，马士在其《东印度公司编年史》中有所触及。他说，1715 年以后中国的商人学会了一种叫作"洋泾浜英语"的奇异的混合语。[2] 当然，一种语言的出现或形成并不能确切说是在哪一年开始的，但因为东印度公司广州商馆正在这一年成立，故以此为标志也无可厚非。英国第一艘商船来华是 1637 年，其后 1644、1673、1675 与 1681 年也都有来华寻求贸易的船只。当时中英语言尚未发生直接的接触，英国人只能靠着在澳门懂中国话的葡萄牙人或者懂得洋泾浜葡萄牙语的中国人才能做生意。1682 年以后，中英贸易走上正常化，数额逐渐增大，来华船只不只到广州一地，也到过厦门与舟山。更往后，英国的东印度公司取得了对华贸易的垄断权，在广州设立了商馆。英国商人在贸易季节里可以居住于广州，在非贸易季节里则居于澳门，中英语言接触渐渐加强，洋泾浜英语应运而生。至迟在 1740 年代的航海活动记录里就有了关于这一混合语的记载。有的学者之所以将 1748 年作为第二阶段开始的标志，是因为这一年有一位著名的航海家 Charles F. Noble 在他的航海记里记述了几句洋泾浜英语，这几句为历来研究洋泾浜英语的学者所经常引用的：

I moiki handsom face for he.（我给他好脸色。意即：我向他致意。）

I moiki grandi chin-chin for he.（意思同上句）

He no cari China-man's Joss, hap oter Joss.（他不敬中国的神，他有自己的神）

1　Robert A. Hall, "Chinese Pidgin English Grammar and Text," *Journal of American Oriental Society*, 1944, p. 95.

2　H. B. Morse, *The Chronicles of East India Company Trading to China 1635-1834*, Vol. 1, Oxford, 1926, p. 66.

613

（You）Carei grandi hola, pickenini hola?[1]（你要大个的妓女，还是小个的?）

但其实，比 Noble 还早四年到广州的另一位航海家安逊（George Anson），在其航海记里已对洋泾浜英语有所记述，这一点似乎没有人注意到。当时安逊为了取得入港的方便，托一位中国通事将贿赂转交给有关的官员，结果这钱被通事干没了。据安逊说，另一位中国人以 broken jargon（即当时指称洋泾浜英语的用词）评论此事说：Chinese man very great rogue truly, but have fashion, no can help（中国人真的是很无赖，但就是这个样子，毫无办法）。[2] 只不过在这里，安逊记下来的是该人讲话的用词，而不是其实际发音。而 Noble 则连读音也记下来了，如 moiki 其实是 make，而 hap 即是 have，oter 即 other；而且 Noble 还注意到："中国人与我们交流的语言（dialect）是一种欧洲语言的混合物，主要是英语、葡萄牙语的混合再加上他们的一些词语。"上面两个例句中的 cari（即 carei，记音时的差异）、joss、hola、grandi、pickenini、hola 就都是葡萄牙语词的不正确发音。他同时又指出，中国人发不来 r- 这个音，所以把 friend 叫成 fuki。[3]

Reinecke 说，到 1748 年洋泾浜英语已经成形了，是就 Noble 的例句而言[4]，而未注意到安逊的记录。既然安逊的记叙比与 Noble 更早，而且目前尚未发现比他们更早的关于洋泾浜英语的记载，所以暂时不妨将 1740 年代当作分阶段的标志，而不必具体到某一年。之前因无资料记载洋泾浜英语的形态，因此将该时段定为发源阶段大致是合理的。

美国独立以后，也与中国发生了直接的贸易，第一艘来华的商船称为"中国皇后号"，船长是有名的山茂召（Samuel Shaw），他也是美国驻广州的第一任领事（与中外正式建交后的领事含义有所不同）。在他的航海日记中也有关于洋泾浜英语的记载。例如在 1784 年 9 月 14 日的日记中解释 chop

---

1　Noble 前揭书，pp. 240, 244, 263。顺便说说，此书之原版本较罕见，这几句话一般都从德国学者 Prick van Wely, "Das Alteredes Pidgin English"一文转引而来（载 *Englische Studien* 44, pp. 295–6, 1912），但该文所据本也不是原版本而是 1862 年的再版本。

2　George Anson, *A Voyage round the World in the Years MDCCXL, I, II, III, IV*, reprint, London: Oxford University Press, 1971, p. 355.

3　Noble 前揭书，pp. 262–263；不过 Noble 在这里有点误会，洋泾浜英语里的确是将 r- 发成 l- 的，但 fuki 却恐怕是中国话"伙计"的发音，本是朋友的意思，不是 friend 的误读。

4　John E. Reinecke, *Marginal Languages: A Sociological Study of Creole Languages and Trade Jargons*, Yale University, Ph. D. Dissertation, p. 775.

这个词说："这是一个用途最广泛的词,其意义是商标(mark),但有时又表示关税,如 pay the chop。其他场合又有许可证的含义。而当对某人说 chop-chop 时,又是催促其快一点的意思。"[1] 18 世纪末到 19 世纪初,英国曾两度遣使,要求直接同中国进行正常贸易。但因为直到 18 世纪末,尚无通晓中国语言的人才,因此那些已经进行的贸易大多依靠洋泾浜英语来进行。懂得中国语言的英国人,见于记载的只有 Flint,即洪任辉一人。所以 1793 年来到中国的马戛尔尼使团不得不到欧洲大陆去寻找中文翻译(Radison)[2],而且他们当时已经知道准备一些"Sing-songs" in Canton Jargon。[3] 19 世纪初,中英语言接触已经进入到学术层面。以新教传教士马礼逊为代表的一批人已经从编辑中英对照词典以及语法书入手,进而在东印度公司里培养能够应用中文的贸易人才。但与此同时,洋泾浜英语不但没有缩小使用范围,反而使用得越来越普遍。任何一个到中国沿海来航行的人,无论是商人、海员,还是传教士,都注意并接触到了洋泾浜英语,并总是在他们的著作里予以或详或略的介绍。这种情况在鸦片战争以前已经很明显。

美国传教士雅裨理(David Abeel)描写他于 19 世纪二三十年代之际初到广州时,许多来访问他的中国人大致都能讲英语,但他说,确切地讲,那实际上是一种英语、葡萄牙语与汉语的混合物,所以有时他并不能完全听懂,[4] 但他没有举出具体的例句。1836—1837 年经过澳门来到广州的 C. Toogood Downing 则在 1838 年出版的《番鬼在中国》一书中详细记载了他与中国人接触时所听到的各色人等说的洋泾浜英语,其中甚至有一名蛋家妇。他在书中将这种英语称为 broken English 或者 slang,这类句子有如 "They wantcheetoo-muchee dollar for the fishee"(他们想把鱼卖一个好价钱),又如"Who my? My, Shoe lane, number one, no saavez my"(我是谁?我住在鞋巷 1 号,不认得我)?[5] 他还对一些常用的洋泾浜词语作了解释,如 chow-chow 等,也指出当时有的广东人并不能讲完整的洋泾浜句子,只能不断地重复一些单词。[6]

其他到过中国的航海日记或有关著作上也有类似的记载。如同一年出

1 参见 R. B. Forbes, *Remark on China and China Trade*, Boston, 1844, p. 18。

2 Helen H. Robbins, *Our First Ambassador to China*, London, 1908, pp. 175—176.

3 Ibid.

4 David Abeel, *Journal of a Residence in China and the Neighboring Countries from 1829 -1834*.

5 C. Toogood Downing, *The Fan-Qui in China in 1836 -1837*, London, 1838, pp. 7, 21, 284.

6 Ibid, pp. 99, 279.

版的 Edmund Fanning 所著的 *Voyages to the South Sea*, *Indian and Pacific Oceans*, *China Sea* 一书有两处典型记载，一处说他沿珠江上溯时，有引水员带着船长的 chop，very chop chop，去帮他取得 chop。这里的三个 chop 意思不同，作者特意在前者括注（letter），而在后者注明（with very dispatch），至于第三个 chop 则人人都知道是执照的意思，故不加注。另一处说该船回程离开澳门海域时，给了引水员一点钱，于是这位中国引水员 very much chinchined us on his departure。此处竟将洋泾浜英语词 chinchin 当成动词来用，而且也不注明是什么意思，显示出当时在航海者中对 Pidgin English 有普遍的认识。换句话说，当时的西方读者在读到此段描写时，完全知道在洋泾浜英语中，chop 是一个用途极广的词语，它既是标签、票据，也是许可证、通行证，可能还知道由其组成的复合词不少，如 chop-house 是海关，chopboat 是快艇，chopstick 是筷子等，甚至还知道 chinchin 有感谢的意思，因此当该词加上-ed 表示过去时，也不会有太大的惊异。当然这些人不必知道 chop 源于马来语的 chapa，表示印戳的意思，而 chinchin 则由汉语的"请请"一词而来。

这一阶段的洋泾浜英语起初流行在英国散商与中国商人及官方通事之间，后来则是在英美商人甚至欧洲商人（包括法国、荷兰等）与中国商人及通事之间，同时也是外国商人与他们的佣人之间的交流工具。1757 年以后，清政府将贸易港口限制为广州一地，而且只准许政府认可的商行与外国人进行贸易。洋泾浜英语就成为这些商行与外国商人之间最合适的交流工具。由于汉语与欧洲语言在形态上相去太远，当时外国商人几乎没有任何汉语知识。直到 19 世纪 20 年代，据美国人亨特的回忆，其时在广州的外国人中只有三个汉语专家，一是马礼逊，一是德庇时（John Francis Davis），一是他自己。听起来似乎有点夸大其词，但与事实相去并不太远。其前熟悉汉语的也只有斯当东、曼宁、柔瑞国等人。由于这个缘故，洋泾浜英语不可避免地要得到很快的发展。以至到后来，甚至成为外国人与中国上层社会之间的交际工具，甚至成为操不同方言中国人之间的交谈用语。[1]

但以上这些记载都是片断的、描述性的，比较系统地把洋泾浜英语的词汇记录下来的是马礼逊父子。1823 年，在马六甲出版了未署名的一本书，名叫 *Notices Concerning China and the Port of Canton*，但一般都认为此书是

---

[1] Keith Winnom, "Linguistic Hybridization and the 'Special Case' of Pidgins and Creoles," D. Hymes, p. 104.

马礼逊所作。[1] 该书第一部分是对广州的介绍,一共只有 18 页,但在其后却附了一个 English and Chinese Index,这个 Index 不但是前文所用词语的索引,而且对某些词,其中包括对洋泾浜英语的词语进行解释:

> Chop-house,广州俚语(slang of Canton),海关(custom house)的意思,有人认为是从葡萄牙语的 Chapa 一词而来,原意谓文件(written document),批件(permit)。

> Chop,用来指一切写就的文件,如信件、诉状、(港口)许可证、(海关)通行证、票据;此词的词源可能与前一个词一样,中国话可以用许多不同词语来表示。

> Grand Chop 则是(港口)许可证(在另一条解释中又说中国话叫大牌或红牌)。

> Chop boat

> Comprador

> Chow-chow,是食物,事情的混合(mixture of things),集锦(miscellaneous)的俚语(slang term)。

> Squeeze,在广州是从(某处或某人)榨出钱(extort money)来,中国话即为勒索。

这个 Index 甚至还指出,在广州方言里一般都将 sh-发为 s-,如山、水两字的发音分别为 san、suy。因此对英语里的 sh-的发音自然也要发生类似的变化。其时马礼逊已经出完全部的《华英词典》六大卷,说明他在对中国语言有了深刻认识以后,对洋泾浜英语也开始给予学术方面的注意。但在这个 Index 里还没有明确的洋泾浜英语的概念,既不用 jargon 也不用 pidgeon 一类的词来定性这些词语,只是称其为 slang of Canton。第二年,当他在回国的轮船上写作 A Dialogue 时,又称这种话为烂英语。该书是以一个父亲与其子女对话的形式来介绍中国的历史与现状,在第九天的对话中,马礼逊说:"Chinese traders at Canton, when speaking to European foreigners broken Portuguese or English, use the word *Mandarin*; but then they use

---

1 见 *Observations on the China Trade* 一书的第 27 页的脚注。但据 Notices 一书第 20 页 Index 里 Chumpee 一词的附注说第 13 页里译穿鼻为 clothe nose 错了,应该是 perforated nose。如此看来,又似乎表明 Index 是马礼逊作,而本书对广州的介绍,即 Canton Described 应是他人所作。

it as a foreign, not as a Chinese word. The Chinese call their officers Kwan-foo. "说明其时对洋泾浜英语现象并无一个可以为众人所认同的规范术语。

十一年以后,马礼逊之子马儒翰(John Robert Morrison)在 1834 年所著的《中国商业指南》即 *Chinese Commercial Guide* 里,对洋泾浜英语给予更大的重视。[1] 该书分为七个部分,从中国政府对外贸易的规定谈到具体的税则,以及中国的钱币体制、英美与中国的贸易情形。此书在当时甚为重要,屡被人所引用,如德庇时的《中国人》(*Chinese*)一书谈到中国钱币的历史时就引马儒翰此书为据。而在该书的最前面,亦即谈论上述所有内容之前,却先列了一个 "Glossary of words and phrases to the jargon spoken at Canton",说明这些 jargon 对于中西贸易的重要性。一个人想要在中国做生意,他就要先过这个语言关。其实在这个 Glossary 里头不但有单词与短语,还有简单的句子,所以可以视之为微型的洋泾浜英语教材。难能可贵的还在于马儒翰在列举词语时,对洋泾浜英语词汇的来源作了一些探索。现将这个 Glossary 的一些条目列举如下:

> ***Can do***? Will it do? Also used through, mistake, for "how d'ye do?"
>
> ***Chinchin***, from Chinese tsing, to request. And *tsing an*, a salutation. To ask, to thank, to salute, &. c., Chinchin joss, to worship the gods.
>
> ***Chop***, from Malay *chapa*, a seal or stamp, any thing sealed or stamped; hence government edicts, licenses, &. c., also stamped or printed documents. Again, a *thing* licensed, as a chop-boat; also, a *place* able to give licenses, as a *chop-house*, i. e. a custom-house.
>
> ***Chow-chow***, mixed, miscellaneous; the mixed meats of the Chinese; hence, food of any kind; to eat food.
>
> ***Cumsha***, probably from Fuhkeen *kum-seah*, " I will thank you,"—or from Canton *kum sha*, "a sand of gold,"— denotes a gift, a present. Certain charges on vessels which were originally presents, are so called. This word, and the phrase "can do?" are the first expression

---

[1]　参见周振鹤:《中国洋泾浜英语最早的语词集》,《广东社会科学》2003 年第 1 期。

learned by the Chinese, and are in universal use in Canton.

Face, appearance in society, reputation, credit; to *loss face* denotes to fall into discredit.

Fan-Kwei, foreign devil, a contemptuous designation applied to foreigners.

Fashion, manner, mode of doing a thing, habit or practice.

Joss, from Port, deos, a god; joss-house, an idol temple; *joss pidgeon*, religious services; the phrase is also used to denote the work of providence, or otherwise fate, as "he die, hab joss pidgeon,"—it was his fate to die.

Mandarin, from Port. Mandar, to send; a commissioned officer, any one in the employ of government, of whatever rank. The mandarin dialect is the general language of the empire, which must be understood by all persons. Mandarin is often used as an adjective, having then a laudatory or superlative signification.

Ol'o custom, old custom, usage; this expression is an excuse for every fault.

Piece, a numerical particle, as "one piece man" for "a man".

Pidgeon, or pidginess a corruption of English word business, denotes also a matter, a thing, "that no makee good pidgeon," —the thing is ill done.

Sabbee from Port. Saber, to know. "My no sabbee he," I do not know him.

由这个词汇集可以发现,洋泾浜英语词主要源于英语,但也有源自葡萄牙语与马来等语的,当然还有源出汉语的(有的今天已能寻出源头)。在词汇集最后,马儒翰还加了一点"又及":"(洋泾浜英语里)对其他英语词均有不同程度的发音讹误,但尚在可理解的范围内,只不过常常为倒装语句所困。"

马礼逊父子的这两种著作很少人注意到,此前似未曾有人提及。这两种材料,尤其是马儒翰的 Glossary 在对词义的解释中已带有对洋泾浜英语的研究性质,而接着不久则有发表在 *Chinese Repository* 1836 年第 4 期上卫三畏(Samuel Wells Williams)的文章,举出了应用洋泾浜英语的比较完整的文本。此时他称洋泾浜英语为 Canton English。虽然此时在广州活动的还有美国人 Hunter，但他当时并未写出任何与中国或广州有关的著作，直到半个世纪以后的 1888 年才写了《广东番鬼录》(*Fan Kwei at Canton*)，回忆了二三十年代时他与洋商浩官的一段对话，并稍为详细地介绍了 Pidgin English 的样态。但书中所用的 Pidgin English 一语却并非二三十年代的实录，而至少是 60 年代以后的叫法了。

但 Canton English 一语并非卫三畏最先提及，至迟在他以前十多年，G. T. Staunton(马戛尔尼使团副使斯当东之子)在其所著一书中已经说道："the broken, or Canton English ... the ordinary medium of communication ... perfectly adequate to all our commercial as well as domestic purposes."[1] 推测 Canton English 一语是从广州一带的当地人的"广东英语"或"广东番话"翻译过去的。我们现在虽找不到 19 世纪二三十年代的有关的中国文献来印证这一推论，但在 1862 年唐廷枢所著《英语集全》一书中，我们却注意到有多处出现"广东番话"一词，卷二有一处则称"广东英语"。《英语集全》是 19 世纪中国人自己编纂的几种重要英语教科书之一[2]，教的是正规英语，但又时常将其与不正规的英语，即"广东英语"作比较。说明直到 60 年代广东民间"广东番话"的称呼还很普遍，如果文雅一点说，就称其为广东英语，西洋人或许正是从中国人的说法译过去的。[3] Canton English 的叫法，直到 19 世纪末还存在，只是当时 Pidgin English 一语更流行。[4]

这里还有一点必须提及，就是洋泾浜英语的出现产生了一种谁都没有预料到的结果，那就是外国人没有学习中国官话与广东话的动力。由于运用洋泾浜英语就能对付日常的生活与贸易往来，一般商人就不想下苦功夫去学中国话了，只有东印度公司广州商馆才注重对年轻文员的汉语教育。[5]

1　*Notes of Proceedings and Occurrences*, *during the British Embassy to Pekin*, *in 1816*, London, 1824, p. 322.

2　参见周振鹤：《鬼话、华英通语及其他》，原载《读书》1996 年第 3 期，收入《逸言殊语》(增订版)。

3　有学者未见到中文文献里有"广东英语"一词的记载，所以将 Canton English 回译为中文，作"广州英语"，这并不合适。Canton 最初是作为广东的对音出现的。所以广东省叫作 Canton Province(见 Davis Glossary,1824)，广州因为是广东的省城，所以叫作 Canton City，后来也省称为 Canton。所以光说 Canton，在许多场合下——但不是在所有情况下——都指广州。所以 Canton English 应是广东英语，而不宜称作广州英语。同理，直到今天我们讲香港人或广州周围地区的人说的是广东话，而不说他们讲的是广州话。

4　W. J. Shaw, "Canton English," The *New Review* 16(1897), p. 250.

5　Susan Reed Stifler, "The Language Students of the East India Company's Canton Factory," *Journal of North China of the Royal Asiatic Society* 69(1938), p. 66.

二

鸦片战争以前广东英语就有流播外地的倾向。虽不是用来在外地使用，但却是到广州的外地人也注意到了，并加以记录，以便在广州使用。如道光年间贩茶到广东的徽商就记下了当时一些广东英语的单词，如在"他"下面注音"希"，在"去"字下注音"哥"等，[1]这一札记一直保留到今天，也是研究广东英语的一种材料。

鸦片战争以后，中国割让香港岛，开辟五口通商，中外贸易数量大大增加，外国商人纷纷走向广州以外的新港口。洋泾浜英语的使用范围也相应扩大，从广州一带扩大至香港与上海、宁波、福州、厦门等地。在这当中，广东沿海一带的商人与买办、通事对传播洋泾浜英语起了决定性的作用。这些人甚至于跑在外商与外国领事的前面，如英国驻上海第一任领事巴富尔一到上海，就发现一些广州商人已经先他而至，他们是早就随着英国军队而来的。由于开埠通商时要碰到的首要问题就是语言问题，外国人在广州已经用洋泾浜英语与当地商人交流了一百年之久，机灵的广州人显然充分利用了这个特长，在各个新港口展示他们的语言能力。虽然在厦门这样的地方，广东通事不能起到完全的作用，因为那里除了商业行为中所需的广东话外，还有官话与闽南方言。但广东通事仍然少不了，因为贸易文件的阅读（至少是文件的名称）仍然需要他们，能说厦门话的译员仍无法与领事交流，因为领事只懂洋泾浜英语。[2]

苏格兰植物学家福钧（Robert Fortune）正好在这一时段来到中国。他于 1843 年来华，三年以后回国，并于 1847 年在伦敦出版了 *Three Years' Wanderings in the Northern Provinces of China*。[3] 这里所谓北方诸省其实是相对于广东省而言的，指的只是江浙闽等省，就如同英国人在上海创办的第一份报纸被称为《北华捷报》一样。该书叙述他的在华经历，其中多有关于洋泾浜英语的记载，生动地再现了当时的场景。就在该书第一页上，已用上"Oula Custom"一语，这是 Pidgin English 的典型词之一，其另一种书写形式 Ol'o custom 已见于前述的马儒翰词汇集。福钧是 1843 年 7 月 6 日到中国的，其时中国尚未正式开放五口。但在厦门他已经听到 Wyloe-Fokei，Wyloe-san-pan-Fokei 这样的话（第 35 页），他还提到连泉州乡下人也知道讲

---

1 参见周振鹤：《与徽商有关的中英语接触材料》，收入《逸言殊语》（增订版）。
2 参见 John King Fairbank, *Trade and Diplomacy on The China Coast*（Harvard University Press, 1954）。
3 原版 1847 年出版于伦敦，所见本为 1935 年再版于上海的 University Press。

chow-chow 这个词（第 53 页）。9 月 1 日他离开厦门，去舟山、宁波、上海等城市。他说定海的店主们认为英国式的店名对于商店的声望与贸易的成功是不可或缺的，因此你会读到根据英国士兵的建议将商店取名为"Stultz, tailor, from London"，"Buckmaster, tailor to the army and navy"的店招。对比起嘉庆年间上谕不准存在"夷字店号"[1]，可见世变之亟。那些店主还将洋人糊弄他们的所谓证明书拿给洋顾客看，并且问道："What thing that paper talkie; can do, eh?"回答者可能会以如下这种句式回答："Oh, yes, Fokei, this can do, only a little alternation, more better."这些对话都是典型的洋泾浜英语。

在宁波，他与一个商人对话，问他见过黄色的山茶花没有，"No," said he, in his broken English. "My never have seen he, my thinkie no have got."（第 86 页）。在香港时，他曾问一些人为什么那样赞美 Lycopodium，they replied，in Canton English，"Oh, he too muchia handsome; he grow only a leete and a leete every year; and suppose he be one hundred year oula, he only so high," holding up their hands an inch or two higher than the plant（第 88 页）。可见其时对使用于洋人与华人之间的这种中英混合语并没有定称，或称 broken English，或称 Canton English 均可，但同时亦证明 Canton English 这一约定俗成的名称是确实存在的。

福钧说："几乎所有与英国人接触的当地人都懂一点这种语言，就像他们也对葡萄牙语、马来语与孟加拉语一知半解一样，他们很快将这些语言混合在一起，而后创造出一种新语言，最熟练的通事会有很大的困难来分析它。而最可笑的是，他们总以为这是上好的英语。"福钧记述到，中国人将舟山岛上的外国人分成三等：第一等是 Mandarin，但实际上的发音是 Mandalees；第二、第三等为 Sien-sangs 与 A-says。第一等包括所有在政府里头工作的人以及陆、海军的军官，其中较高级的称为 Bulla Bulla Mandalees，较低级的是 Chotta Chotta Mandarlees。这里的 bulla 与 chotta 是印度词语的音讹，意思是很大与很小。商人们则被尊称为 Sien-sang（按：实即先生的音译），一般的士兵与水手以及其他的较低等级的人就被冠以 A-saya（按：常常用中文写作"阿三"）。福钧的这些记载与分析，说明广东英语已经迅速地扩展到闽浙苏等省了，传播速度之快令人惊讶。原来是在广州

1　蒋攸銛等密陈夷商贸易情形及酌筹整饬洋行事宜折：当奉上谕……"所有该督等请严禁民人私为夷人服役，及洋行不得搭盖夷式房屋铺户，不用用夷字店号，及清查商欠，不得滥保身家浅薄之人，承充洋商，并不准内地民人私住夷馆之处，均照所议行"。见《嘉庆外交史料》卷四，第 23 页。

行商、通事与商人之间的交流语言以及广东福建沿海中英走私鸦片者之间的交流媒介的,现在已经大大扩展了使用地域与使用人群。随后上海在1843 年底开埠,接着是宁波、福州与厦门。

起初,当英国领事、外商与船只到了上海、宁波一带时,发现这里的人的英语发音要比广东人准确(按:例如 v-,在吴语里头有此音,但南方则只有 l-),就有人想要改变广东一带流行洋泾浜英语的潮流,宁波领事罗伯聃就编了一本《英语通用杂话》,有意让广东以北地区的学生学习正规英语。但是这一着并不十分成功,因为大量的仆役、买办和商人从南方涌向北方,他们已经习惯于说广东英语,而且以此为傲,于是这种中英混合语的潮流遏制不住地向北涌去。[1] 当然,罗伯聃的努力也没有白费。其后,中国人模仿其著作编写了五六种正规英语的教材,但这是另外的课题了。[2]

当然鸦片战争以后广东英语除了往北以外,还有往南的一条传播路径,那就是到了香港。香港本是一居民稀少的海岛,到 19 世纪 50 年代商业贸易发展已有一定规模,西洋人到此游历所写著作也多记载有洋泾浜英语的信息。如英国军官 F. A. Lindley 的《太平天国革命亲历记》记他在香港时,就听到这样的话:"Hi-ya, this piecee man belong number one. Can do so fasion? Ga la! S'pose you no wantche look see, mi wantche you come along mi catchee sam-shue."[3] 与此同时,往北的传播也并不止于江浙闽,第二次鸦片战争期间,还部分传播到了天津大沽一带。[4] 六七十年代以后,又溯长江而上,传播到汉口一带。

1842 年《南京条约》签订以后,买办代替行商成了中国与西方之间商业往来的中介人。买办是外国商号的中国经理,与鸦片战争以前买办只是为商馆或商船做采买工作的性质已经完全不同。在公行制度下,外国人与中

1　[Anonymus], "Canton English," *Household Words* 15(1857), p. 452.

2　参见前揭《鬼话、华英通语及其他》一文。

3　Francis Martin Norman 此人亦于 50 年代来过香港,所著书 *"Martello Tower" in China, and the Pacific in H. M. S. "Tribune", 1856–1860* 里对洋泾浜英语的描写更多,不但列有 specimens,介绍重要洋泾浜英语的词语:Farmer pidgin, Chinchin (how do you do, good day), 3 piecy man(three ditto), maskee (that's enough, that will do.), Gumshaw (present, fee, tip), So fashion (like that), bobbery (tumult, disturbance), Number one bobbery (An extensive ditto), Whilo, or Makee whilo (Go away)等,不过此书出版于 1902 年,不宜当现场记录看待。

4　1860—1861 年战争中大沽炮台与天津被英法联军占领时,从中国南方来的随军中国人很快在他们的北方同胞中传播了洋泾浜英语的知识,在令人不敢置信的短时间里,当地人将粮食拿到市场上去卖,因此人们可以在那里看到英国士兵与农民之间激烈地讨价还价,一方抬高一方贬低市场上的商品。但是北方的洋泾浜英语充满着讹误,香港的仆欧有点抱怨说 no save(按:听不懂)。参见 W. J. Shaw 前揭文。

国人做买卖必须经过政府认可的行商,在这些商行里除了商人外,还有通事和买办。这三种人都或多或少懂得一点洋泾浜英语。五口通商以后,新的一种买办制度兴起,沿用的虽然是原来的 comprador 一词,但实质已经变化。此处不赘。

比买办更大量的是懂得皮毛洋泾浜英语的一般商人或稍通这种语言的通事。当时在各口岸充斥着这样一些人,虽然不见正式记载,但从时人的文字中能透露一些信息。19 世纪 50 年代出版的英文教科书《英话注解》序言中就说:其时的上海"通事者仍系粤人居多"。充当通事者未必是过去商行里的通事,而是一些粗通者。这样一些粗通者在广东沿海比比皆是,我们只要看鸦片战争前鸦片走私过程中那些充当鸦片贩子与走私贩之间中介人的土通事,就知道这些人数量之多。当着新口岸开辟之时,这些人就纷纷北上觅食,充当贸易通事了。他们所讲的就是 Canton English。这些人的籍贯也促使这种未完全定名的 jargon 趋向于有一个众所公认的名称,所以我们似可以认为,五口通商后,Canton English 的称呼反倒比鸦片战争前更要盛行。尽管至迟从 19 世纪 20 年代起就有人在书面上写过 Canton English 这个词,但当时这种称呼并没有在所有西洋人中扎根,一般都还称这种混合语为 jargon spoken in Canton,40 年代以后这样累赘的说法就不存在了。

但是进一步而言,由于 Canton English 已经脱离其发源地,加上广州的对外贸易地位在 60 年代以后就已让位于上海,使用这种混合语的主体中国人已经是江浙一带的土著,自然会要产生出一个新名称来,不可能长久保留旧有的叫法。于是新的中英混合语的名称也就随之而来,这个新名称就是 Pidgin English。

此前似乎尚未有人想去考证这一新术语何时正式登场,但我以为这一新术语的诞生对于研究中国洋泾浜英语的历史过程有重要的意义,因此极力在 19 世纪五六十年代的有关报刊中寻找蛛丝马迹。最后发现有材料说明,至迟在 1860 年时就已有了 Pidgin English 一语出现在上海的《北华捷报》上。该报在该年份的 8 月 11 日有一篇文章说:

> 我们必须在此向读者发表几封宁波来信,这些信在过去搜寻舟山群岛海盗的远征队上投下了一束令人忧郁的光线。现在是做一点什么以制止战争发生的时候了,不管何时,只要条件具备,就要防止生命与财产的损失。去年香港的炮艇随带一些能讲 pidgin English 的苦力,去追击那些我们根本没有权力干涉的船只,这是很一般的事。不管什么

时候,只要聪明的苦力断言某某 *junk* "*belonged pilong*"(按:"是海盗船"),68 磅的炮就开始冒火,那只可怜的船马上就被消灭了……炮艇上没有一个人——也许除去那些"*pidgin speaking*"苦力——知道他们正在向谁开火。

但是语词的成型往往不是一天的工夫,而是有由微而著的过程。pidgin 这个词也不可能是在某一天突然产生的,而是有其形成过程的。细作探究,其起初的拼写形式至少有两种,一是 pidgeon,我们已经见于前面马儒翰的词汇集:

> **Pidgeon**, or pidginess:a corruption of English word business,denotes also a matter,a thing,"that no makee good pidgeon", —the thing is ill done.

另外,英国一位来华的医生 Charles Toogood Downing 在他 1838 年出版的书里也有 Ghos-pidgeon 这样的记载,表示祭神的意思。[1] 其中 Ghos 即 joss 的别写,是葡萄牙语 Dios 的洋泾浜形式。以上的 pidgeon 显然就是 pidgin 的前身之一。

也许因为 Pidgeon 的拼写过于累赘,所以到了 50 年代,则有另一种形式,即 pigeon 出现,例如:

> *Eep number one fools*;*he no make writee pigeon*,*he no make fightee pigeon*;*he number onebad mandaline*,*he no cuttee thloat*.

这句话是《泰晤士报》特派员 George Wingrove Cooke 1858 年 1 月 28 日在广州听到的,[2] 应该是根据当时老百姓流传的话翻译而来。对于叶名琛,当时流传最广泛的对他的讽刺是所谓"不战不和不守,不死不降不走。相臣度量,疆臣抱负。古之所无,今亦罕有"。但 Cooke 所依据的原来的中

1　Charles Toogood Downing, *The Fan-Qui in China*, in *1836－1837*, London:Henry Colburn, 1838, pp. 16－17. 此书远比流行的美国人亨特(William C. Hunter)所著 *The Fan Kwae at Canton* 重要得多,它是丰富的历史现场的记录,而亨特的书只是事后数十年的简单的回忆。

2　George Wingrove Cooke, *China: Being "The Times" Special Correspondence from China in the Years 1857－1858*, London:Routledge, 1858, p. 363,转引自黄宇和《叶名琛历史形象的探究》,载《九州学林》二卷一期,香港,2004 春季,第 103 页。

文或许是："叶最傻，既不写（按：或指不写降书？），亦不打，他最坏，也不死。"但这一推测已无法证实，不过这并不是我们关心的重点。我们感兴趣的是这句话里出现了两次的 pigeon 一语自然是该记者的记音形式，虽然有随意的性质，但比马儒翰所记的 pidgeon 已经简化。估计数十年间，对于business 的不同记音也许不会只有这两种。然而一旦简化并规范到 pidgin之后，似乎就得到一致的肯定，而且其他拼写法甚至遭到了嘲笑。

虽然 pidgin 的先遣形式已经出现，但是在这一阶段，Canton English 的用法依然延续，只是越来越少见了。大致可以说，19 世纪 20 年代到 60 年代是 Canton English 的年代，60 年代以后则是 pidgin English 的时代了。但在1893 年发表的文章的标题中，甚至直到 1975 年的专著中，为了强调是"中国的"洋泾浜英语，有的还仍然使用了 Canton English 的叫法。在 1861 年 12月 7 日的《北华捷报》上刊登的题为《长江上的五个月以及其上游的考察报告》一文的第五部分"峡谷与急流"，其开头一段如下：

> 尽管我们到达宜昌已经离海有一千哩，海豚却一起陪伴了我们的整个航程，一直到了这里，这些大海里的最后的孑遗才跟我们说再见。它们的额外的一两个翻滚动作给我们特别的启发，似乎是在说——明白易懂得与 *Canton English* 一样——"*That top-side river not belong that Mr. Naptune King，hab got too muchey rock，and rapid mackey all same chowchow water*！"（上面的河流已经不归海神所管了，河里石头太多，急流翻滚如同沸水）意思是告诉我们，上游不再是适于他们生活的环境了，他们不再受任何狂热的探险热情的影响，宁愿留下来，待在下游平静的水流里。

这里还保留着 Canton English 的称呼。

到了 70 年代，不但 pidgin 这个拼法已经定型，而在报纸上还对使用pigeon 拼法的人表示嘲笑。其时有 W. Simpson 此人访问了中国，为*Illustrated London News* 写了一篇游记，同时也在 *Macmillan's Magazine*上写了一篇 China's future place in philology，谈到中国洋泾浜英语。1874年 1 月 22 日的《北华捷报》对这篇文章评论说：

> 这是一篇荒唐的妙文，但是它给我们打开了一个可供我们踯躅其间进行退想的奇妙思索空间。说也奇怪，Pidgin English（*not pigeon，*

Mr. Simpson，please！）是一种牙牙学语式的语言奇异例子。它也许会成长发展成为语言大家庭中的一员，而让人能追溯其源头直到 Plain of Shinar，但据我们看来，这不大可能。许多儿童在他们年纪还很小的时候就死去了，故而我们推测这一种我们以之来和苦力和佣人交谈的 jargon 也不会有永久的地位。依我们的观点，它本身没有根柢，难以维持下去。Mr. Simpson 举出的一些例子值得注意。"有人也许会以为那样一种说话的形式只会是一种暂时的存在，但是下列事实说明情况并非如此，它是不会死去的。相反，现在连中国人自身也以之作为一种交流工具。这一点并不新鲜，只不过是历史重复了自身而已。我们并没有记下来其他语言的成长过程，他们必定也是在同样的情况下起源的。这种类型里的一个值得注意的例子是印度斯坦语（Hindostanee），其源头可以追溯到穆罕默德统治印度的时候。它被取名为乌尔都（Oordoo），或曰'军营语（camp language）'，因为它产生于侵略者的营地里。由于统治者与被统治者说的不是同一种语言，所以注定一开始他们之间的交谈只能是支离破碎的样子。然而当双方互相以片断的方式互相理解以后，时间最终将这些片断编织成为一种语言。这种语言现在的语法，是以印度语与梵语为基础，而在这种语言的丰富的词典里，有四分之三的词语是来自侵入者的语言。"这个例子给作者提供了想象的空间，他想象有一天中国会采用我们称之为"pidgin"的混合物作为一种方言土语，但是，他又从随之可能会发生的可厌的结果后退："如果将莎士比亚与密尔顿的作品变成 Pigeon English，那是连想一想都觉得可怕的事。"而后他当然又引用了在道格拉斯（Douglas）的讲话与 Longfellow 的"Excelsior"里的话的译文。

　　阅读这篇不虚张声势的文章，让人感到它是一个被限制在多少有点流行的框架中的匆匆忙忙的来访者的印象的结晶，我们不禁要问，"到底怎么搞的，在英国竟然没有人知道这一切？"中国使用"Pidgin" English 的事实，其得名的原因，其表达方式的例证——在这一方式中，英语的句子被扭曲以适应中国的惯用形式，所有这些事实已故 Mr. Albert Smith 大约在 1859 年时已在埃及会堂（Egyptian Hall）里叙述过，同时他还引用了"My name belong Norval"的诗句，因而引起了一阵的轻微的笑声，显然是由于典雅的打趣所引起的。摆在我们面前的这篇文章比起十三年前在伦敦听到的报告来，没有什么我们所不知道的内容。未意识到的是在中国的兴趣，这一点应该再重复一下。在旅游者面前始终有一个很大的空间，如果他们有 Meadows 与 Wingrove Cook 的多卷本一本接一本地写的话，那么那些有关中国人的行为习惯的老故事的再生产就是无限量的。我们不和那些记录了自己印象的旅游者争论，他们的确值得我们感谢，因为每一篇文章都有一定的读者，这样关于中央帝国的信息就传播到海外去了。辛普森先生的带着显著场景的文章已经为一般的读者所熟悉，如果他说一个对我们来说略嫌老了的故事，他不应该被抱怨，因为他的商品有市场。但是我们希望人们能更多了解一点我们的位置，不要求那样一些很初始的教导。[1]

上面这个评论稍长，但为了说明问题，不得不具引如上。此评论至少说明两点：一是当时 Pidgin English 的写法已经基本形成，所以对 W. Simpson 用老式的 pigeon 表示嘲笑。[2] 二是更重要的是表示当时两种看法的斗争，即洋泾浜英语能否成为一种正式的语言。

由于到了 19 世纪 70 年代，Pidgin English 已经相当发展，所以后来成为著名汉学家的翟理斯（Herbert A. Giles）在 1878 年出版了一本 *A Glossary of Reference*，*On Subjects Connected with the Far East*，其中所收词语不少就是 pidgin terms。该书对 pidgin 一词的释义如下：任何一种 business，据说 pidgin 一词就是由其派生而出。中国人对我们词语的仿效而有 business、bizzin、pishin、pidgin 等形式，也有人说是从葡萄牙语 occupacao 的后半段演变而来。或者从意为赎金（ransom）或赎回（redemption）的希伯来语词来，或者从虔诚的犹太人的仪式上来，名为 pidjann……波兰的犹太移民大量移居英国时，相信将这个 slang term 随身带来了。进一步的语源学研究说是从梵语 piche，to pursue 而来。一般的用法是作为后缀，如 amah-pidgin、coolie-pidgin 等。一个佣人被召来做另一个佣人的工作时，他会说：no belong my pidgin（按：意为"这不关我的事"）。

翟理斯的释义说明其时许多语言学家对于 pidgin 的词源以及 pidgin 现象已经有了相当的关注，可惜一百多年后的今天，对于词源这个问题尚未有一致的见解。不过翟理斯的 *Glossary* 所收并不都是洋泾浜英语词。稍早一点时间，1876 年 Charles G. Leland 的 *Pidgin English Sing-song* 一书可以说带有研究的性质了。该书在概说里谈到洋泾浜语言产生的原因，并在书

---

1 "Pidgin English," *The N. C. Herald and S. C. &C. Gazette*, Jan. 22, 1874.

2 当然 pigeon 的拼法并非一下子就消失得无影无踪，就在此评论发表一年之后，在 1875 年 7 月 25 日《纽约时报》上就有一篇文章，题目即是"PIGEON ENGLISH"，副标题是 A curious oriental patois。

后附了一个详细的洋泾浜英语词汇表,其中所收入的洋泾浜英语的词语在数量上大大地超过了马儒翰。此书竟然出了十版之多,说明其脍炙人口的程度。不过,由于 Leland 从未到过中国,他的研究并不尽为形形色色的中国通们——至少在中国生活过一段时间的西洋人——所完全认可。

值得注意的是,直到翟理斯出版该书时,Pidgin English 还未被中国人称为"洋泾浜英语",因为该 Glossary 里头还有"yang-king-pang 洋泾浜"这一词条,其释文说:"上海的一条 creek,分开英租界与法租界。"该词汇集的词头是附有中文释义的,如果此时已有洋泾浜英语一词,就一定会被提到,不会只作河流的名称解。那么中国人当时管这种混合式的语言叫什么呢?由于史料的缺乏,我们不能确知。但由 1873 年《申报》上连载的《别琴竹枝词》一文我们可以知道,当时应该有人将其称为"别琴"英语。这个"别琴"显然是 pidgin 的音译,虽然是带有吴语腔调的译音,但不见得比今天译为"皮钦"逊色。

1873 年 3 月份在《申报》连载四期的《别琴竹枝词》是杨勋(少坪)所作。杨氏是上海广方言馆出身,通晓正规英语,后来写有《英字指南》一书,是正规英语的教材。他与前此的唐廷枢一样,既通英语,又深刻了解中英混合语。所以在一百首《别琴竹枝词》里将"别琴"英语的一些语言特征表现了出来。因我已有专文论述[1],此处不赘。其实还在五六十年代,江南的一些文人由于接触到了英美人直接带来的正规英语,以及从广州扩散而来广东英语,觉得新鲜离奇,已经将个别的英语词应用于自己所作的诗里。

钱锺书先生注意到了一点,他在《汉译第一首英语诗〈人生颂〉及有关二三事》注 62 里提及[2]:"高锡恩《友石斋集》卷八《夷闺词》第三首:寄语侬家赫士勃,明朝新马试骑来(自注:夷妇称夫曰赫士勃[husband])。第八首:纤指标来手记新,度埋尔立及时春(自注:夷人呼娶亲为'度埋尔立'[to marry])。高氏卒于同治七年,但那八首诗作得早,咸丰五年(1855)刊行的李家瑞《停云阁诗话》已引了五首。"可见高诗还作于 1855 年以前,上距上海、宁波开埠不过十年左右而已。虽然高锡恩诗里所引个别词语未必就可看作是 Pidgin English 的显著表现,但是类似的流行却是这种混合语产生的重要前提之一。

三

19 世纪五六十年代上海已经超过广州成为全国最大的对外贸易中心。

1　周振鹤:《别琴竹枝词百首笺释》,收入《逸言殊语》(增订版)。
2　钱锺书该文的发表与张隆溪有很大的关系,见该文标题之注。钱文一直被视为比较文学领域里的大作,其实于语言接触领域亦大有功焉。

上海开埠初期,广州的洋行就纷纷在上海设立分行,不久以后,就连总行也搬到上海来了。起初来自西方的传教士、商人与外交官是中外语言接触的关键人物,门户开放以后,各色人等涌入中国,上海尤其是华洋杂处最典型的地方。于是西洋人要不要学习中国话,中国人要不要学习外语,成为时论的重点之一。一部分激进的西洋人认为中外贸易规模已经与闭关时期有天壤之别,西洋人必须学好汉语才能应对新形势,这在《北华捷报》甚至有激烈的讨论[1],但是鉴于汉语十分难学,能够入门的人并不多,遑论熟练应用。甚至于最应该学好中国话以传播基督教信仰的传教士在鸦片战争以后也有所懈怠,只有比较积极的一些外交官如威妥玛、罗伯聃与翟理斯等人才算真正了解并热衷于汉语的学习与教育。因此,洋泾浜英语就不得不继续作为西洋人与中国人交流的不可或缺的工具。

至于中国人要不要学习西方语言,则答案一开始就是肯定的。鸦片战争以前的中国人以为,学习洋泾浜英语就是学习外语,五口通商以后,总算明白了学习正规外语的重要性。60年代起,中国在重要城市里相继开设官方的正规的外语教育机构,其中以北京同文馆与上海及广州的广方言馆的英语教育最为重要。民间的正规英语教育也已经出现,至70年代为止至少已有六种国人自编的教材行世。七八十年代以后,上海报纸上甚至多有民办的英语培训班在招揽生意的广告。但尽管如此,直到19世纪末,因为大多数中国人的正规英语水平仍然低下,所以洋泾浜英语依然被当成是与洋人交流的最重要的桥梁。以上的分析并非一种臆测,而是有当时人的一些记述来作注脚的。

有一篇西洋人发表在1878年的文章说,洋泾浜英语一点也没有要走向消亡的样子。虽然有些中国人移居到了美国,有的在香港英国政府办的学校里就读,因而有不少人已经能讲很好的英语,同时也有越来越多的外国人熟悉了中国人的不同的方言——据最新统计,至少有五百人。但是对于潮水般涌来的外国士兵、水手与旅行者而言,他们学会中国话所花的精力与利用中国话的好处之间比较起来是悬殊太大了。对他们来说,一种以欧洲语言的词汇为基础的,能与当地人交流的工具是可以依赖的,因此洋泾浜英语必能立定脚跟,它不但不会消亡,而且会成为与地中海的 Lingua Franca 并列的一种 Dialect。[2]

---

1 笔者将在其他地方专门对此题目作一讨论。

2 Nicholas Belfield Dennys, "Pidgin English," *Journal of the Straits Branch of the Royal Asiatic Society* 2 (1878).

对于洋泾浜英语算不算得上是一种语言,则有人评论道:"如果将洋泾浜英语看成一种语言未免为时过早,其本身具有很大的缺陷。当一个英国人首次来到中国时,会觉得他是处于巴别塔遗迹里。如果命运要求他留在这里,他不会乐于使用洋泾浜英语。他的派头不允许他自愿去说那样一种混合语,因为那就像一个傻瓜在晚会上致词一样可笑。但是我们看到了一种情况正在发展,那就是尽管有人不情愿讲这种婴儿般的语言,但现实需要却强迫他这样做。"[1]

这就是形势比人强的道理。因此洋泾浜英语不但在中国沿海的日常生活里常见,也不但作为口语交流时使用,甚至可以用在法庭上作陈述,如1875 年某商家刘森记在上海的美国领事法庭上就使用洋泾浜英语来表达。[2]从五六十年代起,洋泾浜英语就开始在上海盛行,七八十年代尤盛,直到世纪之末方才显下坡,但盛行之情况需要另一篇文章来讨论,本文只及于形成,并稍及为何长期不衰之原因而已。

虽然自 1807 年新教入华以来,数十年中不少传教士学习了很流利的汉语口语,甚至对中文的阅读以至于写作都有很大的进步。而且有的人,如慕维廉(William Muid)甚至认为汉语并不难学,但这并没有改变大多数来华外国人对学习汉语口语的畏难情绪,麦华陀(H. Medhurst)就批评许多传教士懒于学中国话。晚清的基督教传教士则远不如他们的先辈,因为先辈们若不学会中国话就无法传教,而新一代教士由于与枪炮俱来的优势,居高临下,汉语水平尤其低下。至于商人们,除了鸦片战争前东印度公司广州商馆有过正规的汉语教育外,大多数人都不热衷于学习汉语或其方言。所以在19 世纪之末,有人估计,除去极少数不得不学习正规汉语的人以外,在中国的每五十个英国人里至多只有一个人认真想要学习中国话,两百人里至多只有一人在学习了数月甚至数年以后才掌握了其复杂性。[3] 在这种情况下,洋泾浜英语就不可能不大行其道。因此,在中国的欧洲人与仆人之间的对话、他们向商家订货、处理与周围的中国人之间的各种事务,都不得不通过洋泾浜英语来进行。所以如下这些话在当时是很流行的:

Catchie that tiffin chop chop. (Let us have luncheon at once. 我们

---

1 William Simpson, *Meeting the Sun: A Journey All Round the World through Egypt*, *China*, *Japan and Califonia*, Boston, 1877, p. 274.

2 参见《北华捷报》1875 年 10 月 7 日。

3 W. J. Shaw 前揭文,p. 249。

赶快吃午饭吧。）

　　　Just now Catchie.（I will get it at once.我马上去拿来。）

　　　That piecie chilo makee boberry，looksee what thing.（Go and see what baby is crying about. 去看看小宝贝干吗哭了。）[1]

　　该文作者说：你来到中国的第一天，就会听到这样的话，几天以后，你就会学起来，一个月后，你就会说同样的话，而且理解当地人所说的这样的话的意思，当然这比说稍难一些。洋泾浜英语不仅用于英国居留者与其仆人及雇员间的对话，而且用于其他国家来华的商人与访客间。那些航行于巴达维亚（今印尼雅加达）与香港之间的荷兰船长们基本上不懂得纯粹的英国土话，但却能说很好的洋泾浜英语。除去少数例外，法国人与德国人也充分利用洋泾浜英语，而且一到中国就立即学会它。然而在香港的殖民地学校里则进行相反的努力，以免当地新生的一代会受到这种混合语的影响。教会与教堂学校尽力引进更好的事物，但收效甚微。特别要命的是当年轻的学子们在学习正规英语有困难时，总是回到他们精通的较容易的方言的倾向。有一个故事说，有一天一个学生不能理解他所学的赞美诗，说为什么异教徒聚在一起会那么激烈？直到教师将其译为中文后，他才理解，并且叫道：My savee；what for that Heathen man makee too muchie bobbly（我明白了，为什么那些异教徒们会造出那些麻烦来）。[2] 不过当地许多学校毕业的学生受到雇主的欢迎，他们的英语写说能力都很正确而且优秀。随着时间的前进，这些有价值的中介人的数量有望得到稳步的增加。

　　作者还认为：李鸿章与英国谈判成功以后，中国的四通八达的铁路线将会由英国的工程师来建造，于是洋泾浜英语又将再度成为中国工人与英国工程师之间的交流工具。洋泾浜英语除了在中国本土以外，并未朝英国这一边扩展，虽然在英国的海峡殖民地有 20 万中国人，这些人大部分从海南岛来，发现他们侨居国家所用的马来语很容易学会，所以他们选择它作为当地的交际工具，甚至扩大到运用在他们自己人当中。在海峡殖民地的欧洲人都或多或少能说一点马来语，它一点也不比洋泾浜英语难。再者，在日本的华人并不强烈地体现自己，因为他们在那里没有什么鼓舞人心的成就，所以他们都学了日本话。而在欧洲人的居留地，则有 pidgin 出现。

1　　W. J. Shaw，前揭文，p. 249。

2　　按：这名学生所讲的英语仍然是洋泾浜英语。说明即使在香港，摆脱洋泾浜英语的影响仍是花了很长一段时间。

在中国短期居住以后,洋泾浜英语的惯习几乎成为第二特性,在你离开中国以后对你的仆人讲话时,放弃它的离奇的又是富有表现力的修辞,那真是难。[1]

不但在 1870 年代以后,洋泾浜英语在中国大行其道,而且有人更加乐观,以为这种语言会成为一种普适的交际语言。著名的英国地理学家、语言学家 Richard F. Burton 爵士在 19 世纪 70 年代来过中国,宣称他相信"在不远的将来"pidgin 将会成为整个世界的 lingua franca。这种乐观估计在下一个世纪的 30 年代又被萧伯纳重复了一次。[2] 而当今天 long time no see 已经成为正规英语时,我们不知道英语本身是否正在不可避免地洋泾浜化,或者从一开始英语就是带有洋泾浜特点的一种语言。

其实在接近 20 世纪时,由于政治社会方面对于英语热的退烧,以及正规英语教育的兴起,洋泾浜英语开始走下坡路。虽然如此,所有 19 世纪后期及 20 世纪前期关于上海的英文著作里都不免要多多少少地提到这一特殊的文化现象。从其中可以看到,洋泾浜英语也有水平高下之分。水平高的类似以下的文本:Tailor, my have got one piece plenty hansom silk; my want you make one niceevening dress;差的则有:Ten dollar a month and eat you, sleep you 以及 Long time no see you 之类。

四

以上所述根据的史料多是西方来源,而且止于叙述洋泾浜英语的形成过程。至于西方人对洋泾浜英语的语言学研究则不拟在此申论。倒想借此将中国人对洋泾浜英语的语言学研究作一简单的引述,以作为本文的结束语。前文提到的唐廷枢是 19 世纪中国有名的买办,他幼年时在澳门学习过正规英语,所著《英语集全》一书出版于同治初年,是当时教授正规英语最好的教材。为了说明正规英语与洋泾浜英语的区别,他在该书中经常将两者作比较,无形中向我们揭示了当时社会上所流行的洋泾浜英语的形态。事实上从 19 世纪以来,中国的英语教育就有两条不同的路线,一条是洋泾浜英

---

[1]　W. J. Shaw,前揭文,p. 249。

[2]　洋泾浜英语当其流行时并不被人所鄙视,甚至有人认为这是创造一种世界共通语的途径。持此看法的不仅上述两位名人,还可参见另外两名德国人的著述,即 1876 年 H. Kindt 之 *Neuer fundene Sprachen*,*Pigeon-English*；1884 年 G. Kreyenberg 之 "Das Pidgin-English, eine neue Weltsprache," *Preussische Jahrbucher* 53 (1884), p. 588。

语教本,一条是正规英语教材。前者的源头自然更长,因为要迎合一般人的急用先学。至迟在1840年以前这种课本就很流行了,因为我在德国国家图书馆看到一份作于1840年的《御书房满汉书广录》,其中就载有《红毛话》一书的名目,只可惜此书无缘觐面。不过这类书并非研究性质,倒是可以作为今天的学者研究当时洋泾浜英语的样态用,请参考拙著《逸言殊语》(增订版),此处无须重复。

之所以要提到《英语集全》,是因为该书为了使读者明白正规英语与广东英语的差异,常常举例予以区分。由于该书篇幅很大,有六卷之多,是19世纪所出的旧式的正规英语教科书中规模最大的,所以其中所举的洋泾浜英语内容竟比一般薄薄几页的洋泾浜教材要丰富得多,所列出的广东番话句子竟有近千句之多。如果有人想对 Canton English 作一彻底的语言学研究,则此书绝对不可绕过。同时该书还以眉批或加注的形式对广东英语的特点作出说明,如指出正规英语名词复数要在词尾加-s,而广东英语即无此变化。该书卷一"时令"一类词汇上面有眉批曰:"正英语凡有实字过于一数,话尾必加一个 s 字,其字音士。譬如一年,英语温夜亚,三年即地厘夜亚士;一日,温低,两日即都低士;一员银,温打剌,十员即打剌士。如此即为正话。广东番话无此分别也。"

该书又指出正规英语形容词比较级、最高级必须有变化,多音节词加more、most,单音节词则在词尾加上-er、est。而广东番话虽也有比较级与最高级的区别,但用另一种表达方式:"广东番话亦有三等之分,但更字(按:指比较级)俱说字,至字(即最高级)俱说稔巴温。则如长字说郎(long),更长说郎(more long),至长说稔巴温郎(number one long)。短字说失(short),更短说失(more short),至短说稔巴温失(number one short)。如此之分,今番人亦有多晓。"由于其时广东英语是实际应用的贸易语言,正规英语一般人能懂的并不多,所以洋人也屈服于广东英语,形成"今番人亦有多晓"的局面。

其他对于洋泾浜英语的分析则放在与正规英语的比较中去提,如指出正规英语人称代词有主、宾格的区别,而广东英语则无此变化:在卷一"人体"一类词汇中,说"我"的正规英语有 I 与 me 两种形式,"此二句须分先后讲,句语之中我字在先,则用前一个'挨'字(即 I);句语之中我字在后则用'未'字(即 me),须分清楚,方成正语。譬如我打尔,则'埃士地叻夭',尔打我,则'夭士地叻未'。若说'夭士地叻挨',则不通也。"虽然此处未明说广东英语,但既提正语,又说不分"挨"与"未"是不通的,其实是暗示广东英语即不分"挨"与"未"。实际上,在广东英语里,几乎不用 I,最常见的是以 my 代替单复数的第一人称的所有主宾格,亦即 my 等于 I、me、mine,又相当于 we、us,甚至 our、ours。当然有时也用 me,如该书卷五就有这样的广东英语的句式: me not can talkee you。

词法方面也有特点。由于汉语没有曲折变化以表示动词的过去时态,而且不少动词与名词是同一形态,因此如 sharpen 这样的动词,在广东英语里就要变成"米记飒",亦即"makee sharp"。如 brought 就要以"哈布凌",即 have(实际读音是 hab)bring 来表示。与此同时,英语与汉语有一个很大的区别,即前者无量词,而后者有量词。所以中国人不习惯讲没有量词的话,但量词翻译为英语又不容易,要以名词的形式体现出来,于是洋泾浜英语就用一个两全其美的办法,所有的量词都用"卑士",即 piece 来代替,一位律师是"温卑士罗也",四匹马是"科卑士喝士"等。

至于句法的特点则有两点最为特出,一是尽量简化句式,用尽量少的词组成最简单的句子,一是词序一如汉语,不用倒装式,不管问句答句皆是正序。前一类如: What is that? 在广东番话里只用"喝丁"(即: what thing)两个字就行。后一类仍可以上引那句 me not can talkee you 为例。此句的正规英语是 I can not tell you,但在广东英语中 can not 被变成 not can,与汉语词序一样。至于 talkee 则是 talk 变形,就如同 want 变成 wantchee、make 成为 makee 一样,都是加上元音以使其符合中国人的发音习惯。除了句式发生变化以外,用词方面也有很奇怪的不同。如正规英语的 Where are you going? 若以广东番话来说就是"喝铺礼士,歌?",是 What place,you go? 的广东话音译,相当于中国话的"哪里去,你?",所以不用 where,而用 what place 代替。至于说你是谁(广东方言为"你系乜谁"),广东英语并不用 Who are you? 而用"呼蚊?",亦即 who man you? 有点像是广东话"乜人? 你"的直译。

为了省事,英语助动词、系词一类自然省去,所以 I don't know you 就成为"米糯沙比",也就是 me no savvy you。Don't say so 则成为"糯骚花臣托记",拼写出来即为 no so fashion talkee。而 are you well 就简化为"黎豁",即 you well? 或者改系词为另一个常用动词,如 I am sick 变成"米合昔",就是 me hab sick 的转写。

广东英语用词的来源,并非全是英语词,这一点在许多人的著作中都提到了。如 Abedl 在他的航行记里说,他在广东听到的一种话是葡萄牙语、英语与汉语混合的变种。其实还有马来语的成分。因为在广东英语流行以前,广东沿海从明末以来早就流行过广东葡语。《英语集全》的作者虽未明白指出这一点,但在许多英语词下面都注出广东番话的读音。如在 know 下面说广东番话为沙鼻。这个"沙鼻"拼写出来就是 savvy,是由葡萄牙语 saber 变化而来,与英语毫无关系。

在读音方面,广东英语也尽量简化,而且根据汉语的习惯来发音,有时与正规英语相去甚远。《英语集全》里要求学习正规英语要尽量发音准确,但其时没有国际音标,只能以各种符号勉强表示,如-th 与 th-在汉语里头没有相应的音与之对应,不得不以一个△表示,如对"一月(one month)",注音为"温蚊△"。但在说明正规英语发音的同时,又在许多词下面注明了广东英语的发音,如前述词组广东英语就叫作"温扪",最后一个用△表示的辅音被省去。或用另一种办法,即以 t-取代 th-,这样一来 thank you 就成为"丁记"了。至于洋泾浜英语里用 l-来代替 r-是大家一般都知道的规则,这自然是因为汉语方言普遍缺少 r-这个辅音的缘故。所以广东英语里的 shroff 就发音为"士笠"。

由于每个汉字是一个单独的音节,因此中国人对以辅音结尾的英语词的发音特别困惑。于是在广东英语里,许多这样的英语词就干脆被省去。如上例,或被加上一个元音,甚至一个音节。如煮,正规英语读音为厘(boil),而广东番话读为拜林,spoil 则读为"士杯林"。与此同时,因现代汉语已经没有双辅音的音节,遇到英语里的双辅音情况有时就要加以繁化,在第一个音之后加上一个元音,亦即增加一个音节,以便于发音,如 proper 在广东英语里的发音就成了"巴笠巴",显然是在 p-的后面加上-a 这个元音。

另外,广东英语不但要尽量简化语法,也要尽量减少词汇量,以便于用最少的精力来学会这种对赚钱十分有效的语言。因此许多常用的并不复杂的词也不记诵,而是用组合的方式来表达,如 remove 以"米记务乎(即 makee move)"代替,同样 renew 也成为"米记鸟(makee new)"。这个"米记"有如万用词,与许多动词都可以搭配,为的是减少记诵词语的数量,尤其对于不常用的较正式的词语。如 intoxicated,一般生意人是不必去记它的,于是广东英语用"米记地凌其",即 makee drinkee 来代替。与之类似,have(实际发音为 hab)也是万金油,什么地方都可以附加上去,如 having seen 就可以说成"哈思(have see)"。但是 make 与 have 本身还是正规英语词,有趣的是另一个重要的万应药方本身竟是洋泾浜式的词组,那就是 no can 一语。这个词组与一般简单动词的结合,就代替了许多书面语,或者俗称的"大词"。如 immortal 可以说成"糯底(no can die)",而 invisible 也可以表示为

"糯思(no can see)"。这一来,更不常用的 inaudible 与 inexcusable 也可以用类似的文法来表示。

所以洋泾浜英语的另一个重要特点就是词汇量小,有人说总共只有七百个词。精简词汇以外,甚至还有对音节的简化,以省去许多死记硬背的功夫。如 business 如用广东方言记音要读成"卑士呢士",有四个音节,而广东英语却只需读成"卑剪",两个音节就够了。当然有些音节的简化还由于发音的困难,如 five,正规英语发音为"快乎"(以广东方言发音),而广东英语只读为"辉"。同样,seven 的读音也简化为"心",而不是"些坟"。

由于使用了上述的各种方法,即简化语法、精减词汇量以及简化与减少音节,于是使得比较复杂的句子也能用比较简单的方式来表示,也能使不懂正式英语的 merchant、linguist、comprador,甚至没有什么文化的 coolie、servant 也都能应付自如。如比较复杂的打官司的用语,也能较得当地表示出来,在《英语集全》中就收录了 24 例这样的句子,如 When did you file the complaint(广东方言说:你几时入纸)? 以广东英语讲出来是"喝店地必地臣?"(即:what time you send petition?)又如 You will have to engage a lawyer(你要托状师),用广东英语说则是:"湾治治温卑士罗也。"(即:You wanchee catchee one piece lawyer)这样比较简单的说法是一般人也办得到的。

由此看来,中国的洋泾浜英语不能不说是一种创造性的文化现象,虽然这是俚俗文化的一个侧面,但却在中国沿海流行了两百多年之久。而且在 19 世纪下半叶得到广泛发展,以至延续到 20 世纪初,竟然成了外国人与中国上层社会人士之间的一种交际语。Hall 曾据 Reincke 的论文将中国的洋泾浜英语分成四个阶段,即起始、"古典"、扩展与衰落。并在各个阶段都介绍了一些文本,可惜所有文本都来自西洋人的著作,没有举出中国人著作的任何例子。故这里特意加以介绍。当然要利用《英语集全》的文本也不容易,因为其中所有的广东英语都是以汉字来表示(正规英语都以英语原来的文字形式表示),要将其复原为罗马字拼写的形式有时相当困难,首先要懂得汉字所代表的广东方言的音节,而后再据这些音节推想出它符合哪一个英语词,如果有时该音节所反映的是一个变了形的英语词,或非英语词,难度就更大了。本文所要提醒诸位的就是要注意中国方面记载的 Pidgin English 现象与实例,除了《英语集全》以外,还有上海洋泾浜英语的形态也很有趣,这我在《别琴竹枝词百首笺释》中已经说到,这里就不再赘述了。

当然,西洋学者从语言学角度研究洋泾浜英语也有相当的困难,因为

"几乎不可能得到中国洋泾浜英语的可靠的书面材料,如果那不是一个现代通事讲话的书面记录的话,那么就是一个半幽默式的,而且肯定是不准确的,我应当称之为英国式的一成不变的中国洋泾浜英语的抄本"。[1]

20世纪中叶世界形势大变,洋泾浜英语在中国走到了尽头,以至于颜惠庆称(正规)英语其时已经成为第二国语。作为交流使用的这种中英混合语虽然消亡,但在上海的娱乐场所却将其作为节目来演出,尤其是作为弹词开篇里更加常见,以下就将取自《大百万金开篇集》里的"洋泾浜"一篇作为本文的结尾:

ABCD大流行,"爱佛来抱台"(every body)学两声。交际场中"司马脱"(smart)。说两声"英格立许"(English)洋泾浜。有一个摩登(morden—按拼写误,应为modern)少爷"乔其方"(George Fong)他在倍恩克(bank)里做练习生。穿的是"福林翻兴"(foreignfashion)卖相好,"杀勒来"(salary)一个月只有几千洋。交一位"哥儿忽恩特"(girl friend)蜜丝张(Miss Chang),她是"司瓜儿翻兴"(school fashion)女学生,若遇"生台好立台"(Sunday holiday),"瓜特锱司"(good chance)可以恋爱讲。一个是,"四维脱哈脱"(sweetheart)哥哥叫;一个是,"买爱大令"(my darling)叫两声。有时节,南京"西矮脱"(Nankig按应为Nanking Theatre)影戏看,"勒舞"(love)片子看几张。"劳来(Laurel)哈台(Hardy)"勿要看,"希佛来(Shavaly)"、麦当娜(Macdonard)是她好榜样。有时节,"派克"(park)里向去兜兜,"托克勒舞"(talk love)好地方。倘然没有"曼五"(man)来看见,紧抱"开司"(kiss)也不妨。"末内"(money)用空交交关,"妹内求"(manager)晓得无法想。"迭司蜜司辩得会"(dismiss gataway,应为gateway),"乔勃老司"(job lost)不好回家乡。"阿宪姆"(ashame)弄得无下场,"笔得生司"(empty cents)实在僵。洋泾浜就此怕冷场。

---

1 Keith Winnom, 1971,转引自Bauer, *Kanton English*, pp. 50-51。